司法解释理解与适用丛书

最高人民法院
民法典婚姻家庭编司法解释(一)
理解与适用

最高人民法院民事审判第一庭 编著

人民法院出版社
PEOPLE'S COURT PRESS

图书在版编目（CIP）数据

最高人民法院民法典婚姻家庭编司法解释（一）理解与适用 / 最高人民法院民事审判第一庭编著. -- 北京：人民法院出版社，2021.7

（司法解释理解与适用丛书）

ISBN 978-7-5109-3203-8

Ⅰ. ①最… Ⅱ. ①最… Ⅲ. ①婚姻法－法律解释－中国②婚姻法－法律适用－中国 Ⅳ. ①D923.905

中国版本图书馆CIP数据核字(2021)第118677号

最高人民法院民法典婚姻家庭编司法解释（一）理解与适用

最高人民法院民事审判第一庭　编著

责任编辑　陈晓璇
执行编辑　杨佳瑞
出版发行　人民法院出版社
地　　址　北京市东城区东交民巷27号（100745）
电　　话　（010）67550662（责任编辑）　67550558（发行部查询）
　　　　　　65223677（读者服务部）
客服QQ　2092078039
网　　址　http：//www. courtbook. com. cn
E－mail　courtpress@ sohu. com
印　　刷　保定市中画美凯印刷有限公司
经　　销　新华书店

开　　本　787毫米×1092毫米　1/16
字　　数　721千字
印　　张　51.75
版　　次　2021年7月第1版　2025年4月第6次印刷
书　　号　ISBN 978-7-5109-3203-8
定　　价　188.00元

前　言

2020 年 5 月 28 日，第十三届全国人民代表大会第三次会议审议通过了《中华人民共和国民法典》（以下简称《民法典》）。这是新中国成立以来第一部以“法典”命名的法律，是新时代我国社会主义法治建设的重大成果。《民法典》系统整合了新中国成立 70 多年来长期实践形成的民事法律规范，汲取了中华民族 5000 多年优秀法律文化，借鉴了人类法治文明建设有益成果。《民法典》的颁布，标志着我国依法保护民事权利将进入全新的“民法典时代”。

婚姻家庭制度是规范夫妻关系和家庭关系的基本准则，婚姻法回归民法体系是此次《民法典》编纂的重要成果。《民法典》婚姻家庭编以《婚姻法》和《收养法》为基础，结合社会发展需要，修改完善了部分规定，并增加了新的规定。家和万事兴，婚姻的和谐、家庭的幸福是人民美好生活需要最重要的组成部分，没有婚姻家庭的和谐幸福，人民对美好生活的向往和追求就难以实现；同样，也只有家庭关系和睦，才会有社会关系的和谐顺畅。但多年来，我国离婚率持续攀升，民政部门登记离婚人数连续十几年递增，人民法院的婚姻家庭案件也持续上升，因离婚受影响的人群数量非常庞大。伴随着离婚数量的不断增长，大量社会问题如未成年人抚养教育、妇女权益维护、老年人赡养等社会问题频发，这些问题必然对社会经济、政治、文化、管理等带来不同程度的影响和冲击，对和谐稳定的家庭建设提出了挑战。婚姻家庭关乎每一个人的切身利益，关乎社会和谐稳定，关乎国家的发展进步，因此，依法妥善处理好婚姻家庭案件，是时代赋予人民法院的重要使命，意义重大。

2021 年 1 月 1 日《民法典》施行之日，《婚姻法》同时废止，有关《婚姻法》的司法解释也相应废止。《民法典》公布之后，最高人民法院即开始对中华人民共和国成立以来所有现行有效的与婚姻家庭有关的司法解释及其他规范性司法文件进行清理，并在2020年年底前完成了清理任务。原有涉及婚姻家庭方面的司法解释有11个，共计200余条，内容非常丰富。此次清理制定婚姻家庭编司法解释主要是根据《民法典》婚姻家庭编的新内容，结合经济社会发展需要和司法审判实践，按照《民法典》婚姻家庭编的体例，废止了5个司法解释（分别为：《最高人民法院关于人民法院审理离婚案件如何认定夫妻感情确已破裂的若干具体意见》《最高人民法院关于人民法院审理未办结婚登记而以夫妻名义同居生活案件的若干意见》《最高人民法院关于人民法院审理离婚案件处理财产分割问题的若干具体意见》《最高人民法院关于审理离婚案件中公房使用、承租若干问题的解答》和《最高人民法院关于审理涉及夫妻债务纠纷案件适用法律有关问题的解释》)，并对其中6个司法解释进行体系化整合〔分别为：《最高人民法院关于人民法院审理离婚案件处理子女抚养问题的若干具体意见》《最高人民法院关于适用〈中华人民共和国婚姻法〉若干问题的解释（一）》[以下简称《婚姻法司法解释（一）》]、《最高人民法院关于适用〈中华人民共和国婚姻法〉若干问题的解释（二）》[以下简称《婚姻法司法解释（二）》]、《最高人民法院关于适用〈中华人民共和国婚姻法〉若干问题的解释（三）》《最高人民法院关于适用〈中华人民共和国婚姻法〉若干问题的解释（二）的补充规定》《最高人民法院关于夫妻离婚后人工授精所生子女的法律地位如何确定的复函》〕。

在《民法典》婚姻家庭编司法解释清理过程中，我们主要坚持以下几个原则：一是维护婚姻家庭和谐稳定。党的十八大以来，以习近平同志为核心的党中央对家庭文明建设作出重要部署。习近平总书记深刻指出："家庭和睦则社会安定，家庭幸福则社会祥和，家庭文明则社会文明。"①《民法典》婚姻家庭编中也明确规定"家庭应当树立优良家风，弘扬家庭美德，重视家庭文明建设"。此次婚姻家庭编司

① 习近平：《论党的宣传思想工作》，中央文献出版社2020年版，第281页。

法解释清理将贯彻落实党中央决策部署和习近平总书记关于家庭、家教、家风的重要论述作为重要工作统领。清理过程中尤其注重保留了相关司法解释的规定，比如在《反家庭暴力法》已经明确规定家庭暴力的基础上，继续保留"持续性、经常性的家庭暴力，可以认定为虐待"的规定，体现了弘扬良好家庭美德，对家庭暴力坚决说"不"的鲜明价值导向。二是坚持司法为民。保护妇女、未成年人、老年人和残疾人的合法权益是《民法典》婚姻家庭编的基本原则，此次对婚姻家庭相关司法解释的清理尤其注重贯彻上述原则。如对无民事行为能力人在法定情形下变更监护人并提起离婚诉讼的细化规定；对于亲子关系确认、否认之诉的条文进一步完善；贯彻最有利于未成年子女原则，在离婚诉讼中对于未成年子女的抚养纠纷，尊重8周岁以上子女的真实意愿，删除了原来10周岁的规定等。三是严格遵守法律规定。此次《最高人民法院关于适用〈中华人民共和国民法典〉婚姻家庭编的解释（一）》（以下简称本解释）主要是在对标对表《民法典》基础上对原有司法解释的清理而形成，不是制定全新的司法解释，也不是简单的司法解释汇编，而是对现行的有关婚姻家庭司法解释的有机整合，尽量保持司法解释的连续性。对不符合《民法典》规定的条款予以删除，对已经被《民法典》吸收的内容不再重复规定，对司法实践中出现的新问题或者尚存在一定争议的问题，暂不涉及，留待以后研究处理。重大的修改如：删除了原有四个条文中关于"一年期间"的规定。《婚姻法司法解释（一）》第30条，《婚姻法司法解释（二）》第5条、第9条、第27条中均有"一年期间"的规定，有的涉及离婚损害赔偿请求权诉讼时效问题，有的涉及撤销权行使期间问题，考虑到上述一年期间的规定没有法律依据，相应权利行使应按照不同权利性质分别适用相关规定，此次清理对上述期间均予以删除。与《民法典》总则编协调一致，进行体系化解释，明确受胁迫或者被非法限制人身自由的当事人请求撤销婚姻的，不适用《民法典》新增加的第152条第2款"五年"期间的规定，以体现婚姻家庭编保护当事人婚姻自主权的基本价值取向。

本次清理工作历时半年，经过反复论证，广泛征求中央有关单位、地方各级人民法院、本院各部门意见，本解释经2020年12月25日最高人民法院审判委员会第1825次会议通过，自2021年1月1日起施行。本解释与《民法典》婚姻家庭编的体例结构相呼应，共91条，包括一般规定、结婚、夫妻关系、父母子女关系、离婚、附则等六个方面内容。

为帮助广大读者准确理解和适用本解释，我们组织参与司法解释清理工作的相关同志撰写本书，对条文背后的法理、逻辑，以及审判实践中需要注意的问题等，逐条进行阐述，以供理解与适用时参考。本书紧扣《民法典》相关规定，将司法解释置于《民法典》编纂大背景下进行阐释；同时注重理论与实践相结合，通过对国内外有关立法和理论学说的比较研究，并结合当前司法实践需要阐明的观点，以达到提升理论水平和实务能力的目的。

最高人民法院民事审判第一庭

二〇二一年七月二十一日

凡　例

1. 本书中法律、行政法规名称中的“中华人民共和国”省略，其余一般不省略，例如《中华人民共和国民法典》简称《民法典》。

2. 本书中下列司法解释及司法指导性文件使用简称：

文件名称	发文字号	简称
《最高人民法院关于适用〈中华人民共和国民法典〉物权编的解释（一）》	法释〔2020〕24号	《民法典物权编解释（一）》
《最高人民法院关于适用〈中华人民共和国民法典〉继承编的解释（一）》	法释〔2020〕23号	《民法典继承编解释（一）》
《最高人民法院关于适用〈中华人民共和国民事诉讼法〉的解释》	法释〔2015〕5号，法释〔2020〕20号修正	《民事诉讼法司法解释》
《最高人民法院关于确定民事侵权精神损害赔偿责任若干问题的解释》	法释〔2001〕7号，法释〔2020〕17号修正	《民事侵权精神损害解释》
《最高人民法院关于适用〈中华人民共和国民法典〉时间效力的若干规定》	法释〔2020〕15号	《民法典时间效力规定》
《最高人民法院关于民事诉讼证据的若干规定》	法释〔2001〕33号，法释〔2019〕19号修正	《民事诉讼证据规定》
《最高人民法院关于适用〈中华人民共和国行政诉讼法〉的解释》	法释〔2018〕1号	《行政诉讼法司法解释》

续表

文件名称	发文字号	简称
《最高人民法院关于贯彻执行〈中华人民共和国民法通则〉若干问题的意见（试行）》	法（办）发〔1988〕6号，法释〔2020〕16号废止	《民通意见》
《最高人民法院关于适用〈中华人民共和国婚姻法〉若干问题的解释（一）》	法释〔2001〕30号，法释〔2020〕16号废止	《婚姻法司法解释（一）》
《最高人民法院关于适用〈中华人民共和国婚姻法〉若干问题的解释（二）》	法释〔2003〕19号，法释〔2017〕6号修正，法释〔2020〕16号废止	《婚姻法司法解释（二）》
《最高人民法院关于适用〈中华人民共和国婚姻法〉若干问题的解释（三）》	法释〔2011〕18号，法释〔2020〕16号废止	《婚姻法司法解释（三）》
《最高人民法院关于人民法院审理离婚案件处理财产分割问题的若干具体意见》	法发〔1993〕32号，法释〔2020〕16号废止	《离婚案件财产分割问题的意见》
《最高人民法院关于人民法院审理离婚案件处理子女抚养问题的若干具体意见》	法发〔1993〕30号，法释〔2020〕16号废止	《离婚案件子女抚养问题的意见》
《最高人民法院关于夫妻离婚后人工授精所生子女的法律地位如何确定的复函》	〔1991〕民他字第12号	《人工授精所生子女法律地位的复函》
《最高人民法院关于人民法院审理未办结婚登记而以夫妻名义同居生活案件的若干意见》	法（民）发〔1989〕38号，法释〔2020〕16号废止	《同居案件若干意见》
《最高人民法院关于变更子女姓氏问题的复函》	〔1981〕法民字第11号	《变更子女姓氏复函》
《最高人民法院关于子女姓氏问题的批复》		《子女姓氏批复》

目录

CONTENTS

第一部分　司法解释全文

第二部分　重点问题理解与适用

第三部分　条文理解与适用

一、一般规定

第四部分　新旧条文对照表

第一部分　司法解释全文

最高人民法院
关于适用《中华人民共和国民法典》
婚姻家庭编的解释（一）

法释〔2020〕22号

（2020年12月25日最高人民法院审判委员会第1825次会议通过
自2021年1月1日起施行）

为正确审理婚姻家庭纠纷案件，根据《中华人民共和国民法典》《中华人民共和国民事诉讼法》等相关法律规定，结合审判实践，制定本解释。

一、一般规定

第一条　持续性、经常性的家庭暴力，可以认定为民法典第一千零四十二条、第一千零七十九条、第一千零九十一条所称的“虐待”。

第二条　民法典第一千零四十二条、第一千零七十九条、第一千零九十一条规定的“与他人同居”的情形，是指有配偶者与婚外异性，不以夫妻名义，持续、稳定地共同居住。

第三条　当事人提起诉讼仅请求解除同居关系的，人民法院不予受理；已经受理的，裁定驳回起诉。

当事人因同居期间财产分割或者子女抚养纠纷提起诉讼的，人民法院应当受理。

第四条　当事人仅以民法典第一千零四十三条为依据提起诉讼的，人民法院不予受理；已经受理的，裁定驳回起诉。

第五条　当事人请求返还按照习俗给付的彩礼的，如果查明属于以下情形，人民法院应当予以支持：

（一）双方未办理结婚登记手续；

（二）双方办理结婚登记手续但确未共同生活；

（三）婚前给付并导致给付人生活困难。

适用前款第二项、第三项的规定，应当以双方离婚为条件。

二、结　婚

第六条　男女双方依据民法典第一千零四十九条规定补办结婚登记的，婚姻关系的效力从双方均符合民法典所规定的结婚的实质要件时起算。

第七条　未依据民法典第一千零四十九条规定办理结婚登记而以夫妻名义共同生活的男女，提起诉讼要求离婚的，应当区别对待：

（一）1994年2月1日民政部《婚姻登记管理条例》公布实施以前，男女双方已经符合结婚实质要件的，按事实婚姻处理。

（二）1994年2月1日民政部《婚姻登记管理条例》公布实施以后，男女双方符合结婚实质要件的，人民法院应当告知其补办结婚登记。未补办结婚登记的，依据本解释第三条规定处理。

第八条　未依据民法典第一千零四十九条规定办理结婚登记而以夫妻名义共同生活的男女，一方死亡，另一方以配偶身份主张享有继承权的，依据本解释第七条的原则处理。

第九条　有权依据民法典第一千零五十一条规定向人民法院就已办理结婚登记的婚姻请求确认婚姻无效的主体，包括婚姻当事人及利害关系人。其中，利害关系人包括：

（一）以重婚为由的，为当事人的近亲属及基层组织；

（二）以未到法定婚龄为由的，为未到法定婚龄者的近亲属；

（三）以有禁止结婚的亲属关系为由的，为当事人的近亲属。

第十条　当事人依据民法典第一千零五十一条规定向人民法院请求确认婚姻无效，法定的无效婚姻情形在提起诉讼时已经消失的，人民法院不予支持。

第十一条　人民法院受理请求确认婚姻无效案件后，原告申请撤诉的，不予准许。

对婚姻效力的审理不适用调解，应当依法作出判决。

涉及财产分割和子女抚养的，可以调解。调解达成协议的，另行制作调解书；未达成调解协议的，应当一并作出判决。

第十二条　人民法院受理离婚案件后，经审理确属无效婚姻的，应当将婚姻无效的情形告知当事人，并依法作出确认婚姻无效的判决。

第十三条　人民法院就同一婚姻关系分别受理了离婚和请求确认婚姻无效案件的，对于离婚案件的审理，应当待请求确认婚姻无效案件作出判决后进行。

第十四条　夫妻一方或者双方死亡后，生存一方或者利害关系人依据民法典第一千零五十一条的规定请求确认婚姻无效的，人民法院应当受理。

第十五条　利害关系人依据民法典第一千零五十一条的规定，请求人民法院确认婚姻无效的，利害关系人为原告，婚姻关系当事人双方为被告。

夫妻一方死亡的，生存一方为被告。

第十六条　人民法院审理重婚导致的无效婚姻案件时，涉及财产处理的，应当准许合法婚姻当事人作为有独立请求权的第三人参加诉讼。

第十七条　当事人以民法典第一千零五十一条规定的三种无效婚姻以外的情形请求确认婚姻无效的，人民法院应当判决驳回当事人的诉讼请求。

当事人以结婚登记程序存在瑕疵为由提起民事诉讼，主张撤销结婚登记的，告知其可以依法申请行政复议或者提起行政诉讼。

第十八条　行为人以给另一方当事人或者其近亲属的生命、身体、健康、名誉、财产等方面造成损害为要挟，迫使另一方当事人违背真实意愿结婚的，可以认定为民法典第一千零五十二条所称的“胁迫”。

因受胁迫而请求撤销婚姻的，只能是受胁迫一方的婚姻关系当事人本人。

第十九条 民法典第一千零五十二条规定的“一年”，不适用诉讼时效中止、中断或者延长的规定。

受胁迫或者被非法限制人身自由的当事人请求撤销婚姻的，不适用民法典第一百五十二条第二款的规定。

第二十条 民法典第一千零五十四条所规定的“自始没有法律约束力”，是指无效婚姻或者可撤销婚姻在依法被确认无效或者被撤销时，才确定该婚姻自始不受法律保护。

第二十一条 人民法院根据当事人的请求，依法确认婚姻无效或者撤销婚姻的，应当收缴双方的结婚证书并将生效的判决书寄送当地婚姻登记管理机关。

第二十二条 被确认无效或者被撤销的婚姻，当事人同居期间所得的财产，除有证据证明为当事人一方所有的以外，按共同共有处理。

三、夫妻关系

第二十三条 夫以妻擅自中止妊娠侵犯其生育权为由请求损害赔偿的，人民法院不予支持；夫妻双方因是否生育发生纠纷，致使感情确已破裂，一方请求离婚的，人民法院经调解无效，应依照民法典第一千零七十九条第三款第五项的规定处理。

第二十四条 民法典第一千零六十二条第一款第三项规定的“知识产权的收益”，是指婚姻关系存续期间，实际取得或者已经明确可以取得的财产性收益。

第二十五条 婚姻关系存续期间，下列财产属于民法典第一千零六十二条规定的“其他应当归共同所有的财产”：

（一）一方以个人财产投资取得的收益；

（二）男女双方实际取得或者应当取得的住房补贴、住房公积金；

（三）男女双方实际取得或者应当取得的基本养老金、破产安置补偿费。

第二十六条 夫妻一方个人财产在婚后产生的收益，除孳息和自然增值外，应认定为夫妻共同财产。

第二十七条 由一方婚前承租、婚后用共同财产购买的房屋，登记在一方名下的，应当认定为夫妻共同财产。

第二十八条 一方未经另一方同意出售夫妻共同所有的房屋，第三人善意购买、支付合理对价并已办理不动产登记，另一方主张追回该房屋的，人民法院不予支持。

夫妻一方擅自处分共同所有的房屋造成另一方损失，离婚时另一方请求赔偿损失的，人民法院应予支持。

第二十九条 当事人结婚前，父母为双方购置房屋出资的，该出资应当认定为对自己子女个人的赠与，但父母明确表示赠与双方的除外。

当事人结婚后，父母为双方购置房屋出资的，依照约定处理；没有约定或者约定不明确的，按照民法典第一千零六十二条第一款第四项规定的原则处理。

第三十条 军人的伤亡保险金、伤残补助金、医药生活补助费属于个人财产。

第三十一条 民法典第一千零六十三条规定为夫妻一方的个人财产，不因婚姻关系的延续而转化为夫妻共同财产。但当事人另有约定的除外。

第三十二条 婚前或者婚姻关系存续期间，当事人约定将一方所有的房产赠与另一方或者共有，赠与方在赠与房产变更登记之前撤销赠与，另一方请求判令继续履行的，人民法院可以按照民法典第六百五十八条的规定处理。

第三十三条 债权人就一方婚前所负个人债务向债务人的配偶主张权利的，人民法院不予支持。但债权人能够证明所负债务用于婚后家庭共同生活的除外。

第三十四条 夫妻一方与第三人串通，虚构债务，第三人主张该债务为夫妻共同债务的，人民法院不予支持。

夫妻一方在从事赌博、吸毒等违法犯罪活动中所负债务，第三人主张该债务为夫妻共同债务的，人民法院不予支持。

第三十五条 当事人的离婚协议或者人民法院生效判决、裁定、调解书已经对夫妻财产分割问题作出处理的，债权人仍有权就夫妻共同债务向男女双方主张权利。

一方就夫妻共同债务承担清偿责任后，主张由另一方按照离婚协议或者人民法院的法律文书承担相应债务的，人民法院应予支持。

第三十六条 夫或者妻一方死亡的，生存一方应当对婚姻关系存续期间的夫妻共同债务承担清偿责任。

第三十七条 民法典第一千零六十五条第三款所称“相对人知道该约定的”，夫妻一方对此负有举证责任。

第三十八条 婚姻关系存续期间，除民法典第一千零六十六条规定情形以外，夫妻一方请求分割共同财产的，人民法院不予支持。

四、父母子女关系

第三十九条 父或者母向人民法院起诉请求否认亲子关系，并已提供必要证据予以证明，另一方没有相反证据又拒绝做亲子鉴定的，人民法院可以认定否认亲子关系一方的主张成立。

父或者母以及成年子女起诉请求确认亲子关系，并提供必要证据予以证明，另一方没有相反证据又拒绝做亲子鉴定的，人民法院可以认定确认亲子关系一方的主张成立。

第四十条 婚姻关系存续期间，夫妻双方一致同意进行人工授精，所生子女应视为婚生子女，父母子女间的权利义务关系适用民法典的有关规定。

第四十一条 尚在校接受高中及其以下学历教育，或者丧失、部分丧失劳动能力等非因主观原因而无法维持正常生活的成年子女，可以认定为民法典第一千零六十七条规定的“不能独立生活的成年子女”。

第四十二条 民法典第一千零六十七条所称“抚养费”，包括子女生活费、教育费、医疗费等费用。

第四十三条 婚姻关系存续期间，父母双方或者一方拒不履行抚养子女义务，未成年子女或者不能独立生活的成年子女请求支付抚养费的，人民法院应予支持。

第四十四条　离婚案件涉及未成年子女抚养的，对不满两周岁的子女，按照民法典第一千零八十四条第三款规定的原则处理。母亲有下列情形之一，父亲请求直接抚养的，人民法院应予支持：

（一）患有久治不愈的传染性疾病或者其他严重疾病，子女不宜与其共同生活；

（二）有抚养条件不尽抚养义务，而父亲要求子女随其生活；

（三）因其他原因，子女确不宜随母亲生活。

第四十五条　父母双方协议不满两周岁子女由父亲直接抚养，并对子女健康成长无不利影响的，人民法院应予支持。

第四十六条　对已满两周岁的未成年子女，父母均要求直接抚养，一方有下列情形之一的，可予优先考虑：

（一）已做绝育手术或者因其他原因丧失生育能力；

（二）子女随其生活时间较长，改变生活环境对子女健康成长明显不利；

（三）无其他子女，而另一方有其他子女；

（四）子女随其生活，对子女成长有利，而另一方患有久治不愈的传染性疾病或者其他严重疾病，或者有其他不利于子女身心健康的情形，不宜与子女共同生活。

第四十七条　父母抚养子女的条件基本相同，双方均要求直接抚养子女，但子女单独随祖父母或者外祖父母共同生活多年，且祖父母或者外祖父母要求并且有能力帮助子女照顾孙子女或者外孙子女的，可以作为父或者母直接抚养子女的优先条件予以考虑。

第四十八条　在有利于保护子女利益的前提下，父母双方协议轮流直接抚养子女的，人民法院应予支持。

第四十九条　抚养费的数额，可以根据子女的实际需要、父母双方的负担能力和当地的实际生活水平确定。

有固定收入的，抚养费一般可以按其月总收入的百分之二十至三十的比例给付。负担两个以上子女抚养费的，比例可以适当提高，但一般不得超过月总收入的百分之五十。

无固定收入的，抚养费的数额可以依据当年总收入或者同行业平均收入，参照上述比例确定。

有特殊情况的，可以适当提高或者降低上述比例。

第五十条 抚养费应当定期给付，有条件的可以一次性给付。

第五十一条 父母一方无经济收入或者下落不明的，可以用其财物折抵抚养费。

第五十二条 父母双方可以协议由一方直接抚养子女并由直接抚养方负担子女全部抚养费。但是，直接抚养方的抚养能力明显不能保障子女所需费用，影响子女健康成长的，人民法院不予支持。

第五十三条 抚养费的给付期限，一般至子女十八周岁为止。

十六周岁以上不满十八周岁，以其劳动收入为主要生活来源，并能维持当地一般生活水平的，父母可以停止给付抚养费。

第五十四条 生父与继母离婚或者生母与继父离婚时，对曾受其抚养教育的继子女，继父或者继母不同意继续抚养的，仍应由生父或者生母抚养。

第五十五条 离婚后，父母一方要求变更子女抚养关系的，或者子女要求增加抚养费的，应当另行提起诉讼。

第五十六条 具有下列情形之一，父母一方要求变更子女抚养关系的，人民法院应予支持：

（一）与子女共同生活的一方因患严重疾病或者因伤残无力继续抚养子女；

（二）与子女共同生活的一方不尽抚养义务或有虐待子女行为，或者其与子女共同生活对子女身心健康确有不利影响；

（三）已满八周岁的子女，愿随另一方生活，该方又有抚养能力；

（四）有其他正当理由需要变更。

第五十七条 父母双方协议变更子女抚养关系的，人民法院应予支持。

第五十八条 具有下列情形之一，子女要求有负担能力的父或者母增加抚养费的，人民法院应予支持：

（一）原定抚养费数额不足以维持当地实际生活水平；

（二）因子女患病、上学，实际需要已超过原定数额；

（三）有其他正当理由应当增加。

第五十九条 父母不得因子女变更姓氏而拒付子女抚养费。父或者母擅自将子女姓氏改为继母或继父姓氏而引起纠纷的，应当责令恢复原姓氏。

第六十条 在离婚诉讼期间，双方均拒绝抚养子女的，可以先行裁定暂由一方抚养。

第六十一条 对拒不履行或者妨害他人履行生效判决、裁定、调解书中有关子女抚养义务的当事人或者其他人，人民法院可依照民事诉讼法第一百一十一条的规定采取强制措施。

五、离　婚

第六十二条 无民事行为能力人的配偶有民法典第三十六条第一款规定行为，其他有监护资格的人可以要求撤销其监护资格，并依法指定新的监护人；变更后的监护人代理无民事行为能力一方提起离婚诉讼的，人民法院应予受理。

第六十三条 人民法院审理离婚案件，符合民法典第一千零七十九条第三款规定“应当准予离婚”情形的，不应当因当事人有过错而判决不准离婚。

第六十四条 民法典第一千零八十一条所称的“军人一方有重大过错”，可以依据民法典第一千零七十九条第三款前三项规定及军人有其他重大过错导致夫妻感情破裂的情形予以判断。

第六十五条 人民法院作出的生效的离婚判决中未涉及探望权，当事人就探望权问题单独提起诉讼的，人民法院应予受理。

第六十六条 当事人在履行生效判决、裁定或者调解书的过程中，一方请求中止探望的，人民法院在征询双方当事人意见后，认为需要中止探望的，依法作出裁定；中止探望的情形消失后，人民法院应当根据当事人的请求书面通知其恢复探望。

第六十七条 未成年子女、直接抚养子女的父或者母以及其他对未成年子女负担抚养、教育、保护义务的法定监护人，有权向人民法院提出中止探望的请求。

第六十八条 对于拒不协助另一方行使探望权的有关个人或者组织，可以由人民法院依法采取拘留、罚款等强制措施，但是不能对子女的人身、探望行为进行强制执行。

第六十九条 当事人达成的以协议离婚或者到人民法院调解离婚为条件的财产以及债务处理协议，如果双方离婚未成，一方在离婚诉讼中反悔的，人民法院应当认定该财产以及债务处理协议没有生效，并根据实际情况依照民法典第一千零八十七条和第一千零八十九条的规定判决。

当事人依照民法典第一千零七十六条签订的离婚协议中关于财产以及债务处理的条款，对男女双方具有法律约束力。登记离婚后当事人因履行上述协议发生纠纷提起诉讼的，人民法院应当受理。

第七十条 夫妻双方协议离婚后就财产分割问题反悔，请求撤销财产分割协议的，人民法院应当受理。

人民法院审理后，未发现订立财产分割协议时存在欺诈、胁迫等情形的，应当依法驳回当事人的诉讼请求。

第七十一条 人民法院审理离婚案件，涉及分割发放到军人名下的复员费、自主择业费等一次性费用的，以夫妻婚姻关系存续年限乘以年平均值，所得数额为夫妻共同财产。

前款所称年平均值，是指将发放到军人名下的上述费用总额按具体年限均分得出的数额。其具体年限为人均寿命七十岁与军人入伍时实际年龄的差额。

第七十二条 夫妻双方分割共同财产中的股票、债券、投资基金份额等有价证券以及未上市股份有限公司股份时，协商不成或者按市价分配有困难的，人民法院可以根据数量按比例分配。

第七十三条 人民法院审理离婚案件，涉及分割夫妻共同财产中以一方名义在有限责任公司的出资额，另一方不是该公司股东的，按以下情形分别处理：

（一）夫妻双方协商一致将出资额部分或者全部转让给该股东的配偶，其他股东过半数同意，并且其他股东均明确表示放弃优先购买权的，该股东的配偶可以成为该公司股东；

（二）夫妻双方就出资额转让份额和转让价格等事项协商一致后，其他股东半数以上不同意转让，但愿意以同等条件购买该出资额的，人民法院可以对转让出资所得财产进行分割。其他股东半数以上不同意转让，也不愿意以同等条件购买该出资额的，视为其同意转让，该股东的配偶可以成为该公司股东。

用于证明前款规定的股东同意的证据，可以是股东会议材料，也可以是当事人通过其他合法途径取得的股东的书面声明材料。

第七十四条 人民法院审理离婚案件，涉及分割夫妻共同财产中以一方名义在合伙企业中的出资，另一方不是该企业合伙人的，当夫妻双方协商一致，将其合伙企业中的财产份额全部或者部分转让给对方时，按以下情形分别处理：

（一）其他合伙人一致同意的，该配偶依法取得合伙人地位；

（二）其他合伙人不同意转让，在同等条件下行使优先购买权的，可以对转让所得的财产进行分割；

（三）其他合伙人不同意转让，也不行使优先购买权，但同意该合伙人退伙或者削减部分财产份额的，可以对结算后的财产进行分割；

（四）其他合伙人既不同意转让，也不行使优先购买权，又不同意该合伙人退伙或者削减部分财产份额的，视为全体合伙人同意转让，该配偶依法取得合伙人地位。

第七十五条 夫妻以一方名义投资设立个人独资企业的，人民法院分割夫妻在该个人独资企业中的共同财产时，应当按照以下情形分别处理：

（一）一方主张经营该企业的，对企业资产进行评估后，由取得企业资产所有权一方给予另一方相应的补偿；

（二）双方均主张经营该企业的，在双方竞价基础上，由取得企业资产所有权的一方给予另一方相应的补偿；

（三）双方均不愿意经营该企业的，按照《中华人民共和国个人独资企业法》等有关规定办理。

第七十六条 双方对夫妻共同财产中的房屋价值及归属无法达成协议时，人民法院按以下情形分别处理：

（一）双方均主张房屋所有权并且同意竞价取得的，应当准许；

（二）一方主张房屋所有权的，由评估机构按市场价格对房屋作出评估，取得房屋所有权的一方应当给予另一方相应的补偿；

（三）双方均不主张房屋所有权的，根据当事人的申请拍卖、变卖房屋，就所得价款进行分割。

第七十七条 离婚时双方对尚未取得所有权或者尚未取得完全所有权的房屋有争议且协商不成的，人民法院不宜判决房屋所有权的归属，应当根据实际情况判决由当事人使用。

当事人就前款规定的房屋取得完全所有权后，有争议的，可以另行向人民法院提起诉讼。

第七十八条 夫妻一方婚前签订不动产买卖合同，以个人财产支付首付款并在银行贷款，婚后用夫妻共同财产还贷，不动产登记于首付款支付方名下的，离婚时该不动产由双方协议处理。

依前款规定不能达成协议的，人民法院可以判决该不动产归登记一方，尚未归还的贷款为不动产登记一方的个人债务。双方婚后共同还贷支付的款项及其相对应财产增值部分，离婚时应根据民法典第一千零八十七条第一款规定的原则，由不动产登记一方对另一方进行补偿。

第七十九条 婚姻关系存续期间，双方用夫妻共同财产出资购买以一方父母名义参加房改的房屋，登记在一方父母名下，离婚时另一方主张按照夫妻共同财产对该房屋进行分割的，人民法院不予支持。

购买该房屋时的出资，可以作为债权处理。

第八十条　离婚时夫妻一方尚未退休、不符合领取基本养老金条件，另一方请求按照夫妻共同财产分割基本养老金的，人民法院不予支持；婚后以夫妻共同财产缴纳基本养老保险费，离婚时一方主张将养老金账户中婚姻关系存续期间个人实际缴纳部分及利息作为夫妻共同财产分割的，人民法院应予支持。

第八十一条　婚姻关系存续期间，夫妻一方作为继承人依法可以继承的遗产，在继承人之间尚未实际分割，起诉离婚时另一方请求分割的，人民法院应当告知当事人在继承人之间实际分割遗产后另行起诉。

第八十二条　夫妻之间订立借款协议，以夫妻共同财产出借给一方从事个人经营活动或者用于其他个人事务的，应视为双方约定处分夫妻共同财产的行为，离婚时可以按照借款协议的约定处理。

第八十三条　离婚后，一方以尚有夫妻共同财产未处理为由向人民法院起诉请求分割的，经审查该财产确属离婚时未涉及的夫妻共同财产，人民法院应当依法予以分割。

第八十四条　当事人依据民法典第一千零九十二条的规定向人民法院提起诉讼，请求再次分割夫妻共同财产的诉讼时效期间为三年，从当事人发现之日起计算。

第八十五条　夫妻一方申请对配偶的个人财产或者夫妻共同财产采取保全措施的，人民法院可以在采取保全措施可能造成损失的范围内，根据实际情况，确定合理的财产担保数额。

第八十六条　民法典第一千零九十一条规定的“损害赔偿”，包括物质损害赔偿和精神损害赔偿。涉及精神损害赔偿的，适用《最高人民法院关于确定民事侵权精神损害赔偿责任若干问题的解释》的有关规定。

第八十七条　承担民法典第一千零九十一条规定的损害赔偿责任的主体，为离婚诉讼当事人中无过错方的配偶。

人民法院判决不准离婚的案件，对于当事人基于民法典第一千零九十一条提出的损害赔偿请求，不予支持。

在婚姻关系存续期间，当事人不起诉离婚而单独依据民法典第一千零九十一条提起损害赔偿请求的，人民法院不予受理。

第八十八条 人民法院受理离婚案件时，应当将民法典第一千零九十一条等规定中当事人的有关权利义务，书面告知当事人。在适用民法典第一千零九十一条时，应当区分以下不同情况：

（一）符合民法典第一千零九十一条规定的无过错方作为原告基于该条规定向人民法院提起损害赔偿请求的，必须在离婚诉讼的同时提出。

（二）符合民法典第一千零九十一条规定的无过错方作为被告的离婚诉讼案件，如果被告不同意离婚也不基于该条规定提起损害赔偿请求的，可以就此单独提起诉讼。

（三）无过错方作为被告的离婚诉讼案件，一审时被告未基于民法典第一千零九十一条规定提出损害赔偿请求，二审期间提出的，人民法院应当进行调解；调解不成的，告知当事人另行起诉。双方当事人同意由第二审人民法院一并审理的，第二审人民法院可以一并裁判。

第八十九条 当事人在婚姻登记机关办理离婚登记手续后，以民法典第一千零九十一条规定为由向人民法院提出损害赔偿请求的，人民法院应当受理。但当事人在协议离婚时已经明确表示放弃该项请求的，人民法院不予支持。

第九十条 夫妻双方均有民法典第一千零九十一条规定的过错情形，一方或者双方向对方提出离婚损害赔偿请求的，人民法院不予支持。

六、附 则

第九十一条 本解释自2021年1月1日起施行。

第二部分　重点问题理解与适用

《关于适用〈中华人民共和国民法典〉婚姻家庭编的解释（一）》若干重点问题的理解与适用

为贯彻落实习近平总书记在中央政治局第二十次集体学习时的重要讲话精神，更好地贯彻实施《中华人民共和国民法典》(以下简称《民法典》)，2020年，最高人民法院除完成591件司法解释及相关规范性文件的清理工作外，还新修改制定了第一批与《民法典》配套的7件司法解释，其中之一即为《最高人民法院关于适用〈中华人民共和国民法典〉婚姻家庭编的解释（一）》[以下简称《民法典婚姻家庭编解释（一）》]。现就其制定背景和相关重要问题介绍如下。

一、《民法典婚姻家庭编解释（一）》修改制定的背景

婚姻家庭制度是规范夫妻关系和家庭关系的基本准则，婚姻法回归民法体系是此次《民法典》编纂的重要成果。《民法典》婚姻家庭编以《婚姻法》和《收养法》为基础，结合社会发展需要，修改完善了部分规定，并增加了新的规定。为配合《民法典》的实施，统一法律适用标准，最高人民法院在《民法典》通过后即着手《民法典》婚姻家庭编司法解释的修改制定工作。涉及婚姻家庭方面的司法解释共有11个，条文共计达200余条，体量庞大。经逐件逐条清理，并经反复研究论证，我们认为，其中，《最高人民法院关于审理涉及夫妻债务纠纷案件适用法律有关问题的解释》《最高人民法院关于人民法院审理离婚案件如何认定夫妻感情确已破裂的若干具体意见》《同居案件若干意见》《离婚案件财产分割问题的意见》《最高人民法院关于审理离婚案件中公房使用、承租若干问题的解答》等5个司法解释或部分条文已被《民法典》吸收或所规范的情形已不适应当前经济社会

实际需要，故可整体予以废止；对《婚姻法司法解释（一）》《婚姻法司法解释（二）》《最高人民法院关于适用〈中华人民共和国婚姻法〉若干问题的解释（二）的补充规定》《婚姻法司法解释（三）》《离婚案件子女抚养问题的意见》《人工授精所生子女法律地位的复函》等6个司法解释，在废止后按照婚姻家庭编的体例进行体系化整合，并经征求全国人大常委会法制工作委员会、国务院妇女儿童工作委员会、中华全国妇女联合会、民政部、司法部、最高人民检察院等单位以及各高级人民法院的意见后，由最高人民法院审判委员会第1825次会议通过，于2021年1月1日起施行。

二、《民法典婚姻家庭编解释（一）》修改制定的原则

在婚姻家庭编司法解释修改制定过程中，我们主要坚持以下几个原则：

一是坚持婚姻家庭和谐稳定原则。党的十八大以来，以习近平同志为核心的党中央高度重视家庭文明建设。习近平总书记深刻指出："家庭和睦则社会安定，家庭幸福则社会祥和，家庭文明则社会文明。"[①]《民法典》婚姻家庭编中也明确规定"家庭应当树立优良家风，弘扬家庭美德，重视家庭文明建设"。最高人民法院深入学习、坚决贯彻落实党中央决策部署和习近平总书记关于家庭、家教、家风的重要论述，始终坚持将司法为民，维护妇女、儿童合法权益作为重要工作内容，立足自身职能做了大量工作。2016年以来，最高人民法院持续深入推进家事审判方式和工作机制改革，建立了包括民政部、公安部、全国妇联等15个部门共同参与的联席会议制度，抓前端、治未病，坚持将非诉讼纠纷解决机制挺在前面，不断完善家事审判多元化纠纷解决机制。此次婚姻家庭编司法解释清理中，最高人民法院也将维护婚姻家庭和谐稳定作为重要工作统领。清理过程中尤其注重保留了相关司法解释的规定，比如在《反家庭暴力法》已经明确规定家

① 习近平：《论党的宣传思想工作》，中央文献出版社2020年版，第281页。

庭暴力的基础上，继续保留“持续性、经常性的家庭暴力，可以认定为虐待”的原有规定，体现了弘扬良好家庭美德，对家庭暴力坚决说“不”的鲜明价值导向。

二是坚持司法为民原则。保护妇女、未成年人、老年人和残疾人的合法权益是婚姻家庭编的基本原则，此次对婚姻家庭方面司法解释的清理尤其注重贯彻上述原则。如对无民事行为能力人在法定情形下变更监护人并提起离婚诉讼的细化规定；对于亲子关系确认、否认之诉的条文进一步完善；贯彻最有利于未成年子女原则，在离婚诉讼中对涉及未成年子女的抚养纠纷，尊重8周岁以上子女的真实意愿，删除了原来10周岁的规定等。

三是坚持严格依法和分步走原则。此次修改制定的《民法典婚姻家庭编解释（一）》主要是在对标对表《民法典》基础上对原有司法解释清理修改后制定。对与《民法典》抵触的坚决予以废止，确保司法解释符合《民法典》规定，法律适用标准统一；对已经被《民法典》吸收的，如关于夫妻共同债务的规定、婚内特定情形分割夫妻共同财产的规定等，因司法解释内容已经上升为法律规定，适用中直接引用法律规定即可，相关规定不再纳入《民法典婚姻家庭编解释（一）》；对其他与《民法典》规定不抵触的，以保留为原则，整体思路是不作大的修改。由于原有司法解释在不同年代制定，时间跨度达30年，其中也有针对不同问题的重复规定，有的还存在矛盾之处，此次清理中整体上按照婚姻家庭编的体例结构，进行体系化整合，保持司法解释内在统一协调；针对近年来婚姻家庭领域新出现的重大、疑难问题，鉴于司法解释的制定需要更加广泛充分的调研和论证，而且有争议的或者《民法典》新规定的内容仍需司法实践继续探索，故此次暂未作规定，留待以后专门立项制定新的司法解释。

三、《民法典婚姻家庭编解释（一）》中的几个主要问题

（一）删除原有司法解释“一年期间”的规定

关于“一年期间”的规定，涉及原婚姻法司法解释的条文有4

条，分别为：（1）《婚姻法司法解释（一）》第30条。该条规定："人民法院受理离婚案件时，应当将婚姻法第四十六条等规定中当事人的有关权利义务，书面告知当事人。在适用婚姻法第四十六条时，应当区分以下不同情况：（一）符合婚姻法第四十六条规定的无过错方作为原告基于该条规定向人民法院提起损害赔偿请求的，必须在离婚诉讼的同时提出。（二）符合婚姻法第四十六条规定的无过错方作为被告的离婚诉讼案件，如果被告不同意离婚也不基于该条规定提起损害赔偿请求的，可以在离婚后一年内就此单独提起诉讼。（三）无过错方作为被告的离婚诉讼案件，一审时被告未基于婚姻法第四十六条规定提出损害赔偿请求，二审期间提出的，人民法院应当进行调解，调解不成的，告知当事人在离婚后一年内另行起诉。"（2）《婚姻法司法解释（二）》第5条。该条规定："夫妻一方或者双方死亡后一年内，生存一方或者利害关系人依据婚姻法第十条的规定申请宣告婚姻无效的，人民法院应当受理。"（3）《婚姻法司法解释（二）》第9条。该条规定："男女双方协议离婚后一年内就财产分割问题反悔，请求变更或者撤销财产分割协议的，人民法院应当受理。人民法院审理后，未发现订立财产分割协议时存在欺诈、胁迫等情形的，应当依法驳回当事人的诉讼请求。"（4）《婚姻法司法解释（二）》第27条。该条规定："当事人在婚姻登记机关办理离婚登记手续后，以婚姻法第四十六条规定为由向人民法院提出损害赔偿请求的，人民法院应当受理。但当事人在协议离婚时已经明确表示放弃该项请求，或者在办理离婚登记手续一年后提出的，不予支持。"上述4个条文中涉及的一年期间虽然在审判实践中争议不大，但考虑到期间的设定对当事人利益影响巨大，应当由法律统一作出规定。在征求意见过程中，全国人大常委会法工委也提出对该4个条文应当进一步斟酌考虑。故本着严格依法的原则，此次清理过程中，将4个条文中的"一年期间"均予以删除。

我们认为，删除了一年期间的规定，并不意味着上述权利的行使不受任何限制。审判实践中，在具体适用上述条文时要根据相关请求权的性质分别适用不同的规定。具体分述如下：

1. 关于离婚损害赔偿请求权问题。《婚姻法司法解释（一）》第30条和《婚姻法司法解释（二）》第27条均涉及离婚损害赔偿请求权的行使，并以离婚之日作为期间起算点。损害赔偿请求权本质上属于债权请求权范畴，因此，应当受诉讼时效制度的规范。由于婚姻家庭编对离婚损害赔偿请求权没有作出特别规定，根据体系解释原则，应当适用《民法典》总则编有关诉讼时效的规定。根据《民法典》第188条的规定，该请求权的诉讼时效期间为3年，以无过错方人知道或者应当知道权利受到损害之日起计算。当然，由于离婚损害赔偿请求权是以离婚为前提，故即便在婚姻关系存续期间，已经知道对方存在《民法典》第1091条规定的情形，亦不宜以此计算诉讼时效，为尽量维护婚姻家庭的和谐稳定，尊重当事人对婚姻家庭的选择，同时最大限度保障无过错方的权益，以离婚之日作为起算点较为合适。但实践中也存在比如离婚之后才发现对方与他人同居的事实，则不以离婚之日，而以无过错方知道其权利受损害之日起算，能更好地保护无过错方的合法权益。此外，为维护社会秩序的稳定，该权利的行使原则上也应受20年最长时效的限制，当然，有特殊情况的，根据当事人申请，人民法院也可以决定予以延长。

2. 关于确认婚姻无效问题。《婚姻法司法解释（二）》第5条规定了夫妻一方或双方死亡后，生存一方或利害关系人的婚姻无效确认请求权。婚姻法回归民法体系后，从体系解释角度看，确认婚姻无效应当与确认民事法律行为无效的路径一致。一般认为，民事法律行为的效力是公权力对私法自治的评价，不受诉讼时效制度规制。因此，该条不应适用诉讼时效的规定。

3. 关于撤销离婚财产分割协议问题。《婚姻法司法解释（二）》第9条涉及的撤销权属于形成权，在婚姻家庭编对该种情况没有特别规定的情况下，应当适用《民法典》总则编关于撤销权行使除斥期间的有关规定。根据《民法典》第152条规定，虽然权利行使的期间仍为1年，但起算点不同，在受欺诈的情形下，应为当事人知道或者应当知道撤销事由之日，而不是原来规定的离婚之日；在受胁迫的情形下，为胁迫行为终止之日。而且，由于离婚财产分割协议是以离婚为条件，根据《民法典》第152条规定的精神，自离婚之日起5年内没有行使撤销权的，撤销权即消灭。

（二）对宣告婚姻无效案件的诉讼程序进行调整

原有婚姻法司法解释中涉及婚姻无效案件诉讼程序的条文共有5条，具体为：（1）《婚姻法司法解释（一）》第9条。该条规定：“人民法院审理宣告婚姻无效案件，对婚姻效力的审理不适用调解，应当依法作出判决；有关婚姻效力的判决一经作出，即发生法律效力。涉及财产分割和子女抚养的，可以调解。调解达成协议的，另行制作调解书。对财产分割和子女抚养问题的判决不服的，当事人可以上诉。”（2）《婚姻法司法解释（二）》第2条。该条规定：“人民法院受理申请宣告婚姻无效案件后，经审查确属无效婚姻的，应当依法作出宣告婚姻无效的判决。原告申请撤诉的，不予准许。”（3）《婚姻法司法解释（二）》第3条。该条规定：“人民法院受理离婚案件后，经审查确属无效婚姻的，应当将婚姻无效的情形告知当事人，并依法作出宣告婚姻无效的判决。”（4）《婚姻法司法解释（二）》第4条。该条规定：“人民法院审理无效婚姻案件，涉及财产分割和子女抚养的，应当对婚姻效力的认定和其他纠纷的处理分别制作裁判文书。”（5）《婚姻法司法解释（二）》第7条。该条规定：“人民法院就同一婚姻关系分别受理了离婚和申请宣告婚姻无效案件的，对于离婚案件的审理，应当待申请宣告婚姻无效案件作出判决后进行。前款所指的婚姻关系被宣告无效后，涉及财产分割和子女抚养的，应当继续审理。”在制定《婚姻法司法解释（一）》和《婚姻法司法解释（二）》的过程中，基于对婚姻无效案件为非诉案件，非诉案件比照特别程序审理的思路，对于申请宣告婚姻无效的程序用5个条文进行了设计。这次清理中，基于体系化解释和对审判实践理解的深入，我们认为，现有确认合同无效的案件均适用普通程序审理，确认婚姻无效的案件应当与其他确认民事法律行为效力的案件在程序选择上作一体化处理，而且，审判实践中，婚姻效力问题如果是当事人双方的争议焦点，应当以充分辩论为前提，适用特别程序一审终审可能损害当事人的程序和实体利益。同时，根据《民事诉讼法》第177条的规定，适用特别程序审理的案件只包括选民资格案件、宣告失踪和宣告死亡案件、认定公民无民事行为能力或者限制民事行为能力案件、认定财产无主案件、确认调解协议案件和实现担保物权案件，没有适用其他案件的解释空间，确认婚姻无效案件适用一审终审的特别程序已不符合《民事诉讼法》的规定。故此次清理将确认婚姻无效案件从一审终审的特别程序改为普通程序。相应地，由于程序设计的变化，将原有的5个条文整合成3个条文，即《民法典婚姻家庭编解释（一）》的第11条、第12条和第13条。具体有以下几方面考虑：

1. 将婚姻无效与财产分割、子女抚养一并处理。由于确认婚姻无效案件不再适用特别程序，故删除了《婚姻法司法解释（一）》第9条中“有关婚姻效力的判决一经作出，即发生法律效力”和“对财产分割和子女抚养问题的判决不服的，当事人可以上诉”的规定，确认婚姻无效和财产分割、子女抚养的诉讼请求可以一并处理，当事人不服的，均可以上诉，不再对财产分割和子女抚养问题判决可以上诉另行作出特别规定。但是，婚姻效力问题涉及国家对婚姻的评价，不允许当事人撤诉，也不适用调解。故《民法典婚姻家庭编解释（一）》第11条整合了《婚姻法司法解释（二）》第2条的规定，明确请求确认婚姻无效案件的基本原则。考虑到虽然财产分割和子女抚养的问题可以与婚姻效力的问题一并审理，而不需要适用不同程序，因此删去了《婚姻法司法解释（二）》第4条关于婚姻效力和其他纠纷处理分别制作裁判文书的规定。但因为婚姻效力的问题不适用调解，只能依法作出判决，而财产分割和子女抚养完全可以由当事人调解解决，故仍保留了原来的对财产分割和子女抚养达成调解协议后，需要另行制作调解书的内容。考虑到如果对财产分割和子女抚养不能达成调解协议的情况下，两项诉讼请求均适用普通程序审理，则可以一并作出判决，而且该判决均可以上诉，因此，增加规定：“未达成调解协议的，应当一并作出判决。”同时，由于改变了原来特别程序的制度设计，在文字表述上也将“申请宣告”，改为“请求确认”。

2. 离婚诉讼中涉及婚姻效力问题的，应当予以审理。对此，我们此次清理中保留了《婚姻法司法解释（二）》第3条的内容，即如果当事人提起离婚的诉讼请求，但经审理属于无效婚姻的，应当作出婚姻无效的判决。但在审理相关案件中要注意依法保障当事人的程序利益。如果一方起诉离婚，另一方主张婚姻无效的，应当根据《民事诉讼证据规定》（2019年修正）第53条规定，将婚姻的效力问题作为焦点问题进行审理，经过当事人充分辩论后进行依法认定。如果当事人因此变更诉讼请求的，人民法院应当准许并可以根据案件的具体情况重新指定举证期限。

3. 对同一婚姻关系分别受理离婚和请求确认婚姻无效的，着重考虑当事人的程序利益。为此，对《婚姻法司法解释（二）》第7条进行了修改。考虑到离婚案件的当事人只能是夫妻双方，而申请确认婚姻无效的当事人可能是婚姻关系当事人，也可能是利害关系人，合并审理存在一定的障碍，也不利于保护相关当事人合法权益，为稳妥起见，仍保持了原来的制度设计，即在审理离婚诉讼中，如果就同一婚姻关系，另行受理了请求确认婚姻无效的案件的，应当分别审理。由于离婚须以合法有效的婚姻关系为前提，故在此情况下，离婚案件审理属于《民事诉讼法》第150条规定的必须以另一案的审理结果为依据，而另一案尚未审结的情形，离婚案件应当中止诉讼，待请求确认婚姻无效的案件判决生效后恢复诉讼。故本次清理中保留了《婚姻法司法解释（二）》第7条第1款的规定，即人民法院就同一婚姻关系分别受理了离婚和请求确认婚姻无效案件的，对于离婚案件的审理，应当待请求确认婚姻无效案件作出判决后进行。要特别注意的是，由于请求确认婚姻无效的案件不再实行一审终审，故须待该案件二审判决生效后，离婚案件才可以恢复诉讼。《婚姻法司法解释（二）》第7条第2款还规定，婚姻关系被宣告无效后，涉及财产分割和子女抚养的，应当继续审理。此规定是考虑到如果当事人在申请宣告婚姻无效的同时，请求处理无效婚姻引起的子女抚养和财产分割争议的，因宣告婚姻无效是一审终审，而在宣告婚姻无效后，财产分割和子女抚养仍可以按照普通程序继续审理，故而作出规定。但根据《民法典婚姻家庭编解释（一）》第11条规定，婚姻无效和财产分割、子女抚养问题可以一并适用普通程序审理。因此，对于财产分割和子女抚养，不是“继续审理”的问题，而是一并审理，故删除了该款规定。如果确认婚姻无效的案件中没有提出财产分割和子女抚养诉请的而在离婚纠纷中提出相关诉请的，在对婚姻效力的案件作出判决后，在离婚纠纷一案中，对解除婚姻关系的诉讼请求应当予以驳回，对财产分割和子女抚养的，也需要一并审理。

4. 对相关程序处理的考虑。基于婚姻无效案件适用特别程序的制度设计，在《婚姻法司法解释（一）》第11条专门规定，人民法院审理婚姻当事人因受胁迫而请求撤销婚姻的案件，应当适用简易程序或者普通程序。上述规定即是为了区别婚姻无效案件适用特别程序而对撤销婚姻案件适用程序作出的规定。在婚姻无效案件已经统一改为普通程序审理的情况下，该条规定已无存在的意义，故删除此条规定。

（三）关于同居关系问题

《民法典》第1049条规定，要求结婚的男女双方应当亲自到婚姻登记机关申请结婚登记。符合《民法典》规定的，予以登记，发给结婚证。完成结婚登记，即确立婚姻关系。未办理结婚登记的，应当补办登记。可见，法律倡导有结婚意愿的男女通过办理结婚登记的方式保护其合法权益，未办理结婚登记的，应当补办登记。虽然单身适婚男女同居是当事人的自主选择，不再被认定为违法行为，但法律对该种行为是持否定态度的，表现在未办理结婚登记的，双方不具有夫妻之间的权利义务关系，相互之间的扶养、继承等有关身份权利无法得到法律的保障。同居关系问题非常复杂，1989年最高人民法院就曾出台《同居案件若干意见》针对当时同居引发的纠纷进行规范。该意见距今已经30余年，经济社会生活以及人们的思想观念发生了巨大变化，同居群体的年龄结构、心理预期、财产形式等均与30年前有很大不同，该司法解释确立的规则大部分已经不能满足于新的审判实践需要，而新规则的确立需要考量社会、文化、心理等多方面因素，更需要大量的审判实践支持，在广泛深入的调研后再出台有针对性的规则更为适宜，因此，清理中整体地废止了上述关于同居的司法解释，同时，对婚姻法司法解释中的其他相关条文也进行了体系化梳理和修改，具体有以下几个问题需要关注：

1. 关于补办登记是否具有溯及力的问题。《民法典》第1049条规定，完成结婚登记，即确立婚姻关系。结婚登记是男女缔结婚姻关系的法定必经程序，因此原则上双方应当以结婚登记作为婚姻关系确立的起点。该条同时规定，未办理结婚登记的，应当补办登记。在编纂《民法典》时，对该条后半部分是否予以保留有过争议，其中就包括补办登记的情况下婚姻关系自何时确立的问题，最后《民法典》仍保留了《婚姻法》的表述，但是，对于补办结婚登记的情况下，婚姻关系的效力能否具有溯及力法律没有明确。我们认为，既然法律规定可以补办登记，那么认定补办登记具有溯及既往的效力更能保护当事人的权益。但对补办登记前婚姻效力的追及认可，是以没有办理结婚登记即以夫妻名义同居生活的男女双方必须具备结婚的法定实质要件为条件的，即补办登记的溯及力自男女双方均符合结婚的实质要件时起算，而不是溯及男女双方以夫妻名义同居生活时。对于该条规定，全国人大法工委在征求意见的回函中亦未提出不同意见。

2. 关于是否可以诉请解除同居关系的问题。《同居案件若干意见》和《婚姻法司法解释（一）》第5条均有解除同居关系的规定，《婚姻法司法解释（二）》第1条也在但书部分对“有配偶者与他人同居”的情形规定可以解除同居关系。我们经研究认为，目前法律并未明确规定同居关系，同居关系本身不具有法律上的权利义务内容，故没有必要由人民法院通过判决的方式予以解除。而且，“有配偶者与他人同居”亦无例外规定的必要。因此，在《民法典婚姻家庭编解释（一）》第3条统一规定，当事人提起诉讼仅请求解除同居关系的，人民法院不予受理。同时，在《民法典婚姻家庭编解释

（一）》第 7 条关于《婚姻登记管理条例》公布实施之后未补办结婚登记的情况，删除了原来“按解除同居关系处理”的规定，转引至第 3 条统一处理。

3. 关于婚姻被确认无效或被撤销后的财产问题。《民法典》第 1054 条规定，无效的或者被撤销的婚姻自始没有法律约束力，当事人不具有夫妻的权利和义务。同居期间所得的财产，由当事人协议处理；协议不成的，由人民法院根据照顾无过错方的原则判决。可见，婚姻被确认无效或者被撤销后，对前期同居期间所得的财产，法律并未明确规定为共同共有，而是指引当事人通过协议的方式处理。因此，在婚姻被确认无效或者被撤销后，如果当事人对同居期间所得的财产有协议，应当首先按照协议约定处理，不适用《民法典》中有关夫妻法定婚后所得共同制的规定，也不存在依法分割夫妻共同财产的问题。因为无效婚姻或被撤销婚姻的双方在法律上并不是配偶关系而只是同居者。夫妻财产制所调整的财产关系，是以合法的配偶身份关系为前提的，无效婚姻或被撤销婚姻当事人同居期间并非婚姻关系存续期间，在此同居期间所得的财产，不能当然地视为双方当事人共同所有。夫妻共有财产与其他一般共有财产的最大区别在于，夫妻共有财产关系是基于配偶身份，基于彼此是夫妻的特别关系而产生的，虽然财产的形成也含有共同投资、共同劳动的内容，但法律更强调的是身份关系，并不要求双方付出同等的劳动、智力才能共同所有。而其他财产共有关系主要是基于共同投资、共同经营而形成的，如合伙共有财产、出资合购的共有房屋等都不是基于身份而产生的共有关系。无效婚姻或被撤销的婚姻中，虽没有配偶身份关系，但共同生活期间因紧密联系而共同投资、经营或者共同购置的，也可能形成共有财产。这次司法解释清理中，对该条整体上没有改变，只是文字上作了微调，将除外条款提前，以强调这一理念，即同居期间，如果有证据证明为一方所有的，首先认定为个人财产，以更明确地区分合法的婚姻关系。要特别说明的是，本条只适用于婚姻被确认无效或者被撤销后同居期间的财产分割问题，而不适用一般同居关系中的财产纠纷。

（四）关于体系化协调问题

《民法典婚姻家庭编解释（一）》第19条第1款来源于《婚姻法司法解释（一）》第12条，该条是对《婚姻法》第11条的解释。《婚姻法》第11条规定：因胁迫结婚的，受胁迫的一方可以向婚姻登记机关或人民法院请求撤销该婚姻。受胁迫的一方撤销婚姻的请求，应当自结婚登记之日起1年内提出。被非法限制人身自由的当事人请求撤销婚姻的，应当自恢复人身自由之日起1年内提出。该条规定的婚姻撤销权，其性质属于形成权，功能在于权利主体得依其单方之意思表示，干预他人之法律关系，使权利人自己与他人已成立的法律关系发生变更。因撤销权的行使将干预他人的利益，为保护相对人的利益，法律规定形成权的行使应受相应的限制，以避免置相对人和法律关系处于不确定之状态。该条规定中"一年"的性质属于对形成权行使的限制，即除斥期间。除斥期间是法定权利的存续期间，它是一种不变期间，法定权利因该期间的经过将发生实体权利消灭的法律效果。它与诉讼时效不同，除斥期间不发生中止、中断、延长的问题。故《婚姻法司法解释（一）》第12条明确，该"一年"不适用诉讼时效中止、中断或者延长的规定。该条规定并无不当，故此次清理中予以保留。但由于此次《民法典》编纂过程中在总则编中的第152条第2款增加了当事人自民事法律行为发生之日起5年内没有行使撤销权的，撤销权消灭的规定。因此，从体系解释的角度，需要回答该款是否适用婚姻家庭编中婚姻撤销权这一问题。经研究，我们认为，在婚姻法回归民法体系的大前提下，原则上婚姻家庭编作为分编，应当受总则编的规制。但是，根据特别法优于一般法的法律适用基本原则，亦应当作精细化解释。虽然总则编规定了撤销民事法律行为的各种情形，但是，对撤销婚姻的具体情形，在婚姻家庭编中有单独的规定，应当适用该特别规定。针对被胁迫或者非法限制人身自由的情况，《民法典》第1052条作出了明确规定，而在该规定中，并未如《民法典》总则编中的第152条第2款一样对撤销权消灭的客观标准进行规定；而且，由于胁迫或非法限制人身自由可能一直处于持续状态，如果自被胁迫或者非法限制人身自由之日起5年内没有行使撤销权的，撤销权即消灭，将对当事人的基本人身权益产生重大影响。从最大限度保护当事人婚姻自主权和妇女权益的角度，作此理解更为妥当。故此次《民法典婚姻家庭编解释（一）》在《婚姻法司法解释（一）》第12条的基础上专门增加了一款，明确受胁迫或者被非法限制人身自由的当事人请求撤销婚姻的，不适用《民法典》第152条第2款的规定，以体现婚姻家庭编保护当事人婚姻自主权的基本价值取向。

（五）关于父母为子女出资购房问题

近年来，由于房价高企，子女购房财力有限，往往需要父母的资助。为了子女能够安居乐业，很多父母也是倾其大半生积蓄资助子女购房。父母为子女购房出资的性质以及归属关涉各方切身利益，往往成为社会热点。《婚姻法司法解释（二）》和《婚姻法司法解释（三）》对此问题均有规定。此次清理中对上述规定进行了体系化整合，删除了《婚姻法司法解释（三）》第7条。在理解时需要注意以下问题：

1. 严格遵守法律的规定。根据《民法典》第1062条第1款第4项和第1063条第3项规定，夫妻在婚姻关系存续期间继承或受赠的财产原则上为夫妻共同所有，除非遗嘱或者赠与合同中确定财产只归一方。也即，在我国法定夫妻财产制为婚后所得共同制的前提下，夫妻一方婚后所得的财产原则上均为夫妻共同所有，除非赠与合同中确定只归夫或妻一方的财产。因此，总体上，《婚姻法司法解释（二）》第22条第2款是符合立法精神的。但考虑到实践中的情形非常复杂，有借款的情形，也有赠与的情形；有只赠与一方的，也有愿意赠与双方的，如果当事人愿意通过事先协议的方式明确出资性质以及房屋产权归属，则能够最大限度减少纠纷的发生。为此，我们对《婚姻法司法解释（二）》第22条第2款进行了重新表述。即规定当事人结婚后，父母为双方购置房屋出资的，依照约定处理；对于没有约定或者约定不明的，严格按照法律规定的精神，直接转引至《民法典》第

1062条第1款第4项的规定，即如果不是赠与合同中确定只归一方的，则按照夫妻共同财产处理。

2. 要明确法律关系的性质。实践中，父母为子女购房出资的性质是借贷还是赠与，各方可能存在争议，在此情况下，应当将法律关系的性质作为争议焦点进行审理，根据查明的案件事实，准确认定双方的法律关系是借款还是赠与，不能仅依据《民法典婚姻家庭编解释（一）》第29条当然地认为是赠与法律关系。要特别强调的是，在相关证据的认定和采信上，注意适用《民事诉讼法司法解释》第105条规定，运用逻辑推理和日常生活经验法则，对证明有无证明力和证明力大小进行判断，从而准确认定法律关系的性质。从中国现实国情看，子女刚参加工作缺乏经济能力，无力独自负担买房费用。而父母基于对子女的亲情，往往自愿出资为子女购置房屋。大多数父母出资的目的是要解决或改善子女的居住条件，希望让子女生活更加幸福，而不是日后要回这笔出资，因此，在父母一方主张为借款的情况下，应当由父母来承担证明责任，这也与一般人的日常生活经验感知一致。

3. 准确认定是赠与一方还是赠与双方。父母为子女购房出资在认定为是赠与的情况下，根据《民法典》第1062条的规定，婚姻关系存续期间受赠的财产原则上为夫妻共同财产，除非赠与合同中确定只归一方的财产。因此，《民法典婚姻家庭编解释（一）》没有再作出具体规定，而是转引至《民法典》第1062条第1款第4项。要特别注意的是其中的但书条款，即《民法典》第1063条第3项的规定，对于如何认定“赠与合同中确定只归一方”，司法实践中最具争议。如前所述，我们在《民法典婚姻家庭编解释（一）》中首先引导当事人事先约定，以期尽量减少纠纷的发生。但是，基于父母子女间密切的人身关系和特有的中国传统家庭文化的影响，实践中父母与子女之间一般并没有正式赠与合同的存在，或者说没有一个书面赠与合同的存在，对于是否存在口头的赠与合同以及赠与合同的内容，在夫妻离婚时往往是双方争议的焦点。在一方父母出全资并且在购买不动产后将不动产登记在自己一方子女名下的，考虑到《物权法》已经实施多年，普通民众对不动产登记的意义已经有较为充分的认识，在出资后将不动产登记在自己一方子女名下，认定为是父母将出资确定赠与给自己子女一方的意思表示，应当更为符合当事人本意。

4. 删除双方父母出资情况下房产按份共有的规定。实践中，由于房价高企，一方父母可能无力单独承担购房负担，由双方父母共同出资为子女购房的情形并不鲜见，父母为子女出资购房不仅是家族财产的传递形式之一，也寄托了父母对子女婚姻幸福美满的期望，在双方没有明确约定的情况下，认定为是按份共有与家庭的伦理性特征不相符，也与法律规定有一定冲突。根据《民法典》第1062条规定，在没有明确表示赠与一方的情况下，应当归夫妻共同所有。同时，《民法典》第308条也规定，共有人对共有的不动产或者动产没有约定为按份共有或者共同共有，或者约定不明确的，除共有人具有家庭关系等外，视为按份共有。可见，在双方没有明确约定的情况下，基于家庭关系的特殊身份属性，亦不宜认定为按份共有。

第三部分　条文理解与适用

一、一般规定

第一条　持续性、经常性的家庭暴力，可以认定为民法典第一千零四十二条、第一千零七十九条、第一千零九十一条所称的“虐待”。

【条文主旨】

本条是关于“虐待”的解释和规定。

【条文理解】

男女平等是《宪法》和《民法典》确定的一项基本原则，是社会主义婚姻家庭制度区别于一切剥削阶级婚姻家庭制度的根本标志。《宪法》第48条第1款和第49条第4款分别规定：“中华人民共和国妇女在政治的、经济的、文化的、社会的和家庭的生活等各方面享有同男子平等的权利。”“禁止虐待老人、妇女和儿童。”《民法典》第1041条第2款、第3款分别规定，实行“男女平等”，“保护妇女、未成年人、老年人、残疾人的合法权益”，第1042条第3款规定：“禁止家庭暴力。禁止家庭成员间的虐待和遗弃。”

虐待是指持续性、经常性的家庭暴力。对于家庭暴力，《反家庭暴力法》给出明确的定义，该法第2条规定：“本法所称家庭暴力，是指家庭成员之间以殴打、捆绑、残害、强行限制人身自由以及经常性谩骂、恐吓等方式实施的身体、精神等侵害行为。”由此可见，家庭暴力主要是指家庭成员之间发生的身体上与精神上的暴力。

一、家庭暴力的立法背景和概况

家庭暴力作为家庭成员相互间人际关系的一种非正常表现，不仅侵害了每个家庭成员自身的权益，而且已严重阻碍了人类社会的进步和发展。为此，世界各国均采取各种方式禁止家庭暴力。对于家庭暴力问题，虽然早已为欧美某些国家所注意，但仅是将其作为妇女暴力行为研究领域的一个附属问题，没有受到普遍广泛的重视。1991年始于加拿大的旨在反对家庭暴力的民间自发性运动——“白丝带”运动，开创了全球性反对和制止家庭暴力运动之先河。此后，反对家庭暴力的运动很快在欧美国家广泛展开，并逐渐传入联合国。在联合国机构的支持下，妇女组织又迅速将这项运动在世界范围内加以推广。英国的零忍耐福利基金会于1992年发起的零忍耐运动，就向社会公众表明：任何形式的暴力都是犯罪，个人不应遭受、社会不应忍受任何程度的暴力。1993年，第四十八届联合国大会通过了《消除对妇女的暴力行为的宣言》。1995年在北京召开的联合国第四次世界妇女大会通过的《行动纲领》也将家庭暴力列为12个重点关注的问题之一。随之，联合国又将11月25日定为“国际消除对妇女的暴力日”。目前，全球已有美国、英国、加拿大、澳大利亚、肯尼亚等44个国家和地区制定了反对家庭暴力的立法，对家庭暴力规定了明确的处罚措施。面临国际社会反对和制止家庭暴力运动的发展趋势，我国作为联合国《消除对妇女一切形式歧视公约》《消除对妇女的暴力行为的宣言》等国际公约的缔约国，也将制止和预防家庭暴力作为我们当前立法的首要工作，这也是我们应当履行的国际义务和社会发展的必然。

在我国，由于各种历史原因，虽然在《宪法》《刑法》《婚姻法》《妇女权益保障法》《治安管理处罚法》等法律法规中，对家庭暴力规定了一些禁止性条款，但这些规定过于原则，缺乏具体性和可操作性，对家庭暴力行为的预防和处罚没有发挥应有的功效，致使家庭暴力成为严重损害我国婚姻家庭制度的一个毒瘤。在有关部门随机抽样调查的254起家庭暴力案件中，仅有55个施暴者受到处罚，其中22人被判刑，6人受到行政处罚，15人受到行政处分，12人作出经济赔偿，占总数的21.7%。随着我国社会的进步和公民权利意识、法律意识的觉醒，原来潜伏的家庭暴力问题逐步浮现到社会表层，甚至在一些地方还比较突出，因家庭暴力导致离婚和人身伤害的案件也逐渐增多，已成为社会关注的焦点。

二、关于家庭暴力的理论争鸣

因家庭暴力的形成原因和表现形式的复杂多样化，国内外理论界和实务界对家庭暴力的定义和内涵有不同认识。欧洲反妇女暴力问题委员会主席利茨·凯勒认为：关于"家庭暴力"一直没有一个统一的定义，但多数人都认为它包括人身暴力、性侵犯、威胁、骚扰与心理伤害。致力于家庭暴力研究多年的英国学者乔治娜·阿什沃思指出：英国关于家庭暴力的定义也有争议，一种意见认为，家庭暴力应当包括在家庭中发生的所有暴力和虐待行为；另一种意见认为，应当仅限于在成年人的性或婚姻关系中发生的暴力和虐待行为。在英国，"家庭暴力"一词被最为广泛地用于指狭义的成年人亲属关系，在包括更为广泛的亲属关系时则使用"亲属暴力"，它是指一个人为了控制和支配与之有或有过某种亲属关系的另一个人所使用的任何暴力的或欺辱性的行为，包括身体袭击、性虐待、强奸、威胁、恐吓、羞辱和控制行为、断绝经济来源、剥夺权利、遗弃、贬低和经常性批评。家庭暴力的实施者可能使用这些行为中的任何一种，也可能是混合使用这些手段以达到控制目的。

我国学者也对家庭暴力从不同角度进行了阐述。从行为主体讲，家庭暴力有广义和狭义之说。广义的家庭暴力是指发生在家庭成员相互之间的暴力行为；狭义的家庭暴力则专指发生在夫妻之间的暴力行为。据分析，98%的家庭暴力发生在夫妻之间。从行为的客体讲，广义的家庭暴力是指家庭成员之间一方对另一方的身体、精神、性方面的暴力侵害行为；狭义的则仅指家庭成员之间一方对另一方的身体侵害。也有观点认为，家庭暴力是指家庭成员之间一方对另一方进行的伤害、折磨、摧残人身等行为，包括有形的身体暴力和无形的精神暴力。精神暴力是指对家庭成员在精神上采取压制、威逼、折磨、贬损等，以致家庭成员在精神和身心上受损。理论界较为一致的观点为：家庭暴力是指家庭成员间的一方以暴力或胁迫、侮辱等手段，侵害其他家庭成员的身体、精神、性等方面人身权利，并造成一定损害后果的行为。从静态的构成要件看，家庭暴力的特征表现为：（1）主体双方的亲属身份性。即施暴人与受害人之间存在特定的亲属身份关系，如配偶、父母子女、兄弟姐妹、祖孙、婆媳等。其中受害者多为女性配偶、儿童和老人。（2）暴力场所的特定性。家庭暴力发生在家庭成员之间的共同生活中，以家庭住所为行为场所。（3）侵害的客体集中于身体、精神、性三个方面的人身权利。（4）主观上的故意性。即施暴人实施暴力行为，主观上存在明确的目的性，过失行为不构成家庭暴力。（5）客观上，家庭暴力既可以是积极的行为，如殴打、伤害、捆绑、禁闭、强奸等暴力行为，或者以暴力进行恐吓、威胁、逼迫；也可以是消极的作为，如使受害人挨冻受饿、不准回家、不给治病、不给钱花等。从动态的运行表现上看，家庭暴力的特征有：（1）手段的多样性；（2）行为的隐蔽性；（3）时间的连续性和长期性；（4）原因的复杂性；（5）外界介入的困难性；（6）受害程度的不可预测性。

三、对家庭暴力的理解适用

根据《民法典》的规定和立法意图，结合司法工作实践经验，综合上述国内外的诸多观点，我们从以下三个方面对家庭暴力予以解释：

第一，从家庭暴力行为的主体范围看。由于《民法典》对家庭暴力的内涵没有明确规定，致使人们对家庭暴力的主体范围有不同认识，我们认为，家庭暴力作为家庭领域的一种社会现象，应是发生在夫妻之间和其他家庭成员之间的共同生活之中。这就决定了家庭暴力的行为主体即施暴人与受害人之间存在有特定的亲属身份关系，如配偶、父母子女、兄弟姐妹、祖孙、婆媳等。《反家庭暴力法》就将家庭暴力的行为主体规定为家庭成员之间。但也有某些国家将家庭暴力延伸到非婚同居及夫妻离婚后的暴力行为。对家庭成员的范围问题，国内有观点提出，鉴于我国之传统习俗，对没有在一起共同生活的亲属，如父母与已成年分家的子女、婆媳、祖孙、分家另过的兄弟姐妹等也视为一个大家庭成员，如他们相互之间因家庭琐事发生的暴力侵害行为，是否也可认定为家庭暴力。我们认为，《反家庭暴力法》对家庭成员间的暴力行为并未限制在共同居住的特定情形中，为更全面地保护家庭暴力受害人的权益，不宜对此进行限定，而且根据《反家庭暴力法》的规定，家庭成员以外共同生活的人之间实施的暴力行为，也参照该法规定执行。

第二，从家庭暴力的表现形式看。家庭暴力的表现形式多样复杂。通常人们将家庭暴力概括为对家庭成员的“身体、精神、性”等三方面实施的暴力行为。对是否要将“身体”“精神”“性”暴力并列进行规定，实践中有不同意见。少数意见认为应并列规定。多数意见认为没有必要将对“性”的暴力单独列出，因为对“性”方面实施的暴力，在后果上完全可以体现为对身体、精神方面造成的侵害。《反家庭暴力法》没有将对“性”的暴力单独列出，但在对身体暴力、精神暴力后加一个“等”字，表明家庭暴力的表现形式不仅限于对身体和精神的侵害。对于经济暴力，比如，掌握家庭经济大权的一方，在任何情况下，都不让另一方支配夫妻共同财产，也应当属于家庭暴力的表现形式。

为便于对家庭暴力的具体认定和把握，《反家庭暴力法》采取列举方式对家庭暴力的表现形式予以明确规定。如殴打、捆绑、残害、限制自由以及经常性谩骂、恐吓等方式。“等方式”主要是针对家庭暴力行为的复杂多样性而作的概括性规定，既便于对司法实践中出现的各种形式的家庭暴力行为灵活认定，也有利于对各种形式的家庭暴力行为给予禁止和制裁。

第三，从家庭暴力的构成看。对构成家庭暴力应具备的条件，有些国家限制性规定很少，从而将其范围理解得比较宽泛，许多在我们看来很轻微的行为都可能构成其他国家所确认的家庭暴力，甚至将彼此间的冷漠、不理睬等也认定为家庭暴力。我国《反家庭暴力法》对家庭暴力的规定比较宽泛，构成家庭暴力并不要求有伤害后果的形成。只要家庭成员之间存在以殴打、捆绑、残害、限制自由以及经常性谩骂、恐吓等方式实施的身体、精神等侵害行为，就构成家庭暴力。这样的规定，有利于维护平等、和睦、文明的家庭关系，促进家庭和谐、社会稳定；有利于弘扬社会主义核心价值观。

四、对虐待的理解适用

对于家庭成员之间的虐待，全国人大常委会法制工作委员会民法室主任黄薇主编的《中华人民共和国民法典婚姻家庭编解读》[①]认为："家庭成员之间的虐待，是指用打骂、冻饿、有病不给治疗等方法摧残、折磨家庭成员，使他们在肉体上、精神上遭受痛苦的行为。虐待家庭成员，破坏了家庭的和睦生活，违背了社会主义道德准则，亦为法律所不容。虐待家庭成员，情节恶劣的，即构成虐待罪，要受到刑法制裁。"

关于家庭暴力与虐待的关系问题，由于《宪法》《刑法》、1980 年《婚姻法》《妇女权益保障法》《治安管理处罚法》等法律法规只明确规定了禁止家庭成员之间的虐待，而 2001 年《婚姻法》在保留禁止虐待条款的基础上又新增了禁止家庭暴力的规定，但没有对家庭暴力的概念、构成等予以明确，致使理论界和实务界对家庭暴力和虐待的认识产生了较大分歧。有观点认为，家庭暴力范围广，涵盖了发生在家庭成员之间的所有侵害行为，包括虐待。也有观点认为家庭暴力只是虐待的一种表现形式，虐待包含了家庭暴力。还有观点认为，家庭暴力与虐待是各自不同的两个独立行为，一次或数次殴打行为就可以构成家庭暴力，但不一定构成虐待，而虐待则具有连

① 黄薇主编：《中华人民共和国民法典婚姻家庭编解读》，中国法制出版社 2020 年版。

续性和长期性。我们认为，家庭暴力和虐待虽然在行为主体、客体、主体过错、外在表现形式及后果上基本一致，有相互重合之处，但从《民法典》禁止家庭暴力、禁止家庭成员间的虐待和遗弃的规定看，家庭暴力与虐待行为应是两类不同的行为。从现有法律规定看，可以说虐待的性质和危害程度要比一般的家庭暴力更严重，家庭暴力通常是偶发性和间断性的，只有持续性、经常性的家庭暴力，才构成虐待。胡康生主编的《中华人民共和国婚姻法释义》[①]一书认为：“家庭暴力和虐待虽有重合之处，但虐待不能包括所有的家庭暴力行为。因此，修改《婚姻法》时单独规定禁止家庭暴力。”从理论研究和实践经验看，家庭暴力与虐待也有不同，家庭暴力具有偶发性、间断性、暴力性，虽可造成一定伤害后果，但尚不严重，未构成犯罪，而虐待则是一种后果较为严重并具有长期性和连续持久性的行为，是一种犯罪行为。据此，本解释明确规定“持续性、经常性的家庭暴力，构成虐待”，从行为的实施时间和后果程度的层次上，对家庭暴力和虐待予以明确区别。

【审判实践中应注意的问题】

一、关于审理涉家庭暴力离婚案件应当注意的问题

《反家庭暴力法》正式确立了人身安全保护令制度，并将该制度作为对家庭暴力受害者提供人身安全保障的重要措施。该法规定在“当事人因遭受家庭暴力或者面临家庭暴力现实危险的”情况下，人民法院应当受理当事人的申请。人身安全保护令的申请条件为被申请人明确、有具体的请求、正在遭遇或存在现实家庭暴力危险。同时，对被申请人违反人身安全保护令的法律责任也作了规定，即被申请人违反人身安全保护令，构成犯罪的，依法追究刑事责任；尚不构成犯

① 胡康生主编：《中华人民共和国婚姻法释义》，法律出版社2001年版。

罪的，人民法院应当给予训诫，可以根据情节轻重处以1000元以下罚款、15日以下拘留。

人民法院在对涉家庭暴力离婚案件审理中，一旦认定加害人的行为构成《民法典》及《反家庭暴力法》中规定的家庭暴力，在确认夫妻感情确已破裂且调解无效时，就会成为判决应当准予离婚的理由和依据，还涉及无过错方请求损害赔偿的问题。

司法实践中需要注意的是证据的把握问题。不论是申请人身安全保护令，还是请求判决离婚、损害赔偿的离婚案件，受害人均需要向法院提交正在遭受家庭暴力，被申请人存在现实家庭暴力的证明，包括但不限于：出警记录，家庭暴力现场及受害人身体受到伤害的照片、录像，告诫书，伤情鉴定书，就诊记录，相关组织的接待记录，家庭暴力施暴人的保证书，证人证言，聊天记录及通话录音等。然而，由于受害者及时收集证据意识薄弱，有的证据本身难以收集，受传统观念的影响证人不愿作证、证言难以获取等因素影响，受害人收集证据难是客观现实。人民法院应当区分不同情况予以处理。在申请人身安全保护令案件中，人民法院适当降低对证明力的要求，在请求判决离婚和损害赔偿的离婚案件中，证明标准就要把握得严一些，受害人应当有确实充分的证据证明自己的主张，否则其诉请不应当得到法院的支持。

二、关于虐待行为与虐待罪的关系问题

《民法典》明令禁止家庭成员间的虐待和遗弃。《刑法》第260条对虐待罪作了规定，对虐待情节严重的行为给予刑事处罚，即处二年以下有期徒刑、拘役或者管制；犯前款罪，致使被害人重伤、死亡的，处二年以上七年以下有期徒刑。目的就是为了有效约束家庭成员中处于主导地位一方的行为，建立和维护平等、和睦、文明的婚姻家庭关系。虐待罪，是指对共同生活的家庭成员，经常以打骂、冻饿、禁闭、有病不给治疗、强迫从事过度劳动等各种方法，从肉体上和精神上肆意进行摧残迫害，情节恶劣的行为。该罪侵犯的客体是家庭成

员间的平等权利，也侵犯被害人的人身权利。客观方面表现为各种虐待行为，有的是肉体折磨，如捆绑、殴打、冻饿等；有的是精神摧残，如侮辱、讽刺、限制行动自由等。该虐待行为必须是经常的、一贯的，并且情节恶劣，才能构成犯罪。犯罪主体必须与被害人之间具有一定的血亲关系、婚姻关系、收养关系，而且必须是在一个家庭内共同生活的成员。如夫妻、父母、子女（包括继父母、养子女）、祖父母、外祖父母、兄弟、姐妹等。非家庭成员的虐待行为，不能构成虐待罪。主观方面由直接故意构成，即行为人有意识地对被害人进行肉体上、精神上的折磨和摧残。行为人实施虐待的动机是各种各样的。例如，为了逼使妻子或丈夫离婚而故意虐待妻子或丈夫；为了减少个人经济负担而虐待父母、子女；为了达到奸淫养女甚至亲生女儿的目的，以虐待逼其就范，或者因目的未达到而以虐待进行报复；因妻子生女孩而受到公婆或者丈夫虐待；等等。

根据《刑法》规定，虐待行为除需要具备以上构成要件外，还必须达到"情节恶劣"的程度才构成犯罪。情节恶劣，在司法实践中一般是指：虐待手段凶狠残忍的；对年老、年幼、患重病或者死亡而不能独立生活的人实行虐待的；虐待动机卑鄙的；长期进行虐待的；先后虐待多人的等情形。

对于虐待行为情节不恶劣、后果不严重的，应当采取批评教育的方式解决。尤其是父母对子女教育方法不当、简单粗暴，甚至打骂，但其主观上不是有意识地对子女进行摧残、折磨的，不能视为虐待罪而追究其刑事责任。但如果被虐待人要求处理的，可以依照《治安管理处罚法》第45条第1项的规定，给予治安处罚，即处5日以下拘留或者警告。

三、关于"告诉才处理"原则的适用问题

由于虐待罪发生在家庭成员之间，虐待者与被虐待者之间有亲属关系，又是生活在同一个家庭中，被虐待者在经济上往往需要依靠虐待者；或者家庭其他成员中还有老幼需要虐待者扶养抚育。在这种情

况下，被虐待者往往只要求虐待者改正错误，使自己的处境得到适当改善，并不希望对虐待者判刑。因此，《刑法》第260条第3款规定，构成虐待罪而没有致人重伤、死亡的，“告诉的才处理”。也就是说，只有被害人向司法机关控告的，才予以处理；控告要求撤诉的，也应予准许。但是，以下两种情形不在此限，一是该条第2款规定的“致使被害人重伤、死亡的”；二是该条第3款规定的“被害人没有能力告诉，或者因受到强制、威吓无法告诉的”。

第二条　民法典第一千零四十二条、第一千零七十九条、第一千零九十一条规定的“与他人同居”的情形，是指有配偶者与婚外异性，不以夫妻名义，持续、稳定地共同居住。

【条文主旨】

本条是关于“与他人同居”的解释和规定。

【条文理解】

《民法典》第1042条第3款明确规定“禁止有配偶者与他人同居”，同时，第1079条第1项、第1091条第2项规定了相应的责任后果。本条着重解决的就是如何对重婚行为以外的有配偶者与婚外异性，不以夫妻名义同居行为的认定问题。

一、立法背景和过程

禁止重婚是《民法典》的一项基本原则，在《刑法》中对重婚行为也有相应的刑罚规定。根据《刑法》相关规定，对其中具有前后两个法定婚，或先有法定婚后有以夫妻名义同居生活的事实婚，从而构成重婚的行为人给予了法律制裁。但实践中存在与配偶以外的第三人同居时，既不登记结婚，也不以夫妻名义同居生活，而是以秘书、表妹、保姆等相称的情形。这种丑恶现象严重违反了《民法典》的一夫一妻制原则，违背了社会主义道德风尚，败坏了社会风气，破坏了婚姻家庭关系的健康和稳定。

在《婚姻法》修改过程中，针对与他人同居等变相的一夫多妻行为如何给予法律制裁，争议较大。一种观点认为，鉴于实践中，有配偶的人在与婚外异性同居时，为规避法律的制裁，既不办理婚姻登记，对外也不以夫妻名义，而是以秘书、兄妹、保姆等名义相称等情况，可通过对《刑法》规定的重婚罪作出司法解释，放宽和扩大对重婚的认定标准和范围。也有观点认为，遏制有配偶者与他人同居应当采取制定司法解释或修改《刑法》的办法，放宽重婚标准，但不宜在修改《婚姻法》过程中规定。当时还有观点认为，对重婚的认定应当严格执行法律和司法解释对重婚罪的认定标准，重婚罪的认定范围只包括两种情形：一是具有前后两个法定婚的；二是先有法定婚后有以夫妻名义同居生活的事实婚的。不能为制裁婚姻家庭关系私法领域的违法行为而修改《刑法》，或通过制定司法解释对重婚罪的认定标准任意扩大，这有悖于罪刑法定的原则精神。

2001年《婚姻法》第3条对此作了区别性规定，即“禁止重婚。禁止有配偶者与他人同居”。该条被《民法典》第1042条所吸收。

二、对“与他人同居”的理解

我们认为，“与他人同居”中的“他人”是指婚外异性，“同居”是指不以夫妻之名，持续、稳定地共同居住。

首先，从立法目的看，《民法典》之所以吸收“禁止有配偶者与他人同居”的禁止性规定，主要是对禁止重婚的补充。有配偶者与他人同居与社会上一些没有配偶的男女之间的同居行为有本质区别。如男女青年在恋爱中的试婚同居，符合法定结婚实质条件的男女未办理结婚登记即以夫妻名义共同生活的同居，一些丧偶的老年人因考虑到子女、财产、身体、社会习俗等因素，不以结婚为目的同居行为。这些同居虽也是男女间的婚外同居，违反了法定的结婚形式要件，但没有违反一夫一妻制，尚不属于《民法典》禁止的行为。

其次，从现有立法规定来看，“有配偶者与他人同居”与“重婚”应是两种不同的行为。但从文字表述分析，“有配偶者与他人同居”与“重婚”有交叉重合之处。重婚也是有配偶者与他人同居，只不过重婚行为是有配偶者在与他人同居时，办理了婚姻登记或对外以夫妻名义，而“有配偶者与他人同居”主要是指有配偶者在与他人同居时，既不办理婚姻登记，对外也不以夫妻名义同居的行为。由此可以认为，“有配偶者与他人同居”是不以夫妻名义，这也是与重婚行为的重要区别。“有配偶者与他人同居”不是犯罪，它只承担民事法律责任，是法院判决离婚的法定情形，无过错方可以据此要求损害赔偿。

最后，从目前立法和司法实践情况看，虽然对同居的概念尚无明确的界定，但理论界和实务界一致认为同居为男女两性共同居住、共同生活，而不是同性之间的共同居住和共同生活。在我国，法律上对同性婚姻不予认可。因此，“有配偶者与他人同居”只能是有配偶者与婚外异性的同居，这就排除了同性之间的同居关系。同时，为了限制和避免法律对公民私权领域的过分干预，我们将“有配偶者与他人同居”的行为与通奸、嫖娼及其他偶发性的婚外性行为予以区别，即应将两性间的同居理解为持续、稳定的共同居住生活，而不是临时短暂性的共居一处。至于对同居关系的居住期限如何把握，应从双方共同生活的时间长短、双方关系的稳定程度等方面进行考虑。考虑到各地区实际情况不同，本解释只规定了持续、稳定地共同居住，而未对同居具体期限要求作一刀切的规定。这样就相应地给法官以一定的自由裁量权，使法官在审理具体案件时，根据个案具体情况自由裁量。

【审判实践中应注意的问题】

一、关于与他人同居是否限定有共同居所问题

如前所述，“同居”是指不以夫妻之名，持续、稳定地共同居住。有配偶者与他人同居与重婚的界限在于是否以夫妻名义共同居住、共同生活。有的学者提出，同居应当限定有“共同居所”。但大多数人认为，共同居所是一个证据，可以有力地证明双方的同居关系，但是不能要求一定要有共同居所。共同居住既可能是有两人单有的共同居所，也可能是在一方家里。

二、关于与同性同居的问题

如前所述，我国对同性婚姻不予认可。“与他人同居”将同性之间的同居关系自然排除在外，然而在审判实践中，对于配偶一方因对方与同性同居而起诉到法院，请求判决解除双方婚姻关系时，法院不能置之不理，如果符合法定离婚条件，可以适用《民法典》第1079条第3款第5项的规定，认定属于“其他导致夫妻感情破裂的情形”而判决准予离婚。同时，《民法典》第1091条在《婚姻法》第46条规定的基础上，增加“有其他重大过错”作为可以适用离婚损害赔偿的兜底条款，如果认为与同性同居的行为可以构成导致离婚的重大过错，也可以适用该条，无过错方有权请求损害赔偿。

三、关于重婚罪与非罪的问题

《民法典》明令禁止重婚。禁止有配偶者与他人同居。《刑法》第258条规定：“有配偶而重婚的，或者明知他人有配偶而与之结婚的，处二年以下有期徒刑或者拘役。”重婚罪是指有配偶而重婚的，或者明知他人有配偶而与之结婚的行为。该罪侵犯的客体是《民法典》所规定的一夫一妻制。客观方面表现在两个方面：一方面是登记重婚，又称为法律重婚，是指有配偶的人又与他人结婚，或者明知他人有配偶而与其结婚的行为；另一方面是事实重婚，是指有配偶的人又与他人以夫妻关系共同生活的行为。所谓“有配偶”，是指男女结婚以后，其夫妻关系没有依法解除。如果夫妻关系已经依法解除，或者因其配偶死亡而夫妻关系自然消失的，则不再是有配偶的人。重婚罪的主体，一是本人有配偶，但在夫妻关系存续期间，又与他人结婚，或以夫妻名义共同生活的；二是本人虽没有配偶，但明知对方有配偶而与之结婚，或以夫妻名义共同生活的人。主观方面是故意，即有配偶的双方在明知的情况下结婚，或以夫妻名义共同生活，双方均构成重婚罪。如果有配偶的一方隐瞒事实真相，欺骗没有配偶的人与之结婚，或者以夫妻名义共同生活的，有配偶的一方构成重婚罪，受欺骗的一方不构成重婚罪。如果无配偶的人明知对方有配偶而与之结婚，或以夫妻名义共同生活的，也构成重婚罪。

但是，因自然灾害外出谋生而重婚，或婚后受虐待而外出逃婚的，或被拐骗而被贩卖再婚的，根据实际情况，一般不以重婚罪惩处。因为配偶长期外出下落不明，造成家庭生活困难，继而又与他人结婚的，一般也不以重婚论处。

第三条 当事人提起诉讼仅请求解除同居关系的，人民法院不予受理；已经受理的，裁定驳回起诉。

当事人因同居期间财产分割或者子女抚养纠纷提起诉讼的，人民法院应当受理。

【条文主旨】

本条是关于人民法院审理同居关系纠纷有关问题的规定。

【条文理解】

一、同居关系的概念及内涵

同居关系，包括广义的同居关系和狭义的同居关系。广义的同居关系，是一种基于共同生活、居住而形成的关系。与自己共同居住的亲属、朋友、同学等都可称为广义的同居关系。狭义的同居关系，一般是指虽然不完全具备合法婚姻的构成要件，但在某些方面与婚姻关系有相似特征而形成的关系。我们所讲的同居关系纠纷主要是指狭义的同居关系。按照不同的标准，又可以将同居区分成许多不同的种类。比如，从同居各方的性别出发，可以有同性之间的同居和异性之间的同居之分。从同居各方的婚姻状况入手，可以分为未婚同居和有配偶者与他人同居。从双方对外所公示的关系来看，又可以分成对外以夫妻名义相称的同居关系和不以夫妻名义相称的同居关系。可见，同居是一个非常复杂的社会现象，对同居关系的规范亦需要根据我国经济社会发展实际、文化传统等方面综合考虑，确定既与（民法典）基本原则不相背离，又符合公序良俗以及尊重个人自由的，平衡各方利益的妥当的规则予以规制。

《民法典》中采用“同居”表述的，涉及4个法条，其中，第1042条、第1079条、第1091条均是对“有配偶者与他人同居”的规范。此外，在第1054条规定，无效的或者被撤销的婚姻自始没有法律约束力，当事人不具有夫妻的权利和义务。同居期间所得的财产，由当事人协议处理；协议不成时，由人民法院根据照顾无过错方的原则判决。由此可见，仅在这为数不多的几处表述中，《民法典》就同居问题所指的具体内容也是不一样的，并不是在相同意义上使用该用语。而且，《民法典》未对现实中存在较多的没有配偶的男女双方同居情形予以规范。

二、司法解释对同居关系规定的变化情况

（一）关于同居关系表述的变化

司法解释对于同居关系的表述，经历了一个从“非法同居关系”到“同居关系”的变化过程。最高人民法院1989年11月21日公布施行的《同居案件若干意见》第4条规定，离婚后双方未再婚，未履行复婚登记手续，又以夫妻名义共同生活，一方起诉“离婚”的，一般应解除其非法同居关系。第7条规定，未办结婚登记而以夫妻名义同居生活的男女，一方要求“离婚”或解除同居关系，经查确属非法同居关系的，应一律判决予以解除。后随着认识的不断深入，基本达成共识，即我国法律并没有禁止无婚姻关系者同居的规定，法律没有规定同居关系的合法性，但这并不能反向推出同居关系就是非法的结论。为此，司法解释对这一问题进行了相应调整，将“非法”二字删除，只称为“同居关系”。《婚姻法司法解释（一）》第5条规定，未按《婚姻法》第8条规定办理结婚登记而以夫妻名义共同生活的男女，起诉到人民法院要求离婚的，1994年2月1日民政部《婚姻登记管理条例》公布实施以后，男女双方符合结婚实质要件的，人民法院应当告知其在案件受理前补办结婚登记；未补办结婚登记的，按解除同居关系处理。

（二）从严肃处理到尊重当事人意思自治主义观念上的变化

在此前的审判实践中，无论是人们的观念，还是人民法院的实际做法，对于这种同居关系问题一直坚持严肃处理、绝不容留。《同居案件若干意见》明确规定：“人民法院审理未办结婚登记而以夫妻名义同居生活的案件，应首先向双方当事人严肃指出其行为的违法性和危害性，并视其违法情节给予批评教育或者民事制裁。”当时审判实践对此类纠纷所持的严厉态度，可见一斑。在相当长的时期内，人民法院一直从这一规定的精神出发，在审理同居关系纠纷案件时，既不做调解工作，也不准许当事人撤诉。只要经查确属同居关系的，一律判决予以解除。不过，随着社会发展情况的变化，人们的观念也在逐渐发生着改变。同居生活状态是当事人自己意愿支配下所作的行为选择，并不是法院的判决所能强行控制的。在当事人双方已经和好并愿意重新选择共同生活的情况下，人民法院非要判决解除其同居关系，如果当事人拒不按判决内容执行，仍然共同生活的，则生效法律文书的权威性将受到严重的损害。同时，同居生活状态毕竟是当事人私人生活领域内的事情，只要其不违反法律规定，没有损害到他人的合法权益，应该尽量减少对当事人意思表示的干预行为。双方都是未婚的男女共同生活的，是人们对自己生活状态的选择，是自己价值观的体现，对这种现象的是与非、好与坏的评判，应当在道德领域内进行，由人们长期以来形成的道德观念作出判断，并由道德规范予以调整。当然，《婚姻法》规定要求结婚的男女双方必须亲自到婚姻登记机关进行结婚登记，取得结婚证，才确立夫妻关系。《民法典》编纂过程中，也有很多意见提出应当在《民法典》中对同居关系予以明确规范，但最终鉴于其复杂性，法律未予规定。《民法典》第1049条基本沿用了《婚姻法》的相关规定，即要求结婚的男女双方应当亲自到婚姻登记机关申请结婚登记。符合本法规定的，予以登记，发给结婚证。完成结婚登记，即确立婚姻关系。未办理结婚登记的，应当补办登记。因此，就无配偶者的同居问题，法律虽未明文禁止，但亦不鼓励。该种关系应当与合法的婚姻关系有明显的区别，当事人为此发生纠纷时，法律无法为其提供相应的救济。司法实践对待同居关系的态度，也是将严格按照立法基本精神作为处理原则。

人民法院受理解除同居关系案件，多数是为解决基于这种同居关系所附带产生的财产分割及子女抚养纠纷，本意并不是对这种同居关系本身加以调整。同居关系能否诉请人民法院解除，司法解释曾有过变化的过程。对此，《同居案件若干意见》和《婚姻法司法解释（一）》均明确规定需要判决解除。至《婚姻法司法解释（二）》时，对同居关系规则有了进一步的明确。《婚姻法司法解释（二）》第1条规定，当事人起诉请求解除同居关系的，人民法院不予受理。但当事人请求解除的同居关系，属于《婚姻法》第3条、第32条、第46条规定的“有配偶者与他人同居”的，人民法院应当受理并依法予以解除。当事人因同居期间财产分割或者子女抚养纠纷提起诉讼的，人民法院应当受理。根据该规定，不论是否以夫妻名义同居的，对于当事人解除同居关系的诉请，人民法院均不再予以受理。主要考虑是，既然当事人双方在一起同居时没有履行结婚登记手续，也就意味着该同居关系不能得到法律保护，是否同居以及是否解除同居关系，全凭当事人双方的自觉自愿。同居关系并非法定身份关系，同居状态无法定公示要件，同居双方亦无法律上的权利义务关系，因此，不需要通过人民法院判决方式解除。而且，即便法院判决解除同居关系，当事人如果再次同居，判决书等于一纸空文，这样也有损司法的权威。该条符合《民法典》的基本精神，与相关法律规定不冲突，故本条对此修改后予以保留。

三、关于有配偶者与他人同居的问题

《民法典》关于有配偶者与他人同居的问题，主要涉及3个法条，分别是第1042条规定“禁止有配偶者与他人同居”，第1079条规定与他人同居，调解无效的，应当准予离婚，第1091条规定与他人同居，导致离婚的，无过错方有权请求损害赔偿，分别对应《婚姻法》第3条、第32条和第46条。与《婚姻法》相比，《民法典》除表述

外，没有实质变化。对于该三条规定情形下的“有配偶者与他人同居”的，怎么处理？是和其他同居关系一样也不受理，还是作出特别规定？在《婚姻法司法解释（二）》起草过程中，对此问题，存在较大分歧。一种意见认为，“有配偶者与他人同居”，本身就不是一种合法的社会关系，为法律所禁止，所以根本不能予以保护，即使诉讼至人民法院要求解除的，人民法院也不应该管。因为解除的前提，是承认该行为是合法有效的，如果人民法院受理并解除了同居关系，意味着使其变得合法、有效了，与立法本意相悖。另一种意见认为，“有配偶者与他人同居”为法律明文禁止，正因为如此，人民法院才一定要受理，并一律要予以解除。“有配偶者与他人同居”，是一种严重破坏婚姻法基本原则，有违社会主义道德观、法制观的行为。它为《婚姻法》所明文禁止，是一种过错行为，无错方可以基于此项规定提出离婚，并可依据法律规定主张获得损害赔偿。受理此类纠纷，恰恰表明严格遵循立法本意，依法审判的坚定立场，是《婚姻法》所倡导的“维护平等、和睦、文明的婚姻家庭关系”原则的具体体现。最终司法解释采纳了后一种意见。当时主要考虑是：较一般的同居关系，对这种行为应当严格规制。无论是否以夫妻名义同居都是一种极其严重地违反《婚姻法》基本原则的行为，都必然为法律所禁止。此时他们若以夫妻名义相称的话，多数情况下是会构成重婚，甚至被判犯有重婚罪，承担刑事责任。即使不以夫妻名义相称，或者未构成重婚罪，也必将受到法律的严惩。为坚决打击这种行为，所以无论其以何种形式存在，一旦发现，都要予以处理。

此次司法解释清理过程中，我们结合《婚姻法司法解释（二）》施行后近二十年的司法实践，对该条进行了认真研究，最终删除了“有配偶者与他人同居”可以解除同居关系的规定，明确对所有请求解除同居关系的，一律不予受理。主要考虑是：（1）从体系协调的角度，根据本解释第2条规定，《民法典》第1042条、第1079条、第1091条规定中所指的“与他人同居”是指“不以夫妻名义”的同居。而从此前司法解释对同居关系问题的规定情况看，主要是针对男女双方未办理结婚登记，对外又以夫妻名义相称形成的共同生活、居住关系。对于那些不以夫妻名义相称的，亦以不予受理为原则。（2）对于有配偶者而与他人同居的，为公序良俗所不容，当事人亦对此明知，导致同居关系比较隐蔽，实践中该事实很难认定。（3）如其他同居关系一样，该种情况下的同居双方并无法律上的权利义务关系，通过人民法院判决方式予以解除无实质意义。即便法院判决解除同居关系，当事人仍可能再次同居，导致司法的权威和公信力受到损害。（4）对有配偶者与他人同居的，司法的态度是鲜明的，就是坚决予以制止和打击。但是在具体方式上可以通过对有配偶者判决离婚、照顾无过错方分割财产以及支持有配偶者婚姻关系中无过错方损害赔偿请求权的方式予以规制，这样更能从根源上达到维护一夫一妻制、弘扬社会主义核心价值观的立法目的。

四、关于同居关系与事实婚姻的关系问题

我国自1950年《婚姻法》开始，一直坚持结婚登记为合法婚姻关系必不可少的形式要件这一基本原则。从《婚姻法司法解释（一）》开始，对未办理结婚登记而以夫妻名义共同生活的男女，根据同居时间不同予以区别对待：在1994年2月1日民政部《婚姻登记管理条例》公布实施以前，男女双方已经符合结婚实质要件的，即按事实婚姻处理；该条例实施以后的，则不再按事实婚姻处理，而是告知其按照法律规定补办结婚登记，未补办结婚登记的，认定为同居关系而非事实婚姻。事实婚姻与同居关系除了在概念方面的不同点之外，主要还有以下几方面的区别：（1）两者的构成要件不同。事实婚姻在审判实践中的认可，是受到特定时间、特定条件等方面限制的。而同居关系的构成相对限制较少。（2）两者的法律后果不同。一旦被认定为事实婚姻，具体处理时与合法的经登记缔结的婚姻关系同等对待。而如果被认定为属于同居关系，则这种同居关系本身将不受法律保护。（3）适用的程序及相关规定不同。当事人起诉到人民法院属于事实婚姻的，当事人即使不去补办结婚登记，人民法院对其婚姻关系的合法

性也必须予以认可，依然按照合法、有效的婚姻案件来审理。而如果属于同居关系的，当事人要想使自己的生活状态受到法律保护，必须补办结婚登记。此外，在身份关系、共同生活期间所得财产性质的认定、所生子女是否为婚生子女、能否以配偶身份享有继承权问题等方面，也会使两者面对不同的结果。

五、关于同居期间的财产处理与子女抚养问题

如上所述，人民法院受理解除同居关系案件，多数是为解决基于这种同居关系所附带产生的财产分割及子女抚养纠纷。虽然同居关系的解除问题人民法院不再受理，但当事人对于同居关系导致的财产分割及子女抚养问题的争议，按一般普通民事案件审理即可。同居期间，由于双方共同生活，各自有收入所得或者共同购置财产，在双方同居关系终止时，需要对双方各自所有的财产予以明确，相关的纠纷属于人民法院受理范围，并无争议。但是，对于如何处理，则非常复杂。从法律规定看，《民法典》仅就婚姻被确认无效或者被撤销后，之前同居期间所得的财产处理进行了规定，即“同居期间所得的财产，由当事人协议处理；协议不成的，由人民法院根据照顾无过错方的原则判决”。《民法典》并未对其他情况同居期间的财产处理作出明确规定。而如上所述，同居双方不具有配偶的身份关系，不能如同对合法婚姻的保护一样处理。因此，对于同居期间所得的财产，在双方无特别约定的情况下，不能简单地适用法定共同所有制进行认定。是按照各自所得各自所有还是有条件的共同所有，对同居期间共同购置的财产如何处理等问题，仍需司法实践继续探索，故此次暂未作规定，留待以后专门立项制定新的司法解释予以解决。由于此次司法解释清理过程中，《同居案件若干意见》已整体予以废止，相关规定不能再直接引用。但是，在新的司法解释未颁布前，相关条文规定的精神可以参考，比如该意见第 8 条规定的“具体分割财产时，应照顾妇女、儿童利益，考虑财产的实际情况和双方的过错程度，妥善分割”。再比如按照该意见第 10 条，第 12 条规定的精神，同居生活期间共

同购置的财产，可以根据各自的出资额认定为共有。对同居期间为共同生产、生活而形成的债权、债务，可按共同债权债务处理。如果一方在共同生活期间患有严重疾病未治愈的，分割财产时，应予以适当照顾。

关于同居期间所生子女的抚养问题。《民法典》第1071条规定，非婚生子女享有与婚生子女同等的权利，任何组织或者个人不得加以危害和歧视。不直接抚养非婚生子女的生父或者生母，应当负担未成年子女或者不能独立生活的成年子女的抚养费。可见，非婚生子女与父母间具有法定的权利义务关系，对于同居关系所生的非婚生子女抚养问题，理应属于人民法院受理案件范围。因此，本条第2款保留了《婚姻法司法解释（二）》的相关规定。对于该非婚生子女具有确定由哪一方直接抚养发生争议的，可以根据未成年人利益最大化原则，比照离婚时子女抚养的原则进行处理。

【审判实践中应注意的问题】

1. 法律上的重婚、事实上的重婚、有配偶者与他人婚外同居的区别。有配偶者又与他人登记结婚的，是法律上的重婚。有配偶者虽未登记，但确与他人以夫妻名义共同生活的，为事实上的重婚。根据1994年《最高人民法院关于〈婚姻登记管理条例〉施行后发生的以夫妻名义非法同居的重婚案件是否以重婚罪定罪处罚的批复》规定，《婚姻登记管理条例》（1994年1月12日国务院批准，1994年2月1日民政部发布）发布施行后，有配偶的人与他人以夫妻名义同居生活的，或者明知他人有配偶而与之以夫妻名义同居生活的，仍应按重婚罪定罪处罚。可见，当时，事实婚姻是作为认定重婚罪的情形之一予以严厉打击的。但是，上述批复已于2013年被废止。事实上的重婚是否仍作为认定重婚罪的情形，没有明确规定。对于该种事实上的重婚行为是否仍属于《民法典》婚姻家庭编中所称的“重婚”存在争议。我们认为，事实上的重婚与“有配偶者与他人同居”的区别在于是否以夫妻名义共同生活，如果双方以夫妻名义同居生活，则构成事实上的重婚；如果双方没有以夫妻名义同居生活，则不属于刑法予以处罚的范围，而属于婚姻法禁止的行为。婚姻家庭编中的“重婚”与“有配偶者与他人同居”均是在相同的法条出现，承担的法律后果相同。如果婚姻家庭编中的“重婚”不包括事实上的重婚，则作为更为严重的有配偶者与他人以夫妻名义同居情形，反倒不需要承担法律后果，存在轻重失衡。因此，事实上的重婚应当属于婚姻家庭编禁止的重婚情形更为妥当。法律上的重婚、事实上的重婚、有配偶者与他人同居均直接构成离婚的法定理由，同时，无过错的配偶一方有权提起离婚损害赔偿请求。

2. 当事人要求解除同居关系并处理财产问题，对解除同居关系这项诉讼请求在判决主文中如何处理。既然双方当事人在一起同居时没有履行结婚登记手续，也就意味着该同居关系不能得到法律保护，是否同居以及是否解除同居关系，全凭当事人双方的自觉自愿。因此，只需要对财产处理作出判决，不应在判决主文中涉及解除同居关系的问题。否则，与本条“当事人提起诉讼仅请求解除同居关系的，人民法院不予受理”的规定相矛盾。同时，也不需要单独就该项诉讼请求单独作出驳回起诉的裁定。只有在仅有一项解除同居关系的诉讼请求，而人民法院已经受理的情况下，才需要作出驳回起诉的裁定。

3. 女方怀孕，法院能否受理男方有关同居期间财产纠纷的起诉。基于同居关系与合法婚姻关系的不同性质，《民法典》第1082条的规定并不适用于同居纠纷的案件。《民法典》第1082条规定：“女方在怀孕期间、分娩后一年内或者终止妊娠后六个月内，男方不得提出离婚；但是，女方提出离婚或者人民法院认为确有必要受理男方离婚请求的除外。”此系对合法婚姻状态中妇女的特殊保护条款。《民法典》婚姻家庭编在《婚姻法》的基础上增加规定“婚姻家庭受国家保护”，进一步强调了婚姻家庭受国家特别保护的理念。如果当事人选择了同居的状态而非登记结婚时，也就意味着放弃法律对婚姻的特殊保护，当事人不享有夫妻间的权利义务。因此，在女方怀孕时，法院仍然可以受理男方有关同居期间财产纠纷的起诉。

4. 有配偶者与他人同居约定的财产性补偿的处理思路。有配偶者与他人同居，可以分为一方有配偶而另一方无配偶以及双方均有配偶两种情况。现实生活中，这种同居关系在不断形成的同时也在不断解除。有些同居关系在解除时，一方会向另一方主张一定数额的补偿金。补偿金通常以借款、欠款、协议等形式表现出来。这种补偿金是否应受法律保护？如不应保护，一方已经支付的部分是否可主张返还？倾向性观点认为，其属于不可强制执行的自然债务，履行与否全凭债务人的意愿，法律不加干涉。但是一旦履行，将不得请求“债权人”返还，“债权人”接受的履行将不是不当得利，法律承认其保持受领给付之权利。根据传统的民法理论，自然债务通常分为履行道德义务之给付、不法原因之给付、超过法定利率之给付、婚姻居间之报酬等类型。解除上述同居关系的补偿金应当属于不法原因之给付的自然债务，因为其违反了婚姻法的禁止性规定，同时也侵犯了配偶的财产权益。基于赠与人给付原因的不合法与受赠人接受赠与的不合法，原则上应确认已经给付的不得请求返还，尚未给付的不得请求支付的尺度。即有配偶者与他人同居，为解除同居关系，双方以借款或者其他形式确定补偿金，一方起诉要求支付该补偿金的，人民法院不予支持；一方履行后反悔，主张返还已经支付的补偿金的，人民法院亦不予支持。但如果有配偶者是以夫妻共同财产给付，合法配偶以侵害夫妻共同财产权为由起诉主张返还的除外。

第四条　当事人仅以民法典第一千零四十三条为依据提起诉讼的，人民法院不予受理；已经受理的，裁定驳回起诉。

【条文主旨】

本条是关于对当事人仅以《民法典》第1043条为依据提起诉讼应当如何处理的规定。

【条文理解】

一、对《民法典》第1043条规定精神的理解

《民法典》第1043条规定，家庭应当树立优良家风，弘扬家庭美德，重视家庭文明建设。夫妻应当互相忠实，互相尊重，互相关爱；家庭成员应当敬老爱幼，互相帮助，维护平等、和睦、文明的婚姻家庭关系。与《婚姻法》第4条相比，增加了“家庭应当树立优良家风，弘扬家庭美德，重视家庭文明建设”和夫妻应当“互相关爱”的内容。该条是关于婚姻家庭道德规范的法律化，是倡导性条款，体现了我国以德治国方略在婚姻家庭关系中的贯彻执行。其目的在于践行习近平总书记关于家庭、家教、家风的重要论述精神，加强家庭文明建设，倡导男女平等、尊老爱幼，建立和维护平等、和睦、文明的婚姻家庭关系。婚姻家庭关系作为人类社会最基本的一种社会关系，它不仅仅是一个单纯的法律关系，还包含了道德、宗教、民族习俗、文化等诸多方面的因素。因此，在婚姻家庭领域，调整婚姻家庭关系，要特别强调弘扬社会主义核心价值观，特别强调法治和德治的结合。对涉及人身权、财产权方面的问题，自然要依靠法治的权威性和强制性手段来规范人们的行为，以维护社会秩序的稳定和保障公民民事权

利的实现。但对涉及思想道德、民族习俗、宗教、文化等方面的问题，则需要依靠德治的倡导力和感召力来提高公民的道德觉悟和品质修养，以树立正确的世界观、人生观和价值观。尊重个人合法权益与承担社会责任相统一，努力在全社会形成一个健康向上、具有时代精神的思想道德规范，这是依靠单一的法治手段所不能达到的。法治和德治是相辅相成、相互促进、缺一不可的。为此，《民法典》婚姻家庭编延续了《婚姻法》坚持法治和德治结合并举的原则，并在“一般规定”中予以明确规定。

司法实践中，由于人们对该条款的内容特别是其中“夫妻应当相互忠实，互相尊重”认识理解不一。从理论研究领域看，夫妻之间互负忠实义务是配偶权的一项主要权利义务内容。互相忠实义务就是指作为配偶权主体的夫妻不得为婚外之性交，在性生活上互守贞操，保持感情专一。同时，夫妻相互之间一方不得恶意遗弃他方，不得为第三人利益牺牲和损害配偶他方利益。如配偶一方违反该义务，或第三人侵害此项配偶权，受害一方配偶有权提起损害赔偿之诉。《婚姻法》及《民法典》未明确规定配偶权的概念，但为树立良好的社会道德风尚，将配偶权中的夫妻应相互忠实、相互尊重、互相关爱的内容作为倡导性条款，规定在“一般规定”中，而未明确具体的权利义务内容。互相尊重是指夫妻在共同生活中，应当相互尊重对方的意志和意愿，相互支持和理解，不得将自己的意志强加于对方，这也是男女平等原则的必然要求。夫妻作为生活共同体还应当互相关爱，包括物质上的协助、精神上的鼓励和慰藉等。基于该条款的立法背景和立法本意，我们认为，该条款只是以立法形式明确地向社会宣示我国所提倡的一种婚姻家庭关系，体现的是德治结果，而非法治之标。当事人不起诉离婚，仅以对方违反该条款为由提起诉讼的，人民法院原则上不予以受理，已经受理的，裁定驳回起诉。

二、违反夫妻忠实义务的法律后果

如上所述，当事人在不起诉离婚的情况下，单独以违反夫妻忠实义务起诉的，因无具体权利义务内容，人民法院不应予以受理。但是，这并不意味着司法对夫妻之间违反忠实义务行为的纵容。对于夫妻违反忠实义务如重婚、婚外与他人同居等行为，对方可以起诉离婚，该情形属于法定的离婚事由，并且无过错方可以请求离婚损害赔偿。对于婚外情、婚外性行为等其他违反夫妻忠实义务的，如果该行为导致夫妻感情确已经破裂的，也可以根据《民法典》第1079条第3款第5项“其他导致夫妻感情破裂的情形”之规定判决离婚。同时，此次《民法典》编纂过程中对《婚姻法》关于离婚损害赔偿制度进行了修改，增加了“有其他重大过错”的情形，对于有婚外情、婚外性行为等夫妻一方，根据案件实际情况，如果能够认定属于“重大过错”，则应当判决其承担离婚损害赔偿责任。此外，《民法典》第1087条关于离婚时夫妻共同财产的处理规则还在《婚姻法》基础上增加了照顾无过错方权益的原则，该条并不要求对方存在“重大过错”，违反夫妻忠实义务的一方即使不符合“重大过错”标准，作为一般过错方，在分割夫妻共同财产时，也应对无过错方予以照顾。上述规定对违反夫妻忠实义务细化的具体规则均可以作为民事裁判的依据，共同保障夫妻忠实义务立法目的的实现。

【审判实践中应注意的问题】

夫妻之间自愿签订的“忠诚协议书”应当如何处理？

此问题是近年来司法实践的重点和难点问题。比如下面这个案例：曾某与贾某某是再婚夫妻，2016年6月，夫妻俩签署了一份“忠诚协议书”。协议约定：双方应当互敬互爱，对家庭、配偶、子女要有道德感和责任感。若一方在婚姻期间由于道德品质的问题，出现背弃另一方的不道德行为，要赔偿对方名誉损失及精神损失费30万元。签订“忠诚协议书”一年后，曾某出轨并向法院提起离婚诉讼，贾某某以曾某违反“忠诚协议书”为由，诉请法院判令曾某支付赔偿金30万元。法院经审理认为，曾某与贾某某在自愿基础上订立的“忠诚协议书”有效，且曾某出轨事实清楚，已经违背了夫妻间关于彼此忠实的约定。对于夫妻间的“忠诚协议书”，由于没有违反法律的规定，应予以认可。故判决曾某支付贾某某30万元赔偿金，其他夫妻共同财产按照法律规定予以分割。近年来，以违反夫妻忠诚协议为由诉请支付违约金或者损害赔偿的案例并不鲜见，也引起了极大的争论。主要有以下几种观点：

第一种观点认为，这个案件本身说明我们公民的权益意识在增强，不仅关注社会生活中的权益，对自己在婚姻家庭领域的权益也密切关注，这是社会进步的表现。夫妻“忠诚协议”并不违法，因为夫妻忠实本来就是法律规定的内容，属于法律的明确要求，协议双方等于把法定义务转变成了明确具体的约定义务，法院应当予以认可。“忠诚协议”符合婚姻法的基本精神，是对法律关于“夫妻应当互相忠实”规定的具体化，也正是由于夫妻签订了具体的协议，使得法律上原则性的夫妻忠实义务具有了可诉性。虽然违反夫妻忠实义务尚未达到“重婚”“与他人同居”等严重程度的一方应当如何承担相应责任，现行法律未作具体规定，但是，法律也未明文禁止当事人自行约定，“忠诚协议”的约定与婚姻法的基本精神相吻合，约定的赔偿金属于违约赔偿性质，这种协议应当受到法律保护。

第二种观点认为，婚姻本身即契约，一方在背叛对方之前，就得考虑违约所要付出的成本。只是在没有具体协议约束的情况下，双方承担的是道德义务，而道德成本对于个人来说是隐形的，是不确定的。一旦签订了协议，就将隐形化的道德成本显性化了，当事人很可能就会三思而行。从这个意义上，忠诚协议对于维系婚姻稳定将起到积极作用。

第三种观点认为，《婚姻法》和《民法典》婚姻家庭编规定“夫妻应当相互忠实”而非“必须忠实”，“应当”意在提倡，只有“必须”才是法定义务。法律允许夫妻对财产关系进行约定，但不允许通过协议来设定人身关系。人身权是法定的，不能通过合同来调整。

第四种观点认为，夫妻之间签订的“忠诚协议书”虽不违法、无效，但这种协议应由当事人本着诚信原则自觉履行，法院不能赋予“忠诚协议”强制执行力。因为“忠诚协议”要获得法院赋予的强制执行力，必须经过一系列的查证举证程序，法院审理这类“忠诚协议”案件，必然会面临一个尴尬而危险的举证困境和一系列社会负面影响，应当考虑赋予“忠诚协议”强制执行效力的巨大社会成本。“西方国家的社会学调查统计资料表明，婚外性关系的发生率一般在40% 上下，中国的这一发生率可能要低得多，但是即使只有 20% 的人搞婚外恋，这一法律执行起来的调查取证工作量也会达到天文数字。而如果一项法律设定而不执行，就会成为有名无实的法律。”①

从上述不同的观点可以看出，对这个问题的争议涉及社会、伦理、法律等多个层面，应该说每种观点均有一定的道理。本条并不包括上述所举案例的情况，针对的是双方并未签订具体的所谓“忠诚协议”，其中一方仅就对方违反《民法典》第 1043 条规定而向法院提起诉讼的情形。对于双方签订“忠诚协议”的情况，需要进一步总结审判实践经验，进行类型化分析。如果是以限制人身自由和人格尊严为条件的财产分割协议，则不宜以此作为分割夫妻共同财产或确定子女抚养权归属的依据，但在离婚分割夫妻共同财产时，应综合考虑婚姻关系中各自的付出、过错方的过错程度和对婚姻破裂的消极影响，对无过错方酌情予以照顾，平衡双方利益，以裁判树立正确的价值导向。同时，需要特别考虑《民法典》对于婚姻、收养、监护等有关身份关系的协议确立了新的规则，即第 464 条第 2 款规定的“婚姻、收养、监护等有关身份关系的协议，适用有关该身份关系的法律规定；没有规定的，可以根据其性质参照适用本编规定。”鉴于此，夫妻双方签订的“忠诚协议”是否可以适用《民法典》合同编关于违约责任的规定，则需要认真对待。

① 李银河：《在修改婚姻法时要警惕倒退》，载李银河、马忆南主编：《婚姻法修改论争》，光明日报出版社 1999 年版，第 110 页。

第五条[①] **当事人请求返还按照习俗给付的彩礼的，如果查明属于以下情形，人民法院应当予以支持：**

（一）双方未办理结婚登记手续；

（二）双方办理结婚登记手续但确未共同生活；

（三）婚前给付并导致给付人生活困难。

适用前款第二项、第三项的规定，应当以双方离婚为条件。

【条文主旨】

本条是关于人民法院对于彩礼纠纷问题如何处理的规定。

【条文理解】

一、本条制定的考虑及背景

从1950年《婚姻法》开始，我国即确立了婚姻自由原则。婚姻以双方感情为基础，禁止借婚姻索取财物。但对于彩礼问题，历次《婚姻法》均未予规定。《民法典》编纂过程中，曾有意见提出对彩礼

① 《最高人民法院关于审理涉彩礼纠纷案件适用法律若干问题的规定》（以下简称《涉彩礼纠纷解释》）实施后，《民法典婚姻家庭编解释（一）》相关规定并未废止。但是，由于《涉彩礼纠纷解释》的基础逻辑与《民法典婚姻家庭编解释（一）》存在不尽相同之处，故在具体审理案件中，应以《涉彩礼纠纷解释》的精神为准。《涉彩礼纠纷解释》第5条规定，双方已办理结婚登记且共同生活，离婚时一方请求返还按照习俗给付的彩礼的，人民法院一般不予支持。但是，如果共同生活时间较短且彩礼数额过高的，人民法院可以根据彩礼实际使用及嫁妆情况，综合考虑彩礼数额、共同生活及孕育情况、双方过错等事实，结合当地习俗，确定是否返还以及返还的具体比例。人民法院认定彩礼数额是否过高，应当综合考虑彩礼给付方所在地居民人均可支配收入、给付方家庭经济情况以及当地习俗等因素。

《涉彩礼纠纷解释》第6条规定，双方未办理结婚登记但已共同生活，一方请求返还按照习俗给付的彩礼的，人民法院应当根据彩礼实际使用及嫁妆情况，综合考虑共同生活及孕育情况、双方过错等事实，结合当地习俗，确定是否返还以及返还的具体比例。——编者注

问题进行明确规范，但最终鉴于该问题的复杂性，《民法典》并未涉及彩礼问题。实践中，中国素有彩礼风俗，特别是在一些经济不是很发达的地区，像广大的农村及偏远地区等，已经形成了当地的一种约定俗成的习惯，甚至还有着较为统一的行情和价格。

彩礼，有的地方也称为聘礼、纳彩等，给付的彩礼，多为金钱，也有一些贵重物品。由于各地方情况不同、当事人条件的差异等因素，彩礼的数额及价值也不尽相同。但普遍看来，相对于当地人们的生活水平而言，给付的数额往往很大。有的当事人为了能满足这一要求，不得不全家举债，负担较重。在现代，彩礼依然在婚姻中扮演着重要角色。这种彩礼在婚前给付后，如果双方最终未缔结婚姻关系的，给付人多会要求返还。如果双方离婚的，也发生彩礼问题要求返还的情形。《婚姻法司法解释（二）》制定过程中向社会征求意见时，该条也是群众意见最多、最集中、分歧最大的问题。在确定规则时，人民法院需要根据哪些标准和条件来决定是否支持当事人对于婚前给付财物的返还之诉，是当时制定《婚姻法司法解释（二）》时重点考虑的问题。包括是否考量给付数额、是否办理结婚登记以及结婚年限，是否需要共同生活事实、对导致离婚双方是否有过错、双方实际经济条件等。

总的指导思路，是将彩礼的给付分成两大类情况：对于双方没有结婚的，应当返还彩礼。已经结婚又离婚的，原则上彩礼不再返还。作为特殊事项，解释列举出两种情形之下，即使在双方之间缔结了婚姻关系，离婚后彩礼也应当返还：一种是双方结婚后一直未共同生活的，另一种是因为给付彩礼导致给付人生活困难的。这些措施都是针对实际问题而作出的规定。

本条源于《婚姻法司法解释（二）》，条文内容未作改动。主要考虑是：从法律规定看，《民法典》虽未对彩礼问题予以明确规定，但亦未否认彩礼的合法性，而根据《民法典》第10条规定，处理民事纠纷，在法律没有规定的情况下，可以在不违背公序良俗的前提条件下，适用习惯。从现实生活看，彩礼问题目前在广大农村仍然是嫁娶中的重要习俗，有深厚的群众和社会基础，即使否认其合法性，相关的纠纷仍大量存在，仍需要一个相对统一的法律适用规则。当然，《婚姻法司法解释（二）》已经颁布制定将近20年，在此期间，我国的社会经济生活发生了巨大变化，人们的思想观念、人口结构等也都不同于往日，彩礼返还问题呈现出许多新的特点。由于彩礼主要发生在农村地区，而农村近年来适婚男女比例失调也是不争的事实。女方借收受彩礼后“闪离”而牟取财物的情况增多，由于双方已经办理结婚登记，也短暂地共同生活，给付人生活困难的情形又把握的比较严，因此，多数不符合《婚姻法司法解释（二）》第10条规范的情形，导致男方人财两空，矛盾冲突激烈。尤其近些年彩礼价格一路升高，男方家为了结婚给付了巨额彩礼，在一些地区少则十几万元，多则二十几万元甚至更多，农村地区男方本来在婚恋市场就处于劣势，在举全家之力给付彩礼后，因为闪离或者女方不再与其共同生活，彩礼无法返还，再次结婚的能力更弱，法院若是不判决部分返还彩礼则显失公平。不仅会损害司法权威，也易导致次生矛盾发生，甚至发生民转刑案件。

“天价彩礼”问题已经影响到社会和谐稳定、脱贫攻坚和乡村振兴等一系列问题。近几年来，有多位全国人大代表和全国政协委员提出建议或提案，指出《婚姻法司法解释（二）》第10条第1款对彩礼返还问题的规定存在不完善之处。应当在原规定的基础上，增加规定根据男方给付彩礼数额、女方陪送嫁妆数额、彩礼用途、双方共同生活时间的长短等因素综合衡量、判断彩礼返还数额。各地司法实践目前也在积极探索，针对新时代下彩礼返还纠纷的特点，为化解彩礼返还矛盾，出台一定的规范性意见。

比如河北省邢台市中级人民法院于2019年3月出台了《审理婚姻家事案件工作座谈会纪要》，该会议纪要对彩礼返还提出了如下理念：如果双方已经办理结婚登记手续且共同生活，但共同生活时间较短即起诉离婚，以判决女方适当返还彩礼为宜，但应以《婚姻法司法解释（二）》第10条第1款第3项“婚前给付并导致给付人生活困难的”为判决给付的依据。对于婚前给付彩礼是否致给付人生活困难，应当综合考虑男方给付彩礼数额、女方陪送嫁妆数额、彩礼用途、双方共同生活时间的长短等因素综合衡量、判断，并对彩礼数额的认定、给付方经济能力的认定、婚前给付并导致给付人生活困难的认定、彩礼返还的标准都作了详细的规定。据反映，该会议纪要实施一年以来，家事案件数量与去年同期相比下降了23%，二审发还改判率下降了71%，取得了法律效果和社会效果双赢的好成绩。

我们认为，应当根据经济社会生活新的发展变化，适时修改相关规定，以反映实践需求，人大代表、政协委员的建议非常值得吸纳，实践中考量不同因素综合确定适当返还彩礼数额的做法也能够公平平衡各方权益。

二、关于彩礼的性质问题

这种以结婚为目的，于婚前给付彩礼的行为，到底属于什么性质，理论界和实务界一直存在争议，无法达成共识。可以肯定的是，彩礼与借婚姻索取财物、包办买卖婚姻等行为有本质的区别。所以，本条所称的彩礼，要限制在依照习俗给付的情形。当然，即便这种彩礼的给付是基于当地的风俗习惯，也很少有心甘情愿主动给付的，与一般意义上的无条件的赠与行为不同。但由于是否自愿给付，属于当事人的主观意愿，事后很难证明，因此，区分当事人的主观意志来决定彩礼是否返还，并不能真正解决彩礼问题中存在的难题。对于彩礼问题可否认定为属于以结婚为目的的附条件的法律行为？具体而言，对给付彩礼能否作为附解除条件的赠与行为对待，有不同看法。附解除条件的赠与行为，是指已经发生法律效力的赠与行为，在当事人所约定的条件不成就时仍保持其原有效力，此时赠与行为合法存在并有效。当条件成就时，其效力便消灭，此时赠与行为不再继续有效，要解除当事人之间的权利义务关系。

对此，有截然相反的两派观点。反对意见认为，婚姻自由是法律的基本原则，我们社会主义国家提倡的是文明、健康的社会风气，提倡的是符合社会主义精神文明、道德准则的婚姻行为。我们强调婚姻以双方自愿为原则，婚姻关系的维系以夫妻感情为基础，从来没有将经济因素置入其中。如果承认婚姻关系的缔结过程中，可以通过附加一定条件、采取一些特殊手段达到目的，将使金钱关系变成一个衡量、维持婚姻关系的砝码，完全改变了婚姻关系的本质属性。不否认赠与行为可以附条件，但是所附条件不能违反法律规定，否则应归于无效或者属于可撤销的行为。而将彩礼视为以让对方与其结婚为目的和条件的赠与，这种条件，恰恰违反了法律规定，违背了我国婚姻家庭领域一贯坚持的原则和精神。将彩礼定性为以结婚为条件的赠与行为，存在法律障碍。

赞成意见认为，但凡赠送彩礼的人，无一不是想将来有一天，对方能够与自己正式结婚的，应该将这种赠与视为是附解除条件的赠与行为。双方缔结婚姻关系，目的达到，这种赠与行为就有效存在，彩礼归受赠人所有，一旦没有缔结婚姻关系，赠与行为则失去法律效力，当事人之间的权利义务关系当然解除，赠与财产应当恢复到初始状态，彩礼应当返还赠与人。这与普通的无偿赠与不同。从我国目前的实际情况看，彩礼的给付恰恰不能回避掉为让对方与其结婚的目的性。许多家庭负债累累给付彩礼，为的就是要最后结婚，通常都是以要求对方答应与其结婚为前提条件的。如果没有达到这种目的，给付方当然有权利要求返还所给付的财物。这并未违反所谓的社会公共利益，对当事人的合法权益应当予以保护。

经研究认为，在广大的农村地区，老百姓操劳多年，倾其所有给付彩礼，是迫于地方习惯做法，为了最终缔结婚姻关系，不得已而为之的。这种目的性、现实性、无奈性，都不容否认和忽视。作为给付彩礼的代价中，本身就蕴含着以对方答应结婚为前提。如果没有结成婚，其目的落空，此时彩礼如仍归对方所有，与其当初给付时的本意明显背离。所以，对于彩礼问题的处理，根据双方最终的实现结果来确定是否返还，符合公平原则。没有形成婚姻关系的，彩礼应当以退还为宜。这种没有形成婚姻关系是指既没有办理结婚登记，也没有实际共同生活的情形。实践中，有些男女双方虽然因为婚龄等原因没有办理结婚登记，但已经按照当地风俗举行了婚礼，双方也实际共同生活了一段时间，此种情况下，双方因为感情破裂分手时，如果仅简单地以未办理结婚登记为由要求女方全部返还彩礼，则对女方是不公平的。因此，2011年，最高人民法院在《全国民事审判工作会议纪要》（法办〔2011〕442号）中明确，第一项所谓“双方未办理结婚登记手续”并非针对双方已共同生活的情形；如果未婚男女双方确已共同生活但最终未能办理结婚登记手续，给付彩礼方请求返还彩礼，人民法院可以根据双方共同生活的时间、彩礼数额并结合当地风俗习惯等因素，确定是否返还及具体返还的数额。该纪要的精神仍能适用。根据彩礼的目的和功能，一般来讲，已经缔结婚姻关系的，原则上可以不用返还，但是如果双方虽然办理了结婚登记但确实一直并未共同生活的，或者当初因为给付彩礼造成生活困难的，一旦离婚，彩礼应当予以返还。

三、关于彩礼与相关问题的关系

审判实践中解决彩礼的问题比较棘手，除了缺少法律明确规定外，一个很重要的原因，还在于其与许多相关行为及现象之间错综复杂的关系。

（一）彩礼与婚约的关系

婚约是男女双方以将来结婚为目的所作的事先约定。订立婚约的行为，称为订婚或者定婚。婚约成立后，男女双方产生未婚夫妻身份。婚约在历史上大致经历了两个发展阶段，一是早期的古代婚约，二是近现代婚约。早期古代婚约，是结婚的必经程序，“无婚约即无婚姻”。订立婚约的主体多为双方的尊亲属，即所谓的“父母之命”。此婚约一经订立即具有法律约束力，不得任意违约，也不得任意解除。发展到近现代的婚约，与前一种已经有所不同。它不再是结婚的必经程序，多数由当事人本人订立，通常没有什么法律约束力，全凭双方自觉履行，在解除时也不需要过多理由，需要解决的问题只是违约人是否应当承担违约责任。

我国1950年、1980年《婚姻法》以及2001年修正后的《婚姻法》，对婚约问题均未作规定。2020年新修订的《未成年人保护法》第17条明确规定，未成年人的父母或者其他监护人不得为未成年人订立婚约。

因此，根据有关政策及法律的精神，我国法律上不承认婚约具有法律效力，其不是缔结婚姻关系的必要组成部分。当事人自愿订立婚约的，属于道义上负有应当履行的责任，但法律不予干涉。双方同意即可自行解除，无须经过法定程序或者通过诉讼加以解决。审判实践中，如果双方对婚约本身履行或者解除等问题发生争议，人民法院是不予受理的，因为我国的立法并不承认婚约具有法律效力，这是一个必须坚持的原则和前提。这与处理因解除婚约而引起的财物纠纷，是两个不同的纠纷，应当分别对待。对于后者，人民法院还是应当受理并妥善加以解决的。

从其他国家的情况看，在对待婚约的问题上做法是不尽一致的。如果男女双方当事人一方解除婚约，法律并不能强制其履行结婚义务，不能强迫其成立婚姻关系。至于能否追究毁约人的违法责任，各国法律有不同的规定。大陆法系国家一般都认为婚约是结婚的一个阶段，不能形成一个独立的契约之债，所以不得根据婚约而提起结婚之诉，也不得追究违约责任；而英美法系国家把婚约当作以结婚为目的的契约行为，因此，可以追究毁约人的违法责任。以美国为例，当一方对另一方以结婚为条件赠与礼物，婚约关系破裂后，双方发生争议，各州法院在处理时所遵循的原则及规定各不相同。他们有些法院认为，赠与人只有在双方同意解除婚约关系或受赠人不正当地解除婚约关系时，才能要求返还赠与物。而另一些法院认为，不论是否双方同意，以结婚为条件的赠与物在婚约解除时都应当返还而不考虑是否有过错情形。这种观点认为，婚约的破裂没有真正的过错一方，婚约期间任何一方均有权改变主意而不与对方结婚，这实际上是为了防止不幸的婚姻发生。缔结婚约的目的之一就是给当事人以时间对双方的感情进行考验。现代离婚都不考虑双方是否有过错，解除婚约更无须考虑过错问题。按照我国法律，婚约本身在法律上没有拘束力，一旦一方违反婚约，不能要求毁约人承担违约责任。许多法院在办理案件时，凡没有证据能够证明婚前赠与是以结婚为条件的，在婚约解除时，该赠与物可以不返还。[1]

---

① 夏吟兰：《美国现代婚姻家庭制度》，中国政法大学出版社 1999 年版，第 53 页。

严格意义上讲，婚约问题与彩礼问题并不一致，两者有一定的联系，但各有各的情况。从我国目前的立法规定及审判实践中的认识来看，彩礼问题与婚约之间无必然联系，订立婚约不一定都要给付彩礼，彩礼问题与婚约的关系也并不如影相随。有时候双方订立婚约，并基于婚约而给付彩礼；有时双方之间并无婚约，也会发生给付彩礼的现象。因此，分析问题时不能把这两种情况相混淆。

（二）关于彩礼与“借婚姻索取财物”“包办、买卖婚姻”的关系问题

我们在此提到的彩礼问题，是一种民间习俗，是一种当地习惯做法。这种习俗或习惯虽然不值得提倡，但尚未被法律明文禁止。因此，彩礼问题不具有违法性。纠纷发生后，人民法院要依法进行审理，对当事人的合法权益要予以保护。借婚姻索取财物和包办买卖婚姻则不同，它们是一种违法行为，被《婚姻法》和《民法典》所明文禁止。一旦被发现或者被查证属实，有过错一方的当事人，其权益将得不到保障。《民法典》第1042条规定：“禁止包办、买卖婚姻和其他干涉婚姻自由的行为。禁止借婚姻索取财物。”由此可见，包办、买卖婚姻及借婚姻索取财物等行为都明确被法律所禁止。如果有这些情形的，为违法行为，应当按照法律规定严加处理。实践中，彩礼问题与借婚姻索取财物，并非泾渭分明，可能存在混淆，彩礼问题与借婚姻索取财物及包办买卖婚姻等行为，有时会交织在一起。彩礼有时候会成为包办、买卖婚姻或者借婚姻关系索取财物的一种表现形式。这时，所谓的“彩礼”已经不再是一种民间风俗，而是属于触犯了法律规定，依法要被禁止的行为。借婚姻索取的财物应当予以返还。包办、买卖婚姻的现象，在新中国成立初期比较严重。经过严厉打击、不断进行法制宣传，现在已经很少发生。而借婚姻关系索取财物的行为，还时有发生，影响着婚姻自由原则的彻底贯彻、实施，必须采取措施，坚决杜绝。不过，现实生活中，有时候借婚姻关系索取财物的举证非常困难，当事人往往无法证明到底是索取财物还是对方主动赠与。最高人民法院1993年公布的《离婚案件财产分割问题的意见》

第 19 条规定："借婚姻关系索取的财物，离婚时，如结婚时间不长，或者因索要财物造成对方生活困难的，可酌情返还。对取得财物的性质是索取还是赠与难以认定的，可按赠与处理。"1989 年公布的《同居案件若干意见》第 10 条中规定，同居生活前，一方自愿赠送给对方的财物可比照赠与关系处理；一方向另一方索要的财物，可参照最高人民法院〔84〕法办字第 112 号《关于贯彻执行民事政策法律若干问题的意见》第 18 条规定的精神处理。虽然上述两个司法解释在本次清理中均予以废止，不能再直接引用，但相关的精神不违背《民法典》的规定，是可以参考的。

四、正确理解本条的原则及内容

在理解该条文内容时，应当把握以下几个方面的要点：

1. 要注意把握司法解释解决此类纠纷时所坚持的基本原则。本解释在决定彩礼是否返还时，是以当事人是否缔结婚姻关系为主要判断依据的。给付彩礼后未缔结婚姻关系的，原则上收受彩礼一方应当返还彩礼。给付彩礼后如果已经结婚的，原则上彩礼不予返还，只是在一些特殊情形下才支持当事人的返还请求。

2. 结婚前给付彩礼的，必须以离婚为前提，人民法院才能考虑支持给付人的返还请求。可以肯定的是，如果给付彩礼之后，在婚姻关系存续期间，给付人反悔，提出要求返还给付的，人民法院将不予支持。因为此时夫妻作为共同体，没有特殊约定，法律规定遵循夫妻法定财产共有制。如果当事人在离婚诉讼的同时提出该项请求的，在一审阶段时，如果一审法院准许离婚的，可以根据情况作出是否支持当事人返还彩礼请求的判断。如果是二审阶段，人民法院如果准许当事人离婚的，也可以对于彩礼问题作出具体处理，如果是判决不准离婚的，对彩礼问题也就不能支持当事人的请求。

3. 必须是本地区确实存在这种结婚前给付彩礼的习俗的。这是本解释规定此条的初衷，是有针对性地作出规定，所以适用本条规定时必须对象明确，不能过于宽泛。据我们调查，彩礼问题主要大量存在于我国广大的农村和经济相对不发达地区，人们迎亲嫁娶，多数是按民风、习俗形成的惯例。如果当地没有此种风气存在，就谈不上给付彩礼的问题。对于不能认定为彩礼的、属于男女交往间所为的给付财物如何处理，要视其具体情况及性质，由人民法院依法作出处理。

4. 给付彩礼后，虽然办理了结婚登记，但双方并未真正在一起共同生活的，对于当事人的合法权益要进行保护。双方登记结婚后，在法律上已经形成合法的夫妻关系。不过，如果一直没有共同生活的话，也就没有夫妻之间相互扶助、共同生活的经历。所以，对双方当事人而言，法律意义上的婚姻关系虽已成立，但实质意义上真正的共同生活还远没有开始。由于各地方的习惯不一样，农村及一些地方，往往更注重的是举办一些有地方特色的婚礼，更注重的是两个人真正走到一个家庭中，开始共同生活。而且许多时候，举办这些仪式与登记结婚要隔很长时间，如果双方尚未共同生活的，也没有过多把双方共同联系在一起的纽带。还有些地方，有人为了骗取对方的钱财，以结婚为诱饵要求对方给付价值不菲的彩礼，但登记后并不与其共同生活或者一走了之。这种为达到占有对方财物的目的的骗婚行为，也极大地损害了给付人的合法权益。此外，给付彩礼、办理结婚登记并共同生活在一起后，由于双方性格不合等原因，加之生活困难等因素，结婚时间不长，双方就离婚了的，实践中也大有人在。而且由于给付彩礼，全家已经债台高筑，生活陷于困境，此时这些人也大多要求返还彩礼，处理不好的话，很容易激化矛盾。因此，根据案件具体情况，酌情确定返还数额能够更好地平衡各方利益。

5. 对于彩礼的给付、接受主体，应当正确理解。实践中，给付彩礼问题，并不单纯的是男女双方之间的事情，更多的时候涉及两个家庭之间的往来。对于彩礼的给付人和接受人，都应当作广义的理解，不能仅仅局限于准备缔结婚姻关系的男女本人。就给付人而言，既可以是婚姻关系当事人本人所为的给付，也可以是婚姻关系当事人一方的亲属所为的给付，包括其父母兄姐等。同样的道理，就收受该彩礼方而言，既包括由婚姻关系当事人本人接受的情形，也包括其亲属接受给付的情形。现实生活中，很多情况是将彩礼交给女方娘家，真正用于其结婚置办各种物品的反倒很少。因为许多时候彩礼的给付都是全家用共同财产给付的，甚至是全家共同举债所为的，所以考虑到这些具体的情况，如果将给付人的主体和收受人的主体都作限制性解释的话，则不利于这类纠纷的妥善解决。

6. 婚前给付导致给付人生活困难的。正如我们在前面所讲的那样，对于彩礼问题是否返还，原则上要以双方是否缔结婚姻关系作为判断的标准。没有特殊规定的话，已经结婚的，彩礼将不用返还。而本条中因给付导致给付人一家生活困难的，就属于特殊情形，虽然已经结婚，也应当返还。生活困难，有绝对困难和相对困难之分。所谓绝对困难，是实实在在的困难，是其生活靠自己的力量已经无法维持当地最基本的生活水平。所谓相对困难，可以是与给付彩礼之前相比，由于给付造成了前后相差比较悬殊，相对于原来的生活条件来说，变得困难了。司法解释的本意，是在前一种意义上，即绝对困难的意义上进行规定的。因为双方已经缔结了婚姻关系，给付彩礼的目的已经实现，原则上所送彩礼对方已经无须再返还。如果以生活困难作为一项参考因素，体现法律及审判实践对生活确有困难一方的帮助，这无疑对接受彩礼一方提出了一个较高标准的要求。因此，这种因给付造成的生活困难，必须是导致生活的绝对困难而非相对困难，一般应指依靠个人财产和离婚时分得的财产无法维持当地基本生活水平。

【审判实践中应注意的问题】

一、关于返还彩礼诉讼的当事人

在实际生活中，彩礼的给付人和接受人并非仅限于男女双方，还可能包括男女双方的父母和亲属，这些人均可成为返还彩礼诉讼的当事人。在中国的传统习俗中，儿女的婚姻被认为是终身大事，一般由父母一手操办，送彩礼也大都由父母代送，且多为家庭共有财产。而在诉讼中大多数也是由当事人本人或者父母起诉，因此应诉方以起诉人不适格作为抗辩时，以不支持为宜，以便能够最大限度地保护公民的财产权利，也符合社会生活实际。对于被告的确定问题也应作一体处理，诉讼方通常把对方当事人的父母列为共同被告，要求他们承担连带责任。一般习俗是父母送彩礼，也是父母代收彩礼，故将对方当事人父母列为共同被告为宜。

二、关于彩礼返还的范围

确定彩礼返还时，要根据已给付彩礼的实际使用情况，考虑到双方是否为筹办婚事支付了必要的费用或者是否已经在实际共同生活中发生了必要的消耗等，在此基础上予以适当返还。在实际生活中，虽然双方没有共同生活，但是可能已经为筹办婚礼购买了生活用品或支付了其他费用，对于婚前给付导致给付人生活困难的情形，彩礼双方可能已经在实际共同生活中消耗。故在处理方式上应当灵活把握，真正体现公平原则。

三、其他特殊情形的考虑

彩礼虽未被法律明确认可，但其仍具有强大的社会生活惯性和广泛的群众基础，因彩礼问题产生的纠纷是司法不得不面对的问题。而彩礼作为习惯，其本身也随着社会经济发展而不断地变化其内涵和方式。从近20年的社会发展情况看，由于农村人口结构的调整、社会思想观念的变化等因素，彩礼数额越来越高，但对婚姻的影响和约束反而在降低，尤其在农村，女性“闪离”后，并不愁嫁，相反，男性家庭因为给付高额彩礼，在离婚后，无力负担再娶的彩礼，导致很多社会问题的发生。为此，司法实践应当给予一定的重视。当事人在离婚时请求返还按照习俗给付的彩礼的，人民法院可以根据案件的具体情况，综合考虑双方共同生活的时间、彩礼数额、彩礼用途、是否生育子女，并结合当地风俗习惯等因素，酌情确定是否返还以及返还的具体数额，以妥善平衡各方当事人的利益，维护社会的和谐稳定。

二、结　婚

第六条　男女双方依据民法典第一千零四十九条规定补办结婚登记的，婚姻关系的效力从双方均符合民法典所规定的结婚的实质要件时起算。

【条文主旨】

本条是关于补办婚姻登记的婚姻效力起算时间的规定。

【条文理解】

一、立法背景

婚姻是为社会所公认的正当的男女两性结合关系，一对夫妇所组成的家庭是国家社会中的基础单元，每一个家庭的和谐与稳定关系着社会的和谐、国家的稳定，因此，婚姻不仅是结婚双方当事人之间的私事，其还具有重要的社会意义，故现代各国的婚姻立法均采要式婚主义，即对婚姻的成立采取国家监督主义，要求结婚的男女应履行法定的结婚方式，婚姻才能合法成立。在我国，为向社会其他人公示夫妻关系，保证婚姻的稳定性，出于公共管理的需要，国家也规定了结婚应当办理结婚登记。《民法典》第1049条规定："要求结婚的男女双方应当亲自到婚姻登记机关申请结婚登记。符合本法规定的，予以登记，发给结婚证。完成结婚登记，即确立婚姻关系。未办理结婚登记的，应当补办登记。"该条规定明确了，结婚登记是要求结婚的男女缔结婚姻关系的法定必经程序，是形式要件，只有办理了结婚登记，所成立的婚姻关系才受到国家和法律的保护。

二、条文理解

（一）结婚登记机关

2003年公布的《婚姻登记条例》第2条规定："内地居民办理婚姻登记的机关是县级人民政府民政部门或者乡（镇）人民政府，省、自治区、直辖市人民政府可以按照便民原则确定农村居民办理婚姻登记的具体机关。中国公民同外国人，内地居民同香港特别行政区居民（以下简称香港居民）、澳门特别行政区居民（以下简称澳门居民）、台湾地区居民（以下简称台湾居民）、华侨办理婚姻登记的机关是省、自治区、直辖市人民政府民政部门或者省、自治区、直辖市人民政府民政部门确定的机关。"补办婚姻登记的双方当事人应当根据自身情况，选择适当婚姻登记机关进行登记。

（二）结婚登记程序

结婚登记应当包括双方当事人申请、提交所需材料、结婚登记机关审查、符合法定条件的予以登记/不符合法定条件的予以说明等程序。办理结婚登记时，男女双方应当由本人亲自共同到一方当事人常住户口所在地的婚姻登记机关进行申请，并依照法律规定提交本人户口簿、身份证等证件并签署本人无配偶等证明材料。婚姻登记机关应当对结婚登记当事人出具的证件、证明材料进行审查并询问相关情况，查明双方的结婚申请是否符合结婚条件。对于当事人符合结婚条件的，应当即时予以登记并发给结婚证；对于当事人不符合结婚条件不予登记的，应当向当事人说明理由。对于中国公民与外国人登记申请，内地居民同香港居民、澳门居民、台湾居民、华侨在中国内地结婚的，男女双方应当共同到内地居民常住户口所在地的婚姻登记机关办理结婚登记。若申请结婚登记的申请人受单位或者他人干涉，不能获得办理结婚登记所需证明时，婚姻登记机关查明确实符合结婚条件的，应当予以登记。当事人认为符合婚姻登记条件而婚姻登记机关不予登记的，可以依照《行政复议法》的规定申请复议，对复议不服的，可以按照《行政诉讼法》的规定提起行政诉讼。

需要说明的是，在《民法典》编纂过程中，从一审稿开始一直到三审稿，“以伪造、变造、冒用证件等方式骗取结婚登记的”均属于婚姻无效的原因之一，但在最终审议稿中该条并未采纳。当事人以伪造、变造、冒用证件等方式骗取结婚登记的实为结婚登记过程中的瑕疵问题；而结婚登记是结婚登记机关的行政行为，如果登记过程中存在瑕疵，这不应属于民事纠纷，当事人应当通过依法申请行政复议或者提起行政诉讼的方式，撤销该错误的婚姻登记。

（三）婚姻成立要件

婚姻的成立必须满足法定要件，可以从满足方式上将判断婚姻关系成立与否的要件区分为实质要件和形式要件。

结婚的实质要件是指申请结婚的当事人本人及双方之间的关系必须符合法定的条件，从效果上可以区分为结婚的必备要件和禁止要件两种。

其中，必备要件又可称为积极要件，是指申请结婚的当事人双方必须具备的不可缺少的条件，根据《民法典》第1046条、第1047条的规定，申请结婚的当事人双方必须满足两点必备要件：一是结婚应当男女双方完全自愿，禁止任何一方对另一方加以强迫，禁止任何组织或者个人加以干涉。这符合《宪法》第49条第4款中规定的“禁止破坏婚姻自由”，体现了婚姻自由作为我国公民的一项基本权利。二是对于结婚年龄，男性不得早于22周岁，女性不得早于20周岁。这是基于婚姻的自然属性和社会属性，从自然因素，如人的身体发育和智力成熟情况，以及社会因素，如政治、经济及人口发展情况，对结婚年龄进行限制，从而尽可能地保障男女双方生理、心理成熟，承担起婚姻家庭的责任。

禁止要件又可称为消极要件，是指依照法律规定不允许结婚的事项，根据《民法典》第1048条的规定，申请结婚的当事人双方不能是直系血亲或者三代以内的旁系血亲。禁止血亲结婚主要是基于优生优育以及传统伦理道德与亲属秩序维护两个方面的考虑。一方面，从遗传学上来讲，父母亲会将遗传物质传给下一代，而血缘过近的亲属间基因缺陷、遗传病相似程度更高，结婚所生的子女遗传病发生率自然远远高于非近亲结婚所生的子女，容易将父母双方的生理上、精神上的疾病和缺陷遗传给子女后代，出现罹患遗传病、畸形等问题。这既危害了子女本人的身心健康，不利于健康成长，也增加了婚姻家庭的不必要负担，影响家庭幸福感。另一方面，在极度重视长幼有序，主张尊亲序列传统的中华民族，直系血亲之间结婚严重违反人伦，无法为社会大众所接受；拟制直系血亲之间通婚会引起亲属关系的混乱，亦难以为社会大众所接受。同时，近亲结婚所产生的一系列不良后果也会对人口增长、劳动力增加、社会稳定等造成不利影响，因此必须予以禁止。

结婚的形式要件是指婚姻成立的法定程序或方式，它是婚姻取得社会承认的方式，同时也是婚姻成立的实质要件得到切实贯彻执行的有力保障。在不同时期、不同国家，立法对于婚姻的缔结方式有着不同的规定，大体可分为仪式制、登记制、登记和仪式结合制三种立法类型。我国历史上，结婚多采取仪式制，结婚当事人通常在纳采、问名、纳吉、纳征等环节后按照民间习俗举行结婚仪式，根据不同地方的习俗，有的仪式是办酒席，有的仪式是采取宗教方式，还有的是通过村里德高望重的主婚人或者证婚人见证的方式。1930年，中华民国时期的“民法”亲属篇规定的结婚程序是“结婚应有公开之仪式及二人以上证人”，该规定也是典型的仪式制。自中华人民共和国成立以来，国民党的法统被废除，在1950年和1980年先后颁布的《婚姻法》中，均将登记制确定为婚姻成立的形式要件。为保证婚姻登记制度的实施，国务院又先后于1955年5月、1980年10月、1986年3月颁布了三部《婚姻登记办法》，1994年2月1日，又重新颁布了《婚姻登记管理条例》，要求结婚的男女在符合法定结婚的实质要件后，还必须亲自到婚姻登记机关进行结婚登记，只有经过婚姻登记，取得结婚证，才确立夫妻关系。可见，在我国，结婚登记是公民结婚的法定形式要件，是结婚的必经程序。登记制相比于仪式制，虽然传统的结婚仪式也有一定的公示功能，但在高速发展的现代社会，随着城市化逐渐推进，结婚仪式在“熟人社会”的乡村地区可能还具备一定的公示功能，但在人口流动性大、人与人之间关系相对较远的城市，其公示性已被大大削弱。此外，结婚登记作为婚姻关系成立的形式要件，采用登记制也是国家作为公共事务的管理机关加强人口与户籍管理的需要。同时，结婚登记制对于破除部分地区遗留下来的落后传统、落后思想也大有益处。

需要注意的是，相比于《婚姻法》中关于禁止结婚情形也就是禁止要件的规定，《民法典》所列举的情形有所变化。《婚姻法》第 7 条规定：“有下列情形之一的，禁止结婚：（一）直系血亲和三代以内的旁系血亲；（二）患有医学上认为不应当结婚的疾病。”《民法典》第 1048 条则规定：“直系血亲或者三代以内的旁系血亲禁止结婚。”也就是说，《民法典》承袭了 2001 年《婚姻法》关于限制近亲结婚的规定，但删除了“患有医学上认为不应当结婚的疾病”的规定。这主要基于以下几个方面的考虑：一是法律规定的可操作性。我国最早将患有不应结婚之疾病规定为禁止结婚的条件始于 1950 年《婚姻法》。当时《婚姻法》第 5 条规定“有生理缺陷不能发生性行为者”与“患花柳病或精神失常未经治愈，患麻风或其他在医学上认为不应结婚之疾病者”禁止结婚。1980 年《婚姻法》第 6 条则修改为“患麻风病未经治愈或患其他在医学上认为不应当结婚的疾病”的，禁止结婚。由于 2001 年修正《婚姻法》时，我国的麻风病已经基本绝迹，且在立法过程中，大部分人认为随着科学技术的发展，会出现原来医学上认为不应结婚的疾病已经有治愈方法，而同时又会发现许多新的不宜结婚的病种的问题，因此，《婚姻法》继续明确具体哪种疾病不宜结婚就缺乏可操作性，故而 2001 年《婚姻法》仅原则上规定了患有医学上不应当结婚的疾病的禁止结婚，但并未就哪些疾病属于禁止范围作出明确的规定。实践中，可以依据《母婴保健法》的规定具体确定是否符合禁止结婚的条件。二是基于婚姻自由，保护当事人的婚姻自主权，尊重当事人的自由意志。虽然某些遗传性疾病容易遗传给下一代，但由于每个人的身体情况不同，并非每个人都大概率导致孩子罹患遗传病；并且，随着试管婴儿技术越来越成熟便捷，自然受孕导致下一代出现父辈遗传病的概率也越来越小，因此，不宜继续施行“一刀切”的禁止结婚政策，直接以患病为由限制公民的婚姻自由。同时，现代社会思想逐渐开放，对待生育与否的宽容度越来越高，加之工作压力加大、生活成本上升，越来越多的夫妻选择成为“丁克”，不再生育小孩，在这种情况下禁止患有遗传病的一方结婚就更缺乏群众基础了。三是与现代科学技术的发展与医疗卫生水平提高这一变化相适应，目前许多疾病已经能够治愈或可以有效抑制，只要做好适当的隔离或者预防措施，就能够避免传染的扩大或者疾病的恶化。我们必须承认，传统的婚姻家庭虽然负担了繁衍人类后代的社会职能，但现代婚姻家庭并不是只有生育后代这唯一的功能和价值，婚姻也可以是双方当事人相依相伴、互相扶持，共同走完这一生的一种生活方式。因此，若婚姻双方对疾病明知并且自愿结婚共同生活的，法律却仅因其患有某类疾病即禁止其步入婚姻家庭，限制公民的婚姻自主权，阻碍公民追求个人幸福感的提升，并无合理充分的说服力。

（四）婚姻关系效力

一般而言，符合结婚实质要件的双方当事人在向婚姻登记机构进行婚姻登记后，婚姻关系即应成立。但由于当事人有意隐瞒、婚姻登记机构审核不严格、信息缺乏共享等原因，实践中还存在双方当事人完成结婚登记这一形式要件后，婚姻关系仍归于无效或可撤销的状态。

根据《民法典》第1051条，出现以下情形的婚姻应属无效：（1）重婚；（2）有禁止结婚的亲属关系；（3）未到法定婚龄。第一种情形重婚是指有配偶的人又与其他人再次登记结婚的违法行为，或者明知他人有配偶而与他人登记结婚的违法行为。我国施行一夫一妻制的基本婚姻制度，重婚违反了一夫一妻制，属于无效婚姻。除了民法上对禁止重婚予以规定外，刑法还将重婚定为刑事犯罪。第二种情形有禁止结婚的亲属关系的，因当事人之间的亲属关系并不因其中一方死亡而消灭，因此，即使一方当事人死亡，其此前已缔结的婚姻仍属无效婚姻。第三种情形为未达到法定年龄的，但其未达到法定结婚年龄的男女所生子女的权利仍受法律保护，非婚生子女享有与婚生子女同等的权利。

根据《民法典》第1052条、第1053条规定，可撤销婚姻包括两种情形：一是因胁迫结婚的，受胁迫的一方可以向人民法院请求撤销婚姻。请求撤销婚姻的，应当自胁迫行为终止之日起一年内提出。被非法限制人身自由的当事人请求撤销婚姻的，应当自恢复人身自由之日起一年内提出。二是一方患有重大疾病的，应当在结婚登记前如实告知另一方；不如实告知的，另一方可以向人民法院请求撤销婚姻。请求撤销婚姻的，应当自知道或者应当知道撤销事由之日起一年内提出。相比于法定无效婚姻，可撤销婚姻对社会的危害性相对而言较小，因此需要当事人自行请求撤销婚姻，而不是由法律直接认定为无效，被撤销的婚姻同无效婚姻一样自始没有法律约束力，双方当事人均不具有夫妻的权利和义务。

（五）补办登记效力

对于补办登记的效力问题，有观点认为，男女双方虽已形成事实婚姻但未办理结婚登记的，根据之前的法律规定为无效婚姻，在补办结婚登记之前，不满足有效婚姻的要件，故补办登记不应具有溯及效力，男女当事人双方的婚姻应当自补办登记之时起为合法有效婚姻。亦有观点认为，既然允许当事人“补办”结婚登记，而不是要求当事人办理结婚登记，那就表明补办登记后，对补办前男女双方以夫妻名义共同生活的关系予以认可，补办登记的效力可以溯及至双方具备事实婚姻时，补办之前为合法的婚姻关系，受法律保护。为明确补办结婚登记是否具有溯及力的问题，考虑到规定补办结婚登记制度只是出于我国实践中存在大量符合结婚的实质要件的男女双方欠缺办理结婚登记这一形式的现状，为了更好地从法律角度保护双方当事人以及儿童的合法权益而作出的一种补救性规定，并不代表立法对于事实婚姻的认可，同时，我国自1950年《婚姻法》实施以来，历次《婚姻法》

修改都规定了办理结婚登记是结婚的形式要件，补办结婚登记的规定并不能推翻结婚登记制度。故本条规定，男女双方补办结婚登记的，婚姻关系的效力从双方均符合《民法典》所规定的结婚的实质要件时起算。这一规定采取了补办结婚登记具有溯及力的观点，对于男女双方当事人依法补办结婚登记的，在补办之前的婚姻效力亦为法律所认可。当然，该条规定也对于具体情形作了必要的限制，只能溯及至双方均符合结婚的实质要件时起算，即补办结婚登记的前提是男女双方均已满足了结婚的实质性要件，婚姻效力亦从双方满足结婚的实质性要件时起算。

【审判实践中应注意的问题】

1. 与补办婚姻效力问题有关的矛盾纠纷往往发生在夫妻共同债务承担、遗产继承等案件中，由于涉及当事人及其他利害关系人的权益保护，当案件当事人主张其婚姻系通过补办的形式而早已成立时，审判人员需要特别注意对双方当事人是否满足实质性要件、登记手续是否导致发生效力回溯等事实进行审查。

同居关系开始的时间并不必然与事实婚姻开始的时间相同，在男女双方在自称具备事实婚姻状态时，一方或者双方可能并不满足结婚的实质性要件。由于对补办登记前婚姻效力的追认，是以没有办理结婚登记即以夫妻名义同居生活的男女双方，必须具备结婚的法定实质要件为条件的。因此，补办登记的溯及力自男女双方均符合结婚的实质要件时起算，而不是溯及到男女双方以夫妻名义同居生活时。

一方当事人主张其已按法律规定补办婚姻登记，婚姻效力应自其与另一方当事人以夫妻名义同居时起算，但实际上双方只是正常办理结婚登记，婚姻效力应自结婚登记时起算。《婚姻登记工作规范》第42条规定："申请补办结婚登记的，当事人填写《申请补办结婚登记声明书》，婚姻登记机关按照结婚登记程序办理。"审判人员在审理过程中要严格区分正常办理结婚登记和补办结婚登记的情形，对于主张系补办结婚登记的，应要求其提供《申请补办结婚登记声明书》。

如，在某法定继承纠纷案件中，被继承人甲男因病去世，生前未留下遗嘱，其财产由配偶乙女、女儿丙女等人按份额平均继承，关于乙女是否能够继承甲男于2006年以前所取得的财产问题，乙女主张其于2005年即与甲男以夫妻名义共同生活，2006年补办结婚登记，故婚姻效力应自2005年时起算，其对2005年至2006年间甲男取得的财产亦有继承权。但人民法院经审查认为，根据相关法律法规，补办结婚登记必须在婚姻登记机关履行特定的程序，即补办登记的形式要件为夫妻双方在登记机关作出补办结婚登记的声明并办理登记。正是基于补办登记的这种严格的形式性特点，甲男和乙女在登记时并未作出补办登记的声明，应当认定为婚姻登记，婚姻关系的效力“向后”发生，而不能进行婚姻效力的追溯。故乙女主张其与甲男婚姻的期限自2005年开始起算于法无据。

2. 在结婚登记过程中，由于一方当事人冒用他人身份、使用虚假身份证件、借用他人身份证件与另一方结婚登记；或者一方当事人仅持另一方当事人身份证件复印件，另一方当事人本人未亲自到婚姻登记机关；或者婚姻登记机关发放的结婚证上所记载的姓名、年龄与实际共同生活者不符等情形，均属于婚姻登记瑕疵。由于结婚登记属于行政确认行为，系一种具体行政行为，如果当事人认为结婚登记程序存在瑕疵，主张更正或撤销结婚登记的，可以请求婚姻登记机关予以更正或撤销婚姻登记。当婚姻登记机关不予更正或不予撤销时，当事人可以提起行政复议要求婚姻登记机关履行法定职责。当事人亦可以选择直接提起行政诉讼。

第七条 未依据民法典第一千零四十九条规定办理结婚登记而以夫妻名义共同生活的男女，提起诉讼要求离婚的，应当区别对待：

（一）1994年2月1日民政部《婚姻登记管理条例》公布实施以前，男女双方已经符合结婚实质要件的，按事实婚姻处理。

（二）1994年2月1日民政部《婚姻登记管理条例》公布实施以后，男女双方符合结婚实质要件的，人民法院应当告知其补办结婚登记。未补办结婚登记的，依据本解释第三条规定处理。

【条文主旨】

本条是关于未办理结婚登记而以夫妻名义共同生活的男女起诉请求离婚时，人民法院应当分别予以处理的情形的规定。

【条文理解】

一、制定背景及变化过程

在我国偏远地区以及保有传统习俗的地区，仍存在男女双方未办理结婚登记而以夫妻名义共同生活的同居现象，我们一般将这种关系称为事实婚姻。按照是否符合结婚要件区分，事实婚姻可以分为广义和狭义两大类。广义的事实婚姻亦包括两种情形，一是具备结婚的实质性要件，但缺乏形式性要件的事实婚姻，也就是男女双方只是未办理结婚登记这一手续；二是既不符合结婚的实质性要件，又缺乏形式性要件的事实婚姻。狭义的事实婚姻则仅指符合结婚实质要件的男女、未办理结婚登记即以夫妻名义同居生活，群众也认为是夫妻关系的两性结合。根据本条规定可以看出，我国对于事实婚姻特指为符合结婚实质要件，仅欠缺形式要件的狭义事实婚姻。

对于补办婚姻登记的溯及力问题，本解释第6条已作出明确的解释和规定，但对于没有补办结婚登记却以夫妻名义共同生活的男女，其关系及效力该如何认定的问题，特别是如何处理处于上述关系的男女因产生纠纷而向人民法院提起的离婚诉讼，在实践中也经常遇到，本条规定就是为了处理这一问题而制定。对此，存在不同观点。有的主张，可依据《婚姻法》“未办理结婚登记的应当补办登记”的规定，对起诉到人民法院要求“离婚”的男女双方，只要符合法定结婚实质要件，而只是欠缺登记形式要件的，应先调解告知其在补办婚姻登记后，再行诉讼，否则按解除同居关系处理；对既不符合法定结婚实质要件又欠缺形式要件，或在告知其应补办登记而没有补办登记，起诉到人民法院的，应认定其婚姻关系无效，按解除双方的同居关系处理。

也有观点认为，既然双方已向人民法院提起“离婚”诉讼，再让双方补办结婚登记是多此一举，而且可能性极小。对当事人提起的“离婚”诉讼，可驳回诉讼请求，或依照最高人民法院《同居案件若干意见》处理。在参照1994年2月1日民政部发布的《婚姻登记管理条例》和1994年4月4日最高人民法院发布的《关于适用新的〈婚姻登记管理条例〉的通知》《同居案件若干意见》等规定后，《婚姻法司法解释（一）》第5条规定：“未按婚姻法第八条规定办理结婚登记而以夫妻名义共同生活的男女，起诉到人民法院要求离婚的，应当区别对待：（一）1994年2月1日民政部《婚姻登记管理条例》公布实施以前，男女双方已经符合结婚实质要件的，按事实婚姻处理。（二）1994年2月1日民政部《婚姻登记管理条例》公布实施以后，男女双方符合结婚实质要件的，人民法院应当告知其在案件受理前补办结婚登记；未补办结婚登记的，按解除同居关系处理。”2003年《婚姻法司法解释（二）》出台后，当事人起诉请求解除同居关系的处理办法又被进一步明确，该司法解释第1条规定：“当事人起诉请求解除同居关系的，人民法院不予受理。但当事人请求解除的同居关系，属于婚姻法第三条、第三十二条、第四十六条规定的‘有配偶者与他人同居’的，人民法院应当受理并依法予以解除。当事人因同居期间财产分割或者子女抚养纠纷提起诉讼的，人民法院应当受理。”因此，在本次司法解释清理修订过程中，其中第3条将《婚姻法司法解释（一）》第5条第2项中的“按解除同居关系处理”改为“人民法院不予受理；已经受理的，裁定驳回起诉”，考虑到本条情况下，如果未补办结婚登记，实质上即作为同居关系终止后的处理。故将原来“按解除同居关系处理”的表述删除，直接转引至本解释第3条。

二、事实婚姻效力

关于事实婚姻的效力问题，我国立法对其经历了从承认、相对承认、不承认到有条件的承认的转变过程。在1989年《同居案件若干意见》实施之前，我国承认符合实质要件的事实婚姻的法律效力。《同居案件若干意见》第3条则规定：“自民政部新的婚姻登记管理条例施行之日起，未办结婚登记即以夫妻名义同居生活，按非法同居关系对待。”该意见将事实婚姻定义为非法同居关系。1994年2月1日颁布的《婚姻登记管理条例》第24条规定：“未到法定结婚年龄的公民以夫妻名义同居的，或者符合结婚条件的当事人未经结婚登记以夫妻名义同居的，其婚姻关系无效，不受法律保护。”即无论男女双方是否符合结婚的实质要件，只要未进行结婚登记的，婚姻关系都是无效的。此后，我国在《最高人民法院关于适用新的〈婚姻登记管理条例〉的通知》中再次明确了“……自1994年2月1日起，没有配偶的男女，未经结婚登记即以夫妻名义同居生活的，其婚姻关系无效，不受法律保护。对于起诉到人民法院的，应按非法同居关系处理……”这一处理办法。在2001年《婚姻法》修改过程中，曾有观点认为，既然此前的法律规定都已经明确规定事实婚姻无效，这在人民群众中已形成了普遍性认知，现在又修改为承认事实婚姻的效力，是立法的倒退，将会引起不必要的混乱。并且，自1950年《婚姻法》实施以来，法律法规均规定了结婚必须办理结婚登记，在有法律明确规定且这一规则已经实行了几十年的情况下，对于虽形成事实婚姻但仍不去办理结婚登记的男女双方，应当由自己承担不登记带来的法律后果。也有观点认为，尽管结婚登记制度已实施多年，但实践中，男女双方形成事实婚姻但并未进行结婚登记的情况仍大量存在，形成原因各有不同且复杂，在男女双方的事实婚姻具备结婚的实质性要件时，若仅因为缺乏登记这个形式要件就一概认定为无效，将对当事人双方、子女、家庭及社会产生一系列影响，不利于保护妇女儿童的利益，应当区分处理。基于权益保护等考虑，2001 年《婚姻法》中未对事实婚姻的效力作出明确认定，但规定了未办理结婚登记的，应当补办结婚登记，这也再次强调了结婚登记是结婚的必经程序，符合结婚实质要件的男女应当及时补办登记，否则其婚姻将不受法律保护。此后出台的婚姻法司法解释又对补办结婚登记的程序问题进行了细化解释。《民法典》在编纂过程中并未对 2001 年《婚姻法》关于补办婚姻登记的规定予以修改，因此，现阶段我国对事实婚姻仍采取有条件地在一定时期、一定范围内承认的态度。

三、条文理解

根据本条的规定，对于未依据《民法典》第 1049 条规定办理结婚登记而以夫妻名义共同生活的男女，提起诉讼要求离婚的，人民法院应当以 1994 年 2 月 1 日为界按照时间先后予以区别对待。第一，对于 1994 年 2 月 1 日民政部《婚姻登记管理条例》公布实施以前，男女双方已经符合结婚实质要件的，由于当时法律认可事实婚姻的效力，人民法院对其合法性予以认可，即便是未补办结婚登记的，仍是合法有效的婚姻关系，因此可以按照按事实婚姻进行处理。第二，对于 1994 年 2 月 1 日民政部《婚姻登记管理条例》公布实施以后，男女双方符合结婚实质要件却未办理结婚登记的，由于《婚姻登记管理条例》中已经明确规定了此种情况下婚姻无效，则人民法院应当告知其补办结婚登记，补办登记完成后方可对离婚请求予以处理。如若在人民法院告知后男女双方仍未补办结婚登记，则一律将按照同居关系处理，不再属于事实婚姻，其婚姻关系不受法律保护。人民法院应根据男女双方的具体请求，依据本解释第3条规定的“当事人提起诉讼仅请求解除同居关系的，人民法院不予受理；已经受理的，裁定驳回起诉。当事人因同居期间财产分割或者子女抚养纠纷提起诉讼的，人民法院应当受理”作出相应处理。

第八条 未依据民法典第一千零四十九条规定办理结婚登记而以夫妻名义共同生活的男女，一方死亡，另一方以配偶身份主张享有继承权的，依据本解释第七条的原则处理。

【条文主旨】

本条是关于未办理结婚登记而以夫妻名义共同生活的男女彼此之间有无继承权问题的规定。

【条文理解】

一、条文背景

从此前的《婚姻法》到现在的《民法典》，我们国家的立法始终坚持和强调婚姻关系的缔结以登记结婚为基本形态。结婚除必须符合法律规定的实质性条件外，还必须履行法定的程序，登记即是必经的法定程序。经登记结婚的男女，形成夫妻关系，彼此互为配偶，夫为妻配偶，妻为夫配偶。当配偶中的一方死亡后，另外一方与父母、子女的法律地位相同，均是法定的第一顺序的继承人。随着人民群众生活水平不断提高，个人所拥有的财富日益增多，引发的继承纠纷也越来越多。而且，社会的发展变化是方方面面的，与1985年我国最初制定《继承法》时相比，在家庭关系、继承观念等方面也有明显不同。为了更好地满足人民群众妥善处理遗产的现实需求，此次《民法典》出台，也在《继承法》基础上进行了部分修改完善。本条也是为社会生活中在继承领域内妥善、准确适用法律作出的有积极意义的具体规定。

二、条文含义

关于法定继承人的范围及继承顺序问题，法律一直有明确规定。根据《继承法》第10条、《民法典》第1127条规定，配偶均为法定的第一顺序继承人，对其死亡配偶的遗产享有继承权。

经登记结婚形成的婚姻关系中，男女双方互为配偶，一方死亡后，另一方以配偶身份享有继承权自无异议。问题在于，我们国家的现实情况错综复杂，除登记结婚以外，还存在为数众多的事实婚姻和同居关系。这些人群中一方死亡后，另一方有无继承权、以何种身份享有相应的权利，不能一概而论，值得研究。

我们知道，现实生活中男女异性之间对外以夫妻名义相称、以共同生活为目的形成的关系，按照是否向婚姻登记机关申请登记并获准颁发结婚证书为标准进行划分，可以分成合法登记婚姻与未经婚姻登记的关系两种。未办理结婚登记而以夫妻名义共同生活的男女，是指已经具备结婚法定实质要件，但欠缺结婚法定形式要件的男女。其中，又可以分成事实婚姻和同居关系。根据本解释相关条款的规定，对事实婚姻和同居关系的态度是不同的，二者在判定标准、认可程度方面有明显的差异，社会身份和法律地位不同。完美理想的婚姻状态是立法所要求的那样兼具实质要件与形式要件的登记婚姻，但是由于我国幅员辽阔、地区发展不均衡，有些非因当事人自身主观原因，及时办理登记存在一定困难和不便。另外，随着社会生活发展，一些年轻人的观念也在发生着变化，有些人对于登记结婚的形式要件并不是很看重，特别是在大中城市中这种现象尤为明显。上述原因导致现阶段如果严格按照登记结婚标准进行要求的话，将会使得相当多的一部分人都被排除在合法婚姻范畴之外，给这些人造成诸多不便，对社会稳定、维护当事人合法权益都有不利影响。基于国情现状和本着保持规则稳定、持续性发展的考虑，为加强婚姻登记管理，禁止和减少违法婚姻，立法才在规定结婚的男女双方进行结婚登记、领取结婚证确立夫妻关系的前提下，还规定“未办理结婚登记的，应当补办登记”。

本解释也就未办理结婚登记的涉及男女双方有人身和财产关系纠纷的法律适用进行了细化规定。

正确理解本条规定，可以从以下三个层次掌握：

第一，经登记结婚形成的婚姻关系中，男女双方互为配偶。既符合结婚实质要件，又前往登记机关办理结婚登记领取结婚证书的婚姻关系中，一方死亡，另一方是法定的第一顺序继承人，当然享有继承权。

第二，未按《民法典》第1049条规定办理结婚登记而以夫妻名义共同生活的男女，按照本解释相关条款规定，属于1994年2月1日《婚姻登记管理条例》公布实施以前，符合结婚实质要件的，可按事实婚姻处理。事实婚姻中的男女双方，所形成的婚姻关系受法律保护，事实上与经登记缔结的婚姻关系的效力相同，均受法律的保护。那么，在一方死亡后，另一方即可以配偶身份享有继承财产的权利。换言之，对事实婚姻的态度与合法婚姻是同样的，其可以按照法律规定去补办登记，但是即便其不补办结婚登记，发生纠纷诉讼至法院时，也应当按照登记婚姻的关系对待，这也是其区别于同居关系的地方。

第三，未按《民法典》第1049条规定办理结婚登记而以夫妻名义共同生活的男女，因1994年2月1日《婚姻登记管理条例》公布实施以后才开始形成的共同生活关系，司法实践不再认可存在事实婚姻的概念，只能属于同居关系。对这种同居状态，立法目前没有明确态度，相对较中立，不鼓励但也未明文禁止。如果双方同居关系开始于1994年2月1日以后，男女双方符合结婚实质要件，自愿去登记机关补办结婚登记手续的，补办登记之后一方死亡的，另一方即可以配偶身份享有继承权。否则，如果在未补办结婚登记状态下一方死亡的，男女双方间的关系只能按同居关系处理，另一方以配偶身份主张享有继承权的，不予支持。

同居关系中一方死亡，另一方以配偶身份主张继承权不予支持，是否意味着其完全不能分得被继承人的遗产呢？也不尽然。法定继承制度具有身份性特征，通常将被继承人的遗产分配给与被继承人有血缘关系、婚姻关系的人。然而，如果将继承活动仅仅限定在血缘关系和婚姻关系这一范畴内，有时可能出现不公平的局面，特别是如果与被继承人形成扶养关系的人并不属于继承人，即使其与被继承人有密切的经济、生活和情感上的联系，在被继承人没有订立遗嘱的情况下，不得继承任何遗产。人民法院审理涉及遗产继承纠纷的案件中，会遇到有些男女双方共同生活多年，虽然不属于事实婚姻，也未事先进行补办婚姻登记，但是实际生活中，彼此相互扶助，虽然没有法律意义上配偶的身份，但实际上相互之间尽到了较多的扶养和照料。特别是那些对被继承人单方尽了较多的经济上的投入和生活上的帮扶照顾，与被继承人之间的感情也稳定且良好的人。对属于上述这类情况的生存者一方而言，如果仅仅因不具备配偶身份关系就在继承问题上完全否定分得遗产的权利，于情于理都不甚合适。有鉴于此，《民法典》第1131条规定："对继承人以外的依靠被继承人扶养的人，或者继承人以外的对被继承人扶养较多的人，可以分给适当的遗产。"分得适当遗产给继承人以外的与被继承人有扶养关系的人大致有两种情形：一种是依靠被继承人扶养的人，另一种是对被继承人扶养较多的人。对于前一种，被继承人生前扶养的人，通常其在经济条件、劳动能力、生活来源等方面要逊于被继承人，赋予其分得适当遗产的机会，使扶养扶助在被继承人死亡后仍然得以延续，想必也符合被继承人本人的心愿，且有利于保障家庭和社会的稳定发展。后一种情形下，本身就对被继承人形成扶养关系，势必在同居生活投入更多，令其适当分得遗产，符合民众传统习惯和伦理道德，有利于鼓励和发扬互助互爱、养老育幼的社会风气，法律效果和社会效果都相当不错。除我国《民法典》持此种立场外，世界上一些国家和地区的规定也有体现继承人之外的人，特别是与被继承人形成扶养关系的人可以在一定条件下分得适当的遗产。例如，《日本民法典》第958条之3规定，如认为相当时，家庭法院得因与被继承人共同生活的人、努力于被继承人治疗和护理的人及其他与被继承人有特别关系的人的请求，对该人等分与清算后剩余继承财产的全部或一部分。我国台湾地区“民法”第 1149 条规定，被继承人生前继续扶养之人，应由亲属会议依其所受扶养之程度及其他关系，酌给遗产。有学者将这种制度称为酌给遗产制度。该制度对法定继承制度作了补充，使得法定继承人之外的与被继承人之间形成扶养关系、共同生活关系等的人能够基于此项制度获得被继承人的遗产。[①]

《民法典》第 1131 条规定得较为原则，仅要求不是继承人的人与被继承人之间有扶养关系的，可以分得适当的遗产。但是，对扶养关系的程度和标准，没有清晰的界定。立法过程中，曾有观点提出，应当以在一定时间内持续性扶养作为判断是否具有扶养关系的标准。由于实践中相互扶养的情况复杂，不能够整齐划一地进行归类，有关时间、程度等问题也难以统一确定量化标准，直接简单、硬性规定的话，个案中很容易出现不公平、机械化操作的不利局面。因此，对扶养关系的认定上，有一定的灵活性，应当综合具体情况，妥善处理。

【审判实践中应注意的问题】

1. 人民法院审理此类案件时，对未办理结婚登记而以夫妻名义共同生活的男女所形成的关系，究竟是属于事实婚姻还是仅仅是普通的同居关系，应当根据《民法典》及本解释规定作出准确界定，然后再区分具体情况进行处理。

2. 需要特别注意的是遗产继承纠纷案件中，准确理解和掌握司法解释关于事实婚姻的处理态度和原则。遇有属于认定为事实婚姻的情形，其未补充登记并不影响对其所形成的婚姻关系合法性的认定，不能由于其未补办登记就否认事实婚姻中彼此的配偶身份。一方死亡，生存一方有权以配偶身份作为第一顺序的法定继承人参与遗产分配。

3. 对于男女处于同居关系期间一方死亡，生存一方以非继承人

① 参见黄薇主编：《中华人民共和国民法典释义》，法律出版社 2020 年版，第 2170 页。

身份分得遗产的一些具体问题，实践中需要在认真研究基础上作出判断。第一，不是继承人的身份参与被继承人的遗产分配，是以按照法定继承原则分配遗产为前提。继承分为法定继承和遗嘱继承两种形式，如果被继承人生前立了有效遗嘱，那么就应当按照遗嘱内容对遗产进行处置。第二，可以分给适当遗产的人为继承人以外的人，与被继承人之间具有扶养关系。至于扶养关系形成的时间和程度等细节性问题，由于立法无具体规定，故审判实践中应当根据个案情况予以斟酌，作出公平、妥当的认定。第三，关于可以分给适当遗产的份额问题，立法同样也没有进一步明确规定。由于个案情况千差万别，立法没有一刀切式地规定统一分配比例，实务中，应当综合考虑其与被继承人之间扶养关系的程度、遗产数额、法定继承人数量及经济条件等多种因素，尽量由当事人之间友好协商解决。

第九条 有权依据民法典第一千零五十一条规定向人民法院就已办理结婚登记的婚姻请求确认婚姻无效的主体，包括婚姻当事人及利害关系人。其中，利害关系人包括：

（一）以重婚为由的，为当事人的近亲属及基层组织；

（二）以未到法定婚龄为由的，为未到法定婚龄者的近亲属；

（三）以有禁止结婚的亲属关系为由的，为当事人的近亲属。

【条文主旨】

本条是关于有权请求确认婚姻无效的主体范围的规定。

【条文理解】

一、解释出台的背景和过程

无效婚姻，是指欠缺婚姻成立的法定条件而不发生法律效力的男女两性的结合。正常缔结的婚姻关系，应当符合一定的实质要件和形式要件。但是现实生活中，当事人出于种种原因和目的，弄虚作假、欺骗婚姻登记机关或者登记机关不依法履行职责等原因，使一些不符合结婚条件的男女当事人也经婚姻登记机关办理了结婚登记手续。对这些不符合法律规定的，不能承认其婚姻具有法律上的效力。无效婚姻制度源于古代法。从古罗马法、中世纪欧洲的教会法，一直到近现代社会的各国立法，如法国、德国、瑞士、英国、美国、日本、意大利等国家，均设立了无效婚姻。由于无效婚姻是一种不符合法定结婚条件或违反法定结婚程序规定的违法婚姻，因此，无效婚姻自始不发生法律效力，具有溯及既往的效力。

纵观我国立法进程，无效婚姻制度经历了一个从无到有、逐渐发展完善的过程。在2001年《婚姻法》修改增设无效婚姻制度之前，《婚姻登记管理条例》规定了“未到法定结婚年龄的公民以夫妻名义同居的，或者符合结婚条件的当事人未经结婚登记以夫妻名义同居的，其婚姻关系无效，不受法律保护”。最高人民法院1994年4月4日发布的《关于适用新的〈婚姻登记管理条例〉的通知》（已废止）中也作出了“自1994年2月1日起，没有配偶的男女，未经结婚登记即以夫妻名义同居生活的，其婚姻关系无效，不受法律保护”的规定。但这仅仅是行政法规和司法解释，而且规定过于简单，不能有效地禁止和制裁违法婚姻。我国存在的违法婚姻，主要表现为早婚、包办买卖婚姻、重婚、弄虚作假骗取结婚证等形式。这些违法婚姻不仅严重损害了国家法律的尊严，还引发了其他的社会问题。如包办、买卖婚姻的存在致使拐卖妇女的刑事犯罪屡禁不止等。这些违法婚姻本应由法律宣布为无效，并对当事人进行处罚。然而，由于当时的立法没有无效婚姻制度，致使违法婚姻问题滋生蔓延。

为此，在修改《婚姻法》过程中，社会各界一致呼吁应增设无效婚姻制度，扩大婚姻无效的范围。立法机关在征询听取各方意见的基础上，借鉴国外立法经验，结合我国实际情况，从完备我国婚姻家庭法律制度出发，在修改后的《婚姻法》中新增了无效婚姻制度。根据《婚姻法》第7条之规定，婚姻无效的情形有四种：重婚、有禁止结婚的亲属关系、婚前患有医学上认为不应当结婚的疾病且婚后尚未治愈、未到法定婚龄。编纂《民法典》时，对无效婚姻和可撤销婚姻制度在规定上有所调整。《婚姻法》将婚前患有医学上认为不应当结婚的疾病且婚后尚未治愈的婚姻规定为一种无效婚姻，该项规定被《民法典》删除，现行立法规定的无效婚姻，仅包括重婚、有禁止结婚的亲属关系和未到法定婚龄三种情形。基于立法发生了变化，此前根据《婚姻法》制定的司法解释相关内容，也要相应地进行修改。

二、条文含义理解

虽然《民法典》规定了无效婚姻制度，对保护合法婚姻家庭关系有积极作用，不过由于规定得过于原则，仅对无效婚姻的类型进行了列举式规定，而对有权提出确认婚姻无效请求的主体范围、程序、宣布无效的机关等问题都没有进一步明确规定，很容易在相关问题的理解上产生不同认识，给法官办案过程中的具体操作增加难度。因此，有必要坚持问题导向，通过制定司法解释等形式，解决实际问题。

关于无效婚姻制度适用绝对无效还是相对无效的问题。对无效婚姻的效力如何确认，是采当然无效主义还是宣告无效主义，在立法过程中对这一问题进行了充分研究。按照当然无效主义的观点，只要婚姻关系属于无效婚姻的，则无需经任何人专门主张，亦无需经有关部门履行特定程序予以确认，该类婚姻自从其缔结开始的第一天就当然不发生法律效力。按照宣告无效主义的观点，效力问题必须由当事人主动提出，由相关部门按照法律规定的要件进行判断，如确属符合无效婚姻认定标准的，作出无效的认定结论，作出认定后，该婚姻被称为无效婚姻，其效力向前溯及到该无效行为产生之初。通过总结我国长期社会生活实践并参考其他国家立法情况，绝大多数人所持的观点，是对无效婚姻采用宣告无效的制度，即在现实生活中，如果当事人之间、其他人或有关机关与当事人之间对婚姻效力发生争议时，可通过一定的诉讼程序请求人民法院确认所争议的婚姻无效。

哪些人有权可以通过诉讼程序向人民法院提起确认婚姻无效的诉讼请求，即如何确认提起婚姻无效请求的主体范围，《民法典》没有具体的明文规定。从传统审理民事案件的理念和实际情况看，人民法院受理离婚案件，作为原告、被告的主体，只能是婚姻关系中的夫妻。因婚姻关系引发的纠纷，属私权领域内的纠纷，特别是离婚案件本身当事人的身份属性特征极强。我国法律在诉讼主体资格方面规定得较为严格，甚至认为，有些时候除当事人本人以外连其代理人都无法准确表达当事人的真实意思表示，所以通常的理念是涉及婚姻关系纠纷除婚姻关系中男女双方可以作为案件当事人以外，并不认可其他相关人员的诉讼主体地位。自 2001 年《婚姻法》修改增加无效婚姻制度后，对于婚姻关系中的丈夫或者妻子，有权提出该项诉讼请求，自无争议。对是否将此类案件诉讼主体的范围进行适当扩大，赋予更多人可以提起此类诉讼的权利，大家观点不统一。主要可以概括为否定说、肯定说和折中说三种。持否定说的认为，秉持我国一贯的司法实践做法，在离婚案件中禁止男女双方以外的第三方为案件当事人，无效婚姻的效力认定也不例外，诉讼主体仅限于有婚姻关系的男女双方。持肯定说的认为，对提出此类诉讼的主体应当不加限制。从各国立法规定来看，因无效婚姻往往违反的是有关社会公益的法定结婚条件，像重婚、有禁止结婚的亲属关系等情形，情节严重、社会影响极大，有的甚至触犯刑法要受到刑事制裁，任何一个公民对这些法律所不能容忍之事都应当有权利提出主张，以弘扬正确的社会主义婚恋观。持折中说的认为，无效婚姻与普通的离婚纠纷毕竟有所不同，对其应当体现国家和社会的态度并加以必要的干预和疏导，应当力求做到保护婚姻关系当事人私权利益和治理因无效问题产生不良社会影响两方面兼顾。除男女双方本人之外，请求权的主体范围应相对放宽，认可其亲属、检察院和其他社会组织也享有对涉及无效婚姻提出请求依法确认的诉讼权利。

经过充分的研究，司法解释采纳了前述折中说的观点。由于无效婚姻问题已经超出了个体家庭关系范畴，对社会公共利益和广大民众的价值判断等方面均造成负面效应，故对其效力问题有权提出主张的主体，就不应仅仅限于夫妻关系中的丈夫或者妻子，受其影响的相关人员也应当有权表达自己的意志。鉴于此，本解释规定请求确认婚姻无效的主体是婚姻当事人及利害关系人。从另一方面讲，虽然无效婚姻违反了法律禁止性规定，但导致无效的情形不同，对社会危害程度也不同，不能一刀切。为最大限度地避免一些不必要干涉公民婚姻家庭领域的私人空间，稳妥起见，除夫妻作为当事人以外，还应区别情况来确定婚姻无效请求权的主体范围。

本条中“利害关系人”的内涵和范围，在婚姻无效的三种不同类型中表现也不尽一致。具体而言：（1）有权主张因重婚导致的婚姻关系无效的利害关系人的范围。因重婚导致的婚姻无效在三种无效婚姻类型中，性质是最严重的。不仅违反我国一夫一妻制这一婚姻法基本原则，刑事方面还构成重婚罪而依法被追究刑事责任，对社会公共利益的危害程度极大。为体现国家和社会对婚姻家庭领域重婚行为的干预和制裁，对以重婚为由请求确认婚姻无效的，将利害关系人的范围限定在婚姻关系当事人的近亲属及基层组织，是三类无效婚姻中利害关系人范围最广的。这里的近亲属包括配偶、父母、子女、兄弟姐妹、祖父母、外祖父母、孙子女、外孙子女。基层组织可以包括当事人所在单位、住所地居民委员会、村民委员会、派出所、民政部门及妇联、工会等有关组织机构。（2）有权主张因未达法定婚龄导致的婚姻关系无效的利害关系人的范围。对以未到法定婚龄为由请求确认婚姻无效的，一方面，因为对未达婚龄者的年龄状况，只有其近亲属才能比较准确了解；另一方面，达到最低结婚年龄于早婚者而言是自然会逐步符合条件，且早婚者的年龄多数情形下与法定最低结婚年龄相差不大，相对于其他两种无效婚姻情形而言，社会危害性较小。因此，考虑到该行为的违法程度和保护未达婚龄者利益等因素，本解释规定此类情形下的利害关系人，是未达法定婚龄者的近亲属。从司法实践看，对因年龄问题造成无效婚姻的，多数人所持态度还是比较宽容的。（3）有权主张因有禁止结婚的亲属关系导致的婚姻无效的利害关系人的范围。有禁止结婚的亲属关系还缔结婚姻，从促进人类身心健康发展和维护正确伦理观念方面考虑，对此种无效婚姻应当适时介入和干预。有观点主张此类型的利害关系人的范围，也应当和重婚类型同样，纳入其他单位和社会组织。但考虑到当事人双方之间存在什么样的亲属关系，只有特定范围内的亲戚之间最为清楚，外人事实上很难准确知晓，故本解释最终还是将此类型中的利害关系人限定在当事人的近亲属范围内。

第十条 当事人依据民法典第一千零五十一条规定向人民法院请求确认婚姻无效，法定的无效婚姻情形在提起诉讼时已经消失的，人民法院不予支持。

【条文主旨】

本条是对当事人请求确认婚姻无效时，导致婚姻无效的阻却事由已经消失的，应如何处理的规定。

【条文理解】

一、条文制定背景及经过

《婚姻法司法解释（一）》第8条规定：“当事人依据婚姻法第十条规定向人民法院申请宣告婚姻无效的，申请时，法定的无效婚姻情形已经消失的，人民法院不予支持。”本条规定采取了对其基本原则和理念保持不变，仅在法律依据和文字表述上进行修改的做法。文字修改体现在将原来司法解释中“申请宣告婚姻无效”改成“请求确认婚姻无效”。之所以作出如上文字改动，主要考虑到：一方面，此类案件既然作为民事案件受理，根据《民事诉讼法》的规范性要求，当事人向人民法院所提通常情形下应当是诉讼请求；另一方面，从民事案件诉讼类型来分，当事人向人民法院提出此类诉讼，与确认之诉更为契合，目的在于确认该类婚姻没有法律效力。

缔结婚姻作为男女双方间的民事法律行为，不仅涉及当事人双方的利益，而且涉及子女及其他亲属的利益和社会公共利益。因此，各国均通过制定法律等多种方式对当事人之间的婚姻行为予以监督干预。国家干预的方式主要体现为在婚姻立法中明确规定结婚需具备一定的条件，一方面对合法的婚姻予以保护，另一方面对违法情形予以警示和惩戒。设立无效婚姻、可撤销婚姻以及相应的法律责任等法律制度，正是使上述目的得以实现的一种保障。同时，考虑到婚姻行为的私权性和对当事人利益的保护，本着最大限度地符合国情、常理、习惯等理念，立法在禁止和惩戒违法违规行为之余，也为在法律程序和实体方面欠缺有效要件的行为能够及时补救提供、创造一定的可能性。表现在无效婚姻问题方面，就是本解释关于阻却事由问题的规定。

二、本条条文含义

所谓阻却事由，是指阻止、妨碍某特定法律关系的有效成立或者阻碍某种条件成就的事项。关于无效婚姻中对阻却事由问题如何认识特别是以何种时间标准判断婚姻关系效力，各方观点并不一致。在《婚姻法》修改过程中，社会各界在一致呼吁增设无效婚姻制度的同时，也提出对请求确认婚姻无效的，应当对请求时的婚姻现状、不符合法律规定情形是否仍然存在等问题作出明确规定。不过，最终修改的《婚姻法》中没有对上述问题进行规定，《民法典》对此内容也未予涉及，这无疑给司法实务中如何理解和适用法律问题留下了空白和操作上的难题。为解决此类实务中遇到的问题，本解释作出了规定。从《民法典》第1051条规定可知，无效婚姻因成因不同分成三种类型，即因重婚、有禁止结婚的亲属关系以及未达法定婚龄而缔结的婚姻无效。下面，我们分别就这三种无效婚姻类型的阻却事由问题进行分析。

1. 关于因有禁止结婚的亲属关系而形成的无效婚姻的阻却事由问题。禁止近亲结婚，是人类长期生活经验的总结，有深厚的医学理论依据为支撑。男女近亲结婚，很容易把双方基因缺陷遗传给下一代，有损于下一代的健康，会给整个民族人口自身素质的提高和社会生活发展带来不利后果。有观点提出，婚姻以感情为基础，如果存在亲属关系的男女彼此相爱又承诺永远不生育子女的，对人类的繁衍和社会发展并无明显弊端，是否应当考虑准许其结婚。我们认为，提高人口素质和保护下一代的健康，虽然是禁止近亲结婚的重要原因，但并不是唯一原因，还基于人类长期以来对家庭伦理、道德观念的认知等多方面考虑。禁止近亲结婚，是社会的发展和进步，为世界各国所认同。由于此种以血缘为纽带的亲属关系是固有的、一生下来就形成的特定关系，往后也不会消失。因此，通常情况下，由于存在禁止结婚的亲属关系而形成的无效婚姻，不存在阻却事由，任何时候都可以请求予以确认其为无效婚姻。

2. 关于因重婚而形成的无效婚姻的阻却事由问题。一夫一妻制是我国婚姻家庭的基本制度。任何人都只能有一个配偶，不能同时与两个或者更多的人形成配偶关系。实行一夫一妻制，就必须反对重婚。所谓重婚，从字面意思理解，就是存在多个婚姻关系。根据《民法典》及本解释的有关规定，在我国现阶段，受法律保护的婚姻关系有两种状态，一种是履行了婚姻登记手续领取了结婚证的婚姻关系，还有一种是符合一定条件的为司法解释所承认其合法性的事实婚姻。因此，构成重婚的，需要同时存在两个以上前述婚姻关系。应当注意的是，对是否构成重婚的认定问题，民事审判和刑事审判中存在一定的不同认识。《刑法》规定，有配偶而重婚的，或者明知他人有配偶而与之结婚的，处二年以下有期徒刑或者拘役。某一当事人同时存在两个与不同的人分别履行了结婚登记手续的婚姻关系，构成重婚，各方观点对此种情况都予以认可。不过，当事人存在一个合法婚姻且在婚姻关系存续期间又发生与他人以夫妻名义共同生活的，应当如何认定，情况较为复杂。从事刑事审判理论研究的人认为，有配偶者在婚姻关系存续期间又与他人以夫妻名义共同生活的，或者明知他人有配偶但仍然与之以夫妻名义共同生活的，都将构成重婚。不仅应当确认婚姻无效，还应当追究重婚者的刑事责任。按照举重以明轻的原则，如果刑事上已认定为重婚罪，则在确立民事责任时，也应认定为重婚行为。考虑到重婚的严重社会危害性，我们倾向于认为该种情形不存在阻却事由。

3. 关于因未达法定婚龄而形成的无效婚姻的阻却事由问题。对男女最低的结婚年龄予以规定，是古今中外各国法律的惯常做法，是由婚姻关系本身具有的自然属性和社会属性决定的。根据人类生长规律，只有达到一定年龄，生理和心理才发育成熟。过早步入婚姻，一方面对当事人身体和心理带来不利后果，另一方面由于个体尚无法承担足够的社会责任从而对整个社会发展亦无好处。在无效婚姻阻却事由消失的事件中，未达法定婚龄这一类是占比最多的。法定婚龄是指法律规定的男女可以结婚的最低年龄，男女任何一方不到这个年龄就不能结婚，只有达到或者高于法律规定的年龄限制才能结婚。理论上讲，严格按我国现行法律和司法解释规定执行，将不会出现未达法定婚龄的经登记机关登记的婚姻关系。不过，由于我国人口多、各地区发展不平衡、婚姻家庭领域内很多事情更是受当地风俗习惯影响等原因，加之部分地区对婚姻登记制度管理落实不到位，早婚早育、隐瞒实际年龄骗取结婚登记、冒名登记等一些不规范现象时有发生。因此，有些虽然履行了登记手续但实际上存在因一方或者双方年龄问题而形成无效婚姻的情形。从我国立法关于无效婚姻列举的几种类型看，未达法定婚龄这一阻却事由是随着时间的经过而终将自然消失的一种。许多的实际案例告诉我们，构成早婚的，当事人年龄距最低结婚年龄要求也不会提前太多，往往等到当事人发生争议时，已经符合了允许结婚的年龄要求。对这些在发生争议时已经符合法律要件规定的婚姻关系，没有必要将其确认为无效婚姻。未到法定结婚年龄的婚姻，应当在男女当事人未到法定结婚年龄届至前提出或确认其婚姻无效，人民法院或者婚姻登记机关确认某婚姻关系时，在双方是否符合关于法定婚龄条件时，仅以其审理或者办理时的实际年龄为标准。

综上，我们认为，法律在赋予当事人本人、利害关系人及其他基层组织，有权依据《民法典》规定向人民法院请求确认婚姻无效的同时，应当承认无效婚姻认定时存在阻却事由，如果导致婚姻无效的情形已经不复存在的，则不再认定婚姻关系无效。

【审判实践中应注意的问题】

第一，涉及拟制亲属关系的无效婚姻案件时，对法律规定“有禁止结婚的亲属关系”问题要正确把握。正常的血缘关系，一经出生即已确定且不会发生改变。而法律拟制的亲属关系是可以发生变更的。根据《民法典》的规定，依法收养形成的养父母和养子女之间的权利和义务，以及继父或继母和受其抚养教育的继子女间的权利和义务，适用法律关于父母子女关系的规定。因此，法律拟制的血亲关系等同于自然血亲，禁止近亲结婚的亲属关系也就包括了法律拟制的血亲关系。在法律拟制的亲属关系没有解除前，对其应当按照法定的禁止近亲结婚的规定处理。不过，在收养关系依法解除后，当事人之间不具有法律禁止结婚的亲属关系，而我国立法又没有即使收养关系解除后仍不得结婚的规定，因此，如果当事人或利害关系人还以有禁止结婚亲属关系为由请求确认婚姻无效时，人民法院不予支持。

第二，在考虑阻却事由对婚姻效力影响时，如果一段本属于无效婚姻的婚姻关系，当阻却事由已经消失，对婚姻关系效力的认定，应当从双方均符合法律规定的实质要件时计算。以未达法定婚龄情形为例:《民法典》第1047条规定，结婚年龄，男不得早于22周岁，女不得早于20周岁。假设某女2010年1月1日19周岁时与他人通过欺瞒手段在登记机关领取了结婚证书。其中，未达法定婚龄为该婚姻关系中的阻却事由，在其未满20周岁之前该婚姻关系属于无效婚姻，自2011年1月1日其年满20周岁之后，该婚姻关系应当被认定为合法有效。

另外，根据《民法典》和本解释关于补办婚姻登记问题的规定可知，立法鼓励未依法办理结婚登记手续即以夫妻名义共同生活的男女补办结婚登记。而且，在补办登记时，对双方合法婚姻关系的起算点是从双方均符合结婚实质要件时开始，最大限度地尊重双方真实意愿和维护各方的利益。如此，假设男女双方于2015年开始对外以夫妻名义共同生活，至女方2018年年满20周岁时双方各方面实质要件均已符合法律规定，双方于2020年前往婚姻登记机关补办结婚登记手续，登记机关可在审查清楚后认定双方婚姻关系成立于2018年。

第十一条[①] 人民法院受理请求确认婚姻无效案件后，原告申请撤诉的，不予准许。

对婚姻效力的审理不适用调解，应当依法作出判决。

涉及财产分割和子女抚养的，可以调解。调解达成协议的，另行制作调解书；未达成调解协议的，应当一并作出判决。

【条文主旨】

本条是关于人民法院受理请求确认婚姻无效案件后，应当如何处理的规定。

【条文理解】

一、本条规定的历史沿革

本条解释共分三款，其中第1款系对请求确认婚姻无效案件撤诉申请的处理规定，第2款、第3款系对请求确认婚姻无效案件调解适用的规定。第1款规定主要沿袭自《婚姻法司法解释（二）》第2条，文字上将原解释规定的“人民法院受理申请宣告婚姻无效案件后”，修改为“人民法院受理请求确认婚姻无效案件后”，并同时对该解释第7条第2款相关规定进行了逻辑理顺和文字修改。第2款、第3款规定沿袭自《婚姻法司法解释（一）》第9条，但在具体内容上进行了相应修改，主要是删除了第9条第1款后半段“有关婚姻效力的判决一经作

① 《最高人民法院关于适用〈中华人民共和国民法典〉婚姻家庭编的解释（二）》（以下简称《民法典婚姻家庭编解释（二）》从弘扬社会主义核心价值观的角度，明确重婚行为不适用效力补正。其中第1条规定：“当事人依据民法典第一千零五十一条第一项规定请求确认重婚的婚姻无效，提起诉讼时合法婚姻当事人已经离婚或者配偶已经死亡，被告以此为由抗辩后一婚姻自以上情形发生时转为有效的，人民法院不予支持。”——编者注

出，即发生法律效力”和第 2 款后半段“对财产分割和子女抚养问题的判决不服的，当事人可以上诉”的规定。这一修改的主要理由是，根据《民事诉讼法》第 177 条的规定，涉及婚姻效力的判决不适用特别程序，因而，对婚姻效力的裁判实行一审终审与《民事诉讼法》第 162 条的规定不符，依据并不充分，本解释将该规定予以删除，在删除第 1 款后半段的情况下，第 2 款后半段没有继续存在的意义，因此一并予以删除。

二、请求确认婚姻无效案件经受理后不准许撤诉

本条第 1 款的基本含义是，对请求确认婚姻无效的案件，人民法院受理后，对原告的撤诉申请不能予以准许，也不得按撤诉处理，而只能由人民法院依职权依法作出判决。本款规定的目的在于体现国家强制力对无效婚姻的干预和制裁。

（一）对确认婚姻无效案件性质的认识与再认识

因其不同于一般的民事权益争议案件，对当事人向人民法院提出申请宣告婚姻无效的案件，如何认识和处理，在学术界和司法实务中均存在不同观点，要准确认识此类纠纷的性质，首先需要对无效婚姻进行分析和认识。

对无效婚姻的认识存在着两种观点，即当然无效主义和宣告无效主义。主张当然无效主义的观点认为，婚姻无效是法律上的无效，有重婚或禁止结婚的亲属关系等无效婚姻的法定情形而骗取结婚登记的，即使未经婚姻登记机关或人民法院宣告无效，该婚姻也是无效的。认可这种观点的结果，就相当于认同在法律意义上没有发生过结婚行为。在审判实践中，也有当事人基于当然无效主义否认自己属于重婚的真实案件发生。宣告无效则是指当事人之间的婚姻关系虽然具有法律规定的无效原因，但在未经依法确认和宣告之前，该婚姻关系并不当然无效，必须经特定的有权机关作出无效的认定和宣告，才自始发生婚姻无效的效力。无效婚姻在宣告无效之前已经进行了婚姻登记，在形式上被认为是有效的。但根据宣告无效主义的观点，无效婚姻必须经过有权机关宣告以后才自始无效，在未经过法定程序被宣告

为无效婚姻之前，该婚姻还是处于有效状态，当事人还要受到此婚姻的约束，一方如果与他人结婚，再与他人重婚，同样构成重婚罪。

《婚姻法司法解释（一）》对《婚姻法》第12条规定的“无效婚姻自始无效”的理解，应认为系采宣告无效主义观点，因为如果采取当然无效主义，则婚姻无效无需宣告，无需有权机关依法定程序确认，那么人民法院受理此类案件就没有意义。采取宣告无效主义的观点，一定意义上可以认为是人民法院受理宣告婚姻无效案件的理论依据。

有观点认为，申请宣告婚姻无效纠纷应当作为非诉案件，比照适用民事诉讼特别程序处理。在民事案件的诉讼程序中，非讼案件是与诉讼案件相对而言的。非讼案件是指利害关系人在没有民事权益争议的情况下，请求法院确认某种事实是否存在，从而使一定的法律关系发生、变更或消灭的案件。[①]《民事诉讼法》并没有使用“非讼程序”一词，而是将非讼案件的处理列入了《民事诉讼法》“特别程序”的章节内，且并没有将非讼案件与民事诉讼特别程序等同起来，只是相关规定比较简单。但无论依照我国现行法律的规定，还是依照学理的通常认识，都把非讼案件处理程序划归到民事诉讼特别程序的大范围之内。一般来讲，在现代意义的民事诉讼法律制度中，非讼程序的建构更多地倾向于采纳职权干预主义。非讼程序的作用在于确认当事人对非讼争议的民事权益、法律事实或法律状态，以解决民事法律关系的不稳定状态，保证社会关系的正常发展。因为非讼程序往往涉及当事人以外的不特定人的利益，与社会公众利益相关，因而立法中要求充分发挥法院代表国家依职权进行干预的作用，而对当事人在诉讼程序中的权利予以一定程度的限制。非讼程序以达成简易迅速、经济、合目的性与创设性的裁判为目的，在此过程中，法官需要发挥其对诉讼程序过程的支配与指导作用。

在《婚姻法司法解释（一）》制定过程中，解释制定者认为，应当适当扩大我国民事特别程序的适用，对需要比照适用民事特别程序进行审理的案件，可以通过立法或司法解释加以明确。法院依职权来

① 江伟主编：《民事诉讼法学原理》，中国人民大学出版社1999年版，第713页、第722页。

判断事实和证据，实现裁判具体案件的基本要求。对非讼案件的处理，由于事关公益或他人的利益，法官对于诉讼程序的控制与推进应当是积极的，在一定程度上不受私权自治所限，在诉讼程序活动中不再处于消极性、被动性的地位，而是主动地进行干预。《婚姻法司法解释（一）》赞同“宣告婚姻无效程序属于民事诉讼特别程序”的观点。①对宣告婚姻无效案件，考虑当时的《婚姻法》并没有规定适用何种程序进行审理，《婚姻法司法解释（一）》第 9 条第 1 款规定了“人民法院审理宣告婚姻无效案件，对婚姻效力的审理不适用调解，应当依法作出判决；有关婚姻效力的判决一经作出，即发生法律效力”。即认为婚姻无效案件具有非讼性，因而明确宣告婚姻无效的案件应当作为非讼案件，比照适用《民事诉讼法》关于特别程序的规定进行审理。而根据《民事诉讼法》关于特别程序的规定（1991 年《民事诉讼法》第 161 条），依照特别程序审理的案件，实行一审终审。因此，该条解释规定，对婚姻效力的判决一经作出，即发生法律效力。

本次司法解释修改过程中，我们认为，虽然《民法典》亦未明确确认婚姻无效应经何种程序作出认定，但考虑到《民事诉讼法》第 177 条明确规定了适用特别程序审理案件的范围，“人民法院审理选民资格案件、宣告失踪或者宣告死亡案件、认定公民无民事行为能力或者限制民事行为能力案件、认定财产无主案件、确认调解协议案件和实现担保物权案件，适用本章规定”，并未明确规定确认婚姻无效的案件应当适用特别程序规定进行审理，不宜在司法解释中直接作出突破性规定。按照现行《民事诉讼法》第 157 条、第 162 条和第 178 条的规定实行一审终审的案件，并不能直接解读出包含确认婚姻关系无效的案件。因此，应当认为，此类案件与其他民事案件一样，均应以《民事诉讼法》第 10 条规定的两审终审制为基本原则，故而删去了《婚姻法司法解释（一）》第 9 条“有关婚姻效力的判决一经作出，即发生法律效力”的规定。

---

① 齐树洁主编：《民事程序法》，厦门大学出版社 1998 年版，第 219 页、第 220 页、第 222 页。

（二）对无效婚姻的判决确认

国家以法律形式明确规定了婚姻关系成立的程序和条件，婚姻关系是否违法无效，应该由相应机关按照相应程序进行审理、认定。关于婚姻无效的确认程序，《民法典》和《民事诉讼法》均没有作出明确规定。

在《婚姻法司法解释（一）》施行前，对有权确认婚姻关系无效的机关和确认程序的认识并不统一，实践中有申请人向婚姻登记机关或人民法院提出宣告婚姻无效的请求，民政部门在执法检查的过程中发现无效婚姻可以直接宣告婚姻无效，收回结婚证，人民法院在审理案件过程中，如果发现当事人有无效婚姻的情形，也可以直接宣告该婚姻无效。《婚姻法司法解释（一）》的制定者认为从国外有关婚姻家庭的立法看，无论是法制比较发达国家，还是法制相对薄弱的国家，对婚姻的撤销多数均以诉讼方式，由法院判决宣告。在我国当时的法制背景下，调整婚姻家庭关系的法律除了《婚姻法》之外，还包括《婚姻登记条例》等行政法规，我国婚姻成立的唯一合法形式要件是双方当事人亲自到婚姻登记机关进行结婚登记。因而，制定司法解释时应根据我国的具体情况决定，与我国的婚姻登记制度相一致。按照当时有关法律的规定，宣告撤销婚姻[①]的有权机关包括两类：

1. 婚姻登记机关。当时的《婚姻登记条例》第9条规定，因胁迫结婚的，受胁迫的当事人依据《婚姻法》第11条的规定向婚姻登记机关请求撤销其婚姻的，应当出具下列证明材料：（1）本人的身份证、结婚证；（2）能够证明受胁迫结婚的证明材料。婚姻登记机关经审查认为受胁迫结婚的情况属实且不涉及子女抚养、财产及债务问题的，应当撤销该婚姻，宣告结婚证作废。可见，婚姻登记机关作为国家依法设立的，对于公民的婚姻关系能否成立进行审查、监督、管理的机构，有权依法作出撤销婚姻的决定。

---

① 在无效婚姻制度由法律确定之前，当时有关婚姻的行政管理规定及最高人民法院有关司法解释中的撤销婚姻的提法，据通常的理解，该“婚姻”应当既包含无效婚姻又包含可撤销婚姻。“撤销”是对违法取得婚姻登记行为的否定，是无效婚姻的处理程序之一。

2. 人民法院。人民法院是我国审判机关，依法受理不服婚姻登记管理机关裁决而起诉的案件或直接受理请求权人起诉宣告撤销婚姻的案件。根据双方当事人及其近亲属等利害关系人的告诉，以及人民检察院的公诉，人民法院有权宣告婚姻关系无效。人民法院对无效婚姻的宣告是以当事人向人民法院申请宣告无效为基础的，人民法院在审理离婚案件时，如果发现欠缺婚姻关系成立的法定要件的，应宣告婚姻无效，解除其违法婚姻关系。但以上是就可撤销婚姻的处理而言，婚姻登记机关和人民法院都有权依法作出撤销决定。

而对无效婚姻的处理，《婚姻法司法解释（一）》则倾向于宣告婚姻无效的有权机关仅限于人民法院。主要是因为：第一，按照普遍通行的法律原则，行政机关要具备某一项权能和职责，必须要经过法律的明确授权。1994 年 2 月 1 日发布施行的《婚姻登记管理条例》第 6 条第 3 项规定，依法处理违法的婚姻行为是婚姻登记管理机关的职责。该条例第 25 条规定，申请婚姻登记的当事人弄虚作假、骗取婚姻登记的，婚姻登记管理机关应当撤销婚姻登记，对结婚、复婚的当事人宣布其婚姻关系无效并收回结婚证，并对当事人处以 200 元以下的罚款。这些规定明确提及婚姻登记管理机关依法处理违法婚姻以及宣告婚姻无效的职责，且无论当事人是否申请，婚姻登记管理机关都可以主动依职权宣告无效。2003 年发布施行的《婚姻登记条例》第 9 条则只对撤销婚姻作了规定，删除了《婚姻登记管理条例》中有关婚姻登记管理机关负有依法处理违法婚姻行为职责的规定，只是在第 18 条对婚姻登记机关及其婚姻登记员为不符合婚姻登记条件的当事人办理婚姻登记等行为时，作出“对直接负责的主管人员和其他直接责任人员依法给予行政处分”的规定。此外，该条例有关无效婚姻的唯一表述是在第 16 条，即婚姻登记机关收到人民法院宣告婚姻无效或者撤销婚姻的判决书副本后，应当将该判决书副本收入当事人的婚姻登记档案。综上，可以看出《婚姻登记条例》也并不主张婚姻登记机关行使宣告婚姻无效的职责。第二，婚姻关系作为一种民事法律关系，其法律效力的确认不仅关系婚姻当事人双方间的人身和财产权利义务，还关系子女合法权益的保障。婚姻登记机关主要是对公民缔结婚姻的行为在登记环节的监督管理，对于不符合法定情形的缔结婚姻行为不予登记，使其不具有法律上的认可。就上述情形而言，如果两个机关同时可以对于一个无效婚姻具有终局宣告无效的权力，确实难以避免产生冲突，在此情形下，应认为人民法院作为司法机关，对法律关系效力的认定，享有最终裁判权，就婚姻无效的宣告确认，不应由婚姻登记机关作出，而只能由人民法院通过审理后，以民事判决形式最终予以确认。

（三）不准许原告对确认婚姻无效案件的撤诉申请

本条规定了人民法院受理确认婚姻无效案件后，不准许原告撤诉，这一规定在民事案件审理中，与通常意义上的当事人处分原则不同，具有一定的特殊性，应当予以注意。

民事诉讼中的撤诉，从狭义上讲，仅指原告撤回起诉；从广义上讲，则泛指当事人向人民法院撤回诉之请求，不再要求人民法院对案件进行审理的行为。对于提出诉之请求的当事人来讲，撤诉是一项重要的诉讼权利。民事诉讼的当事人，基于《民事诉讼法》所确立的处分原则，有权在法律规定的范围内处分自己的民事权利和诉讼权利，撤诉是当事人行使处分权对自己的诉讼权利加以处分的具体体现。《民事诉讼法》第13条第2款规定："当事人有权在法律规定的范围内处分自己的民事权利和诉讼权利。"应当理解为，通常情况下，当事人申请撤诉，属于处分自己的民事权利和诉讼权利，人民法院应当予以准许，但如果当事人的处分行为，如申请撤诉违反了法律规定，侵犯了国家、集体及他人的合法权益，或者侵犯了社会利益，就应当认为其处分超出了"法律规定的范围"，就不能产生相应的法律效果。

《民事诉讼法》第145条第1款规定："宣判前，原告申请撤诉的，是否准许，由人民法院裁定。"也就是说，当事人行使处分权的行为未经人民法院审查和认可不能发生法律效力。而且依照《民事诉讼法》第154条的规定，不准许撤诉的裁定，不属于当事人可以提起上诉的裁定范畴。人民法院应当尊重并保障当事人对这一权利的正当行使，对于符合法律规定的撤诉行为，人民法院应予准许。与此同时，当事人的撤诉行为也应当依法正当进行，否则人民法院不予准许。《民事诉讼法》规定了申请撤诉的条件。其中规定当事人申请撤诉必须以正当、合法为前提。当事人对其权利的处分行为必须在法律规定的范围内实施方为有效。也正是因为如此，原告的撤诉申请并不会当然地产生撤诉的效果，而应当由受诉的人民法院依职权进行审查，并在审查基础上得出是否准许原告撤诉的结论。人民法院接到原告的撤诉申请以后，应当重点审查原告申请撤诉的目的是否正当、合法。受诉人民法院经过审查，如果认为当事人申请撤诉目的的正当性与合法性存在瑕疵，撤诉以后将导致对法律的规避或者损害国家、集体利益和他人的合法权益，则应当作出不准许原告撤诉的裁定。《民事诉讼法》规定，是否准予撤诉，要经人民法院审查，且撤诉必须经受诉人民法院同意，这体现了当事人撤诉权利行使的相对性，即要受到国家审判权的必要干预。撤诉虽然是原告处分自己的诉讼权利，但是否准许其撤诉，决定权在人民法院。我国当事人处分其诉讼权利，不是由当事人任意决定的，而是与国家干预原则相结合的。

人民法院的审判权，是国家权力的一部分。《民法典》第1051规定的婚姻无效的三种情形，是法定的婚姻无效原因，不以个人意愿为转移。婚姻家庭制度直接关系国家秩序和社会伦理道德，婚姻家庭关系的和谐稳定对于社会有序发展至关重要，被视为社会安定的基石。无效婚姻违反了法律的禁止性规定，违背了社会主义婚姻家庭道德观念，直接影响当事人及其子女的合法权益，对社会整体利益和安定秩序具有负面影响。对无效婚姻的干预和制裁，体现的是法律和社会对违法婚姻的否定性价值评判。法律是规范人们行为的，通过明确法律上的是非、责任，通过对人们行为的评价、指引、预测，对合法的行为保护、认可，对违法的行为进行谴责、警戒、预防、制裁，来正确指引人们的行为，确认、保护和发展良好的社会关系和社会秩序。对无效婚姻由国家权力进行干预和制裁，限制个人恣意妄为，是法律和社会必然的要求。确认婚姻无效案件一经当事人提出请求并经人民法院受理，就须认真进行审理，婚姻关系最终是否被确认为有效，不能以当事人的意志为转移。诉权是公民、法人或者其他组织向人民法院起诉和应诉，请求人民法院以国家审判权保护其合法权益的权利。无效婚姻是违反法律禁止性规定的，人民法院如果发现有人违反这一禁止性规定，有责任通过确认该婚姻关系无效来维护法律的尊严。原告申请撤诉仅是对自己的诉讼权利作出处分，如果允许原告撤诉，则人民法院就没有可能查清当事人的婚姻是否为法律所禁止，也使人民法院不能行使确认婚姻无效、维护法律尊严的职权。因此，在诉讼程序上，不准许当事人撤诉，是非常必要的。

在具体程序上，准予或不准予撤诉，人民法院都应当作出裁定。对请求确认婚姻无效的案件，当事人申请撤诉的，也必须以裁定形式裁定不准撤诉。应根据案件的实际情况，决定是采用书面裁定还是口头裁定。如果采用口头裁定的形式，应当记入案卷。对请求确认婚姻无效的案件，不准予撤诉的裁定，当事人不得上诉，也不得申请复议。

三、对婚姻效力的审理不适用调解，涉财产分割和子女抚养问题除外

《民事诉讼法》第93条规定："人民法院审理民事案件，根据当事人自愿的原则，在事实清楚的基础上，分清是非，进行调解。"在民事案件审理中，通常均可适用调解程序，依当事人自愿，对各方民事权利义务等作出处理。但与前述撤诉问题的处理类似，对婚姻效力问题的审理，因其体现的是审判权对婚姻是否违法无效的价值评价，不能依当事人的意愿确定，因而不具备适用调解解决的前提基础。《民事诉讼法司法解释》第143条也明确规定："适用特别程序、督促程序、公示催告程序的案件，婚姻等身份关系确认案件以及其他根据案件性质不能进行调解的案件，不得调解。"因此，本条明确规定，

对当事人请求确认婚姻无效的案件中，涉及婚姻效力的问题，不能适用调解，而须由人民法院在查清案件基本事实的基础上，对婚姻关系是否违反法律的禁止性规定，是否属于依法应当确认无效的婚姻作出明确判决。

同时，在涉及婚姻效力的案件中，往往当事人还会同时提出有关子女抚养、财产分割等诉求，对该部分纠纷处理是否可以进行调解，司法解释亦明确作出规定。因该部分纠纷的处理，与其他普通民事纠纷并无本质区别，仅涉及当事人对自身权利的处分，是当事人私权领域的权利义务关系，通常不会损及社会公共利益和社会秩序，应充分尊重当事人的个人意愿，人民法院可以将处理该部分民事权益争议与确认婚姻无效部分分开处理。对当事人就此达成的调解协议，人民法院应当按照《民事诉讼法》第96条的规定进行审查，确保调解协议系双方自愿达成，且内容不违反法律规定。审查确认后，人民法院还应当就此另行制作调解书，调解书经双方当事人签收后，即具有法律效力。如果调解达不成协议，人民法院则应依法对当事人的财产权益和子女抚养问题与婚姻效力问题一并进行判决。当事人不服判决的，可以依法行使上诉权，启动二审程序，对当事人双方之间的权利争议予以最终解决。通过采取区别不同性质的争议，依法分别处理的做法，既可以及时解决无效婚姻关系的效力问题，维护国家和社会正常的公共秩序，又公平合理地处理了当事人之间的财产利益分配，有力地保护子女的合法权益，妥善有效地处理因婚姻无效案件带来的各种矛盾争议。

【审判实践中应注意的问题】

一、确认婚姻无效案件的当事人主体问题

无效婚姻是指因欠缺婚姻成立的法定实质要件而不具有法律效力的违法婚姻，即因为男女双方的结合不符合法律规定的结婚实质要

件，因而自始不具备婚姻的法律效力。《民法典》第1051条对构成无效婚姻的三种情形进行了具体规定，包括重婚、有禁止结婚的亲属关系、未到法定婚龄三种。相较于《婚姻法》第10条的规定，删除了“婚前患有医学上认为不应当结婚的疾病，婚后尚未治愈的”情形规定。对无效婚姻关系的处理具体涉及无效婚姻的判断标准、申请主体的范围等一系列问题。我们认为，在确认婚姻无效案件的审判实践中，应严格按照《民法典》和司法解释规定，对婚姻无效的具体情况予以准确的判断。

本解释第10条规定：“当事人依据民法典第一千零五十一条规定向人民法院请求确认婚姻无效，法定的无效婚姻情形在提起诉讼时已经消失的，人民法院不予支持。”一旦经过一定的期间，即由于阻却事由的出现，当其双方已经具备法律规定的结婚实质要件时，无效婚姻则演变成为合法有效的婚姻，人民法院就不应当再作出确认婚姻无效的判决。

本解释第9条规定：“有权依据民法典第一千零五十一条规定向人民法院就已办理结婚登记的婚姻请求确认婚姻无效的主体，包括婚姻当事人及利害关系人。其中，利害关系人包括：（一）以重婚为由的，为当事人的近亲属及基层组织；（二）以未到法定婚龄为由的，为未到法定婚龄者的近亲属；（三）以有禁止结婚的亲属关系为由的，为当事人的近亲属。”该规定与《婚姻法司法解释（一）》第7条规定的可以申请宣告婚姻无效的当事人和利害关系人相比，仅因《民法典》规定的婚姻无效情形的变化，相应删去了《婚姻法司法解释（一）》第4项中“以婚前患有医学上认为不应当结婚的疾病，婚后尚未治愈为由申请宣告婚姻无效的，为与患病者共同生活的近亲属”的规定。

诉是一种请求，诉权是请求的权利，起诉是实现请求的行为。通常讲，诉是当事人获得司法保护的手段，是人民法院行使民事审判权的基础和起点。起诉是指公民、法人和其他组织认为自己的民事权益受到侵害或者与他人发生了争议，以自己的名义，请求人民法院通过审判给予司法保护的诉讼行为。作为一种民事诉讼法律行为，可能引起诉讼程序的发生和诉讼活动的进行。因此，起诉必须符合《民事诉讼法》第119条规定的法定条件，即要求原告是与本案有直接利害关系的公民、法人和其他组织；原告请求人民法院予以确认和保护的，发生争议或受到侵害的民事权益必须是自己的或依法受自己保护的民事权益，如果与本案没有直接的利害关系，即属于当事人不适格，就不能作为原告向人民法院起诉。非无效婚姻的利害关系人为不符合法定条件的当事人，即在民事法律关系中不具备合格的民事主体资格，也就更谈不上享有相关的诉权及实体的请求权。因此，在对申请确认婚姻无效案件进行审理时，首先应注意将利害关系人的身份和其诉讼请求结合起来作具体分析，不同利害关系人对婚姻无效的不同情形提起诉讼的事由不同，利害关系人的身份与其提起诉讼的事由是否合乎法定条件，直接关系该起诉是否被人民法院所支持。非利害关系人提起与不符合规定情形的婚姻无效确认请求，起诉主体为不适格主体，人民法院对案件不应予以受理。因而，也就不存在其起诉事由被支持与否的问题，该情形下不应当出现人民法院依职权确认婚姻无效的情形。

就请求确认婚姻无效的当事人主体问题，实践中可能存在利害关系人的身份与其提起诉讼的事由不符合法定情形的情况。对此我们认为，导致婚姻无效是由于重婚、有禁止结婚的亲属关系、未达到法定婚龄等不同法定原因造成的，婚姻无效请求权主体的范围应该区别对待。之所以作出这样的规定，正是考虑到导致婚姻无效的不同情形对社会公益的危害程度不同。根据本解释第9条的规定，向人民法院就已办理结婚登记的婚姻请求确认婚姻无效的主体，包括婚姻当事人及利害关系人。在受理请求确认无效婚姻申请时，必须严格按照以下规定的情形办理：（1）以重婚为由请求确认婚姻无效的，原告为当事人和当事人的近亲属以及基层组织，婚姻关系的另一方为被告。另外，人民法院审理重婚导致的无效婚姻案件时，涉及财产处理的，合法婚姻关系当事人可以以有独立请求权的第三人的身份参加诉讼，以保护自己合法的财产权益。对原有配偶而重婚的一方，不得以协议的方式将财产转移给重婚的另一方，已达成协议将财产转移给重婚的另一方的，应确认为无效，以确保合法配偶的财产权益。（2）以未达到法定婚龄为由请求确认婚姻无效的，婚姻当事人和未达婚龄者的近亲属为原告，婚姻关系的另一方为被告。（3）以有禁止结婚的亲属关系为由申请宣告婚姻无效的，婚姻当事人和其近亲属为原告，婚姻关系的另一方为被告。

二、确认婚姻无效案件不能适用按撤诉处理

根据《民事诉讼法》第143条的规定："原告经传票传唤，无正当理由拒不到庭的，或者未经法庭许可中途退庭的，可以按撤诉处理；被告反诉的，可以缺席判决。"即在民事诉讼中除原告申请撤诉外，还有按撤诉处理的情况。所谓按撤诉处理，就是指当事人虽然没有提出撤诉申请，但其在诉讼中的一定行为已经表明其不愿意继续进行民事诉讼，因而法院决定注销案件不予审理的行为。按照前述《民事诉讼法》及其司法解释的规定，按撤诉处理的情况主要有以下几种：（1）原告或上诉人未按期交纳诉讼费；（2）原告经传票传唤，无正当理由拒不到庭；（3）原告未经法庭许可中途退庭；（4）原告应预交而未预交案件受理费，人民法院应当通知其预交，通知后仍不交纳，或申请缓、减、免未获人民法院批准仍不交纳诉讼费用的；（5）无民事行为能力的原告的法定代理人，经法院传票传唤，无正当理由拒不到庭的，可按撤诉处理；（6）有独立请求权的第三人经法院传票传唤，无正当理由拒不到庭的，或未经法庭许可中途退庭的，可按撤诉处理。

《民事诉讼法司法解释》第238条第1款规定："当事人申请撤诉或者依法可以按撤诉处理的案件，如果当事人有违反法律的行为需要依法处理的，人民法院可以不准许撤诉或者不按撤诉处理。"根据上述解释，本条作为强制性的规定，没有给法官"按自动撤诉处理"这一自由裁量的余地。人民法院依法受理请求确认婚姻无效的案件后，不能适用按自动撤诉处理的规定。

第十二条 人民法院受理离婚案件后，经审理确属无效婚姻的，应当将婚姻无效的情形告知当事人，并依法作出确认婚姻无效的判决。

【条文主旨】

本条是关于人民法院对受理的离婚案件，经审查认为婚姻无效，应当如何进行处理的规定。

【条文理解】

一、本条规定的历史沿革

人民法院在审查认为确属婚姻无效后，该如何对待当事人的离婚诉讼请求，即对于当事人起诉的法律关系与其实际诉讼争议的法律关系不一致的情况下，人民法院应当如何处理。基于审判权的被动性和消极性的要求，人民法院审理案件遵守“不告不理”的原则，即没有当事人的起诉，法院不得主动启动诉讼程序。同时，法院必须合法、适当、及时地行使其审判权，对当事人的起诉或上诉作出回答，不得拒绝审判。当事人则必须依法行使其诉权、诉讼权利，不得滥用其权利。而实践中经常会出现当事人以离婚案由起诉，经审理却发现婚姻关系存在法定无效情形的情况，需要司法解释对案件处理程序等问题作出明确规定。

本条承袭自《婚姻法司法解释（二）》第3条，文字上将《婚姻法司法解释（二）》规定的“并依法作出宣告婚姻无效的判决”修改为“并依法作出确认婚姻无效的判决”，在规定内容上未作实质修改。

二、准确认识离婚纠纷与无效婚姻确认纠纷

（一）无效婚姻制度的法律规定沿革

在我国法律没有明确规定无效婚姻制度的情况下，在司法实践中，实际是有限度地承认事实婚姻的存在，认定和处理事实婚姻的法律依据主要有：1989 年 11 月 21 日最高人民法院发布的《关于人民法院审理未办结婚登记而以夫妻名义同居生活案件的若干意见》、1994 年 2 月 1 日民政部发布的《婚姻登记管理条例》以及同年 4 月最高人民法院发布的《关于适用新的〈婚姻登记管理条例〉的通知》等。基于这类“婚姻”关系形成的原因和案件处理的具体情况比较复杂，为适当保护妇女、儿童的合法权益，从有利于婚姻家庭关系的稳定方面考虑，当时只是有限度地承认事实婚姻关系。

2001 年 4 月 28 日公布实施的《婚姻法》第 10 条、第 11 条、第 12 条规定了婚姻无效和婚姻可撤销制度。自此，我国《婚姻法》正式确立了婚姻无效制度。为了明确划清无效婚姻与合法婚姻的界限，《婚姻法》第 10 条规定了重婚、有禁止结婚的亲属关系、婚前患有医学上认为不应当结婚的疾病且婚后尚未治愈以及未达法定婚龄的四种情形作为婚姻无效的具体情形。学理上通常把婚姻成立的要件分为公益要件和私益要件。违背公益要件者，被认为对社会危害性较大，因而应作为无效婚姻；违背私益要件者，被认为社会危害性较小，因而应当将婚姻效力问题的决定权交给当事人，作为法律上的可撤销婚姻。从国外婚姻无效制度的立法趋势看，自始无效婚姻和可撤销婚姻的区别正逐步缩小，而且总的趋势是逐渐减少自始无效婚姻的种类，相应扩大可撤销婚姻的范围。按照这一原则反观《婚姻法》规定的婚姻无效情形，其中重婚、有禁止结婚的亲属关系行为严重违反了法律关于“一夫一妻”的基本原则，与社会伦理道德不符，严重违背了结婚的公益要件，对社会的危害性较大，无疑属于自始无效婚姻。未达法定婚龄的情形虽然对具体的婚姻关系当事人而言可能仍属私权处分范畴，但从整个社会公共秩序上看，如果允许此类婚姻的合法有效存

在，可能会在很大程度上促使买卖婚姻、早婚早育甚至贩卖人口等违法犯罪事件的发生，具有较大的社会危害性。而"婚前患有医学上认为不应当结婚的疾病，婚后尚未治愈的"情形只是违背结婚的私益要件或一般地违背结婚的公益要件，社会危害性较小，而且如果一个人愿意与患有医学上不应当结婚的疾病的人结婚，愿意照顾其日常生活，法律进行强力干涉的理据并不充分。因此，《民法典》第1053条规定："一方患有重大疾病的，应当在结婚登记前如实告知另一方；不如实告知的，另一方可以向人民法院请求撤销婚姻。"即将涉及重大疾病的婚姻关系问题，纳入可撤销婚姻的范畴予以规定，仅要求当事人应当如实告知对方该情形，即使未如实告知，婚姻相对方也享有自行选择的权利，可以选择在法定期限内向人民法院请求撤销婚姻，这样更利于百姓生活的稳定以及对婚姻当事人及子女合法权益的保护，也更符合婚姻法作为私法其基本目的在于保护当事人民事权益的基本属性。

在法律没有明确规定无效婚姻制度的情况下，过去将本应属于无效的婚姻关系按照离婚关系来处理的办法，虽然照顾了过去的历史现状和社会发展的实际，但实际上等于承认了事实婚姻的有效性。如果一直采取这种处理方式，由于违法婚姻的解除后果与合法婚姻的解除后果相同，对违法婚姻就难以起到干预和制裁作用，在现实中更难以避免早婚、近亲结婚、包办买卖婚姻、不登记结婚等违法婚姻现象的发生，必将严重影响法律的严肃性。

随着《婚姻法》比较明确地规定了无效婚姻制度，《婚姻法司法解释（一）》通过更加具体的规定对该制度作了进一步补充，使其更具有可操作性。

（二）离婚之诉与无效婚姻确认之诉的性质辨析

从法理上讲，通常认为离婚纠纷是变更之诉，而无效婚姻则被认为是确认之诉。但也有观点认为离婚诉讼是混合之诉，既是确认之诉，又是变更之诉、给付之诉。这一观点主张：离婚诉讼作为确认之诉，是由于在处理离婚案件时要根据法律的有关规定，确认原告、被告间是属于合法婚姻还是无效婚姻、可撤销婚姻或非法同居等情形。离婚诉讼作为变更之诉，主要在于夫妻一方或双方向人民法院起诉离婚，是为了从法律上通过夫妻身份关系、财产、子女关系的变更，解除原有的夫妻之间的权利义务关系。而离婚诉讼作为给付之诉，是由于离婚诉讼中，涉及与之相关的如财产分割、子女抚养和相关权益保护等问题，往往以具有货币或财产权益归属的给付内容为指向和诉求，判决不仅确认、变更法律关系，同时还应当判决给付相应财产。该三种诉在这类诉讼中均有体现，且不可或缺。因此，应认为离婚诉讼是一种混合之诉。当然，关于哪种纠纷属于诉的哪个种类的划分，由于对当事人诉讼请求的目的和法律关系内容的理解角度不同，会产生不同的认识。

无效婚姻确认之诉在学理上被认为是确认之诉，亦有观点认为其应当属于非讼案件。按照通说，确认之诉是指民事主体请求法院确认其与对方当事人之间是否存在某种民事法律关系或者某种民事法律行为是否有效的诉讼。以原告请求确认争议法律关系是存在还是不存在，或争议的法律行为是有效还是无效为依据，确认之诉又可进一步分为肯定性确认之诉（或积极的确认之诉）和否定性确认之诉（或消极的确认之诉）。确认之诉的主要特点在于，当事人往往只要求法院确认当事人之间是否存在某种确定的民事法律关系或者某种民事法律行为是否有效，而并不需要法院判令对方履行一定的义务。不可否认的是，婚姻有效无效，可能同时伴随着财产权益、子女利益等争议，同时并存有原告请求法院判令对方当事人履行一定民事义务的给付之诉，但这实际上是两种独立存在，又互相结合的诉讼而已。单就确认婚姻无效之诉而言，应当认为其仅是一个确认之诉。因为请求确认婚姻无效的案件中，当事人要求法院确认的是其与对方当事人之间不存在法定婚姻的法律关系，或者该相对人的婚姻行为因违法而没有效力，因此，请求确认婚姻无效之诉，实为否定性确认之诉。

三、正确区分离婚案件和确认婚姻无效案件

本条的基本内容是，对于当事人以离婚为由起诉到人民法院的婚姻纠纷案件，人民法院在审理过程中，经审查认为该婚姻存在的状态确属无效婚姻情形的，法官应当行使释明职责，将婚姻无效的情形告知当事人，可以同时告知当事人将起诉离婚的诉讼请求改变为请求确认婚姻无效的诉讼请求，也可以依职权改变案件的案由，依法直接作出确认婚姻无效的判决。

在审判实践中，当事人可能由于对法律的不了解等原因而对自己的婚姻状态认识并不准确，或者出于其他目的，就自己本来属于无效的婚姻关系，提起离婚诉讼。依照法律的有关规定，对确认无效婚姻的案件和离婚案件在处理方式上是不同的。只有对离婚与无效婚姻的差别予以全面认识和把握，才能正确审理这两类不同的案件纠纷，实现对纠纷处理的最佳法律效果和社会效果。

离婚与无效婚姻在其行为性质、产生的原因、法律后果以及提出请求的主体范围等方面都存在着根本的差别，在司法实践中对纠纷争议的处理程序和解决方式也有所不同。离婚是夫妻双方按照法定程序和条件将既存的合法婚姻关系予以解除的行为。无效婚姻是因男女双方的结合欠缺婚姻成立的法定要件而不具有法律效力的违法婚姻。实践中，区分离婚与无效婚姻，通常可以考虑以下几个方面的因素：

（一）行为性质不同

从行为的性质来讲，离婚与无效婚姻虽然都是解除男女之间的关系，但两者是有本质区别的。离婚所要解除的婚姻是合法的婚姻，而无效婚姻所要确认的是违法的婚姻，没有合法婚姻关系这一前提条件的男女双方之间，根本不存在离婚与否的问题。一般理解认为，无效婚姻具有违法性和婚姻性两方面的特征：一方面是在男女两性结婚的时候不符合法定要件，另一方面是男女双方经婚姻登记机关合法登记的婚姻。请求确认婚姻无效与离婚案件性质不同，在司法实践处理上的方式也不同。在本次司法解释修改过程中，虽然对《婚姻法》

规定的申请宣告婚姻无效案件的处理进行了修正和调整，将其规定为当事人或利害关系人可以请求确认婚姻无效的案件，并与普通民事案件一样适用两审终审的诉讼程序，但从行为性质上看，并未自然弥合违法无效婚姻与合法有效婚姻之间的鸿沟，二者的性质区别仍然存在。

（二）产生原因不同

从产生的原因看，两者亦存在明显区别。离婚的原因发生于婚姻关系成立之后，且不是因为婚姻本身违法，而是由于“夫妻感情确已破裂”。而无效婚姻产生的原因在于违反婚姻成立的法定条件，在婚姻成立时，违法行为已经作为既成的事实发生。

（三）行为效力不同

从行为的效力和时效来看，离婚应当自该婚姻关系解除之日起生效，且为当事人生前的法律行为。而无效婚姻自始无效，即婚姻被确认无效自结婚登记之日起即无效，对该“婚姻关系”的无效确认溯及既往。确认婚姻无效的请求，既可以发生在该婚姻关系当事人生存期间，也可以发生在一方或双方当事人死亡以后。

（四）请求权人不同

从请求权人来看，离婚只能由婚姻关系的当事人一方或双方提出，离婚请求权的行使仅限于婚姻当事人本人，其他任何人不能强迫、干涉，更不能以自己的名义代婚姻当事人提出。而男女双方当事人、利害关系人和法律规定的有权机关，都可作为请求确认婚姻无效的主体，向人民法院提出确认请求。

（五）审理程序的具体规定不同

从对案件的处理程序和条件来看，两者也存在明显差别。对于离婚而言，当事人可以诉诸行政机关解决或者向司法机关起诉。在离婚诉讼中，当事人对于争议权益的处理具有完全的处分权，因而可以进行调解解决。而且，《民法典》第1079条第2款规定：“人民法院审理离婚案件，应当进行调解；如果感情确已破裂，调解无效的，应当准予离婚。”即将“调解无效”作为人民法院判决准予离婚的必经程序，将夫妻“感情确已破裂”作为判决准予离婚的实质性条件。同时，根据《民法典》第1078条的规定：“婚姻登记机关查明双方确实是自愿离婚，并已经对子女抚养、财产以及债务处理等事项协商一致的，予以登记，发给离婚证。”即在诉诸行政机关协议离婚时，须双方对子女和财产问题已有协商一致的处理意见。如果不具备这一条件，双方发生争议，则只能通过诉讼程序离婚，而不能再适用行政解决程序。

对于无效婚姻，由于请求确认婚姻无效往往涉及财产、子女权益的处理，依行政程序解决的，一旦发生争议即应通过诉讼解决。根据各国有关立法的通例，以及我国的立法和司法实践，认为应以诉讼程序进行解决，而不能直接诉诸行政机关解决。在确认婚姻无效案件的审理过程中，当事人的处分权也要受到国家审判权的干预，主要表现在：一方面，此类案件中不准许当事人申请撤诉，人民法院亦不能主动适用按照撤诉处理的方式审结案件；另一方面，此类案件中关于婚姻关系效力的问题，不适用调解，而只能由人民法院经审查后，依法作出确认婚姻无效的判决。

（六）法律后果不同

从法律后果上看，离婚的法律后果在于解除当事人双方之间的身份关系的同时，还要对共同财产进行分割。无效婚姻的双方不享有法律赋予配偶应享有的权利，如夫妻财产权、生育权、继承权、同居权、扶养权等。由于无效婚姻在同居的男女双方当事人之间不产生婚姻的效力，对同居期间所得的财产，根据《民法典》第1054条的规定：“同居期间所得的财产，由当事人协议处理；协议不成的，由人民法院根据照顾无过错方的原则判决。对重婚导致的无效婚姻的财产处理，不得侵害合法婚姻当事人的财产权益。”不过，根据该条法律规定，无论婚姻关系是否合法有效，男女双方在同居期间共同生育的子女，依法享有相应权利，“适用本法关于父母子女的规定”。

【审判实践中应注意的问题】

一、案由的确定问题

从“民事案件案由”的角度而论，适用普通程序审理的民事案件的案由，表达的是当事人诉争的法律关系及其争议。离婚纠纷表明的是当事人对于是否解除夫妻关系存在争议。确认婚姻无效之诉表明的是当事人或利害关系人请求确认该婚姻关系不具有合法性。定准案由是正确处理案件的重要环节。构成民事法律关系内容的民事权利和民事义务，决定了法律关系的性质，是划分各类民事法律关系的最重要的依据。因此，确定案件的性质，就必须认真研究当事人之间的民事权利义务及其赖以存在或建立的法律关系。

《民事案件案由规定》中“关于个案案由的变更”规定：“人民法院在民事立案审查阶段，可以根据原告诉讼请求涉及的法律关系性质，确定相应的个案案由；人民法院受理民事案件后，经审理发现当事人起诉的法律关系与实际诉争的法律关系不一致的，人民法院结案时应当根据法庭查明的当事人之间实际存在的法律关系的性质，相应变更个案案由。当事人在诉讼过程中增加或者变更诉讼请求导致当事人诉争的法律关系发生变更的，人民法院应当相应变更个案案由。”即人民法院应当根据查明的当事人之间实际存在的法律关系及其争议确定案由，至于案件的实体处理则是另外一个问题。对这种案件的处理，存在两种处理办法：一是完全尊重当事人的意愿，法院根据当事人起诉状中确定的案由处理。如果法院认为当事人所定案由不对，即与当事人实际存在的法律关系不符时，对其诉讼请求不予支持并告知其应当按照实际存在的法律关系提起诉讼。二是按照案件的实际情况处理。人民法院应当正确判断当事人之间实际存在的法律关系并以当事人之间真实存在的法律关系为依据确定案由。如果当事人起诉状中所提到法律关系与实际诉争的法律关系不同，应当根据法庭查明的法律关系确定案由。按照一般的规律来讲，人民法院至少要经过一定的审理，才能判断出当事人诉争的法律关系与实际存在的法律关系是否相符，出于诉讼效率等因素的考虑，法院不宜简单地以驳回诉讼请求结案，而是应当在查明案件基本事实后，以当事人之间真实存在的法律关系为依据确定案由进行实体审理。

二、以离婚案由起诉的无效婚姻处理方式

《民法典》第1051条规定的关于婚姻无效的三种情形，只要符合其中的任何一种情形即应确认婚姻关系无效。在对此类案件的审理中，我们认为，当事人以离婚为由提起的诉讼，人民法院经审查认为双方的关系属于无效婚姻的，法官应当行使释明职责，将婚姻无效的情形告知当事人，并应当同时告知当事人将起诉离婚的诉讼请求改变为请求确认婚姻无效的诉讼请求，分别按下列情形处理：

1. 当事人变更诉讼请求为确认婚姻无效的，应当依法作出确认婚姻无效的判决；

2. 当事人坚持原离婚诉讼请求的，应依职权改变案由，直接判决驳回诉讼请求并确认婚姻关系无效；

3. 虽然原告系以离婚之诉起诉，但经审查存在婚姻无效法定情形而原告申请撤诉的，不准许撤诉；

4. 双方当事人请求就婚姻关系效力问题进行调解的不予准许；

5. 对于当事人起诉离婚，同时还涉及关于处理子女抚养、财产纠纷等请求的情况，应按照本解释第11条的规定处理，即涉及财产分割和子女抚养的争议部分，可以进行调解，调解达成协议的，另行制作调解书；未达成调解协议的，应当与确认婚姻关系无效的部分一并作出判决。

总之，不应要求当事人撤回离婚起诉后再行立案请求确认婚姻无效，这样既符合诉讼经济原则，也符合立法精神，避免了因当事人撤诉不当，将无效婚姻处分为离婚纠纷而影响法律严肃性情况的发生。

对于当事人坚持其离婚诉讼请求的情形，最高人民法院曾经在较早时候根据有关意见，提出过“裁定驳回起诉并判决婚姻关系无效”

的处理方式。这样的处理方式实际上是将一个行为的处理分成了两个层次，仅就程序来讲，先对离婚诉讼的起诉予以驳回，然后再作出婚姻关系无效的判决。在经研究并充分考虑有关意见后，我们认为，在对这种起诉离婚实为无效婚姻的处理上，实际是在解决一个确认婚姻关系不具有法律效力的问题。上述做法在实际操作中并不方便且并无必要。因此，针对离婚的起诉无须再从程序上裁定驳回起诉，人民法院仍然要体现国家对违法婚姻的强制性干预，依据法律和司法解释的规定，按照审理请求确认婚姻无效案件的程序和条件等办理，直接作出驳回诉讼请求并确认婚姻关系无效的判决。这在法理上和法律规定上并不存在不妥当之处。本条所采取的“应当将婚姻无效的情形告知当事人，并依法作出确认婚姻无效的判决”的表述，在理解上也不易产生歧义，避免舍本逐末，将实践中的简单问题复杂化。

第十三条　人民法院就同一婚姻关系分别受理了离婚和请求确认婚姻无效案件的，对于离婚案件的审理，应当待请求确认婚姻无效案件作出判决后进行。

【条文主旨】

本条是关于人民法院就同一婚姻关系受理了离婚和请求确认婚姻无效两个案件后的审理顺序问题所作出的程序性规定。

【条文理解】

本条是根据实际需要，且对下级法院普遍关心的一些具体操作性问题，作出进一步的规定。本条的法律依据是《民法典》第1051条、第1054条。《民法典》第1051条规定了无效婚姻制度，即在婚姻关系中存在重婚、有禁止结婚的亲属关系、未到法定婚龄情形的，婚姻无效。第1054条规定了婚姻无效和被撤销的法律后果，具体为：无效的或者被撤销的婚姻自始没有法律约束力，当事人不具有夫妻的权利和义务。同居期间所得的财产，由当事人协议处理；协议不成的，由人民法院根据照顾无过错方的原则判决。对重婚导致的无效婚姻的财产处理，不得侵害合法婚姻当事人的财产权益。当事人所生的子女，适用《民法典》关于父母子女的规定。婚姻无效或者被撤销的，无过错方有权请求损害赔偿。本解释第9条明确规定了婚姻关系当事人及其利害关系人有权向人民法院申请确认婚姻关系无效。《民法典》及本解释的上述规定，决定了在婚姻关系当事人或者利害关系人对婚姻效力认识不一时，有可能出现婚姻关系当事人一方请求离婚，而该婚姻关系的另一方当事人或者利害关系人请求确认婚姻无效的情况。

适用本条规定的前提条件是就同一个婚姻关系，既有婚姻关系当事人或者利害关系人向人民法院申请确认婚姻无效，又有婚姻关系当事人请求离婚。同一个或者不同的人民法院受理了两个关于同一婚姻关系的不同案件。人民法院一旦发现出现了这样的情况，无论是由同一个人民法院分别受理了这样两个案件，还是由不同的两个人民法院分别受理了这样两个案件，均应中止对离婚案件的审理，首先由受理了申请确认婚姻无效案件的人民法院就该婚姻关系是否有效作出判决。如果该婚姻关系经由人民法院判决确认为有效，则受理离婚案件的人民法院应当继续审理离婚案件。如果该婚姻关系被确认为无效，受理离婚案件的人民法院则应当驳回当事人关于解除婚姻关系的案件即离婚案件的诉讼请求。

本条是针对审判实践中存在的两种情况制定的：（1）就同一个婚姻关系，一方当事人向人民法院申请确认婚姻无效，而另一方当事人则认为婚姻有效，请求离婚。（2）婚姻关系当事人认为其婚姻合法有效，只是一方当事人请求离婚，而利害关系人则向人民法院申请宣告其婚姻无效。在2004年《婚姻法司法解释（二）》施行之前，各地法院对此类案件处理方法不一。有的法院认为，应当由受理案件在先的人民法院对所受理的案件进行审理，由受理案件在后的人民法院将另一案件移送受理案件在先的人民法院，而不管其先受理的案件是申请确认婚姻关系无效还是离婚；有的法院则认为，就同一个婚姻关系既有人请求离婚又有人请求确认无效时，人民法院应当先就该婚姻是否为有效婚姻作出认定，而不问哪个案件受理在先、这两个案件是否为同一个人民法院受理。上述不同指导思想直接导致了审判实践中出现了各种不同的做法，使得审判实践出现不统一的情况。《婚姻法司法解释（二）》则明确了人民法院审理离婚案件，一旦发现本院或者其他法院就同一婚姻关系，受理了婚姻关系另一方当事人或者利害关系人请求确认该婚姻关系无效的申请，应当不问申请确认婚姻关系无效的案件受理在离婚案件的先后，立即中止对离婚案件的审理，等待本院或者其他受理该婚姻关系无效案件的法院作出关于确认婚姻关系是否有效的判决。以司法解释的形式对这一问题作出程序性规定保证了司法的统一，在实践中也取得了较好的效果，在此次对《民法典》司法解释清理制定过程中，对这一规定予以保留。作出这样的规定主要基于以下考虑：

第一，有效的婚姻关系受法律保护，当事人因此才具有夫妻之间的权利义务关系。我国实行的是婚姻登记制度，通过婚姻登记成为合法夫妻的婚姻关系当事人，离婚是其与配偶生存期间解除婚姻关系的唯一法律手段。无论是向婚姻登记机关申请还是向人民法院起诉解除离婚关系，前提条件都是双方必须具有合法的婚姻关系。自行离婚，无论是口头的还是书面的均属无效。如果一个婚姻关系被婚姻当事人或者利害关系人申请宣告无效，那么，在人民法院就该案作出判决之前，这一婚姻关系的合法性是否能够为人民法院的判决所肯定尚属于不确定状态。此时，这一婚姻关系的男女之间是否具有夫妻之间的权利义务关系在法律上处于不确定状态，故人民法院于此时对是否应当解除他们之间的婚姻关系作出判决就缺乏充分的依据。如果不顾这一婚姻关系正面临的可能被宣告为无效的状态而继续审理离婚案件，不仅会出现人民法院就同一婚姻关系，既认定无效又按有效婚姻判决当事人离婚的荒谬结论，而且还可能对合法婚姻当事人财产利益的保护产生不利影响。因为只要人民法院判决当事人离婚，就会在离婚当事人的财产方面产生以下的法律后果：一是夫妻共同财产的分割（有法律规定的原则）；二是夫妻相互扶养的权利义务终止；三是配偶继承权（第一顺序继承权）的丧失；四是《民法典》第1090条规定的离婚经济帮助，具体为："离婚时，如果一方生活困难，有负担能力的另一方应当给予适当帮助。具体办法由双方协议；协议不成的，由人民法院判决。"而一旦该婚姻关系被依法宣告无效，在财产方面的法律后果则与离婚完全不同，主要表现在：同居期间共同财产的分割原则与夫妻共同财产的分割原则完全不同；一方生活困难，要求另一方给予帮助缺少法律依据。两者法律后果的不同，是本解释规定必须对确认婚姻无效案件优先审理的根本原因。

第二，根据《民法典》第1054条的规定，无效的或者被撤销的婚姻自始没有法律约束力，当事人不具有夫妻的权利和义务。人民法院对于确认婚姻无效和离婚两类案件，在对财产分割问题的处理上遵循的原则完全不同，一旦当事人的财产已经在离婚案件中被受诉法院按照分割夫妻共同财产的原则进行了处理，而该婚姻关系又被宣告无效，不仅会给执行回转工作造成极大困难，而且由于两个判决之间客观上可能存在较长的时间差，在这一期间内，财产可能已经被一方当事人转移或者消费，给另一方当事人造成的损失将难以弥补。特别是如果受理了离婚案件的人民法院不待确认婚姻关系无效的案件作出判决，即抢先对因重婚而最终被确认为无效的婚姻错误地按离婚进行了处理，则其合法婚姻的配偶的财产利益可能因此遭受难以弥补的损失。

第三，该婚姻关系被宣告无效后，人民法院驳回离婚案件原告的起诉，并不妨碍当事人行使诉权、请求人民法院对财产分割和子女抚养纠纷作出裁决。根据本解释第 11 条规定："人民法院受理请求确认婚姻无效案件后，原告申请撤诉的，不予准许。对婚姻效力的审理不适用调解，应当依法作出判决。涉及财产分割和子女抚养的，可以调解。调解达成协议的，另行制作调解书；未达成调解协议的，应当一并作出判决。"此后，受理离婚案件的人民法院驳回就同一婚姻关系提出的离婚的起诉并不存在任何障碍。应当注意的是：此时如果婚姻关系被宣告无效后，当事人要求人民法院对其婚姻无效后的财产分割和子女抚养争议进行审理的，人民法院应当继续审理。

司法实践中一般存在这样两种情况：一是请求人民法院确认婚姻无效的申请由婚姻关系当事人一方提出，当事人可能会同时提出请求人民法院处理同居期间共同财产的分割和子女抚养纠纷；二是请求人民法院确认婚姻关系无效的申请是由利害关系人提出，而婚姻关系当事人之一只提起离婚诉讼。在第一种情况下，当事人既然提出了要求人民法院处理子女抚养及同居期间共同财产分割问题的请求，人民法院就应当针对当事人的诉讼请求作出裁决，在宣布婚姻无效的同时，由同一个法院对当事人之间的财产分割、子女抚养争议作出裁决，既可以节约司法资源，有效地避免确认婚姻无效后，因当事人转移财产等行为给案件的审理及执行造成的麻烦；又可以为当事人减少讼累。但第二种情况下，由于确认婚姻无效的申请是由利害关系人提出的，请求离婚的一方当事人根据被告住所地法院管辖的原则又没有在同一法院提起离婚诉讼。这时，受理无效婚姻宣告申请的人民法院在宣告当事人婚姻无效的同时，不能在缺少当事人诉讼请求的情况下，主动地启动民事诉讼的普通程序或者简易程序，为婚姻关系当事人裁决有关财产分割和子女抚养问题。因为后者是平等主体之间的民事权益之争，对此，当事人依法享有实体上和程序上的处分权，双方既可以选择通过协商的方式自行解决无效婚姻遗留的财产分割和子女抚养问题，也可以选择诉讼的方式，请求人民法院对此争议作出裁决。

实践中，提起离婚诉讼的当事人已经将子女抚养和财产分割问题作为诉讼请求提出，而宣告该婚姻无效的申请是由利害关系人提出的，并没有人请求人民法院处理婚姻无效引起的子女抚养和财产分割问题，因此，一旦该婚姻关系被人民法院宣告无效，受理离婚案件的人民法院固然不用就当事人是否离婚这一争议继续进行审理，但对当事人的另外两项诉讼请求，即子女抚养和财产分割争议，人民法院应当予以审理。

【审判实践中应注意的问题】

基于无效婚姻的性质、具有一定社会危害性等原因，此类案件一经人民法院受理后，是否确认无效，是否继续审理，已经不再是当事人凭自己意志决定的事情。人民法院对于婚姻效力问题，依法、依职权享有审查决定权。因此，对于无效婚姻案件，不适用《民事诉讼法》关于撤诉等有关规定。对当事人以离婚为由提起的诉讼，人民法院经审查认为确属无效婚姻的，要行使释明权，将婚姻无效情形依法告知当事人。此外，受理离婚案件和请求确认婚姻无效案件的法院应注意做好沟通工作，保证案件审理不出现程序上的问题。

第一，受理离婚案件的人民法院，在审理中，无论从当事人的陈述还是从其所递交的材料中发现就同一婚姻关系，有婚姻关系当事人或者利害关系人向本院或者其他人民法院请求确认婚姻无效，就应当主动查明这一情况，一旦确认了这一事实，即应以《民事诉讼法》第150条第1款第5项和本条为依据，作出裁定，中止对离婚案件的审理。如果受理当事人请求确认婚姻无效案件的是其他人民法院，还应当主动与受理确认婚姻无效案件的人民法院联系，告知本院已经受理了就同一婚姻关系提起的离婚诉讼的情况，请该院作出判决后将有关婚姻效力的判决书抄送本院，以便根据情况决定是否继续对离婚案件的审理。

第二，受理了请求确认婚姻无效案件的人民法院在审理中得知同一婚姻关系当事人在本院或者其他人民法院已经提起离婚诉讼的情况下，应当主动、及时地将本院已经受理了请求确认无效婚姻案件的情况告知本院审理离婚案件的合议庭或者独任审判员，或者正式函告受理离婚案件的人民法院。

第三，受理离婚案件的法院在收到上述相应通知后，应当及时确认自己已经受理离婚案件的事实并以适当的方式及时告知就同一婚姻关系受理了请求确认婚姻无效案件的人民法院。

第四，人民法院一旦就婚姻效力问题作出判决，应当将判决书副本抄送受理了同一婚姻关系的离婚案件的人民法院，或者通知本院负责审理该离婚案件的合议庭或者独任审判员。收到判决书副本的人民法院或者本院的合议庭、独任审判员应当根据判决确定的婚姻效力，及时作出是否驳回当事人离婚诉讼的裁定。

第十四条 夫妻一方或者双方死亡后，生存一方或者利害关系人依据民法典第一千零五十一条的规定请求确认婚姻无效的，人民法院应当受理。

【条文主旨】

本条是关于对请求确认婚姻无效的无效婚姻当事人及利害关系人，在该婚姻关系夫妻一方或者双方死亡的情形下诉讼权利是否应当予以保护的规定。

【条文理解】

无效婚姻关系当事人死亡后，是否允许利害关系人或者婚姻关系当事人再对该婚姻关系请求确认婚姻无效？因为此事既关系到各当事人的身份关系，又与继承、分割财产等财产处理问题关系密切，应当有条件、在一定限度内受理并支持当事人的诉讼请求，故本条规定，一方或者双方死亡后，生存一方或者利害关系人诉讼至人民法院请求确认婚姻无效的，应予受理。按照本解释第9条规定，利害关系人也有权提起确认婚姻关系无效之诉，因此本解释也进一步对于在利害关系人提出请求确认婚姻无效案件中，当事人的具体称谓、怎么列当事人等作出规定。夫妻一方或者双方死亡后，生存一方或者利害关系人，有权以该婚姻关系属于《民法典》第1051条规定的婚姻无效情形为由，请求确认该婚姻关系无效。

对本条的理解与适用，应注意以下问题：

一、夫妻一方或者双方死亡及于无效婚姻的效果

民法意义上的自然人死亡，既包括自然死亡，也包括法律拟制的

死亡，即宣告死亡。关于自然人权利能力的终止，主要国家均以自然人死亡作为标准。[①]民事主体自然死亡，即被认为是丧失了法律意义上的主体资格。宣告死亡是指根据法律的规定推定公民死亡。宣告公民死亡的案件，是指公民离开住所地，下落不明达到一定的期限，人民法院根据利害关系人的申请，依法宣告该公民死亡的案件。在现实生活中，公民下落不明达到较长期限后，必然会对与其相关的人身关系和财产关系产生一定的影响，也会影响利害关系人的民事权益。如果任由这种情况持续下去，将会使民事法律关系长期处于不确定的状态，也使利害关系人在某种情况下无法主张合法权益。因此，《民法典》及《民事诉讼法》设立了宣告公民死亡制度，以维护民事法律关系的稳定，保护利害关系人的利益。宣告死亡在性质上，并不等同于自然死亡，仅是类似于自然死亡。[②]根据《民法典》及《民事诉讼法》的相关规定，公民被宣告死亡后，在身份和财产关系上，与公民自然死亡产生同样的直接的法律后果。主要表现在：（1）婚姻关系消灭。婚姻关系是人身关系中的一种，婚姻关系在一方当事人死亡时自然终结，因此，当公民被宣告死亡后，其婚姻关系随死亡宣告判决的生效而消除。从法院宣告失踪人死亡之日起结束失踪人与生存配偶的婚姻关系，生存配偶可以选择是否再婚，这样也能充分地保护生存配偶的婚姻利益。公民被宣告死亡后，其配偶无须再办理解除婚姻关系的手续，即可与他人结婚。（2）财产继承开始。公民被宣告死亡后，对于其财产，其继承人可以依法继承。如果该公民有债权的，其继承人可依法主张债权，债务人拒不还债的，继承人可以原告身份向人民法院提起诉讼；如果该公民有债务的，继承其财产的继承人应当在其继承遗产的范围内为其偿还或者以其财产偿还。

依据《民法典》第51条以及相关规定，人民法院作出撤销宣告死亡判决后对合法婚姻关系的影响主要包括以下方面：（1）在婚姻关系方面。根据婚姻自愿原则进行了完善，人民法院撤销公民死亡宣告

---

①② 龙卫球：《民法总论》，中国法制出版社2002年版，第202页。

后，如果该公民的配偶尚未与他人结婚，夫妻关系从撤销公民死亡宣告之日起自行恢复；同时，在尊重该公民配偶婚姻自由的原则下，如果该配偶不愿意恢复婚姻关系，则该婚姻关系不会自行恢复。失踪人被宣告死亡后，生存配偶获得再婚的权利，在被宣告死亡人的配偶与第三人结婚的情况下，配偶与第三人的婚姻具有法律效力，受到法律的保护。因此，在此种情况下，不论是被宣告死亡人的配偶已与他人结婚或者与他人结婚后又离婚的，以及再婚后配偶又死亡的，双方的夫妻关系都不能自行恢复。（2）在子女抚养关系方面。公民被宣告死亡后，其子女被他人收养，该公民在死亡宣告被撤销后，以其子女被收养未经其本人同意而主张收养关系无效的，一般不应准许。自然人一旦被宣告死亡，则其主体资格丧失，在其子女被送养符合收养条件的情况下，则其子女被收养的法律关系是合法有效的。即使宣告死亡被撤销，也不改变已经成立且有效的合法收养关系。这对于稳定社会秩序，倡导建立良好的家庭伦理秩序具有积极的意义。（3）在财产关系方面。依照《民法典》继承编取得被宣告死亡公民的财产的个人或组织，应当返还原物，无法返还的，应给予适当的补偿。利害关系人隐瞒真实情况，致使他人被宣告死亡而取得其财产的，除应当返还财产外，还应当对由此造成的损失承担赔偿责任。当然，如果该财产已经被第三人善意取得，则被宣告死亡的人无权请求该第三人返还其取得的财产。被宣告死亡人只能请求基于其死亡实际取得该财产的人给予适当补偿。以上仅是基于宣告死亡只是一种推定的死亡，在发生被宣告死亡人并未实际死亡，重新出现的情况下，对原合法婚姻关系产生的法律效果的规定。

无论是合法婚姻关系还是无效婚姻关系，如果夫妻一方或双方死亡是自然死亡，婚姻关系自然终止。《民法典》规定了夫妻一方被宣告死亡时，被宣告死亡人的配偶并未再婚的情形下，除其配偶向婚姻登记机关书面声明不愿意恢复外，夫妻关系自行恢复。但人民法院依法判决确认婚姻关系无效后，被宣告死亡的人出现，并不带来夫妻关系从撤销宣告死亡判决之日起自行恢复的法律后果。对于无效婚姻关系而言，基于宣告死亡与原合法婚姻关系产生的法律效果应当是有所不同的，这种不同主要体现在无效婚姻中特殊的身份关系上。无效婚姻不产生夫妻间的权利义务关系，包括夫妻人身关系和夫妻财产关系。夫妻人身关系是基于合法婚姻关系产生的一种身份、地位方面的权利和义务。无效婚姻的自始无效并不以婚姻当事人一方或双方的自然死亡或宣告死亡而当然无效。从法律意义上讲，无效婚姻关系实际并不是法律认可和保护的婚姻关系，且应以确认无效而自始无效。在婚姻当事人一方或双方自然死亡或宣告死亡的情形下，当事人或利害关系人提起确认婚姻无效的请求，经人民法院审查作出确认婚姻无效判决的结果，才能认为该婚姻不具有合法性的效力。被宣告死亡的夫妻一方或双方，无论是推定死亡，还是实际已经死亡，均对该无效婚姻性质的认定没有影响。因此，只要人民法院确认该婚姻关系无效，即发生法律效力，该婚姻关系自始无效，当事人之间自始不存在法律认可的夫妻关系。因而对于无效婚姻之所谓的婚姻关系，在发生被宣告死亡人并未实际死亡、重新出现的情况下，也不存在自行恢复的问题。

无效婚姻自始没有法律约束力，当事人不具有夫妻的权利和义务，但在法律上可能存在有关非婚生子女的抚养纠纷。在婚姻被宣告无效后，此类案件中有关父母子女的权利义务应依照关于父母子女的法律规定处理，以保护子女合法权益为原则。依据《民法典》第1127条规定，非婚生子女的遗产继承权应得到承认和保护等。夫妻财产关系是以夫妻人身关系为前提的。对无效婚姻的善意方，在确认婚姻无效的同时，财产分割由当事人协议处理；协议不成时，由人民法院根据照顾无过错方的原则进行处理。被宣告死亡人并未实际死亡、重新出现的，人民法院撤销对他的死亡宣告后，该被宣告人作为无效婚姻的被申请人，对其有关子女抚养以及财产分割的处理，按照《民法典》及本解释的相关规定进行。

从国外立法例来看，夫妻一方死亡之后，生存一方或者利害关系人可以请求确认婚姻关系无效。因为这里首先有生存一方或者利害关系人的身份利益存在，虽然该婚姻关系终止，但原先的婚姻状态以及相对人受婚姻关系是否有效的法律后果的影响依然存在。比如，在婚姻当事人的夫妻双方都死亡时，子女可能为了继承财产权益而请求确认婚姻无效，分割财产要涉及婚姻的效力，特别是在境外婚、涉外婚中，夫妻双方都死亡时，涉及财产纠纷的情况很多。生存一方或者利害关系人的身份利益，以及由于身份利益确认而可能涉及的相关物质利益和精神利益均应得到法律的保障。本条明确，对于无效婚姻当事人及利害关系人请求确认婚姻无效的权利予以必要的保护，申请人的特定身份利益及与该身份利益相关的合法权益都获得了法律上的以承认和实现的程序保障。

二、婚姻当事人或者利害关系人应当向人民法院提起请求确认婚姻无效

无效婚姻是不具备法定结婚实质要件或形式要件的两性结合，在法律上不具有婚姻效力，应当被确认为无效的婚姻。通常情形下，违背公益要件的婚姻关系被认为对社会危害性较大，应为无效婚姻。婚姻无效只能由人民法院判决。在我国，确认婚姻无效的机关经历了由婚姻登记机关与人民法院向仅为人民法院的转变。1994 年《婚姻登记管理条例》第 25 条规定，婚姻登记机关发现申请婚姻登记的当事人弄虚作假、骗取婚姻登记的，应当撤销婚姻登记，对结婚、复婚的当事人宣布其婚姻无效并收回结婚证，赋予婚姻登记机关撤销婚姻登记和宣告婚姻无效的权力。2003 年《婚姻登记条例》删除了婚姻登记机关宣告婚姻无效的规定，只规定了在受胁迫结婚的情况下，婚姻登记机关应当撤销该婚姻登记。因此，2003 年后，婚姻登记机关并无宣告婚姻无效的职权。

在司法解释清理过程中，对上述规定进行了保留及完善。根据本解释的相关规定，婚姻无效只能由人民法院确认。虽然婚姻关系主要是婚姻双方当事人的私人事务，但无效婚姻不仅涉及婚姻当事人的利益，还涉及其他利害关系人的权益以及社会公共利益，因此，婚姻是

否无效应当由人民法院作出认定，婚姻当事人没有自由处分的权利。

三、请求确认婚姻无效的无效婚姻当事人或利害关系人行使请求确认权利的行使期限问题

《婚姻法司法解释（二）》第5条规定，夫妻一方或者双方死亡死亡后一年内，生存一方或者利害关系人申请宣告婚姻无效的，人民法院应当受理。当时主要的考虑是：确认婚姻无效之后可能要出现的继承纠纷的处理，如果当事人不及时行使请求权，财产关系将长期处于不稳定状态，可能会直接影响到当事人财产返还请求权益、继承权益等的实现，不利于法院的处理以及保护当事人的利益。从保护当事人合法权益及维护社会和谐稳定的角度出发，当事人或利害关系人应在合理期限内行使请求确认婚姻无效的权利。本次清理制定过程中向全国人大法工委征求意见时，全国人大法工委提出，其中一年期间法律依据不足。经研究，我们认为，该一年期间确无相应的法律依据，故予以删除。

【审判实践中应注意的问题】

1.宣告死亡判决被撤销的，不影响宣告婚姻无效判决的效力。在夫妻一方或者双方死亡的情况下，生存一方或者利害关系人仍可以请求确认婚姻无效，人民法院在审理此类案件的过程中要注意区分当事人自然死亡与宣告死亡的情形。根据《民法典》规定，宣告死亡会产生婚姻关系终止、继承开始等法律效果，此时夫妻中存活的一方或者利害关系人仍可向人民法院请求确认婚姻无效。但由于宣告死亡只是一种法律上的推定，被宣告死亡的人有可能还依然存活。若死亡宣告被撤销，其配偶无再婚或未向婚姻登记机关书面声明不愿意恢复的，婚姻关系自撤销死亡宣告之日起自行恢复。而无效婚姻因违反法律禁止性规定无效，不受法律的保护与认可，其效力并不会因为宣告死亡的判决被撤销而受影响，即使被宣告死亡的人重新出现，其与另一方

当事人的婚姻，因存在法定无效事由而属于无效婚姻，如果该婚姻已被人民法院确认无效，则即使死亡宣告判决被撤销，确认婚姻无效的判决也将继续有效。

2. 请求确认婚姻无效原则上不再有期限限制。婚姻无效是当事人缔结婚姻违反法律强制性规定而导致的后果，是公权力对私法自治的评价，应不受诉讼时效的限制。

第十五条　利害关系人依据民法典第一千零五十一条的规定，请求人民法院确认婚姻无效的，利害关系人为原告，婚姻关系当事人双方为被告。

夫妻一方死亡的，生存一方为被告。

【条文主旨】

本条是关于利害关系人请求确认婚姻无效案件中当事人地位问题的规定。

【条文理解】

一、本条制定的背景情况

《民法典》第1051条规定，有下列情形之一的，婚姻无效：（1）重婚；（2）有禁止结婚的亲属关系；（3）未到法定婚龄。无效婚姻由于具有一定的社会危害性，不少国家在民事立法中都设计了一套对无效婚姻的防范措施。例如，法国、瑞士、意大利等国的民法典中规定了婚姻公告制度。由婚姻登记部门或者教堂将申请结婚的男女的基本情况及其申请缔结婚姻的日期进行公告，在公告期内，一切熟悉结婚当事人的人都可以对婚姻存在的障碍进行监督，提出异议和告发，对婚姻障碍的告发由法院进行审理。在公告期限内如果无人告发或者提出异议，或者异议因告发不实而被否决，当事人得按公告的结婚日期举行结婚仪式。这一制度有效地防范了无效婚姻的发生。我国在《民法典》的立法上，没有采取婚姻公告制度，对于无效婚姻，缺少事前的防范措施，只是规定了婚姻关系当事人和利害关系人事后请求确认其无效的司法救济途径。

法律并未对请求确认婚姻无效的主体作出明确规定，根据本解释第9条规定，有权依据《民法典》第1051条规定向人民法院就已办理结婚登记的婚姻请求确认婚姻无效的主体包括婚姻当事人及利害关系人。本条即是在此前提下对利害关系人向法院请求确认婚姻无效时当事人地位如何确定的规定。本条内容源于《婚姻法司法解释（二）》第6条，基本保留了原来规定的精神，仅在文字上作了微调。具体修改内容为：考虑到此次司法解释清理中已经将确认婚姻无效程序由原来的特别程序修改为普通程序，故相应地，统一将“申请”改为“请求”，“宣告”改为“确认”，“申请人”和“被申请人”也分别改为“原告”和“被告”。根据本解释第9条规定，针对不同的婚姻无效情形，相关的利害关系人是不同的：以重婚为由请求确认婚姻无效的，为当事人的近亲属及基层组织；以未到法定婚龄为由请求确认婚姻无效的，为未达法定婚龄者的近亲属；以有禁止结婚的亲属关系为由请求确认婚姻无效的，为当事人的近亲属。在利害关系人请求确认婚姻关系无效的案件中，根据《民事诉讼法》第119条规定，适用普通程序审理的案件，应当采用原告、被告的称呼，因此，将该利害关系人列为原告，应无异议。根据《民法典》关于无效婚姻制度的规定，确认婚姻无效，是指结婚当事人虽然具有婚姻无效的法定原因，但须经过诉讼程序由人民法院作出确认婚姻无效的判决后，婚姻为自始无效。一旦该婚姻关系被确认无效，婚姻关系当事人中生存的一方原来依法享有的死者原配偶的身份就会丧失，同时丧失其作为死者第一顺序继承人的身份，与死者亲属之间的姻亲关系也将归于消灭。也即确认婚姻无效所针对的婚姻关系当事人，与人民法院拟作出的关于婚姻关系效力的判决，具有法律上的利害关系，其婚姻关系的合法性直接受该判决拘束，因此，应当将其列为案件的被告。通过规定当事人的列法，本条明确了在婚姻关系主体中一方或者双方已经死亡的情况下，利害关系人仍然可以请求人民法院确认该婚姻关系无效。

《婚姻法司法解释（二）》第6条第3款规定，夫妻双方均已死亡的，不列被申请人。当时的考虑是：人民法院审理这类案件的目的，不是确认双方当事人之间的民事权利义务关系，进而要求一方当事人履行某种民事义务或者承担民事责任，只是为了确认某种法律事实是否存在，从而产生使特定的婚姻关系归于无效的法律效果。因此，在婚姻关系当事人均已经死亡的情况下，没有必要列被申请人。本条删除了相关规定，主要考虑是：在将确认婚姻无效案件的审理程序由比照特别程序改为普通程序的情况下，当事人地位不应再是“申请人”或者“被申请人”，而应当是“原告”或者“被告”。但是，根据《民事诉讼法》第 119 条的规定，起诉应当有明确的被告。夫妻双方均已死亡的，婚姻关系当事人不再具有诉讼主体资格，不能被列为被告。但是，如果不列被告，又与《民事诉讼法》的上述规定存在矛盾。因此，在清理过程中，没有简单地将第 3 款“不列被申请人”改为“不列被告”，而是直接删除了该款规定。实践中，是否能将此类案件作为没有被告的特殊案件处理，需要进一步斟酌；可否根据案件具体情况将与确认婚姻无效有实际利害关系的人如继承人列为被告，也需要进一步调研论证。

二、本条制定的理论基础

在婚姻关系因一方或者双方当事人死亡而自然终止的情形下，是否仍有必要通过法定程序宣布曾经存在的婚姻关系无效？对于这个问题，各国立法规定的内容不尽相同，学者和社会各界人士所持观点各异。在《婚姻法司法解释（二）》征求意见的过程中，多数人的观点认为，婚姻关系自当事人依法登记结婚时开始，因离婚、男女一方或者双方死亡而终止。已经终止的婚姻关系对社会不再有任何影响，完全没有必要通过法律程序对已经终止的婚姻关系的合法性重新加以确认。利害关系人不在婚姻关系当事人生前而是在其一方或者双方死亡后申请宣告其婚姻无效，无非是企图借机谋取财产利益，对于这种请求不宜给予法律上的支持。另一种观点则认为：无效婚姻之所以无效，是因为其违反了法律关于缔结婚姻关系的禁止性规定，除了对婚姻关系当事人本人和其家庭、近亲属的身份关系、财产关系发生影响外，还对受法律调整的整个社会的婚姻家庭秩序发生影响。经研究认为，在《婚姻法》理论中，婚姻无效从程序上可以分为当然无效和宣告无效两种。“婚姻当然无效，是指结婚当事人只要具有婚姻无效的法定原因，无须经行政程序请求婚姻登记管理机关或经诉讼程序诉请人民法院为婚姻无效之宣告，其婚姻即自始无效，不产生合法婚姻的法律效力。”[①]“婚姻宣告无效，是指婚姻当事人虽具有婚姻无效的法定原因，但须经行政程序由婚姻登记管理机关或经诉讼程序由人民法院为婚姻无效之宣告后，婚姻为自始无效。在未经宣告无效前，具有婚姻的效力。”[②]我国目前采取的并非婚姻当然无效制度，而是需要经过诉讼程序确认。因此，一个虽然已经符合无效婚姻实质要件的婚姻关系，未经法定程序确认无效之前，仍然具有与任何合法婚姻一样的法律效力。无效婚姻在被确认无效后，该婚姻关系自结婚之日起即为无效，当事人之间不具有夫妻身份，也不产生夫妻间的权利义务关系。男女一方与另一方近亲属之间的姻亲关系也不复存在。如果无效婚姻因当事人一方或者双方的死亡而被免于确认无效，将在社会上起到一种不良示范效果，不利于维护法律规定的无效婚姻制度。允许利害关系人在夫妻一方或者双方已经死亡的情况下，向人民法院请求宣告其婚姻关系无效的规定本身，就决定了虽然夫妻一方已经死亡，但人民法院根据利害关系人的申请就婚姻关系合法性所作出的判决，对夫妻中生存的一方与死者之间曾经拥有的配偶身份关系具有直接的拘束力。此外，还基于以下考虑：

1. 无效婚姻关系当事人一方或者双方死亡后，对于仍然生存着的一方婚姻关系当事人及其双方的近亲属确实存在着独立的身份利益，而不仅仅是财产利益。例如，某男子在有配偶的情况下，又与他人登记结婚，异地生活。很显然，这是一种重婚行为，但其原来的配偶并不知道这一事实。后来，该男子与其重婚的配偶一同因交通事故死亡，而其周围的许多人又知道死者是经过结婚登记的“合法夫妻”。

①② 陈苇：《中国婚姻家庭法立法研究》，群众出版社 2000 年版，第 128~129 页。

这种情况下，如果不允许该男子原来的配偶和子女请求确认其第二个登记婚无效，则他们丧失的除了因不能以第一顺序继承人继承遗产的财产利益以外，可能还有在公众眼中的合法的夫妻名分和婚生子女地位。不允许其通过法定程序请求确认其已经死亡的配偶或者近亲属的第二个登记婚因重婚而无效，不仅会导致财产继承关系的混乱，而且对其合法婚姻关系的配偶和子女是不公平的。

2. 继承诉讼并不能完全解决对合法配偶的身份利益的保护问题。有观点认为，合法配偶的身份利益可以在继承诉讼中一并得到解决，即当该男子重婚的配偶的第一、第二顺序继承人要求继承遗产时，其合法婚姻的亲属作为第一、第二顺序继承人可以以继承人的身份起诉要求继承，然后由受理继承案件的人民法院在审理中查明事实，在判决书确认继承人部分中，将被继承人的重婚行为作为查明事实、确认继承人身份的依据加以确认，从而对合法的婚姻加以保护。

但这种观点存在两个问题未能解决：（1）如果重婚的男子没有遗产或者虽然有遗产却不足以引起继承纠纷（债务数额大于财产价值），则其合法婚姻的配偶和子女可能就失去了请求法院确认该男子后一个婚姻无效的司法救济途径，其合法的身份利益就得不到保护；（2）如果在继承诉讼中，当事人自行和解，是否也意味着人民法院应当尊重当事人所享有的处分权，而不再于法律文书中对被继承人本来因重婚而导致无效的婚姻作出确认？又如，现实生活中存在这样的情况，一重婚男子因公死亡后，其合法婚姻的妻子和其重婚的妻子均要求以合法配偶的身份享受该男子生前所在单位给予的抚恤待遇。如果司法解释规定因该男子已经死亡即不再给予其合法配偶以向人民法院请求确认该男子重婚的婚姻无效的司法救济途径，那么，重婚的婚姻就因为经过登记和该男子死亡这两个条件的结合而合法化。这样的制度设计，无论是从对婚姻关系当事人的影响，还是从因此带来的社会影响来考虑，都是极其不利的。此次司法解释清理过程中，我们经过研究认为，无效婚姻在该婚姻当事人一方或者双方死亡后，给予利害关系人以司法救济途径，是符合实际情况的，故仍保留了原来的条文内容，允许利害关系人向人民法院请求确认该婚姻关系无效。但是，考虑到在确认婚姻无效适用普通程序审理的情况下，如果继续沿用“申请人”和“被申请人”的表述，不符合现行《民事诉讼法》的规定，故相应地改为了“原告”和“被告”。

三、需要特别说明的问题

在理解本条时，特别要注意的是，我国是在2001年《婚姻法》中确立的无效婚姻制度，在此以前缔结的婚姻关系，并不受《婚姻法》关于无效婚姻制度的约束。比如1980年《婚姻法》之前缔结婚姻的老人，当时施行的是1950年的《婚姻法》，其中关于禁止结婚的条款中仅是规定“其他五代内的旁系血亲间禁止结婚的问题，从习惯”，并没有关于三代以内旁系血亲禁止结婚的规定，更没有关于无效婚姻制度的规定，而我国传统上有表兄妹结婚“亲上加亲”的做法，因此，在此之前的婚姻中仍然有一些人与其配偶之间存在禁止结婚的亲属关系。根据“法不溯及既往”的原则，人民法院也不应当允许当事人及其利害关系人依据2001年《婚姻法》或者《民法典》的规定向人民法院请求确认该种已缔结的婚姻无效。如果受理这类申请的人民法院不加区别地根据当事人特别是利害关系人的申请，宣告已经共同生活了几十年的老人的婚姻关系无效，使其子女从婚生子女变为非婚生子女，甚至因此在婚姻关系当事人一方或者双方死亡后，使得已经归于稳定的财产关系重新发生变动，将违背我国婚姻法设立无效婚姻制度的初衷，其法律效果和社会效果都将是非常恶劣的。在涉及利害关系人请求确认婚姻无效的案件中，人民法院应当特别注意正确适用法律不溯及既往的原则，对于2001年《婚姻法》实施以前缔结的婚姻，应当用当时的法律来衡量其是否合法，根据案件的具体情况，结合婚姻关系当事人的请求，按照解除同居关系或者离婚处理。

【审判实践中应注意的问题】

1.《民法典》实施后，利害关系人可否以婚姻关系当事人患有医学上不应当结婚的疾病为由请求确认婚姻无效。

根据《婚姻法》第10条规定，婚前患有医学上认为不应当结婚的疾病，婚后尚未治愈的，属于无效婚姻。《民法典》对此进行了重大修改，删除了该种婚姻无效情形，将一方患有重大疾病结婚登记前不如实告知另一方的，作为可撤销婚姻，以充分尊重当事人的婚姻自主权。《民法典时间效力规定》第2条规定，《民法典》施行前的法律事实引起的民事纠纷案件，当时的法律、司法解释有规定，适用当时的法律、司法解释的规定，但是适用《民法典》的规定更有利于保护民事主体合法权益，更有利于维护社会和经济秩序，更有利于弘扬社会主义核心价值观的除外。对于婚前即患有医学上认为不应当结婚的疾病，婚后也一直未能治愈，但在一方死亡前夫妻一直生活在一起的婚姻，我们认为，根据上述司法解释规定的精神，按照“有利溯及”的原则，虽然《婚姻法》认定该种情形下为无效婚姻，但是《民法典》已经不再认为是无效的情况下，应当按照有利于尊重婚姻自主权的原则，不确认该种婚姻属于无效婚姻为宜。

2. 利害关系人请求确认婚姻无效时，如果法定的无效婚姻情形在提起诉讼时已经消失的，对其请求不应予以支持。

案件事实：巩某某的表姑赵某从国外回来后，与其父亲巩某来往密切，甚至发展到在外同居生活。巩某某的母亲不堪忍受，2003年1月与巩某协议离婚，巩某某与母亲一起生活。2003年10月，巩某被确认为肝癌晚期，癌细胞已经扩散。这时，巩某与赵某隐瞒了他们之间的近亲关系，于2003年11月办理了结婚登记手续，2004年4月巩某去世。巩某某无法接受父亲再婚的事实，出于各种因素的考虑，巩某某起诉至法院，请求确认父亲与表姑赵某的婚姻关系无效。赵某辩称，其和巩某自幼青梅竹马，由于是亲戚一直不能结婚。办理结婚登记是其和巩某多年的愿望，结婚后自己以妻子的身份照顾他也更方便。现在巩某去世，婚姻关系也随着终止，法院没有必要再审理了，应当驳回巩某某的诉讼请求。法院经审理认为，巩某与赵某是表兄妹关系，系三代以内的旁系血亲，属法律禁止结婚的情形，其婚姻当属无效。他们的婚姻关系虽因巩某的死亡而终止，但双方三代以内旁系血亲的亲属关系永远不会改变。巩某某在父亲死亡后请求确认其父与赵某的婚姻无效，于法有据，应予支持。

婚姻无效的情形可以分为绝对无效和相对无效两种，未达法定婚龄属于相对无效的情形，而重婚和有禁止结婚的亲属关系则属于绝对无效情形，对以重婚为由请求确认婚姻无效的，因重婚是严重违反一夫一妻制的行为，不应存在阻却事由，即无论请求确认婚姻无效时，重婚者是存在两个婚姻关系还是只有一个婚姻关系，都应确认重婚的婚姻无效，构成犯罪的，还应当追究刑事责任。对以有禁止结婚的亲属关系为由请求确认婚姻无效的，因亲属关系是当事人之间因出生或血缘关系而产生的特定身份关系，它不会随着时间的推移而消失，也不会人为地解除。因此，对有禁止结婚亲属关系的婚姻请求确认无效的，不存在阻却事由，即该婚姻无论经过多长时间，无论双方当事人是否生育子女，都应是绝对无效。如果对不生育子女的具有禁止结婚亲属关系的婚姻给予“豁免”，不确认婚姻无效，将会使禁止近亲结婚的法律规定形同虚设，损害法律的权威性。对于当事人之间存在禁止结婚的亲属关系属于法律拟制亲属关系的，如养父母和养子女之间以及继父或继母和受其抚养教育的继子女之间，在法律拟制的亲属关系没有解除之前，同样应执行法定的禁止近亲结婚的规定。当然，在收养关系依法解除后，如果利害关系人还以有禁止结婚亲属关系为由请求确认婚姻无效的，应以不支持为宜。如果仅仅是未到法定婚龄的婚姻，如果利害关系人请求确认婚姻无效时婚姻双方当事人已经达到法定婚龄，则应根据本解释第 10 条的规定，对该诉讼请求不予支持。

第十六条 人民法院审理重婚导致的无效婚姻案件时，涉及财产处理的，应当准许合法婚姻当事人作为有独立请求权的第三人参加诉讼。

【条文主旨】

本条是关于在处理由重婚导致的无效婚姻案件涉及财产问题时对合法配偶财产权利保护的规定。

【条文理解】

一、本条规定的历史沿革

本条沿袭自《婚姻法司法解释（一）》第16条，文字和内容均未作修改。

《民法典》第1054条第1款规定："对重婚导致的无效婚姻的财产处理，不得侵害合法婚姻当事人的财产权益。"为了使《民法典》的此项规定落到实处，具有可操作性，本条专门从程序角度作出规定，明确了在审理因重婚导致的无效婚姻案件涉及财产处理时，应当给予合法婚姻关系中的配偶一方参与诉讼的程序权利，从而使无效婚姻关系确认案件中的财产处理方案，可以在合法婚姻关系中配偶一方有效参与案件审理过程的前提下作出，从而避免合法婚姻关系中配偶一方财产权益受到无效婚姻关系双方当事人的不当侵害。

二、本条规定的目的

人民法院在审理离婚等婚姻家庭纠纷案件时，与审理其他类型的民商事纠纷案件不同，通常不允许第三人参加诉讼。主要考虑离婚是两个人之间的事，他人无权干涉并参与到诉讼中。但在审理重婚案件时涉及财产处理的，可能会造成对合法配偶权益的侵犯。如果不允许其参加诉讼，其只能眼睁睁地看着自己的权利受到侵害，救济的办法只有另案起诉主张自己的权利，但实际上财产经处理后，事后再控制很难，结果极有可能是权利落空。故如果人民法院审理因重婚导致的无效婚姻案件涉及财产问题，合法婚姻当事人申请参加诉讼的，人民法院应当允许其作为有独立请求权的第三人参加诉讼。因为重婚者的第一个婚姻是合法有效的婚姻，其后的婚姻才是无效婚姻。第一个婚姻中的男女双方，作为合法的夫妻，依法享有夫妻的权利、承担夫妻的义务。有配偶又与他人结婚的人，如果其财产属于第一个婚姻中夫妻的共同财产，第一个婚姻中的另一方对该共同财产依法享有权利。在处理因重婚导致的无效婚姻案件中的财产纠纷时，首先应当对第一个婚姻中的共同财产依法进行分割，不得将重婚者所有的财产都作为重婚当事人同居期间所得的财产。分割后确认为重婚者合法配偶的财产，则不属于重婚当事人同居期间所得的财产。因此，准许合法婚姻当事人作为有独立请求权的第三人参加诉讼，有利于查明当事人之间财产的真实情况，以便法院公平合理地处理纠纷。

三、合法婚姻当事人在重婚导致的无效婚姻案件中的诉讼地位

按照本条规定，合法婚姻当事人在涉及财产处理的因重婚导致的无效婚姻案件中的诉讼地位，应为有独立请求权的第三人。有独立请求权第三人是“无独立请求权第三人”的对称。按照《民事诉讼法》第56条第1款、第2款的规定，对当事人双方的诉讼标的，第三人认为有独立请求权的，有权提起诉讼。对当事人双方的诉讼标的，第三人虽然没有独立请求权，但案件处理结果同他有法律上的利害关系的，可以申请参加诉讼，或者由人民法院通知他参加诉讼……前者对当事人双方的诉讼标的认为有独立请求权的第三人即为“有独立请求权的第三人”，后者虽然对当事人双方的诉讼标的没有独立请求权，

但案件处理结果同他有法律上的利害关系的即为无独立请求权的第三人。

作为构成重婚的合法婚姻配偶一方，如果要参与到无效婚姻双方财产处理纠纷案件诉讼中，通常应是基于对无效婚姻双方欲确认权属、变更权属、分割财产、补偿或赔偿给付等财产标的具有独立的请求权，即认为该财产属于夫妻双方共同共有的财产，甚至是合法婚姻配偶一方单独所有的财产等，不能直接在无效婚姻双方当事人之间进行确权、分割，或者用来向一方为给付等。所以，本解释规定此时合法婚姻配偶一方的诉讼地位，应为有独立请求权的第三人。

自2001年修正的《婚姻法》及其司法解释施行以来，经历多年司法实践，合法婚姻配偶一方在无效婚姻纠纷案件中作为有独立请求权第三人参加诉讼的做法也已经较为成熟和稳定。比如，在金某与于某无效婚姻财产纠纷案中，金某的合法妻子潘某削发为尼后，金某遂与于某登记结婚，婚后在金某与潘某共同购买的房屋共同居住，使用的家用电器等物品均属金某与潘某的共同财产。金某与于某共同生活期间，又共同出资购买了一辆轿车。潘某在削发为尼8年后，打算还俗回家与儿女团聚，方知丈夫金某已与他人登记结婚，后因潘某提出自诉，法院判决认定金某构成重婚罪。后于某提起与金某的无效婚姻纠纷案诉讼，于某认为自己应有一半房屋的居住权及所有财产一半的权利。潘某知道后向法院提出申请，要求作为有独立请求权的第三人参加诉讼，法院予以准许。

有些情况下，虽然案件本身并不涉及无效婚姻的效力确认问题，但合法婚姻配偶一方仍有权作为有独立请求权的第三人提出诉讼请求，申请参加诉讼。比如，甘某系有妇之夫，以情人卢某的名义购买一套商品房并办理了房屋产权手续。后甘某与卢某发生矛盾不欢而散，甘某要求卢某退回房屋不成，遂起诉到法院，要求卢某退回房屋或购房款。甘某之妻知晓后，以购房款是夫妻共同财产为由，要求参加诉讼，并提出独立的诉讼请求。法院予以准许，并经审查认为，讼争之商品房是用甘某与其妻婚姻关系存续期间的收入积累购买的，属于夫妻共同财产。甘某未经其妻同意，擅自将房屋赠与情人卢某，其赠与行为应当无效，房屋应归甘某与其妻所有。

四、合法婚姻当事人参加无效婚姻案件诉讼的条件和方式

（一）参加诉讼的条件

按照《民事诉讼法》第56条的规定，有独立请求权的第三人参加诉讼的条件主要应当包括：

第一，他人之间的诉讼正在受诉法院进行。如他人之间对民事权益、经济权益有争议没有形成诉讼的，属于诉讼外的争议，诉讼外的争议如果侵害了第三人的利益，第三人有权作为原告提起诉讼，但不是要求参加诉讼。因为诉讼尚未开始，谈不到参加诉讼的问题，只有在他人之间的民事权益、经济权益的争议已经形成诉讼，而诉讼程序又在进行中时，第三人才能参加诉讼。

第二，对他人之间的诉讼标的有独立请求权。有独立请求权的第三人，又可再区分为两种情况：一是有全部独立请求权的第三人，二是有部分独立请求权的第三人。至于第三人对于当事人之间的诉讼标的是否真正具有全部或者部分的独立请求权，则需在审理终结后才能确定。

第三，以起诉的方式参加诉讼。有独立请求权的第三人在诉讼中地位等同于原告，他既反对本诉原告，也反对本诉被告，是以本诉的原告、被告双方为被告提出了一个新的诉讼。不以双方当事人为共同被告，只以一方当事人为被告，而与另一方当事人利益一致的，则非有独立请求权的第三人。因为第三人既然对双方当事人争议的诉讼标的享有独立请求权，那么本诉当事人之间的诉讼，实质上也就是和第三人的权益发生矛盾，不论原告一方胜诉还是被告一方胜诉，都会损害第三人的利益。因此，第三人参加诉讼必须针对双方当事人，对他们争议的诉讼标的，主张独立的请求权，提出参加诉讼请求。

（二）参加诉讼的方式

按照《民事诉讼法》第56条的规定，有独立请求权的第三人有

权提起诉讼。《民事诉讼法司法解释》第 81 条规定："根据民事诉讼法第五十六条的规定，有独立请求权的第三人有权向人民法院提出诉讼请求和事实、理由，成为当事人；无独立请求权的第三人，可以申请或者由人民法院通知参加诉讼。第一审程序中未参加诉讼的第三人，申请参加第二审程序的，人民法院可以准许。"即作为有独立请求权的第三人，合法婚姻配偶一方有权以提出明确诉讼请求及事实理由的方式，参加到无效婚姻的案件诉讼中。而且第三人参加诉讼并不仅限于案件一审审理阶段，即使是在案件进入二审阶段，仍可提出参加诉讼的申请。按照《民事诉讼法司法解释》第 327 条的规定，有独立请求权的第三人，在第一审程序中未参加诉讼而在第二审程序中参加到诉讼中的，第二审人民法院可以根据当事人自愿的原则予以调解；调解不成的，应当发回重审。

五、合法婚姻当事人参加无效婚姻案件诉讼的权利和义务

如上所述，有独立请求权的第三人参加诉讼，其诉讼地位等同于原告，因而在诉讼中享有的权利和应承担的义务等，在法律、司法解释有明确规定时应首先适用这些具体规定，在没有明确规定的情况下，则应比照原告的诉讼权利和诉讼义务予以确定。具体而言：

1. 有独立请求权的第三人申请参加诉讼应当交纳诉讼费用。《诉讼费用交纳办法》第 20 条规定："案件受理费由原告、有独立请求权的第三人、上诉人预交。"第 18 条规定："被告提起反诉、有独立请求权的第三人提出与本案有关的诉讼请求，人民法院决定合并审理的，分别减半交纳案件受理费。"即作为有独立请求权的第三人申请参加诉讼，向人民法院提出明确的诉讼请求的，合法婚姻配偶一方应当就其诉讼请求预交相应的案件受理费，但由于该部分诉讼请求系与本案合并审理，人民法院应当予以减半收取。审判实践中存在对有独立请求权的第三人申请参加诉讼，没有通知其预交案件受理费，就对其诉讼请求予以审理；或者要求第三人按照诉讼请求数额全额预交案件受理费的错误做法，均应当予以纠正。

2. 有独立请求权的第三人可以适用按撤诉处理的规定。如前所述，有独立请求权的第三人的诉讼地位与原告相同，因而亦可对其适用按撤诉处理的相关规定。根据《民事诉讼法司法解释》第 236 条的规定，有独立请求权的第三人经人民法院传票传唤，无正当理由拒不到庭的，或者未经法庭许可中途退庭的，比照《民事诉讼法》第 143 条的规定，按撤诉处理。

3. 本案原告申请撤诉，不影响有独立请求权的第三人提出诉讼请求的案件继续审理。人民法院对有独立请求权的第三人提出诉讼请求的案件与原诉讼案件系合并审理，在原诉讼案件因原告撤诉而终结的情况下，有独立请求权的第三人提出诉讼请求的案件不应受到影响。根据《民事诉讼法司法解释》第 237 条的规定，有独立请求权的第三人参加诉讼后，原告申请撤诉，人民法院在准许原告撤诉后，有独立请求权的第三人作为另案原告，原案原告、被告作为另案被告，诉讼继续进行。需要注意的是，在无效婚姻确认之诉中，原告的撤诉权利受到限制，但就财产处理问题，原告仍在私权范围内享有处分权，因此仍应注意前述司法解释规定的适用问题。

【审判实践中应注意的问题】

一、正确区分有独立请求权的第三人与无独立请求权的第三人

审判实践中，在个别情况下，第三人有时既可作为有独立请求权的第三人，也可作为无独立请求权的第三人，具体案件中是以有独立请求权的第三人出现的还是以无独立请求权的第三人出现的，应具体问题具体分析。比如，李某作为房屋所有权人起诉承租人陈某，李某之子李某某与陈某之间订有租赁合同，李某某既可以以租赁合同一方当事人的身份，作为有独立请求权的第三人申请参加到其父李某与陈某已经开始的诉讼中去，也可以仅以无独立请求权的第三人身份申请参加诉讼或者由人民法院通知其参加诉讼，陈述陈某已将租赁费交付

于李某某的事实，而并不提出任何独立的诉讼请求。人民法院此时应查清李某某的身份，如果李某某对其父李某、陈某有独立的请求权，提出相应诉讼请求，申请参加诉讼并交纳诉讼费用，则系有独立请求权的第三人。不管最终人民法院是否判决其承担民事责任，李某某均有权提起上诉。反之，如果李某某虽然申请参加诉讼，但没有提出具体的诉讼请求，仅是认为如果人民法院最终判决陈某腾退房屋或者李某退还租金等，可能涉及其自身权益，则应认为其是无独立请求权的第三人。若人民法院没有判决其承担民事责任，根据《民事诉讼法》第 56 条第 2 款的规定，其无权提起上诉。在审理因重婚导致婚姻无效纠纷的案件中，合法婚姻配偶一方申请参加诉讼的，也应认真审查配偶一方具体的诉讼请求和事实理由，而不能因其合法婚姻中的配偶身份就当然认为，其申请参加诉讼一定是作为有独立请求权的第三人提出相应诉讼请求。

二、正确区分有独立请求权的第三人与必要共同诉讼人

根据《民事诉讼法》第 52 条的规定："当事人一方或者双方为二人以上，其诉讼标的是共同的，或者诉讼标的是同一种类、人民法院认为可以合并审理并经当事人同意的，为共同诉讼。"《民事诉讼法》对共同诉讼的具体分类没有作出明确规定，但根据《民事诉讼法司法解释》第 319 条的规定和通说认识，认为前述法律规定的内容即为必要共同诉讼。有独立请求权第三人与必要共同诉讼人存在区别，主要表现在：首先，争议的诉讼标的不同。必要共同诉讼人之间的诉讼标的是同一的，而有独立请求权第三人参加的诉讼是两个诉讼的合并，其诉讼标的与本案的诉讼标的并不相同。其次，对立关系不同。必要共同诉讼人之间有着共同的利害关系，在诉讼中只与另一方当事人相对立，而有独立请求权第三人与本案的双方当事人之间都存在着对立关系，他既不同意原告的诉讼请求，也不同意被告的答辩意见，而是认为自己对诉讼标的享有独立于原告诉请和被告答辩的请求权。再次，参加诉讼的方式不同。必要共同诉讼是一种不可分之诉，共同诉

讼人必须一同起诉，未参加的共同诉讼人法院应通知其参加，而有独立请求权第三人既可在本案开始后申请参加诉讼，也可在本案终结后另行起诉。又次，诉讼地位不同。必要共同诉讼人在诉讼中既可以处于原告地位，又可以处于被告地位，而有独立请求权第三人的诉讼地位相当于原告。最后，诉讼行为的效力不同。必要共同诉讼人其中一人的行为，经其他共同诉讼人承认，对全体发生效力，而有独立请求权第三人的诉讼行为不受本案任何一方当事人的牵制，三方在诉讼中的地位相互完全独立。

第十七条 当事人以民法典第一千零五十一条规定的三种无效婚姻以外的情形请求确认婚姻无效的，人民法院应当判决驳回当事人的诉讼请求。

当事人以结婚登记程序存在瑕疵为由提起民事诉讼，主张撤销结婚登记的，告知其可以依法申请行政复议或者提起行政诉讼。

【条文主旨】

本条是关于结婚登记程序存在瑕疵应如何处理问题的规定。

【条文理解】

一、本条规定的历史沿革

本条承自《婚姻法司法解释（三）》第1条，第1款文字上有修改，除援引法律规定条文相应变更为《民法典》规定外，将“申请宣告婚姻无效”与本解释其他规定统一修改为“请求确认婚姻无效”，相应地将“人民法院应当判决驳回当事人的申请”修改为“人民法院应当判决驳回当事人的诉讼请求”；第2款文字和内容均未作修改。

二、本条规定背景及规定目的

审判实践中，常常有当事人以结婚登记存在瑕疵为由请求确认婚姻无效，如一方或双方当事人未亲自到场办理结婚登记、借用或冒用他人身份证明进行结婚登记、婚姻登记机关越权管辖、当事人提交的婚姻登记材料有瑕疵等。

根据婚姻登记的相关规定，当事人申请办理结婚登记，双方必须亲自到场，婚姻登记部门主要审查的内容有三项：当事人提供的户口本、身份证上的信息是否一致；是否符合法定结婚年龄；是否有管辖权。只要当事人按照规定提供了证明，证明其具备结婚的“实质要件”和“形式要件”，民政部门就应该为当事人颁发结婚证书。而无论是过去的《婚姻法》还是《民法典》，均未明确规定程序违法是婚姻无效的法定事由，这类纠纷由谁主管，按照什么程序处理，缺乏明确的法律规定，理论上和实践中对此问题也没有完全达成共识。从法院审判角度看，尽管现行立法对婚姻登记瑕疵的处理规定不甚明了，但对于当事人起诉到法院的纠纷不能拒绝裁判。因此，有必要通过司法解释规定，对婚姻登记瑕疵处理予以明确。《民法典》施行后，这一立法状况并未发生根本改变，实践中仍然存在此类案件审理的现实需要，因此本次司法解释清理将该条规定予以保留并与本解释其他条文一并进行了相应文字修改，以便各级法院在处理有关纠纷时裁判有据。

三、本条的相关法律依据

婚姻登记行为调整的是特殊的身份关系，婚姻登记行为不仅以婚姻法的实体规定为依据，其程序要件也是为适合婚姻关系的特殊性而设定，在很大程度上是为了保障实体要件的实现。《民法典》第1049条规定：“要求结婚的男女双方应当亲自到婚姻登记机关申请结婚登记。符合本法规定的，予以登记，发给结婚证。完成结婚登记，即确立婚姻关系。未办理结婚登记的，应当补办登记。”本解释第6条规定：“男女双方依据民法典第一千零四十九条规定补办结婚登记的，婚姻关系的效力从双方均符合民法典所规定的结婚的实质要件时起算。”也就是说，婚姻登记是结婚的必经程序，未办理结婚登记的，应当补办登记；补办婚姻登记的，婚姻关系的效力从双方均符合法律所规定的结婚的实质要件时起算。

婚姻无效是欠缺结婚实质要件的婚姻在民事法律关系上的后果。婚姻无效制度，是法律设立的一种对形式上已成立的婚姻关系，由当事人或者利害关系人针对该婚姻关系是否有效成立提出异议的一种救济制度。婚姻无效制度是结婚制度的重要组成部分，能够预防和制裁违法婚姻。依据《民法典》第 1051 条的规定，婚姻无效的情形仅限于重婚、有禁止结婚的亲属关系以及未达到法定婚龄的三种情形。本解释对请求确认婚姻无效的主体范围、人民法院审理无效婚姻案件适用的程序、婚姻无效的阻却事由等问题均作出了具体的规定。程序具有瑕疵的结婚登记存在着不合法性，其法律效力自然会受到质疑，如果同时欠缺了结婚的实质要件，在法律规定的情形内，可以被人民法院确认为无效婚姻，但仅有程序瑕疵的结婚登记的法律效力，缺乏明确的法律规定，结婚登记程序瑕疵，并不必然导致婚姻关系无效。

《民法典》第 1051 条、第 1052 条和第 1053 条，对无效婚姻和可撤销婚姻的事由采取了穷尽式列举规定的方式，并未为否定婚姻关系的其他事由预留理解与适用的空间。第 1052 条和第 1053 条均明确规定了，因受胁迫请求撤销婚姻的，应当自胁迫行为终止之日起 1 年内提出；因未被如实告知对方患有重大疾病的一方请求撤销婚姻的，应当自知道或者应当知道撤销事由之日起 1 年内提出。本解释第 10 条规定："当事人依据民法典第一千零五十一条规定向人民法院请求确认婚姻无效，法定的无效婚姻情形在提起诉讼时已经消失的，人民法院不予支持。"由此可见，这些规定体现了人民法院对部分无效婚姻的有条件认可，也反映出了立法和司法保护婚姻稳定性的价值取向。

从民事审判解决平等主体之间权利义务争议的角度看，对当事人请求确认婚姻无效的，只能从是否符合无效婚姻的三种法定情形方面进行审查。如果将符合结婚实质要件但结婚登记程序上有瑕疵的婚姻确认为无效婚姻，不仅随意扩大了无效婚姻的适用范围，同时也有悖于无效婚姻制度设立的初衷。人民法院经审查发现不属于《民法典》第 1051 条规定的无效婚姻的三种情形的，只能判决驳回当事人请求确认婚姻无效的诉讼请求，当事人可以依法申请行政复议或者提起行政诉讼。

由于婚姻关系的特殊性，为了维护婚姻关系的稳定，保护当事人的婚姻自主权，婚姻实体法对婚姻效力的考量更加关注结婚实质要件是否具备。通过结婚程序上的严格要求，最大限度地保证相对人符合婚姻成立的实质要求，最大限度地保障婚姻登记机关对当事人婚姻关系确认的准确性。结婚登记是一种公示行为，通过登记的方式使当事人缔结婚姻关系的意愿表达出来，并使其具有由外部足以辨认的表征。结婚登记程序固然也是为保护婚姻当事人的利益而设定的，但法律更重视结婚登记的实质，甚至为达到实质目的而迁就结婚登记程序。对于有瑕疵的行政行为，除非"严重且明显"，并不当然无效或可撤销。要综合考虑程序违法的程度和对关系人的信赖保护。瑕疵可以补正的尽量补正，如果无法补正或者补正徒劳无益，只要程序瑕疵没有明显影响实质决定，程序瑕疵可以忽略不计。作为一种既存的社会关系，"婚姻"已形成事实，并以此为基础向社会辐射出各种关系，简单地否认这种身份关系的存在，必然会对家庭及社会产生一系列的负面影响。结婚登记被撤销后，其登记自始无效，婚姻当事人自始不存在婚姻权利义务法律关系，男女双方因婚姻关系而取得的各种人身权益将随之丧失，同时还会波及当事人的财产权益，后果相当严重。撤销结婚登记行为的法律后果与婚姻被确认无效或被撤销的法律后果相同。基于对人类情感的尊重，基于切实保护妇女儿童权益的需要，基于重视婚姻事实的考虑，特别是在该婚姻关系并不损害他人和社会公共利益时，人民法院不应轻易否定当事人婚姻的效力。[①]

结婚登记程序存在瑕疵的，应当区别是重大瑕疵还是一般瑕疵，不能简单粗暴地采取颠覆性或毁灭性的方式处理。如果当事人以结婚登记程序瑕疵为由请求否定其婚姻效力，法院不能直接确认婚姻无效。一旦将符合结婚实质要件，但结婚登记程序上存在瑕疵的婚姻不分青红皂白一律确认为无效婚姻，势必影响婚姻家庭关系的稳定，同时也不利于社会的和谐发展。有些结婚登记程序瑕疵问题首先出在婚姻登记人员身上，加强登记人员的管理，强化登记人员的责任，尽

① 孙若军:《论欺骗登记婚的法律后果》，载《法律适用》2004年第10期。

量避免此类问题的发生，比单纯地撤销结婚登记来惩罚当事人更为有益。

2003 年 10 月 1 日起实施的《婚姻登记条例》与 1994 年 2 月 1 日公布施行的《婚姻登记管理条例》相比，《婚姻登记条例》删除了原来《婚姻登记管理条例》中有关申请婚姻登记的当事人弄虚作假、骗取婚姻登记的，婚姻登记管理机关有权撤销婚姻登记，宣布婚姻无效并收回结婚证，还可以对当事人处以 200 元以下罚款的规定。《婚姻登记条例》只在第 9 条规定，婚姻登记机关对因胁迫结婚的，有撤销该婚姻、宣告结婚证作废的权力。该条还限定了“不涉及子女抚养、财产及债务问题”的条件。言下之意，因受胁迫结婚的当事人之间涉及子女抚养、财产分割及债务清偿问题的，应当到法院请求撤销婚姻。在司法实践中，对于因结婚登记程序瑕疵引起的婚姻效力纠纷，主要解决途径是当事人先找婚姻登记机关，请求其撤销结婚登记，对于婚姻登记机关不予撤销或者对其处理不服的，再提起行政诉讼。

关于婚姻关系当事人对婚姻登记机关作出的婚姻登记结果不服的行政复议和行政诉讼问题，《婚姻登记条例》未作规定，但这并不意味着对婚姻登记机关作出的与婚姻登记有关的行为，当事人没有救济的途径。《婚姻登记条例》之所以没有规定行政复议和行政诉讼，是因为我国行政复议和行政诉讼都已经有了比较健全的法律体系，当事人只要按照《行政复议法》《行政诉讼法》规定的程序办理就是了。[①]对此我们的理解是，虽然《婚姻登记工作规范》第 53 条规定，除受胁迫结婚之外，以任何理由请求宣告婚姻无效或者撤销婚姻的，婚姻登记机关不予受理，但并不是说有关结婚登记瑕疵问题的处理，婚姻登记部门可以一概不管。当事人因为结婚证载明的姓名有误、婚姻登记机关越权管辖等一般瑕疵到民政部门申请解决的，婚姻登记机关应对瑕疵进行补正或重新确认。

有观点认为，婚姻效力纠纷事实上的处理渠道，不仅有婚姻登记机关与法院共同主管的“外双轨”，在法院内部也存在行政诉讼与

---

① 丁锋主编：《婚姻登记条例问答》，中国法制出版社 2003 年版，第 118 页。

民事诉讼的“内双轨”。这种“主管上的双轨制”与“审判上的双轨制”，不仅与婚姻纠纷的性质不相适应，而且由于相互之间不衔接，在司法实践中常常暴露出法律适用上的“打架”等诸多弊端。行政诉讼时效也难以满足婚姻效力纠纷的需要。根据《行政复议法》第 9 条第 1 款的规定，公民、法人或者其他组织认为具体行政行为侵犯其合法权益的，可以自知道该具体行政行为之日起 60 日内提出行政复议申请，婚姻效力纠纷因超过 60 日行政复议期限而难以进入行政复议程序的情形十分常见。而《行政诉讼法》第 46 条规定：“公民、法人或者其他组织直接向人民法院提起诉讼的，应当自知道或者应当知道作出行政行为之日起六个月内提出。法律另有规定的除外。因不动产提起诉讼的案件自行政行为作出之日起超过二十年，其他案件自行政行为作出之日起超过五年提起诉讼的，人民法院不予受理。”

《行政诉讼法司法解释》第 65 条规定：“公民、法人或者其他组织不知道行政机关作出的行政行为内容的，其起诉期限从知道或者应当知道该行政行为内容之日起计算，但最长不得超过行政诉讼法第四十六条第二款规定的起诉期限。”也就是说，当事人不知道行政机关作出具体行政行为的，从知道或者应当知道之日起 6 个月内起诉；不知道具体行政行为内容的，除不动产外，最长的诉讼时效是 5 年，超过 5 年提起诉讼的，人民法院不予受理。上述规定显然不能满足婚姻纠纷行政诉讼的需要。如果超过了诉讼时效，那些结婚登记存在重大瑕疵而本不成立或无效的婚姻，将无法得到否认，而有效的婚姻也无法得到法律确认，使大量婚姻处于法律不能调控的真空状态。在民事诉讼中，对于婚姻撤销有明确的除斥期间，超过一年除斥期间，则不予撤销。对于婚姻无效，则不受一般诉讼时效的限制，有请求权的人，任何时候都可以请求确认婚姻无效。而婚姻不成立与婚姻无效具有相同性质，亦不受一般诉讼时效的限制。从近年来的立法和理论研究趋势看，对于司法权对婚姻效力问题享有唯一裁判权的认识也正在统一，这不仅可以简化当事人的救济途径，克服婚姻登记机关在处理此类问题上的不足之处，也符合司法权的权力性质。但也应当注意到，民事审判超越职权范围直接审查行政机关作出的婚姻登记行为的合法性，在法律关系上存在难以理顺的问题，因此本次司法解释修改，我们仍实质保留了原司法解释的规定内容。

四、本条规定的理解与适用

本条主要包含以下几层含义：第一，从民事审判角度而言，当事人请求确认婚姻无效，所持理由不属于《民法典》第1051条规定的无效婚姻的三种情形，人民法院应当用判决的形式驳回当事人的诉讼请求；第二，如果当事人在离婚诉讼中或其他民事诉讼中，以结婚登记程序存在瑕疵为由否认存在婚姻关系的，首先应解决的是结婚登记效力问题，不属民事案件的审查范围；第三，本着司法为民的宗旨，人民法院应告知当事人可以依法申请行政复议或者提起行政诉讼。告知的内容一般包括：（1）撤销结婚登记的法律后果与解除婚姻关系的法律后果不同，前者导致婚姻自始无效，双方共同生活期间所得的财产不能按照夫妻共同财产予以分割。（2）对瑕疵结婚登记相关当事人的救济途径应当启动行政程序。民事审判司法权不同于行政审判司法权，在民事审判中与行政机关的行政权没有从属关系，撤销结婚登记、认定结婚证无效是行政权，在民事审判中认定结婚证的效力问题不妥，超越了民事审判的职权范围。如果认为结婚登记程序存在瑕疵，主张更正或撤销结婚登记的，可以请求婚姻登记机关予以更正或撤销结婚登记，在婚姻登记机关不予更正或不予撤销的情况下，可以提起行政诉讼，要求婚姻登记机关履行法定职责。（3）行政复议并非前置程序，当事人也可以选择直接提起行政诉讼。

婚姻无效与婚姻登记瑕疵是两个完全不同的概念。婚姻登记在性质上属于一种民事登记，与户籍登记或者收养登记的性质相类似，其目的在于确认当事人的婚姻状态，确立婚姻关系还是解除已经确立的婚姻关系，其不属于行政许可的范畴，但仍然属于行政机关的具体行政行为。[1]倾向性观点认为，婚姻登记的行政行为类型是行政确认，即行政机关依照法定程序和要求认定某一事实或法律关系存在或不存在的一种行为。当事人办理结婚登记并领取结婚证，即意味着他们之间的婚姻关系得到了法律的认可和保护，其他人必须承认并尊重他们的婚姻关系。另外，婚姻登记是一种行政确认行为，而不是行政许可行为，根本原因就在于婚姻自由是公民享有的一项基本权利。《宪法》《民法典》都明确规定了公民的婚姻自由权，公民可以自主决定结婚或者不结婚，也可以自主决定维持或者解除其婚姻关系。无论是结婚的权利还是离婚的权利，都是公民依法享有的，而不是由行政机关赋予的。在婚姻登记中，行政机关的职责只不过是对当事人行使婚姻自由权的合法性及其结果进行审查确认。

早在 2003 年 8 月，民政部就在《关于学习宣传和贯彻执行〈婚姻登记条例〉的通知》中指出："婚姻登记是婚姻登记机关依照婚姻法和条例的具体规定，为符合结婚或离婚条件的当事人办理结婚或离婚登记的法定程序，这是国家的一项重要的基础性的民事登记，是政府对公民婚姻关系的建立和解除进行监督和管理的制度。"而"婚姻登记瑕疵"不是一个法律概念，从目前使用的特定语境看，主要是指在婚姻登记中存在程序违法或欠缺必要形式要件等缺陷。因而，它不属于《民法典》第 1051 条规定的无效婚姻以及第 1052 条、第 1053 条规定的可撤销婚姻情形。《婚姻登记条例》中的"撤销婚姻登记"是行政法中的概念。在我国，婚姻登记机关是政府的民政部门，因此，其行为应当由行政法来调整。在行政法中，撤销行政行为是指有权机关对违法或明显不当的行政行为，取消其效力的过程。[2]婚姻登记的事实依据是各种证明材料，当提供的证明材料虚假时，比如伪造身份证件登记结婚，婚姻登记机关应当撤销该登记。撤销婚姻登记的后果等同于没有登记，双方当事人之间不存在受到法律保护的夫妻关系。

---

① 丁锋主编：《婚姻登记条例问答》，中国法制出版社 2003 年版，第 3 页。

② 胡建淼：《行政法学》，法律出版社 2003 年版，第 217 页。

【审判实践中应注意的问题】

结婚登记瑕疵问题情形比较复杂，其法律后果也各不相同，结合审判实务中不同性质的案例，对如何处理结婚登记瑕疵纠纷进行简要的类型化梳理和分析如下：

一、一方当事人在离婚诉讼中以结婚登记程序存在瑕疵为由，对民政部门颁发的结婚证效力提出异议，认为彼此之间不存在夫妻关系的

我们认为，当事人提起离婚诉讼，其前提应是双方存在合法的婚姻关系，诉讼时应向法院提供证明婚姻关系的结婚证或《夫妻关系证明书》。如果一方对配偶身份提出异议，首先要解决的就是结婚登记的效力问题，这里还涉及民政部门。从民事审判角度来讲，应当裁定驳回当事人的起诉，同时进行释明，告知其可以找民政部门解决，或者直接提起行政诉讼。

二、他人代理或冒名顶替进行结婚登记的

我们认为，一方或双方没有亲自到场办理结婚登记手续，而是由他人代理甚至冒名顶替进行结婚登记的，又可以再具体区分为两种不同的情况：

一是当事人明知他人代理其进行结婚登记，且对此不持异议的。此种情形下，当事人本人虽然未亲自到场办理结婚登记手续，但有公开举行的婚礼、并共同以配偶身份生活、凭结婚证办理准生证或申报子女户口等行为，表明双方缔结婚姻是其真实的意思表示。在此情况下，我们认为，法律规定婚姻行为不得代理，而要求当事人双方亲自办理，其宗旨在于保障当事人系完全自愿地结为夫妻关系，这是婚姻成立的本质特征，但法律并没有规定当事人未亲自到场办理结婚登记，其缔结的婚姻一律无效。换句话说，即便双方当事人亲自到场申请办理结婚登记，如果一方或双方不符合结婚的实质要件，婚姻登记

部门也会拒绝为其办理结婚登记手续。因此，只要查明当事人双方自愿结婚，并完成了结婚的形式要件，其结婚登记中的瑕疵不足以影响婚姻效力。

二是一方当事人不同意结婚，他人冒名顶替与另一方当事人进行结婚登记的。我们认为，由他人冒名顶替登记结婚，不仅严重违反结婚程序，也违背了当事人的结婚意志。如果被冒名的当事人请求撤销结婚证的，人民法院应予支持。

三、借用他人身份证件进行结婚登记，结婚证上载明的主体与实际共同生活的主体不一致的

我们认为，实际生活中，因一方未达到法定婚龄而借用他人身份证件登记结婚的情形并不少见。如果结婚证上载明的主体对结婚证效力提出异议的，可以请求民政部门撤销结婚登记或直接提起行政诉讼。如果实际共同生活的当事人请求离婚的，法院应当对当事人进行释明，告知因其结婚登记存在瑕疵，请求离婚的双方与结婚证上载明的主体不符，无法判断双方是否存在婚姻关系。若当事人坚持自己的诉讼请求，则应当裁定驳回起诉；若经过法院释明后，当事人变更诉讼请求，主张解决同居期间的财产分割、子女抚养等问题时，法院可以依法继续进行审理。值得注意的是，根据本解释第 7 条的规定，如果当事人系在 1994 年 2 月 1 日之前以夫妻名义共同生活的，可以按照事实婚姻处理。

结婚证的效力是具体行政行为的结果。针对的对象是特定的，只对结婚证上载明的主体有约束力，而不应及于他人。我国对婚姻关系的确立形式只有一种，即采取的是登记主义模式，记载于结婚证上的申请人才是行政机关认可缔结婚姻并承认婚姻关系的当事人。行政机关颁发的结婚证，实际确立的是被借用身份证件之人与持有真实身份证件之人夫妻关系的有效法律文件，具有公示公信的效力，是形式合法的婚姻关系，在未经法定机关通过法定程序撤销前，不能直接否认其效力。基于行政行为的相对性，该结婚证的效力不应及于实际共同

生活的当事人，当事人之间不存在法律所承认的婚姻关系。

四、一方使用虚假身份证件以骗取钱财为目的与另一方登记结婚，婚后不久即下落不明的

经公安机关查证，一方的身份证件系伪造，另一方起诉离婚的，人民法院往往会以被告不明确为由不予受理或者裁定驳回起诉，此时婚姻登记中真实身份一方当事人应当如何救济？我们认为，如果一方当事人向婚姻登记机关提供虚假身份证等证明材料，骗取了结婚证，其目的是为了骗取钱财，婚姻登记机关是在受欺骗的情况下作出的婚姻登记发证行为，该行政行为形式上虽然已经存在，但因具有重大、明显的瑕疵，且显然不符合《民法典》和《婚姻登记条例》等法律、行政法规关于结婚登记条件的规定，该行政行为属于无效行政行为，应当确认该行政行为无效。根据有关规定，对无效行政行为的认定，主要有行政主体进行认定和法院在行政诉讼中进行认定两种方式。鉴于婚姻登记机关一般不受理此类问题，根据《行政诉讼法司法解释》第 94 条第 1 款的规定："公民、法人或者其他组织起诉请求撤销行政行为，人民法院经审查认为行政行为无效的，应当作出确认无效的判决。"因此，受骗一方的救济途径是提起行政诉讼，请求确认结婚登记行为无效。

五、结婚登记程序未完成的

从审判实践来看，有些当事人进行结婚登记时，因欠缺相关材料，婚姻登记机关登记后，暂时不发放结婚证书，待当事人补齐相关材料后再发放，在这种情况下，结婚登记实际上并没有完成。另外，也有因为婚姻登记机关自身的原因未及时发放结婚证的情形。比如，当事人双方申请结婚登记，婚姻登记机关经过审查，认为双方符合结婚条件，在结婚登记申请表审查一栏签署"经审查情况属实，准予登记"，并加盖了公章，但因故当时没有发放结婚证。后双方举行了婚礼，不久后一方因病去世。去世一方与原配偶生育的子女在继承纠纷

中主张其父与另一方不存在婚姻关系。结婚登记的程序依法应包括三个方面的内容：其一是双方当事人应亲自到婚姻登记机关办理结婚登记；其二是应提交必要的证件或材料；其三是由婚姻登记人员进行审核准予登记后，领取结婚证。根据《民法典》第 1049 条规定，完成结婚登记，即确立婚姻关系。因此，已进行结婚登记但未发放结婚证的，应当认定婚姻关系成立。

六、婚姻登记机关越权管辖发放结婚证的

现实生活中，违反规定跨地区办理结婚登记的情况时有发生，主要表现为：擅自为双方均非本地常住户口居民办理婚姻登记；没有得到办理涉外、涉港澳台等婚姻登记的授权而违规办理上述登记。当事人往往为了图方便或者在原地登记受到阻挠，抑或因欠缺结婚登记材料而托关系找熟人，违规办理结婚登记。我们认为，《婚姻登记条例》第 4 条规定："内地居民结婚，男女双方应当共同到一方当事人常住户口所在地的婚姻登记机关办理结婚登记。"《婚姻登记工作规范》第 5 条规定："婚姻登记机关不得违反上述规定办理婚姻登记。"但其并没有规定违反婚姻登记管辖规定的婚姻登记无效。婚姻登记管辖规定的重点是明确婚姻登记机关内部职权范围，也是为了方便申请结婚登记的当事人以及便于监督管理。只要办理结婚登记时没有违反其他规定，双方当事人系完全自愿结婚，完成了结婚登记程序，并符合结婚的实质要件，法院应当认定婚姻登记机关发放的结婚证有效。

七、托熟人代领结婚证后共同生活，没有登记存根的

比如，甲某与乙某结婚时，因怕麻烦双方没有亲自去办理结婚登记，而是托熟人代领了结婚证，双方以夫妻身份共同生活了十几年，后来发现此结婚证在民政部门没有登记存根，甲某遂诉至法院要求确认该婚姻关系无效。我们认为，结婚证的产生是婚姻登记机关审核登记的结果，审核登记是颁发结婚证的前提，至于是什么原因导致应有的审核登记行为没有载明于主管机关的登记簿，应当属于登记机关的

责任范畴。登记机关颁发了结婚证，就代表国家认可了这一婚姻关系的成立，该婚姻应该受到法律的保护。婚姻登记是民政部门的法定职责，由于登记机关工作人员疏忽，没有进行登记或者登记错误而颁发了结婚证，法律责任应当由登记机关承担，而不应当转嫁给当事人，所以在前述案例中，人民法院应当判决驳回甲某关于确认婚姻无效的诉讼请求。

第十八条　行为人以给另一方当事人或者其近亲属的生命、身体、健康、名誉、财产等方面造成损害为要挟，迫使另一方当事人违背真实意愿结婚的，可以认定为民法典第一千零五十二条所称的“胁迫”。

因受胁迫而请求撤销婚姻的，只能是受胁迫一方的婚姻关系当事人本人。

【条文主旨】

本条是对《民法典》第1052条规定的因受胁迫而可以请求撤销婚姻的具体理解与适用问题的规定。

【条文理解】

一、本条规定的历史沿革

本条承自《婚姻法司法解释（一）》第10条，文字上有修改，主要是调整了规定表述的语序，并将解释涉及的法律规范由《婚姻法》条文相应调整为《民法典》的具体条文，在解释的具体内容上，未作实质性修改。

二、本条的制定背景和规范目的

《民法典》第1052条规定：“因胁迫结婚的，受胁迫的一方可以向人民法院请求撤销婚姻。”我国立法上关于可撤销婚姻制度的规定，始自2001年《婚姻法》修改，该次修法新增第11条，规定“因胁迫结婚的，受胁迫的一方可以向婚姻登记机关或人民法院请求撤销该婚姻。受胁迫的一方撤销婚姻的请求，应当自结婚登记之日起一年内提出。被非法限制人身自由的当事人请求撤销婚姻的，应当自恢复人身自由之日起一年内提出。”至此，我国婚姻法立法上将可撤销婚姻制度与无效婚姻制度共同构成处理违法婚姻的“车之两轮”，丰富和完善了婚姻效力瑕疵制度规范体系。

可撤销婚姻是指当事人因意思表示不真实而成立的婚姻，或者当事人成立的婚姻欠缺法定的结婚要件，通过依法享有撤销权的当事人在法定期限内，行使撤销权，使已经发生法律效力的婚姻关系失去法律效力。按照《民法典》第 1054 条的规定：“无效的或者被撤销的婚姻自始没有法律约束力，当事人不具有夫妻的权利和义务。”

无效婚姻先于可撤销婚姻出现在古罗马法的市民法中，婚姻撤销制度则是中世纪欧洲教会法设立的，是基督教婚姻不解除主义的产物。基督教教义认为，婚姻是出自于神的意志，非人力可使之分离，因此，确立了婚姻不解除主义。但为避免过于僵化，作为补救措施，制定了婚姻无效和可撤销制度。到近代社会，西方国家基于婚姻与社会发展的至关重要性，认识到婚姻不可放任个人恣意为之，国家应予以干预，因此，在立法上采取了教会法关于婚姻无效和撤销的理论。1804 年《法国民法典》继受罗马法的精神，仅设无效婚姻制度。1900 年的《德国民法典》基于法律行为理论兼设无效婚姻和可撤销婚姻制度。此后，世界各国根据各自的国情，分别采取无效婚姻和可撤销婚姻制度。如瑞士、日本、意大利、英国等国家和美国的一些州采取无效婚姻和可撤销婚姻制度并行的双轨制，而法国、俄罗斯、罗马尼亚、古巴等国是单采无效婚姻制度，德国则仅单设可撤销婚姻制度。

在 2001 年的《婚姻法》修改过程中，对违法婚姻的处理是采用单一的无效婚姻制度，还是采用单一的可撤销婚姻制度，抑或兼采无效婚姻和可撤销婚姻制度的二元结构，存在不同观点。一种观点认为，由于我国实行的是法定结婚登记制度，当事人必须具备法定的结婚实质要件和形式要件方可缔结婚姻关系，对婚姻关系法律效力的否认权或撤销权，应由国家行使，当事人不得自行处理。更何况，结婚登记是一种行政法律行为，没有民事行为的无效和可撤销之区分，不能在行政法律行为中滥用民事法律行为的规则。因此，可将违法婚姻统一规定为无效婚姻，不必再作无效和可撤销的区别。同时，只要在无效婚姻的请求权主体及行使请求权的时效期间方面设定一定的限制，也可以达到与撤销婚姻殊途同归的效果。为此，该观点主张《婚姻法》对违法婚姻的处理，应采取单一的无效婚姻制度为宜。

另一种观点则认为，因为无效婚姻与可撤销婚姻存在明显区别，对违法婚姻的处理，应兼采无效婚姻和可撤销婚姻制度并行的双轨制。首先，无效婚姻和可撤销婚姻损害的利益不同，请求的主体也相应不同。无效婚姻违反的是社会公德、损害的是国家和社会公共利益，除当事人和其他利害关系人及其他组织有权提出婚姻无效申请外，国家也有主动干预的权力；可撤销婚姻违反的是当事人的个人意愿，损害的多是私人利益，婚姻关系的存在或撤销应尊重当事人个人自由意志，国家和其他组织及个人不宜干涉，只有当事人和法律规定有请求权的特定主体才能申请撤销婚姻关系。其次，针对无效婚姻和可撤销婚姻提起请求确认无效和撤销婚姻的时间不同。请求确认婚姻无效，往往以客观是否存在法定无效婚姻的情形为准；可撤销婚姻提起撤销婚姻的请求则必须在法律赋予其行使撤销权的期间内。因二者的社会危害性不同，在法律适用上也应有所区别。如果仅以法律权威至上，认为违法即为无效，忽视违法婚姻存在的客观社会现实和当事人利益，则无法体现法律的价值。基于尊重婚姻当事人的意愿、保护妇女和子女利益的立法宗旨，宜借鉴德国、瑞士等国家的立法经验，将因欺诈、胁迫、重大误解而结婚的或因其他原因非自愿结婚的，以及双方当事人无意建立家庭、履行婚姻共同生活义务的虚假婚姻，作为可撤销婚姻。鉴于仅欠缺结婚形式要件的事实婚姻的违法情节较轻，也可将其列入可撤销婚姻的范围内，通过责令当事人补办结婚登记，使之效力得到补正并合法化。只有区别违法婚姻的违法情节和社会危害性的不同，分别予以无效或者可撤销的不同处理，才能有利于保护社会公共利益和当事人及其子女的权益，维护婚姻家庭关系的稳定和谐。

也有观点主张，对违法婚姻的处理，可借鉴德国的立法，采用单一的可撤销婚姻制度。因为婚姻是当事人之间的意志行为，属于私权领域范畴，对当事人之间发生的争议，可依靠私力救济，国家公力不宜过多干涉，因此，设立单一的可撤销婚姻制度，可以充分保障公民的个人婚姻意志自由。

在《婚姻法》的修法过程中，立法机关经过归纳总结社会各界意见，并借鉴外国立法经验，针对我国以往婚姻立法之不足，采取了无效婚姻和可撤销婚姻制度并行的双轨制，在《婚姻法》第10条和第11条中分别规定了无效婚姻和可撤销婚姻制度，区别违法婚姻的不同违法情形，分别予以不同处理：依据第10条的规定，婚姻无效的法定情形有四种：重婚、有禁止结婚的亲属关系、婚前患有医学上认为不应当结婚的疾病且婚后尚未治愈的、未到法定婚龄的；依据第11条的规定，因胁迫结婚的，受胁迫的一方可以向婚姻登记机关或人民法院请求撤销该婚姻。《婚姻法司法解释（一）》第10条正是在这样的立法背景下制定的，目的是对因受胁迫而可以申请撤销婚姻的制度进行细化规定，以便新的法律规定能够落到实处。在本次司法解释修改过程中，我们认为，《民法典》第1052条的规定相比《婚姻法》第11条的规定没有发生实质变化，司法实践中仍需对此类纠纷依法予以处理，因而应当保留《婚姻法司法解释（一）》中该条规定。

三、本条的理解与适用

（一）“胁迫”的构成要件

所谓胁迫是指一方当事人向对方当事人施加危害，使其产生恐惧，并且基于此种恐惧而为一定意思表示的行为。胁迫行为的核心要义，是以造成损害为要挟，或称以加害为威胁。《民通意见》第69条曾经对“胁迫”的定义进行明确规定：“以给公民及其亲友的生命健康、荣誉、名誉、财产等造成损害，或者以给法人的荣誉、名誉、财产等造成损害为要挟，迫使对方作出违背真实的意思表示的，可以认定为胁迫行为。”

一般认为胁迫的构成需要具备以下几方面要件：

一是须有胁迫之故意。胁迫的故意包含几层含义，首先，是指实施胁迫的人有胁迫的故意；其次，是指实施胁迫的人有使被胁迫的人产生恐惧的故意；最后，是指实施胁迫的人有使被胁迫的人基于恐惧而为民事法律行为的故意。

二是须实施胁迫的人有胁迫之行为。比如，实施胁迫的人通过暴力或其他威胁手段，对受胁迫人的生命、身体、自由施加危害，包括已实际施加的或胁迫将要施加的行为，受危害的人不限于受胁迫本人，还应扩及至其亲友。

三是须受胁迫人因胁迫而产生恐惧。即受胁迫人意识到自己或其亲友的某种利益将遭受较大危害而产生恐怖、惧怕的心理，胁迫人的行为与被胁迫人陷于恐惧之间存在第一重因果关系。

四是须受胁迫人因恐惧而为意思表示。也就是说，被胁迫人的恐惧和作出相应意思表示之间存在第二重因果关系，而且该意思表示违背表意人的真实意思，换言之，如果不存在被胁迫的事实，则表意人不会作出该种意思表示。

五是须实施胁迫的人所表示施加危害系属违法或不当。需注意区分的是，行为人所为之“胁迫”是否具有违法不当的属性，而不能仅以相对方是否形成心理压力来判断是否构成“胁迫”。比如，甲乙双方订有合法有效的合同，乙的行为构成违约的情况下，甲催告乙及时履行合同义务，否则将起诉乙要求其承担违约责任，并申请保全乙的生产经营设备等。虽然甲的行为同样会给乙造成心理压力，但该行为不能认为属于法律规定的“胁迫”，因为这是甲依据合同和法律规定享有的合法权利。学理上认为，行为的目的、手段以及目的与手段的结合关系三个要素中，有一个要素构成非法则行为即具有非法性。从这一角度看，可以将不法胁迫行为再具体细分为四种类型：一是手段合法目的非法的行为，比如“如果你不帮我偷车，我就举报你偷车的行为”；二是手段非法目的合法的行为，比如“如果你不按期支付货款，我就让人打断你的腿”；三是手段目的均非法的行为，比如“如果你不帮我偷车，我就让人打断你的腿”；四是手段目的本身不具有非法性，但二者结合即具有非法性的行为，比如“如果你不把房子卖给我，我就举报你偷车的行为”。

（二）因胁迫而结婚的情形

因受胁迫而缔结的婚姻，违背行为人真实意思，因而法律规定为可撤销婚姻，其法律依据是《宪法》《民法典》规定的“婚姻自由”和“结婚必须男女双方完全自愿，不许任何一方对他方加以强迫或任何第三者加以干涉”。

根据本条规定，受胁迫而结婚的情形，具体是指行为人以给另一方当事人或者其近亲属的生命、身体、健康、荣誉、名誉、财产等方面造成损害为要挟，迫使另一方当事人违背真实意愿结婚的情形。依据上述法律规定和法学理论，我们认为，胁迫行为的实施主体既可以是婚姻关系的一方当事人，也可以是属于其一方的第三人，如其近亲属、朋友等；受胁迫者可以是婚姻关系的当事人，也可以是其近亲属。胁迫的内容主要是指实施胁迫的行为人以对婚姻关系的另一方当事人或其近亲属的生命、身体、健康、荣誉、名誉、财产等方面造成损害为要挟，迫使其违背真实意愿缔结婚姻关系。实施胁迫行为既可以是使受胁迫者身体丧失自由，也可以是受胁迫者在精神意志上被控制。无论受胁迫者是从身体上还是精神上被控制，只要其缔结婚姻关系的行为后果是因受到胁迫而违背意志造成的，就有权请求撤销该婚姻。

（三）可以请求撤销婚姻的主体

因受胁迫而成立的民事法律关系，利益受损的主要是受胁迫人，所以，对胁迫行为的效力，各国立法例普遍将其规定为可撤销的原因，撤销权归受胁迫人享有。具体到婚姻关系亦是如此。尽管受胁迫者包括婚姻当事人本人和其近亲属，但因胁迫而结婚的，主要违背的是受胁迫的婚姻关系当事人的意愿，损害的是婚姻关系当事人的个人利益，与无效婚姻在程度上和范围上对其亲友和社会各方面的影响有所不同。因此，根据《民法典》第1052条的规定，因受胁迫而请求撤销婚姻的，只能由受胁迫一方的婚姻当事人本人提出，其近亲属及其他组织和个人均无权提出。该规定是为充分体现法律规定的婚姻自由原则，尊重当事人对婚姻关系的自由意愿，有力保护婚姻关系当事人的合法权益。我们注意到，在现实生活中，有些受胁迫而结婚的当事人，与对方当事人在婚后的共同生活期间建立了感情，或已生育子女，家庭也较为和睦，愿意继续共同生活，此时如果法律强行规定对此类婚姻一律予以确认无效或撤销解除，不利于保护婚姻当事人和子女的利益，不利于婚姻家庭关系的稳定，社会效果不好，甚至可能造成家庭妻离子散、一方或者双方当事人自杀等严重后果。因此，将因胁迫而缔结的婚姻规定为可撤销婚姻，把是否解除该等婚姻效力的请求权赋予受胁迫的一方当事人是更为合理的。如果受胁迫方不愿意维持该婚姻，可以向婚姻登记机关或人民法院请求撤销；如果受胁迫方愿意继续共同生活，也可以放弃申请撤销婚姻的请求权，婚姻登记机关或人民法院不能主动撤销当事人的婚姻关系。这充分体现了兼顾个人利益和社会利益的立法原则，也有利于保障法定结婚条件和程序的实施，有利于保护当事人，特别是保护善意当事人及子女的利益，对于维护合法婚姻，预防和处理违法婚姻都具有重要的意义。

【审判实践中应注意的问题】

受胁迫一方以缔结婚姻时系因受到胁迫而为意思表示为由，向人民法院请求撤销婚姻的，就受胁迫之事实，应当承担相应的举证证明责任。

《民事诉讼法》第 64 条第 1 款规定："当事人对自己提出的主张，有责任提供证据。"《民事诉讼法司法解释》第 90 条规定："当事人对自己提出的诉讼请求所依据的事实或者反驳对方诉讼请求所依据的事实，应当提供证据加以证明，但法律另有规定的除外。在作出判决前，当事人未能提供证据或者证据不足以证明其事实主张的，由负有举证证明责任的当事人承担不利的后果。"受胁迫一方基于其受到胁迫而为意思表示违背其内心真意的事实，提出撤销婚姻关系的请求，就受胁迫的事实主张，依法应当提供证据证明。而且，《民事诉讼法司法解释》第109条规定："当事人对欺诈、胁迫、恶意串通事实的证明，以及对口头遗嘱或者赠与事实的证明，人民法院确信该待证事实存在的可能性能够排除合理怀疑的，应当认定该事实存在。"该证明标准的规定，明显高于该解释第108条规定的"高度可能性"的一般事实证明标准。

证明标准针对不同证明对象和待证事实，具有不同层次性、多元性特点，这在大陆法系国家和英美法系国家的立法和司法实践中均有体现。我国2015年制定《民事诉讼法司法解释》时，明确将对欺诈、胁迫、恶意串通等特殊事实的证明标准，提高到了排除合理怀疑的程度。从相应实体法规定角度看，表述为"足以"等内容的实体法规定，体现了对此类待证事实提高证明标准的立法倾向，在审判实践中，应当适用高于高度可能性标准的证明标准。在撤销婚姻关系案件审理中，对是否存在胁迫事实，应当注意适用《民事诉讼法司法解释》第109条规定的排除合理怀疑的证明标准，在清晰且令人信服的证据可以证明胁迫事实的情况下，方可认定受胁迫方主张的该等事实存在。

第十九条 民法典第一千零五十二条规定的“一年”，不适用诉讼时效中止、中断或者延长的规定。

受胁迫或者被非法限制人身自由的当事人请求撤销婚姻的，不适用民法典第一百五十二条第二款的规定。

【条文主旨】

本条是关于《民法典》第1052条规定的“一年”期间的性质问题的规定。

【条文理解】

一、可撤销婚姻的制度目的

为保障婚姻自由原则的贯彻实施和公民婚姻自由权利的实现，2001年《婚姻法》增设了可撤销婚姻制度。其中第11条规定“因胁迫结婚的，受胁迫的一方可以向婚姻登记机关或人民法院请求撤销该婚姻。受胁迫的一方撤销婚姻的请求，应当自结婚登记之日起一年内提出。被非法限制人身自由的当事人请求撤销婚姻的，应当自恢复人身自由之日起一年内提出”。可撤销婚姻，是指已经成立的，但因欠缺了婚姻成立的某些法定主观要件，请求人通过法定程序得以撤销的婚姻。这里所指的主观要件是否欠缺，主要是指在婚姻成立的过程中，是否违反了当事人真实的意思表示，当事人是否完全自由地为其意思表示。可撤销的婚姻在本质上违反了婚姻自由的原则。可撤销婚姻与无效婚姻在处理方式上有许多不同，主要表现在：（1）申请的当事人不同。可撤销婚姻必须由具有撤销权的当事人提出；无效婚姻除了当事人可以提出确认婚姻无效的请求外，国家有关部门或利害关系人也可以依职权或者依据法律的规定，请求确认婚姻无效。（2）申请的时间不同。可撤销婚姻当事人提出撤销婚姻效力的申请必须在法律赋予其行使撤销权的期间内提出，超过该期间的，撤销权消灭；提出婚姻无效的申请，往往以客观是否存在法定无效婚姻的情形为准。2001 年《婚姻法》规定了无效婚姻，也规定了可撤销婚姻。《民法典》延续了这一规定，并作出以下两点修改：一是明确撤销婚姻的请求只能向人民法院提出；二是将因胁迫结婚撤销权的起始时间由原来的“结婚登记之日”修改为“胁迫行为终止之日”。但对 1 年期限的性质如何认定，立法没有进一步明确。我们在清理制定本解释时，经研究认为，该 1 年期限的性质与《婚姻法》中的规定相同，故对《婚姻法司法解释（一）》第 12 条的规定予以保留，作为本条第 1 款。

二、撤销婚姻的权利性质

因胁迫缔结婚姻的当事人，享有请求撤销该婚姻的权利，即撤销权。撤销权作为一项民事权利，其性质特征属于形成权。形成权的功能就在于权利主体得依其单方之意思表示，干预他人之法律关系，使权利人自己与他人已成立的法律关系发生变更。因撤销权的行使将干预他人的利益，为保护相对人的利益，法律规定形成权的行使应受相应的限制，以避免置相对人和法律关系处于不确定之状态，此即为形成权的除斥期间制度。除斥期间制度不同于诉讼时效制度。诉讼时效是指权利不行使的事实状态，在法定期间内持续存在，即发生该权利人丧失权利的法律效果。诉讼时效适用于请求权，权利人在法定期间内持续不行使权利，将丧失诉权，但实体权利并不消灭。同时，在有法定事由出现时，诉讼时效还会发生中止、中断、延长，属可变期间。而除斥期间，则是法定权利的存续期间，它是一种不变期间，法定权利因该期间的经过将发生实体权利消灭的法律效果，仅适用于形成权。它与诉讼时效不同，除斥期间不发生中止、中断、延长的问题。据此，《婚姻法》在赋予因胁迫结婚的受胁迫方享有撤销权的同时，为保护对方当事人的利益，对受胁迫方行使撤销婚姻请求权的期限给予明确规定。即因胁迫结婚的，受胁迫方撤销婚姻的请求，应当自结婚登记之日起1年内提出。考虑到实际生活当中，有些胁迫结婚的受胁迫方是被非法限制人身自由的，如被绑架、拐卖的妇女被迫与他人缔结婚姻，受胁迫方在被他人限制人身自由期间，是无法行使撤销婚姻效力的请求权的。因此，《婚姻法》又规定，被非法限制人身自由的当事人请求撤销婚姻的，应当自恢复人身自由之日起1年内提出。立法之所以规定当事人的权利行使期限，主要是为了督促当事人及时行使请求权，以避免其婚姻关系长期处于不稳定状态。因胁迫而结婚的，受胁迫方虽然具有撤销该婚姻效力的请求权，但是这一请求权的行使不是没有任何限制的，而是必须在法律规定的时间内行使。因胁迫而缔结的婚姻往往是受胁迫方违背自身意愿的，如果结婚后受胁迫方自愿接受已经成立的婚姻关系，那么，法律就会让该婚姻继续有效。如果结婚后受胁迫方不愿维持已经成立的婚姻关系，就可以请求婚姻登记机关或者人民法院撤销其婚姻，使已经缔结的婚姻关系失效。如果受胁迫方长期不行使该权利，不主张撤销婚姻的效力，就会使得这一婚姻关系长期处于一种不稳定状态，不利于保护婚姻双方当事人的合法权益，特别是双方当事人所生子女的利益，也不利于维护家庭、社会的稳定。同时，还可能使婚姻登记机关或者人民法院在判断是否撤销当事人婚姻效力时，由于时间太长而无法作出准确的判断。因此，《婚姻法》规定，受胁迫方提出撤销婚姻效力的请求权必须在法律规定的时间内行使，如果超过了法律规定的期限还不行使，受胁迫方就失去了请求撤销婚姻效力的权利，其所缔结的婚姻为合法有效的婚姻，受胁迫方不得再以相同的理由申请撤销该婚姻。因受胁迫结婚的一方当事人在请求撤销婚姻时，其所享有的撤销权属于形成权的一种类型，其权利行使还必须受法定期间的限制。即在《婚姻法》规定的1年期限内，受胁迫方必须决定是否提出请求撤销婚姻效力的申请，否则，受胁迫方就失去提出申请撤销婚姻效力的权利。《婚姻法》第11条所规定的受胁迫方行使请求撤销婚姻效力请求权的1年期限应为除斥期间，不发生中止、中断、延长。据此，《婚姻法司法解释（一）》第12条规定，《婚姻法》第11条规定的“一年”，不适用诉讼时效中止、中断或者延长的规定。

三、制定本条的考虑

本解释第19条第1款来源于《婚姻法司法解释（一）》第12条，不过针对解释的条文为《民法典》第1052条，该条与《婚姻法》第12条相比，除了删除婚姻登记机关具有撤销婚姻的权利以及因胁迫结婚当事人的撤销权行使期间起算点不同外，没有大的改变。其中，“一年”的性质仍属于对形成权行使的限制，即除斥期间。作为法定权利的存续期间，除斥期间是一种不变期间，与诉讼时效不同，不发生中止、中断、延长的问题。《民法典》第199条对此进行了明确规定，即法律规定或者当事人约定的撤销权、解除权等权利的存续期间，除法律另有规定外，自权利人知道或者应当知道权利产生之日起计算，不适用有关诉讼时效中止、中断和延长的规定。存续期间届满，撤销权、解除权等权利消灭。在清理过程中，我们认为，虽然《民法典》总则编已经对除斥期间的性质和效力有了明确规定，《婚姻法司法解释（一）》第12条已经不存在争议，但考虑到该条是对婚姻家庭编特定条款的解释，且与《民法典》精神一致，故此次清理中予以保留。但由于此次《民法典》编纂过程中在总则编中的第152条第2款增加规定了当事人自民事法律行为发生之日起5年内没有行使撤销权的，撤销权消灭。因此，从体系解释的角度，需要回答该款是否适用于婚姻家庭编中婚姻撤销权这一问题。经研究我们认为，在婚姻法回归民法体系的大前提下，原则上婚姻家庭编作为分编，应当受总则编的规制。但是，根据特别法优于一般法的法律适用基本原则，亦应当作精细化解释。虽然总则编规定了撤销民事法律行为的各种情形，但是，对撤销婚姻的具体情形，在婚姻家庭编中有单独的规定，应当适用该特别规定。针对被胁迫或者非法限制人身自由的情况，《民法典》第1052条作出了明确规定，而在该规定中，并未如第152

条第 2 款一样对撤销权消灭的客观标准进行规定；而且，由于胁迫或非法限制人身自由的情形可能一直处于持续状态，如果自被胁迫或者非法限制人身自由之日起 5 年内没有行使撤销权的，撤销权即消灭，将对当事人的基本人身权益产生重大影响。从最大限度保护当事人婚姻自主权和妇女权益的角度，作此理解更为妥当。故本解释在《婚姻法司法解释（一）》第 12 条的基础上专门增加了一款，明确受胁迫或者被非法限制人身自由的当事人请求撤销婚姻的，不适用《民法典》第 152 条第 2 款的规定，以体现婚姻家庭编保护当事人婚姻自主权的基本价值取向。

【审判实践中应注意的问题】

一、因隐瞒重大疾病撤销婚姻的，撤销权行使期间是否适用《民法典》第 152 条第 2 款规定

隐瞒重大疾病的可撤销婚姻是此次《民法典》新增改的内容，目的在于充分尊重当事人的婚姻自主权。因此，适用的前提是一方隐瞒了重大疾病导致另一方作出了错误的意思表示，其实质系欺诈。《民法典》第 1053 条规定，一方患有重大疾病的，应当在结婚登记前如实告知另一方；不如实告知的，另一方可以向人民法院请求撤销婚姻。请求撤销婚姻的，应当自知道或者应当知道撤销事由之日起 1 年内提出。所谓的“知道”是指有直接和充分的证据证明当事人知道对方患病。“应当知道”指虽然没有直接和充分的证据证明当事人知道，但是根据生活经验、相关事实和证据，按照一般人的普遍认知能力，运用逻辑推理可以推断当事人知道对方患病。此条中的“一年”性质也应为除斥期间，不适用诉讼时效中止、中断或者延长的规定。同时，考虑到该条也系婚姻家庭编的特别规定，不适用《民法典》总则编关于撤销权的规定更为符合体系解释的原则。而且，从本条的历史沿革看，隐瞒重大疾病的可撤销婚姻来源于患有医学上认为不应当结

婚的疾病婚后未治愈的无效婚姻，虽然为尊重当事人的婚姻自由，将无效婚姻改为可撤销婚姻，但是基于重大疾病对婚姻的严重影响，如果适用《民法典》第152条第2款撤销权消灭的客观标准，对方在结婚5年后，即使知道了对方隐瞒了重大疾病也不能撤销婚姻，则不符合该条尊重当事人婚姻自由的立法目的。因此，我们倾向于认为，一方隐瞒重大疾病的婚姻，另一方撤销权消灭的一年除斥期间可以参照适用本条的规定。

二、审理撤销婚姻案件中发现婚姻无效情形的处理

人民法院审理婚姻当事人因受胁迫而请求撤销婚姻的案件，在审理过程中发现婚姻当事人既有受胁迫而缔结婚姻关系的事由，又有一方或者双方存在无效婚姻情形的，应当适用婚姻无效的有关法律规定，确认婚姻无效。

第二十条 民法典第一千零五十四条所规定的“自始没有法律约束力”，是指无效婚姻或者可撤销婚姻在依法被确认无效或者被撤销时，才确定该婚姻自始不受法律保护。

【条文主旨】

本条是关于《民法典》规定的婚姻“自始没有法律约束力”的理解与适用的规定。

【条文理解】

一、本条规定的历史沿革

本条承自《婚姻法司法解释（一）》第13条，文字上有修改，除援引法律规定外，将原规定“自始无效”按照《民法典》的规定相应修改为“自始没有法律约束力”。为与其他条文表述一致，将“宣告无效”统一修改为“确认无效”，规定内容没有实质性修改。

二、本条规定的制定背景

从婚姻法的历史发展进程来看，自罗马法以来无效婚姻以采当然、绝对、自始确定无效为原则，任何人得随时主张其无效力。欧洲中世纪，基督教教会婚姻法在禁止离婚主义下，基于维持婚姻的有效性原则，创设了无效婚和可撤销婚的制度。教会婚姻法的这一原理对近代西方国家制定民法典及其有关判例学说影响极大。近现代多数学者认为，在身份法领域里适用当然无效这种极端的处理方法并不妥当，应就不同的无效原因，按照其违背公益要件和私益要件的轻重程度，分别就各种不同情况采取轻重不同的处理方法。西方国家大多继受了“一项婚姻未经法律诉讼便不能宣布无效”的原则，对无效婚姻采用宣告无效的制度，从而宣告无效婚姻制度和可撤销婚姻制度发展到现代阶段的通行制度。另外，从世界上大多数国家来看，宣告婚姻无效的权利只属于法院，行政部门没有宣告权。

我国1950年和1980年的《婚姻法》，均未明文规定无效婚姻制度。1963年8月《最高人民法院关于贯彻执行民事政策几个问题的意见》（修正稿）首次提到婚姻无效的问题，指出应“宣布重婚关系无效”。在《婚姻法》修订前，审判实践中由于对违法婚姻的效力问题缺乏明确的法律依据，法院一般将属于无效婚姻的诉讼按离婚案件处理。1986年3月15日公布的《婚姻登记办法》第9条规定：“婚姻登记机关发现当事人有违反婚姻法的行为，或在登记时弄虚作假，骗取《结婚证》的，应宣布该婚姻无效，收回已骗取的《结婚证》，并对责任者给予批评教育。触犯刑律的，由司法机关依法追究刑事责任。”这是我国首次以行政法规的形式规定了行政程序的宣告婚姻无效制度。1989年11月21日，最高人民法院《同居案件若干意见》中规定，对欠缺结婚形式要件的婚姻，以其形成的时间为界限，区分为事实婚姻关系和非法同居关系，其中所谓的非法同居关系，其实质就是无效婚姻。1994年2月1日生效的《婚姻登记管理条例》，初步确立起我国的无效婚姻制度。

其主要特点为：第一，婚姻无效分为当然无效与宣告无效两种形式，凡是未办理结婚登记的婚姻当然、自始、绝对无效。该条例第24条规定：“未到法定结婚年龄的公民以夫妻名义同居的，或者符合结婚条件的当事人未经结婚登记以夫妻名义同居的，其婚姻关系无效，不受法律保护。”（当然无效）第25条规定：“申请婚姻登记的当事人弄虚作假、骗取婚姻登记的，婚姻登记管理机关应当撤销婚姻登记，对结婚、复婚的当事人宣布其婚姻关系无效并收回结婚证，对离婚的当事人宣布其解除婚姻关系无效并收回离婚证，并对当事人处以200元以下的罚款。”违反该条例规定“予以登记的，婚姻登记机关应当对婚姻登记管理人员给予行政处分或者撤销其婚姻登记管理员的资格；并对仍不符合婚姻登记条件的当事人撤销婚姻登记，收回婚姻登记证书”。（宣告无效）在未经宣告无效之前，该项有瑕疵的婚姻仍为有效，只有在婚姻登记机关撤销婚姻登记，收回结婚证后，才溯及既往地发生婚姻无效的效力。

以是否履行结婚登记程序作为区分当然无效与宣告无效的标准，其理由可能主要在于维护婚姻登记的权威性及严肃性，同时维护结婚证的公信力。比如，在赵某请求宣告婚姻无效的案件中，赵某的父亲患病住院，急需一笔医疗费。赵某幼年丧母，从小与父亲相依为命，家境十分贫寒。赵某到邻村富裕户牛某家借钱，牛某想到自己的儿子快30岁了，因为从小痴呆一直找不着对象，就打上了赵某的主意。提出借钱的条件是马上跟其儿子去登记结婚。赵某为了给父亲治病，第二天无奈地与牛某的儿子登记结婚了。后来赵某意外地在牛某家看见了牛某的儿子在省医院的诊断书，上面记载者牛某的儿子患有先天性痴呆症。赵某要求解除与牛某儿子的婚姻关系，牛家坚决不同意，赵某遂到乡政府婚姻登记机关要求宣告婚姻无效。婚姻登记机关经审查认为，牛某的儿子患有不应当结婚的疾病，故宣布赵某与牛某儿子的婚姻关系无效，依法撤销结婚登记并收回结婚证书。

第二，请求宣告婚姻无效的程序只规定了行政程序，由婚姻登记管理机关依职权或基于当事人的请求撤销婚姻登记，宣布婚姻无效。当时的法律并未规定是否可以通过诉讼程序宣告婚姻无效，《最高人民法院关于人民法院审理离婚案件如何认定夫妻感情破裂的若干具体意见》（已失效）中规定，已办理结婚登记，但一方患有法定禁止结婚的疾病、一方欺骗对方、在结婚登记时弄虚作假骗取结婚证、包办买卖婚姻婚后一方随即提出离婚的，作为认定夫妻感情破裂的具体理由而按离婚程序处理。这就出现了基于同一事由在行政程序和诉讼程序中适用法律不同的状况，从而导致我国婚姻法制的不统一。修改后的《婚姻法》增加了关于婚姻无效和撤销婚姻制度的规定，对保证婚姻质量、全面建立防治违法婚姻的法律机制具有重要意义。

2003年公布后的《婚姻登记条例》没有规定婚姻登记机关直接受

理申请宣告婚姻无效的内容，而是在第16条规定："婚姻登记机关收到人民法院宣告婚姻无效或者撤销婚姻的判决书副本后，应当将该判决书副本收入当事人的婚姻登记档案。"从条例的体系解释上看，似应认为，婚姻登记机关无权直接通过行政程序宣告或者确认婚姻关系无效，而必须通过人民法院的裁判对婚姻效力进行确认。根据该条例第9条的规定："因胁迫结婚的，受胁迫的当事人依据婚姻法第十一条的规定向婚姻登记机关请求撤销其婚姻的，应当出具下列证明材料：（一）本人的身份证、结婚证；（二）能够证明受胁迫结婚的证明材料。婚姻登记机关经审查认为受胁迫结婚的情况属实且不涉及子女抚养、财产及债务问题的，应当撤销该婚姻，宣告结婚证作废。"即因受胁迫申请撤销婚姻的，仍可通过直接向行政机关提出申请的方式实现，而并非必须通过向人民法院提起诉讼的方式实现。

三、本条规定的理解与适用

无论婚姻效力的确认或者撤销具体通过何种程序实现，均需明确的一个问题是，该等效力的确认或者撤销，从何时起开始发生法律效力，是否具有溯及力。对此曾经存在不同观点，有观点认为婚姻无效则自始不能发生法律效力，但婚姻被撤销的，仅从撤销的时点开始向后发生法律效力，撤销前婚姻关系仍应视为有效存续。由于婚姻关系的法律效力问题，与子女抚养、财产关系等关系密切，有必要进行明确。《民法典》第1054条虽然明确规定了无效的或者被撤销的婚姻自始没有法律约束力，但由于被确认（宣告）无效或者被申请（请求）撤销婚姻，一定发生在完成婚姻登记之后，中间经过的时间里，婚姻关系当事人已经共同生活、共同处分财产以及共同生育子女等问题如何处理，仍需更为细致的规定。

无效或者被撤销的婚姻，婚姻关系自始不发生法律效力。即从当事人结婚之时，婚姻就没有法律效力，而不是从婚姻登记机关或人民法院确认之时起婚姻才没有法律效力。但对于自始无效的理解问题，学术界一直存在两种不同的观点。一种是当然无效主义，认为只要是属于法律规定的自始无效的情况，无需任何形式的宣告和确认，这种行为从一开始就是法定的、当然的无效。另一种观点是宣告无效主义，主张需要经过宣告确认程序后，才产生自始无效的后果。在未经宣告确认之前，其在形式上还是一个有效婚姻。虽然这两种观点在认定无效的结论上一致，但细究其内容，仍然存在差异。比如，王某与李某登记结婚后，在婚姻关系存续期间又与赵某登记结婚，王某的行为是否构成重婚？按照当然无效主义的观点，王某在已有配偶的情况下，又与赵某登记结婚，后一结婚登记是当然、自始地无效，不发生任何法律效力，那么也就谈不上所谓重婚问题。而按照宣告无效主义的观点，王某的行为已构成重婚，其与赵某的婚姻关系经宣告确认后自始无效。

从另一个角度看，人民法院受理民事案件，遵循的是不告不理原则，当事人提出诉讼请求，是人民法院受理民事案件的前提和基础。如果无效或被撤销的婚姻，不经确认就当然自始无效，人民法院受理这类案件的必要性可能也会遭到质疑。如果对自始无效问题不作出相应的司法解释，势必给我们的审判实践带来矛盾和困惑，同时极易造成执法不统一的局面。

依当然无效主义的理论，无效婚姻中任何人得自由另行缔结婚姻。据此，违法婚姻完全凭借个人的主观好恶决定合散，多个无效婚姻同时并存却不构成犯罪，这种理论不利于社会的安定。违法婚姻作为一种既存的社会关系，总是以婚姻的形式向社会辐射、扩散，并依此为基础形成各种社会关系，产生多种社会影响。有关无效婚姻的问题，必须考虑如何把违法婚姻对社会的影响降到最低程度，而不仅仅在于否定违法婚姻本身。为此，确认（宣告）无效婚姻，通过一定的程序，明确什么样的男女结合是违法的、无效的，从而使违法婚姻纳入社会实际控制和监督中，给社会以明确的指向。确认（宣告）无效婚姻，把合法婚姻与违法婚姻严格区别开来，并对违法婚姻的善意方和恶意方予以区别对待，不但有利于婚姻关系和社会秩序的稳定，而且有利于保护违法婚姻中善意一方的利益。

从世界各国及地区的规定来看，多数国家和地区采用宣告无效的制度。如《瑞士民法典》规定："婚姻被法官宣告无效后，始发生无效的效力；在前述宣告之前，即使有充分理由认为其存在婚姻无效的原因，婚姻仍为有效。"《俄罗斯联邦家庭法典》也规定："婚姻的无效由法院认定。"《德国民法典》更明确规定："婚姻尚未被依法宣判无效以前，任何人都不得主张婚姻无效。"即无效婚姻必须通过诉讼程序，经法院判决，在判决取得既判力之前，婚姻视为有效。

德国法和法国法关于无效婚姻的立法及学说可以说是大陆法系的代表，德国法与法国法一样，都继受了教会法的"一项婚姻未经法律诉讼便不能宣布无效"的原则。而日本民法则认为，婚姻无效的性质属于当然无效，无须依诉讼主张，只有为了确认其无效才须向法院提起婚姻无效确认之诉。当事人之间不能产生由夫妻关系而带来的任何效力，双方所生的子女也为非婚生子女。我国台湾地区"民法"亲属编也规定婚姻无效为当然无效，无须经法院之判决，但不妨提起确认婚姻无效之诉；为一般无效，不限于一定之人，任何人均得主张之。婚姻无效之判决，对于第三人也有效力；为自始无效，于当事人间不发生身份关系，亦不成立夫妻财产关系，其所生子女为非婚子女，然无效得依承认（包括事实上之同意）或禁婚障碍之除去而治愈。在英国，婚姻因未适龄、重婚、近亲婚、心神丧失及婚姻形式要件之重大欠缺而为无效。其婚姻自始法律上全无效力，不问当事人生存与否，虽未有无效判决，得由任何人于任何程序中主张之。婚姻得撤销者，于经撤销判决前为有效，经判决后溯及最初为无效。然此诉之提起，限于两当事人之生存中。在美国，婚姻无效是法律上的无效，不产生任何法律上的效力，不需要经过法院宣告。因此，该婚姻永远不会得到认可。即使是在一方配偶死亡以后，任何一方当事人、有利害关系的第三人或者州都有权提出婚姻无效。在美国的大多数州，婚姻无效包括同性恋婚姻、重婚、亲属婚姻等。在一些州，未达法定婚龄也属于无效婚姻。由于无效婚姻是自始无效，不需要正式的宣告，但当事人仍然可以向法院申请正式的宣告，以使该婚姻无效具有司法记录。对于无效婚姻各州的法律没有规定抗辩理由，当事人不可以自行认可和宽恕无效婚姻，它是基于州的公共政策而被视为无效的。可撤销婚姻必须经过法院宣告，不具有追溯力，自宣告之日起婚姻无效。著名法学家史尚宽先生在其《亲属法论》中指出："婚姻无效有当然自始无效者，有须经判决确定始为无效者，其中又有溯及生效力及仅向将来生效力者。婚姻无效，以宣告无效判决确定始向后发生效力者，问题较少。"

因此，《婚姻法司法解释（一）》第13条对"自始无效"的法律规定之理解与适用作出明确规定，采宣告无效主义观点，认为只有经依法宣告无效或者依法撤销后，才能确认该婚姻关系自始无效。本次司法解释修改中，我们认为，《民法典》第1054条的规定与《婚姻法》第12条的规定相比，并未发生本质变化，因此实践中仍需将该解释内容作为具体判断婚姻效力区间的依据，因而对该解释规定予以原则上保留，并对文字进行相应调整。

【审判实践中应注意的问题】

在审判实践中，曾经存在有法官遇到婚姻登记人员明知不符合登记条件而予以登记并发给结婚证的情形时，在案件审理中直接宣布该婚姻登记无效，按未办理结婚登记处理的情形，我们认为，这种做法并不妥当。因为婚姻登记是婚姻登记管理机关的行政行为，属行政管理权行使范畴，在当事人未提起行政诉讼的情况下，有关结婚证是否有效的问题只能由发证机关或其上级行政管理机关作出解释。法院应在查明事实的基础上，建议婚姻登记机关或其上级行政管理机关撤销婚姻登记，宣布婚姻无效并收回结婚证，然后再按未办理结婚登记处理，而不宜由法院代替婚姻登记机关直接宣告此婚姻登记无效，审判权与行政管理权不能相混淆。

此外，应当注意的是，现行法律明确规定人民法院有确认婚姻无效、撤销婚姻关系的权利，确认婚姻无效与判决撤销婚姻均应认为属于独立于离婚案件的纠纷类型，人民法院在处理有关无效婚姻、可撤销婚姻的纠纷时，不应再与离婚纠纷相混淆。将违法婚姻用离婚的有关规定处理就等于默认了违法婚姻的合法地位，混淆了合法婚姻与违法婚姻的界限。

第二十一条 人民法院根据当事人的请求，依法确认婚姻无效或者撤销婚姻的，应当收缴双方的结婚证书并将生效的判决书寄送当地婚姻登记管理机关。

【条文主旨】

本条是关于人民法院在审结确认婚姻无效或者撤销婚姻案件后应做工作的具体规定。

【条文理解】

一、本条规定的历史沿革

本条承自《婚姻法司法解释（一）》第14条的规定，在文字上略有修改，将原解释规定的“申请宣告”婚姻无效，修改为“请求确认”婚姻无效，以与《民法典》规定内容相一致，在规定内容上没有进行实质修改。

二、本条规定的制定背景

根据《民法典》第1051条的规定，重婚、有禁止结婚的亲属关系、未到法定婚龄结婚的，婚姻无效。根据本解释第9条、第11条至第15条的规定，人民法院依法受理当事人请求确认婚姻无效的案件，并应根据审理查明的事实，对婚姻效力进行判决确认。根据《民法典》第1052条、第1053条的规定，因胁迫结婚的，受胁迫的一方可以向人民法院请求撤销婚姻；因一方未在结婚登记前如实告知另一方其患有重大疾病的，另一方可以向人民法院请求撤销婚姻。由于婚姻登记管理的主管部门是婚姻登记管理机关，当事人在婚姻被确认无效或者被撤销后，如果不能与婚姻登记管理机关信息实现同步，则会产生一系列问题。比如，该当事人能否再次向婚姻登记管理机关提起新的结婚登记申请？在人民法院依法确认婚姻无效，或者判决撤销婚姻关系的情况下，如何与婚姻登记管理机关工作进行衔接，就需要相应解释予以明确。

在离婚案件审理中，人民法院对判决准予离婚的案件，一般都会收缴双方当事人的结婚证书。在确认婚姻无效或者判决撤销婚姻关系的案件中，是否应采取同样的工作方法？从其他国家的法律规定看，《俄罗斯联邦家庭法典》中有类似的规定："法院应自关于认定婚姻为无效婚姻的法院判决生效之日起 3 日内，将该判决书副本送到对婚姻进行国家登记地的户籍登记机关。"我们认为，与离婚案件审理同样的道理，审结有关婚姻无效或者撤销婚姻案件后也应收缴双方的结婚证书。既然婚姻已被宣告无效或被撤销，那么证明婚姻关系的结婚证书就理所应当被收缴。而明确要求人民法院将生效的判决书寄送当地婚姻管理机关，是人民法院和行政管理机关沟通之需要，以便当地的婚姻登记管理机关及时了解当事人的最新婚姻状况及判决结果，更好地进行婚姻管理，同时更好地保护当事人及第三人的利益。

《婚姻法司法解释（一）》基于该等考虑，在第 14 条作出明确规定："人民法院根据当事人的申请，依法宣告婚姻无效或者撤销婚姻的，应当收缴双方的结婚证书并将生效的判决书寄送当地婚姻登记管理机关。"在本次司法解释修改过程中，民政部提出建议，人民法院根据当事人的请求，依法判决、裁定或调解离婚的，应当将生效的判决书、裁定书、调解书寄送当地婚姻登记管理机关。对此，我们考虑，在审判实践中，各地法院都会为离婚纠纷当事人出具婚姻关系证明，对当事人再次结婚或者购房等行为没有实质影响。2018 年 3 月 1 日，最高人民法院和民政部签署了《关于开展部门间信息共享的合作备忘录》，根据备忘录约定，将人民法院判决、裁定或调解的涉及暴力干涉婚姻自由罪、重婚罪、婚姻自主权纠纷、离婚纠纷、婚姻无效纠纷、撤销婚姻纠纷、宣告失踪、宣告死亡、认定公民无民事行为能力、限制行为能力等案由的已结案件信息及时交换至民政部。基于上述原因，我们认为，有必要对本条规定予以保留，以确保此类纠纷案件审理后相关工作的开展。

三、本条规定的理解与适用

本条规定的“当地婚姻登记管理机关”，是指判决离婚的人民法院所在地的婚姻登记机关还是结婚证的登记发证机关，在理解上可能存在不同观点。考虑到随着网络技术发展和大数据时代到来，公民的婚姻状况登记正在实现全面联网和数据共享，无论是将人民法院的判决书寄送给法院所在地的婚姻登记管理机关还是寄送给结婚证的发证机关，实际效果的差异应当越来越小。在目前的条件下，当结婚证的发证机关与审理婚姻无效或者撤销婚姻关系案件的人民法院不在同一地时，可能会出现发证机关不能及时知道其所办理的结婚登记已经被人民法院确认为无效或者经一方当事人申请被人民法院裁判撤销的情况，所以，如果有可能，应当尽量将生效判决寄送给发证机关所在地。

根据《婚姻登记条例》第16条的规定：“婚姻登记机关收到人民法院宣告婚姻无效或者撤销婚姻的判决书副本后，应当将该判决书副本收入当事人的婚姻登记档案。”该行政法规的规定，应当视作与本条直接衔接的法律规定，一方面可以将其理解为本条制定的法律依据之一，即既然婚姻登记机关需要在收到人民法院确认（宣告）婚姻无效或者撤销婚姻的判决书副本后，将该判决书副本收入当事人的婚姻登记档案，那么相应地，也就需要人民法院在作出上述判决后，主动向婚姻登记机关寄送判决书副本，方能将上述规定落实。另一方面，从该条行政法规的规定内容看，虽然在“婚姻登记机关”前并未加以限定词限定，但在该条规定的后半段，明确了收到判决书副本的婚姻登记机关，应当将该判决书副本收入当事人的婚姻登记档案，而只有进行结婚登记、颁发结婚证书的婚姻登记管理机关，方可实现判决书副本归档的规定要求。从这个角度看，也应当将本条规定的“当地婚姻登记管理机关”，理解为结婚证的登记发证机关。不过，在未来公民婚姻登记状况全面实现全国数据信息联网的情况下，从方便婚姻登记管理机关向人民法院进行信息核实的角度看，亦存在将本条规定的“当地”理解为作出确认婚姻无效或者撤销婚姻关系裁判的人民法院所在地的可能空间，由该机关实现判决书信息数据的同步工作，并由作出婚姻登记、颁发结婚证书的婚姻登记机关实现档案记载等。不过，这部分婚姻登记管理机关的内部职责分工问题，不属于司法权范畴，不能由司法解释直接作出规定，而应交由法律、行政法规等予以明确规定。

【审判实践中应注意的问题】

本条是人民法院判决婚姻无效或者撤销婚姻后的程序性要求，目的在于使婚姻登记管理机关及时了解当事人的最新婚姻状况及判决结果，更好地进行婚姻管理，同时更好地保护当事人及第三人的利益。对于婚姻无效或撤销婚姻的法律后果，在此作补充说明。

《民法典》第1054条规定，无效或者被撤销的婚姻，婚姻关系自始不发生法律约束力。即从当事人结婚之时，婚姻就没有法律放力。即使当事人骗取婚姻登记，该婚姻也是自始无效，而不是从人民法院宣告之时起婚姻才没有法律效力。这种婚姻关系不论结婚的事实是否发生，结婚时间是否长久，婚姻关系被法律确认自始不存在，不受法律保护。

无效或者被撤销的婚姻，当事人之间不具有夫妻的权利和义务。根据《民法典》相关规定，夫妻有互相扶养的义务。一方不履行扶养义务时，需要扶养的一方，有要求对方给付扶养费的权利。夫妻有相互继承遗产的权利。夫妻一方因抚育子女、照料老人、协助另一方工作等负担较多义务的，离婚时有权向另一方请求补偿。另一方应当给予补偿。离婚时，如一方生活困难，有负担能力的另一方应当给予适当帮助。因一方重婚或者与他人同居、实施家庭暴力、虐待、遗弃家庭成员或者其他重大过错而导致离婚的，无过错方有权请求损害赔偿。《民法典》关于夫妻权利义务的规定，前提是合法婚姻、有效婚姻。由于无效婚姻、可撤销婚姻欠缺婚姻成立的法定条件，是不合法婚姻，有关夫妻权利义务的规定对无效婚姻、被撤销婚姻的当事人都不适用。

无效或者被撤销的婚姻，当事人所生子女的权利义务关系适用《民法典》关于父母子女间的权利义务的规定。无效婚姻、可撤销婚姻不具有法律效力，但由于男女当事人的同居关系，可能产生生儿育女的事实，随之而来的是对无效婚姻、可撤销婚姻所生子女法律地位的确定。从逻辑上讲，由于无效婚姻、可撤销婚姻的男女双方没有合法的夫妻关系，他们在共同生活期间所生子女为非婚生子女，但从世界各国的立法规定及司法实践看，许多国家都从保护子女利益出发，对无效婚姻、可撤销婚姻当事人共同生活期间所生的子女，采取保护的原则，承认其子女的合法地位。我国婚姻家庭法确立的基本原则之一是保护妇女、未成年人、老年人和残疾人的合法权益。《民法典》第 1071 条规定，非婚生子女享有与婚生子女同等的权利，任何组织和个人不得加以危害和歧视。因此，在规定无效婚姻、可撤销婚姻当事人所生子女的法律地位时，坚持并贯彻了这一基本原则，规定无效或者被撤销的婚姻当事人所生子女的权利义务与合法婚姻当事人所生子女的权利义务一样。如父母对未成年子女有抚养、教育和保护的义务，成年子女对父母有赡养、扶助和保护的义务。父母不履行抚养义务的，未成年子女或者不能独立生活的成年子女，有要求父母给付抚养费的权利。成年子女不履行赡养义务的，缺乏劳动能力或者生活困难的父母，有要求成年子女给付赡养费的权利。父母有教育、保护未成年子女的权利和义务，未成年子女造成他人损害的，父母应当依法承担民事责任。婚姻关系被确认为无效或者被撤销后，父母对子女仍有抚养和教育的权利和义务，一方抚养子女，另一方应负担部分或者全部抚养费。不直接抚养子女的父或母，有探望子女的权利，另一方有协助的义务。

无效或者被撤销的婚姻，当事人同居期间所得的财产，本解释第 22 条规定："被确认无效或者被撤销的婚姻，当事人同居期间所得的财产，除有证据证明为当事人一方所有的以外，按共同共有处理"，在此不再赘述。

第二十二条 **被确认无效或者被撤销的婚姻，当事人同居期间所得的财产，除有证据证明为当事人一方所有的以外，按共同共有处理。**

【条文主旨】

本条是关于如何处理无效或被撤销婚姻当事人同居期间所得的财产问题的规定。

【条文理解】

一、无效或被撤销婚姻的法律后果

《婚姻法》第12条规定，无效或被撤销的婚姻，自始无效。当事人不具有夫妻的权利和义务。同居期间所得的财产，由当事人协议处理；协议不成时，由人民法院根据照顾无过错方的原则判决。对重婚导致的婚姻无效的财产处理，不得侵害合法婚姻当事人的财产权益。当事人所生的子女，适用本法有关父母子女的规定。《民法典》第1054条基本沿袭上述规定，只是增加无效婚姻或者被撤销婚姻中无过错方的损害赔偿请求权。可见，不论是《婚姻法》还是《民法典》，对于无效婚姻和可撤销婚姻均确定了溯及力原则，也即，无效或者被撤销的婚姻，婚姻关系自始不发生法律约束力，而不是从人民法院确认婚姻无效或者撤销婚姻时婚姻才没有法律效力。该种立法体例与很多国家是不同的。比如，依据《法国民法典》规定，无效婚姻的法律后果是：（1）经宣告无效的婚姻，如原本系善意缔结，对夫妻双方仍产生婚姻效力；如仅有夫妻一方系善意缔结婚姻，该项婚姻仅对善意一方产生婚姻效力。相反，对恶意配偶不具有婚姻效力。（2）对子女产生婚生效力。即使缔结婚姻的双方均无善意，婚姻对于子女仍产生效力。法院应按离婚案件对行使亲权的方式作出裁判。依据《瑞士民法典》的规定，婚姻无效的判决不具有溯及力。婚姻无效的后果比照离婚的规定处理。依照《日本民法典》规定，无效婚姻，在当事人之间不能产生婚姻效力，在此期间所生子女也不能成为婚生子女。而婚姻的撤销，其效力不溯及既往，婚姻撤销的后果依照离婚的有关规定处理。英国法律规定，无效的婚姻自始无效，可撤销婚姻在被以判决形式撤销之前有效，在被撤销后自始无效。虽然无效婚姻和可撤销婚姻被认为是从未发生，但是在财产处理上，英国法院往往有较大的自由裁量权，这使得两者在法律后果上与离婚的差别正在逐渐缩小。

按照《民法典》规定，无效或者被撤销的婚姻，婚姻关系自始不发生法律约束力。即从当事人结婚之时，婚姻就没有法律效力，当事人之间不具有夫妻的权利和义务，包括相互扶养的义务，相互继承遗产的权利，一方因抚育子女、照料老人、协助另一方工作等负担较多义务时另一方离婚时要求给予补偿的权利、离婚后的经济帮助、离婚损害赔偿请求权等。

二、无效和被撤销婚姻的财产问题

当婚姻被确认无效或者被撤销后，非常重要的一点是，双方在前期同居期间的财产问题如何处理。《同居案件若干意见》规定："解除非法同居关系时，同居生活期间双方共同所得的收入和购置的财产，按一般共有财产处理。"该解释使用的概念为"一般共有"，主要考虑是为了与我国法定的夫妻财产制即共同财产制有所区别，实际上即指按份共有和共同共有两种情况。在 2001 年《婚姻法》修改过程中，对如何规定无效婚姻、可撤销婚姻当事人同居期间所得财产的处理原则，即是争议的重点。一种意见认为，无效婚姻、可撤销婚姻是违法婚姻，在解除其违法婚姻关系时，对当事人同居期间所得财产的处理应当与解除合法婚姻关系时财产处理的原则有所区别。处理无效或者被撤销婚姻当事人同居期间所得财产的原则应当是：（1）双方当事人同居期间各自的收入，应认定为个人财产。双方各自继承和受赠的财产，按照个人财产对待。婚姻被确认无效或者被撤销时，当事人一方个人的财产归该个人所有。（2）同居期间当事人双方共同所得的收入和购置的财产，按照按份共有处理。婚姻被确认无效或婚姻关系被撤销后，双方当事人都有权请求从共有财产中分割出属于自己的份额。（3）对同居期间为共同生产、生活而形成的债权、债务，债权按照按份共有处理，债务由双方协议偿还，协议不成时由人民法院依法判决，双方对债务互负连带责任。另一种意见认为，无效婚姻、可撤销婚姻虽然不符合法定的结婚条件，当事人之间不是合法的夫妻关系，但是，对当事人同居期间所得财产的处理原则，不宜完全按照按份共有的原则分割。对于无效婚姻或者可撤销婚姻，当事人在同居期间，如果一方收入比另一方多，按照按份共有分割当事人同居期间所得的财产，那么，收入多的一方分得的财产必定比另一方多，而另一方虽然收入少，但在抚育子女、照料老人等家务上付出了大量的劳动，有的还协助另一方工作，并承担了较多的义务。因此，在分割当事人同居期间所得财产时，不能按照按份共有的原则分割，否则不利于保护妇女、儿童和老年人的合法权益。由于该问题争议较大，2001年《婚姻法》最终只规定了同居期间所得财产由当事人协议处理；协议不成时，由人民法院根据照顾无过错方的原则判决。可见，法律上对同居期间所得财产是按共有处理还是各自所得各自所有，并没有明确。从国外立法例来看，在美国，大多数州都认为，如果是无效婚姻或被宣告的可撤销婚姻，该婚姻就不产生法律效力，当事人丧失了永久性的配偶扶养权和财产权。除非法律有相反的特殊规定，需要被扶养的“配偶”在传统上只能拥有有限的合同权利和公平救济权利。

《婚姻法司法解释（一）》制定过程中的基本思路是：对无效婚姻或被撤销婚姻中的双方当事人，不适用婚姻法律中有关夫妻财产制的规定，无效婚姻或被撤销婚姻的双方在法律上并不是配偶关系而只是同居者。夫妻财产制所调整的财产关系，是以合法的配偶身份关系为前提的，无效婚姻或被撤销婚姻当事人的同居期间并非婚姻关系存续期间，在此同居期间所得的财产，不能当然地视为双方当事人共同所有。当婚姻被确认为无效或被撤销后，其后果应当与合法婚姻相区别。在同居生活期间，一方的劳动收入以及因继承、遗赠、赠与等途径所得的合法收入，均应归其本人所有。如果双方在同居期间有共同经营所得的收入，或者有共同购置的财产，应当按照有关共有的一般规定处理。换句话说，既然双方不存在夫妻关系，也就同一般朋友关系那样处理同居期间的财产关系，你的工资收入我无权分一半，我继承来的财产你也无权享用。即在无效婚姻或被撤销婚姻当事人终止同居关系时，不存在依法分割夫妻共同财产的问题。

有一种“准合伙或共同投资”理论认为：“在同居期间夫妻犹如商业上的合伙人，从事共同的商业投资。在合伙关系结束时，合伙人应有公平的资产分割权。”被确认无效或被撤销的婚姻当事人同居期间，如果同居的双方有约定为共有的财产，或虽无约定但在实际生活中形成了某种财产共有关系，应按民法中有关共有关系终止的一般规定处理。夫妻共有财产与其他一般共有财产的最大区别在于，夫妻共有财产关系是基于配偶身份，基于彼此是夫妻的特别关系而产生的，虽然财产的形成也含有共同投资、共同劳动的内容，但法律更强调的是身份关系，并不要求双方付出同等的劳动、智力才能共同所有。而其他财产共有关系主要是基于共同投资、共同经营而形成的，如合伙共有财产、出资合购的共有房屋等都不是基于身份而产生的共有关系，无效婚姻或被撤销的婚姻中形成的共有关系正是这种没有配偶身份关系的一般共有关系。《民通意见》第 88 条规定：“对于共有财产，部分共有人主张按份共有，部分共有人主张共同共有，如果不能证明财产是按份共有的，应当认定为共同共有。”第 89 条规定“在共同共有关系终止时，对共有财产的分割，有协议的，按协议处理；没有协议的，应当根据等分原则处理，并且考虑共有人对共有财产的贡献大小，适当照顾共有人生产、生活的实际需要等情况。”考虑到《同居案件若干意见》中“一般共有”的提法不准确、不规范，容易使人引起误解，民法理论中也没有“一般共有”这个概念。为了避免不必要的争执，《婚姻法司法解释（一）》直接写明：同居期间所得的财产按共同共有处理，但有证据证明为当事人一方所有的除外。

当处理无效或被撤销婚姻当事人同居期间的财产纠纷时，首先遵循的原则是由当事人进行协商，无法达成协议时，应当按照照顾无过错方的原则判决。这里的无过错方是相对于导致婚姻无效或被撤销的过错方而言的，比如重婚当事人中并不知情的一方或被胁迫结婚的一方等。那么，究竟应在什么基础上照顾无过错方，就是本条所要解决的问题，即一般在共同共有的基础上照顾无过错方，如果有证据证明同居期间所得的财产为当事人一方所有的话，显然不发生共同财产的分割问题，但仍要体现出照顾无过错方的原则。

三、对修改后条文内容的理解

《民法典》第 1054 条规定，无效的或者被撤销的婚姻自始没有法律约束力，当事人不具有夫妻的权利和义务。同居期间所得的财产，由当事人协议处理；协议不成的，由人民法院根据照顾无过错方的原则判决。可见，婚姻被确认无效或者被撤销后，对前期同居期间所得的财产，法律并未明确规定是各自所有还是共同共有，而是指引当事人通过协议的方式处理。因此，在婚姻被确认无效或者被撤销后，如果当事人对同居期间所得的财产有协议，应当首先按照协议约定处理，不适用《民法典》有关夫妻法定婚后所得共同制的规定，也不存在依法分割夫妻共同财产的问题。如果存在双方当事人没有协议或者协议约定不明的情况，如何认定同居期间所得的财产归属，在此次清理制定过程中，存在两种不同意见：一种意见认为，应当明确规定，同居期间各自所得的财产归各自所有，如果是共同购置的或者共同投资经营的，在没有明确为按份共有的情况下，可以认定为共同共有，以区别对合法婚姻关系的保护；另一种意见认为，同居期间的财产归属问题非常复杂，《婚姻法司法解释（一）》关于“共同共有”的规定并不是参照合法婚姻的夫妻共同财产制确立的原则，相反，当时的考虑也是认为无效婚姻或被撤销婚姻当事人同居期间并非婚姻关系存续期间，在此同居期间所得的财产，不能当然地视为双方当事人共同所有。当时确定“共同共有”的原则主要是考虑：无效婚姻或被撤销的婚姻中，虽没有配偶身份关系，但共同的家庭生活期间因紧密联系而共同投资、经营或者共同购置的，也可能形成共有财产。《民法典》第 308 条规定，共有人对共有的不动产或者动产没有约定为按份共有或者共同共有，或者约定不明确的，除共有人具有家庭关系等外，视为按份共有。根据该条规定精神，在一般情况的共有区分上，《民法典》改变了《民通意见》的规则，但是在家庭关系中，与《民通意见》的规则仍是一致的，即如果没有约定按份共有或者共同共有，或者约定不明确的，家庭关系中仍为共同共有。经过多次研究讨论，基于此次清理司法解释掌握的基本原则，我们认为，由于法律仅规定了在没有协议的情况下要根据照顾无过错方的原则判决，但并没有明确在什么基础上照顾无过错方，司法解释确定除了有证据证明为一方所有的以外，按照共同共有处理，与《民法典》不存在冲突，也符合实际情况。故对该条整体上没有改变，只是文字上作了微调，将除外条款提前，以强调这一理念，即同居期间，如果有证据证明为一方所有的，即首先认定为个人财产，以更明确地区别无效婚姻、可撤销婚姻与合法的婚姻关系。

【审判实践中应注意的问题】

一、一般同居关系终止时双方财产如何处理

关于同居的问题，《民法典》编纂时曾有观点主张应当在法律上明确予以规定，但最终该问题并未入法。而现实中，同居关系产生的纠纷尤其是财产纠纷非常复杂。此次司法解释清理过程中，最高人民法院《同居案件若干意见》被整体废止，主要考虑是该意见制定至今已三十余年，而随着社会经济生活的发展，当今同居关系当事人的年龄结构、思想价值观念、对法律后果的预期以及同居财产形式与三十

年前相比，发生了巨大的变化，该司法解释的理念和相关规则已经不能适应经济社会发展需要，需要在进一步深入调研论证的基础上制定新的规则。根据司法解释制定分步走的原则，关于一般情况下同居的相关纠纷，待司法实践进一步探索后，适当的时候出台新的规则。本条只适用于婚姻被确认无效或者被撤销后同居期间的财产分割问题，而不适用一般同居关系终止时的财产纠纷。对于一般同居关系情况下的财产纠纷，应当结合社会背景、当事人行为预期以及法律相关规定进行综合考量。

近年来，随着社会思想观念的变化，人们的独立自主意识明显增强，对婚姻家庭领域也产生了一定影响，男女双方不仅要求各自人格的独立，更要求经济的自主。因此，很多人选择了同居的方式生活，另外，还有相当大量的独身老年人群体，为了避免再婚导致的财产共有以及与子女的矛盾等考虑，也选择同居的方式。此种情况下，如果简单地以同居期间共同生活的事实认定财产共有，可能并不符合当事人的预期。从法律规定看，《民法典》第1049条规定，要求结婚的男女双方应当亲自到婚姻登记机关申请结婚登记。未办理结婚登记的，应当补办登记。可见，法律是倡导有结婚共同生活意愿的男女办理结婚登记的。在法律已经明确规定的情况下，当事人没有选择这种方式，也意味着放弃了法律对其在婚姻关系中的保护。有一种观点认为，同居关系终止后，受害的往往是女方。比如，双方同居生活了很多年，最后感情破裂，如果财产不能共有，女方有可能一无所有被净身出户，这种结果将不利于保护妇女的权益，没有体现对弱势群体的保护原则。经研究认为，所谓保护妇女权益，应当是保护妇女的合法权益。同居并非法律所倡导的行为。在过去的审判实践中，对非法同居关系中的当事人，即使女方怀孕在身，男方也可以到法院起诉要求解除非法同居关系，而不受《婚姻法》有关女方怀孕期间、分娩后1年内或中止妊娠后6个月内对男方离婚诉权的限制。同样道理，处理其同居期间的财产问题也应有别于合法婚姻。比如，钟某是外地来京的打工者，在某商场当导购小姐。2000年她与王某在王某父母的房子里一起同居了，没有办理结婚登记手续，但邀请亲朋好友举行了简单的婚礼。他们在同居期间共同出资购买了冰箱、彩电、空调等物品。后来王某移情别恋，起诉到法院要求钟某搬出住所，并处理财产分割问题。钟某认为自己付出了很多，应当有权继续居住在王某父母的房子里，房间里的物品也应有自己的一半。法院经审理认为，双方为同居关系，不受《婚姻法》保护。对于同居期间所购置的财产，因系双方共同出资购买，应当认定为共同共有。房子的所有权是王某父母的，钟某不能取得该房的居住权。

二、同居期间的财产继承问题

由于无效婚姻或被撤销婚姻的男女不是合法配偶关系，男女双方也不能以配偶身份互为第一顺序的法定继承人。而且，一方与另一方的血亲之间，不发生姻亲关系，也不能以尽了主要赡养义务的丧偶儿媳或者丧偶女婿的身份作为第一顺序法定继承人。当然，如果无效婚姻或者被撤销婚姻中的一方在遗嘱中以另一方为受遗赠人的，是遗嘱人依法对其财产的处分，应予以准许。如果没有遗嘱时，如果一方对被继承人照顾、扶养较多的，可以根据《民法典》继承编中的第 1131 条的相关规定，分得适当遗产。但是，这同法定的配偶继承权有着严格的区别。

三、夫妻关系

第二十三条　夫以妻擅自中止妊娠侵犯其生育权为由请求损害赔偿的，人民法院不予支持；夫妻双方因是否生育发生纠纷，致使感情确已破裂，一方请求离婚的，人民法院经调解无效，应依照民法典第一千零七十九条第三款第五项的规定处理。

【条文主旨】

本条是关于夫妻双方因生育权问题发生纠纷如何处理问题的规定。

【条文理解】

一、本条规定的历史沿革

本条承自《婚姻法司法解释（三）》第9条的规定，文字上将援引法律规定由原来的《婚姻法》第32条第3款第5项，相应调整为《民法典》第1079条第3款第5项，较之《婚姻法司法解释（三）》第9条的规定，并未进行实质性修改。

二、本条规定的背景和依据

（一）制定本条的背景

随着经济社会的发展，职场竞争压力的增大、价值观的多元化以及对婚姻前途缺乏充分信心等原因，有些女性不愿生育，未经丈夫同意擅自中止妊娠，双方因此发生纠纷。审判实践中出现了不少生育权纠纷，男方往往在提出离婚的同时请求损害赔偿。

与纷繁复杂的生育权纠纷的司法实践相对应的是法律和法学理论研究的相对滞后。《宪法》第 49 条第 2 款规定："夫妻双方有实行计划生育的义务。" 2002 年 9 月 1 日起实施、2015 年修正的《人口与计划生育法》第 17 条规定："公民有生育的权利，也有依法实行计划生育的义务，夫妻双方在实行计划生育中负有共同的责任。" 立法虽然确立了公民不分性别均享有生育权，对夫妻之间因生育利益发生冲突时，哪一方享有生育决定权，在理论界与实务界均存在很大争议。妻子擅自堕胎，丈夫以生育权被侵犯为由诉至法院要求赔偿的案件屡见不鲜。理论界对此问题的争议也很大。

（二）国外相关立法例

从国外的规定看，英国、澳大利亚、加拿大的有关法律和判例都明确规定，丈夫没有阻止妻子堕胎的权利。

1967 年《英国堕胎法》没有赋予丈夫就堕胎被咨询的权利，意味着他没有权利阻止妻子堕胎。1978 年，在英国的佩顿（Paton）案中，贝克法官说："1967 年堕胎法没有给丈夫提供在中止妊娠问题上得到咨询的权利……因此，我认为，丈夫无论在普通法上还是在衡平法上均没有阻止妻子取得堕胎或阻止医生实施堕胎之可实施的权利。"

1980 年，欧盟人权委员会指出：在妻子希望堕胎的情形下，依《欧盟人权公约》第 8 条第 1 款解释尊重丈夫、将为人父者的私人生活和家庭生活这一权利时，必须首先考虑尊重孕妇的私人生活的权利。

在澳大利亚，1983 年凯诉特案件中，昆士兰州法院的威廉斯法官同意丈夫无权阻止妻子堕胎的观点。20 世纪 90 年代，在加拿大特里布雷诉戴格勒案件中，终审法院的裁决同样不利于丈夫。在该案初审中，男方从法庭获得了阻止女友堕胎的禁制令。但是，加拿大最高法院认为根据《魁北克人权和自由宪章》，胎儿不属于"人"的概念，因此不享有"生存权"，从而否定了初审法院的裁决。

美国联邦最高法院在答复州法律是否可以规定妻子进行人工流产必须征得丈夫的同意问题时，明确持否定立场。1976 年，美国联邦最高法院在丹佛斯案中基于以下理由作出妻子堕胎无须征得丈夫同意的判例："在国家自身无权禁止妻子中止妊娠的情况下，国家在宪法上无法授权丈夫禁止妻子堕胎"；"很难相信，赋予丈夫一项可基于任何理由或无缘无故地否决妻子堕胎决定的权利，会实现增进夫妻亲密、信任和巩固婚姻关系、婚姻制度的目标。因此，即使国家可以授权丈夫，也不会授予"；"很明显，在夫妻对堕胎有不同意见时，获胜的只能有一方。鉴于女方在身体上携带胎儿、更直接和更快地受到怀孕的影响，因此天平向她倾斜。"

综上可见，国外相关立法例也基本均承认妻子有自主中止妊娠的权利。

（三）本条规定采纳的观点

我们认为，夫妻双方均享有生育权，但男方不得以生育权受侵害为由提起损害赔偿之诉。主要理由是，妻子为妊娠、分娩较丈夫承担了更多生理风险及心理压力，其为抚育子女成长通常也会付出较丈夫更大的牺牲。因此，生育对女性利益的影响大于男性，罔顾女性意愿而强制其生育早已为现代文明所不齿。相反，为了顾全女性利益，法律才将生育权内涵扩张至不生育的自由。与生育自由相比，不生育自由更应具有绝对性，夫妻任何一方都可以不经对方同意而行使不生育权，且在法律无明确的禁止时，也可以在作出同意生育的意思表示后撤回该意思。若非如此，不生育自由将难以真正贯彻。即便认为夫妻双方的生育利益完全平等，毕竟行使生育权是改变现状的权利，且需要得到配偶的协助，而不生育权是维持或恢复现状的权利，无需配偶履行义务，与前者相比，后者实现权利的成本和对生活现状的影响都要小得多。还应看到，国民普遍存在着子女是爱情产物的心理，是否生育往往受夫妻情感所左右，一方的不生育除偶为观念支配下的决定外，多由夫妻感情淡漠甚至破裂而引起，没有了感情的生育只会增加夫妻双方乃至即将出生的子女的痛苦及不便。所以，当夫妻双方无法就生育达成一致意见时，支持不生育一方的决定也更符合双方的将来利益。

在女方怀孕的情况下，女方有优先于男方的生育决定权，还基于以下考虑：生育行为需要具备一定的生理、健康条件并存在生育风险，生育任务主要由女方承担，女性承担了更多的生理风险及心理压力，甚至从更广维度观察，女性还要为生育行为付出包括但不限于入职、升迁、事业发展等方面的代价。所以，当夫妻生育权发生冲突时，侧重于女方权益的特殊保护，是司法公正的要求，符合立法本意，从更深远的层面看，也符合国家和社会的长远利益。值得借鉴的是，即便在制定有反堕胎法的美国，其最高法院的法官们也通过一系列的判例确认了妇女的堕胎权，否定了丈夫对妻子流产的同意权，明确指出，在父亲的利益与母亲的私权冲突时，法院倾向于保护后者。

生育权是法律明确规定的一项公民基本权利，夫妻双方各自享有生育权，只有夫妻双方协商一致，共同行使这一权利，生育权才能得以实现。《妇女权益保障法》赋予已婚妇女不生育的自由，是为了强调妇女在生育问题上享有的独立权利，不受丈夫意志的左右。如果妻子不愿意生育，丈夫不得以其享有生育权为由强迫妻子生育。妻子未经丈夫同意擅自中止妊娠，虽可能对夫妻感情造成伤害，甚至危及婚姻关系的稳定，但丈夫并不能以本人享有的生育权来对抗妻子享有的生育决定权，故妻子单方中止妊娠不构成对丈夫生育权的侵犯。

从另一个角度来讲，夫妻双方如果因为生育问题发生冲突导致感情破裂，在调解无效时，可以按照《民法典》第1079条第3款第5项规定的"其他导致夫妻感情破裂的情形"处理，判决准予双方离婚。

三、本条规定的理解与适用

（一）本条规定的"中止妊娠"

婚姻家庭法中，"妊娠"的外延包括多种情况（即人类辅助生殖和自然生殖适用相同的法律）。同时，供精人工授精"所生子女应视为夫妻双方的婚生子女"。以此类推，赠卵体外受精（胚胎移植）所生子女也应视为夫妻双方的婚生子女。所有的子女既然在出生之后取得相同的法律地位，在出生之前就应该得到同等对待。中止妊娠是指胚胎或胎儿遭到“毁灭”。它是指胚胎或胎儿被扼杀并被孕妇身体自然吸收（对“早期的胚胎”而言）或排出体外。扼杀的方式主要是“药物流产”和“手术流产”。

（二）生育权的理解

“多子多福”是中国的传统观念，生育权纠纷是近些年才开始出现的，只有对生育权的概念、权能、权利主体、权利性质等进行深入分析，才能准确理解为何夫妻双方均享有生育权，而只有女方享有生育决定权。

1. 生育权的概念。生育权，是指自然人拥有的依法决定是否生育子女以及如何生育子女的一种资格或自由，包括生育的自由、不生育的自由和选择生育方式的自由。生育权这一概念，最早出现于19世纪后期，伴随着西方女权主义运动而被提出。由于当时妇女的地位明显低于男性，因此，生育权也就作为妇女的一种特殊权利（“自愿成为母亲的权利”）而成为妇女解放的标志。

随着社会的发展，到了20世纪70年代以后，生育权越来越多地出现在国际条约中，1974年8月联合国在布加勒斯特召开的世界人口会议通过了《世界人口行动计划》，其中对生育权作了经典的定义：“所有夫妇和个人都有自由和负责任地决定生育孩子数量和生育间隔并为此而获得信息、教育与手段的基本权利；夫妇和个人在行使这种权利时有责任考虑他们现有子女和将来子女的需要以及他们对社会的责任。”依照这一定义，生育权是所有适宜生育的公民应当享有的一项基本权利。继而在1994的《国际人口与发展大会行动纲领》中也将生育权作为基本人权进行了肯定。生育权系西来之词，由1979年《消除对妇女一切形式歧视公约》首次规定，该公约第16条规定：“男性、女性有相同的权利，自由负责地决定其子女人数和生育间隔，并有机会获得他们能够行使这种权利的知识、教育和方法。”

2. 生育权的概念。一般认为，生育权主要包括以下权能：

（1）生育知情权。生育知情权，是指生育主体对与自身生育相关的信息所具有的了解权利。生育知情权的义务主体为生育关系伙伴、医疗卫生机构及政府相关部门。生育关系伙伴如夫妻，互为权利主体和义务主体。当然，公民的生育知情权也要受到必要的限制，为防止性别选择性人工流产给社会发展带来严重的问题，除医学需要外，怀孕期间生育权主体无权知道胎儿的性别。

（2）生育方式选择权。生育方式选择权，是指生育主体依法自由选择生育方式的权利。具体说来就是，生育主体有权根据自身的情况选择传统的自然生育方式或现代人工生殖技术方式（不包括克隆技术）生育子女，在分娩时可以选择自然生产或剖腹生产。

（3）生育请求权。生育请求权，是指夫妻双方有相互请求对方配合自己进行生育的权利。

（4）生育决定权。生育决定权，是指生育主体自主决定是否生育和生育子女的时间、数量、间隔的权利。它是整个生育权的核心内容，最能体现生育权的本质。生育决定权包括生育的自由和不生育的自由。生育的自由即生育权主体依法享有生育的权利，不受其他任何人的干预。但生育权主体行使该项权利应受到一个国家人口政策的制约，应当符合人类安全的要求，以及子女生存和发展的需要。但人的生命权高于生育权，对于违反计划生育法律、法规出生的子女，其生命权、生存权、发展权要受到同等保护，社会不能歧视，在接受教育、劳动就业等方面不能有不平等的待遇。不生育的自由即生育权主体有权决定不生育孩子，任何人不得非法干预。不生育的自由是通过避孕、堕胎、绝育来实现的。

（5）生育调节权。生育调节权，是指夫妻有权根据个人或夫妻的生理特点选择避孕节育的措施。在生育调节的技术措施中，最常见的是避孕、中止妊娠（堕胎）和绝育。

（6）生育隐私权。生育隐私权，是指生育主体在生育方面的隐私权。生育涉及个人或夫妇许多私人的、与公共利益无关的个人信息、私人活动和私有领域，其有关信息他人无权知晓。

（7）生育健康权。生育健康权，是指公民有保持自己的生殖器官完整和生育能力健康发展和延续的权利。任何人不得非法侵害公民的生殖健康。医疗机构在实施人流、绝育等手术中如造成公民生殖健康的损害，应承担侵权责任。

（8）生育保障权。生育保障权，是指夫妻在进行生育的过程中，有获得国家提供保障的权利。包括孕产期和哺乳期不被解雇权、产期休假权、劳动时间哺乳权和特殊劳动保护的权利；享受生育社会保险的权利；孕产期和哺乳期对男方离婚诉权的限制以及同等条件下，丧失生育能力一方的优先抚养子女的权利等。①

3. 生育权的权利主体。对于生育权在婚姻关系内部是妻子的权利还是丈夫的权利，一直存在争论。对该问题，综合起来主要有三种观点：第一种观点认为，生育权是妇女的权利，其主要是基于《妇女权益保障法》和《中国人权事业发展报告》。《妇女权益保障法》第51条规定："妇女有按照国家规定生育子女的权利，也有不生育的自由。"我们认为，不能基于这样的规定就判定生育权是妇女的权利，因为妇女在我国相对于男子来说是弱势群体，所以《妇女权益保障法》是从妇女权益保障角度提出的对妇女权利的保护，而《中国人权事业发展报告》也是从人权的角度指出了弱势群体妇女的生育权。基于这两种目的，不必规定男性的生育权，而不是说男性的生育权不受保护。第二种观点认为，在婚姻关系内部，尽管女性和男性都有生育权，但由于女性生理的特点，生育主要是通过女性来实现，生育或不生育的决定权在于女性，尽管男性也有生育权，但男性的生育权形同虚设。我们认为，这种观点不符合我国民事法律中公民享有平等的权利的基本精神，它其实是夸大了女性的生育权而削弱了男性的生育权，把男女生育权放在了不平等的位置。第三种观点认为，在婚姻关系内部男女拥有平等的生育权。我们赞同这一观点，作为婚姻关系内

① 王旭霞：《夫妻生育权的实现与救济》，载《甘肃政法学院学报》2009年第2期。

部的生育权，应是夫妻双方享有的一项基本民事权利，所以其应受我国相关民事法律法规的调整。《民法典》第1055条规定："夫妻在婚姻家庭中地位平等。"所以，夫妻双方在家庭生活中享有的生育权应是平等的。这种平等的生育权从民事权利的性质上来说，应属于人身权的范畴。作为权利之外的其他主体都具有不作为的义务，但是作为权利主体的双方来说，由于一方的权利的行使需要另一方的协作，在双方就生育权问题具有共同的意向时，双方的生育权能够得到很好的实现，但在夫妻双方就生育权问题不能达成一致意见时，可能会发生自身权利与另一方权利的冲突，如妻子一方要求生育而丈夫不愿生育或妻子不愿生育而丈夫要求生育。谁对生育问题有最终的决定权，是争论较多的一个问题。有的学者认为，生育权应是夫妻双方的共同共有权，所以在一方处分该权利时，应征得另一方的同意，否则就是侵犯他人权利的行为。这种观点有待商榷。因为我国法律中对共同共有只是规定财产权的共同共有，而没有规定共同共有权是否适用于人身权，如果我们认为生育权可以为夫妻双方共同共有，也就是把生育权当作了财产权，这与生育权的人身性质是不符的。①

另一个争议较大的问题是，无配偶者是否也享有生育权。我们认为，无配偶者也享有生育权。生育权是一切自然人与生俱来的权利，即使法律不加以确认，人们事实上也享有这种权利。我国传统的伦理道德和生活方式要求人们把生育和婚姻联系在一起，婚姻是生育的前提。而现代文明的不断发展尤其是不通过男女两性自然结合而产生后代的现代医疗技术手段，使得这种传统的伦理道德、家庭观念备受挑战和冲击。人们开始选择多样的生活方式，越来越多的人认为婚姻并非唯一的选择，但人们不选择婚姻生活并不表示他们不想生育。单身、未婚同居生子现象越来越多，与此相对应，生育必须以婚姻为前提的观念随着生活方式的转变也必然无法为人们所普遍认同。确实，婚姻的存在是生育权得以实现的方式，但并不是唯一的方式。因为生

① 蒋月：《论妻单方中止妊娠是否构成对生育权的侵害》，载夏吟兰主编：《婚姻法学专题研究》，中国人民公安大学出版社2008年版，第8页。

育是一种天赋的权利，它并不因为婚姻的存在与否就发生变化，并不必然以婚姻关系为前提，生育方式选择权是生育权的一项重要权能。传统的观念实际上剥夺了那些无配偶者延续后代的正当权利，而剥夺这些人的生育权就等于是漠视人的自由选择。传统的法律必须相应作出合理的调整以适应这种变化，即应当承认无配偶者也可以行使生育权。社会发展到今天，我们必须承认，缔结了婚姻并不意味着必须履行生儿育女的义务；同样，不婚、非婚者担当父亲、母亲的权利或资格不应当被法律剥夺。限于在现代法律制度中，不仅仅夫妻之间或者处于生育期的男女之间才能享有生育权，其实任何人都享有，只是不同年龄段的自然人所享有生育权的表现形式不同而已。因此，生育权作为一切自然人应当享有的人格权，是通过婚姻来实现，还是通过非婚性行为或现代科学技术来实现，完全是一个人的自主选择权，法律都应当保障。

4. 生育权的权利性质。关于生育权的权利性质，学界主要有三种观点，即“人格权说”“身份权说”和“折中说”。认为生育权是身份权的学者认为，生育权属于夫妻身份权范畴，只能基于妻子或者丈夫的特定身份而产生，基于婚姻关系的存在而为夫妻二人共同享有。“身份权说”将婚姻关系和夫妻身份作为生育权的基础，显然否定了那些无配偶者或者丧失配偶的人繁衍后代的权利。“折中说”的观点认为，生育权既是人格权又是身份权，并举出姓名权进行类比。姓名权是一种人格权。那么，婚姻家庭法规定夫妻姓名权问题是否意味着姓名权在夫妻关系中变成了身份权？实则不然。当代各国婚姻家庭法对姓名权的规定，只是基于夫妻身份关系对姓名权的行使给予一定的限制，最终的决定权仍然属于个人。可以认为姓名权在这里具有了一定的身份法上的意义，仅此而已。同样的，夫妻个人的生育权也会因婚姻关系的确立而受到一定的限制，但最终的决定权仍然属于个人。生育权的人格权属性并没有因为婚姻而改变，只是在夫妻关系领域具有了身份法上的意义。

我们认为，生育权是一种人格权而非身份权。首先，生育权是民事主体固有的权利。人格权的固有性从实质上讲是指人格权是体现人本性的权利，按照自然法学派的观点，人格权是人们基于自然法则、人类理性和道德而具有的体现人类本性的权利。生育行为既是人作为高等动物生物机能的表现，又是个人生命延续和家族存续的前提，是一种同时具有自然属性和社会属性的天赋人权。由于身份权的特征之一在于不是民事主体固有的，而是通过一定的行为或事实取得或消灭，因此与生育权的固有性相悖。

其次，作为生育权客体的生育利益是人格利益而非身份利益。人格利益是指人的人身和行为自由、安全和精神自由等利益；身份利益是指权利主体基于一定身份所取得的利益，如配偶之间的相互忠诚与陪伴，父母对子女的保护和教育等。生育权所针对的生育利益体现的是人的行为自由，人可以自由地决定生育这一与自己的生活方式、未来发展等密切相关的重大事项。因此，生育利益从本质上讲是人的生育意志自由，属于人格利益中的自由的范畴，而非基于夫妻身份所产生的身份利益。

最后，生育权是维护主体独立人格所必备的权利。“生育权所体现的生育意志自由是主体精神存在形式的重要组成部分，并间接地对主体物质存在形式的维护与延续起着重要作用。”生育权涉及人对自己私生活最隐秘的，但又与个人人身自由与精神自由、生活方式和未来发展最密不可分的重大事项的自主权。因此，其对维护主体的独立性及培养主体独立的人格意识有着非常重大的意义。[①]

生育权虽为人格权，但与同属于人格权的其他民事权利相比，还具有一定独特性：

一是具有义务性。尽管所有民事权利都会受到一定程度的限制（比如禁止权利滥用、公序良俗、诚信等原则限制），都会承担某种义务。但是，生育作为人类世代延续的必要手段，是个体对人类和社会的义务。生育还关系相对方异性主体的许多权利；关系下一代人的诸

---

① 马忆南：《夫妻生育权冲突解决模式》，载《法学》2010年第12期。

多权利；关系婚姻家庭领域乃至国家社会的和谐与秩序、民族的伦理道德秩序。因此，与其他民事人格权如生命健康权、姓名权、隐私权等相比较，生育权的行使，必然要承担更多义务。

二是具有依赖性。生育权具有非独立行使性，男女两性之间形成相互依赖关系。众所周知，生育行为是两性结合的结果，生育权的实现依赖于男女两性之间的合作。这也是生育权区别于其他人格权的一个最显著的特点。一般人格权作为一种绝对权，其实现不以权利主体以外的他方的实际作为必备条件，其他人的不作为即是对该权利实现的合作；而生育权则不然，男性主体的生育权只有通过女性主体的生育行为才能得以最终实现，同样，女性主体的生育权行使也离不开男性主体的配合，即生育权的实现以男女双方的合意与合作为必要前提。

三是具有身份性。尽管现今法学界的多数学者都倾向于认定生育权为一种独立的人格权，其享有并不以一定的身份关系（婚姻关系）的存在为前提，但不可否认的是，在现实层面上，一个社会一般认可的生育权还是以婚姻为基础的生育权。婚内生育权是以夫妻关系的缔结为前提条件的，即婚内生育权基于合法婚姻而存在，这种婚内生育权也是生育权的一种最常见的表现形式。另外，即使不以婚姻关系为基础，单独讨论一个自然人具体的生育权，实质上也是先确定该自然人是男性或女性，即还是以其一定社会身份为基础。

四是具有牵连性。生育权不仅仅只是个体自然需求满足的问题，还具有一定的社会牵连性，而和其他权利紧密相连。首先，生育活动一般基于女方的怀孕和分娩，而这些事项往往都会牵涉到女性的身体健康。此时，生育权的实现便与女性的人身自由权、生命健康权等人身权利紧密相连了。其次，女性在完成分娩之后，或者因为体形，或者因为时间和精力的有限而不能再胜任自己的工作时，可能会丧失其他与其生活及工作相关的自由和权利。

从生育权的性质上来看，生育权属于绝对权与支配权。以民事权利的效力范围为标准，可分为绝对权与相对权。生育权作为人格权是绝对权。生育权的义务主体是权利主体以外的任何人（包括配偶），这些义务主体都负有不得侵犯权利主体生育权的不作为义务。一般来说，夫妻任何一方生育权的实现都需要对方的配合，这样容易让人产生生育权是相对权的误解。我们认为，首先，如果认为生育权是相对权，则特定的义务主体只能是配偶另一方，而配偶的配合行为就会因此成为一种义务，如果不配合，即构成对另一方生育权的侵犯，这显然违背了生育权的本质，且由于夫妻双方都享有生育权而造成只要双方行使权利的意见不一致即构成双方侵权的荒谬情况。其次，既然相对权的义务主体是特定的，且如果认为生育权是相对权，那么其义务主体只能是配偶另一方，导致生育权只能对抗配偶而不能对抗配偶以外的任何第三人，这与人身权的本质不容。事实上，夫妻双方任何一方生育权的实现都需要对方的配合，这是由人的生理特点决定的，但并不能因此而否认生育权的绝对权属性。

以民事权利的作用为标准，可分为支配权、请求权、形成权、抗辩权。支配权是指权利人可以直接支配权利客体，而具有排他性的权利。其特点为权利人可以直接支配权利客体，而不需要他人行为的介入，权利的相对人有不作为、容忍的义务，但不需作为。人格权属于支配权，因此生育权当然是支配权；同样，由于夫妻任何一方的生育权的实现都依赖于对方的配合，所以这也容易让人产生生育权是请求权的误解。

（三）生育权冲突的解决

夫妻之间的生育权是平等的，不存在谁的权利优先于谁的问题。我国的国家政策和法律均确认和保护公民享有生育权。生育权是公民享有的基本人权之一，属于人身权的范畴，故夫妻双方各自都享有生育权。只有夫妻双方协商一致、共同行使这一权利，才能实现。但是，因为生理结构和分工不同，男子生育后代的愿望需通过妇女的配合和协助才能实现。《妇女权益保障法》赋予已婚妇女不生育的自由，是为了强调妇女在生育问题上享有独立的权利，不受丈夫意志的左右，也是为了对抗将生育视为已婚妇女所负担的主要义务的传统生育观念。我国实行一夫一妻婚姻制度，在婚姻内部，无论是依据法律或者道德要求，生育后代应当通过夫妻双方的合作来实现，不允许夫妻一方在他方不愿意生育的情形下通过其他途径怀孕生育，或者强迫另一方生育子女。虽然夫妻双方均享有平等的生育权，但是在双方不能达成一致生育愿望时，就会产生生育权冲突。既包括本条规定的丈夫想要孩子，而妻子擅自中止妊娠的情形；也包括丈夫不想要孩子，妻子坚持生下孩子的情形。那么，此时谁有生育的决定权？

我们认为，妇女享有生育决定权。妇女受孕后，胎儿构成妇女人身的组成部分。丈夫的生育权的实现不得侵害妇女的人身自由权。换言之，如果妻子不愿意生育，丈夫不得以其享有生育权为由强迫妻子生育，妻子怀孕后，是否生育子女，应由妇女本人决定。妻子未经丈夫同意接受外科手术中止妊娠，虽可能对夫妻感情造成伤害，甚至危及婚姻的稳定。但是，丈夫并不能以本人享有的生育权对抗妻子所享有的生育决定权或者妻子的人身自由权。妻子单方中止妊娠不构成对丈夫生育权的侵犯。所谓夫妻之间侵害生育权的行为，实际上多数时候并非侵权，而是夫妻生育权行使的冲突。由于生育权具有人格权的属性，且受到夫妻必须协力才能完成生育行为的人的生物属性的制约，所以生育权行使的冲突在所难免。比照民法上将损害事实、因果关系和过错作为侵权责任的构成要件，似乎可以得出妻子擅自堕胎满足了侵权责任的构成，侵犯了丈夫的生育权的结论。但是，考虑这一问题时不能忽略生育权的人格权性质。例如，夫妻双方都享有婚姻自主权，不能因为一方想离婚另一方反对，而认为想离婚的一方侵犯了对方的婚姻自主权。事实上，生育权和婚姻自主权一样，都是夫妻双方各自为法律确认的人格权，其行使受到法律的同等保护，不能因为权利行使的冲突就认为构成侵权。退一步说，如果认为妻子不经过丈夫同意擅自堕胎侵犯了丈夫生育权的话，丈夫不经过妻子同意执意要求其生育（其实也就是丈夫不同意妻子堕胎）是否也侵犯了妻子的生育权？如果一旦夫妻双方生育权的行使发生冲突就同时对另一方构成侵权，这样的结论显然非常荒谬。

对于行使受法律同等保护的权利而造成的冲突，一般认为，权利人应善意地行使权利，由于权利行使的不善给对方造成的损失，行为人应当承担责任。因此，很多学者指出，妻子要堕胎必须善意，即必须与丈夫协商，征得丈夫的同意，或至少履行告知的义务，否则擅自堕胎要承担侵权责任。我们以为，无论在法理上还是在实践上，对妻子的堕胎都不应该有善意行使权利的要求，相反，其堕胎的自由应该受到几乎绝对的保障。从法理上讲，要求妻子“善意堕胎”的观点违背了生育权绝对权和支配权的性质。如果法律赋予丈夫对妻子人工流产的同意权，实际上就是承认了丈夫对妻子的生育利益具有支配权，等于在妻子生育权的客体上设定了两个不相容的权利；如果规定妻子人工流产有告知丈夫的义务，等于为妻子设定了一个与生育权的排他支配性不相容的告知义务。

之所以要赋予女性对堕胎几乎完全的自由，最重要的理由是基于女性在生育过程中的天然作用。在自然生育的过程中，女性是生育活动的主要承担者。而从怀孕到分娩的整个过程中，女性不仅要忍受妊娠反应等生理上的痛苦，还要承受怀孕带来的精神压力。此外，在社会竞争异常残酷的今天，怀孕生子还可能意味着女性工作的丧失和自身发展的落后。有观点认为，生育权应该包括妇女拥有“支配自己身体”的权利，如果女性不能支配自己的身体，不能拥有拒绝生育的权利，就必然成为生育的工具，就必然没有尊严和人权可言。因此，在夫妻双方就是否生育问题上发生争议时，应仅赋予妇女生育决定权。

离婚是解决夫妻双方生育利益争议的合理途径。当夫妻双方的生育愿望不一致时，应当相互协调、沟通加以解决。不宜以本人享有生育权为由过度对抗配偶一方合理的生育需求。坚持不生育的配偶或者渴望并坚持生育后代的配偶一方都有权维护本人的生育立场和利益。当婚姻当事人双方坚持各自立场，互不相让，无法就生育问题达成一致意见时，离婚是解决双方争议的合理途径。生育是婚姻的一个重要职能，婚姻中的任何一方生育孩子的愿望都是合理的。在现代社会，生育权的本质和特性决定了不能强制公民生育。夫妻双方的生育意愿不一致的情况下，任何一方要实现生育，不得强迫不愿意生育的对方生育或者与他人通奸私生，只能求助于法律解除婚姻关系，另外寻求生育伙伴或生育方式。因此，当夫妻一方因生育问题提起诉讼，主张生育的丈夫对于擅自中止妊娠的妻子提起损害赔偿之诉，无论是基于违约还是基于侵权，人民法院均应驳回其诉讼请求。确实无法消除分歧的，当事人可通过离婚等途径寻求生育权救济。

鉴于生育子女目前还是我国多数家庭的重要职能之一，绝大多数夫妻期望能够生育自己的孩子，享受天伦之乐，当夫妻双方的生育权发生冲突时，应当有法律上的救济途径。如果法律上认定妻子擅自中止妊娠不构成对丈夫生育权的侵犯，而又不允许丈夫以此为理由提出离婚，实质上就是强迫丈夫娶一个不愿生育的配偶，其后果即严重侵害了公民的生育权。因此，夫妻因是否生育问题产生纠纷、导致感情确已破裂的，应作为离婚的法定理由之一。在调解无效时，人民法院可以按照《民法典》第 1079 条第 3 款第 5 项“其他导致夫妻感情破裂的情形”的规定判决准予双方离婚。也就是说，离婚应该是解决夫妻之间生育冲突的合理途径和明智选择，通过解除婚姻关系，使欲生育的一方有可能再婚而实际享有生育权。

【审判实践中应注意的问题】

一、夫妻双方签订“生育契约”的效力

该问题在理论界与实务界争议均很大。一种观点认为，如果丈夫可以证明双方存在生育契约，则女方无故不履行约定私自堕胎属于违约行为。比较激进的观点甚至认为夫妻婚后一直没有采用任何避孕措施构成双方事实上的生育契约关系，女方无故擅自中止妊娠应当承担违约责任。另一种观点认为，不论双方是否签订生育契约，女方对生育的决定权都应予以保护。我们认为，当事人双方签订的合同不能违反法律与公序良俗。人身权的限制不能够成为合同内容，

双方所作的涉及生育权行使限制的约定，因违反前述该权利性质而应当认定为无效。既然合同无效，也就不存在女方应当承担违约责任的问题。

二、非婚姻关系中女方擅自中止妊娠问题

对于男女双方属于同居关系，女方中止妊娠的，我们认为可以参照本条的规定处理，即男方请求损害赔偿的，不应予以支持。对于同居关系，男女双方之间的关系本身就不稳定，较之存在合法婚姻关系的女方来讲，可能更缺乏生育的意愿，女方对于双方未来的关系缺乏信心以及对于未来出生的孩子将成为非婚生子女的担忧，可能更容易导致其中止妊娠，此种情况下，男方不得以侵害其生育权为由主张损害赔偿。从保护妇女的角度出发，认为女方有权利中止妊娠，而且如前所述，即使双方签订了所谓“生育契约”，女方也可以反悔，并无需承担民事责任。

三、关于男方不愿生育，女方坚持生育的处理

实践中除了女方不愿生育、男方坚持生育的情形，还存在男方因经济困难、出现第三者、婚姻即将解体甚至不喜欢孩子等原因不愿生育而女方坚持生育的情形。比如，甲男与乙女协议离婚，离婚时女方已经怀有身孕，男方给女方一大笔补偿，明确表示不要孩子，双方并协议约定女方中止妊娠。女方已拿到补偿款，但事后反悔，又生下孩子，此时男方是否要承担抚养义务？我们认为，在男女双方相互协作而使女方怀孕后，男方不得基于其不愿生育而强迫女方堕胎，因为既然男方在和女方发生性关系时没有采取任何避孕措施，这一行为本身表明其已以默示的方式行使了自身的生育权，这时其虽然不愿女方生育，但不得强迫，否则仍然是侵犯女方的人身权。有的学者认为在这种情况下，生育的子女丈夫可以不尽抚养义务。我们认为此种观点欠妥，根据《民法典》的规定，父母对未成年子女具有抚养教育的义务，这一义务不受父母关系是否离异而影响，不能因为父母的过错而

免除对其子女的应尽义务，这主要是基于未成年子女利益的保护而设置的规定。何况男方在自己不想要子女的情况下，在性关系中不采取任何避孕措施，对子女的出生来说其行为本身也有过错，所以应承担一定的法律责任。因此，女方执意生育仍不能免除男方作为父亲的任何义务。

四、关于医疗机构的责任承担问题

司法实践中，妻子擅自中止妊娠，丈夫一般以生育权受到侵害为由，让妻子承担赔偿责任，此时，妻子是被告。但也有一些案件中，丈夫状告医疗机构未经其同意，损害其生育权，要求医疗机构承担赔偿责任。此种情况下，虽然司法解释没有明确规定，但是我们认为，医疗机构无疑不应当承担损害赔偿责任。因为法律并没有赋予丈夫中止妊娠的同意权。医疗机构实施中止妊娠的手术，只要取得女方的同意，就不构成侵权，无须承担赔偿责任。医疗机构是通过医疗行为协助女方堕胎，只有当女方的行为构成侵犯其丈夫的生育权时，医疗机构才有可能构成共同侵权。而妻子不负有协助丈夫生育的法定义务，其不生育之人格权利的行使，无需丈夫行使同意权。医疗机构在对女方进行人工流产手术时，如果没有违反医疗卫生管理法律规定和诊疗护理规范、常规，过失或故意造成患者人身损害，就不应当承担侵权责任。

第二十四条 民法典第一千零六十二条第一款第三项规定的“知识产权的收益”，是指婚姻关系存续期间，实际取得或者已经明确可以取得的财产性收益。

【条文主旨】

本条是关于如何理解《民法典》第1062条规定的“知识产权的收益”的具体规定。

【条文理解】

一、本条的历史沿革

本条承自《婚姻法司法解释（二）》第12条，除将引用的法律规定相应调整为《民法典》的条款外，解释的内容没有实质性修改。

二、本条的背景和目的

本条制定的依据是《民法典》第1062条第1款第3项的规定。其把婚姻关系存续期间所得的“知识产权收益”分为实际取得和已经明确可以取得这两部分，并视这两部分为夫妻共同财产。

知识产权是指人们就其智力劳动成果所依法享有的专有权利，通常是国家赋予创造者对其智力成果在一定时期内享有的专有权或独占权。知识产权是基于智力的创造性所产生的权利，它是法律赋予知识产品所有人对其智力创造成果所享有的某种专有权利，主要包括著作权、商标权和专利权。知识产权的范围相当广泛，《建立世界知识产权组织公约》规定：“知识产权包括：有关文学、艺术和科学作品的权利；有关表演艺术家的演出，录音和广播的权利；有关人们在一切领域中的发明的权利；有关科学发现的权利；有关工业品外观设计的权利；有关商标、服务标志、厂商名称和标记的权利；有关制止不正当竞争的权利；以及在工业、科学、文学和艺术中一切其他源自智力活动的权利。”

知识产权是一种智力成果权，它既是一种财产权，也是一种人身权，具有很强的人身性，与人身密不可分。有人曾经提出，鉴于知识产权财产性收益存在分阶段取得的可能性，为避免诉累和增加当事人的负担，在审理离婚案件中涉及知识产权财产性收益时，应当坚持离婚时一次性解决、处理的原则。也有人建议，应当区分婚前取得知识产权而婚后取得收益、婚后取得知识产权离婚时已取得收益等不同情况确定不同的程序和标准。有人认为，婚前取得的知识产权，其财产性收益于婚姻关系存续期间取得，如果无特别约定，应当认定为知识产权所有人的个人财产。还有人认为，知识产权是当事人付出了艰辛劳动才获得的，如将知识产权的收益作为夫妻共同财产对待，则会影响当事人从事发明创造的积极性，不利于科技的进步。

我们认为，婚姻关系存续期间一方取得的知识产权权利本身归一方专有，作者的配偶无权在作者本人的著作中署名，也无权决定作品是否发表。如果作者的手稿、字画、设计稿等在离婚时还未能出版或未被采用，那它就仅仅属于夫妻一方的精神财富，且具有人身性，由于不具有物质财富的内容，故不能请求分割。但由知识产权取得的经济利益，则属于夫妻共同财产。因为这些知识产权的获得是在婚姻关系存续期间，离不开配偶一方的支持和帮助。如因转让专利获得的转让费，因发表作品取得的稿酬等，应当属于夫妻共同所有。

知识产权的收益就是因知识产权给产权人带来的价值。知识产权属于无形资产，在其未投入市场时，无法衡量其价值。比如，某个作家创作的作品，在未对市场公开时，对他自己来说可能是无价的，但对别人没有任何价值；对市场公开后，会因为客户的评价、市场的波动等原因而产生相应的价格。就夫妻的共同财产进行分割而言，同样无法对价值不确定的东西进行分割。所以，要对知识产权的财产性收益进行分割，前提是能够确定其价值，同时，需要根据夫妻之间关系建立的时间确定是否属于夫妻共同财产。

无形资产评估的理论基础是经济学价值理论。价值理论认为价格是以价值为中心，上下波动。也就是说知识产权的价格是由知识产权的价值来最终决定的，而对于价值的解释通常有三种理论：劳动价值理论、生产费用理论和效用价值理论。根据知识产权垄断性的特征可以得出，之所以知识产权能够产生超额利润，源于其创新性和新颖性，这一特性又决定了知识产权不可能存在多个生产者或开发者，竞争没有进入到知识产权的生产环节，因而不满足使用社会必要劳动时间衡量产品价值的前提。此外，由于知识产权的投入产出非对应性，生产者所付出的劳动强度与知识产权价值量之间也就不存在必然的联系。知识产权的开发往往带有一定的偶然性，使得劳动时间作为价值衡量尺度的合理性受到破坏，劳动确实是形成知识产权不可或缺的条件，但使用劳动价值论来完全解释知识产权评估的价值是不恰当的。对知识产权而言，在不同的应用环境中，知识产权能够创造不同的价值，举极端例子来看，可能一项知识产权在大公司可以得到很好的利用，但在小公司由于人力财力都有限，可能根本无法消化该项知识产权，这样一来，知识产权供求关系能否形成，存在极大的不确定性。而供求关系的不确定性就导致知识产权在进行交易时并不能保证能够顺利出售，与成本费用理论的前提条件相悖，因此也不适合使用该理论来解释知识产权评估的价值。效用大小具有主观性，而知识产权随着其使用者的不同价值也明显不同。效用能够将一定的知识产权与不断变化着的不同主体及其需要联系起来，与不同的市场联系起来，与不同的交易目的联系起来，而这也体现了知识产权评估的环境决定观。知识产权的价值源泉就是知识产权在与不同使用环境要素的协作中对主体的满足程度。该价值具有主观性，也就决定了知识产权的不确定性和垄断性。

知识产权的特点及其价值效应性使得知识产权的收益具有以下特点：

一是自相关性。自相关性是指知识产权的前期收益能够对后期收益产生影响，从而使整个存续期收益呈现的规律并非杂乱无章，而是有前后联系的。自相关性通常有正面自相关效应和负面自相关效应两种表现。正面自相关效应是由于知识产权具有创新性，在管理应用的前期往往存在管理经验不足，对预期生产考虑不充分的情况，价值并没有被充分挖掘出来，因此收益相对较低。通过对前期应用和管理的观察和总结，可以在后期有效避免之前的失误，从而在价值不断积累的过程中，带动收益的稳步上升。这种收益的自相关对企业整体价值是有利的，因此是正面的自相关效应。相反，知识产权由于存在时效性的特点，在应用过程中技术进步造成的贬值未能得到及时的重视，另外存在管理惰性，前期成功的管理方法已经不再适用于后期，管理经验不再有效，导致知识产权的价值在后期没有提高反而下降，进而收益降低。这种收益的自相关对企业整体价值不利，是负面的自相关效应。

二是偶然跳跃性。一般而言，知识产权存续期较长，尤其是新创的知识产权。在存续期中，知识产权易受到外部环境的影响，在影响因素中又不难看出技术进步和替代品的冲击尤为明显，知识产权收益就会随之出现跳跃性波动。知识产权自身的技术升级会使知识产权使用价值增加，从而使收益有一个明显的增长，而外部技术进步带来的替代品冲击则会使知识产权收益出现明显的下降。

三是阶段稳定性。除了上面所说的技术进步等因素导致知识产权收益会出现偶然跳跃之外，在每次跳跃之间，知识产权收益几乎是平稳的，这是由于知识产权的使用价值一经确定几乎不会发生较大波动，呈现阶段稳定性的特点。

知识产权的获利价值首先是由拥有及使用该知识产权给企业带来的正常利润和垄断利润之和。在估值时，这部分价值的确定可以使用收益法，即通过直接对未来存续期内预期收益的折现得到。知识产权的市场需求不确定性、技术研发及商业化成功的不确定性及知识的不可储存性和创新效益的共益性，使得风险几乎存在于知识产权的每一个阶段，从而带来了知识产权产品的未来收益的不确定性。在这种环境下，开发或者放弃开发，购入或放弃购入，直接决定着企业在未来不确定环境下能否拥有一定时间内进行某项经济活动的权利，此时，知识产权的价值更是一种权利机会的价值或者说是战略决策价值。

因此，知识产权的价值体现在开发到决策再到日常管理的三个阶段，应该由三部分构成：获利价值、战略价值和内在管理价值。其中，获利价值由知识产权本身决定，战略价值由知识产权所处外部环境决定，内在管理价值由知识产权所处内部环境决定。知识产权价值的定价复杂性和不确定性，决定了即使是商业用途开发研究的知识产权，在价格确定前，其经济收益仍然是不能确定的，因此难以在离婚时作为夫妻共同财产实现分割。因此，本解释明确规定《民法典》第1062条规定属于夫妻共同财产的“知识产权的收益”，是指婚姻关系存续期间，实际取得或者已经明确可以取得的财产性收益，可以为明确夫妻财产分割时的知识产权收益内涵和外延提供明确的裁判依据和裁判标准。

三、本条规定的理解与适用

（一）知识产权的收益

知识产权是基于智力的创造性所产生的权利，既具有财产权的属性，也体现人身权的利益。《民法典》婚姻家庭编对知识产权权益的规定，侧重于财产性收益。

知识产权的收益是指作品在出版、上演、播映后而取得的报酬，或允许他人使用而获得的报酬、专利权人转让专利权或许可他人使用其专利所取得的报酬、个体工商户和个人合伙的商标所有人转让商标权或许可他人使用其注册商标所取得的报酬。知识产权的收益首先取决于知识产权的类型，例如，专利、著作权、商标、企业字号、地理标识、商业秘密等，因其类型不同，收益也各不相同。以专利为例，专利的收益因申请目的不同有所区别。一般来说，专利权人的收益可以从以下几方面考虑：一是通过实施专利来实现收益；二是通过许可、转让、评估融资等交换实现收益；三是以专利池（群）圈占市场，阻止竞争对手在已形成的或未来的市场内发展等方式占领市场收益。此外，根据专利权的生命周期、专利权人维持专利权的成本，权利人还可以综合运用上述收益策略，以达到收益最大化。

（二）知识产权收益的确定性

知识产权能否实现其财产性权利、何时实现其财产性权利等问题，都具有不确定的因素，知识产权本身的取得和其财产性权益的取得有时并不同步。根据本条规定，应当纳入夫妻财产范畴予以分割的知识产权收益，包括已得收益和期待得到的收益，这种期待得到的收益是将来可以明确取得的收益。比如，一方在婚姻关系存续期间已经和出版社签订了合同，关于稿酬的约定也是明确具体的，如果离婚时还没有实际拿到这笔稿酬，该稿酬也应属于夫妻共同财产。从出版物的特点来看，一部著作从出版到稿酬的支付需要一个过程，即有一个时间差。虽然实际取得稿酬可能会在离婚后的某个时间，但这并不能改变财产的归属，即应当认定为夫妻共同财产。

认定知识产权是否属于夫妻共同财产，应以该知识产权的财产性收益的取得是否在婚姻关系存续期间为判断标准，而不应以该知识产权权利本身的取得的时间为判断依据。夫妻离婚时只能对现有财产进行分割，对没有实现其价值的财产性收益不能估价予以分割，智力成果只有转化为具体的有形财产后才属于夫妻共同财产。

我们来看一个具体案例：盛某是个画家，离婚时有10幅画已经卖出，得款1万元。另有2幅画虽已卖出，定价是2800元，但还未拿到现款。尚有20幅画没有出售。对于这些画作及其收益，离婚时应如何进行财产分割？

我们认为，按照本条规定，离婚时对盛某已经拿到手的1万元，其妻有权分得5000元；对于尚未拿到现款的2800元，也应当视为夫妻共同财产。但对于没有出售的20幅画，其妻无权要求分得其中的一半。因为盛某的画是其个人智力成果，而书画作品的艺术价值、经济价值与承载作品的物质载体的价值是紧密结合为一体的。我们看到的一幅画，这件有形的艺术品上凝结着著作权与财产权两种不同性质但又相互关联的权利。作品是无形的，它由创作者构思、安排，运用技法通过笔墨、颜料以线条、色彩、图形、笔画的形式产生于纸、绢、布等有形的物质载体之上，以此反映作者的创作意图。作者通过线条、色彩、图形、笔画构成的美术作品，产生的是著作权。盛某有决定将其作品永久收藏、馈赠他人和依法出售等的权利。只有在盛某决定并实际售出或经其他方式获得报酬时，经济利益才能实现。在其经济利益未实现前，尚不具备法律规定的“所得的财产”的条件。夫妻离婚时只能对现有财产进行分割，对没有实现其价值的东西不能估价予以分割，智力成果只有转化为具体的有形财产后才属于夫妻共同财产。

（三）特定情形下的知识产权收益是否属于夫妻共同财产

就一方婚前完成并取得的知识产权收益属于个人财产，一方婚内完成并取得的知识产权收益属于夫妻共同财产，审判实践中通常并不存在争议，往往存在争议的是以下情形：

1. 婚前完成，婚内取得收益的。就这部分收益普遍认为原则上应将其认定为取得一方的个人财产。但是还需要结合实际情况考虑，比如虽然是一方婚前完成的，但在婚姻关系建立后为取得该部分收益需要另一方配合或付出较大的努力，那么在就这部分财产进行分割时亦应对此予以考虑。

2. 婚内完成，离婚后取得收益的。因配偶一方在婚姻关系存续期间完成某作品或专利需要另一方的配合与付出，所以这一部分应认定为夫妻共同财产。但应该注意到的是，因为知识产权所带来的收益存在较大的期待性，作为夫妻中知识产权取得一方，即便其在婚姻关系存续期间完成项目或作品，但其没有和任何人签订使用合同或其他合同，明确取得产权收益的，则知识产权的收益并没有明确，双方在离婚时就无法将其认定为共同财产，也无法进行分割。

比如，陈某、李某二人原为夫妻，陈某婚内取得 2 项专利，离婚后陈某将专利评估作价入股某公司，后双方因该部分财产是否属于应当予以分割的夫妻共同财产产生争议诉至法院。一审法院认为，陈某将2项专利于离婚后作价入股公司，不属于婚内所得收益，与李某无关，应为陈某个人财产。二审法院认为，陈某在婚内取得的2项知识产权是基于智力的创造性所产生的权利，其应当是法律赋予知识产权所有人对其智力成果的专有权利。知识产权收益则指的是作品在出版、上演、播映后取得的报酬，或允许他人使用所得的报酬。专利权人转让或许可他人使用其专利取得的报酬，基于知识产权本身所具有的来源于智力成果形成的人身性，故上述法律规定之意为知识产权本归一方专有。知识产权实际取得或明确可以取得的收益，应认定为夫妻共同财产。但陈某是在离婚后以知识产权入股，且未有证据证实在离婚前陈某已经与公司达成入股协议，故不予支持李某主张。由本案裁判观点可以看出，知识产权的所有人属于创造者，法律并未将婚内一方创新成果的所有权直接因婚姻关系存在而赋予双方，这与《专利法》等特别法对相关知识产权权利人的立法精神相一致。应当明确的是,《民法典》第1062条仅将婚内取得的知识产权收益作为夫妻共同财产进行认定，而且是实际所得或明确可以实现的收益。权利人有何时处分并获取收益的自由，如果不属于婚内实际取得或者可以明确取得的财产收益，无法将其作为夫妻共同财产予以认定。

总的来看，对于在婚姻关系存续期间内，已经明确但实际取得却在离婚之后的这部分知识产权性收益，也应认定为夫妻共同财产。实践中，以知识产权财产性收益已经明确的时间是否在婚姻关系存续期间内，作为判断该部分收益归属的标准。知识产权财产性收益明确的时间在婚前的，即使收益实际取得在婚后，该收益仍为个人婚前财产。知识产权财产性收益明确的时间内在婚姻关系存续期间的，则无论收益的实际取得是在婚姻关系存续期间还是在离婚之后，该收益均为夫妻共同所有。知识产权财产性收益明确的时间在离婚后的，该收益为个人财产。

【审判实践中应注意的问题】

一、对离婚时尚未取得经济利益的知识产权，非权利方是否能够获得其他补偿

有观点认为，虽然离婚时一方尚未确定地取得相应知识产权财产收益，但是如果该知识产权项目的完成是在婚姻关系存续期间内，则另一方相应对知识产权的获得付出了相应配合、支持，应当相应获得一定补偿，否则对另一方可能存在不公。《离婚案件财产分割问题的意见》第15条曾规定："离婚时一方尚未取得经济利益的知识产权，归一方所有。在分割夫妻共同财产时，可根据具体情况，对另一方予以适当的照顾。"虽然该解释已经被废止，但整体废止该解释主要是考虑其中内容或者已被其后的司法解释吸收，或者已不适应新的社会实际，但并不意味着所有条文中的规则都一概不能适用。我们认为，该条规定可以作为此种情况下处理案件的参考。

二、尚未实际取得但明确可以取得的知识产权收益的分割方法

根据本条规定，人民法院在判决离婚时，可以直接就一方已经实际取得的知识产权收益进行分割，但针对已经明确可以取得的知识产权财产性收益，因为这部分财产还没有实际获得，只是明确可以获得，如何进行裁判处理，可能存在不同认识。比如，作为夫妻一方的知识产权人已经和他人签订了使用合同，合同明确了使用该知识产权需要支付的对价，但是使用人还未实际支付。就该合同约定的价款，作为夫妻一方可以主张属于夫妻共同财产应当在离婚时进行分割，如果法院判决知识产权人立即支付相应款项，实际上是要求作为知识产权人的一方先行向配偶一方垫付。这在该部分财产的实际取得可能存在现实困难，或者知识产权人先行垫付存在实际困难的情况下，可能并不合理也不经济，而如果对该部分财产问题不予处理，告知当事人

在解决婚姻问题后另行解决，实际上与本条规定的内容和精神亦并不完全契合。我们倾向于认为，此种情况下，可以考虑按照合同明确约定的知识产权人取得相应财产收益的时点、方式等予以处理，即明确权利人在实际取得该部分财产收益后，即负有向另一方支付相应分割财产收益的义务，逾期不支付的，另一方可以以生效裁判作为依据诉诸强制执行。

第二十五条 婚姻关系存续期间，下列财产属于民法典第一千零六十二条规定的“其他应当归共同所有的财产”：

（一）一方以个人财产投资取得的收益；

（二）男女双方实际取得或者应当取得的住房补贴、住房公积金；

（三）男女双方实际取得或者应当取得的基本养老金、破产安置补偿费。

【条文主旨】

本条是关于夫妻共同所有的财产的规定。

【条文理解】

《民法典》第1062条规定的“其他应当归共同所有的财产”属于概括性规定。随着社会经济的发展和人们生活水平的提高，夫妻共同财产的范围不断地扩大，共同财产的种类在不断地增加。目前，夫妻共同财产已由原来简单的生活用品发展到汽车、房产、股票、债券乃至整个公司、企业等，今后还可能出现新的财产类型。本条列举了三类情形，将婚姻关系存续期间一方以个人财产投资取得的收益，男女双方实际取得或者应当取得的住房补贴、住房公积金、基本养老金、破产安置补偿费解释为《民法典》第1062条规定的“其他应当归共同所有的财产”，但是仍难以列举齐全。

夫妻财产制，是一国关于夫妻财产所有权问题的法律制度，它涉及夫妻婚前和婚后所得财产的归属、管理、使用、收益、处分以及债务清偿、婚姻终止时财产的分割等一系列问题。国家采取何种夫妻财产制立法模式与类型既受自身立法传统、风俗习惯及思想文化因素的影响，又与社会发展、家庭结构变化，乃至夫妻各自经济的独立紧密相连。我国的夫妻财产制度也是充分考虑我国的经济发展水平和历史发展进程，借鉴国外的经验逐步发展起来的。1950 年《婚姻法》规定的夫妻财产制是一般共同制，是指除特有财产外，夫妻婚前和婚后的一切财产，包括动产和不动产均归夫妻双方共同所有。1980 年《婚姻法》根据历史时期的新情况，作了部分修改和发展，确定了以法定财产制（指夫妻婚前或者婚后均未就夫妻财产关系作出约定，或者所作约定无效时，依照法律规定当然适用的夫妻财产制）为主，约定财产制（是指法律允许的由夫妻双方以约定的形式，确定适用夫妻双方的财产制形式的制度）为辅的夫妻财产制度。2001 年《婚姻法》延续了 1980 年《婚姻法》对夫妻财产制的规定，仍然以婚后所得共同财产制作为法定财产制，对夫妻共同财产的范围作了列举式的规定，即符合法律列举的情形才属于夫妻共同财产。由于法律不可能穷尽所有的情况，同时规定了兜底条款，“其他应当归共同所有的财产”，并增加规定了夫妻个人财产的范围。《民法典》对 2001 年《婚姻法》的相关规定没有作出实质性的修改，仍适用婚后所得共同制为主、约定财产制为辅的夫妻财产制。共同财产制虽然在对个人权利的保护，尊重个人意愿，承认个人价值，防止个人财产受结婚影响等方面，比不上分别财产制优越，但共同财产制更加注重婚姻关系整体概念，适应我国国情，有助于家庭和谐，保护因社会造成的两性经济地位不平等中弱势群体的权益，避免形成事实上的夫妻不平等。

有学者认为，夫妻共同财产与其他一般共有财产最大的区别在于，夫妻共同财产是基于身份以及彼此是夫妻的特别关系而产生的，虽然财产形成也含有共同投资、共同劳动等内容，但法律上更强调的是身份关系。共同财产制度以婚姻是分享或合伙关系的理论为基础。这一理论推定所有的配偶对家庭财富的贡献是相等的，只是其方式有直接和间接之分。家庭主妇对维持婚姻所作的无形的贡献是积累家庭财富的间接方式，因而对有经济收入的一方所得的财产享有平等的所有权。而其他财产共有关系主要是基于共同投资、共同经营、共同劳动而形成的，如合伙共有财产，共同出资购买的共有房屋等都不是基于身份关系而产生的共有关系。在审判实践中，要防止分割夫妻共同财产时过分地强调财产来源以及贡献大小的倾向。

一、关于一方以婚前个人财产投资取得的婚后收益的认定

1. 一方婚前财产的婚后自然孳息，根据物权原理，孳息应归物的所有人或其他合法权利人。《民法典》第 1063 条明确规定夫妻婚前财产归个人所有，那么这种财产产生的利息和其他孳生物应当属于夫妻个人财产。比如，对于一方婚前的财产存入银行所产生的自然孳息，一方婚前所有的房屋出租而未通过共同劳动所取得的房屋租金等，认定为一方个人的财产比较适宜。

2. 用婚前个人财产在婚后进行生产、经营活动所增值部分，属于《民法典》第 1062 条规定的“生产、经营、投资的收益”，应当认定为夫妻共同财产。在婚后所得共同制下，夫妻婚前个人财产的所有权原则上不因婚姻的成立而改变，如果将个人财产用于投资，不管这种投资是在婚前还是在婚后，其本金仍归个人所有，这是毫无疑问的。对于婚姻关系存续期间这些财产通过经营所产生的增值，则应属于夫妻共同财产。如果个人出资部分的收益归个人所有，将会成为一方推卸家庭责任的借口。在实际生活中，往往也是男方出面出资经营。有的家庭男方用自己的婚前财产进行各类投资，女方在家照顾家庭、操持家务、照顾孩子，如果离婚时男方进行投资所赚的钱与女方无关，这显然不利于维护家庭和谐，不利于保护弱势群体的利益。但如果一方用婚前个人财产在婚后进行生产、经营、投资，由于经营不善产生损失，离婚时不能要求以夫妻共同财产进行抵偿。因为离婚时只能对现存的财产进行分割，已经消耗、灭失的财产不在分割之列。一方面，个人财产的所有者处分自己财产的后果应由自己承担；另一方面，也不能将自然因素等导致个人财产灭失或部分灭失的后果转嫁到夫妻共同财产上，从而侵犯配偶一方的财产共有权。

3. 一方用婚前个人积蓄在婚后购买的有形财产的归属问题，由于

这只是原有财产价值存在形态发生了变化，其价值取得始于婚前，即所谓“万变不离其宗”，故应当认定为一方的个人财产。

4. 一方婚前用自己的财产投资做公司的股东，每年都有分红，那么婚后取得的分红属于什么性质的问题。根据《民法典》第 1062 条的规定，股东分红属于投资经营性的收益，既然是在婚姻关系存续期间取得，认定为夫妻共同财产比较适宜。

二、男女双方实际取得或者应当取得的住房补贴、住房公积金归属问题

建立住房公积金制度，是城镇住房制度改革的重要内容和中心环节。《住房公积金管理条例》（2019 年修订）规定：“本条例所称住房公积金，是指国家机关、国有企业、城镇集体企业、外商投资企业、城镇私营企业及其他城镇企业、事业单位、民办非企业单位、社会团体（以下统称单位）及其在职职工缴存的长期住房储金。”“职工个人缴存的住房公积金和职工所在单位为职工缴存的住房公积金，属于职工个人所有。”“住房公积金应当用于职工购买、建造、翻建、大修自住住房，任何单位和个人不得挪作他用。”

基于住房公积金的本质属性（即工资性），单位按职工工资的一定比例，为职工缴存住房公积金，实质是以住房公积金的形式给职工增加了一部分住房工资，从而达到促进住房分配机制转换的目的。住房公积金的所有权是限制性所有权，职工对公积金的占有、使用、收益和处分四项职能的行使受到一定程度的限制。具体而言，住房公积金在未被提取前，职工并不能实际占有，而由所在单位缴存到住房公积金管理中心在受委托银行设立的专户内统一管理。住房公积金是个人专项资金，没有可转让性，在未被所有人以现金形式提取前，所有人除可用于住房支出外，没有其他处分权。住房公积金支出主要用于购买住房、建造住房等住房基本消费方面的支出，而装修作为享受性支出则不在此列。住房的中修、小修也不在列支范围，主要是考虑到个人支付能力可以负担，由此节余的住房公积金在职工退休后，可以

一次性提取用于晚年生活。另外，职工无论购买或建造住房，目的都是为了自住，即解决自己住房问题的支出才能从住房公积金中支付，如为投资、增值或其他商业目的的住房支出，不能从住房公积金中支付。

无论是住房补贴还是住房公积金，从用途上看是专门用于家庭住房消费的，之所以将其视为夫妻共同财产，主要基于以下理由：（1）从其性质看，住房公积金作为一种个人储蓄、单位资助、统一管理、专项使用的住房长期储金，实际上就是平时收入的储备，因为其中有一部分就是从个人每月的工资中扣缴的。至于单位为个人缴存的部分，尽管带有福利性质，但明确是作为个人的住房储金，用于改善居住条件，只不过是由原来的一次性分房改为现在的逐月给付。也就是说，它属于工资的一部分。而住房补贴同样也属于工资的范畴，它只是扩大了工资的外延，改变了工资的形式而已。发放住房补贴的目的是解决家庭成员的共同居住问题，而非职工个人的居住困难。尽管从表面上看，这项补贴列在了职工的个人名下，但实际上是充分考虑了职工结婚并组建家庭的因素，而且这项补贴实行专款专用，一般不发到职工个人手上，而是在职工购房时一并打入售房单位的账户。由此可见，住房补贴与职工家庭的关系极为紧密，而与职工个人这一特定的身份关联较少。夫妻可以根据双方的共同意愿对该款进行使用和处分，任何一方都没有权利完全按照自己的意志去单方面控制、支配该款。（2）从另外一个角度来考虑，如果夫妻双方在婚姻关系存续期间动用公积金等住房资金购买房屋，该住房当然视为夫妻共同财产，只是共同财产通过购买房屋这一行为由货币转化为实物，而个人财产转化为共同财产并不是以购房行为为条件的。这种住房的货币化，使住房补贴、住房公积金与工资的职能一样，都包含着对婚姻家庭基本生活的保障功能，因而不具备严格的、专属于特定人身的性质。①

① 万鄂湘主编：《民商法理论与审判实务研究》，人民法院出版社2001年版，第520页。

在离婚案件中具体处理住房补贴和住房公积金问题时，首先要严格分清上述款项取得于婚前还是婚后，离婚时所要分割的只是婚姻关系存续期间的住房补贴和住房公积金。从《住房公积金管理条例》的规定可以看出，当事人离婚并不是提取住房公积金的事由。在具体操作上，可以先计算出双方婚姻关系存续期间的住房公积金、住房补贴的总额（一般情况下夫妻双方都有一定数额的住房公积金或住房补贴，但在家操持家务者是没有的），然后再在夫妻之间进行分割。经过互相折抵后，实际上一方在具体执行时需要拿出的现金可能并不多。

三、男女双方实际取得或者应当取得的基本养老金、破产安置补偿费归属问题

为了与《社会保险法》的表述保持一致，本项规定中将原来的"养老保险金"修改为"基本养老金"。根据《劳动法》的规定，基本养老金是指国家和社会在劳动者年老丧失劳动能力的情况下，为使其老有所养、安度晚年而给予劳动者本人的经济帮助和社会保险。之所以将婚姻关系存续期间的基本养老金归属于夫妻共同财产，主要是考虑到基本养老金也是婚姻生活中一项很重要的财产，如果一方退休而另一方在职，若将基本养老金定性为一方的个人财产，而配偶一方的工资则是共同财产，显然是不公平的。

对于破产安置补偿费的归属问题存在很大的争议。有人认为，破产安置补偿费是企业破产后对其职工多年工作的一种补偿，是对企业职工的一种精神慰藉，具有未来生活保障金的性质。领取破产安置补偿费的一方，处于失业待岗的状况，而另一方当事人可能仍在岗或有固定的经济收入，如果将破产安置补偿费作为共同财产进行分割，而另一方在离婚之后，却可以继续享受其固定收入等经济来源，这样势必加剧领取破产安置补偿费一方的生活困难，显然是不公平的。故诸如"破产安置补偿费""工伤保险金""解除劳动合同一次性补偿费""辞职补偿费""失业救济金"等，应属一方的个人财产。现在

和今后失业和下岗的一般是女多于男，大多数女方本来收入就低于男方，再把“失业救济金”分给在岗的丈夫一半，女方离婚后极有可能陷于最低生活保障线以下，从这个角度考虑，也应认定为一方的个人财产。也有人认为，破产安置补偿费的目的重在补偿而不在安置，是企业破产后对其职工几年或几十年工作的一种补偿，从某种程度上是对职工不能再在企业工作而给予的一种精神安慰，是职工个人今后生活的必要保障，实际上就是职工救命钱，不宜认定为夫妻共同财产。我们认为这种观点也是颇有道理的，关键是侧重点不同，考虑问题的角度不同。从公平的角度考虑，应将婚姻关系存续期间取得的破产安置补偿费规定为夫妻共同财产。比如，配偶一方的企业破产，领取了一大笔破产安置补偿费，而这时婚姻生活的全部费用都靠在职一方的收入来支付，破产一方的安置补偿费却被视为一方的个人财产，恐怕也是令人难以接受的，且在审判实践中按司法解释的规定执行也是毫无疑问的。

【审判实践中应注意的问题】

一、正确理解“婚姻关系存续期间”的含义

所谓“婚姻关系存续期间”指的是夫妻双方登记结婚之日起至婚姻关系终止之日止的期间。即合法取得结婚证之时至离婚生效或因配偶一方或双方死亡，婚姻自然终止的期间。包括结婚之后夫妻双方共同生活期间、领取结婚证后双方尚未共同生活期间、夫妻双方婚后分居期间，以及一方向人民法院提起离婚诉讼，人民法院准予离婚的调解或者判决尚未生效期间。但需要注意以下几种情况不包括在内：一是双方虽然共同生活，但因双方不具备结婚实质要件，未领取结婚证的期间；二是双方登记离婚或诉讼离婚生效后，两人又在一起同居生活的期间。

二、正确理解“所得”的来源

夫妻共同财产的来源，为夫妻双方或者一方所得的财产，既包括夫妻通过劳动所得的财产，也包括其他非劳动所得的合法财产。当然，法律直接规定为个人特有财产的和夫妻约定为个人财产的除外。这里讲的“所得”是针对财产权利的取得，而不要求对财产实际占有。如果一方如夫或妻中奖所得的财产，离婚时可能权利人并未实际占有，但这些未实际控制、占有的财产仍应认定为婚姻关系存续期间所得。同样道理，婚前财产在婚后取得，也应属于一方的个人财产。比如，一方在婚姻关系存续期间拿到补发的婚前奖金，这笔奖金应认定为一方的个人财产；又如，一方的父亲在婚前死亡，婚姻关系存续期间才分割遗产，由于继承权从被继承人死亡时开始享有，故这笔遗产也应认定为一方的个人财产。再如，一方婚前借给朋友 10 万元，并签订了书面借款协议，婚后才通过诉讼程序要回这笔钱，但实际上债权早在结婚前就存在了，即从一方与朋友签订的借款合同成立之日起已经享有债权，故这 10 万元应认定为一方的个人财产。

三、正确理解“共同所有”的含义

这里的“共同所有”是指夫妻不分份额的共同所有，而不是按份共有。在分割夫妻共同财产之前的每一项财产，夫妻均拥有共同所有权，包括共同占有、使用、收益和处分的权利。在共同共有关系存续期间，各共有人对共有财产都没有确定的份额，他们共同享有共有财产的各种利益，共同负担由共有财产发生的各种义务。

夫妻共同财产属于共同共有财产关系。共同共有财产关系的发生原因，在于共有人之间具有法定的共同关系，如夫妻关系、家庭成员关系或者合伙关系。从法理上讲，共同共有财产关系发生的原因没有消灭，共同共有财产就不能分割。此举的意义，在于保持共有关系的稳定性和基础性，保护共有人的合法权益，否则将会对共同共有关系的当事人造成损害。因此，不论是何种共同共有关系，如果要消灭其财产关系，必先消灭其基础关系，再分割共有财产就顺理成章了。从现行法律规定来看，如果要分割夫妻共同财产，只有两种途径：一是离婚分割；二是在婚姻关系存续的前提下，夫妻双方约定分割。也就是说，一方在婚姻关系存续期间不得请求分割夫妻共同财产，除非夫妻双方协商一致都同意进行分割。

四、对补办结婚证之前的同居期间取得的财产的认定

补办前的同居分为两种情形：一种是双方不具备结婚的实质要件，如未达法定婚龄，对于这种情形，登记的效力肯定不能追认，同居期间的财产不能认定为夫妻共同财产；另一种是同居时双方已具备结婚实质要件，只是未领结婚证的情形。对此争议比较大，一种观点认为,《民法典》第1049条既然规定了允许双方补办登记，那么登记的效力就应追溯到双方具备实质结婚要件的同居期间，对同居期间的财产应按夫妻共同财产处理；还有一种观点认为,《民法典》第1049条明确规定“完成结婚登记，即确立婚姻关系”，如果追认补办前的行为，等于承认事实婚姻，我国从1994年2月开始已经不承认事实婚姻，现在再承认将不利于维护婚姻登记制度，故对补办效力不能溯及既往。补办前取得的财产，不能认定为夫妻共同财产。本解释第6条规定，男女双方依据《民法典》第1049条规定补办结婚登记的，婚姻关系的效力从双方均符合《民法典》所规定的结婚的实质要件时起算。第7条规定，未依据《民法典》第1049条规定办理结婚登记而以夫妻名义共同生活的男女，提起诉讼要求离婚的，应当区别对待：（1）1994年2月1日民政部《婚姻登记管理条例》公布实施以前，男女双方已经符合结婚实质要件的，按事实婚姻处理。（2）1994年2月1日民政部《婚姻登记管理条例》公布实施以后，男女双方符合结婚实质要件的，人民法院应当告知其补办结婚登记。未补办结婚登记的，依据本解释第3条规定处理。故补办之前的婚姻效力亦为法律所认可。对于同居期间，已满足结婚的实质要件，以夫妻名义共同生活而取得的财产在补办登记后，应视为夫妻共同财产。

第二十六条　夫妻一方个人财产在婚后产生的收益，除孳息和自然增值外，应认定为夫妻共同财产。

【条文主旨】

本条是关于夫妻一方个人财产在婚后产生的收益如何处理问题的规定。

【条文理解】

关于夫妻一方个人财产在婚后的收益如何处理，世界各国的立法体例各有特点，目前世界各国的夫妻财产制大致可以分为以共同财产制为基础、以分别财产制为基础、以剩余共同财产制为基础等几种基本形态。夫妻共同财产制是夫妻双方财产的一部或全部依法合并为夫妻共有财产，夫妻双方按共有原则共享权利，共担义务，婚姻关系终止时再按共有制度加以分割。分别财产制是指夫妻婚前财产及婚后所得财产均归各自所有，单独行使管理权、用益权和处分权，但不排斥妻以契约形式将其个人财产的管理权交付于夫，也不排斥双方拥有一部分共同财产。[①] 剩余共同财产制是夫妻对自己的婚前财产及婚后所得财产，各自保留其所有权、管理权、使用权、收益权及有限制的处分权，夫妻关系终止时，以夫妻双方增值财产（夫妻各自最终财产多于原有财产的增值部分）的差额为剩余财产，归夫妻双方分享。该财产制融合了分别财产制和共同财产制的优点，在婚姻关系存续期间，注重夫妻双方的独立经济地位，在婚姻关系终止时又体现了对夫妻协力、家务劳动价值的肯定，保护了弱势一方的利益。我国是以共同财产制为基础，分为法定财产制和约定财

---

① 杨大文：《亲属法》，法律出版社 2000 年版，第 149 页。

产制。我国法定财产制采取的是婚后所得共同制，同时引入约定财产制，注重对个人财产的保护。

一、收益及其分类

目前，无论是理论界还是司法实务界对如何描述夫妻一方个人财产婚后所得用词不太统一，有的使用“收益”一词，有的使用“孳息”一词。本条采用“收益”一词来描述夫妻一方个人财产婚后所得。夫妻一方个人财产婚后所生收益如何分类，通说观点认为，应包括投资收益、孳息和增值三种类型。这里的投资收益是指实际收益和货币收益。也有学者认为应将知识产权收益放在此研究，还有学者对此有不同看法，认为知识产权所生利益是知识产权本身的权利，是其人身性和财产性双重属性中的财产性权利，并不是知识产权带来的另外的利益，将知识产权收益作为婚后所生利益的一种似有不妥之处。并且《民法典》第1062条明确将婚姻关系存续期间所得的知识产权收益归夫妻共同所有。在此，我们以通说观点的投资收益、孳息和增值划分的类型来进行阐释。

（一）投资收益

从历史上看，收益概念最早出现在经济学中。亚当·斯密在《国富论》中，把收益看作是财物的增加。后来大多数经济学家都继承并发展了这一观点。20世纪初期，美国著名经济学家尔文·费雪发展了经济收益理论。在其《资本与收益的性质》一书中，首先从收益的表现形式上总结了收益的概念，提出了三种不同形态的收益：（1）精神收益，是指精神上获得的满足；（2）实际收益，是指物质财富的增加；（3）货币收益，是增加资产的货币价值。

投资是为企业或个人以获得未来收益为目的，投放一定量的货币或实物，以经营某项事业的行为。投资亦有广义和狭义之分，狭义上的投资是指将货币和实物投放于企业以获得利润；广义上的投资除包括狭义上的投资含义外，还包括将货币投放于某些产品上以获得增值，如房地产投资、黄金投资等。由此可见，广义上的投资在本质上为投资产品的增值收益。在此使用狭义的投资概念，增值单独作为一种类型进行阐述。

关于投资，还有一种是根据是否直接投资于企业经营活动区分为直接投资和间接投资。直接投资是指将货币或实物直接投资于企业生产经营活动，投资者对企业具有经营决策的权利，其投资收益通常与投资者的经营行为相伴相随，表现为投资经营实体获得的利润以及转让实体资产的转让款扣除投资额或者企业终止清算时剩余财产扣除出资额的余额。间接投资则并不直接投资于企业，其收益通常与企业的经营活动并不直接相关，主要表现为购买股票、债券、投资基金等有价证券获得的红利、利息、基金投资收益及转让上述证券所得与扣除本金的差额等。

（二）孳息

孳息，是民法概念，是指由原物或权利所产生的额外收益。根据民法理论，孳息分为天然孳息和法定孳息。天然孳息是依照物的自然性质或者物的变化规律而取得的收益，亦有人称之为直接孳息，如果树结出的果实、牲畜下的幼崽、母鸡生的蛋等均属于天然孳息。法定孳息是依照法律规定产生了从属关系，物主因出让所属物一定期限内的使用权而得到的收益，亦有人称之为间接孳息，如银行存款得到的利息、出租房屋或者物品得到的租金等。不过也有观点认为租金属于经营性收益，不属于孳息。《民法典》第321条对孳息有明确的规定和解释。罗马法上关于孳息的分类除了天然孳息和法定孳息外，还包括加工孳息，又称人工孳息，指需要人力加工才能获得的孳息，如终止收获的果实谷物等。这类分类在《法国民法典》中也有出现。我国除了规定天然孳息及法定孳息外，对加工孳息只字未提。这是因为在我国立法体制下不认为这类人力加工的劳动关系属于民事关系，不归民法调整。而我国的《劳动法》与《劳动合同法》对劳动者作出的保护，与德国、法国的民法典相比，不是更宽松，而是更严格。

（三）增值

增值，顾名思义就是物或权利在价格上的提升。与前所述相同，增值的概念亦有广义与狭义之分。广义上的增值包括的范围很广，只要是物或权利所生利益的增加均可称之为增值，当然包括孳息及投资收益。狭义的增值并不包括孳息及投资收益，而与之并列。狭义的增值之所以与孳息、投资收益并列，其不同之处在于，增值所涉及的物或权利增加的利益与原物或原权利并未分离，而孳息及投资收益与原物或原权利是分离独立的。增值根据发生原因不同，又可分为自然增值和主动增值。

1. 自然增值。夫妻一方个人财产在婚姻存续期间的自然增值，是指该增值的发生是因通货膨胀或市场行情的变化所致，与夫妻一方或双方是否为该财产投入物资、劳动、投资、管理等无关，是在财产所有人拥有的财产因所有人以外的变化因素的存在而出现的价值增长状态。财产所有人在此状态的发生过程中并未起到任何积极推动作用，即财产所有人并未将原有财产投入到价值再生产的过程中。比如，夫妻一方个人婚前所有的房屋、古董、字画、珠宝、黄金等，在婚姻存续期间因拥有的古董、字画随着收藏市场的繁荣而价格上涨，持有的股票因公司业绩优异而价格上扬等。

2. 主动增值。夫妻一方个人财产在婚姻存续期间的主动增值，该增值的发生原因与上述自然增值刚好相反，它与通货膨胀或市场行情变化无关，而是因夫妻一方或双方对该财产所付出的劳动、投资、管理等相关。财产所有人在此状态的发生过程中起到了积极推动作用，即财产所有人将原有财产投入到价值再生产的过程中。比如，夫妻一方的婚前个人所有的房屋因另一方在婚姻存续期间对它的装修而产生的增值部分。

二、关于夫妻一方财产在婚后产生的收益归属的认定

关于夫妻一方财产在婚后产生的收益如何处理，本条采用的是一般原则加例外规定的模式，按照不同类型分别加以认定。

1. 本条规定关于夫妻一方财产在婚后产生的收益归属的认定，一般原则上应认定为夫妻共同财产。这一原则规定符合我国现行婚后所

得共同制为基本形态的夫妻财产制度，也适应我国传统的婚姻家庭伦理观念和传统文化。

2. 本条除了规定上述一般原则外，还规定了两种除外类型：（1）孳息。（2）自然增值。本条规定将上述两种夫妻一方财产在婚后产生的收益类型排除于夫妻共同财产之外，而把夫妻另一方对个人财产的天然孳息、自然增值认定为个人财产，其原因在于夫妻另一方对个人财产的天然孳息、自然增值的形成及产生未提供贡献，故而为个人财产。但从协力理论的角度出发，孳息是否为夫妻一方个人财产应区分不同情形作不同处理：将夫妻一方个人财产产生的天然孳息界定为个人财产并无疑问，但法定孳息不宜均界定为个人财产，最典型如出租房屋所获得的租金，这一孳息与个人财产投资获得的收益并不存在差异，本条将个人财产投资所获得的收益规定为夫妻共同财产，按照类似实务类似处理的平等原则，以租金为代表的法定孳息也应属于夫妻共同财产。而夫妻一方婚前银行存款及其利息则更宜解释为夫妻一方个人财产。总之，在判断孳息是否为夫妻个人财产时，应当从协力理论出发，考察夫妻一方对财产的取得是否作出贡献。

因夫妻一方财产在婚后产生的自然增值通常是因通货膨胀或市场行情的变化而致，与夫妻双方的人为协作劳动或管理等并无关联，根据平等原则和注重保护个人财产原则，应将该部分增值认定为个人财产。

3. 关于夫妻一方财产在婚后产生的投资收益这种类型认定为夫妻共同财产。投资收益与自然增值、孳息存在很大的不同，是财产所有人对于所拥有的财产起到了积极推动作用，因夫妻一方或者双方的投资原因物质财富的增加，资产货币价值的增长。故这类投资收益也属于夫妻通过劳动所得的财产类型，除了夫妻另有约定外，应归属于夫妻共同财产。

三、关于确认收益归属的相关因素

夫妻财产本身存在人身与财产双重属性，本条规定确认夫妻一方个人财产在婚姻存续期间的收益归属时，并不是将其视为一个孤立的问题，而是考量了诸多因素。对本条规定的理解，除了条文本身之外，还需对条文背后所考量的相关因素予以关注。

（一）夫妻财产制的立法理念及婚姻的伦理性

每个国家夫妻财产制的采用，具有一定的地域性和时代性，同本国的文化传统、伦理观念、民主法治的发展程度紧密相连。正如有学者在总结其他国家和地区立法例后所言："确定一方婚前财产在婚后所得孳息的所有权之归属，由于各国立法价值取向不同，导致了结果不同。从立法价值取向看，如侧重维护婚姻家庭共同生活，则一方婚前财产在婚后取得的孳息全部归属于夫妻共同所有；如果兼顾维护婚姻家庭共同生活和保护夫妻个人财产所有权，则部分共有、部分个人所有；如侧重于保护夫妻个人财产所有权，则一方婚前财产在婚后所得的孳息全部归属于该方个人所有。"[①]随着社会经济的发展，在我国，人们的婚姻家庭观念发生了很大变化，人们越来越看重夫妻感情的维系，但是家庭仍然承担着生育和经济生活等诸多职能，我国现阶段社会大众的主流婚姻观念仍然是夫妻一体主义，"夫妻不分你我，在财产问题上也不分彼此"的观念仍然比较普遍，这就决定了我国的法定夫妻财产制仍然是共同财产制的基本形态。同时，在我国一般社会婚姻意识水平下，婚姻的伦理性仍然不能通过夫妻的精神层面完全得到解决，必须要辅之以财产制度。这些因素也意味着在认定夫妻一方个人财产在婚姻存续期间所产生收益归属时，不能采用个人财产说，即将一切收益认定为个人财产。否则，就会脱离我国目前大众婚姻理念及现状的实际。与此同时，随着社会经济的发展和人们自我意识的觉醒，现代社会开始崇尚人格独立，无论是夫或妻，除了家庭属性之外，亦是社会的一个公民，具有人身和财产上的独立性，故在认定夫妻一方个人财产在婚姻存续期间所产生收益归属时，也应保障夫妻的独立人格和经济地位。

---

① 陈苇：《婚姻家庭继承法学》，法律出版社2002年版，第198页。

（二）男女平等、保护女性利益之观念

随着经济社会发展和妇女解放意识的增强，女性的社会经济地位日益提高。但整体而言，女性在就业机会、经济收入等方面与男性仍有差距，同时，在家庭里女性还要承担生育、照顾家庭等职责，这对社会和男性有利，却不利于女性经济地位的提高，因此，在认定夫妻一方个人财产在婚姻存续期间所产生收益归属时仍然有必要对女性予以特别关照，不能让收益完全归一方所有。

（三）尊重家务劳动价值

夫妻双方组成家庭，如同社会分工不同一样，他们在家庭生活中所扮演的角色也可能有所不同，很有可能一方的社会参与度高一些，一方照顾家庭更多一些。社会职业活动的价值往往通过工资、奖金、生产经营收益等加以体现，但家务劳动价值往往很难有一个具体量化的标准，而它对维系家庭正常生活乃至社会生活的有序进行至关重要，因此，在认定夫妻一方个人财产在婚姻存续期间所产生收益归属时，必须对家务劳动价值予以必要关注。

（四）维护交易安全

"夫妻财产制本来是规范夫妻内部之财产关系，但近代以来，由于资本社会的发达，交易趋于频繁，若夫妻中一人与第三人交易时，则涉及夫妻与第三人间财产关系，亦即，制定夫妻财产制时，不仅需注意夫妻内部之平等，尚须顾及交易之安全。"[①] 我国实行市场经济，交易安全也是其内在要求，认定夫妻一方个人财产在婚姻存续期间所产生收益归属时，应尽量使各种收益归属相对明确、固定，使之易为与夫或妻从事交易的第三人明了，从而满足市场经济条件下交易安全之需要。

（五）身份法和财产法之平衡

在认定夫妻一方个人财产在婚姻关系存续期间所产生收益的归属问题上，有主张按照《民法典》物权编之规定，将其认定为夫妻一方

---

① 林秀雄：《夫妻财产制之研究》，中国政法大学出版社 2001 年版，第 243 页。

个人财产；有主张按照夫妻共同财产制之要求认定为夫妻共同财产，这两种观点均有其偏颇之处，归属认定不能一概而论。一方面，我们应该看到，婚姻家庭中的财产关系，是以人身关系为前提，直接体现出一定经济内容或者以一定的财产为媒介所形成的社会关系。这种财产关系不能脱离婚姻家庭方面的人身关系而独立存在，它是依附、从属于亲属人身关系的。[①]另一方面，我们在设计规则时，也应努力减少法律规定上的冲突，在不违背公平合理的基础上尽量与《民法典》物权编的相关规定协调，以利于法律之统一。

【审判实践中应注意的问题】

1. 鉴于离婚案件的特殊性，无论是民事实体法还是民事程序法都对其进行了特殊的规定和设计。在审理该类纠纷时，单纯运用法律的手段效果未必理想，而且容易留下“后遗症”，故应特别注意诉讼调解程序的运用，通过法、理、情多管齐下，争取当事人能够互谅互让，妥善处理好离婚与否、子女抚养、财产分割等问题。在处理夫妻一方财产在婚后产生的收益归属问题时，法官亦要注意调解程序的运用，以便双方当事人都各得其所。

2. 关于约定财产制的规定，《民法典》第1065条规定：“男女双方可以约定婚姻关系存续期间所得的财产以及婚前财产归各自所有、共同所有或者部分各自所有、部分共同所有。约定应当采用书面形式。没有约定或者约定不明确的，适用本法第一千零六十二条、第一千零六十三条的规定。夫妻对婚姻关系存续期间所得的财产以及婚前财产的约定，对双方具有法律约束力。夫妻对婚姻关系存续期间所得的财产约定归各自所有的，夫或妻一方对外所负的债务，相对人知道该约定的，以夫或者妻一方的个人财产清偿。”在司法审判实践中，如当事人对夫妻一方财产在婚后产生的收益归属有约定时，应尊重当

① 王洪：《婚姻家庭法》，法律出版社2003年版，第4页。

事人的约定，约定优先于法定，而不应机械生硬地适用本条。

3. 以往在理论界讨论夫妻一方财产在婚后产生的收益归属问题时，往往将着眼点放在“夫妻一方婚前财产”在婚姻存续期间所产生的收益上，但根据当事人的约定或法律规定，夫妻在婚姻存续期间的所得亦有可能归属夫妻一方个人财产，而本条规定对“夫妻一方个人财产”并未局限在“婚前”这个时点上，故对夫妻在婚姻存续期间所得且应归属于夫妻一方个人财产在婚后所产生的收益如何确定归属，亦适用本条规定。

第二十七条　由一方婚前承租、婚后用共同财产购买的房屋，登记在一方名下的，应当认定为夫妻共同财产。

【条文主旨】

本条是关于由一方婚前承租，婚后用共同财产购买的房屋所有权归属的规定。

【条文理解】

司法实务中，对在婚姻关系存续期间，用共同财产购买的由夫妻一方婚前承租的房屋权属如何认定处理，素有争议：一种观点认为，为确保不动产登记的公示公信效力，应以房屋最终登记的权利人为准，如果登记为一方名下，则应认定为夫妻一方的个人财产；另一种观点认为，应根据购买房屋的资金来源判断，如果购房款是用的夫妻共同财产，那么就应该认定所购买房屋为夫妻共同财产，而不用区分登记权利人是一方抑或双方。为统一裁判尺度，最高人民法院曾在《婚姻法司法解释（二）》第19条规定“由一方婚前承租、婚后用共同财产购买的房屋，房屋权属证书登记在一方名下的，应当认定为夫妻共同财产。”该条实施以来，取得了较好的法律效果和社会效果，故本条对其基本内容和精神予以继受，只是作了个别文字修改，即将“房屋权属证书”删除。

本条是对在婚姻关系存续期间，用共同财产购买的由夫妻一方婚前承租的房屋权属如何认定处理的解释性规定，属于夫妻财产关系方面的内容。其处理依据主要是《民法典》所确立的夫妻财产制原则。所谓夫妻财产制，是规定夫妻财产关系的法律制度，包括夫妻婚前财产和婚后所得财产的归属、管理、使用、收益和处分，以及家庭生活费用的负担，夫妻债务的清偿，婚姻终止时夫妻财产的清算和分割等内容，其核心内容是夫妻婚前财产和婚后所得财产的所有权归属问题。[①]从《民法典》第1062条、第1063条和第1065条规定的内容看，对夫妻财产制的规定同时采用了法定财产制和约定财产制，另有夫妻特有财产制作为补充，而法定财产制沿用的是1950年和1980年《婚姻法》所确立的共同财产制。

共同财产制是指除夫妻个人特有财产和夫妻另有约定外，夫妻双方或一方在婚姻关系存续期间所得的财产，均归夫妻共同所有，夫妻双方享有平等的处理权的制度。它又分为一般共同制、婚后所得共同制和劳动所得共同制等形式，我国实行的是夫妻婚后所得共同制。这里的共同所有是指夫妻共同共有，而不是按份共有。约定财产制是指法律允许夫妻以协议的方式，对夫妻在婚前和婚姻关系存续期间所得财产的所有权的归属、管理、使用、收益、处分以及对第三人债务的清偿、婚姻关系解除时财产的分割等事项作出约定，从而排除或部分排除夫妻法定财产制适用的制度。约定财产制是相对于法定财产制而言的，具有优先于法定财产制适用的效力，只有在当事人未就夫妻财产作出约定、所作约定不明确，或所作约定无效时，才适用夫妻法定财产制。[②]夫妻特有财产，也称夫妻保留财产，而所谓的特有财产制，是指夫妻在实行共同财产制的同时，依照法律规定或双方约定，各自保留一定范围的个人所有财产，并对该财产进行管理、使用、收益、处分，以及有关的财产责任、特有财产的效力等内容组成的法律制度，包括法定的特有财产和约定的特有财产。特有财产制与共同财产制同时并存，没有共同财产制，也就没有所谓的特定财产制，特定财产制是对共同财产制的限制和补充。

一、起草背景和相关情况

由我国住房制度的历史发展性和国情特殊性所决定，当前我国房

① 黄薇主编：《中华人民共和国民法典释义》，法律出版社2020年版，第1991页。
② 黄薇主编：《中华人民共和国民法典释义》，法律出版社2020年版，第2005页。

屋形态呈现多样性。但从房屋所有权权属来划分，所有的房屋都可归结为公房和私房两种，这是对房屋的一种最基本的分类，而且与公民的基本日常生活密切相关，也是住房制度改革的发展方向。公房系指国有房屋和集体所有的房屋，其中国有公房包括国家投资建设由房产管理部门直接经营管理的房屋（直管公房）和机关、团体、国有企业事业单位投资建设自行管理的房屋（自管公房）。集体所有的房屋是集体企业投资建设自行管理的房屋。私房是指个人所有、数人共有的自用或出租的住宅和非住宅用房。

由于我国过去实行过一段时间的计划经济体制，国有房屋和集体所有房屋成为当时我国城镇房屋的主要组成部分，在城镇住房制度改革之前只有极少数的私有房屋存在，城镇居民的生活住房基本由国家提供并统一分配，实行以低租金为主要特点的福利性实物供给制。因此，在这一时期的离婚诉讼中，财产分割几乎不涉及房屋所有权归属问题，而多是离婚后男女双方对公房使用、承租的争议。为此，最高人民法院曾于1996年专门制定了《关于审理离婚案件中公房使用、承租若干问题的解答》（已失效），对在离婚诉讼中因使用、承租公房而发生的争议作了明确具体的处理规定。

我国城镇居民房屋的取得，主要按照房改政策从本单位购买公有住房即房改房，或者从市场上购买商品房、经济适用房、私有房屋。房改房在出售前基本上是由本单位职工以低租金承租的房屋。根据房改政策，职工购买公有房屋实行市场价、成本价或标准价。职工以市场价购买的住房，产权归个人所有，可以依法进入市场交易，其交易所得在按规定交纳有关税费后，收入归个人所有。职工以成本价购买的住房，产权归个人所有，一般住用5年后可以依法进入市场交易，在补交土地使用权出让金或所含土地收益和按规定交纳有关税费后，收入归个人所有。职工按标准价购买的住房，拥有部分产权，即占有权、使用权、有限的收益权和处分权，可以继承，产权比例按售房当年标准价占成本价的比重确定。一般住用5年后方可依法进入市场交易，售、租房收入在补交土地使用权出让金或所含土地收益和按规定交纳有关税费后，由单位和个人按各自的产权比例进行分配。[1]在实际生活中，夫妻在婚姻关系存续期间购买的承租房屋绝大部分为公有房屋，即房改房，主要有由一方婚前承租的房屋和婚后共同承租的房屋。也有一部分是购买在市场上承租的非房改房，如承租商品房、私有房屋。根据《民法典》所确立的法定共同财产制和约定财产制及夫妻特有财产的规定，夫妻以共同财产购买婚后共同承租的房屋，无论是房改房抑或非房改房，均应属于夫妻共同财产；夫妻一方婚前以个人财产购买的承租房屋，无论是房改房抑或非房改房，均属于一方的婚前财产，为夫妻特有财产；夫妻一方婚后以个人财产购买婚前一方承租或者婚后双方共同承租的非房改房，属于个人财产。对上述房屋权属的认定，均不易引起争议。目前容易产生纠纷的问题是：夫妻婚后以共同财产或者个人财产购买婚前由一方承租的房改房，并将房屋权属证书登记在一方名下。在此情况下，房屋权属如何确定？根据公有住房出售的有关规定，个人购买公有房屋并归个人所有的，只能是以市场价和成本价购买的房屋。因此，本条所要解决的，是个人在婚姻关系存续期间按市场价或成本价购买其承租的公有房屋的权属问题。在婚后购买婚前由一方承租的公有房屋的过程中，又存在以共同财产购买和以个人财产购买两种情况。

其中，以夫妻共同财产购买的情形在司法实务中争议最大：一种观点认为，应将婚前一方承租的福利房划为婚前个人财产，而不区分购买资金来源；另一种观点则认为，房改房原本是单位根据职工的职务、工龄、家庭人口等多种因素综合考虑而给予职工的福利，按房改政策出售，仍是上述福利政策的延续。国家多年实行低工资制，现在按成本价售房给职工，等于将多年积累的工资差额，一次性地补发给职工。因此，对购房前结婚不久的人来说，此房实际上是用购房一方婚前工资取得购买的婚前财产，如果另一方对购得的房改房，仅凭交款在婚姻关系存续期间即主张是夫妻共同财产，是不公平的。我们认

① 《国务院关于深化城镇住房制度改革的决定》（1994 年 7 月 18 日）第 21 条。

为,《民法典》第1062条已经明确，夫妻共同所有包括婚姻关系存续期间取得的房屋在夫妻没有另行约定的情形下，即便该房屋由一方婚前承租，也应认定为夫妻共同财产。

二、由一方婚前承租、婚后用共同财产购买且登记在一方名下房屋的所有权归属

法定共同财产制决定了夫妻在婚姻关系存续期间所得财产，除为法定夫妻特有财产和约定为个人所有财产之外，均为夫妻共同所有，夫妻对共同所有的财产享有平等的处理权。由此可以得出,《民法典》所确立的夫妻共同所有是一种共同共有，不是按份共有，夫妻任何一方以共同财产购置的所有财产也均为夫妻双方共同所有，包括由一方婚前承租，婚后以夫妻共同财产购买的房屋。

根据《民法典》《城市房地产管理法》《不动产登记暂行条例》等规定，国家实行房屋不动产所有权登记发证制度。不动产登记，是指不动产登记机构依法将不动产权利归属和其他法定事项记载于不动产登记簿的行为。具体到房产交易，应当由房屋买卖当事人双方共同向不动产登记部门申请不动产转移登记。房屋所有权的转让，自记载于不动产登记簿时发生效力。不动产登记簿是物权归属和内容的根据。不动产权属证书是权利人享有该不动产物权的证明。不动产权属证书记载的事项，应当与不动产登记簿一致；记载不一致的，除有证据证明不动产登记簿确有错误外，以不动产登记簿为准。据此，通常情况下，房屋所有权主体的确认，是以不动产登记簿所记载的内容为依据，即不动产登记簿记载的权利人为房屋所有权人。由于我国封建社会历史较长，夫妻及家庭成员相互之间在法律权利意识上较之传统的伦理道德风俗习惯等因素淡薄，家庭、家长、户主、家属意识严重，独立的个人权利意识相对弱化。因此，在一个家庭为日常民事法律行为时，往往会以夫妻一方或者家长、户主的名义进行，当然这也是《民法典》所规定的家事代理、表见代理的一种体现。根据法律规定，夫妻一方或者家长、户主的此种代理行为在对夫妻或者家庭以外

的第三人来讲，如被代理人不能证明代理人的行为为个人意志的情况下，是不具有对抗效力的，但在对夫妻或者家庭内部成员权利义务关系的认定处理上，就容易产生异议。特别是在一个家庭以共同所有的资金购置房屋、汽车等需要办理权属登记的财产时，不动产登记机关通常按照申请人的申请在不动产登记簿上只将夫妻一方或者家长、户主个人作为权利主体予以记载，结果导致在对夫妻财产或者家庭财产进行处分或者分割时发生纠纷。夫妻一方或者家长、户主以不动产登记簿所记载的权利主体为依据主张该财产为个人财产，而相对人则认为该财产为共同所有。由于我国法律规定，认定房屋不动产权属的最重要依据就是不动产登记簿，因此，其他共有人的权利主张无法得以证实，必将损害其合法权利。

我们认为，根据《民法典》所确立的法定共同财产制原则，在对婚姻关系存续期间，夫妻一方或者双方以共同财产购买的财物的权属认定上，除当事人另有约定外，确定为属于夫妻共同所有。在此基础上，对夫妻一方婚前承租的房屋，尽管该房屋是所在单位出租给其个人居住，个人享有相应的福利性待遇，但终究尚未取得房屋所有权，只要该承租房屋是婚后用夫妻共同财产购买，就应属夫妻共同所有。不动产登记簿记载的权利主体为夫妻双方的，夫妻双方为共同所有权人自不待言，不动产登记簿记载的权利主体为夫妻一方的，该房屋仍应认定为夫妻共同财产。夫妻一方以不动产登记簿记载的权利主体为其个人为由，主张该房屋为个人财产的，需举证证明该房屋是婚前个人财产，或者是以其个人财产购买，或者双方有明确约定属于其个人所有。否则，应认定为夫妻在婚姻关系存续期间取得的共同财产。

至于是否还应保留《离婚案件财产分割问题的意见》规定的结婚8年后为宜的建议，因以年限长短决定房屋所有权变动缺乏法律依据，而且现行《民法典》对此已予以否定，故我们认为不应保留。

【审判实践中应注意的问题】

司法实务中，除了用夫妻共同财产购买婚前一方承租的公有房屋情形外，还存在婚前由一方承租的公有房屋婚后以个人财产购买的房屋权属的问题。对此，我们认为，我国城镇居民住房在住房制度改革之前，其居住的房屋基本是由国家或者单位提供的直管公房或自管公房，房屋所有权属于国家或单位，国家和单位是房屋的所有权主体。而个人取得的房屋居住权则是基于与国家、单位之间的房屋租赁关系，是一种债权债务关系，其对承租的房屋只享有占有、使用的权利。因此，将婚前一方承租的福利房划为婚前财产，混淆了所有权和租赁权，也就是物权和债权之间的关系，是不妥当的。当然，尽管个人对该承租的房屋只是享有一种债权，但根据《民法典》第726条“出租人出卖租赁房屋的，应当在出卖之前的合理期限内通知承租人，承租人享有以同等条件优先购买的权利；但是，房屋按份共有人行使优先购买权或者出租人将房屋出卖给近亲属的除外。出租人履行通知义务后，承租人在十五日内未明确表示购买的，视为承租人放弃优先购买权”的规定，在国家或者单位作为出租人出卖该承租的房屋时，自然人作为承租人则享有在同等条件下优先购买的权利，出租人未按此规定出卖房屋的，承租人可以依据《民法典》第728条“出租人未通知承租人或者有其他妨害承租人行使优先购买权情形的，承租人可以请求出租人承担赔偿责任。但是，出租人与第三人订立的房屋买卖合同的效力不受影响”的规定，请求出租人承担赔偿责任。因此，承租人对其承租的公有房屋只享有债权和该房屋在出卖时的优先购买权，而没有所有权。依据《国务院关于深化城镇住房制度改革的决定》第21条，只有个人在按照房改政策，以市场价或者成本价购买所承租的公有住房后，才取得该房屋的所有权。如果以标准价购买的，只是拥有部分产权。基于此，自然人在婚前以市场价或者成本价购买的承租房屋，其所有权归属于个人所有是没有任何异议的。《民法典》第1063条也明确规定，一方的婚前财产为夫妻一方的财产，这属于夫妻特有财产。但对自然人在婚后以个人财产购买的婚前承租的公有房屋，该房屋作为婚姻关系存续期间所取得的财产，其所有权是否应当依据《民法典》第1062条的规定，认定为夫妻共同财产？《民法典》没有明确规定。

由于我国《民法典》所确立的法定财产制是夫妻婚后所得共同制，除夫妻个人特有财产和夫妻另有约定外，夫妻双方或一方在婚姻关系存续期间所得的财产，均归夫妻共同所有，夫妻双方享有平等的财产所有权。因此，通常情况下，除夫妻个人特有的财产和夫妻约定属于个人所有的财产外，婚姻关系存续期间双方或者一方所得财产均属夫妻共同财产，包括婚前由一方承租，婚后购买取得所有权的房屋。如要想排除该房屋为夫妻共同财产，就必须是夫妻特有财产，或者约定为夫妻个人所有的财产。因婚前由一方承租的房屋所有权属于国家或者单位所有，承租人只享有债权，所以，该房屋不属于《民法典》第1063条规定的“一方的婚前财产”，不是夫妻的特有财产。该房屋虽不属于夫妻特有财产，但根据《民法典》确立的夫妻约定财产制原则，夫妻之间可就婚姻关系存续期间取得的财产以及婚前财产，约定归各自所有、共同所有或者部分各自所有、部分共同所有。一种观点认为，夫妻一方在婚姻关系存续期间，以个人财产和其父母、子女财产购买取得其婚前承租房屋的，该房屋自应属于约定的个人财产。对此，我们认为，如果该房屋属于房改房之外的商品房、私有房屋等非房改房，按照约定财产制原则，以个人财产购买的，尽管是在婚姻关系存续期间取得的所有权，仍应将其认定为个人财产，这是没有任何问题的。但由于购买的承租房屋为实行房改政策的公有房屋，该房屋的出售及其价格的计算，都受国家房改政策的调整。按照《国务院关于深化城镇住房制度改革的决定》，职工按成本价购买公有住房，每个家庭只能享受一次，职工购买现已住用的公有住房的，售房单位应根据购房职工建立住房公积金制度前的工龄给予工龄折扣；每年工龄折扣的数额，按抵交价除以65（男职工35年、女职工30年）计算，离退休职工购房计算工龄折扣的时间，按国家规定的离退休年龄计算。此外，还要综合考虑职工的职务、家庭人口等多种因素。可见，按房改政策出售的房屋是上述福利政策的延续，公有住房的出售价格中包含了夫妻双方的工龄折扣等福利待遇。因此，不能简单地认为承租的公有房屋是以个人财产购买的，即是个人财产。

第二十八条　一方未经另一方同意出售夫妻共同所有的房屋，第三人善意购买、支付合理对价并已办理不动产登记，另一方主张追回该房屋的，人民法院不予支持。

夫妻一方擅自处分共同所有的房屋造成另一方损失，离婚时另一方请求赔偿损失的，人民法院应予支持。

【条文主旨】

本条是关于夫妻一方擅自出卖共有房屋应如何处理问题的规定。

【条文理解】

在房屋买卖合同纠纷案件中，经常会涉及夫妻共同所有房屋被夫妻一方单方出售应如何处理的问题。从司法实务来看，该类纠纷大致可分为以下三种情形：第一，不动产权证书上登记的权利人为夫妻双方，夫妻一方与第三人签订房屋买卖合同；第二，不动产权证书上登记的权利人仅为夫妻中一方，登记权利人与第三方签订房屋买卖合同；第三，不动产权证书上登记的权利人仅为夫妻中的一方，另一方与第三人签订房屋买卖合同。如果再作进一步细化分析，上述三种情形又可从房屋是否办理转移登记、买受人是否支付对价和买受人是否善意等不同角度划分出更多的案件类型。鉴于房屋一般是夫妻共同财产中最重要组成部分，甚至涉及夫妻双方的基本居住权，各级人民法院在处理该类纠纷时都比较慎重。但是，由于部分法院在合同效力的判断、夫妻另一方与买受人之间的利益衡平等问题上存在认识分歧，在夫妻共同所有房产的最终归属的裁判上“同案不同判”现象并不少见。为统一裁判尺度，《婚姻法司法解释（三）》第11条对上述问题作了回应。从该条实施情况看，效果明显，故本次司法解释清理时，将该条内容予以保留。只是作了下列文字修改：（1）将“共同共有”改为“共同所有”，以与《民法典》第1062条表述保持一致；（2）将“并办理不动产所有权登记手续”改为“并已办理不动产登记”，不动产所有权登记手续是口语化表达，对应的法律术语应为不动产登记。增加“已”字强调登记行为已经完成。

本条规定的问题，表面上虽是房屋买卖合同效力及房屋所有权最终归属方面的法律适用分歧，但究其实质则是如何衡平房屋共有人与受让房屋的第三人之间的利益，或者更抽象地说是在交易安全与所有权安全之间的取舍。之所以引发不同利益主体之间的冲突，皆由夫妻一方的无权处分行为引致。所谓无权处分是指无处分权人以自己名义处分他人之物的行为。其特征主要有三：（1）无权处分中的“无权”，主要指没有处分的权源。尽管在处分时可能会表现出有权的外观，但处分人在实施处分行为时，事实上处于无权状态；（2）这里的处分不仅仅包括所有权的转让，还包括出租、设定担保等非转让行为；（3）强调以自己名义处分，以此区别于以他人名义、超越代理权和表见代理中的处分。后者适用的是无权代理及表见代理规则等。关于无权处分，《合同法》第51条作出了规定。从该条的逻辑表述来看，无权处分人所签订的合同不产生效力是指买卖合同不生效。除非处分人事后取得处分权或经权利人追认后，该合同才为有效。在所有权人否认该合同效力的前提下，基于物权的追及性，其似乎可直接向买受人追回原物。《民法典》第597条改变了《合同法》第51条关于合同效力的规定，通过“解除合同”的表述事实上认可了无权处分人签订合同有效，但标的物所有权不因此发生变动。此时，如果彻底贯彻所有权绝对原则，赋予所有权人无限追及权利，那么受让人就得时刻小心，务必查明出卖人是否真正具有处分权，这势必加大交易成本和费用，无益于促进交易和保障交易安全。相反，如果一概保护受让人对受让财产的利益，则可能助长欺诈、合谋骗取他人财产的行为，严重侵犯所有权人的合法权益。面对“两难”局面，学理上设计了善意取得制度来加以规制。

善意取得又称即时取得，指无权处分他人财产的转让人将其有权占有的他人财产（包括动产和不动产），交付或登记于买受人名下，如买受人取得该财产时出于善意并支付了合理对价，则其即取得该财产的所有权，原所有权人不得要求受让人返还原物。善意取得制度，是近代以来大陆法系与英美法系民法中的一项重要法律制度。善意取得制度渊源于日耳曼法的“以手护手”原则，即任意将物交付他人者，仅能向其相对人请求返还，如该他人将之让与第三人时，除应对相对人请求损害赔偿或其他权利外，不得对第三人请求返还。其制度目的是协调财产所有权的静的安全与财产交易的动的安全之间的冲突。保护财产所有权静的安全是对所有权给予绝对的保护，保护财产交易的动的安全则是对财产所有权流转的保护。该制度一方面旨在保证所有权安全，保持社会秩序的稳定，另一方面又要维护善意受让人的利益，以促进交易和保护交易安全。当真正权利人与善意受让人之间利益发生冲突时，应当侧重于保护善意受让人。这样不仅有利于维护交易安全，而且有利于鼓励交易。保护善意受让人将使受让人形成一种对交易合法性、对受让标的物不可追夺性的信任，从而形成对当事人的一种激励机制——激励其更多地从事交易。与此同时，对真正权利人利益的限制，也是对真正权利人选任托付自己财产的当事人考虑不周的一种归责。

一般认为，善意取得构成要件为：（1）受让人须为善意。这里的“善意”是指买受人在取得标的物所有权时主观上不知道存在某种足以影响该买卖行为效力因素的一种心理状态。由于这种心理状态存在于人的内心，外人很难得知，故只能综合当事人交易时的客观情况加以判断。例如，可根据受让财产的性质、受让行为有偿或无偿、出让人的意思能力以及受让人的工作生活背景等因素分析受让人是否知道或应当知道出让人无权转让。如果受让人在出让人转移财产所有权时，知道或应当知道出让人无权转让该财产，则可认定受让人主观上不存在善意。至于受让人在受让后才知晓出让人无权处分财产的情形，则因交易已经完成，此时并不影响受让人取得所有权。（2）受让人须已支付合理对价。如前所述，善意取得制度主要是为促进并保证交易安全而设。因此，没有真实交易关系，则很难有善意取得制度的适用基础。相应地，是否构成善意取得就可通过是否存在真实交易关系加以厘定。而是否构成真实交易关系的一个很重要外部客观标志就是买受人支付了合理的对价。如果没有支付对价或支付远低于市价的对价则很难说买受人在进行交易时主观上存在善意。退一步而言，即便没有支付合理对价的受让人主观上是善意的，要求该受让人返还财产一般也不会给其造成大的损失，故对其不适用善意取得也并不会导致利益上的失衡。（3）受让人实际占有该财产。除了现实交付之外，根据《民法典》第226条、第227条及第228条之规定，动产交付的表现形式还包括简易交付、返还请求权之让与、占有改定。简易交付，即受让人已经占有财产，则于买卖财产的合同成立时，视为交付。占有改定，即让与人与受让人之间特别约定，财产仍然由出让人继续占有，在让与财产的合意成立时，即视为交付，受让人取得间接占有。返还请求权让与，即财产由第三人占有时，出让人将其对第三人的返还请求权让与受让人，以代替交付。（4）客体物为动产或不动产。动产，是指能够移动而不损害其价值或用途的物。传统理论一般认为，善意取得的对象只能为动产。理由在于，只有动产的占有具有推定为所有权的公信力。而且，动产所有权转移采取交付移转，一旦交付，受让人即取得占有，可推定其为所有权人。不动产指不能移动或移动会损害其价值或用途的物。对于不动产，各国一般实行强制登记原则。只有登记才能公示所有权。单纯标的物的移转占有并不移转所有权，只有经过转移登记后才能发生所有权移转的效力。因此，在一般情形下，不动产买卖中不可能有受让人不知真正所有权人的情形（即善意情形）。但是，现实中不动产登记免不了发生错误和遗漏，在这样的情形下，仍然应保护善意信赖登记簿的人。因此，就有不动产善意取得存在的必要性。也就是说，一旦我们承认不动产所有权登记也可能出现虚假错漏，而且登记簿具有公信力，那么善意信赖权利外观公示而进行交易的人自然就应得到法律保护。[①] 对此，《民法典》第311 条规定："无处分权人将不动产或者动产转让给受让人的，所有权人有权追回；除法律另有规定外，符合下列情形的，受让人取得该不动产或者动产的所有权：（一）受让人受让该不动产或者动产时是善意的；（二）以合理的价格转让；（三）转让的不动产或者动产依照法律规定应当登记的已经登记，不需要登记的已经交付给受让人。受让人依据前款规定取得不动产或者动产的所有权的，原所有权人有权向无处分权人请求赔偿损失。当事人善意取得其他物权的，参照适用前两款规定。"可见，《民法典》在规定善意取得制度时，已将不动产列入了善意取得的对象范畴。

从以上对善意取得制度的解读可知，善意取得制度的价值取向、构成要件和相关主体之间关系等，都与本条所讨论的夫妻一方出售夫妻共同所有房产所引发的法律关系及其法律后果高度契合。具体到本条内容而言，夫妻一方在未经夫妻另一方同意的情形下，以自己的名义出售属于夫妻共同所有的房产，不管该房产登记在谁的名下，本质上都是处分与他人共有财产的行为，属于无权处分。该处分行为引致的夫妻另一方与买受人之间的利益冲突，正是善意取得制度着力解决的问题。因此，本条借鉴了《民法典》有关善意取得制度的规定。

一、如何理解本条中"一方未经对方同意出售夫妻共同所有的房屋"

《民法典》第 301 条规定："处分共有的不动产或者动产以及对共有的不动产或者动产作重大修缮、变更性质或者用途的，应当经占份额三分之二以上的按份共有人或者全体共同共有人同意，但共有人之间另有约定的除外。"从该规定可知，除非共同共有人之间另有约定，共有人要处分共有财产一般要征得其他共有人同意，否则就可能损害其他共有人的不动产所有权。鉴于夫妻共同所有财产亦为共有财产，

---

① 高富平：《物权法专论》，北京大学出版社 2007 年版，第 202 页。

本解释起草过程中借鉴了上述《民法典》条文的规定。相应地，结合《民法典》上述规定厘清何谓“夫妻共同所有房屋”和“未经对方同意”对正确理解并适用本条十分重要。

（一）夫妻共同所有房屋

夫妻共同所有房屋，从字面意义而言，是指夫妻共同对房屋拥有所有权。按大陆法系民法理论，所有权可以从质和量上加以分割。当所有权的部分权能与所有权分立而非所有权享有时，是所有权的质的分割，如日耳曼法上的“上级所有权”与“下级所有权”，以及在所有权上复设定抵押权、地役权等，皆属于所有权的质的分割；而当同一财产由两人或两人以上的数人共同享有所有权时，则为所有权的量的分割。[①] 所有权量的分割即一般意义上的共有。根据《民法典》第 297 条、第 298 条和第 299 条之规定，共有包括按份共有和共同共有。按份共有是指共有人对共有的财产按照其份额享有所有权。共同共有则是指共有人基于一定共同关系，而对共有的财产不区分份额地共同享有所有权。这里的共同关系一般是指两个或两个以上的人因共同目的而结合形成的关系，主要有夫妻关系、家庭关系以及遗产继承关系等。综上，夫妻共同所有房屋从字面含义而言可以解读为夫妻共同共有和夫妻按份共有两种情形。其中，夫妻按份共有在实践中可表现为夫妻对婚前特定财产的按份共有、夫妻婚后接受赠与或遗赠等原因形成对特定赠与财产的按份共有。但我国婚姻立法对夫妻共同所有财产的界定一般并不包含夫妻按份共有情形在内。《民法典》第 1062 条规定：夫妻在婚姻关系存续期间所得的下列财产，为夫妻的共同财产，归夫妻共同所有。该法条明确说明《民法典》是以婚后所得共同制为法定的夫妻财产制。所谓婚后所得共同制，是指婚姻关系存续期间夫妻一方所得和双方共同所得的财产除特有财产外，均归夫妻双方共同共有的夫妻财产制度。由此可知，夫妻婚后所得购买的房屋一般属于夫妻共同共有。本解

---

① 梁慧星、陈华彬编著：《物权法》（第二版），法律出版社 2003 年版，第 239 页。

释也与《民法典》的规定采同一立场，即本条中“夫妻共同所有房屋”特指的是夫妻共同共有房屋，而不包含夫妻按份共有房屋在内。这是因为根据《民法典》第301条的规定，除共有人另有约定外，共有人处分共有的不动产，只应经占份额2/3以上的按份共有人同意即可。当夫妻一方占共有房屋份额2/3以上时，出售该房屋一般已不需夫妻另一方同意。而本条则是以夫妻一方出售行为是无权处分行为作为逻辑起点。

（二）如何认定夫妻另一方是否同意

《民法典》第301条规定可知，共同共有人要处分共有的不动产，必须经全体共同共有人同意。将该条适用到夫妻共有关系中，则意味着夫妻一方要出售夫妻共同所有房产应经作为共同共有人的夫妻另一方同意。司法实践中，对此类纠纷的处理存在一个很难把握的事实认定即为夫妻另一方是否同意该出售行为。对此，我们认为，在具体认定夫妻另一方是否同意时需要注意：

第一，如何认定夫妻另一方是否作出同意的意思表示。法律框架内的同意即为意思表示。所谓意思表示是指表意人向他人发出的表示，据此向他人表明，根据其意思，某项特定的法律后果应该发生效力。[①] 反映到日常生活中，夫妻另一方同意其配偶对夫妻共同所有房屋进行出售，可有书面、口头、电话和电子数据等多种意思表现形式。对此，第三人只要在诉讼中能举证加以证明即可。但值得注意的是，现实生活中，也存在很多第三人在签订共有房屋出售合同时征求夫妻另一方意见，夫妻另一方未明确表态的情形。根据《民法典》第140条“行为人可以明示或者默示作出意思表示。沉默只有在有法律规定、当事人约定或者符合当事人之间的交易习惯时，才可以视为意思表示”的规定，鉴于夫妻关系的紧密性，如果夫妻另一方虽未对房屋出售事宜明确表示意见，但其行为已经表明其同意出售的，则可直接认定其对出售已经默示同意。至于夫妻另一方的同意是事先同意抑

① ［德］卡尔·拉伦茨：《德国民法通论》（下册），王晓晔等译，法律出版社2003年版，第451页。

或事后追认同意则在所不问。

第二，如何理解“同意”的意思表示范围。在司法实务中，经常会出现夫妻另一方参与了房屋买卖合同的前期协商过程，但在最后签约时并未在场的情形。如果事后房屋价格上涨，夫妻另一方往往以其签约时不在场，最后签订的合同价格未经其同意为由，要求取回房屋。对此，要注意把握同意的意思表示范围是否包括出售价格、付款方式、交付时间等。我们认为，从维护交易安全、夫妻间人身及财产关系的特殊性出发，本条所称同意应为夫妻另一方对其配偶出售房屋的概括授权。也即，只要有证据证明夫妻另一方曾作出同意出售房屋的意思表示，即应推定该同意为对其配偶自主决定出售价格、付款方式、交付时间等事项的概括同意。夫妻另一方如要否定该概括同意，必须提出证据证明其对房屋买受人所作的同意出售房屋的意思表示明确不包括上述事项。

二、如何理解本条中“第三人善意购买、支付合理对价”

从《民法典》第311条的规定来看，我国不动产善意取得制度旨在维护不动产交易安全，保护的是第三人对登记簿记载的信赖。司法实践中，对“第三人善意购买”中“善意”及“合理对价”的理解应注意以下几点：

（一）“善意”的认定标准

由于是否善意是第三人的主观心理状态，他人无法直接探究，故实践中，对何谓“善意”，见解不一。对于动产而言，起码有以下四种厘定标准：（1）所谓善意，系指不知让与人无让与的权利，有无过失在所不问；（2）所谓善意，系指不知让与人无让与权利，是否处于过失固非所问，然依客观情势，在交易经验上，一般人皆可认定让与人无让与之权利者，即应认为恶意；（3）所谓善意，是指不知或不得而知让与人无让与权利；（4）所谓善意，应参考德国立法例，解释为须明知或因重大过失而不知让与人无让与权利。但衡诸善意受让制度在于兼顾所有人利益及交易安全之立法目的，受让人对于让与人是否有受让权利，应自负一定程度的注意义务。[①]这里受让人是否尽到注意义务应依据具体的交易场景和情势加以判断。例如，凡是在公开的和规范的交易场所购买的动产，一般应被认定为买受人尽到了注意义务，而在非公开的场所和地点所购买的动产，买受人则应尽到更高的注意义务——例如要求出售人提供动产的合法凭证。

就包括房屋在内的不动产而言，是否参照动产善意取得中的“善意”标准，要求第三人在信赖不动产登记基础上还不能有重大过失则观点不一。一种观点认为，房屋一般是个人或家庭最重要、最有价值的财产类型。特别是在婚姻家庭关系中，作为夫妻共同所有财产的房屋往往涉及家庭成员的居住权保障问题。因此，如果以不知道登记簿记载错误且登记簿上没有异议登记即为善意的标准，夫妻另一方就必须举证证明房屋取得人明知不动产登记簿的记载错误。显然，信息不对称决定了要举证证明第三人的内心为非善意十分困难。另外，从日常生活实践来看，登记机关基于各种主客观原因将夫妻共同所有财产登记在夫妻一方名下的情形并不鲜见。因此，应排除具有重大过失的第三人的善意而加重其注意义务，以倾斜保护夫妻另一方的合法权益。上述观点不够全面。我们认为，对于动产的受让人可以将其具有重大过失而不知道让与人无让与权利认定为非属善意，但对作为不动产的房屋而言，应当以第三人对不动产登记的信赖作为判断是否构成不动产善意取得的标准。在通常情况下，只要第三人信赖了不动产登记，就应推定其为善意，除非有证据证明其事先明知不动产登记错误或者登记簿中有异议登记的记载。这里的善意不以第三人进一步核实登记事项为前提。理由在于：

1. 房屋权属登记不实并非由第三人导致，第三人客观上很难查明登记不实的实际情形。目前，由于人民群众法律知识欠缺、登记机关工作人员责任意识不强、社会诚信度低等原因导致房产登记不实的情形时有发生。从房屋登记实践来看，大量的登记簿错误是由无权处

---

① 王泽鉴：《民法物权（第二册）用益物权·占有》，中国政法大学出版社 2001 年版，第 266~267 页。

分人通过伪造各种申请材料所致。例如，在房屋登记实践中常见的造假、用假行为主要表现为采用伪造的身份证申请登记和伪造委托公证文书、司法裁判文书后办理房地产登记。而在夫妻共同所有财产登记在一方名下的情形中，更有不少甚至是夫妻双方合意或夫妻另一方默许的结果。对于上述不实情形，连专业的登记机构都很难发现，更何况不具备专业知识的第三人。因此，通过给第三人附加核实真实所有权人的义务而将此种登记不实产生的风险完全转嫁到其身上，显然不够妥当。而且，这种对取得人施加调查核实义务的做法既无法提高交易效率，也无法保障交易安全。

2. 以第三人对房屋权属登记的信赖作为善意判断标准并不排斥对夫妻另一方的事先防范。依据《民法典》第 220 条第 1 款的规定，权利人在发现登记簿的记载存在不实时，可以申请更正登记，进而避免因他人的善意取得而遭受损失。即便在更正登记完成之前，权利人也还可以依据《民法典》第 220 条第 2 款的规定申请异议登记，避免第三人善意取得。可见，《民法典》所规定的更正登记和异议登记就是为使真实权利人防止遭受他人善意取得其房屋所有权的风险而提供的事先防范措施。如果将第三人在信赖登记之外还负有一定的注意义务作为“善意”标准，将会使房屋登记善意取得制度在实践中难以适用，也将导致更正登记和异议登记的相关规定可能沦为一纸空文。

3. 夫妻另一方的权益损害可以得到充分事后救济。如果登记不实的原因是登记机关的错误所致，那么夫妻另一方的损失可以得到赔偿。《民法典》第 220 条第 2 款对于登记机构就登记簿错误造成真实权利人损害的赔偿责任实行的是无过错责任，即无论何种原因造成登记簿错误，从而使夫妻另一方因第三人善意取得而遭受损害时，登记机构即便对此没有过错，也应当向夫妻另一方承担赔偿责任。如果登记不实是因夫妻一方原因所致，夫妻另一方亦可通过本条第 2 款之规定在离婚时要求另一方赔偿损失。这种规定已经足以保护真实权利人的合法权益。因此，没有必要再在第三人“善意”判断标准中增加无重大过失等注意义务而过度保护真实权利人。

4. 仅以对登记簿记载的信赖作为“善意”与否的判断标准，简单明了，有助于统一司法裁量权。从目前各地司法实践来看，对善意外延的认定标准不一。例如，既有以夫妻另一方行为外观反证第三人善意的认定，又有根据夫妻一方出具的虚假委托书或公证后的委托书推定第三人为善意的认定等。因此，如将第三人“善意”的外延扩充到有一定的注意义务且无重大过失，则基于一定注意义务和重大过失语词本身的抽象性，难免在细化所谓一定注意义务和重大过失外延时又出现理解不一致的情形。而将善意仅限于登记信赖，则在司法认定时，只需考量登记记载的所有权人是否与夫妻一方一致且无异议登记即可。相对而言，后者显然在司法认定以及统一司法裁量权方面具备优势。

（二）“善意”的证明责任分配

从当事人的立场来看，证明责任可以被概括为，当某个事实存在与否不明确时，某一方当事人将承担以该事实为要件的、于己有利之法律效果不获认可的危险或不利益。这种及于当事人的危险或不利益就是所谓的证明责任或举证责任。[①] 由该定义可知，证明责任分配到哪一方，将很可能影响到裁判的结果。关于不动产善意取得的证明责任分配，国内外立法观点基本一致。在不动产善意取得中，应首先推定取得人是善意的，取得人不负证明自己是善意的举证责任，而由否定第三人为善意之人（往往就是真实权利人）负担举证责任，法官最终通过自由心证对该问题加以解决。具体到本条规范内容，由于登记簿是以国家信誉作为保障，具有高度公信力，其“权利表征度”要高于动产的占有。而且《民法典》第216条也明确承认了登记簿的推定效力。因此，在举证责任的分配上，原则上应由否认第三人为善意之人的夫妻一方负举证责任，如果其不能证明取得人为恶意，就应推定第三人为善意。

（三）第三人“善意”状态的时间节点

从日常生活经验可知，房地产转移登记流程需要一段时间，不可

① ［日］新堂幸司：《新民事诉讼法》，林剑锋译，法律出版社2008年版，第392页。

能瞬间完成。根据《不动产登记暂行条例》第20条“不动产登记机构应当自受理登记申请之日起30个工作日内办结不动产登记手续，法律另有规定的除外”之规定，在确定第三人善意的时间节点问题上，至少有提出登记申请的时间、登记机构受理登记的时间以及完成登记的时间等可选项。我们认为，将判断第三人是否为善意的时间点设定在记载于登记簿时更为合理。理由在于：（1）《民法典》第311条第1款第3项明确规定转让的不动产依照法律规定应当登记的已经登记。因此，以记载于登记簿的时间作为判断善意的时间点更符合《民法典》的立法本意。（2）申请转移登记、登记机构受理登记的时间节点过于提前，不利于夫妻另一方权益保护。虽然善意取得制度是为交易安全所设，但这并不意味着其对真正权利人所有权的漠视。基于诚信原则的要求，在转移登记尚未完成，第三人对房产还未以登记取得公信力的情形下，应当在知道登记簿不实后撤回登记申请。事实上，相关行政法规也对撤回申请作了规定。例如，《不动产登记暂行条例》第15条规定，当事人或者其代理人应当向不动产登记机构申请不动产登记。不动产登记机构将申请登记事项记载于不动产登记簿前，申请人可以撤回登记申请。（3）《民法典物权编解释（一）》第17条也规定“受让人受让该不动产或者动产时”，是指依法完成不动产物权转移登记之时。

（四）合理对价的认定

“合理的对价”，是指房屋价款与物之价值基本相当，排除不合理低价或无偿出让等情形。对此，可以从以下几个方面把握：

1. 善意取得的前提是有偿交易行为。《民法典》第311条第1款第2项规定的善意取得构成要件之一是“以合理的价格转让”。之所以如此规定，其理由在于：（1）更周全地保护真实权利人的利益。如果规定第三人可基于无偿行为而善意取得不动产物权，那么真实权利人只能针对第三人行使不当得利返还请求权。作为一种普通债权，不当得利返还请求权在取得人破产的情形下并无优先受偿的效力。反过来说，如规定第三人不能通过无偿法律行为善意取得不动产，则即便在第三人破产的情形下，真实权利人仍可行使作为物权请求权的返还原物请求权取回该物。（2）更符合民众对所有权静的安全与交易动的安全之间平衡的预期。一般而言，相对单纯以交易安全作为通过善意取得制度无偿取得他人财产的立法基础，将善意取得限制在有偿交易范畴内，更具有正当性和合理性，民众也更容易接受。

2. 如何认定“合理的对价”。《民法典》第311条第1款第2项不仅要求第三人必须通过有偿法律行为取得不动产物权，而且要求该价格必须是“合理的”。一般而言，价格是对货币币值的描述，主要适用于一方以货币形式购买房屋的情形。而现实生活中，以物易房的情形并不鲜见。此时，再用所谓“价格”加以定义，则与现实情形不符。有鉴于此，我们在起草本条文时，借鉴了《民法典》上述规定，并以“对价”替换“价格”，以避免用语的模糊。

关于如何判断对价合理与否，学理上主要有两种不同见解：一是主观标准，强调以卖方主观认可的价格为准；二是客观标准，以社会一般观念作为判断依据。我们认为，要判断第三人在取得房屋所有权时支付的对价是否合理，一般应以主观标准为准，只要合同双方已经完成转移登记，即应推定该对价为合理。除非夫妻另一方举证证明该对价与市场同类房屋差价悬殊或是法官根据日常生活经验足以判断该对价确实明显有悖常情。特殊情形下，法院也可以将争议房屋交由房屋估价机构进行估价。考虑到市场交易的个体性差异和交易行情的多变性，只要评估价与合同约定对价不存在明显差异，则应认定对价属于合理范畴。对此，《民法典物权编解释（一）》第18条也规定“合理的价格”，应当根据转让标的物的性质，数量以及付款方式等具体情况参考转让时交易地市场价格以及交易习惯等因素综合认定。

3. 合理对价应已实际支付。在我国，善意取得制度除通过确定无权处分时动产或不动产物权的归属而具有维护交易安全的功能外，还具有调整不正当利益变动的功能。也就是说，我国法律规定的善意取得制度兼具了不当得利制度的功能。否则，就不会在善意取得的构成要件中不仅规定必须是有偿的交易行为，而且还规定价格应当合理。[①]由此可见，从《民法典》的立法本意来看，善意取得制度兼具了不当得利制度的功能。因此，我们认为，所谓对价是指实际支付的对价。

在注意以上要点的理解时，还必须注意正确适用本条的另一条件：出卖方与买受方已经在相关部门办理了不动产所有权登记手续，物权已经发生转移。关于房屋物权转移的相关规定，可以参照《民法典》的相关规定，这里不再细释。

【审判实践中应注意的问题】

一、夫妻另一方无权追回家庭共同生活用房

本条起草过程中，在就夫妻另一方是否可追回房屋的问题上，最早并未根据房屋用途作出区分对待。有专家提出应规定例外情形，即夫妻另一方可以追回属于家庭共同生活居住需要的房屋。其具体理由是：（1）生存居住权是基本人权，夫妻一方擅自将家庭仅有的一套房屋出售后，如果还支持善意第三人的主张，则会出现夫妻另一方无家可归的结果。这一结果明显有碍社会善良风俗。（2）国外立法有先例规定，例如，在德国、美国等国相关法律中，家庭共同住房是排斥善意取得制度适用的。我们认为，"家庭共同生活用房"的概念表述在实践中难以操作。如果出现第三人耗尽所有财产仍无法取得房屋，而放任夫妻另一方以所谓家庭共同生活用房为由追回别墅、公寓等豪华住宅，则明显与社会一般观念不符。再加上"家庭共同生活居住需要"本身是一个主观判断问题，不同的人有不同的理解，故很难在司法裁量时加以统一把握。退一步而言，即便从社会和谐稳定角度出发，需要在特殊情形下保护夫妻另一方的生存居住权，也可在民事执

① 程啸：《论不动产善意取得之构成要件——〈中华人民共和国物权法〉释义》，载《法商研究》2010年第5期。

行程序中对唯一住房不予执行。对此，《民事诉讼法》执行程序相关规定中已有体现，没有必要再在司法解释中重复规定。综上，在保护交易安全与维护家庭利益及稳定两者之间进行权衡，不宜对“家庭共同生活用房”作出例外规定。

二、夫妻一方请求赔偿损失的构成要件

本条规定的夫妻一方请求赔偿损失本质上属于财产侵权损害赔偿。但考虑到侵权人与被侵权人之间因婚姻关系带来的人身关系、财产关系特殊性，在审判实践中，有几个问题需要明确：

1. 夫妻一方适用本条请求赔偿损失应以提起离婚诉讼为前提。《民法典》将夫妻财产共同共有作为原则，夫妻约定作为例外，在财产未分割之前，所有财产属于双方共同共有。也即夫妻一方对另一方的赔偿从来源到归处一般都是夫妻共同共有财产。这无疑使得婚内赔偿对一方的经济补偿性失去了原本意义。而且，如婚内赔偿不以离婚为前提，势必在赔偿后影响夫妻之间的感情，不利于婚姻关系的长久稳固。因此，一般认为，婚姻关系存续期间，夫妻一方不能向夫妻另一方请求损害赔偿。对此，本解释第 88 条也明确规定，夫妻一方只有在提起离婚诉讼时才能请求另一方赔偿损失。基于上述理由以及司法解释指导思想的连贯性考虑，我们在本条中将夫妻一方擅自处分共同所有房屋造成另一方损失时，夫妻另一方请求赔偿损失明确限定在提起离婚诉讼中，在不离婚的情形下，不能单独提起损害赔偿诉讼。

2. 这里的赔偿损失不涉及精神损害赔偿。虽然本解释第 86 条将《民法典》第 1091 条中的“损害赔偿”明确规定为包括物质损害赔偿和精神损害赔偿。但就本条规范对象而言，仅仅针对房屋这一财产利益，与《民法典》第 1091 条主要针对精神利益相去甚远。有观点认为，虽然在财产损害中，行为人的侵害行为除导致财产损害外，还可能造成被侵害人因财产引发的内心不悦甚至造成心理、情感上的损害，但仍不宜认定侵害不动产所有权益会导致精神损害。这既是因为对不动产所有权益的侵害一般不会直接造成被侵害人的肉体和精神痛

苦，很难直接导致被侵害人精神上的损失，也是因为精神损害本身的抽象性、个体差异性等特征决定了如承认任何侵权行为都会造成精神损害，则会诱导被侵害人滥用诉讼权利，将精神损害赔偿作为谋取不当利益的工具。[①]我们认同上述观点，在《民法典》第1183条已经将精神损害赔偿明确界定在人身权益的范畴内这一前提下，如当事人仍依据本条提起精神损害赔偿，人民法院应不予支持。

---

① 最高人民法院侵权责任法研究小组编著：《〈中华人民共和国侵权责任法〉条文理解与适用》，人民法院出版社2010年版，第168页。

第二十九条[①] **当事人结婚前，父母为双方购置房屋出资的，该出资应当认定为对自己子女个人的赠与，但父母明确表示赠与双方的除外。**

当事人结婚后，父母为双方购置房屋出资的，依照约定处理；没有约定或者约定不明确的，按照民法典第一千零六十二条第一款第四项规定的原则处理。

【条文主旨】

本条是关于父母为双方结婚购置房屋出资行为的性质的规定。

【条文理解】

日常生活中，父母为子女结婚购置房屋出资的情形非常普遍。由于大多数父母出资时都不会明确表示为子女购房出资的性质，故一旦日后子女离婚，则往往会就该出资性质产生争议。对此，实务中分歧较大：一种观点认为，根据日常生活经验，父母出资为子女购置结婚用房提供帮助是基于人身关系而产生，出资时没有想过要求返还，故该出资行为应解释为父母对子女的赠与；另一种观点则认为，在子女结婚前，父母出资虽是出于对子女结婚的美好预期，但也不排除存在结婚未成的情形，故结婚前的出资应理解为对自己子女一方的赠与，除非其已明确表示赠与双方。至于结婚后，父母对子女购置房屋出资，就属于前述情形，可以理解为对夫妻双方的赠与。对此，《婚姻法司法解释（二）》第22条曾规定，当事人结婚前，父母为双方购置房屋出资的，该出资应当认定为对自己子女的个人赠与，但父母明确

① 《民法典婚姻家庭编解释（二）》第8条对婚后父母给子女出资购房问题作出了更为具体的规定，可以直接适用。——编者注

表示赠与双方的除外。当事人结婚后，父母为双方购置房屋出资的，该出资应当认定为对夫妻双方的赠与，但父母明确表示赠与一方的除外。本次司法解释清理中，我们保留了该条第1款的规定，并将第2款中“该出资应当认定为对夫妻双方的赠与，但父母明确表示赠与一方的除外”修改为“依照约定处理；没有约定或者约定不明确的，按照《民法典》第一千零六十二条第一款第四项规定的原则处理”。其理由在于，现实生活中还存在子女结婚后，父母为双方购置房屋出资时对该出资的性质作出特别约定的情形。从尊重当事人意思自治出发，对该约定应予充分尊重。只有在没有约定或约定不明确的情形下，才可以将其认定为婚内受赠的财产，归夫妻共同所有。

本条主要是依据夫妻特有财产制的规定，对当事人婚前和婚后父母为双方购置房屋的出资的性质、归属如何认定的解释性规定。也就是说，该出资在何种情况下是夫妻共有财产，在何种情况下是夫妻特有财产抑或是借款等。

根据《民法典》关于夫妻财产制的规定，共同财产制为法定财产制，即在婚姻关系存续期间，除个人特有财产和夫妻另有约定外，夫妻双方或者一方所得的财产，均为夫妻共同所有。个人特有财产是指夫妻在实行共同财产制的同时，依照法律规定或者夫妻约定，夫妻各自保留一定范围的个人所有财产，也称作夫妻特有财产或者夫妻保留财产。该项财产制度是2001年《婚姻法》修正时新增设的内容，极大地完善了我国的夫妻财产制度，为及时正确解决夫妻财产纠纷提供了法律依据。

一、本条起草背景

《婚姻法》自1980年颁布实施直至2001年4月修改之前，关于夫妻财产问题，只在第13条规定“夫妻在婚姻关系存续期间所得的财产，归夫妻共同所有，双方另有约定的除外”，其中包括了法定共同财产制和约定财产制两种财产制度。2001年修改后的《婚姻法》延续了1980年《婚姻法》所确立的夫妻财产制度，并在此基础上，增加了夫妻特有财产制的规定。这主要体现在2001年《婚姻法》第18条。而所谓的夫妻特有财产制，是指夫妻在实行共同财产制的同时，依照法律规定或双方约定，夫妻各自保留的一定范围的个人所有财产，并对该财产进行管理、使用、收益、处分，以及有关的财产责任、特有财产的效力等内容组成的法律制度，包括法定的特有财产和约定的特有财产。特有财产制不同于分别财产制。在分别财产制下，无论是法定的分别财产制，还是约定的分别财产制，其全部夫妻财产，包括婚前财产和婚后全部财产，都归属于夫妻各自所有；特有财产制是在依法或者依约定实行夫妻共同财产制的前提下，夫妻各自保留一定范围的个人财产。特有财产制与共同财产制同时并存，没有共同财产制，也就无所谓特定财产制，特定财产制是共同财产制的限制和补充。①2001年《婚姻法》增加了夫妻特有财产制规定后，社会效果明显，故《民法典》对该制度予以承继。

根据《民法典》第1063条规定，夫妻特有财产包括：（1）一方的婚前财产；（2）一方因受到人身损害获得赔偿或者补偿；（3）遗嘱或赠与合同中确定只归一方的财产；（4）一方专用的生活用品；（5）其他应当归一方的财产。2001年《婚姻法》之所以增加夫妻特有财产，主要是随着我国市场经济的发展，社会经济、文化和人民的思想、生活方式都相应发生了深刻的变化，夫妻财产日益多样、丰厚，财产关系日趋复杂，各种新型的财产关系不断出现，人们的价值观念也发生了巨大的变化，个人自由和权利观念不断增强，对个人价值的追求日益迫切。这些变化使得原有的夫妻财产制度已显然不能适应社会经济和人民生活的发展要求。原有的夫妻财产制度比较重视夫妻作为生活共同体的一面，而对尊重个人意愿、保护个人财产权方面显得有所不足。如，按照《婚姻法》第13条的规定，只要夫妻双方对婚后财产没有约定的，在婚姻关系存续期间所得的财产就全部归夫妻共同所有，这显然已不符合社会发展的需要。因此，在2001年修正《婚姻法》过程中，全国人民代表大会常务会法制工作委员会经广泛听取社会各界意见和借鉴世界各国的立法例，在修改后的《婚姻

① 胡康生主编：《中华人民共和国婚姻法释义》，法律出版社2001年版，第69页。

法》中通过第17条、第18条、第19条分别对夫妻法定财产制、夫妻特有财产制、夫妻约定财产制作了明确规定。这些规定对夫妻共同财产的范围予以了缩小，增加了夫妻个人特有财产，对约定财产制的约定要件、范围、方式效力等方面给予补充、完善。夫妻婚姻财产制度的完善和个人财产的日益丰厚，激发和增强了人们的财产权利意识。特别是由于我国计划生育政策的实行，目前以父、母、子女为定型化的三人核心家庭占据社会主导地位，独生子女在每个家庭关系中的优势地位和我国婚姻家庭在子女结婚嫁娶方面所具有的浓厚传统伦理观念，导致独生子女在其婚前或者婚后都将会接受父母及其他亲友的赠与而拥有相当的财产，尤其在子女的迎娶、出嫁等方面，每个家庭、每个父母更是倾囊相助，为子女操办婚姻大事、购置房屋似乎已是父母的法定义务。与此相应的财产纠纷也就日益凸显，特别是父母为子女婚嫁而出资购置房屋的，在离婚诉讼中，就该房屋或者出资的归属发生的争议，已成为人民法院处理离婚案件财产分割时的难题。从对上述问题进行调研所收集的相关材料及反映的问题来看，司法实践中，主要表现为对当事人婚前父母出资为双方结婚而购置房屋，或者当事人婚后父母为双方购置房屋出资的，父母的赠与行为和房屋性质的认定问题。如何正确依据《民法典》所延续的法定共同财产制和特有财产制等原则来认定处理此类问题，正是本条制定的初衷。

二、条文理解

（一）当事人结婚前，父母为双方购置房屋出资的，该出资应当认定为对自己子女的个人赠与，但父母明确表示赠与双方的除外

该款主要解决的是对当事人双方在办理结婚登记手续前，一方或者双方父母为当事人双方购买房屋的出资应如何认定的问题。我们认为，根据《民法典》确立的夫妻财产制度，夫妻共同财产制采用的是婚后所得共同制，即认定当事人的财产是否为夫妻共同所有必须是以婚姻关系存在为前提，而且还要将个人的特有财产和夫妻约定为个人所有的财产除外后，夫妻双方或者一方所得的财产才属于夫妻共同所

有。而在本条款所述的当事人结婚前的前提条件下，其通过继承、接受赠与及其他合法方式等所取得的财产则均应属于个人婚前财产。按照《民法典》第1063条第1项的规定，一方的婚前财产为夫妻一方的财产。从现实社会生活中反映的情况看，父母为子女购买房屋出资的目的往往是为子女结婚，出资的真实意思表示也应是对自己子女的赠与。因此，当事人双方结婚前，各方的父母即使是为当事人双方购置房屋出资的，该出资也应当认定为对自己子女的个人赠与。当然，也不能排除一方或者双方父母明确表示该出资是赠与当事人双方用于购置房屋款项的情况。如果父母作出将出资赠与当事人双方的意思表示，就应认定该出资是对当事人双方的赠与，属于当事人双方共同所有。

综上，人民法院在对当事人结婚前的财产所有权归属认定处理时，首先要适用夫妻特有财产制原则，即婚姻关系缔结之前当事人双方所得财产属于婚前个人财产；其次再依照除外情形来认定是否为当事人双方共同所有。这也是对当事人婚前财产的一般处理原则。

（二）当事人结婚后，父母为双方购置房屋出资的，依照约定处理；没有约定或者约定不明确的，按照《民法典》第1062条第1款第4项规定的原则处理

这一款要解决的是对当事人双方在办理结婚登记手续后，一方或者双方父母为当事人双方购买房屋的出资应如何认定的问题。我们认为，根据《民法典》确立的夫妻婚后所得共同制，在婚姻关系存续期间，除个人特有财产和夫妻另有约定外，夫妻双方或者一方所得的财产，均归夫妻共同所有。可见，对夫妻共同所有财产的认定应当以婚姻关系存在为前提。依本条款所述之条件，根据《民法典》第1062条第4项的规定，当事人在结婚后，通过继承、接受赠与所得的财产，除第1063条第3项规定的以外，也应属于夫妻共同所有。但从《民法典》第1062条第1款第4项和第1063条第3项规定的立法精神看，即使是在婚姻关系存续期间通过继承或者赠与所得的财产，但如果遗嘱或赠与合同中确定只归夫或妻一方财产的，该继承或者赠与

所得的财产也应为夫妻一方的财产，是夫妻特有财产。这是对夫妻婚后所得共同所有制的一种限制。《民法典》之所以作如此规定，就是为了尊重遗嘱人或赠与人的个人意愿，保护公民对其财产的自由处分权。如果遗嘱人或者赠与人在遗嘱或者赠与合同中明确表示该财产之遗赠或者赠与夫妻一方，另一方无权享有，那么该财产就属于夫妻一方的特有财产。这样规定的另一个意义在于，防止夫或妻一方滥用遗产或受赠的财产。如妻子的亲友赠送一定的钱财以资助家庭生活，而丈夫有赌博、吸毒之嗜好，为避免丈夫以共同所有权人之名义滥用该钱财，赠与人在赠与时就可明确表示只赠与妻子，属于妻子个人财产。我国台湾地区“民法”第 1013 条也规定，夫或妻所受之赠物，经赠与人声明为其特有财产的，属于夫妻个人财产。从现实社会生活中反映的情况看，也确实存在大量父母为子女购买房屋而出资时，因与儿媳或女婿关系不睦，其出资的真实意思表示只是对自己子女的赠与，而不愿意由自己的子女与儿媳或女婿共有的情况。因此，即使当事人双方结婚后，各方的父母为当事人双方购置房屋而出资，但如果父母明确表示该出资为对自己子女的个人赠与的，该出资不能认定为当事人双方共同所有的财产。当然，通常情况下，当事人双方在婚姻关系存续期间，无论一方或者双方父母为当事人双方购置房屋的出资，除父母明确表示该出资是赠与自己子女购置房屋款项的情况之外，根据法定夫妻共同财产制的原则规定，都应认定为夫妻共有财产。此外，鉴于司法实践中对“赠与合同中确定只归一方”素有争议，为统一裁判尺度，本条第 2 款还明确当事人可以事先约定出资的性质和归属。

综上，人民法院在对当事人结婚后的财产所有权归属认定处理时，首先要适用法定的夫妻婚后所得共同制原则，即婚姻关系存续期间夫或妻一方或双方所得财产均属于夫妻共同财产；其次再依照除外情形来认定是否为夫或妻一方所有或者他人所有。这也是对婚姻关系存续期间夫妻所得财产的一般处理原则。有观点认为，当事人结婚后，一方父母出资为双方购置的房屋，应根据出资方子女及其配偶对夫妻感情破裂是否有重大过错来决定该房屋是个人财产还是夫妻共同财产。我们认为，该观点以夫妻对感情破裂是否有过错来认定财产的归属没有法律依据，而且《民法典》在离婚标准问题上采用的是破裂主义，已不再采纳过错主义原则，这也是世界各国婚姻立法的一致做法。因此，此种观点不足为取。

【审判实践中应注意的问题】

一、父母只为子女购买不动产支付部分出资的处理

在司法实践中，还经常发生的一种情形是父母只为子女购买不动产支付了部分价款（往往是首付款）。此时，根据不动产买卖合同中的购买人身份不同，可细分为两种情形：一是父母以自己名义签订不动产买卖合同并将不动产所有权转移登记到子女一方名下的情形。如果该不动产转移登记发生在子女结婚前，显然，该不动产所有权应属于子女婚前财产。如果该不动产转移登记发生在子女结婚后，用夫妻共同财产偿还该不动产的贷款，则离婚时，得到房屋的所有权登记一方应给予另一方补偿。如果该不动产转移登记发生在子女结婚后且该不动产登记在出资父母一方的子女名下，则仍可适用本条规定，视为只对自己子女一方的赠与。二是以子女名义签订不动产买卖合同并将不动产所有权登记在一方子女或双方子女名下。此时，如果该出资发生在子女结婚前，则该出资属于接受该出资子女的婚前个人财产。如果该不动产买卖合同也签订在子女结婚前，则可适用本解释第 78 条进行处理。如果该不动产买卖合同签订在子女结婚后，则该不动产应属于夫妻共同财产，只不过一方父母出资所占总价款比例对应不动产的比例为子女一方个人财产。如果该出资发生在子女结婚后，则根据本解释第 29 条第 2 款规定应将该出资认定为对夫妻双方的赠与。相应地，婚后以子女一方或双方名义签订的不动产买卖合同并以该出资作为首付款所购买的不动产，不管登记在子女一方还是双方名下都应视为夫妻共同财产。

二、父母请求返还出资的处理

现实生活中，由于父母与子女不和、子女离婚时父母为保全自己的出资等原因还经常会出现父母请求返还出资的情形。从司法实践反馈情况来看，父母请求返还出资所主张的基础法律关系往往为借贷而非赠与。基于父母子女之间密切的人身财产关系，父母出资时很少留下证据证明自己出资的性质。一旦涉讼，双方的主要证据均为当事人陈述。这使得审判实践中往往很难判断出资的性质。我们认为，对父母出资为子女购买房屋行为的法律性质，应着重把握以下几个方面：

第一，应尊重双方意思自治。对父母出资行为的认定原则上应以父母的明确表示为标准。如果父母与子女之间约定为赠与或者父母明确表示为赠与，就是赠与关系。这里要注意，父母出资赠与的真实意思表示，一般应发生在出资的当时或在出资后。父母日后再主张借贷关系则一般不能得到支持。这是为了防止当子女婚姻有变或父母子女间关系恶化，父母违反诚信原则以所谓借贷关系为由要求返还出资。

第二，对借贷关系是否成立应严格遵循“谁主张谁举证”原则。在现实生活中，基于彼此间密切的人身财产关系，父母的借贷往往没有借条，父母的赠与也往往没有明确的表示。此时应严格执行“谁主张、谁举证”原则。如果父母有关借贷的举证不充分，则应认定该出资为赠与行为。

首先，借贷关系中一般都立字为据，以借贷人出具借条形式作为出借人请求返还的依据。故正常情况下，出借人都会妥善保管借条。而赠与关系中，赠与人是通过赠与方式放弃了赠与物的所有权，一般不存在事后受赠物的返还问题，故赠与人没有必要保留相关证据证明赠与关系的存在。因此，主张借贷关系的父母应比主张赠与关系的子女更接近证据并更容易保留证据。

其次，父母子女间的亲缘关系决定了父母出资为赠与的可能性高于借贷。从中国现实国情来看，子女刚参加工作缺乏经济能力，无力独自负担买房费用。而父母基于对子女的亲情，往往自愿出资为子女购置房屋。绝大多数父母出资的目的是要解决或改善子女的居住条件，希望让子女生活得更加幸福，而不是日后要回这笔出资。因此，父母出资借贷给子女买房的概率远低于父母将出资赠与子女买房。进而，由主张借贷关系这一低概率事件存在的父母来承担证明责任也与一般人日常生活经验感知保持一致。综上，在父母一方不能就出资为借贷提供充分证据的情形下，一般都应认定该出资为对子女的赠与。

第三十条 军人的伤亡保险金、伤残补助金、医药生活补助费属于个人财产。

【条文主旨】

本条是关于军人的伤亡保险金等费用归属问题的规定。

【条文理解】

一、本条规定的历史沿革和制定背景

本条规定承自《婚姻法司法解释（二）》第13条，文字和内容均没有修改。

随着国民经济的发展和社会生活的变化，军人的财产种类和数量不断增多，在军人产生离婚纠纷时，财产争议所占比重越来越大，有关军人财产归属或分割问题亦成为离婚纠纷案件的重要问题。搞清楚军人财产的归属，对维护军人的合法权益具有重要的现实意义。但长期以来，涉及军人离婚时的财产归属问题的规定一直不太多，为了有针对性地解决问题，最高人民法院于2003年出台了《婚姻法司法解释（二）》，专门对军人离婚时财产如何处理问题作出了两条规定。

《民法典》颁行后，本条规定的制定依据修订为《民法典》第1063条规定："下列财产为夫妻一方的个人财产：（一）一方的婚前财产；（二）一方因受到人身损害获得的赔偿或者补偿；（三）遗嘱或者赠与合同中确定只归一方的财产；（四）一方专用的生活用品；（五）其他应当归一方的财产。"鉴于《民法典》对《婚姻法》第18条关于夫妻个人财产的规定内容仅作了文字修改，因此，本条规定对《婚姻法司法解释（二）》第13条规定未作修改。

二、军人财产的归属

在涉及军人的离婚诉讼中，认定军人个人财产的原则应当是判断某一项财产是否具有严格的专属于军人特定身份的性质，本条规定即是对此问题的明确。

（一）伤亡保险金

军人保险是我国社会保障体系的重要组成部分。1997年公布施行的《国防法》，明确规定“国家实行军人保险制度”。1998年，国务院、中央军委制定了《军人保险制度实施方案》，据此，中国人民解放军原总参谋部、原总政治部、原总后勤部、原总装备部制定了《中国人民解放军军人伤亡保险暂行规定》，国务院办公厅、中央军委办公厅制定了《中国人民解放军军人退役医疗保险暂行办法》和《中国人民解放军军人配偶随军未就业期间社会保险暂行办法》，对现役军官、文职干部、士官、义务兵、供给制学员以及随军未就业的军人配偶的保险作了规定，初步形成了军人保险制度体系。

军人伤亡保险制度是从1998年起实施的，主要是对服役期间因战、因公死亡或者致残的军人，以及因病致残的初级士官和义务兵，在享受抚恤待遇的同时，再给予死亡保险金或者伤残保险金。军人伤亡保险实行国家、个人及资金运行收益三结合的缴费制度，组成军人保险个人账户。《军人伤亡保险暂行规定》第7条规定，现役军官、文职干部和志愿兵，每人每月按不超过全军军人月平均工资收入的1%缴纳保险费，义务兵、供给制学员不缴纳保险费，国家按相同数额给予补助。为充分保障军人合法权益，2012年颁行的《军人保险法》第12条规定：“军人伤亡保险所需资金由国家承担，个人不缴纳保险费”，由此，军人伤亡保险完全由国家负担。如果服役期间未曾领取过伤亡保险金，现役军官、文职干部、志愿兵在复员转业或因其他原因终止缴纳保险费时，个人缴纳的保险费及利息全部退还本人，利率由原总后勤部根据中国人民银行公布的相应利率确定。军人伤亡保险分为伤残保险和死亡保险。因战、因公致残获得的伤残保险金属军人个人财产，伤残保险的受益人为军人本人。因战、因公死亡获得的死亡保险金不属于军人个人财产，而归保险受益人所有。死亡保险的受益人为配偶、子女、父母或兄弟姊妹、祖父母、外祖父母，军人可以在前款规定的受益人中，指定特定的受益人及其受益份额；未指定特定受益的人，依照《民法典》关于继承的规定执行。因此，军人的伤亡保险金与军人这一身份密切相关，明显具有特定的人身属性，应当属于军人一方的个人财产。[①]

（二）伤残补助金

根据《民法典》第1063条规定，“一方因受到人身损害获得的赔偿或者补偿”为夫妻一方的财产，军人伤残补助金应当归军人个人所有。军人的伤残补助金不仅与其生命健康关系密切，直接关系到伤残军人的身体状况、精神状态及生活质量，还是国家对于因战、因公致残军人英勇行为的肯定和表彰，对于保护军人个人权利具有重要意义。

（三）医药生活补助费

1993年11月《离婚案件财产分割问题的意见》规定：“复员军人从部队带回的医药补助费和回乡生产补助费，应归本人所有。”制定《婚姻法司法解释（二）》时，对军人医药生活补助费的内容进行了承接。从军人的医药生活补助费的性质来分析，将其纳入军人个人财产的范畴还是比较适宜的。发给患慢性病复员干部的医药生活补助费，系由医药补助费和生活补助费两部分组成，因为这些带病复员干部，既需服用药品，又因失去了部分劳动能力，无法维持本人生活，故需要以适当的医药和生活补助，以利于其恢复健康。从其特定的人身性质来看，也应认定为军人一方的个人财产。

为了鼓励军人回乡参加农业生产，从1975年11月起军队开始向退伍回农村的军人发放回乡生产补助费，用于购买农具、种子、农药、化肥及支付其他生产费用。由于这笔财产与退伍军人的生存息息

---

① 万鄂湘主编：《民商法理论与审判实务研究》，人民法院出版社2004年版，第518页。

相关，《离婚案件财产分割问题的意见》把它与医药补助费归为一类，划归退伍军人本人所有。从发放对象来说，复员费和转业费是每一个复转军人都要领取的经济补贴，用于其安家立业的支出。而医药补助费的发放对象是带慢性病复员的军人，回乡生产补助费是发放给回农村参加农业生产的复员军人。故司法解释将回乡生产补助费和医药补助费规定为不附条件的个人财产，而把复员费、转业费规定为附条件的夫妻共同财产。

【审判实践中应注意的问题】

审判实践中，除本条规定所列举的军人个人财产外，在军人的离婚诉讼中还会涉及其他种类的财产具有军人属性，在此也有必要予以说明。

1. 退役医疗保险金。设置“退役医疗保险”的目的是保障军人在退出现役后能够依法享受国家规定的医疗保险待遇。根据《中国人民解放军军人退役医疗保险暂行办法》第 7 条规定，师职以下现役军官、局级和专业技术四级以下文职干部和士官，每人每月按照本人工资收入 1% 缴纳退役医疗保险费。可见，军人缴纳的退役医疗保险费，实际上是其工资的一部分。但“退役医疗保险费”并不等同于“退役医疗保险金”。在“退役医疗保险金”中，除了军人自己每月缴纳的“退役医疗保险费”外，还包括国家按照军人缴纳的退役医疗保险费的同等数额给予军人的“退役医疗补助”，这两项资金连同每年计算一次的利息，共同组成军人退役医疗保险个人账户。根据《中国人民解放军军人退役医疗保险暂行办法》第 15 条规定，军人牺牲或病故的，其退役医疗保险个人账户资金可以依法继承。据此，军人的“退役医疗保险金”依法应属军人个人财产。但在下列两种情况下，军人缴纳的“退役医疗保险费”（不包括国家给予的退役医疗补助费）及其利息退还本人：一是升为军职或享受军职待遇；二是致残被评为二等乙级以上。这时，退还给军人的退役医疗保险费及其利息，其性质仍属工资的一部分，因此，这部分应属于该军人的夫妻共同财产。

2. 军属优待金。严格意义上叫作军人家庭优待金，既不属于军人个人财产，也不属于军人夫妻共同财产，而是为照顾义务兵家庭的特殊财产，士官、军校学员和军官不享受优待金待遇。《军人抚恤优待条例》第 33 条规定："义务兵服现役期间，其家庭由当地人民政府发给优待金或者给予其他优待，优待标准不低于当地平均生活水平。"可见，军属优待金是军属家庭特殊共有财产，主要用于优待军人父母和未成年的弟、妹，军人亡故（牺牲）前对这部分财产没有处分权。

3. 死亡抚恤金。死亡抚恤金是国家为表示对死亡的现役军人的褒扬和对其遗属的抚慰，既不属军人财产，也不属夫妻共同财产，归烈士、因公牺牲军人、病故军人的遗属所有。2019 年 3 月 2 日施行的《军人抚恤优待条例》第 13 条规定：现役军人死亡，根据其死亡性质和死亡时的月工资标准，由县级人民政府退役军人事务部门发给其遗属一次性抚恤金，标准是：烈士和因公牺牲的，为上一年度全国城镇居民人均可支配收入的 20 倍加本人 40 个月的工资；病故的，为上一年度全国城镇居民人均可支配收入的 2 倍加本人 40 个月的工资。月工资或者津贴低于排职少尉军官工资标准的，按照排职少尉军官工资标准计算。获得荣誉称号或者立功的烈士、因公牺牲军人、病故军人，其遗属在应当享受的一次性抚恤金的基础上，由县级人民政府退役军人事务部门按照一定比例增发一次性抚恤金。

第三十一条 民法典第一千零六十三条规定为夫妻一方的个人财产，不因婚姻关系的延续而转化为夫妻共同财产。但当事人另有约定的除外。

【条文主旨】

本条是关于夫妻一方的个人财产不因婚姻关系延续而转化为夫妻共同财产的规定。

【条文理解】

一、本条规定的历史沿革及制定背景

本条规定承自《婚姻法司法解释（一）》第19条，文字上有修改，除援引法律规定外，将原规定“夫妻一方的所有的财产”修改为“夫妻一方的个人财产”，规定内容没有进行实质性修改。

所谓夫妻个人财产，又称夫妻特有财产、夫妻保留财产，是指夫妻在实行共同财产制的同时，依照法律规定或者夫妻约定，夫妻各自保留的一定范围内的个人所有财产。根据产生的原因不同，个人财产可分为法定的个人财产和约定的个人财产。法定的个人财产是指依照法律规定所确认的夫妻双方各自保留的个人财产，《民法典》第1063条即是关于法定个人财产的规定，本条规定则是对《民法典》第1063条规定的延伸和补充。个人财产是夫妻在婚姻存续期间分别保留的独立于夫妻共同财产之外的财产，夫妻双方对各自个人财产享有独立的管理、使用、收益和处分权利，他人不得干涉。但是当夫妻共同财产不足以负担家庭生活费用时，夫妻仍应以各自的个人财产分担。

二、个人财产不因婚姻关系存续而转化

从理论上讲，财产所有权的取得包括原始取得和继受取得。如果占有、使用财产就能引起财产所有权转移，将会导致社会经济秩序的混乱。对于夫妻一方的婚前财产，只有对方在婚后对其投入了劳动或者投资，在婚后所增值的部分才能作为夫妻共同财产。婚前财产只要经夫妻共同使用、经营、管理经过一定期限就可以转化为夫妻共同财产的规定，既不符合婚后所得共同制的原理，也无令人信服的理论依据。无论婚姻关系存续时间长短，夫妻一方的个人财产都不能自动转为共同财产，让对方共同享有所有权。否则，就是对公民婚前个人财产所有权的严重侵害，容易使有的婚姻当事人产生不劳而获的思想。

婚前财产之所以应确定为个人财产，主要在于这种财产所有权的取得与婚姻无关，配偶一方对此无任何贡献。实行婚前财产转化制度，将为婚姻当事人处理其夫妻关系带来困惑，如果一方有大笔婚前财产或继承的祖房，婚后不愿转化为夫妻共同财产，其可能采取的办法就是，要么与对方订立明确的合同，要么不让对方使用、经营、管理其婚前财产，这样可能会对夫妻关系造成不良影响。但也有人赞同上述观点，认为夫妻共同财产是以夫妻间所存在的特定身份关系及《民法典》有关夫妻婚后所得共同制的规定为法律依据的。共同生活、共同劳动是形成共有财产权关系的重要条件，对于夫妻一方婚前个人所有的财产，婚后由双方共同使用、经营、管理，经过一定期间的，即符合共同财产权产生的条件，由一方个人财产转化为夫妻共同财产。从另一个角度来说，夫妻财产所有权按期限转化的规定有利于保护妇女的权益。一些妇女结婚后在家操持家务，没有经济收入，付出的艰辛和劳累却是无法量化的。如果结婚多年后离婚，男方的财产不转化为共同财产，女方有可能一无所有，这是非常不公平的。

我们认为，相关法律规定中已经充分体现了保护妇女权益的宗旨，比如《妇女权益保障法》第 47 条规定："妇女对依照法律规定的夫妻共同财产享有与其配偶平等的占有、使用、收益和处分的权利，

不受双方收入状况的影响。夫妻书面约定婚姻关系存续期间所得的财产归各自所有，女方因抚育子女、照料老人、协助男方工作等承担较多义务的，有权在离婚时要求男方予以补偿。”该条款实际上从法律的角度对妇女在家中的隐性贡献给予肯定，也就是从经济上给一个“说法”，使她们在婚姻关系存续期间的付出和投资在离婚时获得回报和补偿，有人称之为“在保护妇女权益方面实现了质的飞跃”。又如，《民法典》第1088条规定：“夫妻一方因抚育子女、照料老年人、协助另一方工作等负担较多义务的，离婚时有权向另一方请求补偿，另一方应当给予补偿。具体办法由双方协议；协议不成的，由人民法院判决。”而《婚姻法司法解释（一）》将离婚后一方没有住处的，解释为属于生活困难。因为居无定所当然是生活上有较大的困难，居住条件的好坏关系到人的基本生存问题。这样规定强化了对妇女权益的保护，其在维权方面的作用是不容置疑的。

随着经济体制改革的深化和市场经济的发展，人们手中的财产有了明显的增加，如果把婚前财产因结婚时间的延续而纳入夫妻共同财产的范围，极有可能使富有阶层视结婚为危途，在社会上更多地发生同居等非婚行为。适当缩小夫妻共同财产的范围，不但无害于维护婚姻的伦理性和促进男女平等，反而会更好地增进婚姻家庭的稳定和推动社会的进步。纵观世界各国，大多数国家立法都对夫妻一方婚前个人财产给予特殊的保护，它不因所有权人结婚年限而发生性质的转化，也不属于夫妻离婚财产分割的范围。

当然，如果当事人另有约定，根据尊重当事人意思自治的原则，人民法院在审理有关财产纠纷时，应按照当事人之间的约定进行处理。这样就能适应我国家庭财产状况日趋复杂化、多样化的趋势，使婚姻当事人在处理各方财产时有更大的灵活性，同时满足涉外婚姻家庭的特殊需要，维护中外当事人的合法权益。

需要特别说明的是，如果夫妻一方的个人财产在婚姻关系存续期间已经由夫妻双方或一方消费或者已经自然损耗的，所有权人亦不得要求对方给予补偿。对此，《离婚案件财产分割问题的意见》第16条规定："婚前个人财产在婚后共同生活中自然毁损、消耗、灭失，离婚时一方要求以夫妻共同财产抵偿的，不予支持。"

【审判实践中应注意的问题】

一、一方将个人所有的房产赠与另一方，但未办理过户登记的权属认定

对于夫妻一方所有的财产，其个人享有完全的所有权，可以自行实施处分行为，当然可以赠与另一方。但在夫妻之间赠与房产的情况下，存在婚姻法与物权法、合同法之间的衔接问题。我国目前对不动产物权变动原则上采登记生效主义。同时，在合同法语境下，赠与合同中，除特定情况的赠与外，赠与人在赠与财产权利转移之前，享有任意撤销权。因此，对于实践中一方婚前或婚姻存续期间将自己个人房产赠与另一方，但未办理过户登记，离婚时，赠与房产的一方主张撤销赠与，另一方主张继续履行合同的情况，是按照物权法和合同法的规则处理，还是基于婚姻家庭关系的特殊性处理，实践中存在很大争议。为此，《婚姻法司法解释（三）》第6条规定，此种情况应当适用合同法关于赠与合同的相关规则处理。主要考虑是：虽然《合同法》规定，婚姻、收养、监护等有关身份关系的协议适用其他法律的规定，但并没有绝对排除合同法的适用；而且，婚姻家庭虽以身份关系为前提和基础，但其中亦涉及财产关系内容，应有合同法的适用余地。我们认为，《民法典》实行后，婚姻法回归民法体系，更应注重婚姻家庭编与物权编、合同编的协调统一，仅以身份关系为由，完全排斥物权法和合同法对婚姻家庭领域财产关系的调整，需要特别慎重。而且，为贯彻不动产物权登记的公示公信原则，要求夫妻双方对于房产的权属明确地通过登记体现出来，也能够最大限度保护不特定的第三人利益，维护交易安全。

二、婚后父母出资为子女购买不动产的情况

近年来，全国房价不断攀升，年轻人结婚后短期内靠夫妻双方自身经济收入越来越难以负担较高的房价。且大多数年轻人是独生子女，父母基于对子女的爱护，将大部分积蓄用于资助子女购买房屋的情况日益增多。基于中国特有的传统家庭文化影响，父母在出资时，一般未明确或不愿意明确出资性质和出资对象，导致在子女离婚时出现纠纷。子女结婚后，父母为子女购房本是抱着美好的愿望，希望子女婚姻幸福稳定，不愿意设想子女将来离婚的可能，并使得另一方产生误会。因此，实践中，大多数情况下，父母通常无法提供明确表示赠与子女一方的证据。在目前“闪婚闪离”现象越来越多的情况下，直接认定父母为子女买房出资为对夫妻双方的赠与，缺乏社会认同。父母在子女婚后为其出资买房虽然表面上不排除为子女配偶提供居住条件的考虑，但血亲与姻亲的差异决定了为己方子女提供婚后居住条件这一本意才是促使父母出资的根本原因。但是，一旦子女离婚，其中关于房产的争议就会凸显。为此，《婚姻法司法解释（二）》第 22 条规定：当事人结婚后，父母为双方购置房屋出资的，该出资应当认定为对夫妻双方的赠与，但父母明确表示赠与一方的除外。该规定与《婚姻法》第 17 条（对应《民法典》第 1062 条）关于夫妻共同财产范围的规定是一致的。但何谓“父母明确表示赠与一方”仍存在解释的空间。除了明确的赠与合同外，是否还可通过其他证据体现父母赠与子女一方的意思表示。我们认为，可以通过出资过程中相关的外观行为加以判断。在父母出资为子女购买不动产的情况下，根据不动产登记情况来判断父母是赠与自己子女一方还是赠与其夫妻双方是比较客观的，实践中也易于掌握，这与不动产物权变动登记生效主义原则也是一致的。即在父母出资意思表示不明时，如果房产登记在自己子女一方名下，应当认定为是对自己子女一方的赠与；如果登记在自己子女及其配偶双方名下，应当认定为是对夫妻双方的赠与。当然，也可能存在登记在子女配偶一方名下的情况，但基于血亲关系的特殊

性，此种情况宜认定为是对夫妻双方的赠与。为此，本解释在制定时即确定了“明确表示赠与一方”与“产权登记主体”两者相结合的思路。此种处理既与物权相关规定相衔接，贯彻不动产物权登记公示公信原则，又将父母一方的意思表示确定了一个客观的判断标准，即婚后由一方父母出资为子女购买不动产，产权登记在出资方子女名下，等于已经向社会公开了不动产的所有者只是自己的子女，申请登记的内容也是意思表示的一种，这种情况下视为只对自己子女的赠与。这不仅有利于均衡保护婚姻双方及其父母的权益，也便于司法认定和统一裁量尺度。当然，该种情况是父母出全资的情况。对于婚后一方父母部分出资为子女购置房产，夫妻双方支付剩余款项，所有权登记在出资方子女名下，基于该不动产属于婚后所得且夫妻另一方参与支付剩余款项，除当事人另有约定外，该不动产应当认定为夫妻共同财产。对于父母出资的部分，可以按照《民法典》第 1063 条第 3 项规定的精神，视为只对自己子女一方的赠与。如果双方对房屋的产权归属没有特别约定，所购房屋的产权及增值收益部分应当归夫妻双方共同共有。

第三十二条[①]　**婚前或者婚姻关系存续期间，当事人约定将一方所有的房产赠与另一方或者共有，赠与方在赠与房产变更登记之前撤销赠与，另一方请求判令继续履行的，人民法院可以按照民法典第六百五十八条的规定处理。**

【条文主旨】

本条是关于夫妻之间赠与房产能否适用《民法典》合同编相关条款的规定。

【条文理解】

一、本条来源及背景情况

本条来源于《婚姻法司法解释（三）》第6条，没有大的变化，仅是在原条文“赠与另一方”的基础上增加另外一种情形即“共有”。主要考虑是：当事人约定将一方所有的房产变更为共有，实际上是将其中的部分份额赠与另一方，与全部赠与本质上并无差别。而且，实践中，当事人约定将一方所有的房产变为共有，即所谓“加名”的情况更为常见，故增加该内容，以使司法解释规范的情形更为全面。夫妻在婚前或婚姻关系存续期间约定将一方个人所有的房产赠与另一方，但没有办理房产过户手续，离婚时赠与房产的一方主张撤销赠与，另一方主张继续履行赠与合同，请求人民法院判令赠与房产一方办理过户手续。在此问题的处理上，原来存在两种完全不同的认识和

① 《民法典婚姻家庭编解释（二）》第5条改变了《民法典婚姻家庭编解释（一）》第32条的规定，根据法律适用的基本原则，在《民法典婚姻家庭编解释（二）》施行后，《民法典婚姻家庭编解释（一）》第32条不再适用。——编者注

做法：一是认为夫妻之间有关财产的约定，只要系夫妻双方真实意思表示，不违反法律、行政法规的强制性规定，就应当认定为有效且对双方产生法律上的拘束力。相对于《民法典》物权编及合同编的相关规定，《民法典》婚姻家庭编对夫妻财产关系的规定属于特别规定，应当优先适用《民法典》婚姻家庭编的规定，故夫妻之间有关房产赠与的约定无需经过物权变动手续，应当按照约定处理，对赠与房产一方主张撤销赠与合同的请求不予支持；二是认为夫妻有关财产的约定合法有效，但依据赠与合同的相关规定，“赠与人在赠与财产的权利转移之前可以撤销赠与”；“赠与的财产依法需要办理登记等手续的，应当办理有关手续”；“具有救灾、扶贫等社会公益、道德义务性质的赠与合同或者经过公证的赠与合同，赠与人不交付赠与的财产的，受赠人可以要求交付。”婚姻家庭领域的协议常常涉及财产权属的条款，对于此类协议的订立、生效、撤销、变更等并不排斥合同法的适用。在实际生活中，赠与往往发生在具有亲密关系或者血缘关系的人之间，合同法对赠与问题的规定并没有指明夫妻关系除外。虽然《婚姻法》第 19 条规定了夫妻对婚姻关系存续期间所得的财产以及婚前财产的约定对双方有约束力，但就夫妻之间的赠与而言，一方赠与另一方钻戒、珠宝等贵重物品已经交付的，依照《民法典》合同编的相关规定，当然不能随便撤销，这就是所谓的“约束力”。而一方赠与另一方不动产，在没有办理过户手续之前，依照赠与合同的有关法律规定是可以撤销的。我国不动产物权变动采用的是登记生效主义原则，因此，尚未办理房产过户手续的赠与，房产赠与人可以随时撤销赠与，人民法院对赠与房产一方离婚时主张撤销赠与合同的请求应予支持。针对审判实践中的此类争议，本解释进行了规范，明确赠与合同规则适用于夫妻间赠与。

二、本条的法律依据

夫妻间房产给予约定应如何定性？自《婚姻法司法解释（三）》以来争议仍未停止。主要概括起来包括以下四种：其一，赠与说，该说认为，不论是夫妻一方将其个人财产约定为另一方单独所有抑或是双方共同所有，均属于赠与行为。主体身份的特殊性改变不了夫妻间赠与行为的一般赠与属性，无需进行新的制度设计。其二，以婚姻为基础的特殊赠与说。该说认为，夫妻间赠与在本质上仍属赠与，与夫妻财产制约定有着本质区别，但此种赠与系建立在当事人对婚姻和共同生活期待的基础上，具有长期合作性、互惠性以及共享性特点。其三，财产制契约说。该说认为，夫妻间房产给予本质上是夫妻财产制契约，因该行为以身份关系为基础，且往往带有维系感情或与对方永久共同生活之目的，因此首先推定为夫妻财产制契约较为合理，理应直接适用夫妻约定财产制的规定。其四，夫妻财产制契约和赠与分类说。该说认为，应当区分不同的财产给予方式，从而对其作不同的定性；如果是夫妻双方约定将一方的个人财产变更为双方共有，则为夫妻财产制契约。若是夫妻双方约定将一方的个人财产归对方单独所有，则属于夫妻间的赠与。

相关法律依据包括：一是《民法典》第209条第1款的规定："不动产物权的设立、变更、转让和消灭，经依法登记，发生效力；未经登记，不发生效力，但是法律另有规定的除外。"夫妻之间赠与房产亦属于依法律行为发生的不动产物权变动，应依照登记生效原则，确认房产转让的效力。以婚姻财产为由将赠与房产转让的效力置于相关物权法律的调整范围之外，依据并不充分。二是《民法典》第685条的规定："赠与人在赠与财产的权利转移之前可以撤销赠与。经过公证的赠与合同或者依法不得撤销的具有救灾、扶贫、助残等公益、道德义务性质的赠与合同，不适用前款规定。"该条并未将夫妻之间的赠与排除在外，为夫妻在赠与房产过户前对未经公证的赠与合同的任意撤销权提供了依据。三是《民法典》第464条第2款规定："婚姻、收养、监护等有关身份关系的协议，适用有关该身份关系的法律规定；没有规定的，可以根据其性质参照适用本编规定。"该条改变了《合同法》第2条第2款关于"婚姻、收养、监护等有关身份关系的协议，适用其他法律的规定"的原则，明确在没有相关身份关系的特别规定的情况下，可以根据协议性质参照适用《民法典》合同编规定。对于哪些协议可以根据其性质参照适用《民法典》合同编规定，哪些协议根据其性质不能参照适用，法律没有明确规定。一般认为，与人身关系密不可分的、涉及人格尊重和人身权益的，应当属于根据其性质不能参照适用的情况。夫妻之间的赠与虽然基于身份关系，但主要涉及的是财产内容，解释为可以参照《民法典》合同编规定，应当更为符合该条规定的立法目的。有观点认为，夫妻间的房产赠与，表面上是无偿，实质是有偿的，客观无偿而主观有偿。对此，我们认为，该种观点有一定道理，夫妻间房产赠与时，给予人除了表达感情外，当然也希望对方在婚姻家庭关系上能够继续或者开始给予更多的贡献和力量。但这种更多的属于动机或者原因，不具有法律上的意义，而且，此种主观的心理状态也随着感情的变化而处于变化中，实践中也很难加以证明。从体系解释的角度看，在《民法典》婚姻家庭编对夫妻间赠与没有特别规定的情况下，参照赠与合同的规定不违反《民法典》婚姻家庭编与物权编、合同编的协调一致，与《民法典》的精神不明显冲突。

三、本条与夫妻约定财产制的关系

有观点认为，《民法典》第 1065 条第 2 款规定："夫妻对婚姻关系存续期间所得的财产以及婚前财产的约定，对双方具有法律约束力。"根据该条规定，夫妻之间赠与房产的约定也属于财产约定的内容，该约定对双方具有法律约束力，则赠与方未按约定办理变更登记的，受赠方有权要求继续履行，这也是诚信原则的应有之义。我们认为，夫妻之间基于特殊的身份关系和感情因素，更应当遵循诚信原则。但该款是在夫妻约定财产制度这一前提下对夫妻内部关系所作的规定，与本条适用的情形有着本质的不同。夫妻约定财产制虽与夫妻间无偿给予均属于广义上的夫妻财产契约，但两者在诸多方面有质的差异：（1）两者内涵不同。无偿给予是一方出于令对方财富增值的目的，而夫妻约定财产制是夫妻或者即将成为夫妻之人就夫妻之间的财产关系采用何种夫妻财产制所订立的契约。（2）功能和目的不同。"夫妻财产制契约有排除夫之专制及除去法定财产制之不合理之机能，因此被称为婚姻法上之大宪章。"也即，其功能和目的是总体上安排夫妻财产关系，相反，夫妻间无偿给予的目的在于改变一项特定财产的权利归属。（3）作用时间不同。夫妻财产制契约主要是面向将来发生效力的，是对配偶双方在缔约后新增财产的归属和管理方面所作的规划。夫妻间无偿给予虽也有可能涉及未来财产，但通常针对的是既有财产。（4）合同标的不同。夫妻财产制契约针对的是概括财产或集合财产（部分财产或全部财产）。而夫妻间赠与通常针对的是特定物或可特定化的物。（5）合同性质不同。夫妻财产制契约属于继续性合同，其规则适用具有一般性和可重复性，对双方婚姻关系存续期间持续获得的财产产生持续的约束力，具有长期、概括调整的特定性，是一般性地建构夫妻之间的财产法状态，而夫妻间无偿给予合同属于一次性合同。因此，不宜以《民法典》的上述规定作为本条的法律依据。

四、其他国家和地区的相关规定

世界上许多国家和地区立法对赠与合同的撤销作了规定，但条件各有不同，归纳起来大致有以下五种情况：（1）赠与合同违背法律规定；（2）赠与人经济状况恶化，继续履行赠与合同已不可能；（3）受赠人有损害赠与人及其近亲属的行为；（4）受赠人不履行赠与合同约定的义务；（5）非书面合同且尚未履行给付义务的。下面举例简要介绍相关规定的情况：

1.《德国民法典》以19个条文专门对赠与作了具体规定。该法第530条就撤销赠与作了规定：受赠人对赠与人或者其近亲属有重大侵害行为或者重大忘恩负义行为时，赠与人可以撤销其赠与。赠与人的继承人仅在受赠人因故意和违法行为致赠与人死亡或者阻碍撤销赠与时，始有权撤销赠与。[①] 由上可以看出，赠与合同属于要式合同，所规定的赠与撤销权属于法定撤销权，而非任意撤销权。

---

① 《德国民法典》，郑冲、贾红梅译，法律出版社1999年版，第100页、第103页。

2.1987年《菲律宾共和国家庭法》第2章专门规定了结婚赠与。[①]其中第86条规定：有下列情形之一的，赠与人得撤销赠与：（1）未举行婚礼的婚姻或依法被宣告自始无效的婚姻，除夫妻财产契约约定的赠与外，适用本法第81条规定；（2）未依法经父母或监护人同意而结婚的；（3）婚姻被撤销且受赠人有欺诈行为的；（4）司法别居中的受赠人为有罪方配偶；（5）附解除条件的赠与，所附条件成就的；（6）受赠人为民法赠与规则所列的忘恩负义行为的。该法第81条规定：出于将来结婚成为夫妻考虑而订定前条规定的协议或合同，当订约人终未结婚的，当事人所订立的财产协议或合同，包括未婚夫妻相互间的赠与，均无效。由此可见，该法规定的包括婚约解除在内的赠与无效的范围较为宽泛，撤销赠与后，赠与人可以请求返还赠与财产。所规定的赠与撤销权属于法定撤销权。

3.1983年《美国统一婚姻财产法》第7节"配偶间财产的转移"规定：配偶间可通过赠与和婚姻财产协议重新划分其财产。[②]该法第10节"婚姻财产协议"第4条规定：对婚姻财产协议的变更或撤销，只能在其后另外设立其他婚姻财产协议。变更或撤销协议的实施无须对价。由此可见，夫妻相互赠与财产和协议撤销赠与是受法律保护的。

4.2002年我国台湾地区"民法"设专节共14条对赠与作出具体规定。[③]其中第408条对赠与合同的任意撤销权作出规定：赠与物之权利未移转前，赠与人得撤销其赠与。其一部已移转者，得就其未移转之部分撤销之。前项规定，于经公证之赠与，或为履行道德上义务而为赠与者，不适用之。第412条对附义务的赠与合同作了规定：赠与附有负担者，如赠与人已为给付而受赠人不履行其负担时，赠与人得请求受赠人履行其负担，或撤销赠与。第416条对赠与合同的法定

① 中国法学会婚姻法学研究会编：《外国婚姻家庭法汇编》，群众出版社2000年版，第243页。

② 中国法学会婚姻法学研究会编：《外国婚姻家庭法汇编》，群众出版社2000年版，第121页。

③ 参见"中国审判法律应用支持系统"港澳台法律库。

撤销权作了规定：受赠人对于赠与人，有下列情事之一者，赠与人得撤销其赠与：（1）对于赠与人、其配偶、直系血亲、三亲等内旁系血亲或二亲等内姻亲，有故意侵害之行为，依“刑法”有处罚之明文者。（2）对于赠与人有扶养义务而不履行者。前项撤销权，自赠与人知有撤销原因之时起，一年内不行使而消灭。赠与人对于受赠人已为宥恕之表示者，亦同。第417条还对赠与人的继承人的撤销权作了规定：受赠人因故意不法之行为，致赠与人死亡或妨碍其为赠与之撤销者，赠与人之继承人，得撤销其赠与。但其撤销权自知有撤销原因之时起，6个月间不行使而消灭。从以上规定可以看出，我国台湾地区“民法”不仅规定了赠与人对赠与合同的任意撤销权和法定撤销权，而且对经公证或为履行道德上义务的赠与合同的任意撤销权作了限制。

综观以上若干规定，关于赠与合同是否需要经过公证，在有些国家和地区大致分为两种情况：一类是把公证作为赠与合同生效的要件，另一种则不要求赠与合同必须经过公证。德国、法国、意大利都将赠与合同列为要式合同，要求必须具备公证这一法定形式，未经依法公证的赠与合同原则上是无效的。《德国民法典》第518条对约定赠与的方式作出了规定：为使以赠与的方式约定履行给付的合同有效，约定需要经公证人公证。未经公证的赠与合同无效，但已经履行的赠与合同除外。《法国民法典》规定，一切生前赠与行为，应以通常契约的方式，在公证人前作成，并应将契约原本留存公证人处，否则赠与契约无效。《意大利民法典》规定，赠与应当以公证的方式作出，否则无效。日本及我国台湾地区允许赠与合同采用书面或者非书面形式，也不要求赠与合同必须经过公证证明。①

五、本条的概念解读

1. 本条中的“当事人”，是指婚姻房产纠纷当事人中的夫妻。第

① 胡康生主编：《中华人民共和国合同法释义》，法律出版社1999年版，第279页。

三人将房产赠与夫或妻，或者夫妻将房产赠与第三人的，该第三人不是条文中的“当事人”。因此，本条所指的“当事人”是狭义的当事人。之所以用“当事人”而不用“夫妻”的概念，是因为涉及赠与房产的离婚纠纷进入诉讼后，其已经成为民事案件的当事人。因此，在审判实践中对“当事人”不应作扩大解释。

2. 条文中的“一方”，是指夫妻之间赠与房产关系中的赠与人，“另一方”是指夫妻之间赠与房产关系中的受赠人。

3. 条文中的“赠与房产变更登记”是指夫妻双方为实现赠与房产所有权转移，到作为赠与标的物的房产所在地的登记机构办理变更登记，登记后发生物权变动即所有权转移的效力，赠与房屋的产权即由赠与人变更为受赠人。应当指出的是，确认“赠与房产变更登记”的依据是不动产登记簿的记载。不动产登记簿是物权归属和内容的根据，当《房屋所有权证》遗失、损毁，或者其所记载的内容与不动产登记簿记载不一致时，应以不动产登记簿记载的内容为准，认定赠与房产产权转移有效。

4. 对“可以按照《民法典》第658条的规定处理”的理解。对此应主要把握两个要点：一是丧失赠与房产合同任意解除权的要件；二是对“可以”二字的理解。关于第一个要点，赠与人在赠与财产的权利转移之前可以撤销赠与，其中的“权利转移”就是办理赠与房产过户登记，凡已办理房产过户登记的，或者虽未办理过户登记，但已办理房产公证手续的，人民法院对夫妻一方关于继续履行赠与合同的请求予以支持。从中可以看出，前述两种情形是丧失赠与房产合同任意解除权的要件。关于第二个要点，本条中用“可以”而不用“应当”来表述，二者虽有一定区别，但不能作任意性解释，不能将“可以”理解为法官的自由裁量权，可以支持当事人的诉求，也可以不支持当事人的诉求。应理解为在不具备前述两种情形时，人民法院对当事人关于继续履行夫妻房产赠与合同的请求，一般不予支持。如果遇到赠与房屋权利转让的瑕疵等特殊情况，应结合具体案情作具体分析，作出妥善处理。

六、本条的适用条件

本条旨在解决夫妻房产赠与合同的任意撤销权而非法定撤销权引起的纠纷，故本条应排除法定撤销权的适用。适用本条应符合以下三个条件：

1. 夫妻双方已经签订了房产赠与合同。赠与合同是双方当事人的合意，也是设立赠与权利义务关系的依据，行使任意撤销权必须以赠与合同有效为前提。如果没有签订合同，或者合同尚未有效成立，就不存在行使任意撤销权的基础。

2. 赠与的标的物是房产。如果赠与的是动产，根据《民法典》物权编的相关规定，除法律另有规定的以外，动产的物权变动原则上以交付为生效要件。因此，只要交付了标的物，就不能行使任意撤销权。根据《民法典》第225条规定，船舶、航空器和机动车等的物权的设立、变更、转让和消灭，未经登记，不得对抗善意第三人。从体系解释的角度看，上述特殊动产的物权变动也是以交付为生效要件，登记仅是对抗要件。因此，对该类特殊动产，在已经交付的情况下，不应以未办理转移登记为由，支持赠与人的任意撤销权。

3. 房产尚未进行转移登记或"加名"的变更登记，赠与人仍是赠与房产的所有权人。不动产物权登记是物权变动的生效要件，发生物权转移的效力。即使一方实际占有另一方的不动产，如果未办理所有权转移登记或者"加名"的变更登记，应当认定为赠与财产的权利尚未转移，除非经过公证，否则，赠与人依然可以行使任意撤销权。《民法典》第659条规定，赠与的财产依法需要办理登记或者其他手续的，应当办理有关手续。由于夫妻共同生活，夫妻一方的财产往往只是名分的不同，实际上大多由夫妻双方共同管理和使用。因此，即使另一方一直合法占有使用该房产，也不能认定房产所有权已经转移，赠与人仍可以撤销赠与。办理房产过户登记后，房产所有权才合法转移给受赠人，同时赠与人的任意撤销权也归于消灭。根据对本条的上述理解，夫妻一方就赠与另一方房产的约定行使任意撤销权，受赠人请求继续履行时，如果赠与房产既未办理房屋过户登记，亦未进行公证，对受赠人的诉讼请求，人民法院不予支持；如果赠与房产已经办理房产过户登记，或者虽未办理过户登记但已办理公证手续的，对受赠人的诉讼请求，人民法院应予支持。登记后赠与房产的产权即已变更为受赠人，不再受本条解释调整。

4. 赠与人行使的是夫妻房产赠与合同的任意撤销权而非法定撤销权，一是两者的法律依据和适用条件不同。行使任意撤销权的依据是《民法典》第658条，条件是赠与房产的产权未发生转移，不适用经过公证的赠与合同或者依法不得撤销的具有救灾、扶贫、助残等公益、道德义务性质的赠与合同。法定撤销权是基于法定事由，由赠与人行使的撤销赠与的权利。《民法典》第663条第1款对法定撤销权作了规定："受赠人有下列情形之一的，赠与人可以撤销赠与：（一）严重侵害赠与人或者赠与人近亲属的合法权益；（二）对赠与人有抚养义务而不履行；（三）不履行赠与合同约定的义务。"因此，只要具备前述三项事由，不论赠与合同是否经过公证证明，赠与的财产是否已交付，也不论赠与是否属于社会公益和道德义务性质，享有撤销权的人均可以撤销赠与。二是撤销权人撤销赠与的法律后果不同。行使任意撤销权的后果是，生效的赠与合同从此失去效力，合同双方的权利义务解除，赠与物的所有权不变，受赠人的履行请求权也随之消灭。由于行使法定撤销权前，赠与物的权利往往已经发生转移，此时赠与人可以要求受赠人返还赠与的财产。

【审判实践中应注意的问题】

一、关于夫妻赠与房产已部分履行，对未履行部分是否可以撤销赠与的问题

实践中遇到一种情况，即夫妻一方将其所有的两处以上房产赠与另一方，部分房产办理过户登记手续后，赠与人行使任意撤销权，提

出尚未履行的部分不再履行，另一方请求继续履行。对于这类纠纷，应认定已经履行的部分有效；对尚未履行的部分，应按照《民法典》第658条的规定处理，如果赠与房产未办理过户登记或者公证手续，赠与人可以行使撤销权，对尚未履行的部分不再履行。

二、关于赠与合同中放弃任意撤销权的条款的效力

为防止赠与人反悔，夫妻在赠与房产合同中特别约定赠与人放弃任意撤销权，此种约定是否有效？是否能够阻止任意撤销权的行使？实践中存在不同认识。一种意见认为，任意撤销权是对整个有效赠与合同的否定，其中包括放弃任意撤销权情况，该条款当然也无效；另一种意见认为，行使任意撤销权的前提是赠与合同合法有效，前述约定体现了夫妻双方的意思自治，签约前赠与人对此条款进行了慎重的考虑，其作为权利人，自愿放弃自己的房屋产权，符合当事人有权在法律规定的范围内处分自己的民事权利的规定，故应认定该约定有效，对赠与人具有约束力。我们认为，后一种观点符合法律规定精神，赠与人自愿放弃自己的民事权利应受到法律保护，行使任意撤销权应受到一定限制，故应认定夫妻房产赠与合同中放弃任意撤销权的约定有效。受赠人据此请求继续履行赠与合同的，即使赠与房产未经公证，人民法院也应予支持。

三、关于因不交付或者迟延交付夫妻赠与房产造成损失的，赠与人应否承担赔偿责任的问题

实践中曾发生过一种情况，即夫妻房产赠与合同生效后，赠与人不交付或者迟延交付赠与房产，给受赠人造成一定损失，受赠人请求办理房屋产权转让登记并赔偿损失。对此，应分别以不同情况对待。如果符合行使任意撤销权的条件，赠与人撤销赠与的，人民法院应予支持；如果房产赠与合同已经过公证，那么，人民法院应判令赠与人继续履行合同；对于前两种情形下受赠人关于赔偿损失的请求，人民法院均不予支持。理由是：赠与合同是单务无偿合同，赠与人只尽义

务而不享有权利，受赠人只享有权利而不尽义务，因此双方的利益是不对等的。如果判令赠与人赔偿因不交付或者迟延交付赠与标的物给受赠人造成的损失，无疑会扩大这种利益的不平衡。

四、关于对夫妻间赠与房产公证异议的救济途径问题

如果赠与房产已经过公证，根据《民法典》第 658 条的规定，经过公证的赠与合同不能任意撤销，赠与人因此丧失任意撤销权。诉讼中，如果赠与人以公证有明显错误作为抗辩事由，主张行使任意撤销权。人民法院经审查认为赠与人的理由充分的，可以不采信公证书所证明的内容，支持赠与人行使任意撤销权。

五、关于无民事行为能力人或者限制民事行为能力人是否具有夫妻间房产受赠人资格的问题

民事行为能力，是指以自己的行为来行使民事权利、承担民事义务的资格。如果夫妻一方婚后因疾病或受伤成为无民事行为能力人（如痴呆人、植物人）或者限制行为能力人，作为有行为能力人的夫妻一方向对方赠与房产，对方是否有权接受赠与房产？根据《民法典》第 22 条规定，不能完全辨认自己行为的成年人为限制民事行为能力人，实施民事法律行为由其法定代理人代理或者经其法定代理人同意、追认；但是，可以独立实施纯获利益的民事法律行为或者与其智力、精神健康状况相适应的民事法律行为。可见，限制民事行为能力人具有受赠人的资格。因为赠与合同是单务行为，只要赠与人具有完全的民事行为能力，就不影响赠与合同的效力。对于无民事行为能力人，根据《民法典》第 28 条规定，无民事行为能力的成年人，配偶为第一顺序监护人，此时，存在赠与人与受赠人的法定代理人为同一人的情况，从维护无民事行为能力人合法权益角度考虑，可以认定作为无民事行为能力人的法定代理人，已经代理该无民事行为能力人接受了赠与，赠与合同成立。

六、关于法定撤销权的问题

本条规范的是赠与房产变更登记之前的情况，如果赠与房产已经变更登记，则原则上，赠与人不能再撤销赠与。但是，实践中，也可以根据具体案件情况适用法定撤销权，以平衡双方的合法权益，比如，受赠人有严重侵害赠与人或者赠与人近亲属合法权益的，对赠与人有扶养义务而不履行的，可以适用《民法典》第663条规定，支持赠与人撤销赠与的诉讼请求。如果双方在赠与合同中约定了受赠人应当履行一定的义务，受赠人不履行赠与合同约定的义务的，赠与人也可以援引法定撤销权予以撤销，但要注意，基于双方为夫妻的特定身份关系，所附义务如果限制人身自由或者有违公序良俗的，则不应当支持其相应的请求。

第三十三条 债权人就一方婚前所负个人债务向债务人的配偶主张权利的，人民法院不予支持。但债权人能够证明所负债务用于婚后家庭共同生活的除外。

【条文主旨】

本条是关于夫妻一方婚前个人债务在婚姻关系存续期间的负担原则及其例外的规定。

【条文理解】

一、本条来源及背景情况

本条来源于《婚姻法司法解释（二）》第23条，没有修改。夫妻双方中一方的婚前个人债务不因婚姻关系而发生移转。因此，在婚姻关系存续期间，债权人不得就一方婚前个人债务而向债务人的配偶主张权利。但是，如果债权人能够证明一方婚前个人所欠债务与债务人婚后家庭共同生活具有必然的因果联系，即夫妻中一方婚前所欠债务中的资金、财物已转化为夫妻双方婚后物质生活的条件时，根据权利义务相一致的原则，该债务亦应由夫妻双方共同负担。该规则并无大的争议，与《民法典》亦不存在冲突之处，故予以保留。此精神实际上为司法实践所一直坚持。比如，已经废止的《离婚案件财产分割问题的意见》第18条规定，婚前一方借款购置的房屋等财物已转化为夫妻共同财产的，为购置财物借款所负债务，视为夫妻共同债务。

二、法律依据和法理基础

债是特定的人之间根据特定的法律事实请求一定给付的法律关

系。在债的关系中，债权人基于债的关系，可以向债务人请求给付，请求给付的一方当事人享有债权，称为债权人；负有给付义务的一方当事人负有债务，称为债务人。债权人只能向债务人请求给付，而不能向债务人以外的人请求给付，这种特定债权人仅能向特定债务人请求给付的法律关系，学说上称为债的相对性。

夫妻一方婚前所欠个人债务，是其与债权人之间因特定法律事实而形成的一种债权债务关系，它是夫妻一方在婚姻关系产生之前与债权人这种特定主体之间发生的权利义务关系。根据债的相对性原理，债权人只能向特定的债务人主张权利，而不能在债务人结婚后向其配偶主张权利。因为，债的发生必须基于当事人之间的意定或法律的规定，除此特定的法律事实之外，债的相对性不会因其他事由而发生移转。夫妻一方在婚前所负的个人债务，如没有另一方在婚后向债权人作出承诺，即不会在原债务人的配偶与债权人之间产生意定之债，债权人也无法律上的根据和理由向债务人的配偶主张权利。

夫妻一方婚前所欠债务属于个人债务。但是，如果一方婚前所欠债务与婚后夫妻共同生活之间具有必然的因果联系，且婚前所欠债务中的资金、财物已转化为婚后夫妻共同财产或已成为婚后夫妻共同的物质生活条件的，婚前一方所欠的个人债务即转为夫妻共同债务，应当由夫妻双方共同偿还。对此，债权人应当承担举证责任。

三、划分夫妻婚前个人债务与婚后共同债务的法律意义

区分夫妻婚前个人债务与婚后共同债务，既可以避免因一方婚前所欠个人债务而影响和破坏婚后家庭的正常生活，保护债务人配偶的财产权不因婚姻关系而受到侵害；同时，又可以防止债务人借助婚姻关系而逃避债务，保护债权人的合法权利不因婚姻关系而受到侵害。

夫妻债务问题与夫妻财产制有着密切的关系。夫妻财产制是规定夫妻双方相互之间财产关系的法律制度。它包括夫妻婚前所有财产和婚后所得财产的归属、管理、使用、收益、处分、对第三人债务的清偿以及婚姻关系终止时的财产分割等内容。夫妻财产制度关系到整个

社会交易的安全性，它对于社会经济生活的安定和家庭以及个人生活的稳定均具有十分重要的意义。随着市场配置社会资源的经济运行方式的进一步推广，自然人和家庭作为市场交换的主体更多地参与到市场经济中来，大量的私人财产与个人债务、家庭债务混合为一体，如何正确认识和处理这些社会矛盾，直接关系和制约着市场经济能否良性健康地发展。夫妻财产制可以分为约定财产制和法定财产制。约定财产制是指夫妻以契约方式确定适用财产制的形式；而法定财产制是指由法律直接规定的夫妻财产制的形式。从各国的法律规定来看，基本上均同时采取约定财产制和法定财产制，但两种制度适用的效力不同。婚姻家庭法律属于私法的范畴，应当以意思自治为基本原则。因此，如果当事人对双方财产安排事先有约定的，则依约定确定其财产归属；若无约定，则依法律规定确定其财产归属。因为，婚姻家庭法律尽管具有强烈的身份性，但夫妻双方对财产的约定本质上是一种合同，仍应贯彻意思自治原则，故其应当具有优先于法定财产制适用的效力。

约定财产制能够在较大程度上体现当事人意思自治的原则，充分体现了个人作为一个独立的民事主体在现代社会中的地位和价值。与法定财产制相比，约定财产制灵活性更强，更能适应复杂多样的夫妻财产关系，更能适应现代社会丰富多样的生活方式，也更能体现当事人的真实意愿和个性化需要。但是，约定财产制的局限性在于其容易对夫妻双方对外承担债务产生影响，从而侵害第三人的债权。如果当事人事先约定了婚前财产的所有、占有或收益，即可能对夫妻一方或双方对外承担债务产生直接影响，有可能缩小承担责任的财产范围，严重影响到债权人债权的实现。因此，夫妻双方关于婚前财产和婚后财产约定的内容应当公示，否则约定的内容不能对抗第三人。如果债权人事先知道了公示的内容，仍然与夫妻一方从事经营活动，可以认为其自愿承担了在约定之后财产不足以清偿债务的风险。但如果债权人根本不知道约定的内容，或不可能知道约定的内容，则要债权人承担在夫妻约定财产以后财产不足以清偿债务的风险，对债权人是极不公平的。所以，对于约定财产没有公示的只能在当事人之间产生效力，不能对抗第三人。根据《民法典》第1065条规定，男女双方可以约定婚姻关系存续期间所得的财产以及婚前财产归各自所有、共同所有或部分各自所有、部分共同所有。约定应当采用书面形式。该约定对双方具有约束力。夫妻对婚姻关系存续期间所得的财产约定归各自所有，夫或者妻一方对外所负的债务，相对人知道该约定的，以夫或者妻一方的个人财产清偿。

对婚前财产没有约定的，应当适用法定财产制度。法定财产制对于确定夫妻财产的归属、判断夫妻债务的负担均具有十分重要的意义。首先，法定财产制为正确处理夫妻财产关系提供了明确的法律依据。受传统思想的影响，夫妻双方在婚前或婚后为财产问题专门订立契约的目前仍属少数，这就需要法定财产制弥补其不足。其次，法定财产制是对婚姻双方当事人最公平的财产规则。法定财产制是对多数人意愿的推定，它能够在最大程度上体现公平和正义的要求，任何一方不得自行变更法定财产制所设定的内容，也不得利用自身的财产、职业、知识背景等优势从制度上为自己谋得比对方更多的利益。最后，实行法定财产制可以大大降低婚姻关系的成本。在法定财产制之下，夫妻不必履行相应的财产登记手续，也不必为婚姻关系存续期间的财产归属耗心费力，更不需要在道德和社会舆论方面有太多的考虑。因此，法定财产制在多数国家仍然是夫妻财产制的主要形式。《民法典》第1062条第1款对夫妻共同财产作了明确规定："夫妻在婚姻关系存续期间所得的下列财产，为夫妻的共同财产，归夫妻共同所有：（一）工资、奖金、劳务报酬；（二）生产、经营、投资的收益；（三）知识产权的收益；（四）继承或者受赠的财产，但是本法第1063条第三项规定的除外；（五）其他应当归共同所有的财产。夫妻对共同财产，有平等的处理权。"第1063条对夫妻一方的财产规定如下："下列财产为夫妻一方的个人财产：（一）一方的婚前财产；（二）一方因受到人身损害获得的赔偿或者补偿；（三）遗嘱或者赠与合同中确定只归一方的财产；（四）一方专用的生活用品；（五）其他应当归一方的财产。”从上述关于法定财产的规定中不难看出，如果夫妻对婚前财产没有约定或约定不明确的，一方的婚前财产属于夫妻一方的财产；与此相同，夫妻一方婚前所负的债务在婚姻关系存续期间仍为夫妻一方的债务，而不能因婚姻关系而自动转化为夫妻双方的共同债务。

如果夫妻一方为了利用婚姻关系逃避婚前的个人债务，而采用约定的方式将婚前负债一方的个人财产于婚后转移在其配偶的名下，或者用于婚后夫妻的共同生活，如购置房屋、家具和室内装修等，从而损害债权人合法利益，并将此作为其拒不履行债务的事由时，人民法院不予支持。因此，如何证明夫妻一方的婚前债务与夫妻双方婚后共同财产的因果关系是债权人的权利能否得到保护的重要条件。“婚前所欠债务用于婚后家庭共同生活”是债权人要求债务人配偶承担责任时的主张，本条根据“谁主张谁举证”的基本原则，规定由债权人对上述事实承担证明责任。由于婚姻家庭关系在较大程度上具有私密性，其财产流向和交易很难被债权人所掌握，这就需要我们在司法实践中根据《民事诉讼法司法解释》第105条规定的精神，依照法律规定，运用逻辑推理和日常生活经验法则，对证据有无证明力和证明力大小进行判断，同时，要考虑平衡双方的利益。

在《婚姻法司法解释（二）》制定时，针对本条相关规定也曾有多种意见：第一种意见为，婚姻关系存续期间，债权人就一方婚前所欠个人债务向债务人的配偶主张权利的，除有证据证明该债务用于结婚时购置结婚用品的之外，人民法院不予支持。这种观点将婚前债务与结婚时购置结婚用品联系起来，可以直观地发现婚前债务与结婚费用的因果联系，对于债权人及时主张权利和举证证明均有一定的意义。但是，这种建议过分缩小了婚前债务的转化方式和转化范围，使大量婚后转化为夫妻共同财产的情形被排除在夫妻共同债务之外，不利于保护债权人的合法权利。

第二种意见为，婚前的债务和婚前财产一样应当成为共同债务和共同财产，至于审查婚前是否有债务则是当事人的义务，只享受权利而不承担义务是不公平的。至少应当为他们知晓的那一部分债务承担责任。这种观点以保护债权人的交易安全为出发点，将婚前个人债务和婚后共同债务统统纳入法定财产制的调整范围之内，给夫妻婚姻关系附加了更多的义务。婚姻关系是一种身份关系，所以首先应当体现婚姻自由的原则，如果我们将大量的交易风险引入婚姻家庭领域，必将与传统的婚姻家庭观念相冲突，也影响了婚姻家庭生活的安定性，反而会使婚姻关系违背婚姻自由的原则，导致家庭观念和婚姻价值观念的失范。不难想象，如果男女双方结婚前要对另一方的负债情况进行调查了解，不仅加大了夫妻一方的婚前审查义务，而且违背了现代社会每个人对自己行为负责的原则。

第三种意见为，当债务人婚后把所有金钱转到配偶名下，或用配偶名义购买房屋，债权人就无法追讨了。应该加上年限限制，即夫妻结婚三年后，夫妻一方的婚前债务应当视为夫妻共同债务。这样使债务人无法找到逃避的方法，债务人配偶也会督促还债，对债权人较为公平。这种观点对于保护债权人的合法权利、促进交易安全具有积极意义。但是，这种观点在强调保护债权人的同时，忽略了对债务人配偶一方的保护，同样使夫妻双方负担了更多的义务，从而可能成为婚姻自由的障碍。事实上，债权人在与债务人进行交易之前，应当对债务人的负债能力进行必要的注意和审查，这种注意和审查的义务不能因债务人结婚而移转给一个法律上没有义务的人。

第四种意见为，将举证责任完全加给债权人一方，不利于保护债权人的合法权益，也难以在司法实践中执行。由于我国在夫妻财产制度上实行约定财产制与法定财产制的结合，如果夫妻双方对婚前财产或债务没有约定，按照法定财产制的规定，婚前财产与婚前债务都属于个人财产和个人债务，依法应当由夫妻一方对其婚前债务承担清偿责任，这是处理婚前个人债务的常例。如果夫妻一方将婚前债务用于婚后共同生活的，这是婚前个人债务的特例，应当由主张这一事实的债权人承担证明责任。

四、域外立法与司法实践

在美国，夫妻对于婚姻期间的费用和债务是否负清偿责任，各州因适用不同的财产制度而有不同的规定。凡适用完全分别财产制的，其费用和债务应由债务人本人承担。凡实行全部共享制、婚姻财产制或共同财产制的，或分别财产制中共同承担生活费用者，应根据费用与债务的性质确定清偿人。原则上为共同生活所付费用或所欠债务，无论是否属于夫妻双方共同所为，他方是否认可，均应推定为共同费用或共同债务，双方应共同承担清偿义务。对于非共同生活所需费用或所欠之债，应由本人偿付，他方无代为清偿的义务。当所支付的费用或所欠债务为共同生活所需时，即使非双方共同签字认可，或未经他方同意，他方也须负清偿责任。然而，如果妻子的账单是其个人度假的账单，或丈夫为了其集邮的爱好，购买昂贵的邮票，他方配偶原则上对此不负清偿义务，除非双方事先均签字认可该消费行为。对于一方配偶婚前的账单或债务，他方无清偿责任。如一男子离婚后法院判决其每年支付子女抚养费，其再婚配偶对此不承担责任。如果一方配偶从事经营活动，拥有企业、公司，不从事经营活动的他方配偶对该企业或公司所欠债务不负清偿责任，除非该配偶自愿同意共同清偿债务。1983 年颁布的《美国统一婚姻财产法》，允许配偶双方通过婚姻财产协议修改法定的财产权利，并对婚前婚后的协议内容规定了不同的公正标准。根据诚实信用原则，配偶不能签订损害债权人和诚实购买人利益的协议，同时，该协议也不能损害子女受抚养的权利。[①]

《瑞士民法典》第 193 条规定：（1）配偶一方或夫妻双方的债权人对某财产可提出清偿请求的，该财产不得因夫妻财产制的设定或变更，或因夫妻财产权的分割而解脱被清偿的责任。（2）前款之财产已转移于配偶一方的，该配偶人须偿还债务，但对其能证明所受领之财产不足债务的部分，可免除其偿还的责任。[②] 上述规定既明确了夫妻

① 夏吟兰：《美国现代婚姻家庭制度》，中国政法大学出版社 1999 年版，第 71~72 页。

② 《瑞士民法典》，殷生根、王燕译，中国政法大学出版社 1999 年版，第 52 页。

双方约定不得对抗第三人的制度，又对配偶在接受财产的范围内偿还债务的制度作了规定，平衡了债权人与债务人配偶之间的权利义务关系，具有一定的合理性。

在德国，关于离婚后如何分割夫妻财产，曾进行过两次大的改革。一次是1957年的《德国男女平权法》建立了新的法定财产制，即婚后取得的财产归夫妻双方共同享有的制度。在此之前，实行夫妻分别财产制，离婚时，财产收益较多的一方必须将超出对方收入的余额的一半交付给对方。在实践中，计算这一差额是一件很不容易的事情。依《德国男女平权法》建立的财产制，离婚时，只要确定夫妻各自财产的增值部分（离婚时的财产价值减去结婚时的财产价值），其增加部分相互均分即可。这种方法简便易行，减轻了离婚中的财产讼累。另一次是1976年的《德国改革法》，对养老金或保险金等福利权利的分配制度进行了改革。前一次改革没有涉及这一问题。根据以前的法律规定，夫妻离婚后，只有在夫妻关系存续期间就业工作的一方在达到一定的年龄或在此之前丧失了劳动能力时，才享有领取养老金或保险金等福利的权利，这实际上剥夺了离婚妻子的这部分财产权利。因为从当时德国的状况来看，很多已婚妇女在家从事养育子女、操持家务的劳动。如果她们没有与丈夫离婚，当她们年老以后，能与丈夫一起享受养老金或保险金，一旦离婚，他们就享受不到这种权利。这一方面会使离婚妇女因离婚而招致生活贫困，增加社会问题；另一方面，立法者认为，“配偶双方不管是谁操持家务，谁从经济上支持家庭，是分工的不同，他们在婚姻关系存续期间的贡献应当等量齐观”。虽然享有这一权利的是就业工作的一方，但它是双方共同努力的结果。因此，这一权利在离婚时，应与婚后取得的其他共同财产一样加以分割。基于以上考虑，改革后的德国法律规定，离婚的夫妻，对于婚姻关系存续期间建立的，在年老或丧失劳动能力时将能获得的有关养老金或保险金等福利权利，离婚时就进行分割（《德国民法典》第1587条）。按这一规定，在婚姻关系存续期间没有参加工作的配偶一方（主要是妻子），离婚后可以独自向养老金或保险金等福利支付机构行使请求权，以得到她应得的一半份额。[①]

在日本，夫妻婚前债务与婚后共同债务的区分原则，取决于夫妻财产制的相关规定。约定财产制与法定财产制是日本夫妻财产制的两种主要形式。根据《日本民法典》的相关规定，夫妻订有同法定财产制相异的契约时，除非于婚姻申报前进行登记，不得以之对抗夫妻的承受人及第三人。同时，夫妻一方于婚前所有的财产及婚姻中以自己名义取得的财产，为其特有财产；夫妻间归属不明的财产，推定为共有财产。此外，日本虽然规定了法定财产制，但同时又规定了日常家事债务的连带责任，即夫妻一方就日常家事同第三人实施了法律行为时，他方对由此而产生的债务负连带责任。但是，对第三人预告不负责任意旨者例外。[②]

【审判实践中应注意的问题】

一、债权人就一方婚前所欠个人债务而起诉债务人的配偶时，人民法院能否驳回其诉讼请求

债权人就一方婚前所欠个人债务向债务人的配偶主张权利时，必然将债务人的配偶列为共同被告，人民法院应当区分情形予以处理：其一，债权人仅以婚前个人债务为理由主张由债务人配偶承担清偿责任的，如债权人无婚前债务转化为夫妻共同债务的相关证据，人民法院应当驳回债权人相应的诉讼请求。其二，如果债权人就一方婚前所欠个人债务向债务人的配偶主张权利，且能够提供婚前个人债务转化为夫妻共同债务的相关证据，人民法院应当在查明事实的基础上判决由夫妻双方共同承担清偿责任。

① 曹艳芝：《德国离婚法的改革》，载《当代法学》2000 年第 6 期。

② 《日本民法典》，王书江译，中国法制出版社 2000 年版，第 134~135 页。（第 756 条、第 761 条、第 762 条）

二、如果夫妻一方的婚前个人债务转化为夫妻共同债务后，债务人配偶承担清偿责任的范围是否应当以其接受婚前财产的范围为标准

一种观点认为，夫妻一方的婚前个人债务转化为共同债务后，夫妻双方应当承担连带清偿责任，因此，债务人的配偶不得以其接受婚前财产的范围作为抗辩的理由，只有这样才能更好地保护债权人的利益。另一种观点认为，夫妻一方的婚前个人债务转化为共同债务后，债务人的配偶只在其实际接受财产或受益的范围内承担清偿责任，这更符合公平负担的原则。我们倾向于后一种观点。

三、如何掌握债务人婚前所欠债务用于婚后家庭共同生活的证明标准

婚前个人债务向婚后共同债务的转化，必须以婚前所欠债务用于婚后家庭共同生活为条件，债权人对此事实应当承担证明责任。在司法实践中，婚前个人债务向婚后共同债务的转化有多种类型：一方婚前举债购置大量结婚用品，婚后为夫妻双方共同生活所需要时，可以转化为婚后共同债务；一方婚前借款装修房屋，该房屋供夫妻双方婚后共同居住或共同使用的。总之，判断一方婚前债务与婚后共同生活之间的因果联系，应当结合债务人举债的目的、用途以及婚后共同生活的需要等诸多因素综合判断。

在实施本条的过程中，除应当注意对一方婚前债务如何转化为婚后的共同债务的审查外，还要防止另外两种倾向：一是不能将一方婚前的全部债务转移给债务人的配偶，加重夫妻双方中另一方的责任。例如，一方婚前投资经营所负的债务、一方婚前因侵权行为所负的债务、一方婚前为自己亲属的婚丧嫁娶所负的债务、一方婚前因从事违法行为受到国家机关处罚时所负的债务等，只要一方婚前债务与夫妻婚后共同生活无关，不能要求债务人的配偶对该债务承担清偿责任。二是不能对债权人的举证责任设定较为苛刻的要求，使债权人的权利

无法获得司法的救济。应当承认，由于一方婚前债务向婚后共同债务的转换，必须以所欠债务用于婚后共同生活为要件，这就使得债权人完成证明责任十分困难。如果我们对债权人承担证明责任的要求过于严苛，实际上无法真正保护债权人的合法权利。如债权人主张债务人婚前所负债务主要用于婚后共同生活，并举证证明了借款的时间、结婚的时间以及结婚时购置的大量物品等，由此可以推定债务人所负债务用于婚后共同生活。此时，人民法院可以要求债务人及其配偶就否认的事实承担证明责任。如果夫妻双方能够举证证明结婚时购置的物品或其他夫妻共同财产的形成，与债务人婚前所举债务无关，债务人的配偶就不应承担该债务的清偿责任；如果双方所持证据均不能完全证明自己的主张时，应当按照《民事诉讼法司法解释》第 108 条规定的原则处理，即作为主张事实成立的一方，债权人负有举证证明的责任，其所举证据应当需要达到高度可能性证明标准；而对于作为抗辩一方的配偶，虽然其就抗辩主张也应当提供证据予以证明，但因其在诉讼中是防御的一方，其所举证据只要达到让债权人主张的事实达到真伪不明的程度即可。

第三十四条 夫妻一方与第三人串通，虚构债务，第三人主张该债务为夫妻共同债务的，人民法院不予支持。

夫妻一方在从事赌博、吸毒等违法犯罪活动中所负债务，第三人主张该债务为夫妻共同债务的，人民法院不予支持。

【条文主旨】

本条是关于夫妻共同债务的排除性规定。

【条文理解】

一、本条制定的背景情况

本条源于《婚姻法司法解释（二）》第24条的补充规定。《民法典》第1064条虽然明确规定了夫妻共同债务的认定问题，但考虑到该规定与《民法典》并不冲突，而且是从反向排除方面所作的规定，对实践仍有一定的指导意义，可以直接作为审理案件的依据，故予以保留。

夫妻共同债务问题，事关夫妻双方特别是未举债一方和债权人合法权益的保护，事关婚姻家庭稳定和市场交易安全的维护，近些年来一直是社会关注的热点。《婚姻法》涉及夫妻所负债务清偿问题的条款是第19条第3款和第41条，其中，第19条第3款规定："夫妻对婚姻关系存续期间所得的财产约定归各自所有的，夫或妻一方对外所负的债务，第三人知道该约定的，以夫或妻一方所有的财产清偿。"第41条规定："离婚时，原为夫妻共同生活所负的债务，应当共同偿还。共同财产不足清偿的，或财产归各自所有的，由双方协议清偿；协议不成时，由人民法院判决。"第19条第3款主要针对夫妻进行财产约定后，一方所欠第三人的债务如何清偿的问题，对夫妻共同财产制下债务如何清偿没有作出明确具体的规定。第41条是规定离婚时夫妻共同生活所负的债务在夫妻之间如何分担的问题，属于夫妻债务的内部法律关系，对夫妻债务的外部法律关系即如何偿还债权人没有作出进一步规定。可见，共同财产制下夫妻一方对外所负的债务是否均为共同债务，债权人如何主张权利，在2001年《婚姻法》中没有作出明确具体规定。为解决审判实践中的问题，指导人民法院依法妥善审理涉及夫妻债务纠纷案件,《婚姻法司法解释（二）》第24条第1款规定："债权人就婚姻关系存续期间夫妻一方以个人名义所负债务主张权利的，应当按夫妻共同债务处理。但夫妻一方能够证明债权人与债务人明确约定为个人债务，或者能够证明属于婚姻法第十九条第三款规定情形的除外。"该条司法解释的出台主要是基于当时夫妻"假离婚、真逃债"损害债权人利益的情形较为多发的实际情况，目的是遏制夫妻恶意逃债联手"坑害"债权人的社会现象，实践中也确实基本解决了这类问题，较好地维护了市场交易安全。

但是，随着经济社会的发展，我国城乡居民家庭财产结构、类型、数量、形态以及理财模式等发生了巨大变化 ，社会公众的婚姻家庭观念和家庭投资渠道也日趋多元化。许多家庭的财富因此快速增长，同时因投资而产生债务的风险也在不断加大。特别是2014年以后，受民间借贷案件高发的影响，夫妻债务问题越来越突出，出现了夫妻一方与债权人恶意串通损害另一方权益，而人民法院适用《婚姻法司法解释（二）》第24条判令未举债一方配偶共同承担虚假债务、非法债务的极端案例，引起社会各界广泛关注，不少意见要求废止或者修改第24条。为及时有效解决这一问题，最高人民法院在《婚姻法司法解释（二）》第24条的基础上增加两款规定，即本条规定内容，并同时出台了《最高人民法院关于依法妥善审理涉及夫妻债务案件有关问题的通知》。该补充规定和通知出台后，在司法实践中起到了积极作用。

二、法律依据与法理基础

夫妻共同债务是指夫妻双方因婚姻共同生活及在婚姻关系存续期间履行法定扶养义务所负的债务。一般包括夫妻在婚姻关系存续期间为解决共同生活所需的衣、食、住、行、医等活动以及履行法定义务和共同生产、经营过程中所负的债务。《民法典》第1064条在《最高人民法院关于审理涉及夫妻债务纠纷案件适用法律有关问题的解释》基础上，确定了三类比较重要的夫妻共同债务，即基于共同意思表示所负的债务、为家庭日常生活需要所负的债务和债权人能够证明的夫妻共同债务。

1. 基于共同意思表示所负的债务即俗称的“共债共签”，此为民事主体意思自治原则的应有之义，通过该条规定意在引导债权人在形成债务，尤其是大额债务时，为避免事后引发不必要的纷争，加强事前风险防范，尽可能要求夫妻共同签名。这不仅有利于保障夫妻另一方的知情权和同意权，从债务形成源头上尽可能杜绝夫妻一方“被负债”现象发生，也可以有效避免债权人因事后无法举证而遭受不必要的损失，可以平衡保护债权人和夫妻另一方的合法权益。

2. 为家庭日常生活需要所负的债务，即基于夫妻日常家事代理权所生的债务。夫妻日常家事代理权是指夫妻一方因家庭日常生活需要而与第三方为一定民事法律行为时互为代理的权利。夫妻一方在日常家庭事务范围内，与第三方所实施的一定民事法律行为，视为依夫妻双方的意思表示所为的民事法律行为，另一方也应当承担由此产生的法律后果。《民法典》第1060条新增了日常家事代理制度，该条规定：“夫妻一方因家庭日常生活需要而实施的民事法律行为，对夫妻双方发生效力，但是夫妻一方与相对人另有约定的除外。夫妻之间对一方可以实施的民事法律行为范围的限制，不得对抗善意相对人。”根据该条规定，在没有特别约定的情况下，夫妻任何一方行使夫妻日常家事代理权所实施的民事法律行为，对夫妻双方都发生效力，取得的权利由夫妻双方享有，由此产生的债务亦应属于夫妻共同债务。

如（1）购置共同生活用品所负债务，购买、装修共同居住的住房所负的债务，为支付一方医疗费用所负的债务。（2）夫妻一方或双方为履行法定扶养义务所负的债务。（3）履行法定赡养义务所负的债务。（4）为支付夫妻一方或双方的教育、培训费用所负的债务。夫妻从事正当的文化、教育、娱乐活动，从事体育活动等所负债务，属于夫妻共同债务。（5）为支付正当必要的社会交往费用所负的债务。夫妻之间的日常家事代理权应当设定合理的范围，过分扩大家事代理的范围，同样会危及家庭财产关系的稳定。如下列事务，不应纳入日常家事范围：（1）一方擅自处分不动产的行为；（2）处分具有重大价值的财产之行为；（3）处理与婚姻当事人一方人身有密切关联的事务，如领取劳动报酬、放弃继承权等。

3. 债权人能够证明的夫妻共同债务。《民法典》第 1064 条第 2 款规定，夫妻一方在婚姻关系存续期间以个人名义超出家庭日常生活需要所负的债务，不属于夫妻共同债务；但是，债权人能够证明该债务用于夫妻共同生活、共同生产经营或者基于夫妻双方共同意思表示的除外。这一类夫妻共同债务情形最为复杂，实践中如何认定争议最大。随着我国经济社会发展，城乡居民的家庭财产结构、理财模式等发生了很大变化，生活消费也日趋多元，很多夫妻的共同生活支出不再局限于以前传统的家庭日常生活消费开支，还包括大量超出家庭日常生活范围的支出。这些支出系夫妻双方共同消费支配，或者用于形成夫妻共同财产，或者基于夫妻共同利益，管理共同财产产生的支出，性质上均属于夫妻共同生活的范围，夫妻共同生活包括但不限于家庭日常生活。夫妻共同生产经营的情形更为复杂，主要是指由夫妻双方共同决定生产经营事项，或者虽由一方决定，但另一方进行了授权的情形。判断生产经营活动是否属于夫妻共同生产经营，要根据经营活动的性质以及夫妻双方在其中的地位作用等综合认定，既包括夫妻双方一起共同从事投资、生产经营活动，也包括夫妻一方从事生产、经营活动但利益归家庭共享的情形。

当然，除了上述几类主要债务外，实践中还存在依据法律规定产生的其他种类的夫妻共同债务，如夫妻因共同侵权所负的债务、夫妻因未成年人子女侵权所负的债务等。

夫妻个人债务是指夫妻一方与共同生活无关或者依法约定为个人所负担的债务。夫妻之间在诸多利益方面密不可分，但夫妻作为人格独立的个体，他们仍可以存在与婚姻无关的个人利益与责任。如果债权人与夫妻一方明确约定为个人债务的，应当由债务人自己负责清偿；如果债权人事先知道债务人实行约定财产制的，应当视为债务人的个人债务。再比如夫妻一方的婚前债务，而且没有用于婚后夫妻共同生活的；夫妻一方未经对方同意，擅自资助没有扶养义务人所负的债务；夫妻一方未经对方同意，独自筹资从事生产或者经营活动所负债务，且其收入确未用于共同生活的；遗嘱或赠与合同中确定只归夫或妻一方的财产为一方个人财产，附随这份遗嘱或赠与合同而来的债务也应由接受遗嘱或赠与的一方单独承担，他方无清偿责任。

总之，正确划定夫妻共同债务与夫妻个人债务的界限，在夫妻财产与第三人利益之间寻找一种符合公平正义的平衡点，对于维护夫妻的共同利益、个人利益以及第三人的合法权益均有十分重要的意义。

三、本条排除的两类债务

（一）夫妻一方与第三人串通虚构的债务

《民法典》第154条规定，行为人与相对人恶意串通，损害他人合法权益的民事法律行为无效。夫妻一方与第三人恶意串通虚构债务的，该民事法律行为无效。而且由于是虚构的债务，债本身即不存在，自然不能认定为是夫妻共同债务。但要注意一方以个人名义所负债务同一方与第三人恶意串通之区别。在司法实践中，经常有一些夫妻因不动产买卖或车辆购置等与第三人发生债权债务纠纷，人民法院在审理这些案件时要注意区分表见代理与夫妻一方与第三人恶意串通之间的区别。夫妻一方以另一方的名义所实施的民事行为，是否构成表见代理，应当审查相关事实。首先，夫妻一方是否已经实施了无权代理行为；其次，相对人依据一定事实，相信或认为夫妻一方具有完全的代理权；再次，相对人主观上须为善意、无过失，相对人善意且无过失的判断标准是其不知道夫妻一方没有相应的代理权，如果行为人明知或应当知道夫妻一方无权代理仍与其订立合同，不构成表见代理，给他人造成损害的，还要由相对人和行为人负连带责任；最后，因表见代理签订的合同，应当具备合同有效的一般条件。因此，正确区分表见代理和夫妻一方与第三人恶意串通之间的区别，是正确解决夫妻之间财产关系的重要保证。对此，《民法典》第1092条规定："夫妻一方隐藏、转移、变卖、毁损、挥霍夫妻共同财产，或者伪造夫妻共同债务企图侵占另一方财产的，在离婚分割夫妻共同财产时，对该方可以少分或者不分。离婚后，另一方发现有上述行为的，可以向人民法院提起诉讼，请求再次分割夫妻共同财产。"与《婚姻法》第47条第1款相比，《民法典》第1092条删除了"离婚时"的时间限制，以更好地保护另一方的合法权益，同时，该条明确"伪造夫妻共同债务"的，另一方可以请求再次分割夫妻共同财产。

（二）夫妻一方在从事赌博、吸毒等违法犯罪活动中所负的债务

在我国赌博、吸毒均为违法行为，其中产生的债权债务亦不受法律保护，更不能认定为夫妻共同债务由其配偶负担。

四、域外立法与司法实践

瑞士对夫妻双方对外所负债务有明确规定，《瑞士民法典》第233条规定：配偶间任何一方以其自有财产和共同财产对以下债务负责：（1）在其行使夫妻财产共同体的代理权或共同财产的管理权时发生的债务；（2）在其从事职业或经营事业中发生的债务；但仅以动用共同财产之资金或将收益归入了共同财产者为限；（3）配偶他方个人亦应负责的债务；（4）配偶双方与第三人约定除以自有财产外还以共同财产承担责任的债务。[①]

法国对夫妻个人债务的规定更加明确和细致，《法国民法典》第

① 《瑞士民法典》，殷生根、王燕译，中国政法大学出版社1999年版，第62页。

1410条规定：夫妻双方在举行结婚之日负担的债务，或者夫妻于婚姻期间因接受继承及赠与所负有的债务，不论本金、定期金或利息，均为个人债务。该法第1411条规定：夫妻一方或另一方的债权人，于前条所指情形，仅得对其债务人的自有财产与收入，为清偿请求。但是，如夫妻在结婚之日所拥有的动产物品，或者其因继承或赠与而接受的动产物品已混同于共同财产之内，并且不可能按照第1402条之规则进行区分时，夫妻一方或另一方的债权人亦可扣押属于共同财产内的财产。法国对以夫妻共同财产偿付个人债务的补偿原则也作了明确规定，《法国民法典》第1412条规定：如以共同财产偿付夫妻一方的个人债务，该方应对共同财产给予补偿。该法第1413条规定：对夫妻各方在共同财产制期间所负的债务，无论其发生原因如何，均得请求以共同财产为清偿，但如作为债务人的夫妻一方有欺诈或者债权人有恶意，不在此限，并且在相应场合，如有必要，应对共同财产给予补偿。①

此外，法国对夫妻的家事代理权范围及例外之规定，无论是其价值取向还是立法技术对我们均有重要的借鉴意义。《法国民法典》第220条规定：夫妻各方均有权单独订立以维持家庭日常生活与教育子女为目的的合同。夫妻一方依此缔结的债务对另一方具有连带约束力。但是，依据家庭生活状况，所进行的活动是否有益以及缔结合同的第三人是善意还是恶意，对明显过分的开支，不发生此种连带责任。以分期付款方式进行的购买以及借贷，如未经夫妻双方同意，亦不发生连带责任；但如此种购买与借贷数量较少，属于家庭日常生活之必要，不在此限。②

日本对夫妻家事代理权之规定较为简单，但具有较强的操作性。《日本民法典》第761条规定：夫妻一方就日常家事同第三人实施了法律行为时，他方对由此而产生的责任负连带责任。但是，对第三人

---

①② 《法国民法典·民事诉讼法典》，罗结珍译，国际文化出版公司1997年版，第308~309页、第66页。

预告不负责任意旨者，不在此限。[①]

在美国，大多数州对婚姻债务均规定夫妻双方负有连带清偿责任。一方配偶不能清偿的，他方有代为清偿的义务。婚姻债务在大多数州是指为婚姻生活所负的债务，如家庭消费、子女必要的医疗费等。对于婚姻债务，无论是否以双方名义所负，双方均有清偿的义务。对于在婚姻关系存续期间，双方共同申请信用卡，并均在申请书上签字保证承担偿还账单义务的，无论是否为双方共同消费，任何一方都有清偿账单的义务。对于双方约定由一方承担清偿责任的义务，或一方以个人名义为个人利益所欠的债务，他方无代为清偿的义务，由债务人承担清偿责任。[②]

【审判实践中应注意的问题】

一、应当正确掌握“债权人与债务人明确约定为个人债务”的证明标准

在司法实践中，夫妻一方与债权人形成的个人债务同样具有“以个人名义所欠债务”的外部特征，但是，如何将这种债权人与债务人约定的个人债务与夫妻共同债务区别开，关键要统一证明的标准。由于夫妻一方与债权人约定的个人债务发生纠纷后，这个债务到底是夫妻一方个人债务或是夫妻共同债务，就成为债权人与夫妻另一方争辩的焦点问题，也构成诉辩双方力争证明的对象。正是这种利益的高度对抗性，决定了判断真伪的标准主要是债权人与债务人在争议发生之前是否达成了关于“个人债务”的书面约定。如果仅有夫妻双方的陈述，而没有债权人的自认，“个人债务”的事实尚难以确认。总之，严格掌握夫妻一方“证明债权人与债务人明确约定为个人债务”的证

① 《日本民法典》，王书江译，中国法制出版社2000年版，第135页。

② 夏吟兰：《美国现代婚姻家庭制度》，中国政法大学出版社1999年版，第274页。

明标准，对于保护债权人的合法权利、维护财产交易的安定性都具有十分重要的意义。

二、夫妻所负共同债务中债权人之撤销权问题

在司法实践中，夫妻以个人名义所欠债务被确认为夫妻共同债务的情况下，债权人的权利常常因债务人的行为而受到侵害，此时，债权人可以通过撤销权来保护自己的合法权利。在下列情形下，债权人可以请求人民法院撤销债务人的行为：如放弃到期债权、无偿转让财产、非正常压价出售财产、对部分未到期的债务未经其他债权人准许提前清偿等。因债务人怠于行使到期债权，对债权人造成损害的，债权人还可以向人民法院请求以自己的名义代位行使债务人的债权，但该债权专属于债务人自身的除外。总之，债权人行使撤销权和代位权的范围应当以债权人的债权为限，债权人行使撤销权和代位权的必要费用也由债务人承担。

第三十五条 当事人的离婚协议或者人民法院生效判决、裁定、调解书已经对夫妻财产分割问题作出处理的，债权人仍有权就夫妻共同债务向男女双方主张权利。

一方就夫妻共同债务承担清偿责任后，主张由另一方按照离婚协议或者人民法院的法律文书承担相应债务的，人民法院应予支持。

【条文主旨】

本条是关于夫妻双方对共同债务不因婚姻关系解除而免除清偿责任的规定。

【条文理解】

一、本条制定的背景情况

夫妻对婚姻关系存续期间的共同债务应当承担清偿责任，这种责任不因离婚协议或人民法院裁判文书已对夫妻财产作出分割处理而移转。如果债权人在夫妻双方解除婚姻关系之后，又以夫妻双方在婚姻关系存续期间所欠共同债务为由向债务人及配偶主张权利的，只要其主张没有超过诉讼时效，债务人及配偶不得以离婚协议或人民法院的裁判文书已经对共同财产予以分割作为其拒不承担清偿责任的抗辩理由。夫妻双方中任何一方在婚姻关系解除后又因共同债务承担清偿责任的，可以根据离婚协议或者人民法院裁判文书中确定的原则和内容行使追偿权。

本条源于《婚姻法司法解释（二）》第25条，主要目的在于区分夫妻共同债务的内外部关系和具体的诉讼类型，与《民法典》的规定不冲突，故对其主要精神予以保留。具体有三方面的修改：（1）具体文字方面，将原来的“人民法院的判决书、裁定书、调解书”按照法律规定修改为“人民法院生效判决、裁定、调解书”，以使司法解释的表述更为准确。（2）删除了“连带”的表述。主要考虑是：共同之债与连带之债存在性质上的不同。在当事人没有约定的情况下，连带责任需要有法律的明确规定，而《民法典》第1064条仅规定了夫妻共同债务性质的认定，未明确相应的清偿规则。《民法典》第1089条的表述为，离婚时，夫妻共同债务应当共同偿还。也未约定双方承担的是连带责任。故将“一方就共同债务承担连带清偿责任后”修改为“一方就共同债务承担清偿责任后”。我们认为，此种表述更符合共同债务共同偿还的性质。（3）将“基于离婚协议或者人民法院的法律文书向另一方主张追偿的”修改为“主张由另一方按照离婚协议或者人民法院的法律文书承担相应债务的”。主要考虑是：此处的“追偿”主要是基于连带责任的性质认定，根据《民法典》第178条规定，二人以上依法承担连带责任的，权利人有权请求部分或者全部连带责任人承担责任。连带责任人的责任份额根据各自责任大小确定；难以确定责任大小的，平均承担责任。实际承担责任超过自己责任份额的连带责任人，有权向其他连带责任人追偿。在夫妻共同债务的情况下，基于共同债务的性质，虽然共同债务共同负担，但亦不影响共同债务人内部对债务份额进行约定，共同债务人之间可以依照协议或者法院生效法律文书要求另一方承担相应的债务。

二、法律依据和法理基础

夫妻双方对共同债务负共同清偿责任的特征为：（1）夫妻双方所负债务必须是共同债务。如果夫妻双方所负债务仅仅是一种个人债务，夫妻中的另一方不是债务人，自然不承担清偿责任。只有符合《民法典》第1064条的规定或者其他依法可以确定为夫妻共同债务的，才能够由夫妻双方共同偿还。如夫妻一方或双方从事正当文化、教育、娱乐、体育等活动所负的债务，夫妻一方因行使正常家事代理所负的债务等。（2）夫妻双方对该债务负担共同的清偿责任。债权人如果主张为夫妻共同债务，应当为必要的共同诉讼，夫妻双方同时作为被告。（3）夫妻中任何一方的完全给付，可以使另一方负担的债务归于消灭。在夫妻共同债务中，夫或妻中的任何一方只要向债权人履行了全部给付义务，另一方负担的同一债务即归于消灭。

夫妻双方对共同债务负共同清偿责任，可以在最大程度上保护债权人的利益，防止夫妻双方恶意串通诈害债权人，促进财产交易的安定性。主要基于以下几个方面的原因：（1）夫妻双方本来就是同一债权的共同债务人。因为该债务的形成是双方同意的，或者所带来的利益为夫妻双方所共享。所以，不论债务人之间的内部关系如何变化，对债权人而言，他们都必须共同承担债务的清偿责任。（2）债务人婚姻的风险是债权人不可能预料的风险。离婚只是债务人内部关系的变化，就整个民事活动环境而言，它超出了债权人应当预料的范围，也是债权人所无法控制的范围。所以，债务人婚姻关系的变化并不影响夫妻之间对婚姻关系存续期间共同债务的负担原则。（3）夫妻财产是夫妻共同债务的全部担保。由于债务人的全部财产是债务的担保，对夫妻共同债务而言，不论是夫妻个人财产还是夫妻共同财产，均因是债务人的财产从而构成对该债务的担保。债务人实行夫妻财产共同制的前提下，夫妻财产是该债务的担保，夫妻实行分别财产制或者限定部分共同财产制下，夫妻共同财产同样是债务的担保。正是缘于上述原因，夫妻一方与债权人之间因债权债务发生争议后，夫妻之间因利益相同而容易寻找抗辩事由方面的共同点，如果我们在制度安排上有意保护夫妻双方的利益，规定夫妻之间的约定可以对抗第三人，这就将第三人的权利置于不安定的状态，严重危及全社会财产流转的秩序。因此，《民法典》第1089条明确规定："离婚时，夫妻共同债务应当共同偿还。共同财产不足清偿或者财产归各自所有的，由双方协议清偿；协议不成的，由人民法院判决。"

如果在夫妻双方没有离婚的情况下，如果双方不是分别财产制，则双方对共同财产不分份额地共同所有，对共同债务也应当是不分份额的共同负担。但是，在离婚的情况下，双方的共有基础已经丧失，在离婚协议中或人民法院生效判决中对该部分共同债务已经明确确定了双方分担比例的情况下，基于共同债务的特征，夫妻中的一方向债权人履行了全部给付义务后，此时夫妻对外承担的共同债务即告消灭，另一方不再向原夫妻共同债务的债权人负清偿责任。履行给付义务的一方有权主张由另一方按照离婚协议或者人民法院的法律文书承担相应的债务。

三、离婚分割共同财产时，不得移转和变更夫妻对外承担的共同债务清偿责任

夫妻对婚姻关系存续期间的共同债务应当共同偿还，主要是为了保护债权人的合法权利不因婚姻关系的变动而受到侵害。婚姻关系既是一种身份关系，又包含着非常丰富复杂的财产内容。由于婚姻关系的解除可以通过夫妻双方的合意而完成，它不能因夫妻对外所负债务而阻却。债权人无法以债权债务关系的存在而实际控制和影响债务人婚姻关系的变化，因此，如果允许债务人通过离婚协议或人民法院的生效判决来移转或改变夫妻双方对外承担的共同债务，债权人的权利就可能因债务人婚姻关系的变化而落空和丧失，这种不以自己过失为基础的权利丧失有悖公平和正义之法理。正是基于上述理由，《民法典》第 1065 条第 2 款规定："夫妻对婚姻关系存续期间所得的财产以及婚前财产的约定，对双方具有法律约束力。"这种对夫妻之间关于财产关系约定效力的限制，对于保护第三人的合法权利具有重要的理论价值和实践意义。

离婚协议对夫妻共同财产和共同债务的约定，应当贯穿契约自由原则，任何一方不得强迫另一方签订违背其真实意思的协议。但是，契约自由的原则同样不得损害第三人的利益，如果夫妻双方以逃避共同债务为目的，将夫妻共同债务约定由无清偿能力的一方负担，势必损害债权人的合法权利。在司法实践中，由于离婚协议的形成完全由夫妻双方所决定，其内容和形式常常很难统一和规范，导致离婚协议

中损害第三人的内容在实际生活中难以避免。因此，对离婚协议的效力范围予以必要的限制并不违反契约自由的原则和精神。

人民法院的判决对夫妻财产作出分割处理的，并不能改变和消灭夫妻对外承担的共同债务。民事诉讼既要受当事人双方诉讼请求以及答辩意见的左右，又要受民事诉讼证明规则之约束。因此，夫妻双方在离婚诉讼中的自认、认诺、和解、撤诉等诉讼行为均可能影响和改变人民法院的裁定和判决。这就使人民法院对夫妻共同财产的判决，在债权人未参加诉讼的前提下，只能就夫妻内部的财产问题进行判决，而不可能将债权人的债权纳入其裁判的范围之内。正是基于上述理由，我们将人民法院对夫妻共同财产已经进行分割处理的判决，排除在债务人拒不承担共同债务清偿责任的抗辩理由之外。

在司法实践中，债权人在债务人解除婚姻关系之后又向债务人或其配偶主张权利的，一般分为两种情况：（1）离婚协议或人民法院的生效判决对夫妻财产作出处理时，遗漏了夫妻双方对外承担的共同债务，债权人可以向夫或妻的任何一方主张权利。在通过协议方式离婚时，常常有一些夫妻在离婚协议中仅就子女抚养和共同财产分割问题达成协议，而对夫妻对外所负债务则只字未提，导致事后因债权人主张权利时又产生争议。在通过诉讼方式离婚时，人民法院的民事判决由于受夫妻双方诉讼请求的制约，不可能超出当事人诉讼请求的范围进行裁判，只要当事人没有请求分担共同债务，人民法院就无权对此进行裁判。因此，人民法院关于准予离婚的民事判决只能就夫妻双方在诉讼中争议的问题进行判决，它对财产问题的处理只对夫妻双方具有约束力。（2）离婚协议或人民法院的生效判决对夫妻财产作出处理的同时，已经将夫妻共同债务划分在一方名下，债权人在其权利未能实现之前，仍可以向夫或妻任何一方主张权利。离婚协议或人民法院的判决对夫妻财产作出处理的同时，也将夫妻共同债务划分在一方名下。此时，如果债权人没有以第三人的身份参加债务人的离婚诉讼，离婚协议或人民法院生效判决对夫妻共同债务的划分可能根本就没有考虑债权人的主张和意见，其最终结果可能将夫妻共同债务划分给无力偿还债务的一方，使财产分割与债务承担相分离，从而损害债权人的利益，使债权人的债权无法实现。事实上，债权人与债务人设定债权债务关系之前，债权人对债务人的信赖建立在其夫妻关系存在和夫妻共同财产负担能力的基础之上。现在债务人因婚姻关系解除而必须变更共同财产之归属，不得据此而侵害债权人基于原先信赖所产生的利益。

四、夫妻一方对外清偿共同债务后有权请求另一方负担相应的责任

夫妻共同债务由夫妻双方共同偿还，任何一方各自应当承担的债务份额不能成为其向债权人拒不履行债务的抗辩理由，但这并不意味着夫妻内部之间不存在分担债务的原则。离婚协议或人民法院生效判决中关于夫妻共同财产和共同债务的负担原则是夫妻一方要求另一方负担相应责任的依据和标准。

离婚协议中关于夫妻共同债务负担之约定，体现了夫妻双方真实的意思表示，应当成为夫妻之间分担债务之标准。一般来说，夫妻之间离婚时对共同财产和共同债务进行约定，已经充分考虑到了夫妻双方与共同财产来源、共同财产增值、子女抚养等之间的相互关系，并体现了民事法律关系中当事人双方意思自治的原则，故夫妻之间所达成的离婚协议应当成为夫妻一方要求对方承担夫妻共同债务的依据和准绳。同时，我们也应当承认协议离婚的局限性，近年来利用离婚协议来逃避债务的现象也不断增多，这又从另外一个方面反映了协议离婚的固有缺憾。在德国，协议离婚没有被立法所认可。德国离婚法改革的一个重要动因是解决现实中“协议离婚”的大量存在。但改革的结果与初衷并不相吻合，协议离婚没有被法律所肯定。其原因是立法者认为，法律承认协议离婚就是把婚姻降低到一个普通契约债务关系的地步，忽视了社会在婚姻关系稳定上的利益，同时也与当时大多数

夫妻结婚仍然是为了终生生活的婚姻观念不相适应。[①]

人民法院已经生效的民事判决对夫妻共同财产和共同债务的分配，虽然是建立在夫妻双方诉辩意见的基础之上，但它在更大程度上能够体现公平和公正的原则。如离婚时夫妻对共同财产协议不成立时，人民法院可以根据财产的具体情况，按照照顾子女和女方权益的原则判决；如夫妻双方书面约定婚姻关系存续期间所得的财产归各自所有，一方因抚育子女、照料老人、协助另一方工作等履行较多义务，并在离婚时请求另一方补偿的，人民法院可以在判决中予以支持；如一方在离婚时生活困难，请求另一方从其住房等个人财产中给予适当帮助时，人民法院在判决中也应予以考虑。从上述诸多因素中不难看出，人民法院在判决夫妻离婚时，已经将夫妻之间分割财产的原则进行了综合考量，充分考虑了夫妻在分割财产和分担债务时的多种因素。因此，夫妻一方履行了夫妻共同债务的清偿责任后，可以按照人民法院生效判决所确定的标准和原则要求另一方负担。

【审判实践中应注意的问题】

1. 防止夫妻一方与第三人恶意串通后损害夫妻另一方的利益。本解释第 34 条规定，夫妻一方与第三人串通，虚构债务，第三人主张该债务为夫妻共同债务的，人民法院不予支持。《民法典》第 1064 条也明确了夫妻共同债务的认定规则，从立法上监控夫妻一方单独巨额举债的行为。《民法典》第 1092 条规定：夫妻一方隐藏、转移、变卖、毁损、挥霍夫妻共同财产，或者伪造夫妻共同债务企图侵占另一方财产的，在离婚分割夫妻共同财产时，对该方可以少分或者不分。离婚后，另一方发现有上述行为的，可以向人民法院提起诉讼，请求再次分割夫妻共同财产。上述规定对于保护夫妻财产关系的稳定和良性发展具有积极作用，但对于处理丰富复杂的婚姻关系来讲尚有不

① 曹艳芝：《德国离婚法的改革》，载《当代法学》2000 年第 6 期。

足。在现实生活中，夫妻债务如同夫妻财产一样非常复杂，债务性质、负债原因、表现形式、举债责任多种多样，尤其是生产经营、市场交易等非共同生活的债务不断增多，在法律上对婚前债务与婚后债务、共同债务与个人债务、生产经营债务与共同生活债务、履行法定扶养义务的债务与非义务性债务、共同财产债务与个人特有财产债务、过错债务与非过错债务等不进行统一认定，则势必造成处理上的盲目、随意和混乱。因此，我们在司法实践中应当分清婚姻存续期间夫妻债务的性质、形式、范围及其原因和去向，既要注意维护家庭整体利益和法定扶养义务的实现及正常生产生活的需要，确立共同债务责任，又要把握是非过错，赋予夫妻双方不同的清偿责任。[①]

2. 债权人能否以有独立请求权的第三人的身份参加债务人的离婚诉讼。有些诉讼法学者认为，离婚案件不存在第三人参加诉讼的问题，因为财产分割和子女抚养不能成为独立之诉，只能与主诉离婚一并处理。受这种理论的影响，债权人无法参加债务人的离婚诉讼，导致夫妻分割共同财产时无视夫妻共同债务的存在，使债权人的权利因债务人的离婚诉讼而处于风雨飘摇之中。对此，来自基层人民法院的法官们认为，离婚案件中应当列第三人参加诉讼。其所持理由为：（1）夫妻共同债务的债权人符合第三人的条件。债权人与离婚案件的原、被告之间都不存在共同的权利义务关系，却对原告、被告拥有共同债权。债权人既不能同原告成为共同的原告，也不会同被告成为共同的被告，而是以独立实体权利人的资格出现的，可以对原告、被告提起诉讼。所以，债权人不属于共同诉讼人，而是属于有独立请求权的第三人。（2）清偿夫妻共同债务只能与离婚诉讼合并审理。夫妻共同债务的清偿是以夫妻离婚为前提条件的，且部分诉讼标的是同一的。如果将清偿夫妻共同债务作另案处理，一方面容易形成诉累，导致案件久拖不决，违背“两便”原则和诉讼效率原则；另一方面，容易导致两案处理结果相互矛盾，造成诉讼程序繁杂。持反对观点的人

---

① 曹诗权：《全面关注婚姻法——现行夫妻财产制度的界定与修改》，载《律师世界》2001年第2期。

士认为，离婚案件将夫妻共同债务的债权人列为第三人，如果债权人多、债务数额很大时，会造成审理复杂化，影响婚姻关系的处理，引起矛盾激化。我们认为，债权人能否以有独立请求权的第三人的身份参加离婚诉讼，理论上可以继续进行探讨。离婚之诉虽是复合之诉，但解除婚姻关系的诉请是前提和基础，财产分割和子女抚养等诉讼请求是从属之诉。因此，债权人以有独立请求权的第三人的身份参与离婚诉讼应当慎重。至于债权人的合法权益，完全可以通过另一个诉讼向离婚夫妻主张。按照本条规定，即使离婚判决对债务分担比例作出处理，债权人依然有权向双方或任何一方主张权利，其债权的实现不受影响。

3. 人民法院对夫妻共同债务的分担作出判决后，债权人仍就同一债务向夫妻中的一方主张权利的，是否与民事判决的既判力理论相矛盾？既判力，是指已为发生法律效力裁判所确认的事实对待决事实的预决力，其主要作用在于终局地确定当事人之间的实体权利义务关系，并禁止就确定判决的既判事项为相异主张或矛盾判决。因此，人民法院对夫妻共同财产已经作出终局判决后，对同一诉求不得再次作出相反的判决。但是，债权人以夫妻一方或双方为被告所提起的诉，是一个独立的诉，而夫妻之间因分割共同财产的离婚之诉，对债权人之诉没有既判力。“既判力，仅及于诉讼当事人及其关系人，如果将既判力理论扩及于未参加诉讼之人，在理论上并非妥当。”[①]

① 黄立：《民法债编总论》，中国政法大学出版社 2002 年版，第 582 页。

第三十六条　夫或者妻一方死亡的，生存一方应当对婚姻关系存续期间的夫妻共同债务承担清偿责任。

【条文主旨】

本条是关于夫妻一方死亡后，另一方应当对共同债务承担清偿责任的规定。

【条文理解】

一、本条制定的背景情况

夫或妻对婚姻关系存续期间的共同债务应当共同偿还，此责任不因夫妻一方死亡而消灭。

本条源于《婚姻法司法解释（二）》第26条。我们认为，如果能够认定为夫妻共同债务，则双方均为债务人，即使共同债务人之一死亡，也不因此免除其他共同债务人的清偿责任，该条规定与《民法典》不冲突，故予以保留。主要修改是删除了“连带”的表述。同上一条的修改理由相同，主要考虑是：共同之债与连带之债存在性质上的不同。在当事人没有约定的情况下，连带责任需要有法律的明确规定，而《民法典》第1064条仅规定了夫妻共同债务性质的认定，未明确相应的清偿规则。《民法典》第1089条的表述为，离婚时，夫妻共同债务应当共同偿还。也未约定双方承担的是连带责任。故将“生存一方应当对婚姻关系存续期间的夫妻共同债务承担连带清偿责任”修改为“生存一方应当对婚姻关系存续期间的夫妻共同债务承担清偿责任”。我们认为，此种表述更符合共同债务共同偿还的性质。

二、法律依据和法理基础

夫妻一方死亡后，另一方对共同债务依然负有清偿责任的法律依据，源于《民法典》第1089条，该条规定："离婚时，夫妻共同债务应当共同偿还。"既然规定夫妻共同生活所负的债务，应当由夫妻两方共同偿还，也就包含了夫妻两方中的任何一方都负有清偿全部债务的义务，在此不能将共同偿还仅仅理解为夫妻两方等份偿还。共同偿还就设定了偿还共同债务是夫妻两方的共同责任。夫妻共同债务是一种特定的多数人之债，由于夫妻特定的相互关系，决定了其任何一方对外都负有清偿全部债务的义务。离婚时对夫妻共同债务各自负担的数额，无论是双方约定，还是由法院判定，仅仅是离婚时夫妻内部对共同债务的处理，而不直接涉及对第三人即债权人的清偿问题。无论怎样约定或判定，都丝毫不能影响债权人向夫妻双方或任何一方主张全部债权的权利。夫妻一方死亡的，另一方作为共同债务人，仍应当继续负担相应的债务，不能因此获得免除。总之，夫妻一方死亡的，另一方对夫妻在婚姻关系存续期间的共同债务应当继续承担清偿责任，这是对《民法典》关于"夫妻共同债务"应当"共同偿还"原则的具体化和规范化。

三、夫妻一方承担清偿责任之后的追偿权

夫妻一方死亡后，另一方已经对夫妻共同债务履行清偿责任的，其要求另一方负担相应责任的求偿权将根据夫妻之间是否实行约定财产制以及是否已形成离婚协议等情形而存在差异。（1）夫妻对婚姻关系存续期间所得的财产约定归各自所有，但第三人（即债权人）不知道该约定的，夫妻一方死亡后另一方履行了清偿责任的，另一方可以在夫妻约定财产归各自所有的范围内行使追偿权。（2）夫妻双方在一方死亡前已达成离婚协议，但离婚协议中未提及该笔夫妻共同债务，或未就该共同债务的分担达成协议。夫妻一方在达成离婚协议后死亡，其配偶又实际履行了清偿责任，其配偶应当按照均等份额的原则

行使追偿权。（3）夫妻双方在一方死亡前已达成离婚协议，并对夫妻共同债务的分担已形成一致的意思表示的，夫妻一方在达成离婚协议之后死亡，且另一方已实际履行了清偿责任的，另一方可以在离婚协议约定的份额和范围内行使追偿权。（4）夫妻双方在一方死亡前已经人民法院判决离婚，但未涉及某一笔夫妻共同债务，债权人在夫妻一方死亡后又主张由另一方承担清偿责任的，另一方在履行了清偿责任之后，可以根据人民法院判决中对共同财产的划分原则和标准行使追偿权。（5）夫妻双方在一方死亡前已经人民法院判决离婚，并对夫妻共同债务的分担已作出明确判决的，债权人在夫妻一方死亡后又主张由另一方承担清偿责任的，另一方在履行了清偿责任之后，可以根据人民法院判决中确定的份额行使追偿权。

四、夫妻生存一方追偿权的范围及其限制

夫妻一方死亡后，生存一方履行了清偿责任的，生存一方即获得了向另一方追偿的权利。在实际生活中，生存一方所行使的追偿权又要受夫妻财产制度和遗产继承制度的限制和制约。具体表现为以下几个方面：（1）夫妻双方实行约定财产制的，生存一方在履行了清偿责任之后，应当在约定财产的范围内行使追偿权。如约定属于一方（死亡）的财产不足以偿还的，应当用死亡一方的其他遗产予以偿还。（2）夫妻双方实行法定财产制的，应当首先用共同财产清偿。如共同财产不足以清偿，可以用死亡一方的其他遗产清偿，如一方的婚前财产等个人财产。（3）无论是实行约定财产制还是法定财产制，生存一方求偿权的行使以死亡一方的全部遗产的实际价值为限，超过遗产实际价值的部分，除继承人自愿偿还以外，生存一方的求偿权将不能实现。

【审判实践中应注意的问题】

一、正确认识债权人对夫妻共同债务的举证责任

夫妻一方死亡后，能够证明夫妻共同债务的当事人已无法对债务的性质进行陈述，而夫妻另一方因自身利害关系所影响也无法提供足以让法官产生内心确信的证言，因此，债权人对死亡一方生前债务性质的证明，将成为夫妻中另一方是否承担连带清偿责任的必要条件。在正常情况下，夫妻系夫妻共同债务的义务主体，他们之间存在连带关系，故债权人诉请偿还夫妻共同债务一般应以夫妻二人为共同被告。但如果夫妻为个体工商户、私营企业主或农村承包经营户，在民事诉讼中，可以户主（业主）为诉讼当事人。如果夫妻中一人已经死亡，应以未死亡一方为被告；如果夫妻两人均已死亡，就以其遗产继承人为被告。

二、正确掌握生存一方的追偿权与《民法典》婚姻家庭编中照顾子女和女方权益的原则相统一的关系

在实际生活中，生存一方追偿权的行使，一般不会与照顾子女和女方权益的原则相冲突，特别是夫妻在离婚后发生追偿权的，离婚协议或人民法院判决时对照顾子女和女方权益的原则已经给予必要的考虑，故在生存一方行使追偿权时，不会影响对子女和女方权益的保护。但是，如果夫妻一方死亡时双方尚未解除婚姻关系的，生存一方承担了连带清偿责任并获得追偿权后，因追偿权与继承权发生纠纷的，人民法院在处理这类纠纷时应当体现照顾子女和女方权益的原则。

三、正确掌握生存一方的追偿权与《民法典》继承编中继承人清偿债务原则的相互关系

在实际生活中，夫妻中生存的一方与死亡一方的继承人可以完全

合二为一，从而使生存一方的追偿权因债权和债务同归于一人而终止。但是，如果死亡一方的继承人为二人以上时，即可产生生存一方追偿权与继承人继承权的冲突。为此，《民法典》第1161条规定："继承人以所得遗产实际价值为限清偿被继承人依法应当缴纳的税款和债务。超过遗产实际价值部分，继承人自愿偿还的不在此限。继承人放弃继承的，对被继承人依法应当缴纳的税款和债务可以不负偿还责任。"

第三十七条　民法典第一千零六十五条第三款所称“相对人知道该约定的”，夫妻一方对此负有举证责任。

【条文主旨】

本条是关于夫妻一方所称第三人知道该夫妻财产约定时，由谁负举证责任的规定。

【条文理解】

一、本条制定的背景情况

本条源于《婚姻法司法解释（一）》第18条，仅是根据《民法典》条文表述内容的修改进行了相应修改，其他无变化。《婚姻法》第19条第3款规定：“夫妻对婚姻关系存续期间所得的财产约定归各自所有的，夫或妻一方对外所负的债务，第三人知道该约定的，以夫或妻一方所有的财产清偿。”《婚姻法司法解释（一）》第18条即是对其中“第三人知道该约定的”的解释。《民法典》编纂过程中，将《婚姻法》第19条第3款中的“第三人”改为“相对人”，主要理由是法律上所讲的“第三人”一般指不特定的第三人，而夫或妻一方对外形成的债的关系中，实际上是特定的交易相对人，因此，用“相对人”更为准确。本条根据《民法典》的修改，相应地将“第三人知道该约定的”修改为“相对人知道该约定的”。

二、法律依据与法理基础

《民法典》第1065条规定：“男女双方可以约定婚姻关系存续期间所得的财产以及婚前财产归各自所有、共同所有或者部分各自所有、部分共同所有。约定应当采用书面形式。没有约定或者约定不明确的，适用本法第一千零六十二条、第一千零六十三条的规定。夫妻对婚姻关系存续期间所得的财产以及婚前财产的约定，对双方具有法律约束力。夫妻对婚姻关系存续期间所得的财产约定归各自所有，夫或者妻一方对外所负的债务，相对人知道该约定的，以夫或者妻一方的个人财产清偿。”该条是对夫妻约定财产制的规定。夫妻对财产关系进行约定是一种双方民事法律行为。约定的效力可以分为优先效力、对内效力和对外效力。约定财产制的优先效力是指约定财产制度的效力优先于法定财产制，只有在当事人未就夫妻财产作出约定，或者所作约定不明确，或者所作约定无效时，才适用夫妻法定财产制。约定财产制的对内效力是指夫妻财产约定对婚姻关系当事人的效力。夫妻对财产关系的约定，对双方具有法律约束力，双方按照约定享有财产所有权以及管理权等其他权利，并承担相应的义务。约定财产制的对外效力是指夫妻财产约定对婚姻关系当事人以外的第三人的效力，包括对不特定的第三人和交易相对人。主要考虑的是，在夫妻对财产进行约定、保护夫妻财产权的同时，要保障第三人的利益，维护交易安全。

夫妻之间对财产关系的约定，如何对相对人产生效力？关于这一问题，一些国家和地区规定夫妻财产约定须进行登记或者为相对人所明知，才能对相对人产生法律约束力。如《德国民法典》第1412条规定，如果婚姻双方排除或变更法定婚姻财产制，则对于婚姻一方与第三人之间所采取的法律行为，只在婚姻合同在采取上述法律行为之时已在主管的初级法院的婚姻财产制登记簿上登记或已经为该第三人所知的情形，婚姻双方才得以此针对第三人对该法律行为提出异议。《日本民法典》第756条规定，夫妻订有同法定财产制相异的契约时，除非于婚姻申报前进行登记，不得以之对抗夫妻的承受人及第三人。我国台湾地区“民法”第1008条规定，夫妻财产制契约之订立、变更或废止，非经登记，不得以之对抗第三人。由于我国大陆没有建立夫妻财产制的登记制度，为了保障交易相对人的利益不因夫妻财产约定而受到损害，《民法典》第1065条第3款规定："夫妻对婚姻关系存续期间所得的财产约定归各自所有，夫或者妻一方对外所负的债务，相对人知道该约定的，以夫或者妻一方的个人财产清偿。"也即，在夫妻实行分别财产制的情况下，夫妻一方对外所负债务不能当然地认定为个人债务，需要保护相对人的善意信赖利益，只有在相对人知道该约定时，才认定为是夫妻个人债务，以其个人财产清偿。

三、"相对人知道该约定"的举证责任分配

由于《民法典》第1065条并没有规定什么样的情形属于相对人知道，这就容易在审判实践中出现疑问。事实上，交易相对人是很难清楚别的夫妻之间有何财产约定的，因夫妻的财产约定属于内部契约，具有很强的隐秘性，除非夫妻一方或双方明确告知，否则交易相对人根本无从知晓。即便是夫妻之间的约定进行了公证，要求交易相对人在与夫妻之中的一方进行债权债务往来时都详细审查其夫妻之间是否有所约定，一则对相对人要求过苛，二则即使相对人想去有关部门了解情况也未必能达到目的，如果要求必须由相对人来举证，未免有失公允。从另一个角度来说，"相对人知道该约定的"本属夫妻一方的主张，而不是相对人的主张。因为，相对人一般是要求夫妻双方共同承担责任的，而未举债的配偶一方以双方是分别财产制，而且交易相对人对该约定是知道的作为反驳的，根据《民事诉讼法司法解释》第90条的规定，除法律另有规定外，当事人对反驳对方诉讼请求所依据的事实，也应当提供证据加以证明。因此，根据"谁主张谁举证"的基本原则，也应由夫妻一方承担举证责任。如果夫妻想以约定对抗相对人的，必须举证证明相对人清楚、明白地知道夫妻之间的财产约定以及这种约定所带来的相应后果。也就是说，甲借钱给夫妻一方，甲清楚地知道他们夫妻实行的是分别财产制，将来甲只能向夫妻一方请求偿还而无权要求另一方承担连带责任。比如，王某与李某原为夫妻，2018年王某曾因欠款被法院判决归还他人50万元，该债

务一直没有清偿。2019 年，王某和李某购买了一处三居室的商品房。2020 年 5 月，李某起诉至法院要求与王某离婚。在法院审理过程中，双方达成调解协议：双方同意离婚，李某带女儿居住在三居室的商品房中，王某放弃房屋居住权，也不要求房屋补贴款。后因案外人（即 50 万元的债权人）提出异议，法院对该离婚案提起再审。再审判决认为，原离婚调解协议的达成是王某为逃避所欠 50 万元债务的规避法律行为，故撤销原离婚调解书中有关条款，判令李某携女居住房屋，并给付王某住房补贴 15 万元。判决后，王某与李某均不服提出上诉。王某坚持放弃房屋居住权，不要 15 万元的住房补贴。李某上诉称：他们夫妻婚后约定采取分别财产制，债权人是知道该约定的，而三居室的商品房是其独自购买的，与王某无关。法院就李某的这一主张让李某举证，李某却拿不出充分的证据。二审法院经审理认为，王某所欠 50 万元债务发生于夫妻关系存续期间，李某称其与王某约定实行分别财产制，债权人知道这一约定，但未提供充分有力的证据，故不予采信，50 万元债务应以夫妻共同财产来偿还。王某既不偿还债务，又借离婚之机放弃房屋补贴款，其逃避债务的目的明显。据此判决：驳回上诉，维持原判。

【审判实践中应注意的问题】

1. 男女双方约定分别财产制，女方离职在家操持家务，男方每月支付女方报酬，不论男方经济状况如何。该约定是否有效？根据《民法典》第 1065 条规定精神，夫妻对婚姻关系存续期间所得的财产以及婚前财产的约定，对双方具有法律约束力。因该约定不涉及婚姻关系之外的第三人，只解决对内效力的问题，而该约定并不违反法律的禁止性规定，且符合《民法典》关于一方因抚育子女、照料老人、协助另一方工作等付出较多义务的，离婚时有权向另一方请求补偿的规定。故这种协议应当认定有效为宜。

2. 夫妻双方约定实行分别财产制，并已进行公证，是否可以认定相对人知道。我国目前对夫妻财产制并没有法定的公示方法，公证仅是对双方对财产约定真实性的确认，不能当然地认为只要经过公证，交易相对人即应当知悉。认定相对人是否知道该约定，应当结合交易过程、相对人与夫妻关系的熟悉程度、债务履行情况等方面予以综合认定。

第三十八条　婚姻关系存续期间，除民法典第一千零六十六条规定情形以外，夫妻一方请求分割共同财产的，人民法院不予支持。

【条文主旨】

本条是关于夫妻一方在婚姻关系存续期间请求分割夫妻共同财产的规定。

【条文理解】

本条规定基本保留了《婚姻法司法解释（三）》第4条的规定。《婚姻法司法解释（三）》第4条是对婚姻关系存续期间能否请求分割夫妻共同财产的规定，其原文为：婚姻关系存续期间，夫妻一方请求分割共同财产的，人民法院不予支持，但有下列重大理由且不损害债权人利益的除外：（1）一方有隐藏、转移、变卖、毁损、挥霍夫妻共同财产或者伪造夫妻共同债务等严重损害夫妻共同财产利益行为的；（2）一方负有法定扶养义务的人患重大疾病需要医治，另一方不同意支付相关医疗费用的。

2001年修订的《婚姻法》，对于夫妻离婚时财产分割有所规定，但对于婚姻关系存续期间夫妻一方是否可请求分割夫妻财产并未作出规定，考虑到现实中随着夫妻共同财产的增多、当事人法律意识的增强和观念的变化，确实存在婚姻关系虽然存续，但其中一方请求分割夫妻共同财产的情况，为妥善解决此类问题，2011年，《婚姻法司法解释（三）》第4条就此予以明确。该条规定实施以来，对于妥善解决婚姻关系存续期间一方请求分割共同财产的问题起到积极效果，且《民法典》也在充分考虑该条规定的积极意义上予以吸收，立法纳入婚姻家庭编中，即《民法典》第1066条：婚姻关系存续期间，有下列情形之一的，夫妻一方可以向人民法院请求分割共同财产：（1）一方有隐藏、转移、变卖、毁损、挥霍夫妻共同财产或者伪造夫妻共同债务等严重损害夫妻共同财产利益的行为；（2）一方负有法定扶养义务的人患重大疾病需要医治，另一方不同意支付相关医疗费用。因此，本解释中继续对《民法典》第1066条的规定进行司法解释。

本条规定与《民法典》婚姻家庭编中的第1066条对夫妻财产制度的处理保持一致，即确立了我国以法定财产制为主、约定财产制为辅的夫妻财产制度。夫妻财产制度的权利属性来源于民法上的共同共有制度，原则上要依据共同共有制度的特性对待夫妻财产，但同时赋予当事人婚姻关系存续期间存在重大理由的情形下请求分割的权利，也就是说，本条规定的核心要义即是确定了在婚姻关系存续期间，不允许分割共同财产为原则，允许分割为例外的规定。一般情形下，不支持夫妻关系存续期间，夫妻一方请求分割共有财产的主张，但在符合《民法典》第1066条确立的两种特定情形下可以支持当事人的合理主张。

理解本条规定的夫妻共同财产制度，首先应理解物权理论上的共有制度。依据物权相关理论，共有是指多个权利主体对一物共同享有所有权。共有的主体称为共有人，客体称为共有财产或共有物。各共有人之间因财产共有形成的权利义务关系，称为共有关系。[①]《民法典》第297条对此有规定，即不动产或者动产可以由两个以上组织、个人共有。共有包括按份共有和共同共有。

按份共有，又称为分别共有，是指两个或两个以上的共有人按照各自的份额分别对其共有财产享有权利和承担义务的一种共有关系。共同共有，是指两个或两个以上的民事主体，根据某种共同关系而对某项财产不分份额地共同享有权利并承担义务。共同共有的法律特征包括：（1）共同共有产生的基础是共同关系。共同共有依据共同关系

① 王胜明主编：《中华人民共和国物权法解读》，中国法制出版社2007年版，第202页。

而产生，以共同关系的存在为前提。如，男女双方结婚后形成婚姻关系，依照法律规定，婚姻关系存续期间所得的财产为共有财产，因为婚姻关系的产生而形成夫妻共有关系。因为家庭关系的存在，发生家庭财产的共同共有关系。因为都是继承人的原因，发生遗产分割前遗产的共同共有关系。因为合伙关系的存在，部分合伙也采用共同投资共同共有合伙资产的共同共有关系。没有共同关系这个基础，就不会产生共同共有关系。（2）共同共有的财产权利不分份额，各共同共有人行使的权利及于整个共有财产，而不区分各自所有份额。只要共同关系存在，共同共有人就可以不分份额地共同享有权利。只有在共同共有关系终止、共有财产分割以后，才能确定各共有人的份额。这是共同共有和按份共有的主要区别。（3）各共有人平等地对共同财产享有权利和承担义务。只要共同关系存在，各共有人对全部共有财产就平等地享有占有、使用、收益和处分的权利，承担的义务也是平等的。按份共有则不同。各按份共有人只能按照各自的份额而不是平等地对全部共有财产享有权利，义务也是按照各自的份额承担。共同共有人对共有物享有的权利和承担的义务不取决于份额，具有平等性。基于共同共有与按份共有的区别，二者在共有物的处分、重大修缮、共有物管理费用的负担、共有财产分割权利、共有物分割方式的协商权、各共有人的优先购买权、共有财产对内对外权利义务的承担等均有所不同。

夫妻共有属于共同共有的一种形式。夫妻共有的情形下，需要对共同财产进行分割，即行使共有物分割请求权，便是共同共有下分割财产理论在婚姻家庭领域的具体体现。共有物分割请求权，是指各共有人以单方的意思表示，请求其他共有人分割共有物的权利。关于共同共有财产的分割请求权，应当依照《民法典》对于共同共有财产分割的规定进行。《民法典》物权编中的第 303 条规定："共有人约定不得分割共有的不动产或者动产，以维持共有关系的，应当按照约定，但是共有人有重大理由需要分割的，可以请求分割；没有约定或者约定不明确的，按份共有人可以随时请求分割，共同共有人在共有的基础丧失或者有重大理由需要分割时可以请求分割。因分割造成其他共有人损害的，应当给予赔偿。”即夫妻共同共有人也可以请求行使共有物分割请求权，但前提是共有的基础丧失或者有重大理由需要分割时才能请求。由此可见，从法律规定上，对按份共有采用的是支持按份共有人请求分割共有财产是常态，不允许分割是特例。而对于共同共有，采用的是不允许共同共有人请求分割共有财产是常态，允许分割是特例。特例即是在共有的基础丧失或者有重大理由的情况下允许分割。

对于何为“共有的基础丧失”，一般认为，“共有的基础丧失”就是指共同共有解体了，共同共有关系消灭了，如夫妻离婚、家庭成员独立分户、遗产分割。既然共同共有关系都没有了，原来的共同共有人当然可以请求分割原来的共有物。如夫妻一方起诉要求离婚，同时要求分割夫妻共同财产。如果法院支持离婚的请求，必然要涉及对原夫妻共同财产的分割。即使判决先解除婚姻关系，其后也必须再分割财产。

对于何为“有重大理由”，理论上一般根据不同的共同共有形式作不同的认定与理解。实践中，一般坚持以共同共有财产不能分割为原则，允许分割为例外的法理，严格把握理由重大的标准。所谓“重大”，按一般理解，应该是出现影响较大的状态改变或者出现急难险重的情形，比如婚姻关系存续期间，不分割共同财产将严重损害无过错方的利益等。

我国《民法典》确立夫妻共同共有财产的制度，采取婚后所得共同财产制为主、约定财产制为辅的夫妻财产制度。本解释基本沿袭了《婚姻法司法解释（三）》第 4 条的规定，也与《民法典》第 1066 条的规定保持一致，对于婚姻关系存续期间，一方请求行使共同财产所有权，采取不允许分割共同财产为原则，允许分割为例外的规定。在理解和适用本条规定时，应注意把握以下几点：

一、要准确把握婚姻关系存续期间夫妻共同财产分割的原则

在夫妻婚姻关系存续期间，对夫妻共同财产的处理，以不允许分割共同财产为原则，允许分割为例外。夫妻共同财产制度有利于保障夫妻中经济能力较弱一方的权益，有利于从经济基础层面保障真正的夫妻地位平等，也有利于构造和谐稳定的家庭关系，符合我国传统文化理念和当下大多数人对夫妻财产制的要求。因此，在不具备本条规定情形下，在共同共有关系消灭之前，按照共同共有财产原则上不能分割的理论，不支持夫妻一方请求分割共有财产的主张。在审判实践中，要严格掌握上述原则，将《民法典》第303条规定的“重大理由”仅限定在《民法典》第1066条的两种情形，除该条规定两种情形外，不能类推适用，亦不能作扩大解释，以避免婚姻关系存续期间随意主张分割夫妻共同财产，损害家庭稳定，影响夫妻共有财产的保障功能。[①]

二、严格把握允许分割夫妻共有财产的限制条件

在审判实践中，要按照审查夫或妻一方请求行使夫妻共同财产分割请求权是否符合《民法典》第1066条规定的两种情形，严格把握允许分割夫妻共有财产的限制条件。

（一）有严重损害夫妻共同财产利益的行为

《民法典》第1066条第1项规定的允许分割共同财产的情形是，一方有隐藏、转移、变卖、毁损、挥霍夫妻共同财产或伪造夫妻共同债务等严重损害夫妻共同财产利益的行为。要具体把握以下几点：

一是夫妻一方实施了隐藏、转移、变卖、毁损、挥霍夫妻共同财产或伪造夫妻共同债务的情形。隐藏，是指故意将夫妻共同财产隐匿，不让对方知悉，使其无法获知财产去向。转移，是指故意将夫妻共同财产移至他处或者第三人名下，脱离对方的掌握。变卖，是指在

① 最高人民法院民法典贯彻实施工作领导小组主编：《中华人民共和国民法典婚姻家庭编继承编理解与适用》，人民法院出版社2020年版，第181页。

对方不知情的情况下，私自处分出卖夫妻共同财产，且处分所得不用于夫妻共同生活。毁损，是指故意采用打碎、拆卸、涂抹等破坏性手段破坏、毁坏夫妻共同财产，导致其失去原有样态、全部失去或者部分失去原有使用价值和财产价值。挥霍，是指故意超出合理范围处置、消费夫妻共同财产，造成财产极大浪费或缩减。伪造夫妻共同债务，是指夫妻一方独自或串通他人通过制造内容虚假的债务凭证，包括虚构合同、伪造欠条等方式，虚构夫妻共同债务，意图用夫妻共同财产偿还的方式达到侵占的目的。

二是实施上述行为应系主观上故意，不包括过失行为。如因过失将共同财产毁坏，应不属于本规定。[①]这是判断夫妻一方是否实施严重损害夫妻共同财产行为的主观要件，因婚姻关系存续期间，夫妻一方一般都会实施一定的处置夫妻财产的行为，在审判实践中要特别注意有心之过与无心为之的区别，否则会对婚姻关系造成不良影响，有违本条规定的初衷。

三是认定上述行为是否成立，还需判断损害后果是否达到“严重损害夫妻共同财产利益”的程度。只有损害后果达到严重损害夫妻共同财产利益的程度，才可以支持另一方行使夫妻共同财产分割请求权。对于“严重损害”的程度判断，则需要结合具体行为的性质、损害财产的程度、损害夫妻共同财产的比例、造成的影响程度等因素进行衡量。不同的夫妻共同财产数额大小、数量多少，都有着不同的后果影响程度，具体需要结合不同案件事实进行分析。

（二）一方负有法定扶养义务的人患重大疾病需要医治，另一方不同意支付相关医疗费用

一是实践中要准确把握本条规定的扶养，采用的是广义上的扶养概念，即一定范围的亲属之间互相供养和扶助的法律关系。广义的扶养包括抚养、赡养和狭义的扶养，既包括长辈对晚辈的抚养义务，主要指父母对未成年子女、祖父母对孙子女、外祖父母对外孙子女的供

① 黄薇主编：《中华人民共和国民法典婚姻家庭编释义》，法律出版社2020年版，第104页。

养；也包括晚辈对长辈的赡养义务，主要指子女对父母，孙子女对祖父母，外孙子女对外祖父母的供养；还包括同辈之间（如夫妻之间、兄弟姐妹之间）的扶养义务。法定扶养义务，是指这种扶养义务是法律规定的，不是仅因情感产生的。对于法定扶养义务的情形，《民法典》婚姻家庭编有着明确的规定。具体包括以下内容：第 1059 条规定："夫妻有相互扶养的义务。需要扶养的一方，在另一方不履行扶养义务时，有要求其给付扶养费的权利。"第 1067 条规定："父母不履行抚养义务的，未成年子女或者不能独立生活的成年子女，有要求父母给付抚养费的权利。成年子女不履行赡养义务的，缺乏劳动能力或者生活困难的父母，有要求成年子女给付赡养费的权利。"第 1071 条第 2 款规定："不直接抚养非婚生子女的生父或者生母，应当负担未成年子女或者不能独立生活的成年子女的抚养费。"第 1072 条第 2 款规定："继父或者继母和受其抚养教育的继子女间的权利义务关系，适用本法关于父母子女关系的规定。"第 1074 条规定："有负担能力的祖父母、外祖父母，对于父母已经死亡或者父母无力抚养的未成年孙子女、外孙子女，有抚养的义务。有负担能力的孙子女、外孙子女，对于子女已经死亡或者子女无力赡养的祖父母、外祖父母，有赡养的义务。"第 1075 条规定："有负担能力的兄、姐，对于父母已经死亡或者父母无力抚养的未成年弟、妹，有扶养的义务。由兄、姐扶养长大的有负担能力的弟、妹，对于缺乏劳动能力又缺乏生活来源的兄、姐，有扶养的义务。"实践中，应当根据以上规定来确定判断是否为夫妻一方负有法定扶养义务的人。

二是实践中要准确理解"重大疾病"及"不同意支付相关医疗费用"的内涵。要严格把握疾病的适用条件，一方负有法定扶养义务的人必须患有重大疾病。至于对"重大疾病"的理解，法律没有规定，可以参考《重大疾病保险的疾病定义使用规范》列举的重大疾病，一般包括恶性肿瘤、急性心肌梗死、脑中风后遗症、重大器官移植术或造血干细胞移植术、冠状动脉搭桥术等，此外，也包括需要长期治疗、花费较高的疾病，包括糖尿病、脊髓灰质炎等。"不同意支付相关医疗费用”包括两个方面：一方面是夫妻一方向另一方明确表示要支付自己负有法定扶养义务的人医疗费用，而另一方明确表示拒绝的。此处还要注意，夫妻一方自身患有疾病，以共同财产支付医疗费用属于应当使用夫妻共同共有财产的应有之意，不属于此条规定。另一方面，相关医疗费用，应是指为治疗疾病需要的必要、合理费用，不包括营养、陪护等费用。[①]

【审判实践中应注意的问题】

一、要准确把握夫妻分割共同财产的范围

本条是对婚姻关系存续期间，保护夫妻一方依法行使夫妻共同财产分割请求权的规定。因此，首先要准确界定夫妻共同财产的范围，且分割财产要以有利于维护并保持婚姻关系，有利于夫妻共同财产的维持及利用为标准。夫妻共同财产主要是指夫妻双方在婚姻关系存续期间所得的财产，财产内容主要为《民法典》第 1062 条的规定，“夫妻在婚姻关系存续期间所得的下列财产，为夫妻的共同财产，归夫妻共同所有:（一）工资、奖金、劳务报酬;（二）生产、经营、投资的收益;（三）知识产权的收益;（四）继承或者受赠的财产，但是本法第一千零六十三条第三项规定的除外;（五）其他应当归共同所有的财产。夫妻对共同财产，有平等的处理权。”此外，还包括本解释第 24 条的规定，即《民法典》第 1062 条第 1 款第 3 项规定的“知识产权的收益”，是指婚姻关系存续期间，实际取得或者已经明确可以取得的财产性收益。本解释第 25 条的规定，即婚姻关系存续期间，下列财产属于《民法典》第 1062 条规定的“其他应当归共同所有的财产”:（1）一方以个人财产投资取得的收益;（2）男女双方实际取得

① 最高人民法院民事审判第一庭编著:《最高人民法院婚姻法司法解释（三）理解与适用》，人民法院出版社 2011 年版，第 70 页。

或者应当取得的住房补贴、住房公积金；（3）男女双方实际取得或者应当取得的基本养老金、破产安置补偿费。

二、要准确把握提起请求分割婚内财产诉讼的主体

依据《民法典》第1066条及本条的规定，我国婚内财产分割诉讼的当事人应仅限于夫妻双方，即只有夫妻一方才有权提起该类诉讼。另外，需要务必注意的是，《民法典》第1066条及本条虽基本沿用了《婚姻法司法解释（三）》第4条的内容，但在适用条件上有细微差别，该解释条文中除了满足重大理由外，还特别指出要“不损害债权人利益”，而《民法典》第1066条及本条对均未提及。但上述条文并未改变“不损害债权人利益”的适用条件，婚内财产分割，不损害债权人利益是题中应有之义。属于夫妻共同债务的，债权人可以向夫妻双方进行追偿，夫妻双方应当对共同债务承担连带清偿责任，夫妻之间是否进行了共同财产分割，不应影响债务的清偿。属于夫妻一方债务的，应当防止出现夫妻双方恶意串通，将财产全部或者大部分转移给另一方，从而损害债权人的情形。在这种情形下，不应当允许分割。

三、要准确把握夫妻一方不履行扶养义务时，另一方的权利救济

根据前文所述，本条适用的条件之一是一方负有法定扶养义务的人患重大疾病需要医治，另一方不同意支付相关医疗费用，并不包括夫妻一方自身医治的情况。夫妻双方相互扶养，除非另有约定，对夫妻关系存续期间的财产共同共有，是《民法典》对婚姻家庭关系的法定保护。对此，《民法典》第1059条明确规定：“夫妻有相互扶养的义务。需要扶养的一方，在另一方不履行扶养义务时，有要求其给付扶养费的权利。”该条规定即明确夫妻互相扶养义务是法定义务，具有强制性，夫妻之间不得以约定形式改变这一法定义务。其中扶养义务既包括生活上的扶助，也包括一方患病时的扶持，在

一方患病时，另一方应当以支付医疗费用等方式保障患病方受到医治。即便是根据《民法典》第1065条“男女双方可以约定婚姻关系存续期间所得的财产以及婚前财产归各自所有、共同所有或者部分各自所有、部分共同所有。约定应当采用书面形式。没有约定或者约定不明确的，适用本法第一千零六十二条、第一千零六十三条的规定。夫妻对婚姻关系存续期间所得的财产以及婚前财产的约定，对双方具有法律约束力。夫妻对婚姻关系存续期间所得的财产约定归各自所有，夫或者妻一方对外所负的债务，相对人知道该约定的，以夫或者妻一方的个人财产清偿”的规定，夫妻双方实行分别财产制，也不意味着夫妻一方只负担各自的生活费用而不承担扶养对方的义务，如当一方患有重病时，另一方仍有义务尽力照顾，并提供有关医疗费用。目前，在我国的一些家庭中，夫妻双方的经济收入还有一定差距，往往是丈夫收入多于妻子，在扶养问题上，丈夫应当多承担一些义务。在司法实践中，在处理夫妻互相扶养问题上，也应更加注意保护女方的合法权益。① 在夫妻一方患病时，另一方如不履行扶养义务的，拒绝给付扶养费或者对于扶养费数额、支付方式等具体内容产生争议的，患病方有权直接向人民法院提起诉讼，或者向人民调解组织提出调解申请，要求其支付医疗费、履行法定扶养义务，另一方不自动履行生效判决的，可通过强制执行程序实现对其个人财产和夫妻共同财产的处置，不需要通过本条规定的方式来实现救济。② 如果夫或妻一方患病或者没有独立生活能力，有扶养义务的配偶拒绝扶养，情节恶劣的，构成遗弃罪的，还应当承担刑事责任。

---

① 黄薇主编：《中华人民共和国民法典婚姻家庭编释义》，法律出版社2020年版，第66页。

② 最高人民法院民法典贯彻实施工作领导小组主编：《中华人民共和国民法典婚姻家庭编继承编理解与适用》，人民法院出版社2020年版，第183页。

四、要准确把握适用本规定时分割共同财产的方式

本条规定对婚姻关系存续期间，夫妻一方请求行使分割夫妻共同财产的问题予以明确，但并未对如何进行分割进行规定。实践中，具体分割方式又是必须要处理的问题，因此可以参考《民法典》及本解释有关离婚时夫妻共同财产分割方式的相关规定。

比如《民法典》第 1087 条规定："离婚时，夫妻的共同财产由双方协议处理；协议不成的，由人民法院根据财产的具体情况，按照照顾子女、女方和无过错方权益的原则判决。对夫或者妻在家庭土地承包经营中享有的权益等，应当依法予以保护。"第 1088 条规定："夫妻一方因抚育子女、照料老年人、协助另一方工作等负担较多义务的，离婚时有权向另一方请求补偿，另一方应当给予补偿。具体办法由双方协议；协议不成的，由人民法院判决。"第 1089 条规定："离婚时，夫妻共同债务应当共同偿还。共同财产不足清偿或者财产归各自所有的，由双方协议清偿；协议不成的，由人民法院判决。"第 1092 条规定："夫妻一方隐藏、转移、变卖、毁损、挥霍夫妻共同财产，或者伪造夫妻共同债务企图侵占另一方财产的，在离婚分割夫妻共同财产时，对该方可以少分或者不分。离婚后，另一方发现有上述行为的，可以向人民法院提起诉讼，请求再次分割夫妻共同财产。"

此外，本解释也有关于离婚时夫妻财产分割的规定，也可参考。比如第 72 条规定："夫妻双方分割共同财产中的股票、债券、投资基金份额等有价证券以及未上市股份有限公司股份时，协商不成或者按市价分配有困难的，人民法院可以根据数量按比例分配。"第 73 条规定："人民法院审理离婚案件，涉及分割夫妻共同财产中以一方名义在有限责任公司的出资额，另一方不是该公司股东的，按以下情形分别处理：（一）夫妻双方协商一致将出资额部分或者全部转让给该股东的配偶，其他股东过半数同意，并且其他股东均明确表示放弃优先购买权的，该股东的配偶可以成为该公司股东；（二）夫妻双方就出资额转让份额和转让价格等事项协商一致后，其他股东半数以上不同

意转让，但愿意以同等条件购买该出资额的，人民法院可以对转让出资所得财产进行分割。其他股东半数以上不同意转让，也不愿意以同等条件购买该出资额的，视为其同意转让，该股东的配偶可以成为该公司股东。用于证明前款规定的股东同意的证据，可以是股东会议材料，也可以是当事人通过其他合法途径取得的股东的书面声明材料。”第 74 条规定：“人民法院审理离婚案件，涉及分割夫妻共同财产中以一方名义在合伙企业中的出资，另一方不是该企业合伙人的，当夫妻双方协商一致，将其合伙企业中的财产份额全部或者部分转让给对方时，按以下情形分别处理：（一）其他合伙人一致同意的，该配偶依法取得合伙人地位；（二）其他合伙人不同意转让，在同等条件下行使优先购买权的，可以对转让所得的财产进行分割；（三）其他合伙人不同意转让，也不行使优先购买权，但同意该合伙人退伙或者削减部分财产份额的，可以对结算后的财产进行分割；（四）其他合伙人既不同意转让，也不行使优先购买权，又不同意该合伙人退伙或者削减部分财产份额的，视为全体合伙人同意转让，该配偶依法取得合伙人地位。”第 75 条规定：“夫妻以一方名义投资设立个人独资企业的，人民法院分割夫妻在该个人独资企业中的共同财产时，应当按照以下情形分别处理：（一）一方主张经营该企业的，对企业资产进行评估后，由取得企业资产所有权一方给予另一方相应的补偿；（二）双方均主张经营该企业的，在双方竞价基础上，由取得企业资产所有权的一方给予另一方相应的补偿；（三）双方均不愿意经营该企业的，按照《中华人民共和国个人独资企业法》等有关规定办理。”第 76 条规定：“双方对夫妻共同财产中的房屋价值及归属无法达成协议时，人民法院按以下情形分别处理：（一）双方均主张房屋所有权并且同意竞价取得的，应当准许；（二）一方主张房屋所有权的，由评估机构按市场价格对房屋作出评估，取得房屋所有权的一方应当给予另一方相应的补偿；（三）双方均不主张房屋所有权的，根据当事人的申请拍卖、变卖房屋，就所得价款进行分割。”第 80 条规定：“离婚时夫妻一方尚未退休、不符合领取基本养老金条件，另一方请求按照夫妻共同财产分割基本养老金的，人民法院不予支持；婚后以夫妻共同财产缴纳基本养老保险费，离婚时一方主张将养老金账户中婚姻关系存续期间个人实际缴纳部分及利息作为夫妻共同财产分割的，人民法院应予支持。”诸如此类。参考适用时，要考虑是否应适用《民法典》及本解释规定确定的夫妻共同财产的分割原则。比如《民法典》第1087条确定了照顾子女、女方和无过错方权益的原则。在婚姻关系存续期间，发生本条规定的可以分割共同财产的情形，如果分割财产并不会影响到子女成长的需要，则不需要特别考虑保护子女利益原则。

四、父母子女关系

第三十九条　父或者母向人民法院起诉请求否认亲子关系，并已提供必要证据予以证明，另一方没有相反证据又拒绝做亲子鉴定的，人民法院可以认定否认亲子关系一方的主张成立。

父或者母以及成年子女起诉请求确认亲子关系，并提供必要证据予以证明，另一方没有相反证据又拒绝做亲子鉴定的，人民法院可以认定确认亲子关系一方的主张成立。

【条文主旨】

本条是关于当事人一方拒绝做亲子鉴定的处理的规定。当事人就亲子关系发生争议，在一方没有相反证据又拒绝做亲子鉴定的情形下，人民法院可以据此对亲子关系是否存在作出认定。

【条文理解】

本条规定基本保留了《婚姻法司法解释（三）》第2条的规定。《婚姻法司法解释（三）》第2条是对当事人一方拒绝做亲子鉴定的处理规定。其原文为：夫妻一方向人民法院起诉请求确认亲子关系不存在，并已提供必要证据予以证明，另一方没有相反证据又拒绝做亲子鉴定的，人民法院可以推定请求确认亲子关系不存在一方的主张成立。当事人一方起诉请求确认亲子关系，并提供必要证据予以证明，另一方没有相反证据又拒绝做亲子鉴定的，人民法院可以推定请求确认亲子关系一方的主张成立。

我国现行法律没有规定婚生子女的推定、否认和非婚生子女的认领制度。但在实践中，有关亲子关系确认和否认的案件大量存在，比如常见的几种情形：第一，离婚诉讼中的女性当事人提出其与配偶在婚姻关系存续期间所生育的子女与其配偶不具有亲子关系，进而请求人民法院判决由自己一人抚养未成年子女；第二，离婚诉讼中的男性当事人提出其配偶于双方婚姻关系存续期间生育的子女与自己无亲子关系，进而请求人民法院判决其本人不承担抚育该子女的义务，并判令女方向其赔偿自子女出生的抚育费及给男方造成的精神损失；第三，单独提起的确认亲子关系之诉；第四，单独提起的否认亲子关系之诉；第五，在继承纠纷案件中，因确认或者否认某自然人的法定继承人身份而引出的亲子关系确认争议。上述几类案件，当事人争议的实质即本条中涉及的问题：一是否认婚姻关系存续期间所出生的子女与其法律意义上的父亲具有亲子关系；二是非婚生子女请求确认其生物学意义上的父亲。如果当事人就此主张提出的证据足以满足法官对此问题作出判断的条件，自然无需借助鉴定。但审判实践中常常遇到的情况是，一方当事人举证证明其主张成立，但另一方当事人表示反对，一方或双方所举证据尚不足以让裁判者对需要裁决的事项作出确认。在此种情形下，需要借助科学的办法，对当事人与子女是否具有亲子关系进行鉴定。[①] 如对方拒绝做亲子鉴定，又无相反证据，此时即成为审判实践中需要处理的问题。

对于上述审判实践中遇到的问题，人民法院在处理具体案件时，也要在兼顾身份关系的真实性和法律关系的安定性之间衡量。《婚姻法司法解释（三）》第 2 条就是人民法院根据审判实践的需要，在坚持婚姻法相关精神的基础上，对亲子关系异议之诉作出的司法解释。该条的规定，对于妥善处理亲子关系异议之诉，解决亲子关系确认和否认的问题起到积极作用，鉴于此，《民法典》基于实践的需要，吸收该条规定，从立法角度，首次对亲子关系的确认和否认作出规定，

---

① 最高人民法院民事审判第一庭编著：《最高人民法院婚姻法司法解释（三）理解与适用》，人民法院出版社 2011 年版，第 46 页。

这也是人民法院通过司法实践，尊重审判规律，适时总结经验做法，得到立法部门认可并吸收的又一有益探索。《民法典》对此规定在第1073条："对亲子关系有异议且有正当理由的，父或者母可以向人民法院提起诉讼，请求确认或者否认亲子关系。对亲子关系有异议且有正当理由的，成年子女可以向人民法院提起诉讼，请求确认亲子关系。"本解释第39条系对《民法典》第1073条规定的进一步细化和解释。

亲子关系，又称父母子女关系，亲为父母，子为子女。亲子关系根据其产生根据的不同，可分为自然血亲的亲子关系和法律拟制的亲子关系。前者基于子女出生的事实产生，后者基于法律的认可而设定，包括养父母、养子女关系和形成抚养教育关系的继父母、继子女关系。[①]亲子关系确立制度，是指有关子女与父母之间是否确立亲子关系的制度，传统的亲子关系确立制度包括亲子关系的推定、否认、认领和非婚生子女的准正等。不同国家和地区的亲子关系与国家国情、民族习惯、经济发展程度、宗教习俗等密切关联。从历史上出现私有制和一夫一妻制婚姻以来，人类对于直系血亲关系的认定极为重视。在医学科技不发达的时代，各国普遍采用罗马法"母亲恒定"的原则来确认母亲身份。中国古代较为盛行的确认亲子关系的方法多为"滴血认亲"等方法，但缺少科学依据。随着社会发展，人类逐步开始采用血型检测等方式来确认亲子关系，但该方式也存在一定程度的局限性，测定结果并不精准。我国在20世纪80年代初开始采用国际上越来越普及的人类白细胞抗原检测方式。最高人民法院于1987年6月15日作出法（研）复〔1987〕20号《关于人民法院在审判工作中能否采用人类白细胞抗原作亲子鉴定问题的批复》（已失效），在同意采用此项技术进行亲子鉴定的同时强调："鉴于亲子鉴定关系到夫妻双方、子女和他人的人身关系和财产关系，是一项严肃的工作，因此，对要求做亲子鉴定的案件，应从保护妇女、儿童的合法权益，有

① 最高人民法院民法典贯彻实施工作领导小组主编：《中华人民共和国民法典婚姻家庭编继承编理解与适用》，人民法院出版社2020年版，第220页。

利于增进团结和防止矛盾激化，区别情况，慎重对待。对于双方当事人同意做亲子鉴定的，一般应予准许；一方当事人要求做亲子鉴定的，或者子女已超过3周岁的，应视具体情况，从严掌握，对其中必须做亲子鉴定的，也要做好当事人及有关人员的思想工作。人民法院对于亲子关系的确认，要进行调查研究，尽力收集其他证据。对亲子鉴定结论，仅作为鉴别亲子关系的证据之一，一定要与本案其他证据相印证，综合分析，作出正确的判断。”可见，这一阶段所采用的人类白细胞抗原检测方式做亲子鉴定，由于准确性不够理想，因此，最高人民法院采取了审慎的态度，要求办案人员在认定亲子关系时结合其他证据，综合分析判断。随着科技迅速发展，DNA分型鉴定技术在确认亲子关系方面展现出较高的准确度。DNA亲子鉴定，否定亲子关系的准确率几乎能达到100%，肯定亲子关系的准确率达到99.99%，鉴于该技术的极高准确度，人民法院在审判实践中已经将其作为判断亲子关系是否存在的重要证据。审判实践中，很多情况是当事人一方不配合，导致无法采集检材。对此问题，国外的亲子鉴定法律通常通过直接强制鉴定以及间接强制鉴定方式进行。考虑到我国具体国情以及司法实践，一般采用间接强制鉴定方式进行，即相对人无正当理由拒绝配合法院命令进行亲子鉴定时，法院可以据此推定不利于相对人的事实。同时也要注意到，亲子鉴定对于一个家庭的维系、亲情的延续具有重要影响，人民法院在选择适用这一方法时要格外慎重，应当将鉴定的过程、结论的意义向当事人作适当的释明。如果当事人提供的证据足以证明其主张，则没有必要做亲子鉴定。此外，一方当事人已经举出相关证据，令人相信其主张可能成立，另一方虽加以反驳，但又没有任何相反的证据支持其观点，则人民法院应当考虑支持当事人提出的进行亲子鉴定的申请。但如果提出否认亲子关系一方只有怀疑，而没有相关的证据令人相信其主张可能成立，只是希望通过亲子鉴定证实或者否认其怀疑，则受诉法院不宜轻易支持其关于进行亲子鉴定的申请，而应当向当事人释明亲子鉴定可能给其婚姻家庭和配偶、子女带来的伤害，对于确实没有证据的，应当驳回其诉讼请求。[①]

本条规定基本延续了《婚姻法司法解释（三）》第2条关于当事人一方不同意进行亲子鉴定的情况下，采用间接强制的方式来认定亲子关系的规定。在一方当事人已经就其提出的确认或者否认亲子关系的主张举出证据加以证明，虽然穷尽其举证能力仍然不足以证实其主张确实成立，故申请通过亲子鉴定的方式证明其主张。另一方不同意其主张，但没有任何相反的证据或所举的证据不足以反驳对方主张，却又坚决不同意进行亲子鉴定的情况下，人民法院可以认定提出确认或者否认亲子关系一方的主张成立。[②]

本条规定了两种涉及亲子关系的诉讼：（1）否认婚生子女之诉，也就是本条第1款规定的夫妻一方向人民法院起诉请求确认亲子关系不存在。主要包括三种情形：第一，在离婚诉讼中丈夫提出其本人与其妻于婚姻关系存续期间所生育子女之间不具有亲子关系，因此，要求法院在判决双方离婚后，自己不承担抚养子女的义务。有的还要求其妻赔偿其因受骗抚养非婚生子女的费用。申请进行亲子鉴定的一般为男方。第二，婚姻关系存续期间，夫妻双方请求确认与子女不具有亲子关系。此种情形，一般常见于子女出生时在医院抱错或者被他人调包等情况。申请亲子鉴定的为双方当事人。第三，离婚诉讼中双方就直接抚养子女的权利争执不下，女方突然提出男方与孩子不具有亲子关系作为独自抚养子女的理由。双方均有可能申请亲子鉴定。（2）认领婚生子女的诉讼，即本条第2款规定的当事人一方起诉请求确认亲子关系。通常包括两种情况：第一，原告起诉请求人民法院确认他人的子女或者被社会福利机构领养、流浪的未成年人与自己具有亲子关系。第二，子女要求确认某人与自己具有亲子关系（系生父或生母）。上述两种情况一般均是提出主张的

---

① 最高人民法院民事审判第一庭编著：《最高人民法院婚姻法司法解释（三）理解与适用》，人民法院出版社2011年版，第48页。

② 最高人民法院民事审判第一庭编著：《最高人民法院婚姻法司法解释（三）理解与适用》，人民法院出版社2011年版，第49页。

一方当事人申请亲子鉴定。[①]

理解本条需要注意的几点：一是夫妻一方向人民法院提起婚生子女否认之诉，应承担举证责任。这也符合民事诉讼"谁主张，谁举证"原则，即当事人对自己提出的主张，有责任提供证据的举证责任规则。

二是提供证据的程度应达到"必要"且能"予以证明"。这是对主张利己事实者提供证据所要达到程度的要求。即提供的证据只要足以让法官形成心证，认为该证据已经可以起到确认相关事实的程度，则即已达到举证责任转移的目的。

三是要注意本条第2款规定中提起亲子关系之诉的主体不同。对于请求否认亲子关系之诉，提起诉讼的主体是夫或母一方，不包括成年子女，这是与《民法典》第1073条保持一致的，主要理由包括：第一，法律上的亲子关系应以真实的血缘关系为基础，故应允许法律意义上的父或母提起诉讼，确定子女的生父和生母。第二，应兼顾亲子关系的安定性，在当事人之间已发生了亲情和亲子关系的社会事实的情况下，从保护儿童最大利益原则出发，应限制当事人以外的人否认亲子关系，故不允许子女法律意义上的父或母之外的第三人作为原告提起诉讼。第三，父母抚养子女成年后，子女应当负有赡养义务，为防止出现成年子女否认亲子关系后不再对原法律意义上的父母承担赡养义务的情形，故规定成年子女不可作为原告提起亲子关系否认之诉，[②]这与《民法典》第1073条规定的精神一致。对于请求确认亲子关系之诉，提起诉讼的主体是夫或者母以及成年子女。父亲提起亲子关系否认或确认之诉，主要指父亲不认可或自愿认可亲子关系。母亲提起亲子关系否认或确认之诉，主要指父亲不愿意认可或者虽认可，母亲以父亲为被告提起诉讼，请求法院确认或否认子女和父亲之间是否存在亲子关系。父亲或母亲提起亲子关系确认之诉，实践中还包括

---

① 最高人民法院民事审判第一庭编著：《最高人民法院婚姻法司法解释（三）理解与适用》，人民法院出版社2011年版，第51页。

② 最高人民法院民法典贯彻实施工作领导小组主编：《中华人民共和国民法典婚姻家庭编继承编理解与适用》，人民法院出版社2020年版，第223页。

孩子被抱错，或者被社会福利机构领养，或者和父母离散，父母请求确认自己和孩子之间存在亲子关系。成年子女提起亲子关系确认之诉，主要指以生父或生母为被告，请求确认亲子关系的情形，也包括弃婴或者父母离散的子女以生父或者生母为被告提起的诉讼。本条与《民法典》保持一致，仅指成年子女，不包括未成年子女，是考虑到未成年子女缺乏民事行为能力和诉讼行为能力，其要确认亲子关系，可以母亲或父亲作为原告提出。除上述规定的提起主体外，其他人不能作为原告提起亲子关系确认或否认之诉。

四是另一方当事人均无相反证据且拒绝做亲子鉴定。两个条件需同时满足，若当事人虽无法提供相反证据，但同意提供检材，配合做亲子鉴定的，则以鉴定情况为准，则不属于此类情况。其中拒绝做亲子鉴定，既包括其本人拒绝配合收集亲子鉴定所必需的检材，也包括利用其直接抚养或控制未成年人的条件，拒绝让未成年子女提供检材进行亲子鉴定，即以阻挠亲子鉴定正常的方式拒绝配合亲子鉴定。

五是满足上述条件后，人民法院可以据此认定亲子关系是否存在。这也符合民事诉讼证据规则的原理，即没有证据或者证据不足以证明当事人的事实主张的，应当由负有举证责任的当事人承担不利后果。这也符合间接强制鉴定的规则。

六是要注意到两款规定均采用“可以”认定否认或确认亲子关系的存在与否，并未采用程度更深的“应当”一词。本条延续了《婚姻法司法解释（三）》第2条的措辞，意在显示本条仅是提供了一种适用针对一方当事人没有证据又拒绝做亲子鉴定的情况下，人民法院适用证据规定处理此类纠纷的方法。但不能将其绝对化，因为真实的血缘关系并非亲子关系成立的唯一要素，亲子身份关系的安定，婚姻、家庭的和谐稳定和未成年子女利益最大化仍然是人民法院处理涉及亲子关系的案件时所应遵循的原则。机械地理解本条则可能导致裁判者一味地追求血缘真实，而忽略当事人在常年共同生活中形成的亲情，损坏当事人现存的家庭模式和现实生活利益，故裁判者应当极力避免产生如此消极的裁判效果。

【审判实践中应注意的问题】

一、要准确把握确认或否认亲子关系之诉中的证据认定

亲子关系的确认或否认，对于一个家庭以及父母、子女来说，不仅涉及一系列权利义务的产生、消灭，更是人身关系的重大改变，直接影响家庭和睦、社会和谐。人民法院在审查此类案件中证据时，务必慎之又慎，严格依据证据规则对当事人提交的证据审核和认定。对提起亲子关系诉讼的一方当事人来说，其提供的证据可能不够充分，但必须能够形成合理证据链条证明当事人之间可能存在或者不存在亲子关系。其申请亲子鉴定只是对所举证据的一种补充（补强）而不是作为其主张的唯一证据。对其所举证据与待证事实之间的关系可以从两个方面来把握：第一，所举证据是否形成合理的链条，达到使裁判者相信可能确实存在这样的事实；第二，按照民事诉讼证据规则，其举出的证据虽不充分，但足以达到转移举证责任的条件。当然，所谓使裁判者相信，不应理解为某个裁判者的主观臆断，而是指裁判者遵循现代自由心证原则，即依照法定程序，全面、客观地审核证据，依据法律规定，遵循法官职业道德，运用逻辑推理和日常生活经验对证据进行综合判断后得出的结论。[①]一般而言，请求确认或否认亲子关系，应当提供充分证据予以证明。请求确认亲子关系，应当提供亲子鉴定报告等可证明血缘关系的证据。请求否认亲子关系，一般应当提供证据证明存在下列情形之一：一是在妻子受胎期间，有明显证据证明双方不存在同居的事实，包括异地工作证明、行程证明、证人证言等可以形成完整证据链的综合证据。二是丈夫有生理缺陷或没有生育能力，包括时间不能、空间不能、生理不能。可通过医院医学证明等相关证据综合判断。三是子女和其他人存在血缘关系，包括子女和其

---

① 最高人民法院民事审判第一庭编著：《最高人民法院婚姻法司法解释（三）理解与适用》，人民法院出版社 2011 年版，第 51 页。

他人亲子鉴定报告等证据，可以证明子女和其他人存在生物学意义上的亲子关系。

此外，本条确定的亲子关系确认或否认之诉中，亲子鉴定报告是重要的证据，对于亲子关系的认定、法官自由心证的形成都起到重要影响。如当事人双方均配合，提供检材做亲子鉴定，则亲子鉴定报告基本对于亲子关系的认定形成决定性作用。而实践中，很多情况是对方当事人并不配合提供检材，法院又不宜强制当事人进行鉴定，在此种情形下导致案件审理缺少亲子鉴定报告作为定案证据，此时就可以依据本条规定进行推定认定。

二、要准确把握子女利益最大化原则在审理此类案件中的体现

儿童利益最大化原则是《儿童权利公约》确立的基本原则。所谓儿童最大利益原则包含有两方面的内涵：一是应将儿童视为拥有权利的个体，二是儿童利益必须高于成人社会利益，即凡是涉及儿童的任何事宜都必须以儿童的最大利益为重，以最有益于儿童的发展为出发点。[①]该公约上述条款确立的“儿童最大利益原则”被认为是世界各国处理关于儿童事务所必须遵守的原则，并在各国有关亲子关系立法中得到普遍认同和采用，由此带动了各国亲属立法由“父母本位”发展为“子女本位”。

儿童利益最大化原则也是人民法院处理涉及亲子关系的案件所应遵循的基本原则，除了追求真实的血缘关系外，亲子身份关系的安定、婚姻家庭的和谐稳定对未成年人健康成长的影响，都是审理此类案件中要重点考虑的因素。现实生活中，血缘关系与法律上的亲子关系的不一致经常出现，很多时候会出现生父提起非婚生子女认领诉讼。非婚生子女认领之诉既有出于抚育未成年子女的迫切需要，由该子女的母亲代子女主张子女的生父共同负担抚养责任，也有未成年子女的父母主张与别

---

① 李润红：《儿童权利保护的“最大利益原则”与我国的婚姻家庭法》，载《云南大学学报》（法学版）2009 年第 4 期。

人收养的子女具有亲子关系，或者是曾经遗弃自己未成年子女的父母来确认亲子关系。对于提起非婚生子女认领之诉的当事人的主张是否予以支持，不能简单地认为当事人提供了必要的证据、对方当事人没有证据亦拒绝做亲子鉴定，就一概要适用本条规定认定主张确认亲子关系一方的请求成立。应当根据案件的具体情况，决定是否需要推定亲子关系成立，支持原告的诉讼请求。对于有迫切抚育需要的未成年人，则应果断适用本条第 2 款之规定，判决确认亲子关系，以保护未成年人的合法权益。对于请求认领已经跟随母亲另组家庭生活的未成年人为其婚生子女的当事人，人民法院在具备本条第 2 款条件的情况下，还应权衡支持其诉讼请求对未成年子女的影响，该子女是否已经被继父通过法律程序收养、子女是否因年幼适宜随母亲生活以及主张认领非婚生子女的一方是否曾因虐待、遗弃子女被判刑等情况，这些均应成为人民法院综合考量是否适用本条支持其主张的因素。这就是要牢牢把握子女利益最大化原则，在审理涉及亲子关系的婚姻家庭类案件中始终要考虑平衡各方当事人利益的一个原则。同时，还要考虑《民法典》已施行，将 8 周岁以上的未成年人规定为限制民事行为能力人，可以进行与其年龄智力相适应的民事活动，其他民事活动由其法定代理人代理。对于 8 周岁以上的未成年人，不能简单强制其做亲子鉴定，要充分考虑其对事情的理解程度，通过监护人做好工作，避免极端事件的发生。

三、要妥善处理好亲子关系被否认后抚养费的返还问题

亲子关系被否认后，子女就丧失了婚生资格，原法律意义上的父亲对该子女无法律上的抚养义务，其与该子女在否认前的抚养关系，即属于欺诈性抚养关系。所谓欺诈性抚养关系，是指在婚姻关系存续期间乃至离婚后，女方故意隐瞒其子女非与男方所生之事实，使男方误将子女视为亲生子女予以抚养的行为。对于欺诈性扶养关系的认定和处理，各国立法均确认受欺诈人对于婚姻关系存续期间支出的抚养费有返还的请求权。对于此请求权的性质，理论上有不同的观点，包括不当得利说、无因管理说、侵权行为说。对此问题，我国法律也未给予明确规

定。司法实践中，存在不同的处理方式，通过地方人民法院的不同判决，可以发现有以下几种认识：认定为基于重大误解实施扶养行为，返还抚养费，同时进行精神损害赔偿；[①]认定侵害原告人格利益，承担侵权赔偿责任，返还抚养费，进行精神损害赔偿；[②]认定抚养行为不是出于真实意思，应为无效，返还抚养费，进行精神损害赔偿。[③]有的观点认为依据侵权责任法理论来处理欺诈性抚养较为合理，主要理由为根据我国侵权责任相关规定，侵害民事权益，应当承担侵权责任。民事权益包括民事权利和民事利益。就欺诈性抚养来说，其不仅损害了无抚养义务人的人格权，尤其是名誉权，也实际造成了无抚养义务人的经济利益受损，再加之其符合侵权责任的构成要件，即行为人有过错、有损害结果发生及两者存在因果关系，同时也为无抚养义务人主张精神损害赔偿提供了法理支持。[④]对于此问题，我们倾向于认为，对于欺诈性抚养关系，因受欺诈人原并无抚养义务，其已经支付的抚养费用对子女的生父母而言构成不当得利，故其可以行使不当得利请求权，请求返还已经支付的抚养费用。同时符合精神损害赔偿要件的，可以支持其精神损害赔偿请求。在确定抚养费返还数额时，原告应当对抚养费给付情况承担举证责任。确实无法举证证明的，可以根据子女的实际需要、婚姻关系存续期间双方的经济收入、离婚时共同财产分割情况、当地的实际生活水平等酌情判定。当然，由于此类案件不仅涉及财产关系，更涉及人身关系，受欺诈人对孩子付出的不仅有抚养费，更多的还有感情投入，所以这类案件还是应以调解为主，争取双方协商解决。[⑤]

---

① 参见河南省商丘市梁园区人民法院（2018）豫 1402 民初 3492 号民事判决书。

② 参见四川省绵竹市人民法院（2016）川 0683 民初 460 号民事判决书。

③ 参见山东省淄博市高新技术产业开发区人民法院（2015）新民初字第 79 号民事判决书。

④ 李健：《欺诈性抚养关系的法律认定》，载《人民法院报》2012 年 7 月 12 日。

⑤ 最高人民法院民法典贯彻实施工作领导小组主编：《中华人民共和国民法典婚姻家庭编继承编理解与适用》，人民法院出版社 2020 年版，第 226 页。

第四十条 婚姻关系存续期间，夫妻双方一致同意进行人工授精，所生子女应视为婚生子女，父母子女间的权利义务关系适用民法典的有关规定。

【条文主旨】

本条是关于人工授精子女法律地位的规定。

【条文理解】

人工授精是一种非自然的受孕方式，以该种方式生育的子女的法律地位如何，在实践中较有争议。本条源于1991年《人工授精所生子女法律地位的复函》，复函中规定“在夫妻关系存续期间，双方一致同意进行人工授精，所生子女应视为夫妻双方的婚生子女，父母子女之间权利义务关系适用《婚姻法》的有关规定。”为规范表达，本条规定将“在夫妻关系存续期间”调整为“夫妻关系存续期间”，“双方”调整为“夫妻双方”，法律依据由《婚姻法》修改为《民法典》。

一、人工授精子女的概念及法律地位

生育权是公民的基本权利，是指公民依法通过自然或者人工生殖技术帮助受孕、怀胎、分娩、繁衍抚养后代的权利。人工授精是一种非自然人工生殖技术，即用人工方式将精液注入女性体内使其妊娠的一种技术。近年来，作为解决不孕不育的人工辅助生殖方法，人工授精技术在一定程度上促进了家庭和睦，维护了社会的稳定，与此同时，也带来一些分歧，如在亲子关系的认定上往往容易产生争议。

人工授精一般分为同质人工授精和异质人工授精两种情形。同质人工授精（Artificial Insemination by Husband Semen，AIH），是指利

用夫精进行人工授精；异质人工授精（Artificial Insemination by Donor Semen，AID），是指利用夫外精源进行人工授精。对于采用上述人工授精技术出生的子女，称为人工授精子女。实践中，同质人工授精，精子和卵子来源于夫妻双方，该子女与父母双方均有血缘关系，为双方的亲生子女，其法律地位当然适用《民法典》有关父母子女关系的规定。异质人工授精的，因子女与父亲本无血缘关系，只是法律推定其为父子（女），由此较易产生争议，本条论述的问题主要指异质人工授精的情形。

根据本条规定，夫妻关系存续期间，夫妻双方一致同意进行人工授精，所生子女应视为婚生子女，依据《民法典》有关父母子女权利义务关系的规定，享有与婚生子女同等的权利与义务，且不因父母离婚或者其他法律关系的变更而解除。对于未满足上述要件，如非在婚姻关系存续期间，或是妻子在丈夫不同意或妻子对丈夫有所隐瞒的情形下实施人工授精所生育的子女，一般则不具有婚生子女的法律地位。

二、人工授精子女视为婚生子女的条件

根据本条规定，人工授精子女，无论是同质人工授精，还是异质人工授精，要视为夫妻双方的婚生子女，适用《民法典》有关父母子女权利义务的规定，需要满足以下两个条件：（1）人工授精在夫妻婚姻关系存续期间进行。如在结婚前或离婚后，人工授精所生子女，为非婚生子女，不具有婚生子女的法律地位。在此需要明确的是，这里是指在夫妻婚姻关系存续期间进行人工授精即可，还是需要在婚姻关系存续期间进行人工授精并且人工授精子女也要在婚姻关系存续期间出生？我国《民法典》虽未对婚生子女的概念明确界定，但从司法实践中可以看出，我国一般将婚姻关系存续期间受胎或出生的子女均推定为婚生子女予以保护。即一般情况下，只要人工授精是在夫妻婚姻关系存续期间进行，该子女出生后不论父母的夫妻关系是否因离婚或

者一方死亡而终止，该子女均应视为婚生子女。[①]（2）以夫妻双方一致同意为前提。即采用人工授精方式生育子女必须是夫妻双方协商一致的结果，若一方未经对方同意擅自进行人工授精生育子女的，则不能直接适用本条规定。因孕育载体为女方，这里主要指丈夫不同意妻子进行人工授精的情形，即若丈夫不同意采取人工授精的方式受胎，而妻子在未经丈夫同意的情况下进行人工授精并孕育子女的，原则上不适用本条规定。

三、“夫妻双方一致同意”的特殊情形

依据本条规定，对于人工授精所生育的子女，需要看夫妻双方是否就此达成一致。若婚姻关系存续期间，夫妻双方一致同意进行人工授精，所生子女应视为婚生子女，父母双方均为该子女的抚养义务人；若夫妻双方未协商一致，或一方未表示同意另一方擅自进行人工授精，所生子女则不能当然适用《民法典》有关婚生子女的规定。

一般情况下，夫妻双方在婚姻关系存续期间，未经男方同意，女方擅自采用他人精子人工授精生育子女的，那么所生子女与丈夫既无血缘关系又非其意愿，男方有权否认同该子女的亲子关系，拒绝履行抚养义务。但不可一概而论，如下情形：未经一方同意生育的人工授精子女也可能成为夫妻双方的婚生子女，即夫妻婚姻关系存续期间，女方未经男方同意，擅自进行人工授精，事后丈夫也没有明确表示异议，并且实际抚养了该子女的，则可以从其实际行为推定为“夫妻双方一致同意”，孩子也应当认定为夫妻双方的婚生子女。也就是说，“一致同意”的意思表示，不仅仅为书面形式，在一定情形下，还包括口头的、根据实际行为推定的，以及事后追认的行为。还有一种情况，即在同质人工授精情形下，该子女系使用夫妻二人的精子、卵细胞用人工方法授精而生育，该子女与夫妻二人均具有血缘关系。是否就此直接认定同质人工授精情形下，不论夫妻双方是否一致同意，该

① 参见最高人民法院研究室编：《司法文件选解读》，人民法院出版社2017年版，第561页。

子女与夫妻双方均具有法定亲子关系？一般情况下，同质人工授精，无论丈夫是否同意，所生子女均应视同夫妻双方婚生子女。至于丈夫的权利则只能通过其他途径进行救济。[①]

【审判实践中应注意的问题】

一、人工授精子女的抚养问题

根据本条规定，婚姻关系存续期间夫妻双方一致同意人工授精所生子女，应视为夫妻双方的婚生子女。根据《民法典》第1084条规定，父母与子女间的关系，不因父母离婚而消除。离婚后，子女无论跟随哪方生活，仍是父母双方的子女，父母对子女仍有抚养、教育、保护的权利和义务。上述情况下，进行人工授精后夫妻双方离婚的，无论子女跟随哪一方生活，父母对该子女都有抚养义务，适用《民法典》有关子女抚养的规定。本条调整下的人工授精子女，特别是异质人工授精子女，与其生母之夫本无血缘关系，但是根据本条规定视为婚生子女的，即推定夫方为该子女的生父，离婚后仍然是父子（女）关系。夫妻婚姻关系终止后，男方不得以该子女同自己无血缘关系为由拒绝履行抚养义务；女方亦不得以此为由剥夺男方抚养该子女的权利。

二、非夫妻关系存续期间人工授精子女的法律地位

非夫妻关系存续期间通过人工授精生育子女的，可分为如下情形：（1）该子女为不具备夫妻关系的男女二人一致同意，采用自己的精子和卵子进行人工授精生育子女；（2）该子女为母亲一方自行决定利用他人精子生育子女。第一种情形下，又可分为男方基于自己生育

① 江必新、何东宁、肖芳主编：《最高人民法院指导性案例裁判规则理解与适用（婚姻家庭卷）》，中国法制出版社2013年版，第29页。

子女的意思表示而同意利用自己精子生育子女和仅基于为他人捐献精子生育子女两种情形。第一种情况下，男方基于自己生育子女的意思表示而同意利用自己精子生育子女的情形下，该子女为父母协商一致同意生育，同其父母均有生物学上的血缘关系，故该子女为男女二人所生子女无疑义，只是由于该男女不具备婚姻关系，故该子女不为婚生子女。但是，根据《民法典》第1071条规定，非婚生子女享有与婚生子女同等的权利，该子女同婚生子女的法律地位并无不同。第二种情况下，如果男女双方不具备婚姻关系，女方在男方不知情的情况下，擅自使用他人精子进行人工授精所生子女，则该子女与男方无法律上的亲子关系。若男方仅基于捐献精子，帮助他人通过人工授精生育子女的，则所生子女仅同母亲具备亲子关系，与捐献精子的男方亦无法律上的亲子关系。因在该种情况下，捐献精子的男方并无生育子女的目的，生育孩子的母亲亦不具有与其生育子女的意思表示。

三、夫妻双方一致同意人工授精后一方反悔的情况

如前所述，满足夫妻婚姻关系存续期间进行和夫妻双方一致同意等要件的人工授精子女应视为婚生子女。倘若夫妻婚姻关系存续期间，夫妻就人工授精事宜达成一致意见，但此后一方（一般为男方）反悔的，该子女的法律地位应如何确定？根据《民法典》第136条规定，民事法律行为自成立时生效（法律另有规定或者当事人另有约定的除外）。行为人非依法律规定或者未经对方同意，不得擅自变更或者解除民事法律行为。我们认为，经过夫妻双方一致同意的人工授精行为为双方意思表示一致，但是人工授精不同于一般民事行为，具有一定的人身性，不可对此强制执行。具体分以下两种情况进行分析：（1）一方在人工授精之前反悔的，一般应当准许，此时若一方（通常为女方）在人工授精前不顾对方反对坚持进行人工授精的，所生子女原则上不可适用本条规定。（2）一方（通常为男方）在实施人工授精后反悔的，一般不予允许。因夫妻双方已一致同意人工授精，在人工授精开始后女方已受孕的情况下，一方反悔需经过对方的同

意，否则此前作出同意人工授精的意思表示仍具有法律效力，不得以单方意志擅自变更或解除。该种情形下所生子女应视为婚生子女，同父母的权利义务关系适用《民法典》的有关规定，夫妻双方均须履行抚养教育该子女的法定义务。

另一种情况，即女方若在实施人工授精后反悔并擅自中止妊娠的，男方可否以侵犯其生育权为由请求损害赔偿？夫妻均享有生育权，这里包括生育自由和不生育的自由。我们认为，一般情况下，男方不得以生育权受侵害为由提起损害赔偿之诉。根据本解释第23条规定，夫以妻擅自中止妊娠侵犯其生育权为由请求损害赔偿的，人民法院不予支持。因为其一，生育对女性利益的影响较大于男性，女性承担了更多的生理风险及心理压力；其二，一方不生育除少数为观念支配下的决定外，较多由夫妻感情淡漠甚至破裂引起，没有了感情的生育只会增加夫妻双方乃至即将出生子女的痛苦及不便。因此，当夫妻生育权发生冲突时，侧重于妇女权益的特殊保护，符合立法本意和司法公正的要求。有观点认为，在夫妻双方协商一致人工授精生育子女的情况下，相当于双方签订了生育契约，此时若女方擅自终止妊娠，男方可否以此要求女方承担违约责任？我们认为，人身权的限制不能够成为合同约定内容，夫妻双方一致同意进行人工授精的行为不可视为双方签订生育契约，男方不可以此请求女方承担违约责任。

四、人工授精子女的继承权

父母有抚养教育未成年子女的义务，应为不能独立生活的子女提供应有的保障。既然本条调整下的人工授精子女同婚生子女一样享有同等的权利与义务，《民法典》继承编中关于子女继承权的相关规定同样适用于人工授精子女。根据《民法典》规定，第一顺位继承人为配偶、子女、父母。遗产分割时，也应当为缺乏劳动能力又没有生活来源的继承人保留必要的遗产份额。应当注意的是，《民法典》对胎儿在继承中的利益给予了特殊保护。《民法典》第16条规定，涉及遗产继承、接受赠与等胎儿利益保护的，胎儿视为具有民事权利能力；

但是胎儿娩出时为死体的，其民事权利能力自始不存在。根据《民法典》第1155条规定，遗产分割时，应当保留胎儿的继承份额。即享有继承权的子女即包括未成年子女、成年子女，还包括胎儿。还应注意的是，这里的继承份额，既包括法定继承时的继承份额，也包括遗嘱继承时的份额。遗嘱人立遗嘱，可以依其主观意志在其死后如何对其个人财产进行处置，但不是完全无限制的自由，在发挥遗产抚养功能等方面，应对其处理财产的权利进行一定的限制。

例如，夫妻二人婚后，协商一致采用人工授精的方式生育子女，女方受孕期间，男方查验出患有癌症，后经治疗无效病逝，男方若在遗嘱中声明因该子女为人工授精子女，非其亲生，拒绝分割遗产和履行抚养义务，则该遗嘱部分无效。因为人工授精行为是夫妻二人合意的结果，该子女出生后应视同婚生子女，依据前述《民法典》规定，遗嘱应当为其保留必要的份额，男方不可因其为人工授精子女而拒绝分割遗产、履行抚养义务。即基于上述情形，一旦通过人工授精受胎，该胎儿即享有同其他婚生子女同样的权利。在遗产分割时，无论在法定继承或是遗嘱继承的情形下，均应当为其保留继承份额。胎儿出生后，继承份额由其法定代理人代为保管。

第四十一条 尚在校接受高中及其以下学历教育，或者丧失、部分丧失劳动能力等非因主观原因而无法维持正常生活的成年子女，可以认定为民法典第一千零六十七条规定的“不能独立生活的成年子女”。

【条文主旨】

本条是关于如何理解《民法典》第1067条“不能独立生活的成年子女”含义的规定。

【条文理解】

一、本条的背景依据

（一）各国有关父母抚养义务的立法例

父母对子女的抚养责任不可推卸，父母对于子女的抚养和教育关系到人类社会的发展延续。纵观各国立法，绝大多数国家都将此作为法定义务予以明文规定。《澳大利亚家庭法》规定，法院不应为已满18岁的子女作出抚养决议，除非法院相信这种抚养条款对下列事项是必要的：使该子女完成其教育；由于该子女的智力或者身体上的残疾。《瑞士民法典》也规定，父母对子女的抚养义务，到子女成年时即终止；如果此时子女尚未结束职业训练或者教育的，父母可以在其条件许可的限度内，继续履行抚养义务，直到子女结束职业训练或者教育时终止。《俄罗斯联邦家庭法典》规定，父母应抚养其无劳动能力的需要帮助的成年子女；在无给付抚养费协议时，无劳动能力的成年子女的抚养费余额，由法院根据双方物质和家庭状况和双方其他应被考虑的利益，确定按月应给付的固定货币数额。我国《民法典》规定，父母有教育、保护未成年子女的权利和义务。父母不履行抚养义务时，未成年子女和不能独立生活的成年子女，有要求父母给付抚养费的权利。可见，在我国，父母对未成年子女具有无条件抚养的义务，而对成年子女的抚养义务则是有条件的。

（二）我国关于“不能独立生活的成年子女”的立法演进

既然父母对不能独立生活的成年子女具有抚养义务，那么，关于不能独立生活的成年子女应如何判定？最高人民法院 1993 年 11 月公布的《离婚案件子女抚养问题的意见》曾对“尚未独立生活的成年子女”作出解释：指子女丧失劳动能力或虽未完全丧失劳动动能力，但其收入不足以维持生活的；子女尚在校就读的；子女确无独立生活能力和条件的。有上述情形之一，父母又有给付能力的，仍应负担必要的抚育费。2001 年《婚姻法司法解释（一）》第 20 条原则上采纳了上述意见，同时考虑由于初中以上学历不属于我国九年义务教育的范畴，且完成九年义务教育进入大学后，绝大多数已年满 18 周岁，已是完全民事行为能力人，与其父母处于平等的民事主体地位，无论从生理还是心理角度讲，已基本具备了独立生活的能力和条件，而接受九年义务教育以上的高等教育相当于一种智力投资，此项投资的直接受益人是子女本人，依照权利义务相一致原则，子女应为自己的预期可得利益作出相应付出，故供子女上大学不是父母的法定义务，故将“尚在校就读”的学历限定在高中及其以下，以此作为父母的法定义务，即读大学及以上学历的费用不是必须由父母支付的，是否支付完全取决于父母的意愿。规定“不能独立生活的子女”，是指尚在接受高中及其以下学历教育，或者丧失或未完全丧失劳动能力等非主观原因而无法维持正常生活的成年子女。

（三）关于本条规定清理中的不同意见

本条规定清理中，有意见认为，应将“接受高中及其以下学历教育”的子女范畴调整为“大学及其以下学历教育”。该种倾向主要考虑，随着我国近年来居民文化水平的提高，就读大学已成为较为普遍的现象，且大多数高中毕业就读大学的学生虽已成年，但仍处于不具有独立生活能力的状态，我国保障未成年人的九年义务教育，但高等教育的学费则以学生自费为主，对于刚毕业的高中生来说，一般情况下是没有能力负担的，若将抚养子女的义务范围扩大到大学，则可在一定程度上减少因“财”失学的现象，尽可能地保障子女接受高等教育的机会。我们认为，上述意见值得商榷。其一，根据我国《民法典》规定，成年人即年满18周岁的自然人，为完全民事行为能力人，可以独立实施民事法律行为。当然，这里规定的成年人仅指具有辨认识别能力的正常成年人。既然为完全民事行为能力人，即可以独立实施民事法律行为，并独立对民事法律行为的法律后果负责，亦应为其是否接受高等教育及其所带来的负担和后果担责。九年义务教育的学费由国家保障，《民法典》也仅规定父母有教育、保护未成年子女的权利和义务，作为具有完全民事行为能力的成年子女，父母则不再有抚养义务。其二，从培养大学生独立生活能力的角度考虑，子女进入大学后，绝大多数已年满18周岁，具备完全民事行为能力，无论从生理还是心理上讲，都已具备独立生活的能力和条件，即使父母不予提供支持，自己也有以勤工俭学、自主创业、争取助学金等收入来维持学习和生活的能力，如将抚养范围扩大到子女大学期间，则可能在一定程度上不利于培养当代大学生的独立自主能力。其三，虽然规定高中学历及以下是父母的法定义务，但在此之后是否继续供养子女父母仍有选择的权利，就我国来讲，绝大多数有经济能力的父母是愿意为成年子女承担高等教育等所需费用的，也有家庭在子女考上大学后无力支付学费，致使子女上不了大学。因此，对于实在没有经济能力的父母，即使规定了法定义务，实际意义也并不是很大。基于以上考虑，本条最终保留了“高中及以下学历教育”的规定。

二、本条“子女”的范围

本条所称“子女”，既包括亲生子女，也包括拟制血亲子女（即基于收养而形成的养父母与养子女关系、基于再婚形成的继父母与继子女关系等也包含在内）；既包括婚生子女，也包括非婚生子女。

《民法典》第1072条规定，继父母与继子女间，不得虐待或者歧视。继父或者继母和受其抚养教育的继子女间的权利义务关系，适用《民法典》关于父母子女关系的规定。《民法典》第1111条规定，自收养关系成立之日起，养父母与养子女间的权利义务关系，适用本法关于父母子女关系的规定。非婚生子女是指没有婚姻关系的男女所生的子女，《民法典》第1071条规定，非婚生子女享有与婚生子女同等的权利，任何组织或者个人不得加以危害和歧视。不直接抚养非婚生子女的生父或者生母，应当负担未成年子女或者不能独立生活的成年子女的抚养费。如果不与非婚生子女生活的一方拒绝履行抚养义务的，未成年或者不能独立生活的成年非婚生子女，同样有依据《民法典》第1067条要求父母给付抚养费的权利。

【审判实践中应注意的问题】

一、对于有配偶但不能独立生活的成年子女，父母的抚养义务

《民法典》第1059条规定，夫妻有相互扶养的义务。需要扶养的一方，在另一方不履行扶养义务时，有要求给付扶养费的权利。这里的“扶养”是指夫妻之间的一方对其配偶负有在物质上、生活上提供生活供养和扶助的权利和义务，也包括精神上的相互支持与慰藉。夫妻间的抚养义务以婚姻关系存续为前提，以一方具有需要抚养的情形为条件。根据上述规定，夫妻之间有扶养能力的一方，对于重病、残疾和有经济困难等需要扶养的配偶，具有提供供养、扶助的责任。因此，对于不能独立生活的一方，配偶不履行抚养义务时，在不解除婚姻关系的情形下，有权请求对方给付抚养费。应当给付扶养费的一方拒绝给付或者双方就扶养费数额、支付方式等具体内容产生争议的，需要扶养的另一方可以直接向人民法院提起诉讼，或者向人民调解组织提出调解申请。有扶养义务的配偶拒绝扶养，情节恶劣，构成遗弃罪的，还应当承担刑事责任。

那么，不能独立生活的成年子女在已有配偶的情形下，其父母是否仍具有抚养义务？我们认为，男女双方缔结婚姻关系后，即形成一系列人身和财产关系，夫妻之间的相互扶养从缔结婚姻起共生，是婚姻和家庭共同得以维系和存在的基础。产生夫或妻一方不能独立生活的情形无论发生在婚前或是婚后，配偶均是承担供养、扶助的义务的责任主体。但如不能独立生活的一方患病所需医疗费等开销确实超出其配偶的能力范围时，可以请求不能独立生活一方的父母给予一定帮助。父母自愿为成年患病子女支付医疗费用的，亦无权向其子女的配偶主张该部分医疗费用。需要注意的是，夫妻互相扶养是婚姻存续期间的法定义务，即夫妻之间接受对方扶养的权利和履行扶养对方的义务是基于婚姻关系而建立，随配偶身份关系的产生而产生，也会随着配偶身份关系的消灭而消灭。[①] 据此，在夫妻婚姻关系终止或消灭后，双方不再负担互相扶养的义务时，具有经济能力的父母对不能独立生活的成年子女仍应承担起抚养责任。

二、成年子女要求父母支付高等教育学费的情况处理

根据我国《民法典》相关规定，年满 18 周岁的成年人已具有完全民事行为能力，应当以自己的劳动收入满足自己的经济需求。如前所述，父母支付抚养费的义务仅针对未成年子女及不能独立生活的成年子女。审判实践中，成年子女与父母的抚养费纠纷主要表现为虽已成年，但暂无独立生活能力的子女，请求父母支付大学期间学费及生活费等。

根据《民法典》第 1067 条规定，父母不履行抚养义务时，未成年子女或者不能独立生活的成年子女有要求父母给付抚养费的权利。根据本条规定，不能独立生活的成年子女是指尚在校接受高中及其以下学历教育，或者丧失、部分丧失劳动能力等非因主观原因而无法维持正常生活的成年子女。既不属于未满 18 周岁的未成年人，又非为

---

① 黄薇主编：《中华人民共和国民法典释义及适用指南（下）》，中国民主法制出版社 2020 年版，第 1592 页。

不能独立生活的成年子女，则不具备抚养费请求权的主体资格，请求父母支付大学及以上学历教育的教育费、生活费等抚养费用的请求不具有法律依据。

虽然法律及司法解释规定父母履行抚养义务的对象不包括尚在接受高等教育的成年子女，但现实生活中，尚在接受高等教育的成年子女往往无法独立承担学费、生活费等开销，让大学生在大学学习期间利用课余时间以自己的劳动来支付自己的教育费、生活费一般来说有一定困难，但如前所述，这也正是培养当代青年人独立自主能力的应有之义。就我国人情伦理及社会传统习惯而言，大多数具有经济能力的父母是愿意培养子女进入高等学府，供养子女接受高等教育的；从道德层面来讲，作为有负担能力的父母，也应对尚在就读高等教育，一时还无法独立承担自己生活、教育开销的成年子女承担抚养责任，让孩子完成学业。但依照我国法律规定，父母为成年大学生支付抚养费的行为只是基于亲情和道义，而不是法定义务表现。人民法院在审理相关案件时，应从有利于家庭和睦、社会和谐以及子女健康成长的角度出发，对于有经济能力的父母，可加大调解力度，尽量促使其在能力范围内分担子女的高等教育费用。

三、父母之间对成年子女的抚养费有约定的情形

如前所述，父母对不满足法定条件的成年子女，不具有抚养义务，但如果成年子女的父母已就该子女大学期间的教育费、生活费等费用达成协议，约定一方或者双方同意承担此部分费用，那么对双方均有约束力，父母未支付抚养费的，成年大学生可以据此向父母一方或者双方主张该协议约定的抚养费用。

如 2017 年 2 月，张某的父母经法院调解离婚，此时张某已为成年大学生，离婚协议中约定张某随父亲生活，由父亲负担其抚养费，张某之父在庭审中也明确表示同意支付张某大学期间的生活费、教育费等费用。后自 2018 年开始，张某之父不再支付房某的学费，此时张某仍为无经济收入的在校大学生。经张某请求，其父以其已成年为由拒绝支

付。张某遂诉至法院，请求其父依约支付其在大学期间的抚养费用。法院经审理认为，张某父母达成离婚调解协议时张某已为成年大学生，调解协议中已约定张某大学期间的抚养费用由其父承担，该意思表示真实合法。最终法院判决支持张某的诉讼请求。虽然父母对于能够独立生活的成年大学生子女没有法定的抚养义务，但这并不排除其自主意愿及协议约定，一旦父母双方立有意思表示真实、不违反法律法规规定的生效协议，则不可以不具有法定义务为由拒绝承担。

四、对于已满16周岁、以自己劳动为主要生活来源子女的抚养

抚养是指父母抚育子女成长，并为他们的生活、学习提供一定的物质条件。父母对子女有抚养的义务，包括直接抚养或者间接抚养，间接抚养主要指不与子女共同生活的一方支付抚养费的义务。如前文所述，父母对于未成年子女的抚养义务是无条件的，不能独立生活的成年子女也有向父母请求给付抚养费的权利。那么，16岁以上，能够以自己劳动为主要生活来源的未成年子女可否请求父母给付抚养费？

《未成年人保护法》第2条规定，本法所称未成年人是指未满18周岁的公民。《民法典》第17条、第18条规定，不满18周岁的自然人为未成年人；16周岁以上的未成年人，以自己的劳动收入为主要生活来源的，视为完全民事行为能力人。根据本解释第53条规定，抚养费的给付期限，一般至子女18周岁为止。16周岁以上不满18周岁，以其劳动收入为主要生活来源，并能维持当地一般生活水平的，父母可以停止给付抚养费。结合相关司法实践，一般情况下，对于16周岁以上不满18周岁，以自己的劳动收入为主要生活来源的子女，原则上父母可以不必承担子女的抚养费履行义务，但如劳动收入虽为其主要生活来源，但无法满足接受教育、医疗等需要时，则不可免除父母的抚养义务。①

① 参见最高人民法院民法典贯彻实施工作领导小组主编：《中华人民共和国民法典婚姻家庭编继承编理解与适用》，人民法院出版社2020年版，第187页。

第四十二条 民法典第一千零六十七条所称“抚养费”，包括子女生活费、教育费、医疗费等费用。

【条文主旨】

本条是关于“抚养费”具体内容的规定。

【条文理解】

“抚养费”是指抚养子女的费用。作为法律概念，“抚养费”一词最早出现在1980年《婚姻法》中，该法第15条第2款规定“父母不履行抚养义务时，未成年的或不能独立生活的子女，有要求父母付给抚养费的权利”。2001年《婚姻法》修订时，将这一规定改为第21条第2款，内容未作修改。2020年《民法典》第1067条第1款规定“父母不履行抚养义务的，未成年子女或者不能独立生活的成年子女，有要求父母给付抚养费的权利”，对《婚姻法》的表述作了完善，将“不能独立生活的子女”修改为“不能独立生活的成年子女”，未对原法律规定作实质修改。

无论是《婚姻法》还是《民法典》，都没有直接规定抚养费究竟包括哪些费用。新修订的《未成年人保护法》虽规定未成年人的父母应当履行为未成年人提供生活、健康、安全等方面保障的职责，亦未对抚养费作出规定。抚养费随着经济社会的发展而变化，具体范围是在司法实践中逐渐明晰的。1950年《婚姻法》在第13条规定父母对于子女有抚养教育的义务，并专章规定了“离婚后子女的抚养和教育”。其中，在第21条规定“离婚后，女方抚养的子女，男方应负担必需的生活费和教育费全部或一部，负担费用的多寡及期限的长短，由双方协议”。这项规定是对抚养费范围的早期规定。1980年《婚姻法》在第15条规定父母对子女有抚养教育、给付抚养费的义务，同时在第30条规定，离婚后非抚养一方负担子女必要的生活费和教育费一部或全部。1993年《离婚案件子女抚养问题的意见》规定，子女抚育费的数额，可根据子女的实际需要、父母双方的负担能力和当地的实际生活水平确定。原定抚育费数额不足以维持当地实际生活水平的，或者因子女患病、上学，实际需要已超过原定数额的，子女要求增加抚育费，父或母有给付能力的，应予支持。这实际把生活费、教育费和医疗费纳入了抚养费的范围。2001年12月，《婚姻法司法解释（一）》第21条规定"婚姻法第二十一条所称'抚养费'，包括子女生活费、教育费、医疗费等费用"。这是司法解释第一次对抚养费的范围作出明确规定。2011年8月，《婚姻法司法解释（三）》第3条规定，婚姻关系存续期间，父母双方或者一方拒不履行抚养子女义务，未成年或者不能独立生活的子女请求支付抚养费的，人民法院应予支持，进一步确认了婚姻存续期间父母承担抚养费的义务。

本条规定的"抚养费"对应的是《民法典》第1067条第1款规定的内容，这里的"抚养"义务包括照顾生活、教育和保护等责任，延续了以往《婚姻法》对抚养的规定。故本解释将"抚养费"的范围仍确定为"包括子女生活费、教育费、医疗费等费用"。

一是生活费。为未成年子女提供必需的物质生活条件，照顾其日常生活，是父母的基本义务。生活费是指维持子女日常生活必须支出的费用，如必要的衣食住行等费用。

二是教育费。让子女接受学校教育也是父母的义务。根据《义务教育法》的规定，父母必须使适龄的子女按时入学，接受规定年限的义务教育。长期以来，在司法实践中认定的教育费的范围主要是高中、初中和小学的教育费用，包括学费、书本费及孩子必须接受的教育项目的相关支出。超出基本教育的额外教育费用，如各种补习班、兴趣班、课外班的费用，各种择校费等，往往不被计算在教育费范畴，由未成年人父母协商确定。关于学前教育费和高等教育费，未有具体规定，值得探讨。目前，学前教育虽不属于国家义务教育，但已较为普及，国家也非常重视适龄儿童的学前教育，为保障他们接受学前教育的权利，有关部门正在起草的学前教育法拟将学前教育作为国民教育体系的组成部分进行规范，故将学前教育费用纳入抚养费范围是符合国情和实际需要的。高等教育费用是否纳入由父母承担的抚养费，应当根据子女需要和父母的负担能力决定。目前的普遍情况是，子女在高中毕业之后接着上大学，由于没有经济积累和稳定的就业机会，他们上学期间的学费、生活费由父母负担。虽然个别人在大学期间兼职赚取学费或贷款助学，但借此脱离对父母的依赖实现经济独立的情况比较少见。因此，着眼现实与未来，子女读大学期间的抚养费宜由有负担能力的父母承担，但同时社会应为大学生创造就业机会，鼓励他们尽可能自食其力。

三是医疗费。保护未成年子女健康成长是父母的义务，未成年子女患病需要的治疗费属于抚养费的范围，应当由父母承担。医疗费包括医药费、住院费和诊疗费，具体如挂号费、检查费、化验费、手术费、治疗费、住院费和药费等。目前我国基本医疗保险基本实现全覆盖，未成年人应当缴纳的居民基本医疗保险费、新型农村合作医疗保险费，应由父母负担。除此之外的商业保险、补充医疗保险等，不在抚养费范围内。

需要注意的是，本条规定中“等费用”的“等”应当理解为“等外等”。这是考虑到抚养期间子女的需求以及抚养人的情况可能会发生变化，以“等费用”的方式为抚养费增减变化留下空间。

确定抚养费应遵循必要性、合理性和共担性的原则。其一，抚养费的范围主要依未成年子女的实际需要来确定。未成年人在成长过程中需求多样易变，哪些需求可以列入抚养费，哪些不能列入，判断的依据是实际需要。主要有两个层面，一是普通人的一般生活、教育培训、医疗健康需求；二是具体个人的特殊需求，如残疾儿童需要轮椅、助听器等生活辅助用品，生病需要治疗等。其二，抚养费的数额要结合子女的实际需要、父母的负担能力、当地的生活水平等具体因素，综合考量、合理决定。既要保障未成年人利益的最大化，也要避免超前的奢侈性给付，或者过低给付。其三，抚养费由父母共同承担。抚养未成年子女是父母共同的责任和义务，抚养费需要父母共同负担。当然，父母一方有抚养能力并愿意独自承担的，亦不违反法律规定。对于非必要性支出，如超出普通消费水平的保险费、旅游费等生活支出，超出义务教育范围的培训费、择校费和超出正常治疗标准的医疗费等费用，父母一方决定支付之前，应先与对方进行协商，征得同意。未经协商，父母一方擅自决定采用高付费方案的，原则上由该方承担相应费用。

综上，生活费、教育费、医疗费等费用是抚养子女使其健康成长不可或缺的组成部分。人民法院审理有关抚养费纠纷案件时，应充分考虑我国的国情及经济发展状况，实事求是、合情合理地解决纠纷。

【审判实践中应注意的问题】

1. 抚养费给付范围为未成年子女日常生活、教育和健康所必须，超出必要范围的费用，父母一方应当事先与另一方协商，征得其同意。例如，罗某（男方）与董某（女方）离婚后，男孩罗某冰由董某抚养，罗某每月给付一定的抚养费。罗某冰因考试成绩不佳未被重点高中录取，董某为让孩子上重点学校，未与罗某商量支付了几万元的择校费。后董某让罗某出一半的择校费，罗某称自己因下岗生活困难无力支付。董某遂让儿子起诉罗某，请求法院判令罗某支付一半的择校费。法院经审理认为，罗某与董某离婚后，一直按原定数额按时给付罗某冰抚养费。董某未与罗某协商一致，就擅自支付择校费数万元，而罗某因下岗生活困难，择校费亦并非必需的教育费，故判决驳回罗某冰的诉讼请求。

2. 生活费给付的范围和数额，应着重考虑子女的实际需要，同时也要与父母双方的负担能力和当地的实际生活水平相符。例如，梅某（女方）与李某甲（男方）离婚时商定，由梅某抚养女儿李某乙，李某甲每月支付抚养费 1500 元另加李某乙长年服药的费用。2014 年

7月，李某乙视物不清，梅某带其赴天津、北京多家医院看病，在医院拒收的情况下找到北京武警总医院做视网膜复位手术，保住了右眼的微弱视力。李某乙诉至法院，要求李某甲承担全部或大部分李某乙的医药费、住院费等费用。法院认为，李某甲每月给付李某乙抚养费1500元已包含了部分医疗费，但由于李某乙患病治疗的实际支出及需要较协议签订时确有增加，综合考虑梅某和李某甲的实际收入水平与生活现状，酌定李某甲承担李某乙患病期间产生的医药费、交通费、住宿费、陪护费的50%。

3. 子女的实际需要并非一成不变或人人相同，应根据案情具体分析。例如，吴某（女方）和甘某甲（男方）离婚时商定，吴某抚养女儿甘某乙，甘某甲每月支付抚养费1100元。后甘某乙诉至法院，称其上高三时患有中度抑郁症，不能正常上课，故参加了一对一的补课，系因生病而被迫补课产生的教育费，要求由甘某甲承担。对此，法院有不同的理解。一、二审法院认为，补课费并非甘某乙因学习必然发生的合理开支，甘某甲无需分担补课费；再审法院认为，甘某乙处于高三关键阶段，在患有中度抑郁症不能正常上课的情况下，一对一的补课学习确属必要。又如，李某（女方）与麻晓某（男方）离婚时约定，婚生子麻某某由李某抚养，麻晓某每月支付抚养费1500元，每年根据情况酌情增加抚养费；麻某某在学习、医疗等各方面的开支由双方共同承担。2010年、2012年麻某某参加北京某少儿围棋培训，共支出教育费11105元，2010年、2011年、2013年麻某某参加某学校学习辅导班，共支出教育费11105元，麻某某起诉至法院，请求判令麻晓某增加按月支付的抚养费，并支付麻某某的教育培训费。法院认为，为保护未成年人利益，促进未成年人身心的全面发展，法律适当鼓励未成年人根据个人天赋与爱好参与一定的课外辅导课程。本案中，麻某某长期参加围棋辅导班，从父母婚姻关系存续期间开始直至父母离婚之后，麻晓某在婚姻关系存续期间对此表示同意，在离婚后知情亦未明确表示反对；目前缺乏证据证明围棋班与麻某某兴趣不符，依法支持了麻某某的诉讼请求。

需要注意的是，在司法实践中，有的裁判文书对抚养费的表述不够严谨，将抚养费与抚育费或者生活费混同使用。“抚育”最早规定在1950年的《婚姻法》中，1993年《离婚案件子女抚养问题的意见》中使用了“抚育费”的概念，是对父母抚养教育义务的简称。在2001年司法解释出台后，应当根据新的规定使用与法律相一致的概念，避免在日后出现理解分歧，产生新的纠纷。

第四十三条　婚姻关系存续期间，父母双方或者一方拒不履行抚养子女义务，未成年子女或者不能独立生活的成年子女请求支付抚养费的，人民法院应予支持。

【条文主旨】

本条是关于夫妻在婚姻关系存续期间不履行抚养子女义务的情形下，人民法院支持子女抚养费请求权问题的规定。

【条文理解】

本条来源于《婚姻法司法解释（三）》第3条，同时亦将《民法典》第1067条规定的权利性规范细化解释为裁判性规范，便于人民法院在审判实践中援引。《民法典》第1067条第1款规定，父母不履行抚养义务的，未成年子女或者不能独立生活的成年子女，有要求父母给付抚养费的权利。对本条的理解，应把握以下几个方面：

一、准确把握本条确定的权利主体范围

本条将抚养费请求权的主体确定为未成年子女或者不能独立生活的成年子女。本条规定的“子女”，从法理上理解，既包括婚生子女，也包括非婚生子女；既包括生子女，也包括养子女和形成抚养教育关系的继子女。对于非婚生子女，其生父母应当履行抚养义务，如果一方以否认亲子关系为由拒绝履行义务的，根据《民法典》第1073条规定，可以向人民法院提起诉讼，请求确认亲子关系。亲子关系确认后，生父母当然应支付抚养费。[①]

① 最高人民法院民法典贯彻实施工作领导小组主编：《中华人民共和国民法典婚姻家庭编继承编理解与适用》，人民法院出版社2020年版。

父母对未成年子女的抚养是无条件的，属于法定义务，基于亲子关系产生，从未成年子女出生之日至其成年或独立生活，无论父母是否与子女一起生活，父母的抚养义务不能免除。未成年人是一个法律概念，《未成年人保护法》第 2 条规定，未满 18 周岁的公民为未成年人。《民法典》第 17 条规定："十八周岁以上的自然人为成年人。不满十八周岁的自然人为未成年人。"第 18 条规定："成年人为完全民事行为能力人，可以独立实施民事法律行为。十六周岁以上的未成年人，以自己的劳动收入为主要生活来源的，视为完全民事行为能力人。"《民法典》以自然人是否为成年人作为认定其是否为完全行为能力人的判断标准，同时"将自己的劳动收入为主要生活来源的"的"十六周岁以上不满十八周岁的自然人"视为完全民事行为能力人，隐含的意思是这部分自然人应当视为成年人。本解释第 53 条规定："抚养费的给付期限，一般至子女十八周岁为止。十六周岁以上不满十八周岁，以其劳动收入为主要生活来源，并能维持当地一般生活水平的，父母可停止给付抚养费。"上述意见与《民法典》关于未满 18 周岁，但视为成年人的情形的规定是一致的。

本条规定的未成年人，应当依照上述《民法典》的规定，并结合本解释第 53 条的规定，将"以其劳动收入为主要生活来源，并能维持当地一般生活水平的十六周岁以上不满十八周岁"的子女，排除在抚养费请求权范围之外。但在认定未满 18 周岁子女是否符合视为成年人标准时，应当充分考虑子女劳动收入是否能维持当地一般生活水平的实际情况。从世界婚姻家庭法发展趋势看，在亲子关系中贯彻儿童最大利益原则，已经成为世界各国的共识，并成为一个国家人权保障的标志。从贯彻儿童最大利益的角度考虑，儿童在父母双方或者一方不履行抚养义务，承担抚养费情形下，只能通过自己的劳动保障生存。但此时其取得的劳动收入与该收入是否能够满足其成长的实际需要并不具有对等性，可能其收入无法同时满足生存及受教育、医疗等费用。保障未成年人教育、医疗等亦为父母抚养义务的组成部分，因此，16 周岁以上未满 18 周岁的子女，虽然以其劳动收入为主要生活来源，但其收入无法满足接受教育、医疗等成长需要时，仍然不能免除父母对其的抚养义务。司法解释将该条件表述为“维持当地一般生活水平”，我们认为，对此表述应当按照子女成长的实际需要进行解释，以“维持当地一般生活水平”作为通常判断标准，适当考虑子女教育费用、医疗费用等实际需要。

父母对成年子女的抚养是有条件的，子女在成年之后，一般情况下应当自力更生，凭借自己的劳动获得收入，不应再依靠父母，但在很多时候子女成年后还不能马上参加工作，也没有收入，不可能独立生活。本解释第41条将《民法典》第1067条规定的“不能独立生活的成年子女”，确定为尚在校接受高中及其以下学历教育，或者丧失、部分丧失劳动能力等非因主观原因而无法维持正常生活的成年子女。有观点认为，子女进入大学后，绝大多数已经年满18岁，属于成年人。由于用工制度、社会福利制度等现实限制，这部分人员通过勤工俭学等方式保障完成学业的费用非常困难，如果没有经济资助，凭借自身力量完成学业是不现实的。司法解释应当立足中国现实状况，从提高国民素质角度考虑，将18周岁以上但仍在接受高等教育且没有主要生活来源的子女，纳入抚养费请求权的主体范围。本解释限定尚未独立生活的成年子女在校就读为接受高中及其以下学历教育，对最高人民法院之前的司法解释有所限缩。多年来，审判实务界已经适用该规定认定子女是否具备独立生活能力，父母是否承担抚养义务。如，人民法院审理的杨某诉杨某新抚养费纠纷案，法院经审理认为，原告杨某现已21岁，按照法律规定属于完全行为能力人。现原告正在高校就读，基本学杂费用、生活费用较高，与其共同生活的母亲王某燕收入较低，需要父亲经济上的支撑，确属客观事实。但是作为成年人，一名当代大学生，应该学会自立自强。根据司法解释规定，“不能独立生活的子女”是指尚在校接受高中及其以下学历教育，或者丧失或未完全丧失劳动能力等非因主观原因而无法维持正常生活的成年子女。应当看到，随着社会的进步和变化，子女教育费的需求已越来越大。在我国国情下，子女年满18周岁，虽已成人，但尚在各类高校就读，一时无法工作，无法自己养活自己的情况将会愈加普遍。这时家长只要还有负担能力，就应该继续负担必要的生活费和教育费，让孩子完成学业。这应是一个较硬性的规定。但如果父母确实没有给付能力，孩子又已经年满18周岁，子女要求父母必须给付自己上大学的费用是不合理的，因为这不是父母的法定义务。当然，已经成年的子女，也完全可以通过助学教育贷款、勤工俭学等方式接受大学教育，努力完成学业。本案中被告杨某新已无法律上的法定抚养教育义务，也就是在原告杨某已年满18周岁或在接受高中以上学历教育的情况下，可以不再支付原告杨某的抚育费用。综上，判决驳回原告杨某的诉讼请求。虽然上述判决正确适用了司法解释的相关规定，但必须看到在我国国情下，年满18周岁尚在各类高校就读的子女，无法自己养活自己的情况具有普遍性。从有利于家庭成员之间关系和睦及社会和谐稳定，子女健康成长的角度考虑，案件受理法院应对此类案件加大调解力度，尽量促使具有负担能力的父母分担子女部分教育费用。

二、准确把握本条规定确定的义务主体范围及权利行使条件

本条规定将义务主体范围确定为不履行抚养义务的父母双方或者一方，即父母双方均为子女抚养义务的主体，不履行抚养义务，承担子女抚养费用，即可成为抚养费支付义务责任主体。《民法典》第1067条的规定相对比较原则，本条规定将《民法典》规定的“父母”解释为“父母双方或者一方”，并未超出法律规定的本意，同时也细化了司法解释适用的具体条件。

（一）关于本条规定的父母的范围

本条规定是对夫妻于婚姻关系存续期间对子女抚养费用承担义务的规定，子女主张抚养费获得支持的前提条件是父母在婚姻关系存续期间不履行抚养义务。实际上，父母离婚后，仍应当履行抚养子女的义务。对此，《民法典》第1084条第2款明确规定：“离婚后，父母对于子女仍有抚养、教育、保护的权利和义务。”故虽然本条是关于

父母婚姻关系存续期间不履行抚养子女义务的规定，但符合本条规定的条件子女在父母离婚后请求支付抚养费的，亦同样符合法律规定。特别是未成年子女的抚养费问题一般是在夫妻离婚时或者离婚后的关键问题，对于婚姻存续期间子女抚养费的支付问题过去一段时间有所争议，这也是《民法典》以及司法解释将该问题明确予以规定的原因。

本条规定的父母的范围又该如何确定呢？表面上看似乎不存在难以确定的问题，就是未成年子女或者不能独立生活的成年子女的父母，但是根据《民法典》第1127条规定，父母的法律类型包括生父母、养父母和有扶养关系的继父母。生父母是具有自然血亲关系的亲生父母，养父母和有扶养关系的继父母是具有拟制血亲关系的父母。本条规定的父母范围包括具有自然血亲关系的亲生父母，殆无异议，因为生父母是最主要的父母类型，但是本条规定的范围是否包括养父母和继父母呢？关于养父母，是指养育的别人的孩子的收养人。收养人通过法律规定的方式在其与被收养者之间发生一定的身份契约关系，即收养关系，收养关系将没有血亲关系的人通过法律拟制的方式形成亲子关系，故而收养关系是一种拟制血亲关系。按照《民法典》第1111条规定，自收养关系成立之日起，养父母与养子女之间的权利义务关系，适用本法关于父母子女关系的规定，养子女与生父母以及其他近亲属间的权利义务关系，因收养关系的成立而消除。由此可见，收养关系成立后，养父母在法律上具有与原生父母相同的法律地位，对于养子女当然具有抚养的义务。因而，本条规定的父母的范围当然包括养父母。

关于本条规定的父母范围是否包括继父母，情况则相对复杂，继父母包括继父和继母，是指子女母亲或者父亲再婚的配偶。继父母子女关系与生父母子女关系、养父母子女关系不同的地方在于，后者均适用《民法典》关于父母子女权利义务关系的规定，而前者则不能一概而论。现实生活中，如果继父母子女关系形成时，继子女已经成年或者仍然由生父母抚养并未与继父母共同生活，那么此种情况下继父母子女关系只是一种名义上的直系姻亲关系，并没有父母子女间的权利义务关系，因而继父母没有抚养义务；也有情况是，继子女随其生父或者生母与继母或者继父共同生活，继父或者继母承担了继子女的部分或者全部抚养义务，对于家庭稳定以及子女成长付出了较大的贡献，如果不承认继父母与其抚养教育的继子女之间具有父母子女关系，则不符合家庭关系的一般伦理和当事人之间的心理认同。故而《民法典》以及本解释均强调只有在继父母与受其抚养教育的继子女之间才产生父母子女的权利义务关系，如果双方已经办理了收养手续，那么双方适用养父母子女关系的有关规定。根据上述分析，如果继父母与继子女之间已经形成了抚养教育关系，则继父母属于本条规定的父母范围，当然如果已经形成了抚养教育关系，那么再发生拒不履行抚养义务的情形也是比较少见的。另外，需要强调的是，随着科学技术的进步，实践中还存在“代孕父母”这一种类型，代孕行为在我国属于违法行为，但在国外一些国家代孕属合法行为，对于代孕父母是否具有法律上的父母地位，代孕父母与子女之间是否具有一定的权利义务关系，理论及实践中都还需要进一步探索。

（二）关于父母是否履行抚养义务的判断标准

父母是否履行抚养义务的判断标准，就是父母双方或者一方是否实际以其收益承担子女抚养费用，一般并不需考虑夫妻双方是否分居。关于何为“拒不履行抚养子女义务”，实践中比较多见的情形是父母虽然还处于婚姻关系存续期间，由于家庭矛盾、生活方式、厌烦照料等原因，其中一方虽然有正常的收入，但是对于孩子不管不顾，在具备抚养能力的情况下仍然拒不履行抚养义务，“玩消失”“当空气人”“当甩手掌柜”，不与未成年子女或不能独立生活的子女共同生活，也不支付抚养费用。这种行为不但违背了作为父母的基本社会责任，同时也违反了《民法典》《未成年人保护法》等法律规定的父母所负有的抚养义务。父母的此种义务是无条件的，是必须承担的义务。当然，实践中父母双方均不履行抚养义务的情形也是有的，如有的夫妻在未成年子女出生后即将子女寄养在祖父母或者外祖父母家，夫妻二人却不履行抚养义务。未成年子女的祖父母或者外祖父母往往由于疼惜孩子，也只能承担起照看孩子的责任，但对于此种情形无可奈何。实际上此种情形不但是违法行为，甚至有可能构成遗弃犯罪。如江苏如东县有一对夫妻，2016 年二人因生活琐事发生矛盾，先后离家出走，与家人失去联络，孩子一直由身患疾病的祖父母进行照料，二人长时间不履行对孩子抚养义务，严重影响了孩子的身心健康及正常的生活、学习。检察机关以二人涉嫌遗弃罪向法院提起公诉，法院经审理后认为二人将负有抚养义务而没有独立生活能力的幼儿遗弃给老人，长期不履行抚养义务，情节恶劣，其行为已经构成遗弃罪，最终判处二人有期徒刑各一年。上述该二人构成遗弃罪的行为不但是法院确认的犯罪行为，同时也构成二人拒不履行抚养义务的证据，未成年子女可以据此提起民事诉讼追索抚养费。

《民法典》及本解释的规定即明确了未成年子女或者不能独立生活的成年子女所享有的主张抚养费的权利，明确了父母对于未成年子女或者不能独立生活的成年子女不仅是法律确定的强制义务，同时也是子女的必须实现的权利。从这个角度讲，本条规定重申了《民法典》作为权利法的法律属性。另外，当下中国的抚养教育模式发生了巨大变化，特别是对于未成年人而言，家庭教育在未成年人教育抚养过程中发挥的作用日益凸显。与此同时，关于未成年人教育过程中的陪伴、接送、辅导作业等生活任务也更加繁重，父母双方对于上述事务发生争执的事情也多有发生，许多父母对于未成年人教育过程中的分工、协作不能达成一致，有的父母可能由于工作业务繁忙而无力陪伴，有的父母可能由于对于孩子缺乏耐心而不愿陪伴，那么，对于在孩子教育成长过程中拒不负担上述义务的行为是否构成本解释规定的“拒不履行抚养义务”呢？我们认为，抚养、教育未成年子女是父母的法定义务，除为他们的生活、学习提供生活费、教育费、医疗费等物质方面的抚养义务外，在孩子成长教育过程中对未成年子女进行适当的陪伴、关爱也是父母所应尽的义务的一部分。本条规定的目的主要是明确未成年子女或者不能独立生活的成年子女请求支付抚养费的权利，父母双方或者一方已经支付抚养费，但未履行陪伴、照料等义务，当然可以认定父母未完全尽到抚养、教育义务，但是未成年子女并不能据此向父母双方或者一方追索抚养费。可以确认的是，父母的上述行为是缺乏家庭责任感的行为，不利于营造良好的家庭环境，对于未成年子女的成长也是不利的。

三、准确认定抚养费范围

本解释第42条规定："民法典第一千零六十七条所称'抚养费'，包括子女生活费、教育费、医疗费等费用。"上述规定是认定抚养费范围的依据。从文字表述上看，上述规定系开放性规定，即采用列举和概括性的文字表述，将抚养费范围规定得较为灵活，具体对子女抚养费范围的确定，可由案件受理法院依照法律规定，从保护子女利益角度出发，并结合子女主张的抚养费数额、子女的实际需要、父母双方的负担能力和当地的实际生活水平进行认定。如某父亲为躲债抛妻弃子，外出期间一直不尽抚养子女义务，母亲独自难以支撑家庭负担，读小学五年级的儿子将父亲告上法庭，要求父亲支付抚养费。法院审理查明，2015年8月起，父亲李某为躲债外出后一直没有与家里联系，也没有承担儿子的生活、学习等费用。母亲陈某独自带着儿子租房居住，靠微薄的打工收入无法维持儿子生活和上学等日常开支，而李某对母子俩的生活不管不问，导致母子二人生活举步维艰。法院认为，婚姻关系存续期间，父母双方或者一方拒不履行抚养子女义务，未成年子女或者不能独立生活的子女请求支付抚养费的，人民法院应予支持。因被告与原告法定代理人陈某现仍为夫妻关系，双方都有抚养子女的权利和义务，对于抚养费的给付不宜直接判决支付到18周岁止。综合考虑后，根据实际，酌定被告李某每月给付儿子抚育费700元。

【审判实践中应注意的问题】

一、抚养费是否可以追索并受诉讼时效的限制

抚养费具有可给付性，未成年子女或不能独立生活的成年子女当然可就其提起诉讼请求。

父母对子女的抚养义务从子女出生时起，至子女成年时止。此期间，被父母抚养的权利是一种持续性权利，不应适用诉讼时效。父母双方或者一方不履行抚养义务，因抚养义务的持续性，受抚养子女的抚养费请求权亦不应受诉讼时效的限制。司法实践中，有些法院认为，既然抚养费请求权为一种法定债权，债权即应受到诉讼时效的限制，并在抚养费案件审理中，采纳上述观点对案件作出判决。另一观点认为，如果追索抚养费不受诉讼时效的限制，可能会导致大量抚养费纠纷案件诉至法院，客观上不利于家庭和睦和社会稳定，不宜就此作出规定。本条在修订时考虑到审判实践中对此问题意见不统一的实际情况，删除了子女抚养费不受诉讼时效限制的规定。2017 年通过的《民法总则》（已失效）第 196 条第 3 项规定，请求支付抚养费、赡养费或者扶养费的请求权不适用诉讼时效的规定。《民法典》第 196 条保留重申了上述关于抚养费请求权不适用诉讼时效的规定。因此，关于子女追索抚养费是否适用诉讼时效的规定这一问题在《民法典》上已有定论，即不适用诉讼时效的规定。

二、子女是否可以请求变更抚养费

从保障子女健康成长的角度来看，被抚养子女生活必需费用，除了生活费、教育费外，还包括医疗费、保险费、特殊情况下的特别费用等。就社会发展的现实状况看，当今孩子的生活、教育、医疗等费用开支已经成为多数家庭中的一项重大支出，甚至占据整个家庭总收入相当高的比例。由于孩子的成长和教育是一个长期的过程，法院判决书已经确定的抚养费用数额难以和社会经济的发展，人们生活、消

费水平的增长速度相适应，无法满足被抚养子女的实际需求，导致被抚养子女生活水平下降，生活、教育受到影响。因此，按照夫妻对子女抚养法定义务的本质含义，应当允许子女在父母承担的抚养费不能保障其实际成长或生活需要时，请求变更抚养费。对此，在本解释第58条体现了这样的原则，此处不再赘述。

三、关于子女主张抚养费诉讼主体的确定

根据《民法典》第1067条以及本条规定，在父母不履行抚养费的情况下，未成年子女或者不能独立生活的成年子女，享有要求父母给付抚养费的权利，因而主张抚养费的主体是子女一方。实践中，部分未成年子女的监护人对此存在误解，在父母一方拒不履行抚养义务的情况下，另一方或者监护人往往以自己的名义作为原告起诉对方支付抚养费。这种做法是错误的，未成年子女或者不能独立生活的成年子女才是主张抚养费的适格主体，而与其共同生活的父母一方或者监护人作为法定代理人可以代理子女参加诉讼。虽然都是诉讼参与人，但是二者的诉讼地位是不同的，诉讼实践中必须注意，否则会因为诉讼主体不适格而被裁定驳回起诉。

四、被撤销监护资格的父母是否负有支付抚养费的义务

父母一般是未成年子女的监护人，负有包括抚养、教育、保护未成年子女的义务，同时亦享有法定代理权、管理财产权等监护权利，父母对于未成年人的支付抚养费义务只是其诸多义务之一。根据《民法典》第37条规定，依法负担被监护人抚养费、赡养费、扶养费的父母、子女、配偶等，被人民法院撤销监护人资格后，应当继续履行负担的义务。因此，被撤销监护资格的父母只是被撤销与其监护资格有关的与未成年人共同生活、教育、保护等权利，但对于其支付抚养费的义务，则应当继续履行，并不因监护人资格被撤销而消灭。

五、父母双方均拒不履行抚养子女义务的，未成年子女主张权利的途径

实践中父母双方均拒不履行抚养子女义务的情形比较少见，我国一些地区的留守儿童的抚养问题就涉及此类情况。这些留守儿童的父母将子女留给年迈的老人照顾，子女缺乏充分的物质和精神照料，对于子女的健康成长极为不利。那么这些留守儿童应当如何主张自己的权利呢？留守儿童一般都是未成年人，属于无民事行为能力或者限制民事行为能力人，留守老人的文化程度也往往不高，在没有其他监护人的情况下，由留守儿童或者老人向人民法院提起诉讼基本上不可能实现。对此，可以参照2014年最高人民法院、最高人民检察院、公安部、民政部联合发布的《关于依法处理监护人侵害未成年人权益行为若干问题的意见》的有关精神，积极探索由妇联组织、未成年人保护组织等机构直接作为原告代未成年人提起诉讼的模式，督促未成年人父母履行抚养义务，解决父母不履行监护职责的现实问题。

第四十四条 离婚案件涉及未成年子女抚养的，对不满两周岁的子女，按照民法典第一千零八十四条第三款规定的原则处理。母亲有下列情形之一，父亲请求直接抚养的，人民法院应予支持：

（一）患有久治不愈的传染性疾病或者其他严重疾病，子女不宜与其共同生活；

（二）有抚养条件不尽抚养义务，而父亲要求子女随其生活；

（三）因其他原因，子女确不宜随母亲生活。

【条文主旨】

本条是关于确定不满两周岁子女抚养人的规定。

【条文理解】

一、本条规定的修订过程及来源

父母离婚后，父母对于子女仍然具有抚养、教育和保护的权利义务，本条规定主要解决离婚后对于两周岁以下子女的抚养问题。《婚姻法》第36条第3款规定，离婚后，哺乳期内的子女，以随哺乳的母亲抚养为原则。这应当是本条规定的雏形，但是规定非常原则和笼统。1993年《离婚案件子女抚养问题的意见》第1条明确规定，对于离婚案件，两周岁以下的子女，一般随母亲生活。《民法典》颁布时，对上述规定进行了吸收和修改。《民法典》第1084条规定，离婚后，不满两周岁的子女，以由母亲直接抚养为原则。相较之后，《民法典》更精细、准确和具有可操作性，将“哺乳期”这个有一定模糊性和弹性的概念明确为“不满两周岁的子女”，在立法技术上是一大进步。本条规定前半句采用引致性条款的立法技术，避免了司法解释在解释法律时所带来的不确定性，有利于准确适用法律，避免歧义。本条规定后半句是本条的核心内容，规定了两周岁以下子女排除适用母亲直接抚养原则的情形。无论是《婚姻法》第36条的规定，还是《民法典》第1084条第3款的规定，对于哺乳期内的子女或者不满两周岁的子女，均只是规定了由母亲抚养为一般原则，除此之外则没有任何规定。实践中很多情况是，对于哺乳期或者两周岁以下的子女，强行由母亲直接抚养明显不利于子女成长，有违儿童最大利益原则。囿于法律及司法解释的规定，许多案件在判决子女不归母亲抚养时缺乏相应的规定，给法官及当事人带来不少困扰。1993年《离婚案件子女抚养问题的意见》第1条除确立了两周岁以下子女由母亲抚养的原则外，更重要的是明确了两周岁以下子女随父亲生活的情形。本次清理过程中，本条规定充分吸收了《婚姻法》《离婚案件子女抚养问题的意见》比较成熟的规定，将内容转化为《民法典》配套司法解释规定，规定最大化保障两周岁以下儿童的利益。

二、本条规定体现的儿童最大利益原则

儿童是家庭的纽带，儿童最大利益原则贯穿于《民法典》，这充分体现了《民法典》的伦理色彩以及人文情怀。无论是婚姻关系存续期间还是父母离婚后，无论是婚生子女还是非婚生子女，无论是亲生子女还是养子女，都是《民法典》的规范对象，子女特别是儿童的权益都受到《民法典》的保护。其中，父母离婚对于儿童成长、生活的影响是巨大的，《民法典》非常注重父母离婚情况下对于儿童权益的保护。《民法典》虽然没有明确界定儿童最大利益原则的定义及其内容，但是儿童最大利益原则作为民法人文精神的闪光彰显着人类对于保护儿童的共同认知。《民法典》第1084条第3款中规定的“已满两周岁的子女，父母双方对抚养问题协议不成的，由人民法院根据双方的具体情况，按照最有利于未成年子女的原则判决”内容即出现了“最有利于未成年子女的原则”，从法律解释的角度来讲，不满两周

岁的子女，以“由母亲直接抚养为原则”是“最有利于未成年子女原则”的具体体现，二者的本质目的是相同的，只是所处语境的不同而导致表述的不同。自我国加入《儿童权利公约》后，儿童最大利益原则已逐步形成本土化的发展趋势，尤其体现在我国婚姻家庭法律的立法和司法实践中。[①]

所谓“儿童最大利益原则”，最早由1959年《儿童权利宣言》确认为保护儿童权利的一项国际性指导原则，此后在相关国际公约中又多次得到重申，1989年《儿童权利公约》发展并重新建构了《世界人权宣言》中的相关原则，特别是其中的保护儿童最大利益原则得到了国际社会的普遍认同。该公约第3条第1款最为典型地反映了儿童最大利益原则，其核心是要尊重儿童作为权利的个体以及儿童利益必须高于成人社会之上。虽然儿童最大利益原则在标准、具体适用中都存在模糊以及很大的不确定性，甚至和其他权利相比还会导致一定的权利冲突以及文化观念冲突，但不可否认的是，儿童最大利益原则在国际上以及国内获得越来越多的认同。

结合本条规定来讲，父母离婚虽然不会影响父母与子女之间的关系，但是由于父母解除婚姻关系不可避免要影响到对子女的抚养，子女由双方抚养会变成由其中一方抚养或者双方轮流抚养，如果法律不加以安排，未成年子女的权益尤其是儿童的权益将难以得到保障。

三、离婚后不满两周岁子女由母亲直接抚养的原则

父母与子女之间的关系并不会因为父母离婚而有所改变，之所以在立法及司法解释上要规定离婚后子女的直接抚养原则，是因为父母婚姻关系变化后，双方不在一起共同生活，导致子女的抚养方式从父母双方共同直接抚养而变更为由父母一方直接抚养或者双方轮流直接抚养。由于我国人口政策的影响以及生育观念的变化，很多家庭只有一个孩子，夫妻离婚时争夺抚养子女的纠纷非常多。子女抚养问题一

① 参见林晶：《论儿童最大利益原则适用的误区》，载《甘肃社会科学》2011年第3期。

般都是离婚协议中非常重要的一个方面，子女跟谁一起生活甚至成为双方协议离婚能否达成的一个前提条件，也涉及双方财产如何分割以及债务如何承担等问题。本条规定引自《民法典》第1084条第3款规定，不满两周岁的子女，以由母亲直接抚养为原则，是从有利于保护未成年人权益、保障子女合法权益的原则出发，有利于子女身心健康，结合父母双方的抚养能力和抚养条件，结合审判实践等具体情况，以离婚后的子女直接抚养问题作出的具体规定。有利于子女身心健康、保障子女的合法权益、儿童利益最大化的原则，是贯穿于《民法典》的基本原则，也是处理离婚后子女直接抚养归属问题的出发点，在此前提下，再结合父母双方的抚养能力和抚养条件等具体情况妥善解决。[①]不满两周岁的子女，从子女出生之日至其两周岁生日的前一天，在父母离婚时一般应当由母亲直接抚养，其原因在于两周岁以下的子女多数还在哺乳期，这个阶段的孩子由母亲直接以母乳抚养更为有利，也更能给予孩子体贴和照顾。母乳喂养对于婴儿能够提供足够的营养、免疫力，促进婴儿身体发育以及促进母亲产后恢复以及增进亲子感情都有很大的好处，故而对于两周岁以下以母乳抚养的子女，原则上在父母离婚时都应当由母亲抚养。这与之前司法解释对于哺乳期内的子女一般随母亲生活的原则也是一致的。但之所以确定以两周岁为界限，也是有一定考量的。从母亲哺乳的生理特点来看，据有关调查，国内大部分宝宝的母乳喂养时间是半岁至一岁之间，城市的母乳喂养时间一般都是8到12个月，农村时间在1岁半左右。

在我国关于女职工保护的法律实践中，一般认定法定哺乳期为1年，经医疗部门证明，可将哺乳期酌情延长。根据上述因素考虑，虽然哺乳期是一个比较弹性的概念，但实践中一般认为哺乳期为1年左右。在国际上，世界卫生组织宣称母乳喂养可以降低儿童的死亡率，其对健康的益处可以影响到成人期，推荐应坚持母乳喂养到2岁或更长。我国在立法及司法实践中将两周岁确定为母亲直接抚养的优先考

① 黄薇主编：《中华人民共和国民法典释义》，法律出版社2020年版，第2056页。

虑期间，与母亲、孩子的生理、心理特点、成长规律以及国际上的推荐意见相吻合，最大程度上有利于保护母亲和儿童的合法权益，是比较妥当和受到认可的。

四、不满两周岁子女由父亲直接抚养的情形

实践中两周岁以下子女由母亲直接抚养的原则并非一成不变，本次司法解释清理过程中完全继承了之前司法解释的规定，仅作了文字调整。本条规定了三种可以由父亲直接抚养两周岁以下子女的情形：

（一）母亲患有久治不愈的传染性疾病或者其他严重疾病，子女不宜与其共同生活

这里久治不愈的传染性疾病或其他严重疾病判断标准为影响到子女的健康成长。在现实生活中主要表现为两类：一是对子女可能造成侵害的疾病，例如传染性疾病、精神疾病；二是行动不便，无法照料子女起居，例如瘫痪。如母亲仅患有一般性疾病，经治疗短期内可以痊愈，则不在此限。如父母双方均患有久治不愈的传染性疾病或其他严重疾病的，则应选择相对较轻、更有利于子女健康成长的一方直接抚养。[①] 一般认为比较严重的传染性疾病包括鼠疫、霍乱、传染性非典型肺炎、肺结核、麻风病、艾滋病、新型冠状病毒肺炎等，但司法实践中如何判断是否属于久治不愈的传染性疾病和其他严重疾病，子女是否不宜与其共同生活，要经过正规医疗机构的诊断和证明，同时要通过人民法院综合诊断结论、实际生活状况等与子女生活相关的因素综合加以认定。在适用本条规定确定子女由父亲直接抚养时，一方面要注意到母亲是否患有传染性疾病或者其他严重疾病，另一方面也要注意到此种疾病是否久治不愈，是否影响子女与其共同生活，并且要把是否影响子女与其共同生活作为一项实质性判断标准。

---

① 最高人民法院民事审判第一庭编：《民事审判指导与参考（总第69辑）》（2017年第1辑），人民法院出版社2017年版，第75页。

（二）母亲有抚养条件不尽抚养义务，而父亲要求子女随其共同生活

母亲不尽抚养义务主要是指母亲具备相应的物质条件和照料能力，但没有从物质上、生活上对子女进行养育和照顾，如不负担子女的生活费、教育费和医疗费等。如在某案例中，费某某因家务琐事与丈夫刘某某发生矛盾，将不到三个月的女儿留在家中，自己回娘家居住长达一年半之久，有抚养条件而未尽抚养义务，导致女儿不能正常接受母乳喂养，法院最终支持了孩子父亲刘某某直接抚养的诉讼请求。[①]

（三）因其他原因，子女确不宜随母亲生活

本项规定为兜底条款，因为人性的复杂，实践中对于儿童不利的情形是比较多的。虽然本项规定比较原则和笼统，似乎难以界定何为不宜随母亲生活的具体范围，但是只要把握一点即可，即只要母亲存在对子女不利情形，足以使法官内心确信母亲的过去、现在或者未来的行为有可能影响到子女的健康成长甚至侵害未成年人，那么即可适用本条规定。对此，可以参考 2014 年最高人民法院、最高人民检察院、公安部、民政部联合发布的《关于依法处理监护人侵害未成年人权益行为若干问题的意见》第 1 条列举的监护侵害行为作为认定本条规定的子女不适宜与母亲共同生活的相关情形：本意见所称监护侵害行为，是指父母或者其他监护人（以下简称监护人）性侵害、出卖、遗弃、虐待、暴力伤害未成年人，教唆、利用未成年人实施违法犯罪行为，胁迫、诱骗、利用未成年人乞讨以及不履行监护职责严重危害未成年人身心健康等行为。除此之外，我们认为，对于母亲一方有吸毒、赌博等恶习、严重违法犯罪记录等情形的，也应作为考量子女是否适宜与母亲共同生活的因素。

---

① 参见河南省新乡市中级人民法院（2010）新中民四终字第 307 号民事判决书。

【审判实践中应注意的问题】

一、关于养母是否享有本条规定直接抚养的权利

由母亲抚养两周岁以下的子女是处理离婚时抚养权纠纷的一项基本原则，由前所述，这主要是考虑母亲与子女之间强烈的身体、心理等联系，便于母乳喂养以及母亲一般较为温柔、细心等因素。在确定这些因素的时候，一般我们假定子女是母亲的亲生子女，双方之间具有天然血亲联系，那么母亲如果是养母，双方之间是收养关系，养父母离婚时，母亲能否根据本条规定或者《民法典》的规定主张两周岁以下子女由其直接抚养呢？对这个问题，我们认为可以分为几种情况：一是如果养父母是双方作为收养人共同收养子女，双方与养子女均无直接血缘关系，养父对于两周岁以下子女也没有特殊的亲密联系，那么由养母对于两周岁以下子女直接抚养和一般意义上由具有血缘关系的母亲直接抚养并没有区别，当然应当适用《民法典》和本条规定。二是养母原系子女的继母，根据《民法典》规定，继父或者继母经继子女的生父母同意，可以收养继子女，这种情况下，子女的父亲是其亲生父亲，双方具有血缘关系，养母与其离婚时，虽然母亲在抚养两周岁以下子女具有一定的优势，但是由子女与父亲的关系更为紧密，即使养母主张抚养子女，此种情况下，也应适用本条第3项规定由父亲直接抚养为宜。

二、关于抚养权放弃的问题

有些协议离婚的案件中，父母一方在协议中承诺放弃抚养权，对于此类问题应当如何处理呢？对此，我们认为，放弃抚养权是一种并不规范的说法。根据《民法典》第1058条规定，夫妻双方平等享有对未成年子女抚养的权利，同时承担对未成年子女抚养的义务。第1084条规定，离婚后，父母对于子女仍有抚养、教育、保护的权利和义务。因此，抚养未成年子女既是父母的权利，也是义务，与婚姻

关系是否存续无关。民事主体的权利在一定条件下可以放弃，但是民事主体的义务是不能放弃的，抚养未成年人作为父母的义务即不能放弃。有些离婚协议中出现的放弃抚养权的约定，从字面意义上看是放弃对于子女抚养的权利，但由于抚养子女既是权利也是义务，是不能放弃的，故而这项约定不能产生父母不承担子女抚养义务的效果。因为离婚时涉及子女与夫妻哪一方共同生活的问题，故实践中当事人之间这种约定的真实意思应当解释为放弃直接抚养子女的权利，而非放弃抚养权。《民法典》第1085条规定，离婚后，子女由一方直接抚养的，另一方应当负担部分或者全部抚养费。负担费用的多少和期限的长短，由双方协议；协议不成的，由人民法院判决。因此，离婚后所谓“放弃抚养权”不直接抚养子女的父母，也应履行抚养义务，按照协议约定或者法院判决支付抚养费。

三、父亲未请求直接抚养的如何处理

本条规定在确定两周岁以下子女由父亲直接抚养的情形时，存在一个限定性条件即“父亲请求直接抚养的”。那么，在母亲具备本条规定的情形时，父亲如果未请求直接抚养，应当如何确定子女的直接抚养问题呢？对此，我们认为，本条规定的三种情形属于母亲与子女共同生活有碍未成年子女身心健康成长的情形，如果父亲未明确主张抚养子女，从儿童最大利益原则出发，人民法院可以依法向当事人释明相关情况，多做调解工作，在父亲具备抚养条件的情况下，尽量由父亲直接抚养；如父亲亦不具备直接抚养条件，可以依照《民法典》及本条规定依法确定，并将相关情况告知当事人及其亲属，由当事人作出妥善安排，尽力将对于子女成长造成的不利因素降到最低。

第四十五条 父母双方协议不满两周岁子女由父亲直接抚养，并对子女健康成长无不利影响的，人民法院应予支持。

【条文主旨】

本条是关于人民法院在父母双方达成协议的情况下认定不满两周岁子女抚养权归属问题的规定。

【条文理解】

一、条文演变情况

1993年出台的《离婚案件子女抚养问题的意见》第2条规定："父母双方协议两周岁以下子女随父方生活，并对子女健康成长无不利影响的，可予准许"；2001年《婚姻法》修改时并未吸收此条内容，仅规定"离婚后，哺乳期内的子女，以随哺乳的母亲抚养为原则"；《民法典》第1084条第3款规定："离婚后，不满两周岁的子女，以由母亲直接抚养为原则"，明确划出"两周岁"这个界限，改变了"哺乳期"的规定。哺乳期是医学上对于自婴儿出生后需要由母乳哺育的一段时间的称谓。由于种族、民族、个人身体状况、所处环境及婴儿的实际需求和发育状况的不同，很难确定一个统一遵循的哺乳期，在现实生活中，还有许多孩子出生后是不用母乳喂养的。对于这种存在一定随意性、不确定性的期限，法律只能规定这种期限内的权利义务，但很难规定其长短。《民法典》划出了"两周岁"这个界限，相较于"哺乳期"的规定，"两周岁"更加明确、具体、容易判断。本条规定吸收了《离婚案件子女抚养问题的意见》和《民法典》中的内容，贯彻《民法典》关于最大程度保护未成年子女利益、保护未成年子女健康成长的基本精神，规定“父母双方协议不满两周岁子女由父亲直接抚养，并对子女健康成长无不利影响的，人民法院应予支持”。本条规定将《离婚案件子女抚养问题的意见》中“随父方生活”相对口语化的表达调整为“由父亲直接抚养”的法律术语，条文表达更加准确、明晰；从“可予准许”到“应予支持”的变化，强化了对当事人意思自治的尊重。

二、严格把握由父亲直接抚养的限定条件

不满两周岁的子女，以母亲直接抚养为原则。一般认为，母亲在生育、哺乳方面的天然条件决定了母亲比父亲在婴儿生长和发展过程中付出更多的时间和精力，对婴儿照顾更加精心，不满两周岁的子女由于年龄幼小和母亲更具天然的依恋关系，对母亲的生理依赖性更强。研究表明，0~6周岁的孩子在儿童心理发展期上属于“婴幼儿期”，[①] 情感上更需要母亲持续性的“爱和照顾”。有心理学家指出，在大约6岁之前，未成年子女极大地依靠母爱供养自己，向自己提供基本发展条件。[②] 也正因如此，在子女抚养问题产生纠纷时，不满两周岁的子女以母亲直接抚养为原则。但这只是原则性规定，并非绝对。如果父母双方协议不满两周岁子女由父亲直接抚养，并对子女健康成长无不利影响，也可以由父亲直接抚养。本条规定中，由父亲直接抚养不满两周岁子女需要满足两个限定性条件：（1）父母双方就子女抚养问题达成协议；（2）对子女健康成长无不利影响。采用并列的表述形式，意味着二者需同时满足，缺一不可。也即子女抚养权的确定在父母协商一致的基础上，还需要符合未成年子女的利益，人民法院从有利于子女健康成长的视角来审查抚养协议的效力。具体而言：

一是父母双方就子女抚养问题达成协议。本条规定不仅确立了裁判规则，同时也提供了行为指引：为了避免因离婚而在子女抚养问

① 苏彦捷：《发展心理学》，中国政法大学出版社1999年版，第298页。

② ［美］詹姆斯·O.卢格：《人生发展心理学》，陈德民等译，学林出版社1996年版，第356页。

题上产生纠纷，鼓励、引导父母双方在离婚协议中对子女的抚养问题进行具体约定，以抚养协议的形式，明确子女的抚养权、抚养费（数额、支付方式、抚养费的变更）、子女的探望权（探视的时间、地点、方式）等内容。支持父母协商决定主要是基于以下考虑：第一，父母最为熟悉家庭的基本情况、子女的生活状况等，最为了解子女由谁直接抚养最为有利，本着“父母之爱子，则为之计深远”的人之常情，对于子女的抚养问题达成一致意见，有利于最大限度保护被抚养人的利益。第二，父母心平气和地协议解决子女的抚养问题，有利于避免家庭矛盾扩大化，在损害最小的范围内就抚养问题达成一致意见，可以避免家庭矛盾冲突的激化和其他消极影响，有利于子女的身心健康。第三，双方自愿达成协议，是在意思表示一致基础上达成的合意，更有利于抚养协议内容的顺利执行，能够有效减少在抚养权、抚养费、探望权等问题上的矛盾纠纷，在相对和谐的环境中保障子女的健康成长。需要指出的是，在涉及子女抚养权归属问题时，达成抚养协议的主体虽然是父母双方，但最终的协议结果与被扶养人的权益密切相关，达成抚养协议时未成年子女的权益也应当得到保障。

父母就子女抚养问题达成协议，在本质上涉及家庭中个体利益与其他家庭成员利益的平衡。在现代社会，许多国家的立法都承认夫妻是独立的个体，夫妻各自独立的权利不能因为婚姻关系而被忽略。但基于婚姻家庭关系强烈的伦理性，家庭中个体的权益要受到一定制约，家庭成员之间的利益平衡是婚姻家庭立法应当着重考虑的。但是基于公平正义和实质平等的要求，需要加强对弱者权益的保护，如某些家庭成员基于年龄、性别、工作技能或身体状况等可能成为婚姻家庭中的弱者，保障家庭中的弱势者，是婚姻家庭法的重要任务。未满两周岁子女基于其年龄、智力、身体状况等处于弱势地位，因此，在家庭成员利益平衡的过程中，更要注重子女权益的保护，父母双方协议两周岁以下子女随父亲生活的，须以对子女健康成长有利为前提。

二是对子女健康成长无不利影响。在确定子女抚养问题时，一般要从“有利于子女身心健康，有利于子女健康成长，保障子女合法权益”的角度出发，结合父母双方的抚养能力和抚养条件等具体情况妥善解决。实践中，对子女健康成长无不利影响的情形可能很难实现完全列举，但可以采取反向排除的方法，总结哪些因素对子女健康成长有不利影响，排除适用本条规定。从子女身心健康出发，下列情形应当纳入考虑范围之内：第一，患有久治不愈的传染性疾病或者其他严重疾病，子女不宜与其共同生活。第二，实施家庭暴力或虐待、遗弃家庭成员的。第三，有赌博、吸毒等恶习的。第四，有其他不利于子女身心健康的违法犯罪记录，不宜与子女共同生活的。从司法实践中看，当父亲患有恶性传染病或其他严重疾病时，可能直接影响到子女的身体健康，难以保障子女健康成长，子女不宜与其共同生活。实施家庭暴力或虐待、遗弃家庭成员的，可能严重侵害未成年子女的人身权利，甚至威胁生命，严重影响子女的正常生活和健康成长。2016年年底，最高人民法院《第八次全国法院民事商事审判工作会议（民事部分）纪要》就明确规定，对离婚案件中发现一方有家暴行为或家暴历史的，一般不会考虑判其直接抚养子女。此外，《民法典》第1098条规定了“收养人无不利于被收养人健康成长的违法犯罪记录”的限制性条件，如果收养人有性侵、虐待、遗弃未成年人等违法犯罪记录，无疑是不适合再收养未成年人的，其保护未成年子女权益的基本原则和精神也值得借鉴和参考。

【审判实践中应注意的问题】

一、父母双方就子女抚养问题达成协议是以民事法律行为理论和制度为学理依据和立法依据的

达成抚养协议应符合民事法律行为的成立要件：一是法律行为主体具有相应的民事权利能力和行为能力。二是行为人意思表示真实。也即行为人内心的效果意思与表示意思一致，不存在认识错误、欺诈、胁迫等外在因素而使得意思表示与效果意思不一致。三是行为内

容合法。行为内容合法表现为不得与法律、行政法规的强制性或禁止性规范相抵触，行为人实施民事行为也不得违背社会公德、损害社会公共利益。

抚养协议的成立，需要父母双方对不满两周岁子女由父亲直接抚养的意思表示一致，如果行为人欠缺民事行为能力或并非基于真实意思表示，或协议内容违反法律的强制性规定和公序良俗的要求，则不符合本条之规定。例如，协议中以“是否再婚”作为能否抚养子女的条件，该种情形下，没有考虑到由哪方抚养子女更有利于其健康成长的实际情况，限制了应该抚养子女一方的再婚自由，这是违背法律规定的。因此，司法介入时，需要以“对子女健康成长无不利影响”为主要判断标准，结合民事法律行为的成立要件，对抚养协议的合法性和合理性进行审查，决定能否适用本条规定。

二、对两周岁以下子女抚养权的归属需要进行综合判断

在司法实践中，当父母双方对未成年子女抚养问题发生争议时，法院应当进行调解，尽可能争取当事人以协议方式解决，在当事人双方自愿、合法的前提下，协商决定。如不能达成协议或达成的协议不利于子女健康成长的，由人民法院根据子女的权益和双方的具体情况判决。虽然绝大多数情况下，父母之间的协议会以子女利益为重，但也不能排除存在父母协议损害子女利益的情况。“子女利益最大化原则”是司法介入亲子关系的恰当路径，也是处理未成年子女抚养问题的基本准则。1989 年联合国大会通过的《儿童权利公约》正式确定了儿童最佳利益原则。该公约第 3 条第 1 款规定：“关于儿童的一切行动，不论是由公私社会福利机构、法院、行政当局或立法机构执行，均应以儿童的最大利益为一种首要考虑。”儿童最大利益原则确立了儿童作为独立个体的权利主体地位。为了保障实现儿童的全面发展，该原则要求立法、司法、行政机关或其他社会机构不仅要考虑儿童的利益，而且要优先考虑他们的最大利益，体现了儿童权利立法保护的价值取向，也为在实践中解决儿童权益问题提供了法律原则。我国

是《儿童权利公约》的签约国，司法审判活动应当贯彻公约的上述精神。可以说，在审理涉及亲子关系的婚姻家庭案件中，未成年子女利益最大化原则已成为人民法院平衡各方当事人利益时不能忽略的一个原则。[①]

司法实践中，尽管父母达成了子女抚养协议，但如果存在不利于子女健康成长的因素，便不符合本条规定。也即是说，抚养协议不是确定子女抚养权的唯一依据，法官需要以“有利于子女的身心健康、保障子女的合法权益”作为前提和出发点，再结合各方的抚养条件、抚养能力综合考虑，妥善处理未成年子女抚养权的归属问题。具体而言，需充分考虑子女能够得到照顾、子女本身的健康状况、子女生活环境、教育环境、父母的收入情况等因素。裁判者在平衡父母双方权利与子女权利的基础上，需要审查抚养协议是否对子女健康成长存在不利影响，在坚持子女利益最大化原则的前提下作出裁判。

三、理性看待两周岁以下子女“母亲直接抚养原则”的例外[②]

依现行法律规定，两周岁以下的子女，原则上由母亲抚养。但也有观点指出，离婚时，法官更多地将未成年子女监护权判决给母亲直接行使，这是传统的性别与家庭角色观念的复制，是对女性活动局限于家庭观念的维护。[③]在国外，一些学者和法官已经对这种偏见提出了挑战。美国许多法院和评论员认为，在涉及未成年子女案件中支持母亲监护子女的偏好违背了《美国第十四号修正案》的平等保护。[④]离婚后主要由母方直接行使未成年子女的监护权，往往会影响离婚单身母亲的就业、求职及其经济收入的增加，导致离婚单身母亲贫困化，并间接影响其抚养的未成年子女生活水平的下降，一定程度上影

---

① 参见最高人民法院民事审判第一庭编著：《最高人民法院婚姻法司法解释（三）理解与适用》，人民法院出版社 2015 年版，第 59 页。

②③ 参见最高人民法院民事审判第一庭编：《婚姻家庭案件审判指导》，法律出版社 2018 年版，第 409 页。

④ 陈苇、冉启玉：《公共政策中的社会性别——〈婚姻法〉的社会性别分析及其立法完善》，载《甘肃政法学院学报》2005 年第 1 期。

响到子女的健康成长。因此，在父母双方基于真实意思表示，自愿达成两周岁以下子女由父亲直接抚养的协议，且对子女健康成长无不利影响的，应当充分尊重当事人意思自治，依“保护未成年子女最大利益原则”，支持两周岁以下子女由父亲直接抚养。

第四十六条[①]　**对已满两周岁的未成年子女，父母均要求直接抚养，一方有下列情形之一的，可予优先考虑：**

（一）已做绝育手术或者因其他原因丧失生育能力；

（二）子女随其生活时间较长，改变生活环境对子女健康成长明显不利；

（三）无其他子女，而另一方有其他子女；

（四）子女随其生活，对子女成长有利，而另一方患有久治不愈的传染性疾病或者其他严重疾病，或者有其他不利于子女身心健康的情形，不宜与子女共同生活。

【条文主旨】

本条是对人民法院在父母双方均要求直接抚养两周岁以上子女时，关于抚养子女优先条件的规定。

① 《民法典婚姻家庭编解释（二）》第 14 条就离婚时父母均要求直接抚养已满 2 周岁的未成年子女时，确定优先由另一方直接抚养的情形作出了规定。在离婚纠纷确定子女由哪一方直接抚养时，最基本和重要的原则应当是最有利于未成年子女原则。离婚诉讼中，父母双方均要求直接抚养已满 2 周岁的未成年子女的，除需要考虑《民法典婚姻家庭编解释（一）》第 46 条和第 47 条规定的有利因素外，还需要考虑双方是否存在影响子女身心健康的不利因素，即《民法典婚姻家庭编解释（二）》第 14 条的规定。《民法典婚姻家庭编解释（二）》第 14 条规定："离婚诉讼中，父母均要求直接抚养已满两周岁的未成年子女，一方有下列情形之一的，人民法院应当按照最有利于未成年子女的原则，优先考虑由另一方直接抚养：（一）实施家庭暴力或者虐待、遗弃家庭成员；（二）有赌博、吸毒等恶习；（三）重婚、与他人同居或者其他严重违反夫妻忠实义务情形；（四）抢夺、藏匿未成年子女且另一方不存在本条第一项或者第二项等严重侵害未成年子女合法权益情形；（五）其他不利于未成年子女身心健康的情形。"——编者注

【条文理解】

一、条文演变情况

1993 年出台的《离婚案件子女抚养问题的意见》第 3 条规定：对两周岁以上未成年的子女，父方和母方均要求随其生活，一方有下列情形之一的，可予优先考虑：（1）已做绝育手术或者因其他原因丧失生育能力的；（2）子女随其生活时间较长，改变生活环境对子女健康成长明显不利的；（3）无其他子女，而另一方有其他子女的；（4）子女随其生活，对子女成长有利，而另一方患有久治不愈的传染性疾病或者其他严重疾病，或者有其他不利于子女身心健康的情形，不宜与子女共同生活的。

2001 年《婚姻法》修改时并未吸收此条内容，仅规定："哺乳期后的子女，如双方因抚养问题发生争执不能达成协议时，由人民法院根据子女的权益和双方的具体情况判决。"《民法典》第 1084 条第 3 款规定："已满两周岁的子女，父母双方对抚养问题协议不成的，由人民法院根据双方的具体情况，按照最有利于未成年子女的原则判决。子女满八周岁的，应当尊重其真实意愿。"本条规定吸收了《民法典》和《离婚案件子女抚养问题的意见》中的内容，在条文表述上进行了适当调整，将《离婚案件子女抚养问题的意见》中"两周岁以上"的表述修改为"已满两周岁的"，将"父方和母方均要求随其生活"修改为"父母均要求直接抚养"，条文表述更加明确、具体，与《民法典》中的表述保持一致。

二、可予优先考虑的具体情形分析

对于两周岁以上未成年子女的抚养，首先支持由父母双方协商达成抚养协议。《民法典》及本解释均支持父母双方在离婚时通过协议约定子女抚养权的归属。但若协商不成，父母均要求直接抚养，则由人民法院根据子女的权益和双方的具体情况作出判决或裁定。本着对未成年子女利益最大化的考量,《民法典》中规定了“最有利于未成年子女的原则”,推动了未成年子女抚养的关注焦点从“谁有权担任直接抚养人”转变为“由谁担任直接抚养人对子女最为有利”。[①]法院在对子女抚养权归属作出裁判时,不可避免地要涉及对父母双方具体情况的比较和综合考量,在一些特定情形下会优先考虑子女由某一方直接抚养。本条就是对抚养子女优先条件的具体规定,此种优先条件指的是父母本人的条件,只有父母本人具有这样的条件,才具有优先抚养权。

第一,已做绝育手术或者因其他原因丧失生育能力。鉴于孕育子女目前还是我国多数家庭的重要职能之一,绝大多数夫妻期望能够生育自己的孩子,享受天伦之乐。当夫妻双方有一方已做绝育手术或者因其他原因丧失生育能力,意味着结果是不可逆的,以后不能再孕育其他子女,将终身失去抚养子女的机会和乐趣。基于此,也有学者认为这一规定体现了对生育权的保护(生育权,是指公民依法通过两性自然或人工授精受孕、怀胎、分娩以及无性生殖的方法,繁衍养育后代的权利)。[②]相较于仍有生育能力的另一方,丧失生育能力的一方对现有子女的依赖程度更为强烈。当然也有观点认为,这一规定是从“父母本位”出发,并非基于未成年人最大利益原则展开,其实质要素与未成年人最大利益的实现也并无实质关系。[③]但从另一个角度来看,父母爱子女是本能,父母有义务为未成年人的健康成长作出合理的安排,丧失生育能力的父母正是由于不能再孕育其他子女,一般会尽可能地将全部的关爱、照顾和呵护给予现有子女,为子女健康成长提供有利的环境和条件,在其能力范围之内最大限度关爱、照顾、保护子女,在一定程度上也体现了对子女的合法权益的保护。

---

① 参见马忆南:《让“未成年人利益优先”真正落地生根》,载《中国民政》2019年第10期。

② 参见陈金林:《刑法意义上的“人”的起点——多维度的综合分析》,载《政治与法律》2015年第3期;最高人民法院民事审判第一庭编著:《最高人民法院婚姻法司法解释(三)理解与适用》,人民法院出版社2015年版,第28页。

③ 参见朱晓峰:《抚养纠纷中未成年人最大利益原则的评估准则》,载《法律科学(西北政法大学学报)》2020年第6期。

第二，子女随其生活时间较长，改变生活环境对子女健康成长明显不利。这一规定旨在保障子女生活环境的稳定性，如果子女跟随一方生活已经成为一种习惯，并且对子女以后的成长没有不利影响的，应尽量保持其生活环境的稳定和连续，能够使未成年人在充满关爱的熟悉环境中健康成长，有助于保护未成年人的利益。这一优先条件包括两个要素：一是子女随其生活时间较长，究竟较长应指多长，应由司法人员具体掌握，一般可以掌握在3年以上。[①]二是改变生活环境对子女健康成长明显不利。这种不利，应是明显不利，而不是一般不利。例如，子女已经接受了该方的生活环境，难以适应对方的生活环境；另一方生活状况、条件明显恶劣；该方当地的教育条件明显优于对方等。这两个因素同时具备的，该方享有优先抚养权。只具备其中一个因素的，不享有优先抚养权。

第三，无其他子女，而另一方有其他子女。这一规定主要是以父母双方是否有其他子女作为优先考虑的条件。一方无其他子女，而另一方有其他子女的，没有其他子女的一方有优先抚养权。其他子女，包括亲生子女、继子女、养子女。另一方有其他子女，包括有上述子女之一，例如，该方除争执抚养的子女外，另有一与前妻所生的子女。一方无其他子女，包括上述子女都没有，如果有一养子女，也不享有优先抚养权。有一种观点认为，有其他子女和无其他子女，要以子女是否在身边共同生活作为判断标准。事实上，对于有子女和无子女的解释，不应以此作为限制条件。对于无子女的一方，如果指没有在身边共同生活的子女，显然与司法解释的原义不符，应当指无任何其他子女。同样，另一方有子女，也是指在身边共同生活和不在身边共同生活的子女，都一并包括在内。因此，本项中的其他子女，无论是否与一方共同生活，均可成立优先抚养条件，并非单指已在身边共同生活的子女。本项优先抚养条件的内容，实际上是没有其他任何子女的一方，与有其他任何子女的一方相比，有优先抚养子女的权利。

---

① 杨立新：《杨立新民法讲义（婚姻家庭法）》，人民法院出版社2009年版，第330页。

当然，也有论者指出，据此规定，法院主要依据父母双方的具体情况判决子女由哪一方直接抚养，而未首先考虑未成年子女的利益，故仍体现了以“父母为本位”的思想。[①] 基于此，有论者主张确立子女在亲子关系中与父母平等的主体地位和权利意识，树立“子女本位”的立法思想，以子女最大利益作为指导离婚亲子关系的基本准则，并将其贯彻于婚姻法的整个体系、具体法律制度甚至是法律术语中，将“子女最大利益”置于“父母法律权利”之上，使子女的权利和利益真正成为父母的责任和义务，而不是父母在离婚之后争夺的标的或相互伤害的工具。[②] 需要指出的是，在《民法典》确立“最有利于未成年子女的原则”之后，尽管这一规定是从父母本身出发的，但应该被赋予新的内涵，其出发点不再是“谁有权担任直接抚养人”，而应当是“由谁担任直接抚养人对子女最为有利”，相应地，应更加强调直接抚养人的责任，也即直接抚养人必须恪尽职守，履行职责，确保子女利益最大化，在直接抚养人能力范围之内最大限度获得抚养、照顾、教育和保护，使其生理、心理等方面都能达到最佳状态，保障子女在家庭生活中健康成长。

第四，子女随其生活，对子女成长有利，而另一方患有久治不愈的传染性疾病或者其他严重疾病，或者有其他不利于子女身心健康的情形，不宜与子女共同生活。对子女生活有利的条件，包括生活条件、教育条件、居住条件以及父母一方的品行修养、知识层次、身体健康状况等。但是，仅仅具备子女随其生活对成长有利的这些条件，尚不足以享有优先抚养的权利，还必须同时具备另一方特定的不利条件，才构成本项优先抚养条件。具体而言，一方抚养条件对抚养子女有利，而另一方具备两种特定的不利因素之一的，对抚养子女有利的一方有优先抚养权。

一是患有久治不愈的传染疾病或其他严重疾病。久治不愈的传染

① 参见陈苇、王鹍：《澳大利亚儿童权益保护立法评介及其对我国立法的启示——以家庭法和子女抚养（评估）法为研究对象》，载《甘肃政法学院学报》2007 年第 3 期。

② 参见李润红：《儿童权利保护的“最大利益原则”与我国的婚姻家庭法》，载《云南大学学报（法学版）》2009 年第 4 期。

病如肺结核、慢性肝炎等，子女若随其生活，容易染上这类疾病，影响子女的健康。但必须严格掌握条件，即“久治不愈”。其他严重疾病，是指癌症、瘫痪、精神病等不具有抚养子女的能力的疾病。二是有其他不利于子女身心健康的情形。从司法实践看，当父母一方具有家庭暴力或者虐待、遗弃家庭成员，以及有赌博、吸毒等恶习的，对未成年子女健康成长明显不利。为此，2016年底，最高人民法院《第八次全国法院民事商事审判工作会议（民事部分）纪要》就明确规定，对离婚案件中发现一方有家暴行为或家暴历史的，一般不会考虑判其直接抚养子女。此外，《民法典》第1098条规定了“收养人无不利于被收养人健康成长的违法犯罪记录”的限制性条件，如果收养人有性侵、虐待、遗弃未成年人等违法犯罪记录，无疑是不适合再收养未成年人的，其保护未成年子女权益的基本原则和精神也值得借鉴和参考：如果另一方有性侵、虐待、遗弃未成年人等违法犯罪记录，无疑是不利于子女健康成长的，子女不宜由其直接抚养。

【审判实践中应注意的问题】

1. 离婚后，子女随哪一方生活，不仅直接关系子女的权益，也是离婚诉讼中争执较多且难以解决的焦点问题。离婚时处理子女抚养问题，必须从有利于子女身心健康的原则出发，把维护子女利益放在首位，再结合父母双方的抚养能力和抚养条件，妥善解决。适用本条应遵循以下规则：当父母双方对抚养未成年子女发生争议时，法院应当进行调解，尽可能争取当事人以协议方式解决。在当事人双方自愿、合法的前提下，协商决定：未成年子女由父方抚养，或随母方生活，或者在有利于保护子女利益的前提下，由父母双方轮流抚养，对上述几种抚养方式的解决，法院都是可以准许的。法律充分尊重父母的意愿，在不影响子女成长的前提下可由父母协商；如双方因抚养问题发生争执，不能达成协议时，法院应以保护子女合法权益为前提，处理具体问题时应当考虑父母双方的思想品质、生活作风、文化素质、经济条件、家庭环境等因素，作出有利于子女身心健康的抚养权归属裁决。

对于父母双方均要求子女由其直接抚养的，判决时，一方有下列情形之一的，可予优先考虑：（1）已做绝育手术或因其他原因丧失生育能力的。（2）子女随其生活时间较长，改变生活环境对子女健康成长明显不利的。（3）一方无其他子女，而另一方有其他子女的。（4）子女随其生活，对子女成长有利，而另一方患有久治不愈的传染性疾病或其他严重疾病，或者有其他不利于子女身心健康的情形，不宜与子女共同生活的。需要指出的是，本条中的"优先考虑"并不是应当或必须，也并非只要出现这几种情形之一，直接抚养权就一定归属于某一方，仍然要结合其他情况综合考虑，坚持最有利于未成年子女的原则，以促进未成年子女健康成长，保障子女的合法权益为前提和出发点进行裁判。

2. 认定抚养子女的优先条件需要作通盘考虑。例如，有一种观点认为，子女在离婚诉讼中实际随哪一方共同生活，子女就应判决归哪一方直接抚养。持这种观点的人认为，一是擅自改变子女的生长环境会对子女造成不利的影响，二是若判归不实际控制子女的一方进行抚养，会造成执行上的困难。实践中，持这种观点的人不在少数，甚至存在法院出于减少执行上困难的考虑，而将子女判归实际控制的一方抚养的情形。此种观点是不恰当的。本条规定包含两个适用条件：一是子女随其生活时间较长；二是改变生活环境会产生明显不利。以"明显不利"作为强调，而此处的"明显不利"的事实，根据我国证据规则应由主张一方进行举证。若忽视这两个适用条件，而直接认定改变生活环境会对子女的成长不利，从而判归子女归控制方直接抚养是没有法律依据的。从社会效果上来看，若法院将子女随其共同生活作为单一的判决标准，可能会向社会发出一个误导的信号，让人们错误地认为，把子女"抢到手"或者"藏起来"满足随其共同生活条件就能获得子女的抚养权。父母离婚，受伤害最大的是子女，法院认定抚养子女的优先条件时仍要结合父母双方的具体条件进行通盘考虑，避免产生父母在离婚时藏匿、争夺子女的情形。

第四十七条　父母抚养子女的条件基本相同，双方均要求直接抚养子女，但子女单独随祖父母或者外祖父母共同生活多年，且祖父母或者外祖父母要求并且有能力帮助子女照顾孙子女或者外孙子女的，可以作为父或者母直接抚养子女的优先条件予以考虑。

【条文主旨】

本条是关于夫妻双方离婚确定子女直接抚养权时，祖父母或外祖父母对孙子女或外孙子女的照顾情况可以作为优先条件予以考虑的规定。

【条文理解】

本条源于1993年颁布的《离婚案件子女抚养问题的意见》第4条规定："父方与母方抚养子女的条件基本相同，双方均要求子女与其共同生活，但子女单独随祖父母或外祖父母共同生活多年，且祖父母或外祖父母要求并且有能力帮助子女照顾孙子女或外孙子女的，可作为子女随父或母生活的优先条件予以考虑。"2001年《婚姻法》及《民法典》均未吸收此内容，本条仅对文字部分进行修改，与《民法典》中的表述保持一致。

本条规定了夫妻双方离婚后子女抚养权的相关问题，在父母抚养子女的条件基本相同，且均要求直接抚养子女时，在孩子随祖父母或外祖父母共同生活多年，祖父母或外祖父母有稳定的收入，有能力给孩子提供稳定的生活居住条件和良好的教育环境，孩子又依赖祖父母或外祖父母时，祖父母或外祖父母可以作为父或母直接抚养子女的优先条件予以考虑。

在我国，祖父母、外祖父母参与子女的抚养问题是长期存在的一种生活习惯，有的祖父母、外祖父母甚至主要承担了孙子女、外孙子女的监护任务。在大多数人的观念中，子女不仅仅是夫妻之间的子女，更是联系整个家庭、家族的纽带。因此，在父母离婚均要求抚养子女的情况下，祖父母、外祖父母介入，关于子女抚养权的归属，要在祖父母、父母、子女之间找到法律规定的平衡点，这也是司法实践中经常遇到的问题。

一、抚养义务人是父母

父母对未成年人的抚养教育子是无条件的，在任何情况下都不能免除。《宪法》第49条明确规定，父母有抚养教育未成年子女的义务。《民法典》第26条第1款也规定："父母对未成年子女负有抚养、教育和保护的义务。"按照此规定，抚养教育既是父母应尽的义务，又是子女应当享有的权利。既然是法定义务，父母就应当积极履行此项义务。即使父母已经离婚，对未成年的子女也仍应依法履行抚养的义务。

《民法典》第1084条第1款、第2款规定："父母与子女的关系，不因父母离婚而消除。离婚后，子女无论由父或母直接抚养，仍是父母双方的子女。离婚后，父母对于子女仍有抚养、教育、保护的权利和义务。"1999年颁布的《预防未成年人犯罪法》第21条也规定："未成年人的父母离异的，离异双方对子女都有教育的义务，任何一方都不得因离异而不履行教育子女的义务。"这是离婚后父母子女身份关系、抚养教育义务在法律上的界定。夫妻关系和父母子女关系是两种不同性质的关系。夫妻关系是男女两性基于自愿而结成的婚姻关系，可依法律程序而成立，亦可依法律行为而消除。而父母子女关系是基于出生事实而形成的自然血亲关系，不能人为解除。[①]离婚不解除父母子女的关系，离婚解除的仅仅是夫妻关系，离婚后，无论子女是由父亲还是母亲抚养，仍然是父母双方的子女，父母子女之间的权

① 黄薇主编：《中华人民共和国民法典婚姻家庭编释义》，法律出版社2020年版，第160页。

利义务规定不能因父母离婚而受到影响，但子女抚养方式发生变化，即由父母双方共同抚养子女变成由父母一方与子女共同生活，承担直接抚养责任。

本条规定的不是父母本人的优先条件，而是祖父母、外祖父母的作为优先条件予以考虑的情形，祖父母、外祖父母并不是争夺抚养子女的主体，无权就争执的抚养问题作出决断，因此，本条根据实际生活的需要，对子女的祖父母、外祖父母的条件作适当的限制，作为父母的优先抚养条件来对待，即相对的优先抚养条件。相对的优先抚养条件不必然具备排斥他方抚养子女的效力。当一方当事人享有优先抚养权是基于相对优先抚养条件发生的时候，法院判决，不能将子女判由其祖父母或外祖父母抚养，因为其父母在，其祖父母、外祖父母尚不发生抚养孙子女、外孙子女的权利义务；只能将子女判由具有优先抚养权的一方抚养。因为父母才具有第一位的抚养的权利和义务。[①]因此，夫妻双方离婚后子女的抚养义务人仍是父母。即便孩子与祖父母或外祖父母共同生活，抚养义务人也不是祖父母或外祖父母。在男女双方离婚后，子女随一方共同生活的条件下，应当亲自行使抚养教育子女的权利与义务，祖父母或外祖父母对小孩的抚养教育，仅是帮忙性质的扶助，绝不能替代父母任何一方对子女的抚养与教育。

二、最有利于未成年子女的原则

最有利于未成年子女的原则始见于1989年联合国《儿童权利公约》第3条规定："关于儿童的一切行动，不论是由公私社会福利机构、法院、行政当局或立法机构执行，均应以儿童的最大利益为一种首要考虑。"后来被各国立法和学说所接受，逐渐成为定位父母子女关系的基本原则之一，我国立法虽然没有明确采用此项规则，但在相关法律及解释中也能够找到这项原则的具体体现，从未成年子女利益最大化角度对父母的抚养提出了要求。例如，《民法典》第1084条明

① 杨立新:《杨立新民法讲义（婚姻家庭法）》，人民法院出版社2009年版，第329~332页。

确了在处理抚养关系时要坚持最有利于未成年子女的利益为原则，该条指出：离婚后，不满两周岁的子女，以由母亲直接抚养为原则。已满两周岁的子女，父母双方对抚养问题协议不能的，由人民法院根据双方的具体情况，按照最有利于未成年子女的原则判决。该规定是儿童最大利益的本土化表达，立足中国国情，体现了司法对未成年人的人文关怀，促进未成年人健康成长，也顺应了国际社会未成年人保护的发展趋势。

未成年子女利益最大化，是指使未成年子女的物质利益及精神利益得到最大限度的实现。其中，未成年子女的精神利益包括父母对子女在情感上的呵护、生活上的照料及精神上的教育及时间上的陪伴。[①]家庭是未成年人出生后的第一所启蒙学校，父母是未成年子女的第一任老师，未成年子女所受到的最初教育就是父母的教育。父母是子女最好的老师，子女在行为社会化的过程中，也是子女德、智、体、美、劳全面发展的时期，会模仿、学习家人的是非观、道德观或者价值观，用以作为自己的行为准则或者价值判断。因此，父母对未成年子女的影响是长久而深远的，父母应该“树立优良家风、弘扬传统美德”，帮助未成年子女养成良好的品质和行为习惯。未成年子女作为无民事行为能力人或限制行为能力人，身心发展不够成熟，尤其是离异家庭子女，心理更加敏感脆弱，父母离婚极容易在其心理和性格成长上造成长久的负面影响，甚至影响其一生的发展。

对于未成年人来说，特别是婴幼儿，健康成长所需的最重要的条件，不是优越的物质条件，而是一个良好的成长环境。婴幼儿初到人世，生活无法自理，需要完全依赖抚养者。和抚养者形成依恋，是其在心理上产生安全感的必要条件。如果离婚前夫妻双方长期处于分居生活状态，子女跟随一方生活已经成为一种习惯，已经适应现有的生活环境、生活条件和现正接受的教育，在其生活环境、生活条件没有发生重大恶化的情况下，维持其现有生活的稳定性和连续性，对其健

① 最高人民法院司法案例研究院编：《民法典新规则案例适用》，中国法制出版社 2020 年版，第 367 页。

康成长最为有利。

在我国，一般而言，祖父母、外祖父母对于自己的孙子女、外孙子女都疼爱有加，所谓“隔代亲”即指此义。无论是基于对孙子女、外孙子女的疼爱，还是基于对自己子女情感的延续，祖父母、外祖父母一般都愿意承担起抚养孙子女、外孙子女的责任。[①] 祖父母或外祖父母帮忙性质的抚养，不同于父母对子女的直接抚养，但祖父母、外祖父母对子女的态度，也能对子女的生活产生较大影响。祖父母或外祖父母喜欢并且愿意协助照顾该子女，不仅可以使其享受生活上的便利，而且能够使未成年人在充满关爱的熟悉环境中健康成长，享受来自长辈的温暖和关怀，有利于其身心健康，有助于保护未成年人的利益。

三、尊重未成年子女的意愿

联合国《儿童权利公约》规定了对儿童自主意识的尊重，其第 12 条第 1 款规定，缔约国应确保有主见能力的儿童有权对影响到其本人的一切事项自由发表自己的意见，对儿童的意见应按照其年龄和成熟程度给以适当的看待。《未成年人保护法》(2012 年修正)落实了《儿童权利公约》的这一原则。《未成年人保护法》(2020 年修订)第 19 条规定:“父母或者其他监护人应当根据未成年人的年龄和智力发展状况，在作出与未成年人权益有关的决定时告知其本人，并听取他们的意见。”未成年人抚养权的确定，与其自身权益密切相关，在实践中确定由谁来抚养子女，更应当尊重子女的真实意愿，以更有利于未成年人的健康成长。[②]

从未成年子女权益保护的角度出发，在司法实践中，就应当从传统的“夫妻本位”的思想转变为“子女本位”的思想，因此，要追求

① 石宏主编:《中华人民共和国民法典立法精解》，中国检察院出版社 2020 年版，第 1479 页。

② 黄薇主编:《中华人民共和国民法典婚姻家庭编释义》，法律出版社 2020 年版，第 164 页。

未成年子女的最大利益，就必须注意到未成年人的需要，将未成年人视为独立的个体，尊重未成年子女的真实意愿，维护未成年子女对家庭、亲情的需要，这是具有决定性意义的因素。《民法典》第1084条在《婚姻法》规定的基础上，为最大程度维护未成年子女的利益，保护未成年子女的健康成长，也给予了未成年子女选择其抚养人的权利。即“子女已满八周岁的，应当尊重其真实意愿”。真实意愿实质是未成年子女依据其与父母、祖父母或外祖父母之间真实的、感性的认知作出的意思表示。虽然未成年子女心智尚未成熟，思想单纯，缺乏足够的辨别能力和意思表示能力，容易受到外界因素的干扰和影响，但也正是基于这一点，其对外界的感受是最为真实的、感性的。如果未成年子女能够准确地表达其自身真实想法，在实践中可以作为法官判断是否有利于其健康成长的重要考量，这也是实现未成年人利益最大化的有效途径之一。

在实践中，不乏父母为争夺抚养权，通过逼迫子女或物质允诺等不利于子女健康成长的方式，迫使子女的真实意愿被包裹，法官如何进行征询就显得至关重要。对子女真实意愿的探究，法官应当从倾听者变为明晰者，探知未成年子女的真实意愿。若是能够认为子女达到了判断的年龄且具备理性的分析能力时，法院在决定或者变更子女的监护人时，应当根据子女的愿望进行考量。若是不能认定未成年子女有无判断能力时，可以根据未成年子女的年龄及成熟度、偏好父母或外祖父母一方的原因等因素考虑，也可以通过法院依职权调查或者社会观察员走访调查等方式，切实深入了解未成年子女的生活环境及条件，作为判断未成年人的真实意愿的参考依据。若是发现可能存在利诱、施加影响的情况，法官更应该深入分析客观情况，排除父母的主观因素，以帮助子女形成正确的观点，作出理性的、更有利于自身健康发展的抉择。当然，如果子女的选择对他们的成长不利，法官也可以作出另外的判决。

四、有能力帮助子女照顾孙子女或者外孙子女的认定标准

认定祖父母或外祖父母是否有能力帮助子女照顾孙子女或外孙子女，要从是否满足未成年子女健康成长的物质基础和精神基础两个方面综合评判。子女健康成长的物质基础是指在物质上、经济上、生活上对子女的日常照料，包括子女的生活费、教育费、医疗费的负担和日常生活的照料。子女健康成长的精神基础是指在思想、品德、学业等方面对子女的全面培养和管理教育。物质和精神的双重抚养，才能让子女得到良好的教育，树立正确的人生观、价值观。《未成年人保护法》第16条规定，未成年人的父母或者其他监护人应当关注未成年人的生理、心理状况和情感需求，……引导未成年人进行有益身心健康的活动。第17条规定，未成年人的父母或者其他监护人不得放任或唆使未成年人吸烟、饮酒、赌博、流浪、沉迷网络等行为。祖父母、外祖父母照顾未成年子女的，要养而教，为未成年子女的健康成长营造良好的家庭环境。良好的家庭环境能够培养子女积极自信的心态、良好的文化素质和兴趣爱好；反之，生活在一个不良的家庭环境中，青少年则有可能误入歧途，甚至走上犯罪的道路。[①]

第一，要考虑祖父母或外祖父母的生理状态（包括年龄、健康状态等）以及是否有固定的住所、稳定的经济收入。要确保祖父母或外祖父母能够有足够的精力、时间、财力为未成年子女创造良好的生活、教育条件，以保证未成年子女不会处于无人照料或者照料不周的状态，这是最基本的生活条件。如果祖父母、外祖父母自身缺乏经济来源或因年迈、疾病等原因无抚养能力，则对未成年人成长不利。

第二，要考虑祖父母或外祖父母的心理状态（包括有无精神疾病等）、教育程度、行为习惯（如有无赌博、吸毒及虐待子女等不良行为）等条件。《未成年人保护法》第5条规定："国家、社会、学校和家庭应当对未成年人进行理想教育、道德教育、科学教育、文化教

---

① 倪金龙主编：《农村婚姻家庭纠纷审理指引》，人民法院出版社2014年版，第73页。

育、法治教育、国家安全教育、健康教育、劳动教育，加强爱国主义、集体主义和中国特色社会主义的教育，培养爱祖国、爱人民、爱劳动、爱科学、爱社会主义的公德，抵制资本主义、封建主义和其他腐朽思想的侵蚀，引导未成年人树立和践行社会主义核心价值观。”祖父母或外祖父母良好的精神状态、教育程度、行为习惯，能够在思想、知识、品德等方面，采取正确的方法，关心并指导、培养未成年子女，以保障其身心健康发展，增强自我保护和自我约束意识。

【审判实践中应注意的问题】

一、在符合本条规定的情形出现时，是否必然以满足优先条件为由进行裁判

在实践中，满足上述条件时并不必然以该条款作为优先条件予以考虑，应当综合考虑其他因素。

1. 同时满足本解释第46条规定的四种条件：（1）已做绝育手术或者因其他原因丧失生育能力；（2）子女随其生活时间较长，改变生活环境对子女健康成长明显不利；（3）无其他子女，而另一方有其他子女；（4）子女随其生活，对子女成长有利，而另一方患有久治不愈的传染性疾病或者其他严重疾病，或者其他不利于子女身心健康的情形，不宜与子女共同生活。在同时满足第46条和本条规定的情况时，要结合父母双方具体情况进行比较和综合考量。

2. 根据《第八次全国法院民事商事审判工作会议（民事部分）纪要》的精神，实施家庭暴力的父母一方不宜直接抚养子女。当家庭暴力发生时，未成年子女受到的不仅仅是皮肉痛苦，还会陷入极不安全和冲突的心理状态中，使其自信心、自尊心受到极大的打击，甚至会学习、模仿其人生观、价值观和行为举止。因此，即便满足本条的条件，在涉及家庭暴力的离婚案件中，人民法院在判决确定子女直接抚养权归属时，应当将有利于未成年子女的健康成长即子女利益最大化

作为原则。

3. 只要不是对未成年子女明显不利，仍可以作为优先条件予以考虑。这里的“明显不利”是指对未成年子女有虐待行为、犯罪行为的，父或母有赌博、吸毒、酗酒行为的，人民法院认为的对该未成年子女有明显不利的其他行为的。一旦出现明显不利的行为，即便满足本条规定的条件，也应当从保护未成年子女健康成长的角度进行裁判。

二、是否以经济条件作为绝对优先的标准

审判实务中，也常常会出现父母双方之间经济条件差距过大的情况。父母双方的经济条件是一个较为重要的因素，收入高仅是作为考虑子女抚养问题的其中一个条件，但不是决定性条件。幼儿在成长过程中，物质条件并非最重要的，在物质条件能满足其基本生存需要后，幼儿对家庭温暖和亲情关爱的情感需求，远远超过对物质条件的需求。根据最有利于未成年子女的原则，从有利于子女身心健康，保障子女的合法权益的角度出发，首先应当考虑的是抚养者能否提供足够抚养未成年子女的基本经济能力，而不是哪一方能提供更多的物质财富条件。因此，不应当以经济条件优势作为绝对优势。

第四十八条 在有利于保护子女利益的前提下，父母双方协议轮流直接抚养子女的，人民法院应予支持。

【条文主旨】

本条是关于父母双方协议轮流直接抚养子女的规定。

【条文理解】

本条源自《离婚案件子女抚养问题的意见》第6条的规定："在有利于保护子女利益的前提下，父母双方协议轮流抚养子女的，可予准许。"父母双方轮流抚养制度在司法实践中仍具有重要的现实意义和价值，本条予以保留。另外，考虑到父母双方协议轮流抚养子女的，无论直接抚养一方或是非直接抚养一方，均平等享有抚养子女的权利和义务，为规范表述，本条将"协议轮流抚养子女"调整为"协议轮流直接抚养子女"；将"可予准许"调整为"人民法院应予支持"。

一、夫妻双方协议轮流抚养子女制度的产生

（一）理论基础

1. 亲权。亲权是一项规范父母子女之间权利义务关系的制度，以教养保护未成年子女为中心之职能。亲权包括对未成年子女身份上和财产上的权利及义务。主要包括：（1）父母保护、教养未成年子女的权利义务。（2）父母对未成年子女的惩戒权。即必要的时候，在法律允许范围内，父母可以适当惩戒其子女。（3）居所指定权。未成年人应当与父母共同生活，或在亲权人指定的处所居住。但经父母同意的，不在此限。（4）法定代理权。父母是其未成年子女的法定代理人，有权代理子女为法律允许的法律行为。（5）对未成年子女财产的

管理权。未成年子女因继承、赠与或者其他途径取得的财产，是未成年人的个人财产。未成年人的个人财产，由其父母共同管理。父母对未成年子女的财产有使用、收益的权利，但非为未成年子女利益，不得处分未成年人的财产。根据《民法典》相关规定，父母有教育、保护未成年子女的权利和义务。父母与子女间的关系，不因父母离婚而消除。离婚后，子女无论由父或母直接抚养，仍是父母双方的子女，父母对于子女仍有抚养、教育、保护的权利和义务。

2. 最有利于未成年子女利益原则。又称“儿童最大利益原则”“未成年子女最佳利益”原则，是指社会组织或与未成年子女利益相关的人在进行涉及未成年子女利益问题立法、处理未成年子女相关事务时，都应该坚持未成年子女利益最大化、最优化原则，把实现未成年子女最大利益作为首要考虑因素。1989 年联合国通过的《儿童权利公约》规定，所有关系到儿童的事务，均应该做到以儿童的最大利益为首要考虑因素。在《儿童权利公约》生效后不久，我国全国人大常委会就批准加入了该公约。受该原则的影响，在我国有关法律规范中均可以看出国家对儿童的生存、发展、权利保护的重视。

离婚的结果之一是未成年子女不能与父母双方同时生活，涉及抚养权分配问题，此时应充分考虑未成年子女的利益，按照未成年子女最佳利益原则进行抚养权分配。《民法典》第 1084 条第 3 款明确规定了“按照最有利于未成年子女的原则”处理抚养纠纷。《民法典》第 27 条、第 35 条规定，父母作为未成年子女的监护人应当按照最有利于被监护人的原则履行监护职责。《民法典》的相关规定，顺应了儿童权利保护和人权运动的国际发展趋势，系《儿童权利公约》中“儿童利益最大化”原则在我国立法上的体现。立法对未成年子女利益的强调，也应在监护及抚养案件的司法实践中予以重视。在抚养权案件中，子女利益最佳原则，要求包括两个方面：一是将未成年子女作为独立的权利主体，充分尊重其对自身权益相关的意愿表达权；二是将未成年子女利益作为抚养权归属首要的考虑，家庭利益和父母利益不能置于子女利益之上，以实现对未成年子女利益最大化保护。审判实践中，人民法院在审理离婚案件中子女的抚养归属问题时，应始终从有利于子女的身心健康、保护子女的合法权益出发。

（二）现实基础

离婚虽然不能消除父母与子女之间的关系，但父母对子女的抚养方式却会因离婚而发生变化，即由父母双方共同抚养子女变成由父或者母一方直接抚养子女。实践中，离婚时“争养”或“推养”子女抚养的纠纷比较多。有的夫或妻把子女当成“命根子”，非要直接抚养子女不可，并以此作为离婚的前提条件；有的则把直接抚养子女作为“包袱”或再婚的障碍，都不愿抚养，由此而闹得你死我活，甚至出现有的当事人把子女丢在法院或留在双方的单位、有关组织暂时代养等情况。[①] 这严重影响了法院的审理工作，并影响子女的健康成长，而轮流抚养制度在一定程度上为此提供了法律保障。

1. 有益于保障子女的身心健康和物质生活。家庭教育对于未成年的成长十分重要，完整的父爱和母爱有助于未成年人形成良好的世界观、人生观、价值观。单亲抚养模式割裂了未成年与父母其中一方的紧密联系，使其不能得到完整的父爱和母爱，不利于其身心健康。采用协议轮流抚养子女方式，能够保障子女与父母双方的接触，使子女得到相对完整的父爱和母爱，最大限度地减少因父母离婚对子女的伤害，提高抚养的质量，有利于子女在身体、智力、情感等方面得到健康发展，以适应现代社会的要求。

2. 保护双方当事人抚养子女权。一般情况下，父母都希望子女在自己的关爱下成长，在单亲抚养模式下，未成年子女仅与直接抚养一方有着密切的联系，离婚父母双方都希望子女抚养权归于自己名下，因此司法实践中经常出现因争夺抚养权而引发的纠纷，这种纠纷往往伴随着争吵、互相指责甚至恶意中伤，不仅会疏远离婚父母双方的关系，还可能影响到未成年子女对于父母的评价。在单方抚养情况下，这些问题很难得到切实或统筹解决。相对而言，由于轮流抚养相对平

---

① 黄薇主编：《中华人民共和国民法典释义及适用指南（下）》，法律出版社 2020 年版，第 1637 页。

衡了双方的权利和义务，不仅使离婚双方的权利得到应有的维护，义务得到有效的履行，而且在子女的物质生活、医疗保健和受教育的权益得到切实保障的同时，也使他们的身心健康得到保障。

3. 减少矛盾，有利于社会稳定。目前人民法院受理的离婚案件中，较大比例的案件涉及离婚后的子女抚养问题。例如，司法实践中常常出现一方不给付抚养费或者给付的抚养费不足以维持子女的教育费、生活费、医疗费等情况；另外，《民法典》婚姻家庭编虽规定了离婚后非直接抚养一方的探视权，但受传统观念的影响，探视权的行使往往会受到另一方的阻挠。轮流抚养可以实现未成年子女和父母双方亲密接触，又能满足父母双方对抚养权的需求，即通过轮流行使抚养权的方式能够有效缓解二者之间紧张关系，有助于消除抚养权争夺纠纷。离婚双方如能就子女抚养问题达成轮流抚养协议，并自觉履行，则可大幅减少当事人之间为争养子女产生的种种矛盾，从而有利于保护双方当事人及其子女的合法权益，甚至可避免、减少因争养子女而对有关单位、部门正常生产秩序、工作秩序、教学管理秩序的不良影响，有利于社会稳定。

二、夫妻双方协议轮流抚养子女的条件

（一）由夫妻双方协议确定

轮流抚养协议本质是双方意思表示一致，法律不应给予过多干涉。这是区别于一方直接抚养的重要标志。一方直接抚养，既可以由双方当事人约定，也可以由法院判决确定；轮流抚养的方式，我国目前仅允许双方协议约定。这主要是因为轮流抚养的适用较一方抚养要复杂得多，具有多重不确定因素，不同性别、年龄、家庭环境、经济状况等是子女对父或母的需求是不同的，需要双方当事人协调、配合。轮流协议的内容一般包括轮流抚养的具体方式、轮流抚养的周期、地点及时间安排、探望权、抚养费的负担、一方出现特殊情况，不能按约定时间抚养的情况处理及争议的处理方式等。轮流抚养协议应从有利于子女健康成长出发，由父母双方自愿达成，在此人民法院

应扮演消极批准者的角色。

（二）子女的年龄范围

子女年龄在两周岁以上，8周岁以下的，夫妻双方原则上可直接协议轮流抚养。对于不满两周岁的，以及已满8周岁的子女，根据《民法典》第1084条规定，离婚后，不满两周岁的子女，以由母亲直接抚养为原则。已满两周岁的子女，父母双方对抚养问题协议不成的，由人民法院根据双方的具体情况，按照最有利于未成年子女的原则判决。子女已满8周岁的，应当尊重其真实意愿。因此，两周岁以下的幼儿，原则上应由母亲直接抚养；8周岁以上的未成年子女通常都有了一定的辨别能力和判断能力，是否愿意轮流，应征求子女本人意见，由其本人作出选择。

（三）以有利于子女成长为前提

轮流抚养的前提是有利于保护子女利益，若父母一方有暴力倾向，或有吸毒、酗酒等恶习，直接抚养不利于子女身心健康和成长的，则不宜适用轮流抚养制度。本解释第56条规定："具有下列情形之一，父母一方要求变更子女抚养关系的，人民法院应予支持：（一）与子女共同生活的一方因患严重疾病或者因伤残无力继续抚养子女；（二）与子女共同生活的一方不尽抚养义务或有虐待子女行为，或者其与子女共同生活对子女身心健康确有不利影响；（三）已满八周岁的子女，愿随另一方生活，该方又有抚养能力；（四）有其他正当理由需要变更。"据此，在轮流抚养的过程中，也可根据父母双方或子女实际情况的变化，依法变更抚养关系，即若直接抚养一方有上述不利于子女健康成长的情形，另一方请求变更子女抚养关系，要求由其一方直接抚养的，人民法院原则上应予支持。在此应注意，根据本解释第55条规定，离婚后，父母一方要求变更子女抚养关系的，应当另行起诉。

【审判实践中应注意的问题】

抚养权纠纷的主体虽然是父母双方，但最终处理结果与被抚养人的利益密切相关，如何在离婚纠纷、子女抚养纠纷等案件中，切实保障未成年子女的权益、尊重适龄未成年子女的意愿，是审判实践中的重要问题。我们认为，应从保护子女利益最大化的基本原则出发进行审查，确保轮流抚养协议有利于子女的健康成长和保护其合法权益，并且父母双方均具备履行的现实条件。审判实践中应注意以下问题：

一、协议轮流抚养的直接抚养方应以亲自抚养为主

夫妻双方离婚后，直接抚养方对未成年子女的抚养应以亲自抚养为主，因为父母对子女的直接抚养效果是无法替代的。如果直接抚养的一方仅为“名义”上的抚养人，未成年子女实际由祖父母或其他亲属照料，导致抚养权与实际抚养完全分离，将使未成年人实际脱离父母双方的直接监护，在成长过程中将缺少父爱及母爱的呵护。如以下案例：男女双方离婚后，经调解子女夫妻双方轮流抚养，但其后，因男方工作原因，也无法经常回老家看望女方主张属实。反观女方，有稳定的工作和居所，且个人名下有商业店铺，具备抚养子女的经济基础，也已为被抚养人落实在其住所地的学校入学就读。从被抚养人的角度出发，其尚且年幼且已届学龄，处于成长的重要阶段，需要父母倾注更大的精力，在身边悉心照顾，而被抚养人与父母长期分离的状态对被抚养人的生活、学习、心理必然会产生不利影响，显然不利于实现被抚养人的利益最大化，故法院对女方的主张予以支持。

二、协议轮流抚养中抚养期限的确定

抚养期限是父母双方意思自治的结果，当父母协商的周期严重不利于子女的成长和身心健康时，法院应要求父母双方重新协商。抚养期限包括轮流抚养的始期、终期以及每次的轮流周期。一般情况下，父母以在同一市区居住为宜，父母异地居住的，不利于未成年子女的

学习和生活。对于轮流直接抚养时间的长短，双方可以自行约定，可以1个月或数月轮流1次，也可以约定1年或半年轮流1次。我们认为，轮流直接抚养的时间应适度把握，时间过短，频繁变换子女生活环境，不利于子女身心健康；过长，不利于增进子女与父母双方的感情，不符合轮流抚养的初衷。一般情况下，对于学龄前少儿，抚养周期一般至少以1至2个月为宜；子女已入托或入学的，以1学期或1学年为宜，每次可在开学前搬到直接抚养方处生活。双方各自抚养的时间，可以根据实际情况调整，不一定强求一致。在此还应注意，我国目前的户籍制度下，不宜将子女的户口在父母双方间流动，父母双方应约定好将子女户口落在一方户籍内。

三、轮流抚养中抚养费的分担

离婚后的夫妻双方都有平等地负担子女生活费和教育费的经济责任。离婚后，子女由一方直接抚养的，另一方应当负担部分或者全部抚养费。抚养费包括子女生活费、教育费、医疗费等费用。

轮流抚养子女并不意味着在一方直接抚养时，可以免除另一方给付抚养费的义务。在保证子女合法权益不受损害的前提下，双方可以约定一方抚养期间，自行负担抚养费，或由另一方给付一定数额的抚养费；还可以约定在本该一方抚养，由于特殊情况的出现不能抚养而由对方代行抚养之时，依代为抚养时间长短，由一方补偿对方一定抚养费用等。在实践中，一般存在两种方案：一种是父母双方各自在抚养期间承担孩子的生活费、医疗费、教育费；另一种方案是双方按照一定比例共同拿出一部分资金作为孩子的抚养经费。抚养费的负担方式可由双方协议达成，若不能达成合意，可以诉请人民法院介入解决。

四、轮流抚养中非共同生活方行使探望权

我国《民法典》第1086条规定，离婚后，不直接抚养子女的父或者母，有探望子女的权利，另一方有协助的义务。行使探望权利的方式、时间由当事人协议；协议不成的，由人民法院判决。父或者母

探望子女，不利于子女身心健康的，由人民法院依法中止探望；中止的事由消失后，应当恢复探望。法律规定了探望权，就是基于父母和子女之间特定身份关系的亲权延伸，旨在满足非直接抚养子女的父或母一方对子女的关心、抚养、教育的需要，增进子女与非直接抚养之父或母一方的情感沟通和交流。轮流抚养的目的一方面是为保护离婚双方当事人的抚养权，更重要的是保障未成年子女得到相对完整的父爱和母爱。父母双方轮流抚养的情况下，一方直接抚养子女期间，未与子女共同生活的一方具有探望子女的权利，直接抚养方有协助的义务。直接抚养一方，无论从保护未成年子女身心健康的角度，还是从遵循《民法典》诚信原则和探望权的规定，均应配合对方妥善行使探望权，让未成年人感受到来自父母双方的关爱。这也有利于加强父母与子女的感情联系、保持双方轮流抚养的连续性。

探望权的主要内容为直接会面和交往，也包括书信、信息交流、视频、通话等。无论采取何种方式，都要以不影响子女的学习、生活为前提。实践中，一些父或母误以为轮流直接抚养期间子女随其共同生活，就应由其独享亲权，从而拒绝对方探望子女，或者采取一些方法割断对方与子女的往来，这显然违背了《民法典》第 1086 条规定，同时违背了本条的立法初衷。当然，不直接抚养子女的父或母也要依法正确行使探望权。如果父或母行使探望权不仅不利于子女身心健康，甚至会危及子女身心健康的，可以依照《民法典》第 1086 条第 3 款规定中止其探望权的行使。

轮流抚养子女的，双方可将非共同生活一方行使探望权的方式、时间、地点等协议约定。双方应从有利于子女健康成长的角度出发，对探望的时间、探望的方式、探望的地点、探望期间双方对子女的安排等作出协商。本解释第 65 条规定，人民法院作出的生效的离婚判决中未涉及探望权，当事人就探望权问题单独提起诉讼的，人民法院应予受理。据此，当双方无法就有关探望权事宜达成一致时，尤其在直接抚养子女的一方无故拒绝非共同生活的一方探望子女时，享有探望权的一方可依《民事诉讼法》的有关规定向人民法院提起诉讼。

第四十九条 抚养费的数额，可以根据子女的实际需要、父母双方的负担能力和当地的实际生活水平确定。

有固定收入的，抚养费一般可以按其月总收入的百分之二十至三十的比例给付。负担两个以上子女抚养费的，比例可以适当提高，但一般不得超过月总收入的百分之五十。

无固定收入的，抚养费的数额可以依据当年总收入或者同行业平均收入，参照上述比例确定。

有特殊情况的，可以适当提高或者降低上述比例。

【条文主旨】

本条是关于抚养费数额确定方法的规定。

【条文理解】

本条内容源自《离婚案件子女抚养问题的意见》第7条，该条规定："子女抚育费的数额，可根据子女的实际需要、父母双方的负担能力和当地的实际生活水平确定。有固定收入的，抚育费一般可按其月总收入的百分之二十至三十的比例给付。负担两个以上子女抚育费的，比例可适当提高，但一般不得超过月总收入的百分之五十。无固定收入的，抚育费的数额可依据当年总收入或同行业平均收入，参照上述比例确定。有特殊情况的，可适当提高或降低上述比例。"本条以个人收入为基础，分不同情况采取比例法，虽时过境迁，但仍符合审判实际，在司法实践中发挥着重要作用。因此，原条文内容基本予以保留。为同《民法典》相关表述保持一致，在本解释清理过程中，将"抚育费"改为"抚养费"。另将原条文中的"可"和"或"修改为"可以"和"或者"。

一、抚养费的概念与范围

《宪法》第49条明确规定，父母有抚养教育未成年子女的义务。抚养教育义务主要包括进行生活上的照料，保障未成年人接受义务教育，以适当的方式、方法管理和教育未成年人，保护未成年人的人身、财产不受到侵害，促进未成年人的身心健康发展等。抚养子女是父母应尽的义务，《民法典》第1067条规定，父母不履行抚养义务的，未成年子女或者不能独立生活的成年子女，有要求父母给付抚养费的权利。

抚养费有广义和狭义之分，广义上的抚养费泛指父母为了子女的生活、教育等所支出的费用。本条即为狭义上的抚养费，特指父母离婚后，不直接抚养子女一方所支付的生活费等。《民法典》第1085条规定，离婚后，子女由一方直接抚养的，另一方应当负担部分或者全部抚养费。根据本解释第42条规定，这里的抚养费具体来说应当包含生活费、教育费、医疗费等必要的费用。根据《民法典》第1085条的规定，具体给付的数额，由双方协议；协议不成，由人民法院判决。而人民法院对于子女抚养费数额的确定，应当考虑子女的实际需要、父母的经济状况和当地的实际生活水平等因素。①

二、如何理解本条第1款抚养费数额的确定因素

根据本条第1款规定，抚养费的数额，可以根据子女的实际需要、父母双方的负担能力和当地的实际生活水平确定。

（一）子女的实际需要

子女的实际需要是首要考察因素，这既是儿童最大利益原则的体现，亦是保障未成年人的客观要求。子女实际需要是指根据子女实际情况，应能维持其衣、食、住、行、学、医等的正常需求。一方面，抚养义务人应满足子女的正常学习和生活，尽量为其提供良好的物质

① 中国审判理论研究会民事专业委员会编著：《民法典婚姻家庭编条文理解与司法适用》，法律出版社2020年版，第166页。

保障；另一方面，也应和子女实际需求相符，即抚养费的数额应当以正当且必要为限，即使抚养义务人具有较高收入，当子女提出不合理的过高要求时，也可以拒绝，因为这个需要超出了“实际需要”的限度。具体程度则应按抚养权利人的需要与抚养义务人的经济能力等要件相对均衡决定。[①]

（二）父母双方的负担能力

子女抚养费的确定，还要考虑父母双方的经济收入及经济条件，经济收入稳定、经济条件较好的父母可多支付；经济收入较低、经济条件不好的父母可少支付。不可要求经济实力较弱的父或母承担高昂的、超出子女实际需要和当地实际生活水平的抚养费用。现实生活中，特别是农村，有一些父母自己的生活费都无法保障，生活非常困难。一般遇到此情况，父母也是要负担子女抚养费的，因为子女未独立生活，尚无生存能力，而父母一般是具备生存能力的。此时，可以根据本解释第51条规定，用其财物折抵抚养费。即未直接抚养方无经济收入或下落不明，也可以用财物折抵抚养费。

（三）当地实际生活水平

当地实际生活水平一般是指子女实际生活居住地的生活水平。当地实际生活水平的参照标准，法律暂无明确规定，实践中，主要通过收入、支出和社会福利等多项指标反映。收入指标包括城市居民家庭人均可支配收入和农村居民家庭人均纯收入；支出指标包括城市居民家庭人均消费性支出、农村居民家庭人均生活消费支出。确定当地实际生活水平，应以当地城镇居民家庭人均消费性支出、农村居民家庭人均生活消费支出这两项货币性指标为基础，适当考虑城市居民家庭人均可支配收入、农村居民家庭人均纯收入，以及就业、教育、卫生等社会福利因素。

审判实践中，一般首要审查子女的实际需要、父母双方的负担能力，而后考察当地实际生活水平。因抚养费的支付的目的是满足子女

① 最高人民法院民事审判第一庭编：《婚姻家庭案件审判指导》，法律出版社2018年版，第346页。

的生活、教育、医疗等需要，抚养费的支付应符合父母的客观支付能力。但若父母的经济条件较好，愿意负担更高的子女抚养费也是合情合理的，不必一定与当地生活水平相一致。同理，如果父母的生活条件较差，所能负担子女抚养费的上限已经低于当地生活水平，也不宜强行要求负担超过其支付能力的抚养费。当双方对子女抚养费数额的多少产生分歧，且通过其他两项因素无法判断时，则应该适用当地实际生活水平标准加以调整。①

三、如何理解本条第 2 款和第 3 款规定的抚养费比例

根据本条第 2 款规定，有固定收入的，抚养费一般可以按其月总收入的 20%~30% 的比例给付。负担两个以上子女抚养费的，比例可以适当提高，但一般不得超过月总收入的 50%。也就是说，如果需要一方负担两个或两个以上子女的抚养费，不需限制在月总收入的 20%~25% 的幅度之内，可以根据实际情况适当提高这个比例，比如以 40% 左右的比例负担，但一般不得超过月总收入的 50%。需要说明的是，月总收入，是指一个人一个月所获得的劳动报酬总数。如基本工资、工龄工资、奖金以及其他补贴。完全属于发给职工个人的保健费、洗理费、卫生费等，不应计算在内，因为这些是国家发给个人用于劳动保护的费用，应当用于职工个人使用。②

根据本条第 3 款规定，无固定收入的，抚养费的数额可以依据当年总收入或者同行业平均收入，参照本条第 2 款的比例确定。无固定收入者，如农民、个体工商户、小摊贩以及从事其他经营性活动的人员等。对于农民，可以按季度或者按年收入，参照本条第 2 款的比例确定；对于个体工商户、小摊贩和从事其他经营性活动的人员，既可按季度或按年收入，也可以按同行业的平均收入确定。具体给付数额，人民法院可

---

① 吴卫义、张寅：《法院审理婚姻家庭案件观点集成》，中国法制出版社 2012 年版，第 166 页。

② 杨立新：《杨立新民法讲义（婚姻家庭法）》，人民法院出版社 2009 年版，第 336~341 页。

根据当事人实际收入情况，参考同行业平均收入统计数据综合认定。

四、如何理解本条第 4 款有关特殊情况的规定

子女抚养费根据父母的收入水平相对提高或降低一些是合情合理的，但是子女毕竟不是父母一方经济上的合伙人，[①] 本条第 2 款及第 3 款规定的收入比例为人民法院审理涉抚养费纠纷案件的参考标准，非唯一标准。如果绝对按照上述规定的比例给付，容易造成对一些情况的疏漏。所以有了本条第 4 款规定，有特殊情况的，可以适当提高或者降低上述比例。

目前我国个人收入情况多样，相差较为悬殊。本条第 4 款规定的目的即在于当处理抚养费问题时，若遇一方收入畸高或畸低时，人民法院可以根据子女的实际需要、当事人的负担能力、当地的实际生活水平适当调整抚养费负担比例。如年收入达数十万元、百万元甚至千万元或者更高的，若也按本条第 3 款规定的比例给付抚养费，显然不符合现实状况和立法本意。再如有的个体承包经营户，虽每年收入很高，但其收入还需要投入或扩大再生产，并非全部用于个人消费，如果抚养费数额完全按上述比例确定，从某种意义上说就远远超出了抚养费的范围，也影响抚养义务人的正常生产经营。此时可根据子女实际需要、当地实际生活水平等因素适当降低负担比例。当然对于子女患病、伤残或其他实际需要等情况需要大额支出，若按照本条第 2 款、第 3 款确定的比例支付难以维持子女正常生活需要的，也可以适当提高负担比例。

【审判实践中应注意的问题】

一、父母负担能力发生变化的情形

抚养教育子女是父母应尽的法定义务，但抚养费的实际给付，以

① 参见孙延平：《子女抚育案件中的几个疑难问题》，载《法律适用》1993 年第 4 期。

其具有负担能力为前提。实际生活中，经常出现抚养费给付方负担能力发生变化的情况，如给付义务人失业、患病或企业停工停产带来劳动者收入的降低。根据审判实践经验，父母如有下列情形之一的，可适当降低负担比例：（1）收入明显减少；（2）长期患病或丧失劳动能力，又无经济来源，确实无力按原定数额给付子女抚养费的；（3）因违法犯罪被监禁，失去经济能力无力给付的，但恢复人身自由后又有经济来源的，则应按原协议或判决给付。需要注意的是，抚养费履行过程中，一方以其负担能力发生变化为由请求降低给付抚养费金额的，人民法院应结合案情审查该情况是否直接影响子女抚养费的支付，若上述情形未造成其在较长时间内收入的明显降低，且子女实际生活需要也未发生重大变化的，则不宜调低抚养费数额。此外，因负担能力变化降低抚养费数额的，一旦其恢复甚至超过原来的抚养能力，子女仍有权要求调整抚养费支付比例，根据实际情况也可以要求增加抚养费。① 人民法院可以根据案件的具体情况，对子女的抚养费酌情进行调整。

二、抚养费数额在满足子女实际需要的同时应贴合父母负担能力和当地生活水平实际

本条规定了三种考虑因素：子女的实际需要、父母双方的负担能力、当地的实际生活水平。如按照儿童最大利益原则解释，在确定子女实际需要时，应当根据本解释对子女抚养费范围的规定，从保障子女健康成长的角度来认定。但对子女履行生活保障义务的前提是父母具备负担能力，因此，父母双方的负担能力也是确定子女抚养费的重要考虑因素，亦应当从子女的实际需要出发，充分考察父母的负担能力和当地实际生活水平，来确定子女抚养费的数额。

如甲（男）和乙（女）婚内生育一子丙，乙为乡村教师，甲为乡村某工厂职工，双方因感情破裂离婚，经法院调解，自愿达成协议，

① 参见《民事法律文件解读（总第89辑）》（2012年第5辑），人民法院出版社2012年版，第120页。

孩子丙归母亲乙抚养，甲每月按工资纯收入的25%支付丙抚养费，并依法享有探望权。一年后，甲收到其子要求增加抚养费的诉状，原因是孩子被其母送到省城私立贵族学校就读，学费高昂，故请求法院判令被告承担50%的教育费。法院经审查认为，父母离婚后，双方对子女具有同等的抚养责任。孩子归母亲抚养时，父亲也应承担必要的生活费和教育费。对于丙的抚养费，其父母已经达成调解协议。该抚养费不仅包括某丙的生活费，还包括教育费用等。符合当时丙的实际需要，也符合某甲的负担能力和当地的实际生活水平。但丙的母亲在为孩子选择学校时应当在与父亲协商的情况下，根据自己的实际生活水平、经济能力等选择就读学校，而丙现就读的学校同父母双方的收入能力明显不符，且为其母未经其父同意的单方行为，故丙要求其父再次负担教育费的请求依据不足，判决依法驳回原告丙的诉讼请求。即如果父母双方负担能力允许，为孩子上学费高昂的私立学校无可厚非，但如以上案件，父母双方均为村镇收入较低的工薪阶层，无力负担高额教育费用，一方在未同另一方协商一致的情况下将其子送至和父母双方负担能力明显不符的私立学校就读，对要求增加抚养费的请求，法院一般不予支持。

三、法官经验法则在本条中的运用

法律是抽象的，具体的实践经验是鲜活的。审判实践中，日常生活经验对认定事实和适用法律方面发挥着重要的作用，正确合理运用经验法则有利于法官正确理解和适用法律，作出公正裁判。《民事诉讼法司法解释》第105条规定，人民法院应当按照法定程序，全面、客观地审核证据，依照法律规定，运用逻辑推理和日常生活经验法则，对证据有无证明力和证明力大小进行判断，并公开判断的理由和结果。《民事诉讼证据规定》第85条规定，人民法院应当以证据能够证明的案件事实为根据依法作出裁判。审判人员应当依照法定程序，全面、客观地审核证据，依据法律的规定，遵循法官职业道德，运用逻辑推理和日常生活经验，对证据有无证明力和证明力大小独立进行判断，并公开判断的理由和结果。

根据本条规定，抚养费的数额，根据子女实际需要、父母双方的负担能力以及当地的实际生活水平三因素确定；具体的支付比例则基于其工作性质、收入能力等。由于我国幅员辽阔，各地经济文化发达程度极不平衡，每个家庭的情况也各有不同，不同地域、不同行业间的收入水平也千差万别，法律并没有针对具体情况规定适用准则，而是划定了大概的确定因素及不同情形下的比例范围，具有一定的抽象性。此时，法官的日常生活经验法则发挥着重要作用。这就要求法官从案件具体实际出发，针对当事人提交的证据，严格按照法律及司法解释划定的范围并充分利用日常经验法则审查认定，使认证结果尽可能地与人们的日常生活经验不相违背。

第五十条　抚养费应当定期给付，有条件的可以一次性给付。

【条文主旨】

本条是关于抚养费给付方式的规定。

【条文理解】

对于自然人来说，家庭关系是最基本的社会关系，而父母与子女间的关系又是家庭关系中最核心的内容。《民法典》第26条明确规定："父母对未成年子女负有抚养、教育和保护的义务"，第1067条明确规定："父母不履行抚养义务的，未成年子女或者不能独立生活的成年子女，有要求父母给付抚养费的权利。成年子女不履行赡养义务的，缺乏劳动能力或者生活困难的父母，有要求成年子女给付赡养费的权利。"该内容充分体现了我国法律一直以来对家庭、亲子关系的重视，反映了社会主义核心价值观的精神要义。

为正确适用法律，统一裁判规则，本条以《民法典》规定父母对子女的抚养义务为依据，以《离婚案件子女抚养问题的意见》第8条规定内容为基础，对父母给付子女抚养费具体方式作出规定。值得注意的是，为保持与《民法典》第1085条之规定的一致性，本条将原条文中关于"抚育费"的表述调整为"抚养费"。

在理解与适用本条规定时，应当注意以下几点：

一、抚养费以定期给付为原则，以一次性给付为例外

抚养费的给付方式通常分为定期给付与一次性给付两种方式。定期给付通常是指抚养费按月给付，在国外民法中，定期给付的抚养

费又被称作定期金。一次性给付，则是指将定期应付的抚养费数额，乘以将子女抚养到一定年龄的期间，计算抚养费总数，一次性给付完毕。

依据本条规定，父母一方给付子女抚养费时，原则上应当采取定期给付的方式，只有在符合一定条件的情况下，可以采取一次性给付的方式。这主要是因为，一次性给付抚养费可能存在诸多风险：首先，一次性给付抚养费不足以涵盖父母对子女抚养义务的全部内容。依据《民法典》第1067条之规定，父母对未成年子女的抚养是无条件的，对成年子女的抚养是有条件的，在成年子女没有劳动能力或其他特殊原因导致不能独立生活时，父母仍有抚养义务。而依据《未成年人保护法》第2条关于“本法所称未成年人是指未满十八周岁的公民”，以及《民法典》第17条关于“不满十八周岁的自然人为未成年人”之规定，我国法律规定的未成年人以不满18周岁为条件。在现实生活中，年满18岁与独立生活并不完全统一，一次性给付的抚养费通常计算至子女18岁，随着社会物质文化事业的发展，子女受教育层次的提高，或因就业、物价上涨等正当理由，子女年满18周岁后，并不一定具备独立生活的能力。一次性给付抚养费难以预测子女在成长过程中的客观需要，从最大程度保护子女利益的角度看，可能不够合理。其次，不恰当地使用一次性给付，可能不利于对子女的教育和成长。大量的离婚案件中，双方当事人积怨较深。如果判决一方一次性给付抚育费，与子女共同生活的一方容易视子女为私有财产，限制、甚至拒绝对方探视和教育子女，这不仅侵犯了对方的合法权益，还极大程度上影响子女的身心健康。再次，一次性给付抚养费容易引起新的纠纷。如子女在成年前死亡的、子女年幼未能使用抚养费的、直接抚养孩子的一方存在挥霍抚养费可能的，极易引发双方新的矛盾纠纷。最后，当事人主张采取一次性给付抚养费的方式，可能存在以给付抚养费规避法律的情形，成为违法犯罪的手段。因此，在审理离婚案件中，应当审慎采取一次性给付抚养费的方式。

二、定期给付抚养费的考虑因素

确定采取定期给付抚养费的方式，应对以下几点作出重点考虑：第一，关于单期给付抚养费的数额问题。首先，从保护未成年人利益的角度，父母单期支付的抚养费数额应尽量满足子女在生活、教育和医疗方面的实际需要。其次，应考虑父母双方的负担能力。实践中，父母有固定收入的，抚养费数额一般可按其月总收入的20%~30%的比例给付。负担两个以上子女抚养费的，比例可以适当提高，但一般不得超过月总收入的50%。无固定收入的，抚养费的数额可以依据当年总收入或者同行业平均收入，参照上述比例确定。有特殊情况的，可以适当提高或者降低上述比例。最后，确定单期抚养费的给付数额，还应结合当地的实际生活水平加以确定。第二，关于定期给付抚养费期间问题。我们认为，以固定期间为标准给付抚养费的情况下，期间的长短可依父母的收入方式确定。对于有工资收入的，通常应当按月给付，但在给付方从事农业生产或其他生产经营活动，没有固定收入的，也可以按季度或年度支付。不影响子女的生活，采取任何一种方法均可。但无论何种方法，法院应在判决书或调解书中注明具体的给付办法，以便于今后子女抚养费的履行。第三，关于定期给付抚养费的期限问题。通常而言，无论是以月、季度还是以年为期间定期给付抚养费的，均应给付至子女成年，即满18周岁时为止。但在成年子女没有劳动能力或其他特殊原因导致不能独立生活时，父母仍有抚养义务；子女成年后能够独立生活，父母仍自愿继续给予经济帮助的，法律亦不禁止。

三、一次性给付抚养费的法定条件

实践中，当事人要求对方一次性支付抚养费的情形十分常见，这主要是因为：一方面，可以省去定期给付时索要抚养费的麻烦，减少双方不必要的接触，进一步可以减少双方产生矛盾纠纷的机会；另一方面，一次性给付抚养费可以作为直接抚养子女一方折抵房款的具体方式，或者作为购房的首付款项等，可以解决直接抚养子女一方的临时性生活困难。因此，对一次性给付抚养费的方式，我们不宜绝对禁止。

但是，考虑到一次性给付抚养费的种种风险，对于是否采取一次性给付抚养费的方式，人民法院应当审慎处理。司法实践中，人民法院判定抚养人是否应一次性给付抚养费的，需考虑一次性支付的可能性和必要性。所谓可能性是指抚养人是否具有一次性支付的负担能力。否则，判决一次性支付抚养费将失去裁判的意义，且如因此造成抚养人生活困窘，将产生新的权利失衡，亦不符合司法公正的本意。所谓的必要性，是指定期给付抚养费将不利于保障子女受抚养权利的。因支付抚养费并非纯粹的金钱给付义务，而且还是被抚养人和抚养义务人之间亲情纽带的体现，一次性支付抚养费并非履行抚养义务的最佳方式。但在有证据或事实表明，抚养义务人存在逃避法定义务的行为，或者可能有无法按时支付抚养费的风险，法院有必要对当事人请求一次性支付抚养费的诉求予以考虑。例如，在父母或子女为出国、出境人员的情况下，为避免定期给付抚养费在履行上的不便，应当判令由给付人一次性给付抚养费。

【审判实践中应注意的问题】

一、当事人约定抚养费给付方式的效力

随着我国经济的快速发展，人们的自由意识逐渐增强，越来越多的夫妻选择以离婚的方式来解决婚姻关系中的问题。在育有子女的夫妻离婚后，无论子女随父或母生活，另一方应负担必要的生活费和教育费等。我们认为，对于子女抚养费的给付方式，一般可由父母双方协商确定，这主要是因为，经当事人协商并同意执行的给付方式，既可以减少因不按时给付抚养费对子女生活成长产生的不良影响，还可以减少因不能按时给付抚养费而产生的诉讼，这是解决抚养费问题的

较好方案。但对父母经平等协商，就抚养费给付方式等问题所达成的明确、具体的协议，人民法院仍然具有审查义务。首先，人民法院应当审查双方达成协议是否符合双方真实意思表示，是否违反法律、行政法规的强制性规定。其次，由于抚养费协议关系到下一代的健康成长，父母虽已达成一致，但协议约定抚养费的给付方式明显不利于保护子女的合法权益的，鉴于未成年子女才是抚养费请求权的权利主体，人民法院可不予认可。

二、一次性给付抚养费不影响子女在必要时主张增加抚养费

夫妻离婚时，就子女抚养费的承担产生纠纷诉至法院，属于较常见的家事纠纷。综合来讲，法院审查离婚后子女的抚养费问题，是基于儿童利益最大化原则，依法保护未成年人合法权益，从有利于未成年子女身心健康成长的角度出发，结合父母双方的抚养能力与抚养条件，以及当时的社会经济条件而作出认定。但随着生活水平的提高，受物价上涨等因素影响，法院原先所判决、调解的抚养费的基础不存在或发生很大变化，依据当时的条件和标准支付抚养费，已经不能满足未成年人基本生活要求的，即便父母一方已经一次性给付了抚养费，未成年子女仍有权基于法定情形，向其提出超过协议或判决原定数额的合理抚养费。

第五十一条 父母一方无经济收入或者下落不明的，可以用其财物折抵抚养费。

【条文主旨】

本条是关于父母一方以财物折抵抚养费的具体情形的规定。

【条文理解】

抚养费的给付形式通常分为金钱给付和以财物折抵给付两种。金钱给付因数额确定、归属明确，法律关系较为简单。而以财物折抵抚养费则因涉及财物价值变动、财物归属等问题，除非父母双方已就折抵作出详细约定，否则其中的法律关系较为模糊，极易引发争议，不宜提倡。但在实际中，确实存在某些特殊情况，父母一方以金钱支付抚养费存在困难。为最大化保护子女的合法权益，本条对父母一方以财物折抵抚养费的问题予以明确。值得注意的是，关于父母一方以财物折抵抚养费的具体情形，已有《离婚案件子女抚养问题的意见》第9条作出相应规定。结合《民法典》第1085条的规定，本条除将“抚育费”的表述修改为“抚养费”之外，是在整体上沿用了《离婚案件子女抚养问题的意见》第9条的规定内容。

理解与适用本条，应当把握以下几个方面：

一、法律不禁止以财物折抵抚养费

抚养，一般是指抚育和教养，是父母对未成年子女提供衣食住行、进行生活照料、给予精神关爱，保障其健康成长的法定义务。父母给付抚养费是基于父母对子女的法定抚养义务，这并非纯粹的金钱给付义务，也是被抚养人和抚养义务人之间亲情纽带的体现。判断是否履行抚养义务，不能简单以是否给付金钱来作出评价。在夫妻双方婚姻关系存续期间，一方虽未直接给付金钱，但通过其实际行为表明其有积极履行抚养义务之意愿的，法律不应过于苛责。应当允许父母通过提供其他物质条件的形式代替金钱给付的形式，来承担其负担能力范围以内的抚养义务。

此外，人民法院在审理离婚案件的过程中，也经常出现一方主张以财物折抵抚养费的情形。有意见认为，离婚案件中，夫妻矛盾纠纷通常较为激烈，因财物折抵抚养费中有关抵作抚养费的财物的所有权以及孩子独立生活后折抵物的归属问题，我国法律及司法解释并未作出明确规定，容易造成适用法律中的不同认识，可能造成“类案异判”，也可能激化夫妻双方之间的矛盾，对未成年子女造成不利影响。因此，对这类主张人民法院不应准许。我们认为，如父母双方已就一方以财产折抵抚养费达成一致，并就一方以财物折抵抚养费作出详细约定的，双方的约定并不违反法律、行政法规的强制性规定，也便于抚养义务的履行，从某种程度上讲，对未成年子女的利益保护具有积极意义。在综合当地经济水平、对子女的抚养期限，以及财产价值等因素后，足以认定其提供财产份额与其需要支付的抚养费数额基本相当的，人民法院可以准许。

二、父母一方以财物折抵抚养费的法定条件

在父母双方未能就一方以财物折抵抚养费作出详细约定的情况下，考虑到财物折抵抚养费可能引发一系列纠纷，对未成年子女的合法权益造成损害，人民法院应当慎重对待。依据本条规定，人民法院应当审查给付方的情况是否符合以下条件：

（一）无经济收入

以货币方式给付抚养费，要求给付一方具有经济来源。尤其是在我国法律规定父母给付子女抚养费以定期给付为原则，以一次性给付为例外的情况下，一方是否具有长期、稳定的经济来源，直接影响到法院判决一方给付抚养费义务的实际履行。因“无经济收入”并非一

个明确的法律概念，从反面解释的角度，所谓的无经济收入，通常是指给付方本人处于没有长期、稳定收入来源的生活状态。这一情况无需给付方达到生活困难的程度，但应达到影响给付方正常给付抚养费的程度。在父母一方无经济收入的情况下，不宜再判令一方必须以金钱方式给付抚养费。

（二）下落不明

与无经济收入所不同的是，“下落不明”是一个法律层面上的概念。《民法典》第40条规定：“自然人下落不明满二年的，利害关系人可以向人民法院申请宣告该自然人为失踪人。”依据该条规定，所谓的下落不明，是指自然人离开最后居所和住所后没有音信、无法联络的状况。并且，这种状况须是持续、不间断地存在。应当注意，下落不明与生死不明并非同一概念。下落不明是指不知其下落，有的人不知住在哪里，但知道其仍然还活着，也可称为下落不明；而生死不明的概念则是表明其是否仍然生存情况不明。

【审判实践中应注意的问题】

父母一方以财物折抵抚养费的情况下，对于抵作抚养费的财物的所有权以及孩子独立生活后折抵物的归属问题，法律、司法解释未作明确规定。实践中存在不同看法：一种观点认为，折抵物的所有权仍归给付方所有。这主要是因为，父母对子女的抚养义务是以财物折抵抚养费的基础，在受抚养的子女已经成年并能独立生活以后，父母对子女的法定抚养义务不再成立，此时用于折抵抚养费的财物尚具剩余价值的，应当允许父母一方取回折抵物，更加符合财物折抵抚养费的字面含义，也能充分保护财产所有人的权益。第二种观点认为，折抵物应归另一方父或母所有，这主要是因为一方父母以财物折抵抚养费，通常是基于直接抚养子女的另一方父或母的主张。并且，另一方父或母直接对财物享有支配和处分权。还有一种观点认为，基于抚养关系人身性，抚养费请求权主体的法定性，抵作抚养费的财物应当归属于被抚养人。否则，一旦父或母与第三人发生债务纠纷，用于折抵抚养费的财物可能会被当作父母的责任财产用于清偿债务，显然不利于保护子女的合法权益。我们认为，考虑到抚养费的特殊性质，将抵作抚养费的财物视为（也应认定为）是独立于父母和子女之间，具有人身属性的财产，专门用于保障被抚养人的生活、受教育和医疗权益。

第五十二条 父母双方可以协议由一方直接抚养子女并由直接抚养方负担子女全部抚养费。但是，直接抚养方的抚养能力明显不能保障子女所需费用，影响子女健康成长的，人民法院不予支持。

【条文主旨】

本条是关于父母协议免除一方负担抚养费的规定。

【条文理解】

本条规定来源于《离婚案件子女抚养问题的意见》第10条关于“父母双方可以协议子女随一方生活并由抚养方负担子女全部抚育费。但经查实，抚养方的抚养能力明显不能保障子女所需费用，影响子女健康成长的，不予准许”的规定内容。该规定允许父母双方依照意思自治的原则对抚养费的负担作出约定，同时又考虑到对子女合法权益的保护，规定父母双方关于免除一方给付抚养费义务的协议必须符合一定的条件，否则不受司法保护，符合《民法典》规定的父母对子女抚养义务的规范意旨，也有利于进一步统一裁判规则。

据此，除为保持与《民法典》第1085条之规定相一致，将“抚育费”的表述方式修改为“抚养费”以外，本条还将原规定中的“子女随一方生活”修改为“由一方直接抚养”，更加符合我国子女抚养的现实状况。

正确理解本条，应注意以下几个方面：

一、父母双方可以协议免除一方给付抚养费的义务

作为一种特殊的民事法律关系，婚姻家庭法律关系产生于具有特

定身份关系的自然人之间，包含特定身份自然人相互之间的人身关系与财产关系。在婚姻家庭关系中，人身关系具有主导地位。我国法律充分尊重和维护婚姻家庭关系的本质，对婚姻家庭关系适用不同于普通民事法律关系的具体规则，在父母对子女的亲子关系中，明确规定了父母对子女具有法定抚养义务，父母一方不履行抚养义务的，不能独立生活的子女有权请求父母支付抚养费。但是，在有关财产方面，婚姻家庭关系具有民事法律关系的一般属性，可以适度体现当事人间的意思自治。无论是在父母的婚姻关系存续期间，还是双方决定离婚时，父母双方均可以通过协商一致，免除不直接抚养子女一方给付抚养费的义务。

二、协议免除一方给付抚养费义务的主要内容

依据本条规定，父母关于免除一方给付抚养费义务的约定，应当包括两项内容：一是由一方直接抚养子女；二是由直接抚养方负担子女全部抚养费。在父母双方的协议免除一方给付抚养费义务的具备上述两项内容，且出于双方的真实意思表示的，一般应承认其效力。

关于一方直接抚养子女的问题。《离婚案件子女抚养问题的意见》第 10 条规定表述为“子女随一方生活”，本条将其修改为“由一方直接抚养”。这主要是因为在现实中，父母一方直接抚养子女的，并不一定与子女共同生活。不能排除直接抚养子女的父母一方因父或母基于工作需要，或者子女基于求学等原因，而导致直接抚养的一方父母与子女长期异地生活。从某种意义上看，这并不违反最大化保护未成年子女的利益的价值追求，也是我国现阶段城市化进程的重要体现。

关于直接抚养方负担子女全部抚养费的问题。所谓的直接抚养方负担子女的全部抚养费，是指双方协议生效以后，在子女能够独立生活以前，直接抚养子女的一方应当负担子女的全部生活、教育和医疗等费用，不直接抚养子女的一方不再承担上述费用。并且，因实际情况发生变更导致子女的抚养费需求增加的，除非对方同意，或者依照

法定程序作出变更，直接抚养子女的一方主张由另一方主张分担部分抚养费，人民法院不予支持。因此，直接抚养子女的一方应慎重考虑协议免除对方给付抚养费的后果，并在双方协议中作出明确约定。

三、人民法院对父母双方的协议负有审查义务

父母双方协议免除一方给付抚养费的义务，往往是在离婚案件中，父母双方争夺子女抚养权的场合。一方主张要抚养子女，另一方则主张以对方抚养子女则不给付抚育费为条件，主张抚养者为达目的，只好同意免除对方的给付义务。因此，对于父母双方协议免除一方给付抚养费的情况下，人民法院应当审慎作出认定与处理。从某种程度上看，父母一方为争夺抚养权而作出的免除一方给付抚养费义务的意思表示，很难说是出于其真实意思表示。并且，从有利于保障子女权益的角度出发，如果直接抚养方的抚养能力明显不能保障子女所需费用，可能影响子女健康成长的，人民法院不应准许。因抚养能力主要指父母双方的经济收入、离婚后的居住条件以及是否具有教育、保护子女的能力和时间等。实践中，人民法院对父母双方的抚养能力、抚养条件等方面进行综合判断时，一方面应当作出动态的考察，对父母的抚养条件作出具有一定前瞻性的判断，不能仅仅着眼于当前的情况；另一方面，还应结合个案中子女的实际情况，以利于子女的身心健康、全面发展为出发点和归结点，也不能完全以经济条件为判断标准。

【审判实践中应注意的问题】

一、协议约定的免除一方给付抚养费的，并不免除其对子女的抚养义务

父母与子女间的关系，不因父母离婚而消灭。父母双方协议一致免除一方给付抚养费义务的，并不是否定其作为父或母的身份。基于

其父或母的身份，被免除给付抚养费义务的父母一方，仍对子女负有法定的抚养义务。除非产生了抚养义务灭失的法定原因，协议免除一方父母给付抚养费义务的，仍不能免除父母对子女的抚养义务。

二、可在免除一方给付抚养费义务的协议中约定父母双方轮流直接抚养子女

本解释第48条明确规定，在有利于保护子女利益的前提下，父母双方协议轮流直接抚养子女的，人民法院应予支持。实践中，经常出现父母双方在约定免除一方给付抚养费义务的协议中，同时约定双方轮流直接抚养子女的情况。对此，我们认为，以有利于子女健康成长为首要考虑因素的前提下，父母轮流直接抚养子女的，在一方直接抚养子女期间，免除另一方不直接抚养子女给付抚养费的义务，在实际操作上并不存在障碍，也有助于维系、加深子女与父母之间的亲情关系。此外，为有效化解矛盾纠纷，人民法院应当参考父母的意愿，可以认可该约定的效力。只是在实践中应严格掌握，对于不满两周岁的子女，原则上应由母亲直接抚养，子女已满8周岁的，还需要尊重子女的意愿。

第五十三条 抚养费的给付期限，一般至子女十八周岁为止。

十六周岁以上不满十八周岁，以其劳动收入为主要生活来源，并能维持当地一般生活水平的，父母可以停止给付抚养费。

【条文主旨】

本条是关于抚养费给付期限的规定。

【条文理解】

《民法典》第26条规定父母对未成年子女负有绝对的抚养义务，是基于现代民法对作为弱势群体的未成年人的合法权益给予特别保护的立法理念。但是，随着社会经济的不断进步和自然人人格的不断发展，部分未成年人虽未达到法律规定的年龄条件，却已经具有完全的民事行为能力，能够凭借自己的劳动，实现独立生活。为此，《离婚案件子女抚养问题的意见》第11条规定："抚育费的给付期限，一般至子女十八周岁为止。十六周岁以上不满十八周岁，以其劳动收入为主要生活来源，并能维持当地一般生活水平的，父母可停止给付抚育费。"该条规定结合法律对未成年人的相关规定，分别从年龄和行为能力两个不同的角度，厘清"未成年子女"的认定标准，对父母向子女给付抚养费的期限作出规定。可以看到，《民法典》颁布以后，依据《未成年人保护法》及《民法典》的相关规定，有关未成年人的认定标准并未发生实质性变化。据此，本条规定除修改"抚育费"的概念表述外，仍然保留了上述司法解释的规定内容。

正确理解本条规定，应当注意以下几个方面：

一、父母对未成年子女负有绝对的抚养义务

父母与子女之间的关系是婚姻家庭关系中最为重要的一种身份关系，基于传统民法中的亲权概念。作为专属于父母的权利和义务，亲权是指父母对子女在人身和财产上具有管教和保护的权利和义务。古代型的亲权以亲为本位，强调的是家父的权利；近现代的亲权制度从以亲为本位逐步转变为以子为本位，多以保护未成年子女的利益为根本目的。我国早在1950年的《婚姻法》中，就专章规定了父母子女关系，明确父母对子女有抚养教育的义务。又在1980年《婚姻法》增加了子女有要求父母给付抚养费的权利和父母有管教和保护未成年子女的权利和义务。2001年《婚姻法》进一步强化了父母的法律责任。此外，依据《未成年人保护法》第10条规定，父母应当依法履行对未成年子女的监护职责和抚养义务，禁止虐待、遗弃未成年人。即便有虐待、遗弃行为，或者有其他恶习而被剥夺监护权，仍应承担相应义务，不能被社会监护等其他监护形式完全取代。《民法典》第26条亦明确规定，父母对未成年子女负有抚养、教育和保护的义务。

与父母对成年子女的抚养义务不同，父母对未成年子女的抚养义务是绝对的，是无条件的。这主要是因为，按照法律规定，法律虽规定每个人在人格上均具有独立性，但通常规定未满18周岁的未成年人不具有民事行为能力。按照现实生活状况，未成年子女基本没有独立的经济来源，在生理和心理上都不成熟，认识能力和控制能力有限，自我保护能力有限，权益容易遭受侵害。因此，从世界婚姻家庭法发展趋势看，在亲子关系中贯彻未成年子女最大利益原则，已经成为世界各国的共识，并成为一个国家人权保障的标志。作为基于家庭身份关系而产生的法定义务，父母对未成年人的抚养具有人身专属性和法律强制性，无论父母的抚养能力和生活条件如何，无论是否与子女共同生活，都应提供能力范围内的照顾，不能被豁免。父母不履行抚养义务的，应当承担相应的法律责任。

二、抚养费的给付期限——“未成年子女”的认定标准

（一）一般应付至子女成年

作为一个法律概念，《未成年人保护法》第2条以及《民法典》第17条均规定，未满18周岁的自然人为未成年人。上述规定表明，年龄是衡量自然是否成年的唯一标准。通常而言，达到一定年龄的自然人，才具备相当的知识和经验，独立处理自己的事务，能够清楚认识自己行为所产生的后果。因此，以年龄作为行为能力判断的主要因素，有最充分的合理性和现实性。目前，各国关于行为能力的判断，多以年龄为首要考量。从比较法的角度，世界上大部分国家或地区均将18周岁作为成年人的标准。一是充分尊重自然人成长、认知的科学规律。自然人的理性能力一般随年龄的增长而增长。18周岁的自然人通常具备了在社会生活中必备的认知能力和判断能力，能够预测自己行为的效力，并且对后果有相应的承担能力。二是充分关注未成年人合法权益保护。不满18周岁的未成年人，在品德、智力、体质等方面发展尚不健全，国家、社会、学校和家庭都有义务促进未成年人健康成长，保障其合法权益不受侵害。

需要指出的是，在对子女的年龄作出认定时：（1）周岁的计算应以公历为准。《民法典》第200条规定：“民法所称的期间按照公历年、月、日、小时计算。”子女的年龄亦不可依照农历或者其他年历计算。对于部分地区依照风俗习惯所说的“虚岁”等算法，也应当折换成周岁。（2）周岁是从生日次日起算。《最高人民法院关于审理未成年人刑事案件具体应用法律若干问题的解释》第2条规定：“刑法第十七条规定的‘周岁’，按照公历的年、月、日计算，从周岁生日的第二天起算。”（3）18周岁以上包含18周岁本数。《民法典》第1259条规定，民法所称的“以上”“以下”“以内”“届满”，包括本数；所称的“不满”“超过”“以外”，不包括本数。

（二）子女为“视为成年人”的，父母可以停止给付抚养费

依据《民法典》第18条之规定，16周岁以上的未成年人，以自己

的劳动收入为主要生活来源的，视为完全民事行为能力人。“视为”属于推定，并且属于不可推翻的推定。《民法典》作出这一规定，从理论层面来讲，是为了缓和自然人需达到法定成年年龄后才能取得完全行为能力规定的僵硬性；从体系上看而言，也是为了与其他单行法规定保持一致。例如，《劳动法》第15条规定：“禁止用人单位招用未满十六周岁的未成年人。文艺、体育和特种工艺单位招用未满十六周岁的未成年人，必须遵守国家有关规定，并保障其接受义务教育的权利”，将16周岁作为常规用人用工的年龄界分。此外，这一规定也充分考虑了生活实际。当个人能够独立参加各类民事活动，也就预示着其具备了作为完全民事行为能力人的心智水平和独立的判断能力，需要充分肯定其完全民事行为能力。16周岁以上的未成年子女，能够凭借其劳动收入维持当地一般生活水平的情况下，符合视为成年人的基本条件，父母可以停止给付抚养费。

值得注意的是，本条规定了父母可以向子女停止支付抚养费，但并未免除父母对子女的抚养义务。父母对子女的抚养义务，应当包括精神与物质两个方面，对子女尽养育和照顾之责，这种养育和照顾是子女赖以生存、成长的基本保障，缺少了这种保障，子女是不可能健康成长的。给付抚养费虽然并不能等同于纯粹的金钱给付义务，但以物质保障为主。未满18周岁的子女被视为成年人的，父母可以停止给付抚养费的，仍应当对子女尽到必要的关心与照顾。

【审判实践中应注意的问题】

一、已满16周岁但不满18周岁的子女被视为成年人的，父母在必要时仍应给付子女抚养费

已满16周岁但不满18周岁的子女凭借其劳动收入能够“维持当地一般生活水平”，与其收入是否能够满足其成长的实际需要并不具有对等性。依据本解释第42条之规定，抚养费应包括子女生活费、教育费、医疗费等费用。因此，“视为”成年人的未成年子女，虽然以其劳动收入为

主要生活来源，但该收入无法满足其接受教育、医疗的实际需要时，父母仍有给付子女受教育和医疗等费用的义务。

二、离婚父母约定在子女成年后仍然提供物质条件的性质与效力

夫妻双方在离婚时经常可能基于子女日后的生活、教育考虑，在离婚协议书中约定由不直接抚养子女的一方支付抚养费至其学业完毕之日。但在子女年满18周岁后，一方不愿意继续支付抚养费时，子女能否依据父母的离婚协议书，要求另一方继续支付抚养费？对此，实践中有意见认为，抚养费的给付是基于父母对子女的法定抚养义务，一般支付至子女成年。父母约定对超过18周岁的子女仍然提供抚养费应属赠与的性质，在交付赠与物之前，赠与人可以随时撤销。我们认为，按规定抚养费应付至子女成年，但当事人通过协议自愿将抚养费的支付期间向后顺延，并不违反法律规定。并且，双方离婚协议已经具有法律效力，对双方产生约束力。因此，子女可以依照离婚协议书的内容要求一方支付子女抚养费。

三、成年子女能否追索之前未付的抚养费

实践中，对于子女父母不履行抚养义务，子女在成年后又提起诉讼追索抚养费的情形十分常见。对此是否应当准许，实践中存有争议。有观点认为，父母未履行抚养义务的，应当给付抚养费，子女追索未成年期间的抚养费并未超出抚养义务的范畴，应当准许。也有观点认为，应当允许成年子女向未履行抚养义务的父母主张抚养费，但应结合诉讼时效的规则以确定是否能够获得人民法院的支持。我们认为，父母拖欠抚养费的行为，并不能够简单地认定为是在父母与子女之间形成了债权债务关系。抚养费设立的目的与价值是为了督促父母履行抚养义务，以保障未成年子女健康、茁壮地成长。子女在成年之后，抚养费所体现的法益已经消灭，就同时丧失了抚养费的请求权，也不存在诉讼时效的适用问题。

第五十四条　生父与继母离婚或者生母与继父离婚时，对曾受其抚养教育的继子女，继父或者继母不同意继续抚养的，仍应由生父或者生母抚养。

【条文主旨】

本条是关于再婚父母离婚后，继父母解除与继子女之间权利义务关系的规定。

【条文理解】

由于生父母一方死亡或双方离婚，生父或生母再婚的情形越来越常见，继父母与继子女之间的法律关系也理应受到法律的重视和调整。本条即是在《民法典》第1072条第2款继父母对继子女形成抚养教育关系的，双方之间在形成拟制血亲关系的基础上，对于再婚父母离婚时，是否可以解除继父母与继子女间形成的抚养教育关系作出的进一步规定。

本条来源于《离婚案件子女抚养问题的意见》第13条之规定，内容基本相同，仅在参照《民法典》规定的基础上，对文字表述作出些许调整。

在理解与适用本条规定时，应当注意以下几方面的问题：

一、继父母与继子女之间的权利义务关系

（一）姻亲关系

所谓继子女，一般是指夫与前妻或妻与前夫所生的子女。继父母与继子女产生关系，或者是由于亲生父母一方死亡，另一方再婚；或者是由于亲生父母离婚，父或母再婚。父母再婚后，子女对父或母的

再婚配偶称继父母，夫或妻对其再婚配偶的子女称继子女。可见，继父母子女关系是由于父或母再婚而形成的姻亲关系。

继父母子女关系具有以下法律特征：第一，至少有一方已与前夫或前妻育有子女，才可形成继父母子女关系。两个无子女的人结婚，不论是初婚还是再婚，都不发生继父母子女关系问题。第二，继父母子女关系是因子女的生父或者生母再婚形成，是由婚姻派生出来的一种亲属关系，不需要经过特定的法定程序，这一点与养子女不同。第三，继子女和继父母之间没有自然血亲关系。

继父母子女关系在本质上是一种姻亲关系，继父母是继子女的血亲的配偶，继子女是继父母的配偶的血亲。因双方仅为姻亲关系，在法律上不产生父母子女间的权利义务，在亲生父或母与继父母的再婚关系解除或者亲生父或母死亡时，姻亲关系随之解除。现实生活中，根据父或母再婚时子女的年龄以及是否与继父母共同生活，继父母子女之间的姻亲关系主要表现为以下两种情形：第一，父或母再婚时，继子女成年并已独立生活；第二，父或母再婚时，继子女未成年或未独立生活，但再婚后，继子女未与继父母共同生活或未受其抚养教育。

（二）形成抚养关系的可以成立拟制血亲关系

依据《民法典》第1072条第2款之规定，形成抚养教育关系的继父母与继子女之间，可以成立法律上的拟制血亲关系。

关于“形成抚养教育关系”的认定，实践中存有较大争议。一种观点认为，只有继父母和继子女共同生活，并且继父母负担了继子女全部或部分的抚养费，才能算作抚养教育；另一种观点认为，只要继父母和继子女共同生活，对继子女进行了生活上的照料，即可认定他们之间形成了事实上的抚养关系；还有一种观点认为，即使继父母与继子女未共同生活，如果继父母负担了抚养费用，就应认为形成了抚养关系。

我们认为，司法实践中，对于继子女是否受到继父母的抚养教育，要结合具体案情进行认定。首先，受抚养教育的主体应限于未成年继子女或者虽成年但不能独立生活的继子女，如果是已经成年且能独立生活的继子女，则不享有要求父母进行抚养的权利，自然也谈不上抚养教育问题。其次，受抚养教育的方式可以多样，一般是表现为继子女和继父母共同生活，并由继父母对继子女给予了生活、教育和医疗方面的照料和帮助。或者继子女没有和继父母共同生活，但继父母对继子女进行了持续的、较大数额的经济供养的，也可以认定为对继子女进行了抚养教育。最后，继父母对继子女形成抚养教育关系，不仅需要继父母对继子女实际进行了抚养教育，还要求这一抚养教育行为经过一定的期间。由于拟制血亲成立后，继子女对继父母负有赡养扶助的义务，且继父母和继子女之间相互具有继承权，因此一般认为，继父母对继子女进行抚养教育，应至少具有数年的时间，以符合权利义务相一致的原则。

此外，双方是否成立拟制血亲关系，还需要尊重继父母和继子女的意思。如果继父母和继子女之间已经互相明确表达了不成立拟制血亲的意思，那么即使双方共同生活，进行了抚养教育，也不宜轻易认定成立拟制血亲。

二、继父母子女关系的解除

（一）姻亲关系因再婚关系解除而解除

通常而言，在继父母和继子女之间没有成立拟制血亲关系，而仅为姻亲关系时，继父母是继子女的血亲的配偶，继子女是继父母的配偶的血亲。在亲生父或母与继父母离婚，或者亲生父或母死亡导致与继父母的再婚关系解除时，继父母与继子女之间的姻亲关系即告解除。

因继父母与继子女双方仅为姻亲关系时，在法律上不产生父母子女间的权利义务。在双方姻亲关系解除后，对继子女未形成抚养教育关系的继父或继母仍无需抚养义务。

（二）拟制血亲关系可因继父母意思而解除

继父母因对继子女形成抚养教育义务，在双方之间成立拟制血亲关系的情形下，双方的拟制血亲关系在原则上不能自然解除。依据本条规定，一方面，由于《民法典》已经明确规定继父母对继子女形成拟制血亲关系的情况下，产生父母与子女的权利义务关系（主要指继父母对继子女的抚养义务，继子女对继父母的赡养义务，以及相互之间继承权等）。但因双方之间成立的拟制血亲关系以及由此产生父母子女的权利义务关系，是源于继父母自愿对继子女履行了抚养教育义务而产生的，并非继父母对继子女的法定义务，应当允许继父母在一定条件下，以放弃将来的权利来提前释放自己的义务。

另一方面，虽然因继父母对继子女形成抚养关系，在双方成立由法律拟制的父母子女关系，但并不影响继子女与其生父母之间因血缘而产生的亲子关系。在此情形下，同时存在继子女与继父母的拟制血亲关系和继子女与生父母之间血亲关系。也就是说，继父母子女间成立拟制血亲关系的，仍未免除其亲生父母的抚养义务。

据此，在生父与继母或生母与继父离婚时，对曾受其抚养教育的继子女，继父或继母不同意继续抚养的，可以解除其与继子女间的拟制血亲关系，子女由其生父母抚养。但值得注意的是，如果生父或生母死亡，在形成抚养教育关系的未成年子女无其他抚养人的情况下，一般不允许解除继父母子女关系。

【审判实践中应注意的问题】

继子女成年后，继父母主张解除拟制血亲关系的，是否可以同时主张由继子女返还抚养教育的费用?

继父母对继子女履行抚养教育义务至继子女成年并能够独立生活的，继子女应当对缺乏劳动能力或生活困难的继父母承担赡养的义务。但如果继父母与成年继子女因关系恶化或者其他原因，继父母主张解除双方拟制血亲关系的，参照养父母和养子女的关系规定，可以通过协议或诉讼的方式提出，人民法院应当准许。双方的拟制血亲关系解除后，继子女应否返还继父母的抚养教育费用，可结合解除的原因、继子女的过错程度等因素，从公平合理的角度予以判定。

第五十五条　离婚后，父母一方要求变更子女抚养关系的，或者子女要求增加抚养费的，应当另行提起诉讼。

【条文主旨】

本条是关于离婚后变更抚养关系和增加抚养费的诉讼程序的规定。

【条文理解】

父母双方诉讼离婚的，人民法院判决孩子抚养权的归属以及抚养费的给付，均是以最大化保护未成年子女的利益为原则的。但在判决的履行过程中，出现了不利于未成年子女健康成长的法定情形的，应当允许对抚养权的归属以及抚养费的给付提出变更的主张。

为指导各级人民法院正确审查受理案件，引导当事人正确行使诉权，本条规定以《离婚案件子女抚养问题的意见》第 15 条规定的内容为基础，明确规定了变更抚养关系和增加抚养费的诉讼程序。

在理解和适用本条规定的过程中，应注意以下几个方面的内容：

一、应当另行提起诉讼的法理依据

（一）变更抚养关系与增加抚养费属于民事案件受案范围

依据《民事诉讼法》第 119 条对民事案件起诉条件所作之明确规定，人民法院受理民事案件应当属于人民法院受理民事诉讼的案件范围。同时，依据《民事诉讼法》第 3 条规定，“人民法院受理公民之间、法人之间、其他组织之间以及他们相互之间因财产关系和人身关系提起的民事诉讼，适用本法的规定”。应当认为，该条规定的人身关系，是基于人格权、身份权而衍生出来的一系列的权利。

《民法典》第1001条明确规定，对自然人因婚姻家庭关系等产生的身份权利的保护，适用《民法典》第一编、第五编和其他法律的相关规定。对于自然人来说，婚姻家庭关系是最基本的社会关系，而父母与子女间的关系又是婚姻家庭关系中最核心的内容。父母或子女因抚养关系引发的纠纷，应当属于人民法院受理民事案件的范围。

据此，《民事案件案由规定》明确规定了“抚养费纠纷”“变更抚养关系纠纷”为抚养纠纷下的四级案由。

（二）另行起诉不违反一事不再理原则

从某种意义上讲，变更抚养关系与增加抚养费，是要求人民法院重新确定父母对未成年子女的抚养义务。

从民事诉讼法理论上看，判决确定后，当事人不得就已经判决的案件再次起诉，即判决具有既判力。既判力制度决定着生效判决的效力范围，应当结合既判力的主观范围、客观范围和时间范围来作出考察。其中，既判力的时间范围，即既判力的基准时或标准时，是法院确定终局判决所判断的当事人之间诉争事实状态或权利状态存在的特定时间点。从大陆法系的理论主张看，通说认为“发生既判力的判决只确认特定时刻的权利状态，而不是确认所有未来的权利状态……涉及实质既判力的时刻与双方当事人在诉讼进行中能提起新的事实主张的截止时刻相同”。也就是说，生效判决仅对基准时之前发生的事项具有既判力，对基准时之后的事项没有既判力。基准时后发生新的事实，不受既判力的拘束，当事人可再次提起诉讼。

从我国《民事诉讼法》的规定看，裁判发生法律效力后，发生新的事实，当事人再次提起诉讼的，不适用一事不再理原则，人民法院应当依法受理。需注意的是，新的事实为生效裁判发生法律效力后发生的事实，而不是原生效裁判未查明或涉及的事实，亦不是当事人在原审中未提出的事实。实践中，无论是依据协议还是判决，对抚养权的归属和对抚养费的确定都只是一种法律上的安排，以最大化保护未成年子女的合法权益为原则，当事人主张对抚养权的归属和抚养费的给付作出变更时，人民法院应予受理。

二、人民法院审理抚养纠纷案件的裁判规则

（一）变更抚养关系和增加抚养费纠纷案件中的当事人

就变更抚养关系纠纷案件而言，与子女共同生活或不与子女共同生活的父母一方均可作为原告起诉，对方即为被告。原告也可以委托诉讼代理人代为起诉。在特殊情况下，如未成年人父母均亡，其随祖父母或其他亲属生活，与未成年人共同生活并对其实行监护的亲属也可以作原告，起诉由未成年人其他亲属担当监护人并共同生活。此时，变更抚养关系诉讼的原告并非未成年人父母一方。但总体而言，起诉变更抚养关系的，应对未成年子女负有抚养义务。

就增加抚养费纠纷案件而言，基于子女是抚养费请求权的法定主体，主张权利提起诉讼的原告是未成年的子女，而被告则应是父母中的一方或双方。因未成年人不具有或不完全具有行为能力，故其在提起诉讼时必须要有法定代理人代为诉讼。但也有观点认为，即便是在父母离婚后，抚养子女都是父母共同应尽的法律义务。不直接抚养子女的父母一方若未能随着社会生活水平的提高而及时增加给付的抚养费，实质上是增加直接抚养子女一方的负担，是对对方经济利益的损害，从诉的利益角度，应当允许直接抚养子女的一方父母提起增加抚养费的诉讼。

（二）贯彻“调解优先”的审判理念

基于变更子女抚养关系和增加抚养费纠纷的人身属性，人民法院在审理变更子女抚养关系和增加抚养费的纠纷案件时，首先应当进行调解，引导父母双方或者父母与子女协商解决有关问题。这一规则，也是最大化保护未成年子女，避免损害未成年子女身心健康的需要。调解不成时，人民法院仍应在最大化保护未成年子女原则的指导下，依据双方举证情况，尽快审理作出裁判。

（三）具有充分理由的，人民法院应予支持

就变更抚养权纠纷而言，如原告能够举证具有下列情形之一的，应当认为变更理由充分，请求权成立：（1）与子女共同生活的一方因

患严重疾病或因伤残无力继续直接抚养子女的；（2）与子女共同生活的一方不尽抚养义务或有虐待子女的行为，或其与子女共同生活对子女健康确有不利影响的；（3）8周岁以上的未成年子女愿随另一方生活，该方又有直接抚养能力的；（4）有其他正当理由需要变更的。如与子女共同生活的一方因犯罪被逮捕、被收监服刑或者较长时间出国无法直接抚养的。

子女在必要时要求父母增加抚养费，是其一项重要权利。协议不成时，子女可以向法院起诉。子女能够举证证明存在下列情形之一，父或母又有给付能力的，人民法院应予支持：（1）原定抚养费数额不足以维持当地实际生活水平的；（2）因子女患病、上学，实际需要已超过原定数额的；（3）有其他正当理由应当增加的。

【审判实践中应注意的问题】

父母一方减少抚养费情况消失的，子女可另行起诉恢复或者增加抚养费。抚养教育子女是父母应尽的义务，但抚养费的实际给付，以其具有负担能力为前提。根据司法经验，父母具有下列情形之一的，可适当减少：（1）给付方的收入明显减少，虽经努力仍维持在较低的水平；（2）给付方长期患病或丧失劳动能力，又无经济来源，确实无力按原定数额给付，而直接抚养子女一方又有抚养能力；（3）给付方失去经济能力无力给付的，但恢复人身自由后有经济来源的，则应按原协议或判决给付。父或母减少或中止给付抚养费后，一旦恢复甚至超过原有的抚养能力，子女仍有权另行提起民事诉讼要求恢复至原定的抚养费数额，甚至要求增加抚养费。

第五十六条　具有下列情形之一，父母一方要求变更子女抚养关系的，人民法院应予支持：

（一）与子女共同生活的一方因患严重疾病或者因伤残无力继续抚养子女；

（二）与子女共同生活的一方不尽抚养义务或有虐待子女行为，或者其与子女共同生活对子女身心健康确有不利影响；

（三）已满八周岁的子女，愿随另一方生活，该方又有抚养能力；

（四）有其他正当理由需要变更。

【条文主旨】

本条是关于父母一方可以要求变更子女抚养关系的法定情形的规定。

【条文理解】

一般而言，夫妻离婚可能涉及有效婚姻关系的解除、夫妻共同所有财产的分割以及子女抚养关系的变更三个方面。其中，子女抚养关系的变更指从父母共同直接抚养子女变更为父母一方单独直接抚养子女。虽然通过协议离婚或者诉讼离婚都能从最有利于子女原则出发确定子女由哪一方直接抚养，但该判断多为离婚当时特定时点的静态分析，而对子女的抚养是一个长期的动态过程。随着时间的推移，离婚时协商或裁判所依据的父母双方的抚养能力和抚养条件等可能会发生显著变化，甚至可能因此影响子女的健康成长。故从最有利于子女健康成长角度，应允许父母双方以协议或诉讼方式变更与子女的直接抚养关系。从司法实务反馈情况看，离婚后父母一方诉至法院要求变更子女抚养关系的情形，并不罕见。究其原因，主要有以下几点：第一，行使探望权受阻，例如因直接抚养子女一方拒绝或不按约定让另一方探望子女，另一方因此而要求变更子女直接抚养关系。第二，经济条件显著变化。例如直接抚养子女一方因离婚后经济条件显著下降，无力直接抚养子女，而要求变更子女直接抚养关系。第三，抚养费给付瑕疵。例如，直接抚养子女一方以另一方拒付、少付或拖延支付抚养费为由，要求变更子女直接抚养关系。第四，在子女户口迁移、就学等关涉子女基本权益的问题上产生争议等。由于变更直接抚养子女关系至少涉及父母双方、子女等三方切身利益，且三方利益存在对立统一关系，故在对决定是否变更进行利益衡量和价值判断时，应明确保护利益和价值追求的位阶。从国外立法共识以及我国婚姻家庭立法沿革可知，最有利于子女原则是处理父母子女关系的最基本原则。而司法实务层面，早在 1993 年，《离婚案件子女抚养问题的意见》就规定“人民法院审理离婚案件，对子女抚养问题，应当依照《中华人民共和国婚姻法》第二十九条、第三十条及有关法律规定，从有利于子女身心健康，保障子女的合法权益出发，结合父母双方的抚养能力和抚养条件等具体情况妥善解决”。基于最有利于子女原则，该司法解释第 16 条还规定了父母一方要求变更子女直接抚养关系，人民法院应予支持的情形。自实施以来，该条在适用中并无太大争议，取得了良好的社会效果和法律效果，故将该条基本内容予以保留，只对个别与《民法典》表述不一致之处进行了文字修改。例如将“已满十周岁的子女”修改为“已满八周岁的子女”；将“或”修改为“或者”等。

一、如何理解本条中“父母一方要求变更子女抚养关系的”

根据《民法典》第 1058 条规定，夫妻双方平等享有对未成年子女抚养的权利和共同承担对子女抚养的义务。因此，在婚姻关系存续期间，子女与父母共同生活，由父母双方共同抚养，一般不存在变更子女抚养关系的问题，除非出现婚生子女非亲生子女情形。只有在父母因离婚不能共同生活，客观上不能共同抚养子女时，才有区分对子女直接抚养和间接抚养并明确子女由父母哪一方抚养的必要。一旦因父母离婚确定了子女的直接抚养人，子女的学习生活环境就基本稳定下来，原则上不宜再对子女直接抚养关系作出变更。但鉴于现实生活的复杂性，当出现不再最有利于子女的情形时，也应例外允许变更子女直接抚养关系。进而，本条规范对象主要为离婚后父母一方要求变更子女抚养关系的情形。本条中的“父母”没有民事行为能力的要求，即便是未成年父母或无民事行为能力、限制民事行为能力的成年父母，都可依据本条提起变更子女直接抚养关系的诉讼。其根本原因在于是否变更直接抚养关系主要依据最有利于未成年子女原则。在直接抚养子女的父母无民事行为能力或者只有限制民事行为能力情况下，变更子女直接抚养关系可能会对子女产生更好的影响。这里的子女包括未成年子女和不能独立生活的成年子女。根据《民法典》第17条和第18条规定，不满18周岁的自然人为未成年人。16周岁以上的未成年人，以自己的劳动收入为主要生活来源的，视为完全民事行为能力人。故不满18周岁且不能以自己的劳动收入为主要生活来源的子女都是未成年子女。何谓“不能独立生活的成年子女”？本解释第41条明确，尚在校接受高中及其以下学历教育，或者丧失、部分丧失劳动能力等非因主观原因而无法维持正常生活的成年子女。由于父母对子女的抚养是基于亲子关系衍生而来，只要亲子关系犹存且子女没有独立生活能力，父母就有抚养子女的法定义务。例如《民法典》第1067条就规定，不能独立生活的成年子女，有要求父母给付抚养费的权利。

从现实生活情况看，父母一方要求变更子女直接抚养关系的途径主要有二：一是与父母另一方协议变更子女直接抚养关系；二是起诉父母另一方，诉讼变更子女直接抚养关系。关于协议变更子女直接抚养关系的问题，本解释第57条已有规定，下文将有详述，在此略过。至于诉讼变更子女直接抚养关系，则在本解释第55条对离婚后，父母一方可以另行诉讼变更子女直接抚养关系作出了初步规定。就本条而言，则是对在哪些情形下，人民法院可以支持一方变更子女直接抚养关系作出了明确规定。这里的“子女抚养关系”实质是指子女直接抚养关系，而非实务中有人所称的“子女抚养权”。从历次婚姻法延续到现在的《民法典》都规定，父母对未成年子女的抚养既是权利又是义务，离婚只会将对子女的抚养由父母共同抚养变更为由父母一方以共同生活方式直接抚养，另一方通过给付抚养费等的形式间接抚养。

司法实务中，关于上述表述的理解，可从以下角度分析：第一，有权变更子女直接抚养关系的原告主体限定为“父母一方”。关于有权变更子女直接抚养关系的原告是否包括子女，司法实务中主要有以下不同观点：第一种观点认为，成年父母和子女均可为原告。理由在于，《民事诉讼法》第119条对原告只要求与本案有直接利害关系，而变更子女直接抚养关系与父母、子女均有利害关系，故三者均可为原告。第二种观点认为，只能由子女作为原告。理由在于，变更子女直接抚养关系受影响最大的就是子女，《民法典》第1084条第3款已经确立最有利于未成年子女的原则，故是否变更应由子女自己决定。第三种观点认为，只能由父母作为原告。理由在于，即便允许未成年子女作为原告，也仍需父母作为法定代理人决定是否提起并参加诉讼。与其这样，还不如允许父母作为原告。第四种观点认为，子女和父母一方为共同原告。理由在于，子女和父母一方与变更抚养关系具有直接利害关系，故可作为共同原告。上述四种观点，各有其利弊。综合权衡，我们更倾向于第三种观点。即父母有权提起变更直接抚养关系诉讼。首先，本解释第55条已经规定，离婚后，父母一方要求变更子女抚养关系的，或者子女要求增加抚养费的，应当另行提起诉讼。该条将《离婚案件子女抚养问题的意见》第15条中的“一方”明确为是指“父母一方”，而并不包括未成年子女，排除了未成年子女为原告。其次，父母为原告可以简化、促进诉讼。如果让父母作为未成年子女法定代理人提起变更子女直接抚养关系诉讼，则其在诉讼中既代表未成年子女利益，案件处理结果又与其自身休戚相关，不排除出现利益冲突情形。最后，与确认子女直接抚养关系的主体一致。直接抚养子女一方的确定，一般都是通过离婚协议或离婚裁判方式。在这两种方式中，子女都没有参与，故在变更子女直接抚养关系时，也没有必要让子女作为原告。这里需要注意的是，司法实践中还存在未成年子女的父母也为未成年人的情形。对于未成年父母而言，其本身也是限制民事行为能力人，虽然可以作为原告，但具体应由其法定代理人，也即未成年子女的祖父母、外祖父母代为提起诉讼。

第二，有权要求变更子女直接抚养关系的可以为父母中任何一方。这里的父母包括亲生父母、养父母、形成抚养教育关系的继父母等。司法实务中，较为常见的是不直接抚养子女的父母一方，对原先协议或生效裁判确定的直接抚养关系不满，为达到自己能直接抚养子女的目的而提起变更子女直接抚养关系的诉讼。也即，在多数情况下，提起变更直接抚养子女关系诉讼的原告都是没有直接抚养关系的父母一方。至于直接抚养子女的父母一方，则有观点认为，没有必要赋予直接抚养子女的父母一方原告主体资格。理由在于：第一，直接抚养子女的父母一方已处于对子女直接抚养状态，没有为争取直接抚养子女而提起诉讼的必要性；第二，如果允许直接抚养子女的父母一方起诉变更已有的直接抚养子女关系，将可能因此改变子女业已熟悉适应的生活、学习环境，不符合最有利于未成年子女的原则。我们认为，上述观点略显片面。根据最有利于未成年子女原则，由谁直接抚养未成年子女，首先考虑的不应是父母的意愿，而是是否对未成年子女健康成长有利。固然，协议或裁判确定未成年子女由谁直接抚养时，一般都是符合最有利于未成年子女原则，但也不能绝对排除父母在决定子女由谁抚养时掺杂个人私利或法院由于信息不对称而在子女抚养关系问题上作出不利于未成年子女的裁判。此外，即便协议或裁判确定的子女抚养关系安排在当时符合最有利于未成年子女原则，直接抚养子女一方也可能在随后出现抚养能力、抚养条件发生不利于子女的重大变化。故从有利于子女利益最大化出发，应准许直接抚养子女一方提出变更子女直接抚养关系的诉讼。至于变更后导致子女生活、学习环境变化对未成年子女健康成长可能造成的不利，则可作为法院裁判是否变更直接抚养关系时的考量因素。

第三，子女抚养关系包括未成年子女抚养关系和不能独立生活的成年子女抚养关系。《民法典》第1058条和第1084条规定了，夫妻双方平等享有对未成年子女抚养、教育和保护的权利和共同承担对未成年子女抚养、教育和保护的义务。且该权利和义务并不因父母离婚而消灭。《民法典》第1067条又规定，父母不履行抚养义务的，未成年子女或者不能独立生活的成年子女，有要求父母给付抚养费的权利。从上述法条体系解释角度，可以推知父母对不能独立生活的成年子女也有抚养义务。现实中，不能独立生活的成年子女主要是身患重病或残疾等不具备劳动能力甚至不具备基本生活自理能力的成年子女。在某种程度上，不能独立生活的成年子女需要父母对其抚养时付出比对未成年子女更多的心血。故现实中，相对于未成年子女，变更对不能独立生活的成年子女的直接抚养关系，有时更有其必要性。进而，本条在表述上并未将规范对象限制在未成年子女抚养关系而是用“子女抚养关系”涵括未成年子女和不能独立生活的成年人两种情况。

二、如何理解本条中规定的应当变更子女抚养关系的情形

如前所述，是否变更子女直接抚养关系，应以最有利于子女原则为基本衡量标准。主要从两个维度把握：客观不能和主观不愿。关于客观不能，则主要看现有直接抚养子女一方是否具备抚养子女的抚养能力。这里的抚养能力首先是抚养人是否具备亲自照料子女日常生活起居的能力。对于子女而言，最需要的是来自父母日常生活上的关心照顾。这也是子女健康成长的前提和基础。现实生活中，最常见的导致父母丧失该照顾能力的原因就是直接抚养子女一方的身体健康出现严重问题。为此，本条第1项就表述为“与子女共同生活的一方因患严重疾病或者因伤残无力继续抚养子女”。这里的“共同生活的一方”，就是法律意义上直接抚养子女的一方。如果直接抚养子女一方在与子女共同生活时，患上了严重疾病或者发生伤残情形，则可能导

致其客观上无法继续在日常生活中照顾子女，履行直接抚养子女的义务。这显然不符合最有利于子女原则。故一旦出现该类情形，人民法院就可支持原告提起的变更子女直接抚养关系的诉讼请求。人民法院在具体适用本项规定时，可从以下方面着手：第一，直接抚养一方患的严重疾病或伤残是否导致直接抚养一方已客观上不具备照料子女日常生活的身体健康条件。这里的审查可以通过日常生活经验判断、居住地相关组织和人员的证人证言、相关医学鉴定以及有专门知识的人出庭等方式进行。第二，在庭审辩论终结时，直接抚养子女一方所患严重疾病或者伤残是否仍存在。如果庭审辩论终结前，直接抚养子女一方所患严重疾病或者伤残已经康复或不再影响对子女的日常生活照料，那么就没有必要支持原告变更子女直接抚养关系的诉讼请求。

关于主观不愿，最典型的表现就是与子女共同生活的一方基于各种原因不愿对子女尽抚养义务，甚至有家庭暴力、虐待、遗弃子女行为。此外，少数直接抚养子女一方还有吸毒、赌博等恶习，会对子女身心健康产生不利影响。这些都严重违反最有利于未成年子女原则，不利于子女健康成长，故本条第 2 项将“与子女共同生活的一方不尽抚养义务或有虐待子女行为，或者其与子女共同生活对子女身心健康确有不利影响”作为变更子女直接抚养关系的事由。根据本解释第 1 条规定，持续性、经常性的家庭暴力，可以认定为虐待。何谓对子女身心健康确有不利影响？从司法实践来看，直接抚养子女一方经济收入、住房条件、居住地、工作方式、工作地点等发生重大变化以及具有不良嗜好等，都可以作为“对子女身心健康确有不利影响”的事实。这里需要注意的是，实务中还出现了父母一方故意不尽抚养义务并以不尽抚养义务为由起诉要求变更子女直接抚养关系的情形。究其原因，多为直接抚养子女一方本不愿抚养子女，之所以取得直接抚养子女权，要么是因为父母双方都不愿抚养，而由法院裁判，要么是为了离婚时多分得财产，而同意直接抚养子女。故一般不宜支持其以本条第 2 项规定的“不尽抚养义务”为由提出的变更子女直接抚养关系请求。除了父母层面的不愿抚养，实务中还有子女明确表示不愿由现有直接抚养一方继续抚养，要求变更直接抚养关系的情形。对此，本条第3项区分未成年子女民事行为能力，规定“已满八周岁的子女，愿随另一方生活，该方又有抚养能力”作为变更直接抚养关系条件。这是从“任何人都是自身利益最佳判断者”引申出来的规定。已满8周岁的未成年子女属于限制民事行为能力人，对与其有关的日常生活事物已经具有了一定的感知、理解和表达能力，一般对自己由谁直接抚养更有利于自己能够作出相应判断。但未成年子女的主观意愿往往只是其简单的情感选择，容易受到父母一方威逼利诱的影响。而另一方主观上是否愿意抚养以及是否客观上具备保障未成年人健康成长的抚养能力等，也都是影响未成年人健康成长的重要因素。故适用该项主张变更直接抚养子女关系，需要证明：（1）未成年子女已经满8周岁，属于限制民事行为能力人；（2）未成年子女愿意跟随非直接抚养一方生活的意思表示真实；（3）非直接抚养一方具有抚养该未成年子女的能力。

最后，鉴于司法实务中，父母一方提出变更子女直接抚养关系的事由千奇百怪的现状，本条还以第4项“有其他正当理由需要变更”兜底，供法院在审理此类案件时，可以根据具体案情不同，参酌相关法律规定作出相应处理。

【审判实践中应注意的问题】

从本条文义解释可知，其规范的主要是父母之间可以变更亲生子女直接抚养关系的情形。但司法实务中还存在其他要求变更子女直接抚养关系的情形，对其是否可以参照适用本条规定，作如下分析：

一、祖父母、外祖父母主张变更孙子女、外孙子女直接抚养关系的情形

现实生活中，还存在父母已经死亡或者父母无力抚养子女的情形。对此，祖父母、外祖父母与孙子女和外孙子女是隔代的直系血亲

关系，他们之间在具备法律条件的情况下，可以形成抚养和赡养关系。[①]《民法典》第1074条规定了有负担能力的祖父母、外祖父母对孙子女、外孙子女具有抚养或扶养义务的情形。根据该条规定，祖孙之间抚养关系的形成应具备以下条件：（1）被抚养子女的父母死亡或者无力抚养。1980年《婚姻法》规定的是，祖父母、外祖父母只有在未成年孙子女、外孙子女的父母已经死亡的情形下，才对该子女有抚养义务，形成抚养关系。2001年修正《婚姻法》第28条增加了"父母无力抚养"的情形。（2）祖父母、外祖父母有负担能力。这里的负担能力，就是本条所指的抚养能力，主要侧重对被抚养人日常生活所需的物质供给方面。如果祖父母、外祖父母没有相应抚养能力，则即便规定其有抚养义务，该义务也很难得到实际履行。实践中，祖父母、外祖父母履行抚养义务，主要有两种方式：一是共同生活。即被抚养孙子女、外孙子女与祖父母、外祖父母共同居住在一起，进行直接抚养。二是通过给付抚养费、定期探望等方式间接抚养。既然在特定情形下，允许祖父母、外祖父母与孙子女、外孙子女之间存在抚养关系，那么也就可能存在祖父母、外祖父母要求变更抚养关系的情形。从实务情况看，至少有以下情形：一是，父母死亡或无力抚养时，未成年子女由祖父母一方或外祖父母一方抚养后，另一方要求变更直接抚养关系的情形；二是，祖父母、外祖父母离婚后，不直接抚养未成年孙子女、外孙子女的祖父母一方或者外祖父母一方要求变更直接抚养关系的情形；三是，父母无力抚养但仍坚持抚养，祖父母、外祖父母要求变更直接抚养关系的情形；四是，未成年子女因父母无力抚养而交由祖父母、外祖父母抚养后，父母恢复抚养能力，要求变更直接抚养关系的情形等。以上情形虽不是本条规范对象，但也可考虑类推本条规定情形处理。

① 胡康生主编：《中华人民共和国婚姻法释义》，法律出版社2001年版，第115页。

二、婚内要求变更子女抚养关系的处理

根据《民法典》第1058条规定，在婚姻关系存续期间，夫妻双方平等享有和共同承担对未成年子女抚养的权利和义务。司法实务中，绝大多数变更子女直接抚养关系纠纷也都发生在夫妻离婚后，故本条规范对象为离婚后，父母一方要求变更子女直接抚养关系的情形。但司法实务中确实也存在特殊情况，例如婚姻关系存续期间，父母一方发现婚生子女并非自己所生，或者他人来争婚生子女直接抚养关系。这些都会涉及变更子女直接抚养关系问题。因此，在婚姻关系存续期间内，变更子女直接抚养关系纠纷也时有发生。对此，大概可分为两类：一是夫妻一方否认亲子关系后，拒绝抚养婚生子女，并要求变更抚养关系由夫妻共同抚养变为另一方单独抚养；二是第三方确认其与婚生子女的亲子关系后，要求变更抚养关系由夫妻共同抚养变更为由自己直接抚养。以上两种情形都不以夫妻双方离婚为前提，严格而言，并不能直接适用本条规定。但就本条制定规范目的是最有利于子女这一点而言，可考虑针对上述特殊情形，类推适用本条规范。类似情形还可能发生在继父母和受其抚养教育的继子女之间形成抚养关系情形。虽然本解释第54条已经规定，离婚时，对曾受其抚养教育的继子女，继父或者继母不同意继续抚养的，不能强行让其直接抚养子女。但该条并未规定，有继续抚养意愿的继父或者继母，不能直接抚养子女。从最有利于未成年子女原则出发，应允许有抚养能力和抚养意愿的继父或者继母，在出现本条规定情形时，有权要求变更受其抚养教育的继子女的直接抚养关系。

第五十七条 父母双方协议变更子女抚养关系的，人民法院应予支持。

【条文主旨】

本条是关于父母双方达成变更子女直接抚养关系的协议效力的规定。

【条文理解】

抚养一般是指父母对子女经济上的供养和生活上的照料，包括负担子女的生活费、教育费、医疗费等。抚养义务是父母对子女所负的最主要义务，目的是为保障子女生存和健康成长。通常情况下，父母对未成年子女的抚养为无条件的共同抚养，但在离婚、同居关系解除等特殊情形，也存在未成年子女改由父母一方直接抚养的必要。对此，父母双方可以协议或诉讼方式确定由哪一方直接抚养。直接抚养子女关系确定后，也并非一成不变，从最有利于未成年子女原则出发，应允许变更直接抚养子女关系。具体变更途径有二：一是诉讼变更对子女的直接抚养关系；二是协议变更对子女的直接抚养关系。本条则针对的是协议变更子女直接抚养关系的司法认定。

协议变更子女直接抚养关系，针对的原子女直接抚养关系有两类：一是通过父母双方协议方式确认的子女直接抚养关系；二是通过司法裁判方式确认的子女直接抚养关系。对于前者，本质上是父母双方通过协议变更了原协议关于子女直接抚养的约定，一经达成，原则生效，子女直接抚养关系即已变更；对于后者，则涉及生效裁判的既判力问题，对于父母双方变更子女直接抚养关系的协议，往往通过诉讼方式予以确认。从司法实务情况看，父母双方达成变更子女直接抚养关系协议后，仍通过裁判变更子女直接抚养关系的情形主要有：第一，父母双方就变更子女直接抚养关系的问题达成一致后，一方事后不认可，另一方起诉要求变更；第二，父母双方就变更子女直接抚养关系的问题达成一致后，因办理子女户口要求等原因需要通过司法裁判方式予以确认；第三，父母一方起诉变更子女直接抚养关系后，双方在诉讼中达成变更子女直接抚养关系协议。

关于父母双方达成变更子女直接抚养关系的协议能否导致变更子女直接抚养关系的问题，《离婚案件子女抚养问题的意见》第17条规定："父母双方协议变更子女抚养关系的，应予准许。"虽然该条明确了人民法院应当准许父母双方通过协议方式变更子女直接抚养关系，但该条在司法实务适用中，仍存有争议：一种观点认为，父母与子女之间的血缘、亲情关系，决定了父母之间达成的涉及子女内容的协议一般都是从子女利益最大化角度出发，故在是否变更子女直接抚养关系的问题上，应对父母达成的相关协议予以充分尊重。只要父母就此达成了协议，就应适用该条规定，应予准许。另一种观点则认为，是否变更子女直接抚养关系，应遵循最有利于未成年子女原则，实行子女本位而非父母本位。鉴于父母可能基于个人私利达成不利于子女利益最大化的变更子女直接抚养关系协议，故人民法院还应对该协议予以实质审查而非一律确认其效力。上述观点各有利弊。根据日常生活经验判断，父母达成的变更子女直接抚养关系的协议，一般都应最有利于子女。不可否认，现实生活中确实存在父母为了一己之私，变更子女直接抚养关系后不利于子女利益最大化的情形。但反过来，如果因此而对所有变更子女直接抚养关系协议主动进行实质审查，则会因家庭生活的私密性、当事人内心真意很难查明而不当加大司法成本，甚至因信息不对称，而在是否同意变更子女直接抚养关系的问题上作出不利于子女的判断。故在父母协议变更子女直接抚养关系的问题上，几经斟酌，本条仍基本保留了《离婚案件子女抚养问题的意见》第17条的表述，只是将该条中"应予准许"变更为"应予支持"以更符合司法解释表述惯例。在具体适用本条时，应重点把握以下方面：

一、父母双方变更子女抚养关系协议行为的性质

一般而言，根据调整对象不同，民事法律行为可以分为财产法律行为和身份法律行为。其中，身份法律行为是自然人以身份以及身份所引起的人身关系和财产关系的产生、变更或消灭为目的的法律行为。主要包括结婚行为、离婚行为、收养行为、解除收养行为以及对非婚生子女的认领行为等。身份法律行为与财产法律行为相比，在民事行为能力年龄限制及其代理、无效或可撤销认定构成及其法律后果、是否可附条件、期限等方面皆有不同。将身份法律行为细分可包括形成行为和附随行为两类。形成行为是指直接以特定亲属身份的发生、变更或消灭为目的的法律行为，如结婚、离婚、收养等行为。而所谓附随行为是指以形成行为为前提，附随该行为而实施的法律行为，例如夫妻财产制的约定、离婚时子女抚养和财产分割协议等。形成行为因涉及身份关系的稳定，除需满足民事法律行为一般生效要件外，一般还具有要式性——登记。未经登记之前，该行为不生效力。而且，在登记前，当事人基于人身自由原则，可以反悔。附随行为主要以财产变动为内容，属于非要式行为，只需具备一般民事法律行为的生效条件。但是，由于附随行为以形成行为的生效为前提，所以，即使附随行为具备了一般生效条件，在形成行为未生效之前不生效，也不具有拘束力。虽然婚姻家庭法上的身份关系因具有伦理性而通常采用法定形式界定，但这并不排斥在特定情形下，立法允许具有独立人格的家庭成员通过“协议”方式来处理身份关系。出于避免烦琐规定等立法方面的考虑，《民法典》虽然对身份关系的产生、变更、消灭作了基本规定，但同时也明确允许当事人针对特定情形，利用“协议”对附随行为进行自主安排，以应对纷繁复杂的现实情况。典型如离婚财产分割协议。就本条规范对象父母双方变更子女直接抚养关系的协议而言，是形成行为抑或附随行为，实务中有不同观点：第一种观点认为，父母对子女的抚养既是权利也是义务，不允许放弃。父母因离婚等原因将对子女的共同抚养变更为由一方通过共同生活方式直

接抚养，另一方通过给付抚养费、行使探望权等方式间接抚养后，即便父母双方再变更子女直接抚养关系，本质上仍未改变父母子女之间存在抚养关系这一身份关系的现实。这种变更协议不涉及父母子女间身份关系的变动，故该协议不属于身份行为中的形成行为；第二种观点则认为，父母变更直接抚养子女关系协议，已经改变了与子女利益密切相关的直接抚养子女一方，涉及子女切身利益，本质上仍属于身份行为中的形成行为。我们认为，第一种观点更符合当前司法实践，应将父母变更子女直接抚养关系的协议认定为身份行为中的附随行为。理由在于，变更子女直接抚养关系，以父母子女身份关系为基础，多以父母因离婚等形成行为不再共同生活为前提，只涉及父母对子女抚养关系具体形式的变更和抚养方式的调整，不涉及父母子女间扶养关系的有无，也无需进行要式性登记，不具有身份行为中形成行为的特征。

二、父母双方变更子女直接抚养关系协议的法律适用

关于身份关系协议适用法律的问题，《民法典》第464条规定："合同是民事主体之间设立、变更、终止民事法律关系的协议。婚姻、收养、监护等有关身份关系的协议，适用有关该身份关系的法律规定；没有规定的，可以根据其性质参照适用本编规定。"具体到父母双方变更子女直接抚养关系协议而言，首先应适用有关子女抚养关系的法律规定，例如《民法典》《未成年人保护法》等；其次，可以根据抚养关系性质参照适用《民法典》合同编，最后，可以选择适用《民法典》总则编。下面结合实务中常见情形进行分析：

第一，关于变更子女直接抚养关系协议适用《民法典》婚姻家庭编问题。变更子女直接抚养关系协议本质上属于有关身份关系的协议，首先应适用《民法典》婚姻家庭编规定。根据《民法典》婚姻家庭编第1084条第2款规定，离婚后，父母对于子女仍有抚养、教育、保护的权利和义务。故实务中如果父母双方达成的变更子女抚养关系的协议中有"不再承担抚养义务""放弃抚养权"等描述，应结合上

下文探究其真实意思表示是放弃抚养抑或仅仅是不再给付抚养费或不再行使探望权。如为前者，则应进一步分析该表述与其他约定之间是否互相关联、不可分割，从而以违反《民法典》婚姻家庭编上述规定为由，最终对该协议作出部分无效或者全部无效的认定。

第二，变更子女直接抚养关系协议参照适用《民法典》合同编问题。《民法典》第464条规定："合同是民事主体之间设立、变更、终止民事法律关系的协议。婚姻、收养、监护等有关身份关系的协议，适用有关该身份关系的法律规定；没有规定的，可以根据其性质参照适用本编规定。"该条第2款后段属于引用性法条。引用性法条的作用在于：（1）在立法技术上，使立法避免烦琐重复或防止挂一漏万；（2）在法律的适用上，具有授权司法机构进行法律补充的功能，只不过这种补充是法律计划内的补充。引用性法条包括同用性法条和准用性法条两类，前者经常用"亦同""适用""有同一效力""依照"之类的用语表达，后者一般用"准用"或"参照"等用语来表达。在准用性法条拟处理之案型与拟引用之法条所规范的案型，其法律事实在性质上是不同的，但却又有类似的情形，从而基于平等原则的考虑，对其相似之处进行相同的处理。[①]由于拟处理的案型与被引用的构成要件事实相似而不同一，大同而小异。故在参照适用的过程中，被引用法条有可能被限制或者修正。具体而言，"身份关系协议的性质"是身份法律行为及相应身份权利义务关系所展现出的身份共同体特点，也是"参照适用"时对被引用法条限制或者修正变通的判断标准和解释依归。"身份关系协议的性质"具体包括鼓励缔结婚姻、维护夫妻等身份关系和谐安定、实现夫妻乃至家庭共同利益、养老育幼、未成年子女利益最大化等价值追求。[②]就变更子女直接抚养关系协议而言，在确定是否参照适用《民法典》合同编某个条文时，必须以《民法典》第1084条确定的最有利于未成年子女原则为标准。如

① 汪渊智：《民法中的不完全性法条》，载《山西大学学报（哲学社会科学版）》2004年第4期。

② 王雷：《论身份关系协议对民法典合同编的参照适用》，载《法学家》2020年第1期。

果参照适用《民法典》合同编某个条文将导致不利于未成年子女的结果，则不能参照适用该条文。例如，实务中经常出现父母双方协议约定直接抚养一方违反有关探望协助义务应承担变更子女直接抚养关系的违约责任后，间接抚养一方以直接抚养一方不配合其行使探望权为由，要求法院依据协议变更子女直接抚养关系的情形。对此，人民法院不宜仅凭该约定，就适用本条支持原告变更子女直接抚养关系的诉讼请求。而应以该变更是否更有利于子女健康成长、能实现子女利益最大化为首要考量，如果该变更子女自己抚养关系确实不符合最有利于子女原则，那么即便父母双方已达成上述约定，也不宜依据该约定作出变更子女直接抚养关系的裁判。

第三，变更子女直接抚养关系协议适用《民法典》总则编的问题。就一般合同效力而言，《民法典》总则编第六章已经集中规定了民事法律行为的效力，故《民法典》合同编为避免重复，在合同效力方面的规定并不多见。更多的合同效力规定，则是通过《民法典》第508条“本编对合同的效力没有规定的，适用本法第一编第六章的有关规定”的规定进行立法技术处理。具体到变更子女直接抚养关系协议的效力判断，也应按上述原则适用法律，作出认定。就身份关系的协议能否适用《民法典》总则编第六章的问题，理论界存在争议：一种观点认为：“《民法总则》对其他各编无特别规定时，其中的一般规定适用于其他各编。民法亲属编并无有关表意不真实情况下身份行为无效的特别规定，则此情况下结婚与收养行为效力的认定，应依《民法总则》规定判断。依同一法理，认领行为，亦与结婚、收养行为效力相同。”[①] 另一种观点则认为：“民法总则对于单纯身份行为所适用部分很少，如关于身份行为的能力、意思表示虚假、代理、附条件或附期限等，都不能适用民法总则的相关规定。特别是民法总则有关无效民事行为的规定，对于身份行为应排除适用。”[②] 还有学者持折中立场，认为：“单纯身份关系以人伦秩序上事实存在为前提，具有浓厚的人

① 姚瑞光：《民法总则论》，中国政法大学出版社2011年版，第230页。

② 王礼仁：《婚姻诉讼前沿理论与审判实务》，人民法院出版社2009年版，第84页。

伦秩序色彩，因此在亲属法无规定时亦不适用民法总则上关于法律行为的规定；但对于身份财产行为，因其本质上为财产法规范，故可以适用之，但不应忽略亲属身份对身份财产行为产生的影响。”[①]

上述观点各有利弊，但《民法典》总则编中的民事法律行为制度是通过提取“公因式”的立法技术而产生，是针对所有民事法律行为共性的一般规定，与各分编规范的特定民事法律行为是一般和特殊的规定。故原则上可适用《民法典》总则编中的规定。例如，《民法典》总则编中的第144条关于父母一方或双方无民事行为能力对变更子女直接抚养关系协议效力的影响，第146条关于虚伪意思表示达成的变更子女直接抚养关系协议无效，第147条基于重大误解签订的变更子女直接抚养关系协议可撤销，第148条、第149条因被欺诈签订的变更子女直接抚养关系协议可撤销，第150条因胁迫签订的变更子女直接抚养关系协议可撤销，第151条因变更子女直接抚养关系协议签订时显失公平可撤销，第153条变更子女直接抚养关系协议违反法律、行政法规的强制性规定、违背公序良俗而无效，第154条恶意串通签订变更子女直接抚养关系协议损害他人合法权益而无效等。但值得注意的是，《民法典》总则编也考虑到身份法律行为的伦理性特质，在第158条和第160条有关附条件、附期限法律行为的规定中，都有“依照其性质不得附条件（期限）的除外”的但书规定。此但书规定即明确了亲属身份行为不得附加条件或期限。具体到变更子女直接抚养关系的协议而言，既然其性质为广义上的身份关系协议，那么就该协议而言，原则上就不能附条件或期限。例如，女方向男方给付特定数额财产，子女就由男方变更为女方直接抚养的约定。又如，子女小学毕业，即由女方变更为男方直接抚养的约定等。至于实务中常见的“如男方再婚，而女方未婚，抚养权变更为女方”的约定、一旦条件成就，一方就以变更子女直接抚养关系协议已经生效为由，提起诉讼要求变更子女直接抚养关系。对此，前者条件违反婚姻自由原则。婚

① 陈棋炎、黄宗乐、郭振恭：《民法亲属新论》，我国台湾地区三民书局1980年版，第20页。

姻自由，包含结婚的自由、离婚的自由和再婚的自由，结婚（包括再婚）与离婚是我国公民享有的一项基本民事权利，任何人均不能干涉他人的婚姻自由。若双方约定“只要男方再婚而女方未婚，抚养权就变更为女方”，则违反了《民法典》第1041条所规定的“实行婚姻自由、一夫一妻、男女平等的婚姻制度”和第1042条“禁止包办、买卖婚姻和其他干涉婚姻自由的行为”的强制性规定，应当无效。

【审判实践中应注意的问题】

司法实务中，夫妻双方达成变更子女直接抚养关系的协议多以离婚协议、离婚后达成协议（包括离婚后执行和解协议、有关调解组织主持下达成的调解协议、诉讼中达成协议）等形式出现。在具体适用本条时还需要注意以下几点：

一、应区分离婚协议中的变更子女直接抚养关系约定与轮流抚养子女约定

离婚协议是复合协议，通常包括男女双方婚姻关系解除、夫妻共同所有财产分割和子女直接抚养关系归属等三个方面内容。其中，在子女抚养约定方面，容易混淆的是子女直接抚养关系的约定与变更子女直接抚养关系的约定。司法实务中对子女直接抚养关系的确定，男女双方可能达成轮流直接抚养子女的约定，常见表述为“女方抚养子女到读小学后，交由男方抚养”。对此，有观点认为，该约定将对子女直接抚养关系由女方变更为男方，故属于变更子女直接抚养关系的协议约定。进而，父母一方可以依据该条向法院起诉要求变更子女直接抚养关系。对此，我们认为，变更子女抚养关系协议，应是在之前已明确子女由谁直接抚养的前提下，双方就变更已有直接抚养子女关系而达成的新协议。而离婚协议中的上述表述，则仅仅是在夫妻共同抚养子女已不可继续的前提下达成的将子女由父母共同抚养变更为父母一方直接抚养的约定。该约定是父母双方关于离婚后轮流直接抚养

子女的约定，本质上仍属于子女由谁直接抚养的表现形式。当然，司法实务中也存在约定变更子女直接抚养关系的情形。例如，“女方如出现失业或外出务工情形，则将子女由女方直接抚养变更为由男方直接抚养”。两者的本质区别在于作出变更约定时，该子女是否已经处于协议约定或裁判确定由一方直接抚养的状态。

二、父母双方变更子女直接抚养关系的协议，是人民法院判断是否变更子女直接抚养关系的证据之一

司法实务中，父母双方变更子女直接抚养关系的协议往往被一方用于作为诉讼中主张变更子女直接抚养关系的证据。该协议如果合法有效，则可直接证明，父母双方均已经同意变更子女直接抚养关系。但是必须强调的是，变更子女直接抚养关系除了考虑父母意愿，还应根据最有利于未成年子女原则，综合考虑双方抚养条件、抚养能力、变更子女生活、学习环境可能给子女带来的影响，以及8周岁以上未成年子女的个人意愿甚至在隔代抚养情形下还要考虑子女与祖父母、外祖父母之间的情感依赖等因素，故人民法院在审理此类案件时，不能产生父母双方一旦达成变更子女直接抚养关系的合法有效协议，就应直接裁判变更子女直接抚养关系的机械理解。也即，父母达成的变更子女直接抚养关系的协议可以作为变更子女直接抚养关系的直接证据，但并不必然导致子女直接抚养关系的变更。此外，就本条所指协议而言，应是指父母双方就直接变更子女直接抚养关系达成一致且明确的意见。如果协议中关于变更子女直接抚养关系的条款存在理解分歧，从维护未成年子女既有生活学习环境稳定出发，一般不宜依据该协议，作出变更子女直接抚养关系的裁判。例如“若女方在某市有固定的工作或经济能力抚养孩子，并且对子女健康成长有利的情况下，男方同意变更抚养权”是附条件变更直接抚养关系的约定，由于父母双方对该条中何为“在某市有固定的工作或经济能力抚养孩子，并且对子女健康成长有利的情况”存在理解分歧，故不宜据此变更子女直接抚养关系。

第五十八条 具有下列情形之一，子女要求有负担能力的父或者母增加抚养费的，人民法院应予支持：

（一）原定抚养费数额不足以维持当地实际生活水平；

（二）因子女患病、上学，实际需要已超过原定数额；

（三）有其他正当理由应当增加。

【条文主旨】

本条是关于子女可要求增加抚养费的情形的规定。

【条文理解】

未成年子女的自然属性决定了其在家庭中的最基本的权利是受抚养权，以确保其正常生存和发展。对此，《民法典》第1058条规定，父母共同承担对未成年子女抚养、教育和保护的权利和义务。这里的抚养义务集中表现为经济上供养和生活上照顾。现实生活中，父母因离婚、解除同居关系、长期外出务工等原因，对子女不尽抚养义务的情形比较常见。甚至在婚姻关系存续期间，父母对子女不尽抚养义务的情形也偶有发生。对此，《民法典》第1067条规定，父母不履行抚养义务的，未成年子女或者不能独立生活的成年子女，有要求父母给付抚养费的权利。至于可主张的抚养费数额，则根据本解释第49条规定，原则上可以根据子女的实际需要、父母双方的负担能力和当地的实际生活水平，区分不直接抚养子女一方收入是否固定来确定。实务中，父母协议确定或法院裁判确定抚养费都是以协议或裁判当时未成年子女实际生活需要为基础，至于未成年子女将来可能增加的需求则因无法提前确定而很少考虑。因此，将来一旦出现子女所在地生活消费水平提高、直接抚养子女一方经济条件下降或子女出现其他特别需求等情形，从最有利于子女原则出发，增加给付子女的抚养费就成为一种客观需要。对此，2001 年修正《婚姻法》第 37 条第 2 款就规定，子女必要时可向父母任何一方提出超过协议或判决原定数额的合理要求。现在，《民法典》第 1085 条[①]也延续该条精神规定，子女在必要时可以向父母任何一方提出超过协议或者判决原定数额的合理要求。但就增加抚养费纠纷案件而言，司法实务中对何为“必要时”，也即在何种情形下子女可要求增加抚养费，素来存有争议。为统一裁判尺度，《离婚案件子女抚养问题的意见》第 18 条[②]曾规定了子女要求增加抚育费，人民法院应予支持的情形。从这些年的实务情况反馈来看，该条适用取得了较好的法律和社会效果。为进一步细化《民法典》第 1085 条中“必要时”的认定标准，本条内容仍以上述第 18 条规定内容为基础，只在具体文字表述上作了简单修改。主要表现为：（1）将“抚育费”改为“抚养费”，以与《民法典》婚姻家庭编的有关表述保持一致；（2）将“给付能力”改为“负担能力”，以与《民法典》婚姻家庭编的有关表述保持一致；（3）在“应予支持”前面增加“人民法院”。这样表述更符合语法和现行司法解释表述惯例。

一、如何理解“子女要求有负担能力的父或者母增加抚养费”

从司法实务中反馈情况看，子女要求增加抚养费案件中出现的诸多争议，多与对上述语段的理解分歧有关。下面结合实务情况，对该语段表述分析如下：

第一，有权要求不直接抚养子女父母一方给付抚养费的是否包括直接抚养子女一方。一种观点认为，应允许直接抚养子女父母一方单

---

① 《民法典》第 1085 条规定：“离婚后，子女由一方直接抚养的，另一方应当负担部分或者全部抚养费。负担费用的多少和期限的长短，由双方协议；协议不成的，由人民法院判决。前款规定的协议或者判决，不妨碍子女在必要时向父母任何一方提出超过协议或者判决原定数额的合理要求。”

② 《离婚案件子女抚养问题的意见》第 18 条规定，子女要求增加抚育费有下列情形之一，父或母有给付能力的，应予支持。（1）原定抚育费数额不足以维持当地实际生活水平的；（2）因子女患病、上学，实际需要已超过原定数额的；（3）有其他正当理由应当增加的。

独或与子女共同作为原告提起增加子女抚养费诉讼。理由在于，现实生活中，鉴于子女为未成年人或不能独立生活的成年人，故除极少数向子女当面给付或向子女名下银行账户给付情形之外，不直接抚养子女父母一方给付抚养费的方式多为向直接抚养子女父母一方实际交付，由后者在与子女共同生活照顾子女过程中，用于子女日常生活开销。相应地，出现需要增加抚养费情形时，也多是直接抚养子女父母一方直接要求父母另一方给付。故允许直接抚养子女父母一方作为原告提起诉讼，符合现实情况且并不会损害子女利益。我们认为，有权提起增加抚养费诉讼的原告只能是子女。理由在于，向子女给付抚养费是不直接抚养子女父母一方履行抚养子女法定义务的最主要方式。反过来，向不直接抚养子女父母一方要求增加给付抚养费也是子女的法定权利。该权利基于父母子女之间关系，具有身份性，只能由法律规定。而《民法典》第1085条也规定了有权要求增加抚养费的主体为子女，并未包括直接抚养子女的父母一方。另外，从民事诉讼角度看，《民事诉讼法》第119条也规定了原告是与本案有直接利害关系的公民、法人和其他组织。而不直接抚养子女的父母一方给付抚养费的对象是子女而非直接抚养子女的父母一方。故后者与相对方给付子女的抚养费并无直接利害关系。

第二，有权提起增加抚养费诉讼的子女范围。《民法典》第1085条虽规定子女可以向父母任何一方要求增加抚养费，但该条并未对“子女”范围作出任何限制。将该条结合《民法典》第1067条[①]作体系解释可知，只有未成年子女或者不能独立生活的成年子女才有权要求父母给付抚养费。在婚姻家庭领域，子女包括亲生子女（婚生和非婚生）、收养子女、形成抚养教育关系的继子女。就未成年子女而言，上述子女都属于本条所指子女的范围，都有权要求父母增加抚养费。但值得注意的有：一是，婚生子女未必可以要求父母一方增加抚

① 《民法典》第1067条规定：“父母不履行抚养义务的，未成年子女或者不能独立生活的成年子女，有要求父母给付抚养费的权利。成年子女不履行赡养义务的，缺乏劳动能力或者生活困难的父母，有要求成年子女给付赡养费的权利。”

养费。例如，实务中出现的婚生子女非亲生子女情形，一旦确认婚生子女与父母一方没有血缘关系，则不管该父母有无离婚，该子女都不可要求没有血缘关系的名义上父母一方给付抚养费，自然也就谈不上要求增加给付抚养费问题。二是，养子女可以向养父母要求增加抚养费，但不可向生父母提出上述请求。理由在于，一旦收养关系成立生效，则该子女与生父母之间的父母子女关系消除，向生父母主张抚养费的前提和基础就已丧失。《民法典》第 1111 条[①]对此作了明确规定。但根据《民法典》第 1117 条[②]规定，一旦收养关系解除，则未成年子女自行恢复与生父母之间的身份关系，有权向生父母主张抚养费，故也有权要求增加给付抚养费。至于不能独立生活的成年子女则应与生父母协商恢复身份关系后，才有权要求生父母给付抚养费。三是，只有受继父母抚养教育的继子女可以向继父母要求增加给付抚养费。继父母子女关系因父母离婚、丧偶后再婚而产生，继子女与继父或者继母之间既不存在自然血缘关系，也不存在法定拟制血缘关系，故原则上，继子女无权要求继父或继母给付抚养费，当然也就更不能向其主张增加给付抚养费。但鉴于部分继子女与继父或继母之间因长期共同生活且被后者精心照料和教育等而形成实质意义上的父母子女关系，故可被拟制为具有父母子女关系。对此，《民法典》第 1072 条第 2 款[③]对此作了明确规定。在此前提下，如果出现生父与继母离婚或者生母与继父离婚情形，则继父或者继母可以在离婚时选择是否继续抚养该子女，如不同意继续抚养，则该子女由其生父或者生母抚养。对此，本解释第 54 条已有规定。相应地，该子女也不能向继父或继母

---

① 《民法典》第 1111 条规定："自收养关系成立之日起，养父母与养子女间的权利义务关系，适用本法关于父母子女关系的规定；养子女与养父母的近亲属间的权利义务关系，适用本法关于子女与父母的近亲属关系的规定。养子女与生父母以及其他近亲属间的权利义务关系，因收养关系的成立而消除。"

② 《民法典》第 1117 条规定："收养关系解除后，养子女与养父母以及其他近亲属间的权利义务关系即行消除，与生父母以及其他近亲属间的权利义务关系自行恢复。但是，成年养子女与生父母以及其他近亲属间的权利义务关系是否恢复，可以协商确定。"

③ 《民法典》第 1072 条第 2 款规定："继父或者继母和受其抚养教育的继子女间的权利义务关系，适用本法关于父母子女关系的规定。"

主张抚养费乃至主张增加抚养费，在此不再赘述。如果离婚时继父或继母已经同意继续抚养，则即便没有最终取得对继子女直接抚养权，也应履行向继子女给付抚养费等间接抚养义务。相应地，该继子女也就有权要求继父或继母给付甚至增加给付抚养费。

第三，增加抚养费诉讼不以父母已经离婚为前提。一般而言，父母在婚姻关系持续期间，都与子女共同生活、共同照顾子女的日常饮食起居，共同支付相关的抚养费用。在此情形下，子女没有必要要求父母一方给付抚养费甚至增加给付抚养费。通常只有在父母离婚确定直接抚养一方和间接抚养一方后，子女才可以要求不直接抚养一方给付或增加给付抚养费。但特殊情况下，子女向父母要求增加给付抚养费，也可能发生在父母婚姻关系存续期间。从司法实践情况看，现实生活中确实存在对子女生活所需不愿付出甚至离家外出，长期不归对子女不管不问的不负责任父母。虽然此时父母尚未离婚，但父母一方或双方长期不给付或不增加给付子女抚养费的行为，明显不利于子女健康成长。对此，本解释第 43 条已经规定，婚姻关系存续期间，父母双方或者一方拒不履行抚养子女义务，未成年子女或者不能独立生活的成年子女请求支付抚养费的，人民法院应予支持。进而，子女同样可以在满足本条规定情形下，要求增加给付抚养费。此外，在父母没有婚姻关系情形下，非婚生子女要求父母给付抚养费也无需以父母离婚为前提。司法实务中，非婚生子女主要有两种情形：一是，父母同居期间所生子女；二是，已婚一方和婚外异性所生子女。从最有利于子女原则出发，《民法典》第 1071 条已经规定，不直接抚养非婚生子女的生父或者生母，应当负担未成年子女或者不能独立生活的成年子女的抚养费。故非婚生子女要求不直接抚养的生父或者生母增加给付抚养费并不以父母离婚为前提。

第四，子女要求增加抚养费的前提是不直接抚养子女父母一方有负担能力。这里的负担能力主要是指负担增加抚养费的能力。从学理上看，父母对未成年子女的抚养义务是基于父母子女关系而产生的法定义务，关涉未成年子女切身利益，与父母有无负担抚养费能力及负担能力大小无关。这也可从《民法典》第1058条规定夫妻双方对未成年子女抚养义务以及《民法典》第1085条规定子女在必要时向父母任何一方提出增加抚养费时均未以“有负担能力”限定，而《民法典》第1074条规定祖父母、外祖父母对未成年孙子女、外孙子女抚养义务时，则增加了“有负担能力”表述得到印证。但从司法实务层面看，如果不直接抚养子女一方客观上不具备给付增加抚养费的负担能力，那么即便以满足本条规定的必要情形为由，判令不直接抚养子女一方增加给付抚养费，也会导致实际执行不能，甚至可能激化父母子女间矛盾。故本条从实际情况出发，增加了“有负担能力”的表述，作为审查是否支持子女增加抚养费请求的考量因素。

二、如何理解本条规定的应当支持增加抚养费请求的情形

司法实务中，抚养费的给付一方及其给付数额要么由父母双方协议确定，要么由法院作出生效裁判（包括判决、裁定和调解书）确定。对于前者，子女提起增加抚养费的诉讼针对的是父母双方之前达成的抚养费数额协议。该协议属于私人制作的文书，一般都可通过裁判改变其内容。但对于已生效裁判确定的内容，特别是判项确定的抚养费数额，能否通过当事人提起新的诉讼加以变更，则存在观点分歧：有观点认为，生效裁判判项确定的事项有既判力，只能通过申请再审或提起第三人撤销之诉撤销，而不能另行提起新的诉讼。这是因为，如果子女提起新的诉讼后，人民法院作出生效裁判，支持了子女增加抚养费的诉讼请求，则可能出现同时存在两个生效裁判且关于子女抚养费的判项冲突的情形，特别是子女重复提起增加子女抚养费的情形，更是满足《民事诉讼法司法解释》第247条[①]规定，构成重复起诉，应予裁定驳回。本条并未采纳该观点。《民事诉讼法司法解释》

---

① 《民事诉讼法司法解释》第247条规定，当事人就已经提起诉讼的事项在诉讼过程中或者裁判生效后再次起诉，同时符合下列条件的，构成重复起诉：（1）后诉与前诉的当事人相同；（2）后诉与前诉的诉讼标的相同；（3）后诉与前诉的诉讼请求相同，或者后诉的诉讼请求实质上否定前诉裁判结果。

第248条[①]已经规定了重复起诉的例外情形，即“发生新的事实”。在大陆法系既判力理论上，判决效力范围分别包括主观范围、客观范围和时间范围三个维度。上述《民事诉讼法司法解释》第247条对主体、诉讼标的的规定涉及既判力主观范围与客观范围。而《民事诉讼法司法解释》第248条规定则对既判力的时间范围作了初步规定。既判力的时间范围，又称基准时，指的是以法庭言词辩论终结时为基准，当事人之间的权利义务关系就被确定，不得再就此进行争执。既判力时间范围约束的一般情形为在前诉言辞辩论终结前已经存在的事由。由于裁判后出现的新的事实属于当事人在前诉中即使想要主张却也无法主张的事实，因此不能让前诉的既判力去拘束后诉基于新的事实而提出的新主张。具体到本条规范的几种情形，则都属于《民事诉讼法司法解释》第248条规定的“发生新的事实”。

首先，关于“原定抚养费数额不足以维持当地实际生活水平”情形。司法实务中，关于“当地实际生活水平”的确定，可以子女居住地人均消费支出为基数。人均消费支出指居民用于满足家庭日常生活消费的全部支出，包括购买实物支出和服务性消费支出。现行统计标准分为城镇居民人均消费支出和农村居民人均消费支出两个指标。城镇居民人均消费支出按月统计，农村居民人均消费支出按季统计。由于各地情况差异较大，故在具体案件处理时还可适当考虑子女居住地人均可支配收入以及就业、教育、卫生等社会福利因数确定。

其次，关于“因子女患病、上学，实际需要已超过原定数额”情形。这里的患病特指协议或裁判确定抚养费后新发现需要长期治疗、耗费大额医疗费用的慢性病或者重大疾病，而不包括日常生活中子女一般性感冒、发烧等常见疾病，因为这些疾病属于可预见性疾病，已在之前协议或裁判确定抚养费数额时，被纳入抚养费组成部分。这里的上学实际需要也是特指确定抚养费后新出现的超出常规教育费用支出的不可预见但又有必要性的教育费用。例如因考上外地重点中学寄

① 《民事诉讼法司法解释》第248条规定：“裁判发生法律效力后，发生新的事实，当事人就此提起诉讼的，人民法院应当受理。”

宿而支出的费用。至于子女进入私立贵族学校、参加课后补习班或兴趣班等产生的费用，则一般不属于本条涵盖范畴。同样，这里的上学实际需要不包括之前确定抚养费时可预计的常规教育费用支出。例如，当地公办学校按国家规定统一收取的教育费用和日常学习中常见学习用品等的支出就是常规教育费用支出。这些常规教育费用支出也已在确定抚养费时，被纳入抚养费组成部分。对此，本解释第42条也规定了"抚养费"一般包括子女生活费、教育费、医疗费等费用。

最后，关于"有其他正当理由应当增加"。由于现实生活复杂多变，子女提出增加抚养费的情形也千奇百怪。从最有利于未成年子女原则出发，仅有本条规定的前两项情形，不足以涵括所有客观上需要增加子女抚养费的情形。故本条在第3项规定了"有其他正当理由应当增加"作为兜底条款。实务中，这里的理由是否正当可结合是否有利于子女健康成长、是否为原抚养费确定之后新出现的事由等因素进行综合判断。

【审判实践中应注意的问题】

一般而言，子女只能基于父母子女之间的人身关系和父母对子女的法定抚养义务而向不直接抚养子女的父母一方主张抚养费。但目前抚养子女的成本越来越高，尤其在大城市，父母们都忙于工作，为生计奔波，让祖父母或外祖父母来帮忙照看子女的情形（所谓隔代抚养）越来越多。在子女父母婚姻正常存续期间，多数祖父母、外祖父母都或多或少会为孙辈在生活开销、教育投资、医疗费用等方面提供资助。在这种情况下，祖父母、外祖父母基于亲情的付出当然是出于自愿。但不能因此得出祖父母、外祖父母具有法定的抚养孙子女、外孙子女义务。换言之，子女原则上不能向祖父母、外祖父母主张给付或增加给付抚养费。但必须看到，实务中确实存在父母已经死亡或父母因疾病或失去人身自由等原因无力抚养子女的情形。对此，基于祖父母、外祖父母与孙子女、外孙子女之间的直系血亲关系和最有利于未成年子女原则，《民法典》第1074条规定，对于父母已经死亡或者父母无力抚养的未成年子女，该子女的祖父母、外祖父母有负担能力的，有抚养的义务。既然在父母已经死亡或无力抚养的特殊情形下，法律规定了有负担能力的祖父母、外祖父母对该未成年子女有抚养义务，那么未成年子女就有权要求有负担能力的祖父母、外祖父母给付抚养费，在必要时增加给付抚养费。此外，基于上述同样理由，该子女的兄姐有负担能力的，对该未成年子女也有扶养的义务。对此，《民法典》第1075条也有规定。这里值得讨论的是，对于父母已经死亡或者无力抚养的不能独立生活的成年子女而言，是否可以要求有负担能力的祖父母、外祖父母给付或增加给付抚养费以及要求有负担能力的兄、姐给付扶养费。本解释第41条规定，“不能独立生活的成年子女”是指非因主观原因而无法维持正常生活的成年子女。对此类子女，有一种观点认为，《民法典》第1074条虽然规定了祖父母、外祖父母在特定情形下对未成年子女的抚养义务，但并没有规定祖父母、外祖父母对不能独立生活的成年子女有抚养义务，故让祖父母、外祖父母承担不能独立生活成年子女的抚养义务缺乏法律依据，应不予支持。我们认为，不能独立生活的成年子女与未成年子女一样都非因主观原因而无法维持正常生活，都需要他人生活照料和经济供给，《民法典》第1067条也规定了不能独立生活的成年子女，有要求父母给付抚养费的权利。故按照同样情况同样处理的原则，可考虑类推适用《民法典》第1074条和第1075条规定，支持不能独立生活的成年子女在特殊情况下，可以向有负担能力的祖父母、外祖父母或兄姐要求给付或增加给付抚养费或扶养费的主张。

第五十九条　父母不得因子女变更姓氏而拒付子女抚养费。父或者母擅自将子女姓氏改为继母或继父姓氏而引起纠纷的，应当责令恢复原姓氏。

【条文主旨】

本条是关于父母为子女改姓引发纠纷的处理。

【条文理解】

从历史溯源而言，姓氏最早并非作为名词固定搭配，而是分别使用，各有其义。姓的最早起源与原始民族的图腾崇拜有关。在原始部落中，图腾、族名经常保持一致。渐渐地，图腾的名称就演变成同一氏族全体成员共有的标记——姓。由于人口的繁衍，原来的部落又细分出新的部落。为了表明自己的特性，部落开始以居住地、封国、封地、官职等为自己取一个称号作为标志，这就是“氏”。随着春秋战国时期宗法制度消解，旧的氏族及姓氏制度也日渐式微。直至西汉，姓和氏逐渐合一，已几无区别。可见，姓氏是表明一个人的家族血缘关系和延续的标志和符号。至于子随父姓，则是伴随私有制产生而出现，是母系社会走向父系社会的必然产物。通过几千年的繁衍生息，这一传统观念在人们的心目中已经根深蒂固，形成了带有普遍性的民间习俗。

在一般观念看来，子女即便因父母离婚而不能与父母共同生活，但基于对血缘关系的认同和对民间习俗的尊重，子女的姓氏并不需要发生变更。但现实生活中，仍有因为子女自己提出变更姓氏或直接抚养子女的父母一方基于对父母另一方不按约给付抚养费等诸多不满以及子女户口迁移、上学等客观需要变更子女姓氏的情形。对于具有完全民事行为能力的子女变更自己姓氏，父母一般无权干涉，也就谈不上拒付抚养费引发纠纷的问题。现实中，父母一方改变未成年子女姓氏的具体表现主要有：一是父母一方在离婚后更改子女姓氏为自己姓氏；二是父母一方将子女的姓氏更改为继父或继母姓氏；三是父母一方在离婚后更改子女姓氏为第三人姓氏；四是婚姻关系存续期间，父母一方将子女的姓氏变更为父母另一方或他人。其中第一种情形在实务中最为常见。从以往情况看，父母单方变更子女姓氏一般都是到公安机关办理，也有诉请法院裁判确定。实务中，对于是否同意变更子女姓氏，公安机关一般按照其行业规范性文件处理。① 而在《民法典》施行前，人民法院处理此类问题时则主要依据相应法律、司法解释、指导性文件。②

本条针对的则是实务中常见的父母一方因未成年子女或不能独立生活成年子女变更姓氏能否拒付该子女抚养费的问题。由于未成年子女或不能独立生活成年子女缺乏相应民事行为能力，故其姓氏变更多由父母一方提出，而这往往会引起父母另一方的强烈不满，并多以拒付子女抚养费作为抗议手段。对此，最早在《离婚案件子女抚养问题的意见》第19条就规定“父母不得因子女变更姓氏而拒付子女抚育费。父或母一方擅自将子女姓氏改为继母或继父姓氏而引起纠纷的，应责令恢复原姓氏”。该条实施以来，实务中争议不大，效果明显。故本条规定，除了为与《民法典》保持一致，将“抚育费”改为“抚养费”这一文字调整外，基本保留上述第19条内容。

---

① 主要有：1958年《公安部三局关于执行户口登记条例的初步意见》、1995年《公安部关于抚养人申请变更子女姓名问题的批复》、2002年5月《公安部关于父母离婚后子女姓名变更有关问题的批复》、2006年《公安部关于父母一方亡故另一方再婚未成年子女姓名变更有关问题处理意见的通知》、2008年《公安部关于对居民身份证姓名登记项目能否使用规范汉字以外文字和符号填写问题的批复》以及各地公安厅、局所制定的操作办法、规则等。

② 主要有：1951年《子女姓氏批复》、1981年《变更子女姓氏复函》、1987年《民法通则》第99条、1993年《离婚案件子女抚养问题的意见》。1998年《收养法》第24条、2001年《婚姻法》第22条、2014年《全国人民代表大会常务委员会关于〈中华人民共和国民法通则〉第99条第1款、〈中华人民共和国婚姻法〉第二十二条的解释》、2017年最高人民法院第89号指导性案例等。

一、如何理解“父母不得因子女变更姓氏而拒付子女抚养费”

一般而言，姓氏具有表征家族身份与血统、传承文化与凝聚家庭、彰显人伦孝道并维护社会稳定的功能。姓氏同时具有血缘性与人格性双重属性。血缘性决定了对姓氏选择范围应有所限制，而人格性则决定了姓名权人应有权从维护自身人格角度，对于自己姓氏作出适当选择。故两种属性交错作用，决定了姓氏变更中首先要明确的问题是姓氏选择范围的边界。从我国关于子女姓氏变更的相关立法规定来看，早在《民法通则》第99条中就规定了姓名权的基本内容。而2001年修正《婚姻法》第22条和1998年修正《收养法》第24条虽规定“子女可以随父姓，可以随母姓”（现《民法典》第1015条改为“自然人应当随父姓或者母姓”）和“经当事人协商一致，养子女也可以保留原姓”，但均未对子女姓氏变更范围作出具体规定。为正确适用法律，解决子女姓氏选择及姓名权纠纷，2014年《全国人民代表大会常务委员会关于〈中华人民共和国民法通则〉第九十九条第一款、〈中华人民共和国婚姻法〉第二十二条的解释》明确规定，公民行使姓名权，还应当尊重社会公德，不得损害社会公共利益。公民原则上应当随父姓或者随母姓。有下列情形之一的，可以在父姓和母姓之外选取姓氏：（1）选取其他直系长辈血亲的姓氏；（2）因由法定扶养人以外的人扶养而选取扶养人姓氏；（3）有不违反公序良俗的其他正当理由。少数民族公民的姓氏可以遵从本民族的文化传统和风俗习惯。该条内容后被《民法典》第1012条[①]和第1015条[②]基本继受。主要修改为，将“应当尊重社会公德、不得损害社会公共利益”改为“但是不得违背公序良俗”，并将“原则上应当随父姓或者随母姓”中“原

① 《民法典》第1012条规定：“自然人享有姓名权，有权依法决定、使用、变更或者许可他人使用自己的姓名，但是不得违背公序良俗。”

② 《民法典》第1015条规定：“自然人应当随父姓或者母姓，但是有下列情形之一的，可以在父姓和母姓之外选取姓氏：（一）选取其他直系长辈血亲的姓氏；（二）因由法定扶养人以外的人扶养而选取扶养人姓氏；（三）有不违背公序良俗的其他正当理由。少数民族自然人的姓氏可以遵从本民族的文化传统和风俗习惯。”

则上”删除。可见，《民法典》第 1015 条已经明确更改姓氏的范围是，原则随父姓或者母姓，例外选择第三人姓氏。其次，有权变更子女姓氏的主体。根据《民法典》第 1012 条规定，自然人享有姓名权，有权依法决定、使用、变更或者许可他人使用自己的姓名，但是不得违背公序良俗。故在不违背公序良俗的前提下，有完全民事行为能力的自然人有权变更自己的姓名。而对于未成年子女而言，则实务中做法不一：一种观点认为，子女姓氏应由父母双方共同变更。根据《民法典》第 27 条和第 35 条规定，父母是其监护人，有权依据最有利于未成年子女利益原则作出与未成年子女利益有关的决定，其中就包括变更子女姓氏。由于父母是未成年子女共同监护人，故原则上应就变更子女姓氏达成一致意见，才能变更子女姓氏。早在 1951 年《子女姓氏批复》中就明确：“子女年幼尚无表示其自己意志的能力时，应从民间习惯，其出生时所用的姓氏不宜改变（将来户籍法有规定后从其规定）……我们认为父母离婚，除因协议变更子女姓氏或子女年已长成得以自己意志决定其从父姓或母姓外，并无使其子女改变原用姓氏的必要。”后在 1981 年《变更子女姓氏复函》中进一步明确：“傅家顺在离婚后，未征得陈森芳同意，单方面决定将陈昊彬的姓名改为傅伟继，这种做法是不当的。陈森芳既不同意给陈昊彬更改姓名，应说服傅家顺恢复儿子原来姓名。”1993 年《离婚案件子女抚养问题的意见》第 19 条则要求“父或母一方擅自将子女姓氏改为继母或继父姓氏而引起纠纷的，应责令恢复原姓氏”。在随后，1995 年《公安部关于抚养人申请变更子女姓名问题的批复》规定：“依据《户口登记条例》第 18 条，户口登记机关可以根据父亲或母亲的申请并依照法定程序为其未成年子女变更姓名。”其立法考量应在于一般情况下夫妻一方之意思表示可以代表双方合意，但该批复没有考虑到父母离婚后存在的复杂情况。而根据 2002 年《公安部关于父母离婚后子女姓名变更有关问题的批复》，对于离婚双方未经协商或协商未达成一致意见而其中一方要求变更子女姓名的，公安机关可以拒绝受理；对一方因向公安机关隐瞒离婚事实，而取得子女姓名变更的，若另一方要求恢复其子女原姓名且离婚双方协商不成，公安机关应当予以恢复。另一种观点则认为，父母一方即可变更子女姓氏。理由在于，《公安部关于父母离婚后子女姓名变更有关问题的批复》《关于父母一方亡故另一方再婚未成年子女姓名变更有关问题处理意见的通知》《子女姓氏批复》《变更子女姓氏复函》四份文件均不是法律和行政法规，也不是强制性规定，父母一方变更子女姓氏更不会违背公序良俗，故不会因违反《民法典》第153条而无效，而且《民法典》第1015条也规定了子女可以随父姓，也可以随母姓或者特殊情况下随第三人姓。我们认为，从有利于子女利益最大化、亲子关系稳定、亲情延续、家庭和谐等因素考虑，变更子女姓氏原则上应经父母一致同意。但在变更子女姓氏更有利于子女利益的情形下，父母一方有权单方变更子女姓氏。子女年满8岁的，变更子女姓氏均应征求子女意见。此外，在没有自然血缘关系但形成抚养教育关系的继父母子女和养父母子女情形，则情况有所不同。根据《民法典》第1072条第2款规定，继父或继母与受其抚养教育的继子女间的权利义务关系适用《民法典》关于父母子女的规定。由于继父或者继母与继子女之间没有自然血缘关系，故不存在需要通过姓氏来标示血缘关系的必要。本解释第54条虽然规定，生父与继母离婚或者生母与继父离婚时，对曾受其抚养教育的继子女，继父或者继母不同意继续抚养的，仍应由生父或者生母抚养。但该条并未禁止继父或者继母与未成年子女继续保持抚养关系。在此前提下，如果生父或生母改变继子女姓氏，则无需征求继父或继母的意见。至于养父母子女姓氏的问题，《民法典》第1112条规定，经当事人协商一致，养子女可以保留原姓氏。那么养父母对于协议保留原姓氏的未成年养子女，在形成收养关系后，养父母就变更养子女姓氏达成一致，能否要求其改称养父姓或养母姓？法律目前对此无明文规定，虽然1958年《公安部关于执行户口登记条例的初步意见》第9条第2款中提到养子女更名的问题，规定："18周岁以下的人，申请由乳名改大名的，根据本人或者父母的申报即可给予变更。但被收养或被认领的人，年龄较大的须征得本人同意，才可给予变更。”但考虑到送养人送养时已经就此问题达成一致，从诚信原则出发，不应仅以养父母就变更养子女姓氏达成一致为由，认可其变更养子女姓氏效力，除非该变更符合最有利于未成年子女原则。此外，子女姓氏变更不得作为拒付子女抚养费的正当理由。从司法实践情况看，在抚养费纠纷案件中，经常出现不直接抚养子女的父母一方以父母另一方擅自变更子女姓氏为由，拒不支付抚养费的情形。其暗含的逻辑就是将维持子女姓氏作为给付抚养费的条件或对价。就抚养费而言，是不直接抚养子女的父母一方履行法定抚养义务的主要体现。而父母对子女的抚养义务则为历次《婚姻法》《未成年人保护法》乃至《民法典》第1058条和第1067条和第1085条规定一以贯之。从司法解释层面而言，早在1981年《变更子女姓氏复函》已明确：“婚姻法第十六条规定：‘子女可以随父姓，也可以随母姓。’认为子女只能随父姓，不能随母姓的思想是不对的。因此而拒付子女抚养费是违反婚姻法的。”可见，将抚养费给付与子女姓氏挂钩的做法与父母对子女抚养的法定义务属性背道而驰，也与子女姓氏所标示的血缘关系、亲情关系、文化传承等属性相冲突。

二、如何理解本条中“父或者母擅自将子女姓氏改为继母或继父姓氏而引起纠纷的，应当责令恢复原姓氏”

关于子女可否采用包括继父母姓氏在内的第三人姓氏的问题，素来争议较大：一种观点认为，为避免重名和尊重自然人人格自由，应允许子女选择第三人姓氏；另一种观点认为，允许选择第三人姓氏，可能加大姓氏集中，重名加剧趋势，带来姓氏混乱，影响社会、家族之传承。故姓氏只能为父姓或母姓，才能保持其传承性。而且，姓只能为父姓或母姓也有利于建立科学的户籍管理制度。

前文已述，《民法典》第1072条第2款已经规定，继父或继母与受其抚养教育的继子女间为父母子女关系。而第1015条又规定了自然人应当随父姓或母姓，故与继子女形成抚养教育关系的继父、继母仍在父母姓氏的选择范围之内。但该条对没有与继子女形成抚养教育关系的继父母姓氏能否被选择作为变更后的姓氏，则语焉不详。对此，2014年《全国人民代表大会常务委员会关于〈中华人民共和国民法通则〉第九十九条第一款、〈中华人民共和国婚姻法〉第二十二条的解释》中曾明确，在中华传统文化中，“姓名”中的“姓”，即姓氏，体现着血缘传承、伦理秩序和文化传统，公民选取姓氏涉及公序良俗。公民原则上随父姓或者母姓符合中华传统文化和伦理观念，符合绝大多数公民的意愿和实际做法。

同时，考虑到社会实际情况，公民有正当理由的也可以选取其他姓氏。有下列情形之一的，可以在父姓和母姓之外选取姓氏：（1）选取其他直系长辈血亲的姓氏；（2）因由法定扶养人以外的人扶养而选取扶养人姓氏；（3）有不违反公序良俗的其他正当理由。少数民族公民的姓氏可以从本民族的文化传统和风俗习惯。该条被《民法典》第1015条继受后，就目前而言，只要不违反公序良俗，未成年子女可以变更姓氏为没有与继子女形成抚养教育关系的继父母姓氏。但是实际情况却是，父母一方未经父母另一方同意，擅自将子女姓氏改为继母或继父姓氏的情形时有发生。这里的擅自既包括父母一方未就变更子女姓氏问题与另一方协商一致甚至根本没有协商的情形，又包括父母一方依无效变更子女姓氏约定单方将子女姓氏变更的情形。司法实务中，经常出现父母双方就子女姓氏变更达成协议的情形。对该协议约定效力，应区分情况对待：如果该变更子女姓氏约定不涉及其他法定义务的免除，则原则上可认可该协议约定效力，除非违反最有利于子女原则；如果该变更子女姓氏约定涉及父母法定义务等的免除，则可考虑认定约定无效。例如，变更子女姓名协议约定，父母一方同意另一方更改子女姓氏，但更改后，父母一方抚养义务免除。尽管本解释第52条约定父母双方可以协议由一方直接抚养子女并由直接抚养方负担子女全部抚养费，但该条也同时约定，直接抚养方的抚养能力明显不能保障子女所需费用，影响子女健康成长的，人民法院不予支持。而且，《民法典》第1084条第2款也规定，离婚后，父母对于子女仍有抚养、教育、保护的权利和义务。

对于父母一方擅自将子女姓氏改为继母或继父姓氏的情形，需在未成年子女生父或生母、继父或继母以及未成年子女利益三方之间进行利益衡量和价值判断。首先，就未成年子女生父或生母而言，如未成年子女姓氏改为继父或继母姓氏则意味着血缘关系标示的切断、亲子关系的淡化、情感失去寄托甚至会引发对其社会评价的降低；其次，就继父或继母而言，未成年子女改为继父或继母姓氏，则是对其抚养教育继子女的回报，有利于促进其今后更好照顾继子女；最后，对未成年子女而言，子女自身姓氏与所在之家庭称姓不符，易招致周围人的讽刺、嘲弄，有违最有利于未成年子女原则。

我们认为，对父母一方单方将子女姓氏改为继母或继父姓氏原则上应作否定评价。理由在于：第一，从社会伦理角度，继父母与受其抚养教育的未成年子女形成的是拟制直系血亲关系。而一般观念中，拟制血亲关系在与自然血亲关系冲突时，应让位于生父母与子女形成的自然血亲关系。第二，从姓氏标示血缘关系角度，相对于自然血缘关系下的生父母子女关系，继父或继母与继子女之间不存在需要通过姓氏来标示血缘关系的必要。第三，父母一方擅自将子女姓氏改为继父或继母姓氏则可能导致生父或生母因血缘关系未能继续标示而强烈反对，引发不必要争议，影响家庭关系的稳定。第四，将子女姓氏变更为继父或继母也可能给子女招来非议、甚至歧视，严重影响未成年子女健康成长。

基于上述考虑，1993 年《离婚案件子女抚养问题的意见》第 19 条后半段规定“父或母一方擅自将子女姓氏改为继母或继父姓氏而引起纠纷的，应责令恢复原姓氏”。从本解释调研情况来看，该处理方式比较符合当前实际，司法实务中并未引发大的争议，故本条继续沿用该表述。事实上，如果生父母与继父、继母之间对于子女姓氏改为继父、继母姓氏不能达成一致，也可以折中选择改为与子女共同生活一方的生父母的姓，这样既保证了子女于家庭之中姓氏的一致性，也使各方当事人对子女姓名之利益得到平衡。

最后需要补充说明的是，在处理此类纠纷时，还要审查父或母一方更改子女姓氏的行为是否有利于子女的身心健康，不应简单地认为将子女姓氏改为继父或继母姓氏都是不利于子女的，进而强行责令恢复子女原姓氏。例如，在子女自幼遭父或母长期侵害或虐待的极端情形下，若不允许其变更为继父或继母姓氏，则可能导致子女人格上极大痛苦而对其健康成长造成严重影响。现实中，一旦父母一方已经擅自变更子女姓氏为继父或继母姓氏，父母另一方通常会诉至法院要求判令父母一方恢复原姓氏。如人民法院支持该诉讼请求，则应适用本条规定责令被告恢复子女原姓氏。由于被告单靠自己行为并不能恢复子女原姓氏，故本条中的责令恢复原姓氏，多数情况下是指要求被告协助原告到户籍登记部门、学校等组织办理姓氏恢复手续。

【审判实践中应注意的问题】

司法实务中，除了父或者母单方擅自变更子女姓氏引发的纠纷外，还可能因父母双方达成变更子女姓氏协议后引发纠纷以及诉讼处理中的争议，下面试举两种情形作一分析：

一、应遵循最有利于未成年子女原则，对父母双方协商一致变更子女姓氏进行审查

根据日常生活经验，父母双方协议变更未成年子女姓氏一般都会从最有利于子女利益出发，但基于人性的复杂性考虑，也不排除出现变更子女姓氏仅是基于父母双方自身利益考量的情形。至于该变更子女姓氏行为是否会有利于未成年子女健康成长，则需要法院依职权综合多种因素作出判断。具体而言，可从以下几个方面着手：首先，应考虑未成年子女姓氏变更是否会对子女产生不利影响。例如，如果父或母存在对未成年子女虐待、伤害、性侵害、疏于照顾等情形，此种情况下如变更为该父或母姓，将会对子女产生精神上的压力与困扰，不利于未成年子女成长。其次，变更子女姓氏是否更有利于子女健康成长。实务中，确实存在基于子女特定时期的正当必要需求变更未成

年子女姓氏的情形，例如为了子女更健康成长而迁移户口、入学受教育等原因而变更子女姓氏的情形。最后，应充分考虑未成年子女的真实意愿。子女姓氏变更与子女有重大利害关系，虽因未成年子女未具备完全民事行为能力，尚无法全面客观评估姓氏变更对自己可能产生的影响，但对8周岁以上的未成年子女而言，其已能初步感知姓氏变更对其的利弊，故即便在父母双方协议变更子女姓氏情形下，也应将8周岁以上未成年子女对其姓氏变更的意见作为考量因素。

二、父母一方擅自变更子女姓氏后，另一方能否提起民事诉讼要求确认该变更行为无效、恢复原姓氏

《户口登记条例》第18条规定，未满18周岁的人需要变更姓名的时候，由本人或者父母、收养人向户口登记机关申请变更登记。就该条中父母申请变更子女姓名的情形，《公安部关于父母离婚后子女姓名变更有关问题的批复》中进一步规定：对于离婚双方未经协商或协商未达成一致意见而其中一方要求变更子女姓名的，公安机关可以拒绝受理；对一方因向公安机关隐瞒离婚事实，而取得子女姓名变更的，若另一方要求恢复其子女原姓名且离婚双方协商不成的，公安机关应予恢复。可见，目前，公安机关可以拒绝离婚后父母一方要求变更子女姓氏的申请。至于实务中，父母一方隐瞒离婚事实，取得子女姓氏变更的，另一方可以要求公安机关恢复原姓氏。因此，对于离婚后父母一方隐瞒离婚事实，单方变更子女姓氏的，父母另一方可以直接申请公安机关恢复原姓氏。如未果，父母另一方则可通过行政诉讼撤销该变更登记的具体行政行为。但从司法实务情况看，确实还存在父母一方擅自变更子女姓氏后，父母另一方提起民事诉讼，要求确认该变更行为无效、恢复原姓氏的情形。对此，一种观点认为，未经父母另一方同意情况下，父母一方单方将子女姓氏变更的行为，侵犯了父母另一方对子女的监护权，故应判令父母一方在判决生效后到公安机关恢复子女原姓氏；另一种观点则认为，父母一方诉请确认父母另一方单方变更子女姓氏行为无效，因变更登记子女姓氏主体是行政机

关，变更登记是行政机关行使其行政职权的一种行为，且该行为已完成。父母一方的诉讼标的实质上是行政机关变更登记子女姓氏这一具体行政行为的效力，故不属于民事案件受理范围。我们更倾向于后一种观点，主要理由在于子女姓氏变更需要通过户口登记部门作出变更登记行为，该行为是依父母一方申请而实施的具体行政行为，而请求确认变更子女姓氏无效，本质上是指向请求确认户口登记部门变更登记行为无效。由于该诉请针对的是具体行政行为，故不应通过民事诉讼寻求司法救济。

第六十条 在离婚诉讼期间，双方均拒绝抚养子女的，可以先行裁定暂由一方抚养。

【条文主旨】

本条是关于离婚诉讼期间，夫妻双方均拒不履行对子女抚养义务的情形下，可以采取的临时抚养措施的规定。

【条文理解】

一般而言，父母对未成年子女、不能独立生活的成年子女权利义务的行使和履行是基于亲子关系身份所产生的人身关系和财产关系的义务和责任。父母与子女之间存在着天然的血缘联系，具有人伦关系，体现了人类个体的生命成长和延续的规律。父母既是子女的自然抚养人，也是法定抚养人，具有保障子女健康成长的使命和责任，对子女的生存和发展当然应承担首要责任。[①]在对子女的抚养问题上，各国立法理念经历了从家族利益本位优先的“家族本位”到父母利益优先的“父母本位”，再到子女利益优先的“子女本位”的变化过程。其中，“子女本位”的理念定型于1989年《儿童权利公约》。其要求关于儿童的一切行动，均应以儿童的最大利益为首要考虑。我国作为该公约的缔约国，已在《宪法》《民法典》《未成年人保护法》等法律中均明确规定，父母对未成年子女有抚养、教育和保护的权利和义务，并不受父母已婚、未婚、离婚、婚姻无效抑或是否分居的影响。

但囿于个别父母对抚养义务法定性的片面认知、不负责任的态度以及诉讼对抗情绪等因素，司法实务中仍出现父母均拒绝抚养子女的极端情形。对此，虽然人民法院可以通过生效裁判最终强制由一方抚

① 夏吟兰:《比较法视野下的“父母责任”》，载《北方法学》2016年第1期。

养，但在生效裁判作出前，子女可能长时间处于无人抚养状态。为确保子女在诉讼期间也能得到生活照料，从最有利于未成年子女原则出发，有必要明确诉讼期间子女的抚养主体。对此，1993 年《离婚案件子女抚养问题的意见》第 20 条规定："在离婚诉讼期间，双方均拒绝抚养子女的，可先行裁定暂由一方抚养。"该条通过由人民法院在诉讼中先行裁定暂由一方抚养的方式，填补了子女在诉讼期间的抚养空白，可以避免子女因父母离婚而可能招致的不利影响。该条施行以来，实务中并无太大争议。故本条对其基本内容予以保留，只作了个别文字改动，将"可"修改为"可以"。具体到本条适用，可从以下方面把握：

一、如何理解本条中的"在离婚诉讼期间，双方均拒绝抚养子女的"

各国立法之所以将抚养子女义务确定为法定义务，不许放弃或转让，一般是基于血缘、抚养和收养所形成的亲子关系，也即父母子女关系。除了基于父母子女关系产生的抚养子女义务外，我国《民法典》第 1074 条还规定，有负担能力的祖父母、外祖父母，对于父母已经死亡或者父母无力抚养的未成年孙子女、外孙子女，有抚养的义务。也即，祖父母、外祖父母与孙子女和外孙子女是隔代的直系血亲关系，他们之间在具备法律条件的情况下，可以形成抚养和赡养关系。[①]基于血缘、收养形成的亲子关系不受父母已婚、未婚、离婚、婚姻无效抑或分居的影响。只有因抚养教育关系形成的亲子关系，才可因继父母离婚而可能解除。相应地，父母是否离婚原则上并不影响父母对子女的共同抚养义务，只不过会因此由父母对子女的共同抚养转变为父母一方直接抚养，父母另一方间接抚养。与之类似，在满足法律规定条件下的祖父母、外祖父母对孙子女和外孙子女的抚养义务也与祖父母、外祖父母自身婚姻状况无关。

① 黄薇主编：《中华人民共和国民法典释义》，法律出版社 2020 年版，第 2029 页。

就本条规范对象双方均拒绝履行抚养义务行为而言，虽然并未明确“双方”的范围，但应限定为“父母双方”。其理由在于：首先，理论上，虽然确实存在祖父母、外祖父母拒绝履行法定抚养义务的可能，但从现实生活情况看，祖父母、外祖父母应承担对孙子女、外孙子女抚养义务而拒绝承担的情形非常少见，祖父母、外祖父母离婚诉讼期间，双方均拒绝抚养孙子女、外孙子女的情形更是几乎没有。故没有必要通过本条予以规范。其次，绝大多数情况下，对子女有抚养义务的为父母。进而，拒绝履行对子女抚养义务的也以父母为主。故从问题导向出发，本条仅针对父母拒绝履行对子女抚养义务这一常见情形作出规定。最后，从文义解释角度看，本条用的表述是“双方”均拒绝抚养“子女”。常理而言，“子女”对应的是“父母”，“祖父母、外祖父母”对应的应是“孙子女、外孙子女”。如果“双方”包括祖父母、外祖父母，则本条应在“子女”后增加规定“孙子女、外孙子女”。既然没有“孙子女、外孙子女”的表述，那么前后表述结合来看，也能得出本条中“双方”特指“父母双方”的结论。

这里的“拒绝抚养”，可细化为两点：拒绝和抚养。何谓“拒绝”，理解上可能有分歧：一种观点认为，不管父母有无抚养能力、抚养条件，只要父母都明确表示不抚养子女，即为本条所指“拒绝抚养”；另一种观点则认为，拒绝抚养应限定在有抚养能力和抚养条件而主观上不愿抚养，不包括没有抚养能力和抚养条件而客观上不能抚养的情形。

我们认为，父母对子女的抚养义务是基于亲子关系的法定义务，具有人身性、伦理性，不能约定条件或放弃，更不能以没有抚养能力或抚养条件等理由拒绝。从《民法典》第1058条、第1067条以及第1084条等条文内容来看，均未规定父母履行抚养义务应以有抚养能力或抚养条件为前提。无论是从学理还是法条规定角度，父母的抚养能力或抚养条件均不是履行抚养义务的前提，更不能成为拒绝履行抚养义务的理由。即便出现父母无抚养能力、抚养条件等无力抚养情形，根据《民法典》第1074条规定，在父母无力抚养未成年子女的情况下，祖父母、外祖父母对该未成年孙子女、外孙子女有抚养义务。但这里也仅仅是增加了抚养义务人，而非免除父母的抚养义务。何谓“抚养义务”？在父母婚姻关系存续期间和父母未婚同居期间，父母因与子女共同生活应共同承担对子女的抚养义务。但在父母离婚、婚姻无效抑或分居情形下，由于父母没有共同生活，客观上不可能共同履行对子女的抚养义务，故子女只能随父母一方共同生活，由父母一方单独照料子女的日常生活。《民法典》第1084条将之称为“直接抚养”，而另一方则通过给付抚养费、行使探望权的方式间接抚养。而本条所指抚养子女义务虽限定在离婚诉讼期间，尚未离婚，但此时父母多数已不再共同生活居住，故这里的“抚养”也应指直接抚养。

之所以本条限定“在离婚诉讼期间”是因为，虽然父母也可能在不起诉离婚甚至没有婚姻关系的情形下，拒不履行抚养子女义务，但由于这些情形并未进入司法程序，人民法院基于不诉不理原则，无从得知也无权处理这些情形中的拒不履行抚养义务情形。只有当事人向法院起诉，法院受理后发现有父母双方拒不抚养子女情形的，才有必要通过司法解释予以处理。而从司法实务中的反馈可知，大多数情况下，法院通过受理案件发现父母双方均不履行抚养子女义务情形都在离婚诉讼中，故本条限定为“离婚诉讼期间”。至于本条所指“子女”主要包括未成年的亲生子女、养子女和受抚养教育的继子女，例外包括不能独立生活的成年子女。这里需要注意的是父母对子女有抚养义务与子女是否为婚生无关，因为根据《民法典》第1071条规定，非婚生子女享有与婚生子女同等的权利。

二、如何理解本条中的“可以先行裁定暂由一方抚养”

有关本条内容的争议，主要集中在如何理解本条中的“可以先行裁定暂由一方抚养”。梳理下来，大致有以下几种理解：

一是，裁定暂由一方抚养，是处理离婚案件中父母双方均表示不抚养子女情形下，子女由谁直接抚养的裁判依据。从检索到的相关裁判文书来看，不少裁判文书都在陈述父母均作出离婚后自己不直接抚养子女的意思表示后，直接依照1993年《离婚案件子女抚养问题的意见》第20条（也即本条内容）规定，判决由父母中某一方直接抚养子女。

二是，将裁定暂由一方抚养理解为行为保全的一种表现，认为既然父母对子女有法定抚养义务，而抚养义务主要表现为给付抚养费或直接照顾日常生活，本质上都是一种给付行为，故在裁判尚未作出的情形下，为确保子女不因离婚诉讼期间内，父母拒不履行抚养义务而受不利影响，可以根据《民事诉讼法》第100条规定，责令父母一方作出一定行为，也即本条所指先行裁定暂由一方抚养的抚养行为。

三是，从功能作用角度而言，先行裁定暂由一方抚养，应属于先予执行措施。通过强制父母一方暂时履行抚养义务，维持子女正常生活，可以避免因父母双方在离婚诉讼期间拒不履行抚养义务给子女造成生活困难。

以上观点中，我们更倾向于认为，在目前法律框架下，本条中"先行裁定暂由一方抚养"的法律性质类似于行为保全。理由在于，首先，"先行裁定暂由一方抚养"不能作为直接抚养关系确认的依据。前文已述，本条的规范对象是在离婚诉讼进行过程中，双方均表示拒绝抚养子女的情形，其规范目的仅为对离婚诉讼期间内子女受抚养权的临时救济，该救济措施终止于生效裁判作出后。而生效离婚裁判关于直接抚养关系的确定则具有终局性，对当事人的约束具有永久性，非经法定程序，不得变更。两者在抚养义务上虽可能表现形式相同，但实则是先后衔接关系。这一点从本条文义解释角度，也能得出同样结论。本条中先后用了"在离婚诉讼期间""先行裁定""暂由"的表述，足以说明本条并非最终确定子女抚养关系的裁判依据。其次，"先行裁定暂由一方抚养"并不符合先予执行的构成要件。本条原出处《离婚案件子女抚养问题的意见》第20条在1993年施行时，当时的《民事诉讼法》只有先予执行的规定。先予执行是人民法院在诉讼进行中，根据当事人申请，裁定另一方当事人给付申请人一定数额金额或财物，或实施或停止某种行为的临时救济措施。裁定先予执行的前提一般是当事人提出了给付之诉。而就本条规定的离婚诉讼中当事人争议的子女抚养义务而言，实质是当事人就双方共同抚养子女变更为由哪一方直接抚养子女产生争议，不属于给付之诉的范畴。而且，根据《民事诉讼法》第106条规定，先予执行的启动必须由当事人提出申请，而本条规定的人民法院先行裁定并未设定该前提条件。故严格意义上，本条中“先行裁定暂由一方抚养”并不属于先予执行措施。最后，将“先行裁定暂由一方抚养”定性为行为保全措施更为合理。保全程序是以保障债权人在民事裁判中所确认的权利能够获得实现，或者防止法律规定的权利遭受无法弥补的损害为目的的临时救济措施。具体到行为保全，适用行为保全的前提是，客观上存在着因债务人的行为而影响债权人权利实现的极大可能，如果不及时阻止债务人继续实施该行为，或者不及时责令债务人实施某行为，债权人的权利就会继续遭受损害，或遭受难以弥补的损害。在被申请人完成行为的给付请求案件中，出现了财产保全制度无法企及的制度真空，行为保全制度的作用正在于此。[①] 而且，相比先予执行，人民法院在决定是否采取行为保全措施时，并不严格遵循当事人处分原则。这一方面是为了降低当事人适用行为保全制度的难度；另一方面是因为行为保全可能涉及第三人或社会公益，为确保第三人或社会公益免受侵害，法院在特定情形下可以依职权决定行为保全措施。

具体到本条情形，由于父母双方在离婚诉讼期间都向法庭表明拒绝对子女直接抚养，对子女在离婚诉讼期间的抚养问题表现出了漠不关心的态度，故通常也不会主动申请法院裁定将子女暂由一方抚养。在此情形下，从最有利于子女利益原则出发，人民法院有必要及时依职权裁定暂由父母中一方抚养。对此，只有将该裁定暂时由父母一方抚养解释为行为保全，才符合现行法律规定。

① 江伟主编：《民事诉讼法》，中国人民大学出版社2013年版，第235页。

【审判实践中应注意的问题】

虽然司法实务中，人民法院适用本条的情形并不多见，但仍需考虑的是，如果法院一旦作出该裁定，父母一方拒不执行该如何处理以及执行后，无需暂时抚养子女的一方是否应支付暂时抚养期间的子女抚养费问题。对此，简单分析如下：

一、父母一方拒不执行人民法院作出的暂时由其抚养子女的裁定时的处理

虽然从最有利于子女原则出发，本条规定了离婚诉讼期间，父母双方拒不抚养子女时，人民法院可以先行裁定由父母一方暂时抚养，但是本条并未规定，如果父母一方并不按裁定要求抚养子女时该如何处理。对此，有观点认为，父母对子女的抚养义务源自父母子女之间的亲子关系，具有人身性，故即便出现上述不按裁定要求抚养子女情形，也不能对该父母一方实施强制执行；另一种观点则认为，由父母一方暂时抚养的裁定性质属于行为保全裁定，该裁定已经发生法律效力且具有给付内容，在父母一方不履行义务时，可以作为强制执行的执行依据。

我们认为，人民法院对由父母一方暂时抚养子女的裁定进行执行，本质上是对被执行人应履行的完成行为的执行。在执行理论中，按照行为是否可以由第三人代替履行，可以将行为分为可替代行为和不可替代行为。如果从债权人的角度来看，履行行为义务所带来的经济和法律效果并不恰恰取决于由债务人本人完成该义务，则该行为可以由第三人来实施，也就是可替代行为。此外，从债务人角度来看，可替代行为还必须是法律上允许由第三人实施的行为。例如，不依赖于特别的智力水平或身体状况的机械性活动（粉刷墙壁），通常属于可替代行为。如果对债权人而言，履行行为义务的经济或法律效果恰

恰取决于债务人亲自履行义务，则该行为是不可替代行为。[①]就人民法院裁定父母一方对子女暂时抚养而言，属于给付行为范畴，从子女对父母的情感依赖和血缘联系而言，父母一方亲自履行抚养行为显然相对于其他人替代抚养一般更有利于子女健康成长，更符合最有利于未成年子女原则。此时，本应针对该父母一方采取措施，令其意志屈服从而履行所负担的行为义务。但是，由于现代强制执行程序基本排除了对人身的直接强制执行，故只能对其苛以法律上的不利益相威胁或者直接对其实施不利益行为，从而迫使其“趋利避害”从而履行临时抚养子女义务。具体而言，对已被先行裁定暂时抚养子女的父母一方，不履行抚养义务的，人民法院可以适用本解释第61条规定，依照《民事诉讼法》第111条的规定对其采取罚款、拘留等妨害民事诉讼的强制措施。如果已被先行裁定暂时抚养子女一方在人民法院确定的履行期间内仍不履行的，人民法院可根据《民事诉讼法司法解释》第505条规定，依照《民事诉讼法》第111条规定再次对其采取罚款、拘留等妨害民事诉讼的强制措施。有必要说明的是，如果对其采取强制措施后，父母一方仍不履行的，除了可能构成拒不执行生效判决、裁定罪之外，还可以基于对子女抚养的紧迫现实需求，考虑参照适用《民事诉讼法》第252条的规定，委托有关单位或其他人完成暂时抚养子女行为，费用由裁定暂时抚养的父母一方承担。对此，《民事诉讼法司法解释》第503条和第504条也规定，该抚养义务也可根据实际情况确定由祖父母、外祖父母等他人完成，人民法院可以选定代履行人。代履行费用的数额由人民法院根据案件具体情况确定，并由裁定暂时抚养的父母一方在指定期限内预先支付。未预付的，人民法院可以对该费用强制执行。代履行结束后，裁定暂时抚养的父母一方可以查阅、复制费用清单以及主要凭证核对代履行费用是否有误。

---

① 肖建国主编：《民事执行法》，中国人民大学出版社2014年版，第336页。

二、裁定暂时抚养期间，子女能否要求父母另一方给付离婚诉讼期间的抚养费

司法实务中，父母离婚后，子女可以根据《民法典》第1084条和第1085条规定，要求不直接抚养自己的父母一方给付抚养费。但对于离婚诉讼期间，人民法院已经裁定由父母一方暂时抚养的情况下，暂时抚养子女一方是否有权要求另一方给付离婚诉讼期间的子女抚养费的问题，存有争议：一种观点认为，既然暂时抚养发生在离婚诉讼期间，说明父母双方尚未离婚，仍处于婚姻关系持续期间，夫妻财产也处于共同所有状态，由夫妻一方向另一方给付后仍为夫妻共同财产。而且，《民法典》第1085条已经规定，抚养费的给付以离婚为前提，故暂时抚养子女一方无权向另一方主张离婚诉讼期间的抚养费。另一种观点则认为，父母对子女的抚养义务是法定义务，与父母是否离婚抑或是否在离婚期间无关。即便父母已经离婚也只是将共同抚养形式变更为一方直接抚养、另一方间接抚养形式。换言之，另一方在离婚诉讼期间也应通过给付抚养费的方式履行抚养义务。

我们认为，先行裁定父母一方暂时抚养子女虽然只是诉讼中的临时性救济措施，并不意味着司法最终确定子女由哪方最终抚养，但鉴于离婚诉讼期间，父母大多数都已处于事实分居状态，故从最有利于未成年子女原则出发，另一方应当向子女给付离婚诉讼期间的抚养费。这也可从本解释第43条规定关于婚姻关系存续期间，父母双方或者一方拒不履行抚养子女义务时，未成年子女或者不能独立生活的成年子女有权请求父母支付抚养费的规定得到印证。

第六十一条 对拒不履行或者妨害他人履行生效判决、裁定、调解书中有关子女抚养义务的当事人或者其他人，人民法院可依照民事诉讼法第一百一十一条的规定采取强制措施。

【条文主旨】

本条是关于对拒不履行或妨害履行子女抚养义务的人采取强制措施的规定。

【条文理解】

现实生活中，法院作出涉及子女抚养义务的判决、裁定、调解书后，当事人不履行子女抚养义务的情形并不罕见。究其原因，要么因身患疾病、失去人身自由、经济条件下降、他人妨害等原因客观上不能履行抚养义务，要么因再婚不愿抚养、行使探望权受阻等原因主观上不愿履行抚养义务。不管是因为当事人主观不愿还是客观不能，子女受抚养权都会因此受侵害，严重影响子女的切身利益。对于前者，当事人不具备抚养能力和条件，并没有主观可归责性，不具备法律制裁的基础。而对于后者，因其并非不具备抚养能力和条件，只是主观上不愿履行抚养义务，具有主观过错，可通过立法采取各种方式督促其履行抚养义务、制裁其过错行为。与之类似，实务中还有通过伪造、隐藏、毁灭有关被执行人抚养能力的重要证据、拒不履行协助执行义务等方式妨害他人履行生效判决、裁定、调解书中有关子女抚养义务的情形。

针对上述当事人拒不履行抚养义务的情形，《民事诉讼法》相关条文规定，可以通过要求当事人加倍支付迟延履行期间的债务利息和迟延履行金、对当事人采取妨害民事诉讼强制措施甚至以涉嫌构成拒不执行判决、裁定罪移送等方式予以处理。就其中的采取妨害民事诉讼强制措施而言，则可同时适用于妨害他人履行生效判决、裁定、调解书中有关子女抚养义务的其他人。对此，早在1993年《离婚案件子女抚养问题的意见》第21条就规定，对拒不履行或妨害他人履行生效判决、裁定、调解中有关子女抚养义务的当事人或者其他人，人民法院可依照《民事诉讼法》第102条的规定采取强制措施。该条施行以来，实务中争议不大，效果较好，故本条沿袭了该条的基本内容，只是根据《民事诉讼法》最新修改情况将原来的“第102条”改为“第111条”。司法实务中，具体适用本条时，还应注意以下方面：

一、如何理解“拒不履行或者妨害他人履行生效判决、裁定、调解书中有关子女抚养义务的当事人或者其他人”

司法实务中，拒不履行生效判决、裁定、调解书有关子女抚养义务的情形主要有：（1）裁判确定直接抚养子女父母一方拒不履行照顾子女日常生活的抚养义务；（2）裁判确定间接抚养子女一方拒不履行给付抚养费的抚养义务。这里的“拒”字强调的是当事人有抚养能力、抚养条件履行生效判决、裁定、调解书确定的抚养义务而基于主观原因不履行、部分履行或拖延履行该抚养义务。现实生活中，直接抚养子女一方拒不履行照顾子女日常生活的抚养义务的情形主要有，只顾自己吃喝玩乐，甚至有黄赌毒等恶习，不管子女日常生活起居甚至将子女交由祖父母、外祖父母长期照料，又或者再婚后将子女交给祖父母、外祖父母长期照看等。至于间接抚养子女一方拒不履行抚养义务主要表现为因父母交恶、争夺子女直接抚养权、行使探望权受阻等原因不按生效判决、裁定、调解书要求给付子女抚养费。

需要注意的是，这里的子女抚养义务包括两类：（1）父母对未成年子女的抚养义务。根据《民法典》第1058条、第1071条和第1084条规定，父母共同承担对未成年子女抚养、教育和保护的义务。该义务并不会因父母离婚发生变化。也即，不管父母是否结婚抑或离婚，父母对子女都应承担法定的抚养义务。（2）父母对不能独立生活的成年子女的抚养义务。根据《民法典》第 1067 条、第 1071 条规定和第 1084 条规定，不能独立生活的成年子女，有要求父母给付抚养费的权利。父母对不能独立生活的成年子女有抚养义务。该义务同样不会因父母是否结婚抑或离婚发生变化。这里的父母既包括生父母、也包括养父母以及对继子女抚养教育的继父母，但根据本解释第 54 条规定，继父母离婚后，不愿继续抚养的除外。值得注意的是，本解释第 43 条已经规定，婚姻关系存续期间，父母双方或者一方拒不履行抚养子女义务，未成年子女或者不能独立生活的成年子女请求支付抚养费的，人民法院应予支持。那么，一旦人民法院基于该条司法解释规定，作出父母应在婚姻关系持续期间给付抚养费的裁判，现实中就可能出现婚姻关系存续期间，父母一方或双方也拒不履行生效判决、裁定和调解书确定抚养义务的情形。此外，根据《民法典》第 1074 条规定，有负担能力的祖父母、外祖父母对于父母已经死亡或者父母无力抚养的未成年孙子女、外孙子女有抚养义务。虽然该条规定的祖父母、外祖父母对孙子女、外孙子女的抚养义务，与本条规定的父母对子女抚养义务有所不同，但从两者共性都是确保子女利益最大化出发，应可类推适用本条规定。也即，将满足该条规定，拒不履行抚养义务的祖父母、外祖父母纳入本条规范对象范畴。

同理可知，既然《民法典》第 1075 条已经规定有负担能力的兄、姐，对于父母已经死亡或者父母无力抚养的未成年弟、妹有扶养义务，那么，在有负担能力兄、姐拒不履行生效裁判确定的对未成年弟、妹扶养义务的情形下，也可类推适用本条规定，对其采取妨害民事诉讼的强制措施。这里的生效判决、裁定、调解书分别是指：有关子女抚养义务的生效判决；有关子女抚养义务的生效裁定；有关子女抚养关系的生效调解书。有关子女抚养义务的生效判决，是指人民法院依法对案件审理后就直接抚养关系归属、抚养费给付等案件实体问题作出具有约束力的结论性生效判定（包括一审未上诉判决或二审判决、按二审程序审理作出的再审判决）。有关子女抚养义务的生效裁定是指人民法院在诉讼中为处理有关子女抚养义务的程序事项和个别实体事项而作出的具有约束力的结论性判定。有关子女抚养义务的生效调解书是指人民法院制作的，记载当事人所达成的包括抚养义务在内调解协议内容的法律文书。上述三类法律文书中，生效判决是通过判项方式直接明确直接抚养关系归属和抚养费的给付内容，调解书也是通过确认双方达成的涉及抚养义务内容调解协议条款来确定抚养义务给付内容。至于生效裁定，则主要是涉及子女抚养纠纷案件中的先予执行裁定、调解协议确认裁定等。先予执行是指人民法院在诉讼过程中，根据一方当事人的申请，裁定另一方当事人给付申请人一定数额的金钱或其他财物，或者实施或停止某种行为的制度。先予执行，是相对于依据生效判决所进行的强制执行而言的。一般情况下，人民法院审理案件，从受理到作出生效判决，需要经过一段时间。在这段时间内，有的案件中权利人可能由于经济困难，不能维持正常的生活，或者无法进行生产经营活动，如果等到人民法院作出判决，再按判决的内容执行，往往难以解决当事人的燃眉之急。[①] 根据《民事诉讼法》第 106 条和第 107 条规定，在满足当事人之间权利义务关系明确、不先予执行将严重影响申请人的生活且被申请人有履行能力的情形下，人民法院可以根据当事人的申请，对追索抚养费案件裁定先予执行。如果被申请人不服该裁定，则可以根据《民事诉讼法司法解释》第 171 条规定，自收到裁定书之日起 5 日内向作出裁定的人民法院申请复议。人民法院应当在收到复议申请后 10 日内审查。裁定正确的，驳回当事人的申请；裁定不当的，变更或者撤销原裁定。而根据《民事诉讼法》第 108 条规定，在复议期间，不停止裁定的执行。

由上可见，人民法院作出的给付抚养费的先予执行裁定，属于本条所指裁定范畴。此外，司法实务中还存在确认有关抚养义务的调解协议有效裁定。该类裁定出自民事诉讼特别程序中的确认调解协议案件。实务中，对可以确认效力的调解协议能否涉及身份关系协议曾存在争议，但 2011 年施行的《最高人民法院关于人民调解协议司法确认程序的若干规定》第 4 条对此予以明确，有下列情形之一的，人民法院

① 江伟主编：《民事诉讼法》，中国人民大学出版社 2013 年版，第 242 页。

不予受理：（1）不属于人民法院受理民事案件的范围或者不属于接受申请的人民法院管辖的；（2）确认身份关系的；（3）确认收养关系的；（4）确认婚姻关系的。2015年《民事诉讼法司法解释》第357条进一步明确，有下列情形之一的，人民法院裁定不予受理：（1）不属于人民法院受理范围的；（2）不属于收到申请的人民法院管辖的；（3）申请确认婚姻关系、亲子关系、收养关系等身份关系无效、有效或者解除的；（4）涉及适用其他特别程序、公示催告程序、破产程序审理的；（5）调解协议内容涉及物权、知识产权确权的。由上述规定可知，在身份关系已经明确的前提下，仅涉及抚养费给付义务的调解协议并不属于上述人民法院不予受理案件的范畴。故人民法院可以通过裁定确定有关抚养义务内容的调解协议效力。根据《民事诉讼法》第195条规定，人民法院裁定调解协议有效后，一方当事人拒绝履行或未全部履行的，对方当事人可以向人民法院申请执行。故单纯确认涉及抚养义务的调解协议的裁定，也属于本条规定裁定范畴。

二、如何理解“人民法院可依照民事诉讼法第一百一十一条的规定采取强制措施”

本条中强制措施是指法院在民事诉讼（包括审判和执行）过程中，为保证民事诉讼的顺利进行，对实施妨碍民事诉讼行为的人所采取的各种强制性手段。法院通过民事诉讼确定权利义务关系以解决纠纷，又通过执行程序使已被承认的权利得到实现，其代表国家行使的职权必然带有强制性。对于扰乱诉讼和执行程序进行的作为或不作为即妨碍民事诉讼的行为采取某种强制措施以保证程序能够正常有序地顺利进行，就是这种强制性的体现之一。[①]《民事诉讼法》第十章规定了训诫、责令退出法庭、拘传、罚款和拘留等具体强制措施。其中，训诫是指人民法院对违反法庭规则，情节轻微的人，通过批评、教育的方式，指出其违法之处并要求其改正的强制措施；责令退出法庭是

① 王亚新、陈杭平、刘君博：《中国民事诉讼法重点讲义》，高等教育出版社2017年版，第193页。

指人民法院命令违反法庭规则、情节较轻的人离开法庭，防止其继续妨害民事诉讼活动的强制措施；而罚款是人民法院对妨害民事诉讼行为情节较重的人采取的强令其在指定期间缴纳一定数额金钱的强制措施。拘留是指人民法院对妨害民事诉讼行为严重的人，在一定期间内限制其人身自由的强制措施。拘留是对人身自由的一时拘束（包括拘传亦可对人身做短时间的拘束），其制裁、惩罚、禁止的性质即强制性表现得更为明显，主要针对严重妨碍民事诉讼的行为。

具体到本条，拒不履行生效判决、裁定、调解书中有关子女抚养义务的行为，在实务中的主要表现有：（1）在判决、裁定、调解书发生法律效力后，有抚养义务的当事人隐藏、转移、变卖、毁损财产或者无偿转让财产、以明显不合理的价格交易财产、放弃到期债权、无偿为他人提供担保等，致使人民法院无法执行的；（2）有抚养义务的当事人隐藏、转移、毁损或者未经人民法院允许处分已向人民法院提供担保的财产的；（3）有抚养义务的当事人违反人民法院限制高消费令进行消费的；（4）有抚养义务的当事人有履行能力而拒不按照人民法院执行通知履行生效法律文书确定的义务的；（5）对于只能由有抚养义务的当事人完成的行为，经教育，被执行人仍拒不履行的。除了当事人主观上拒不履行涉及子女抚养义务的判决、裁定、调解书的情形之外，实务中还可能出现当事人因他人妨害其履行上述抚养义务而客观上未履行涉及子女抚养义务的判决、裁定、调解书的情形。

对该情形，本条也将其纳入可以采取妨害民事诉讼强制措施的对象范围。本条所指妨害他人履行生效判决、裁定、调解书中有关子女抚养义务的行为主要有：（1）隐匿、扣留子女，拒不将子女按生效判决、裁定、调解书交给直接抚养一方抚养的；（2）明知一方应履行给付子女抚养费义务，而拒绝向一方给付劳动报酬或劳务报酬的。除此之外，下列情形也属于广义上拒不履行或者妨害他人履行生效判决、裁定、调解书中有关子女抚养义务的行为：（1）故意撕毁人民法院执行公告、封条的；（2）有义务协助执行的个人接到人民法院协助执行通知书后，拒不协助执行的；（3）伪造、隐藏、毁灭或者拒绝交出有关被执行人履行能力的重要证据，妨碍人民法院查明被执行人财产状况的；（4）接到人民法院协助执行通知书后，给当事人通风报信，协助其转移、隐匿财产的；（5）案外人与被执行人恶意串通转移被执行人财产的；（6）指使、贿买、胁迫他人对被执行人的财产状况和履行义务的能力问题作伪证的；（7）妨碍人民法院依法搜查的；（8）以暴力、威胁或其他方法妨碍或抗拒执行的；（9）哄闹、冲击执行现场的；（10）对人民法院执行人员或协助执行人员进行侮辱、诽谤、诬陷、围攻、威胁、殴打或者打击报复的；（11）毁损、抢夺执行案件材料、执行公务车辆、其他执行器械、执行人员服装和执行公务证件的；（12）擅自解冻已被人民法院冻结的财产的。当事人或者其他人有上述行为的，都构成妨害民事诉讼的行为，[①]人民法院可以根据情节轻重，适用《民事诉讼法》第111条规定，对其予以罚款、拘留。如果其他人是单位的，则可以对其主要负责人或者直接责任人员予以罚款、拘留。

根据《民事诉讼法》第115条、第116条规定，对个人的罚款金额，为人民币10万元以下，对单位的罚款金额，为人民币5万元以上100万元以下。拘留的期限为15日以下。罚款、拘留必须经院长批准，用决定书形式。又根据《民事诉讼法司法解释》第183条至第186条规定，罚款、拘留可以单独适用，也可以合并适用。对同一妨害民事诉讼行为的罚款、拘留不得连续适用。发生新的妨害民事诉讼行为的，人民法院可以重新予以罚款、拘留。被罚款、拘留的人不服罚款、拘留决定申请复议的，应当自收到决定书之日起3日内提出。上级人民法院应当在收到复议申请后5日内作出决定，并将复议结果通知下级人民法院和当事人。上级人民法院复议时认为强制措施不当的，应当制作决定书，撤销或者变更下级人民法院作出的拘留、罚款决定。情况紧急的，可以在口头通知后3日内发出决定书。

---

① 以上参见2015年《民事诉讼法司法解释》第188条、第189条规定，1998年《最高人民法院关于人民法院执行工作若干问题的规定（试行）》第60条、第100条规定。

【审判实践中应注意的问题】

司法实务中，人民法院在具体适用本条规定，确定对当事人或他人采取妨害民事诉讼的具体强制措施类型时，应对当事人拒不履行行为严重程度进行判断。此时，可能衍生出对当事人拒不履行生效判决、裁定、调解书中有关子女抚养义务的起算时间确定以及是否涉嫌拒不执行判决、裁定罪需要移送的问题，对此，应注意两点：

一、当事人拒不履行生效判决、裁定、调解书中有关子女抚养义务的时间应从判决、裁定、调解书生效时起算

司法实务中，对当事人拒不履行生效判决、裁定、调解书中有关子女抚养义务适用《民事诉讼法》第 111 条的规定采取强制措施的前提是当事人有拒不履行生效判决、裁定、调解书中有关子女抚养义务的情形。当事人拒不履行生效判决、裁定、调解书中对子女的抚养义务是不作为的表现，而判断是否构成不作为则应以生效判决、裁定、调解书确定的作为时间为依据。只有在生效判决、裁定、调解书确定的当事人应尽抚养义务的时间内，当事人未尽抚养义务，才可能适用本条，对其采取罚款、拘留等强制措施以督促其履行义务。但是，实务中对应尽抚养义务的时间起算点，则存有争议：

第一种观点认为，应从执行立案时开始计算。理由在于，生效判决、裁定和调解书中有关的抚养义务，并非都要求当事人在判决生效后，立即执行。例如，定期给付抚养费义务、一次性给付抚养费义务等。故在期限未届至之前，当事人享有期限利益，无需履行该义务，也就谈不上拒不执行生效裁判的问题。只有到期当事人仍不履行抚养义务，另一方当事人申请强制执行，进入执行程序后，才产生对抗执行程序，拒不执行的问题。

第二种观点则认为，只要当事人在生效判决、裁定、调解书规定的期限届满时尚未履行子女抚养义务，就构成拒不履行，无需等到当事人申请强制执行，进入执行程序。我们认为，有能力履行而

拒不履行判决、裁定、调解书有关抚养义务的时间应从判决、裁定、调解书发生法律效力时起算。理由在于：首先，拒不履行生效判决、裁定、调解书中有关抚养义务的行为表现既包括消极不作为，即在生效判决、裁定和调解书确定的履行期限届至后不履行抚养义务的行为；也包括积极作为，即在履行期限届满前以及履行期限届满后，进入执行程序前，有抚养义务的当事人隐藏、转移、变卖、毁损财产或者无偿转让财产、以明显不合理的价格交易财产、放弃到期债权、无偿为他人提供担保等行为。对于通过积极作为方式拒不履行有关抚养义务的，即便该作为行为发生在生效判决、裁定、调解书确定的抚养义务履行期限届满前也构成本条中的“拒不履行生效判决、裁定、调解书中有关抚养义务的行为”。其次，有关抚养义务的生效判决、裁定和调解书具有强制执行力，但该强制执行力不是在进入强制执行程序后才产生的，而是自法律文书生效之日起即产生。此时，义务人就有及时、积极履行抚养义务的责任。再次，《民事诉讼法司法解释》第188条已经规定：《民事诉讼法》第111条第1款第6项规定的拒不履行人民法院已经发生法律效力的判决、裁定的行为，包括在法律文书发生法律效力后隐藏、转移、变卖、毁损财产或者无偿转让财产、以明显不合理的价格交易财产、放弃到期债权、无偿为他人提供担保等，致使人民法院无法执行的。最后，本条解释的起草目的在于通过对拒不履行生效判决、裁定和调解书中有关抚养义务的行为适用妨害民事诉讼的强制措施，督促其履行抚养义务，将判决、裁定、调解书生效之日确定为本条规定的拒不履行生效判决、裁定、调解书中抚养义务行为的起算时间，能促使义务人在判决、裁定生效后即迫于强制措施的威慑而主动履行该义务，避免子女的受抚养权因得不到及时保护而危及子女利益。

综上，本条中拒不履行子女抚养义务的行为应限定在生效判决、裁定、调解书生效后，而不能将拒不履行子女抚养义务的行为仅限定为进入强制执行程序后。对此，最高人民法院指导案例第71号也持同样观点。

二、拒不执行判决、裁定罪是否包括调解书

根据《民事诉讼法》第111条规定，对拒不履行或者妨害他人履行生效判决、裁定、调解书中有关子女抚养义务的当事人或者其他人，构成犯罪的，依法追究刑事责任。这里的犯罪是指《刑法》第313条规定的拒不执行判决、裁定罪。对人民法院的判决、裁定有能力执行而拒不执行，情节严重的，处三年以下有期徒刑、拘役或者罚金。司法实务中，对拒不履行生效调解书中的有关子女抚养义务是否适用该条规定，认定拒不执行判决、裁定罪存有争议。为此，《最高人民法院研究室关于拒不执行人民法院调解书的行为是否构成拒不执行判决、裁定罪的答复》中曾就此问题表示，《刑法》第313条规定的"判决、裁定"，不包括人民法院的调解书。对于行为人拒不执行人民法院调解书的行为，不能依照《刑法》第313条的规定定罪处罚。随后，2002年全国人大常委会也对该条中"对人民法院的判决、裁定有能力执行而拒不执行，情节严重"的含义，作出立法解释，[①] 其中明确：《刑法》第313条规定的"人民法院的判决、裁定"，是指人民法院依法作出的具有执行内容并已发生法律效力的判决、裁定。人民法院为依法执行支付令、生效的调解书、仲裁裁决、公证债权文书

---

① 2002年8月29日发布并实施的《全国人民代表大会常务委员会关于〈中华人民共和国刑法〉第三百一十三条的解释》规定，《刑法》第313条规定的"人民法院的判决、裁定"，是指人民法院依法作出的具有执行内容并已发生法律效力的判决、裁定。人民法院为依法执行支付令、生效的调解书、仲裁裁决、公证债权文书等所作的裁定属于该条规定的裁定。下列情形属于《刑法》第313条规定的"有能力执行而拒不执行，情节严重"的情形：（1）被执行人隐藏、转移、故意毁损财产或者无偿转让财产、以明显不合理的低价转让财产，致使判决、裁定无法执行的；（2）担保人或者被执行人隐藏、转移、故意毁损或者转让已向人民法院提供担保的财产，致使判决、裁定无法执行的；（3）协助执行义务人接到人民法院协助执行通知书后，拒不协助执行，致使判决、裁定无法执行的；（4）被执行人、担保人、协助执行义务人与国家机关工作人员通谋，利用国家机关工作人员的职权妨害执行，致使判决、裁定无法执行的；（5）其他有能力执行而拒不执行，情节严重的情形。国家机关工作人员有上述第4项行为的，以拒不执行判决、裁定罪的共犯追究刑事责任。国家机关工作人员收受贿赂或者滥用职权，有上述第4项行为的，同时又构成《刑法》第385条、第397条规定之罪的，依照处罚较重的规定定罪处罚。

等所作的裁定属于该条规定的裁定。故就目前主流观点而言，当事人拒不履行生效调解书中有关抚养义务的情形暂不宜依照《刑法》第313条的规定定罪处罚。最后，需注意的是，2015年公布，2020年修正的《最高人民法院关于审理拒不执行判决、裁定刑事案件适用法律若干问题的解释》第7条已经规定，对于拒不执行抚养费判决、裁定构成拒不执行判决、裁定罪的，可以酌情从重处罚。

五、离　婚

第六十二条　无民事行为能力人的配偶有民法典第三十六条第一款规定行为，其他有监护资格的人可以要求撤销其监护资格，并依法指定新的监护人；变更后的监护人代理无民事行为能力一方提起离婚诉讼的，人民法院应予受理。

【条文主旨】

本条是关于无民事行为能力人作为原告提起离婚诉讼的特别规定。

【条文理解】

一、制定本条的背景情况

本条是在《婚姻法司法解释（三）》第8条规定基础上，对应《民法典》修改完善而成。《婚姻法司法解释（三）》第8条规定："无民事行为能力人的配偶有虐待、遗弃等严重损害无民事行为能力一方的人身权利或者财产权益行为，其他有监护资格的人可以依照特别程序要求变更监护关系；变更后的监护人代理无民事行为能力一方提起离婚诉讼的，人民法院应予受理。"对比该条，本条变动主要表现为：将"有虐待、遗弃等严重损害无民事行为能力一方的人身权利或者财产权益行为"修改为"有民法典第三十六条第一款规定行为"。理由在于，严重损害无民事行为能力一方的人身权利或者财产权益行为在法律评价上一般都是配偶作为监护人实施的严重侵害被监护人合法权益的行为，鉴于《民法典》对此已有专门规定，故直接引用《民法典》相关条文更为精炼和全面。至于将“依照特别程序要求变更监护关系”修改为“要求撤销其监护资格，并依法指定新的监护人”，则同样是与《民法典》第36条的表述保持一致，进一步明确应先撤销、再指定。

司法实践中，具有完全民事行为能力人可以自行判断感情是否确已破裂，从而决定是否提出离婚。但对欠缺民事行为能力人而言，则有不同。欠缺民事行为能力人包括限制民事行为能力人和无民事行为能力人两类。由于其不能完全辨认甚至完全不能辨认自己行为，不排除配偶一方有虐待、遗弃等严重损害无民事行为能力或限制民事行为能力一方的人身权利或者财产权益行为。对此，由于《民法典》第28条已经规定配偶是第一顺位的法定监护人，故在该欠缺民事行为能力人没有意定监护人的情形下，配偶不可能作为该欠缺民事行为能力人的第一顺位监护人，代表其向自己提出主张，而其父母等其他有监护资格的人在其已有法定监护人的情形下，也不能直接代表其维护权益。为解决这一矛盾，我们认为，有必要先撤销配偶的法定监护权，并由人民法院依法指定新的监护人以维护欠缺民事行为能力人的权益。鉴于配偶一方上述严重侵害无民事行为能力人权益的行为，违反了夫妻之间的扶助义务、破坏了夫妻间的感情基础，婚姻已经名存实亡，故有必要及时解除该特殊情形下的婚姻关系。

但从现实情况看，无民事行为能力人的离婚问题，实务中争议较大。涉及无民事行为能力人离婚的案件主要有无民事行为能力人作为原告一方离婚的诉讼和作为被告一方应诉离婚的诉讼。在无民事行为能力人为离婚案件的被告情形，如果无民事行为能力人在之前具有完全民事行为能力时已经与其近亲属（配偶除外）、其他愿意担任监护人的个人或者组织事先协商，以书面形式确定自己的监护人，则可依照《民法典》第33条规定，由该监护人作为其法定代理人参加离婚诉讼。如果无民事行为能力人没有意定监护人，则可根据《民法典》第39条规定，由人民法院认定配偶终止担任监护人，另行确定监护人代表无民事行为能力人参加诉讼。但在无民事行为能力人有必要作为原告提起离婚诉讼情形，则司法实践中认识并不统一。在 2011 年《婚姻法司法解释（三）》实施以前，各地法院大多数不予受理，或通过调解方式结案。但也有法院作出过实体裁判。例如，朱泽民代理无行为能力人范淑华诉梅成林离婚一案中，法院就驳回了原告范淑华的离婚诉讼请求。2000 年，上海市长宁区人民法院受理的植物人状告下落不明的妻子离婚案被称为植物人离婚第一案，其中法院就支持了植物人原告的离婚请求。这两起案件事实上是确认了无民事行为能力人离婚可由他人代理起诉。相关地方法院指导意见中也持肯定态度。例如 2005 年，《山东省高级人民法院全省民事审判会议纪要》中则提出了“在婚姻关系存续期间丧失民事行为能力的无民事行为能力人可由他人代理起诉离婚，但需要根据特别程序变更无民事行为能力人的监护人，由变更后的监护人作为无民事行为能力人的代理人提起诉讼”。

除了司法实务争议，理论界也观点不一：一种观点持否定的态度。理由是：（1）根据《民法典》第 28 条的规定，无民事行为能力或者限制民事行为能力的成年人的监护人由下列有监护能力的人按顺序担任：①配偶；②父母、子女；③其他近亲属；④其他愿意担任监护人的个人或者组织，但是须经被监护人住所地的居民委员会、村民委员会或者民政部门同意。故在配偶未丧失监护权的情况下，其他顺位有监护资格的人不得取代其监护人的地位，行使法定代理权，提起离婚诉讼。（2）即使其他人通过变更监护，成为无民事行为能力人的监护人，也不得代理提起离婚诉讼，否则不仅超出监护职责的范围，而且侵犯了无民事行为能力人的婚姻自主权。（3）婚姻关系的缔结、撤销或者解除，应由当事人亲自行使，根据《民法典》第 161 条第 2 款规定：“依照法律规定、当事人约定或者民事法律行为的性质，应当由本人亲自实施的民事法律行为，不得代理。”即需本人亲自实施的民事行为不得代理。（4）无民事行为能力人作为原告提起离婚诉讼，与其作为离婚诉讼的被告完全不同。无民事行为能力人作为被告的离婚案件中，法院可以依法指定法定代理人，目的在于维护被告的合法权益，而不意味着代理人有权代替被告作出离婚的意思表示，当事人之间的婚姻关系是否解除，应由人民法院依法作出裁判。（5）离婚是身份行为，不适用代理。如果的确存在无民事行为能力人的配偶损害其利益的情形，可以通过变更监护人而不是离婚来解决这一问题。

另一种观点则持肯定的态度。理由是:（1）我国的法律法规中并未明确规定法定代理人不能提起离婚之诉。相反，《民事诉讼法司法解释》第148条第2款规定“无民事行为能力人的离婚案件，由其法定代理人进行诉讼”。故无民事行为能力人提起离婚诉讼于法有据。（2）无民事行为能力人既然可以作为被告参加离婚诉讼，当然也可以作为原告提起离婚诉讼。否则，不能体现公平、对等原则。无民事行为能力人的人身、财产权益将受到限制，不利于保护社会弱势群体的合法权益。（3）法定代理权与一般的委托代理权不同。法定代理权的属性决定了法定代理人可以提起离婚诉讼。法定代理权是以监护权为基础，专门用于代理无诉讼行为能力的公民进行诉讼活动。其中，无民事行为能力人的法定代理人的代理权源自对该无民事行为能力人的监护权。法定代理权基于法律的规定而不同于基于当事人约定授权的委托代理权，与当事人本人意志无关。法定代理人在诉讼中其法律地位相当于当事人，可以行使被代理人享有的全部权利。可以说，正是当事人无法进行法律意义上的意思表示才产生了法定监护权，法律为无民事行为能力人设定法定代理人就是为了补足其行为能力的缺失，使其借助他人的行为能力而实际享有法定权利并履行法定义务。因此，法定代理人有权代理无民事行为能力人提起离婚诉讼。（4）身份行为不适用代理制度仅针对具有完全民事行为能力的当事人。虽然身份行为如遗嘱、收养、结婚、离婚具有强烈的人身属性，且一旦作出相关行为即对当事人的生活产生巨大影响，必须亲力亲为。但是这是针对可以独自表意和作为的完全民事行为能力人。而无民事行为能力人根本无法进行真实的意思表示。就离婚而言，无民事行为能力人自己无法亲自作为和感受，所以再以所谓的身份行为要求当事人必须亲自实施，未免过于死板和苛刻，也不符合常理和逻辑。（5）变更监护人并不能从根本上解决无民事行为能力人的配偶损害其权益的问题。如果只是撤销了配偶的监护权而不解除婚姻关系的话，配偶与无民事行为能力人的夫妻关系将会处于非常尴尬的境地，一些实际问题无法得到彻底解决，会给以后的生活带来隐患。例如，在夫妻关系尚未解除前，无民事行为能力人的财产就不能从共有财产中分离出来（除非另有约定，但有约定的毕竟是少数），新的监护人也无法对共有财产行使代管权。故在配偶开始侵犯无民事行为能力人的权益时，其婚姻关系一般也无维持的必要。

还有一种观点是持折中的态度，即原则上身份行为不能代理，他人不能代无民事行为能力人提起离婚诉讼，但在特殊情况下应允许该种情况的发生。无民事行为能力人因其不具备民事行为能力，即使是其在婚姻中的合法权益遭受侵害，也不能由其法定代理人提出离婚诉讼，于情于理都无法说通。但是，在特定的情况下如无民事行为能力人受到其配偶虐待并危及生命健康或其配偶恶意侵吞、转移无民事行为能力人的财产时，无民事行为能力人的法定代理人有权向法院提起离婚诉讼，法院在对当事人双方婚姻状况实质审查后，依法作出准许离婚或不准许离婚的判决。

本条原则上采纳了折中的观点。大陆法系中的代理，是指代理人在代理权限内，以被代理人的名义，与第三人为表意行为，而由被代理人直接承担行为后果的一种法律制度。代理制度具有两方面的作用：一为扩展当事人民事行为能力；二为补充当事人民事行为能力。前者存在于意定代理中，借助代理人的行为，民事主体的能力与活动范围均扩大了。后者存在于法定代理中，欠缺民事行为能力的人不能自主行使权利，由其监护人代其行使权利。通常认为，代理不适用具有人身属性的表意行为，如婚姻登记行为、收养行为、遗嘱行为等，因为这些行为的意思表示具有人身属性，必须由行为人亲自作出。但若一味恪守这一原则，难免会出现不公平的结果。因为不能排除无民事行为能力人有较多的财产，其配偶既不提出离婚，也不照顾对方，而是利用财产管理人的身份挥霍对方财产的情况发生。两相权衡，只有在出现严重损害无民事行为能力人合法权益的时候，才能允许他人代无民事行为能力人提起离婚。因现行法律和司法解释对无民事行为能力人是否可以作为原告提起离婚之诉没有作出规定，故如果一概不允许其离婚，可能会出现在合法婚姻的幌子下肆意侵害无民事行为能力人权益的情况。鉴于原告无民事行为能力，其法定监护人为配偶的特殊情况，本条规定其他有监护资格的人在申请撤销配偶监护权，变更监护关系后可代其提起离婚诉讼。此为特殊情形下对无民事行为能力人的一种救济途径。

在我国，判决离婚的法定理由是夫妻感情确已破裂。被告在诉讼中作出的同意或不同意离婚的意思表示，只是判定法定离婚理由成立与否的证据之一。一般情况下，如被告同意离婚，则判决准予离婚；如被告不同意离婚，则通过其他证据判断夫妻感情是否破裂。被告是否有民事行为能力并不影响离婚诉讼。如被告有民事行为能力，法院将要求他自己作出是否同意离婚的意思表示，此时被告同意离婚的表示可以成为法院认定夫妻感情确已破裂、判决准予离婚的依据；如被告是无民事行为能力人，其法定代理人可代其参加诉讼。法院也会征求代理人对离婚的态度，但这只是判断是否准予离婚以及解决离婚时其他问题的参考，并不意味着代理人可代被告作出是否离婚的意思表示。因此，允许无民事行为能力人在特殊情形下提起离婚诉讼既不违背法理，也能从根本上解决司法实践中存在的问题。

无民事行为能力人由于不具备辨认能力和控制能力，故不能自己参加诉讼，而是由其监护人代理其提起诉讼。这样一来，首先就需要解决程序上的问题，变更无民事行为能力人之配偶的监护权。如确定原告系无民事行为能力人，则其配偶作为其法定第一顺序监护人，也是当然的法定代理人。也就是只有其配偶才能代理他（她）提起相关的民事诉讼。其他亲属要代理其提起离婚诉讼，只有经过撤销监护权的特别程序，变更监护权，才有可能在程序上代理无民事行为能力人提起离婚诉讼。因此，在提起离婚诉讼之前，应变更监护人。此外，如果允许无民事行为能力人的其他有监护资格的人直接提起离婚诉讼，则可能因对“虐待、遗弃等严重损害无民事行为能力一方合法权益的行为”认识不一，使本来能够维持的婚姻关系产生危机，不利于对无民事行为能力人的保护。

二、无民事行为能力人的标准及认定

自然人的民事行为能力制度，是法律为保护弱者的利益，对民事行为能力欠缺者进行救济而设立的制度。法律对于民事行为能力制度采取“年龄主义”和“有条件的个案审查”。司法资源的有限性决定了不可能全部采取个案审查。鉴于人的智力发育水平和人的年龄有密不可分的关系，故可依据年龄界限来区分民事行为能力。我国以 8 周岁和 18 周岁作为界限将自然人分为无民事行为能力人和限制民事行为能力人。但是实务中还存在已经达到成年年龄的人欠缺辨认能力和控制能力的情形，对此，法律采用司法个别宣告制度来确认无民事行为能力人和限制民事行为能力人。完全不能辨认自身行为，不能控制自己行为的为无民事行为能力人。未完全丧失辨认能力和控制能力的人为限制民事行为能力人。自然人的民事行为能力是其独立实施民事法律行为的资格，民事行为能力的有无与自然人的意思能力有关，包括理解能力和意思表达能力。理解能力是自然人对自己行为将发生何种效果的认识能力，表达能力是自然人能否将自己的理解完整、明确表达出来的能力，二者都属于事实问题。根据民事行为能力的这种内涵，我们可以这样理解：两者都具备的人当然为有民事行为能力人，两者都不具备的人当然为无民事行为能力人，两者具备其一的人可能为无民事行为能力人或限制民事行为能力人。我国现行立法对心智正常的人范围内的无民事行为能力人和精神病人的行为能力作出了规定，但除此以外对其他非完全民事行为能力人没有具体的法律规定，只规定了一项认定自然人无民事行为能力、限制民事行为能力的特别程序作为救济。根据《民法典》第 17 条至第 20 条的规定，18 周岁以上的自然人为成年人。不满 18 周岁的自然人为未成年人。成年人为完全民事行为能力人。16 周岁以上的未成年人，以自己的劳动收入为主要生活来源的，视为完全民事行为能力人。8周岁以上的未成年人为限制民事行为能力人，不满8周岁的未成年人为无民事行为能力人，不能辨认自己行为的成年人为无民事行为能力人，不能完全辨认自己行为的成年人为限制民事行为能力人。本条关注的是成年已婚无民事行为能力人。关于成年的无民事行为能力人的范围，在《民法典》施行之前，我国只规定了包括痴呆症人在内的精神病人。不能辨认自己行为的精神病人是无民事行为能力人，不能完全辨认自己行为的精神病人是限制民事行为能力人。这样的规定显然是在考虑立法当时我国的社会生活状况基础上设立的，但随着经济、社会的不断发展，出现了很多不具备完全民事行为能力条件的成年人，比如植物人、脑萎缩、脑瘫患者等。而这些人的离婚问题又屡屡出现，故对于无民事行为能力人应作扩大解释，其范围应涵盖与不能辨认自己行为的精神病人在本质上相同的植物人、脑萎缩、脑瘫患者等特殊人群。

认定当事人无民事行为能力，主要应当注意以下几点：第一，对于精神病人，人民法院一般应委托司法精神病鉴定机构进行鉴定。具体认定是否患有精神病，以及所患精神病的病情轻重程度。即应以司法精神病学鉴定为理论性、科学性的根据，即采用医学鉴定标准确定。诉讼中当事人为证明肯定或否定患有精神病必须向法院提供证据。人民法院以合法、真实的鉴定意见为定案根据，来认定涉案精神病人的利害关系人所提出的一方当事人是否属于无民事行为能力人或限制民事行为能力人。第二，对于精神病人，可以参照精神病医院出具的有关诊断证明、鉴定结果加以确认。精神病人在精神病医院诊治过程中，有关专家对精神病人的病情所作出的科学检查、检测等结论性意见，仍可以由法官在作出确认时作为证明材料使用。但应以精神病人的利害关系人无异议为限，或者经开庭质证双方无异议，法院予以采信，或者由其他证据或事实相互印证为审查条件。对于患有其他疾病而丧失民事行为能力的人，也可以参照医院的诊断证明。第三，可以参照群众公认的事实和证据进行认定。在此值得注意的是：必须以无民事行为能力人的利害关系人（法定代理人）对所公认的事实和证据无异议为限。群众公认的事实，应该是无民事行为能力人的住所地村委会、居委会出具的具有真实性的证明材料所认定的事实。同时，也包括周围群众即无民事行为能力人的左邻右舍，对无民事行为能力人长期的起居、生活等基本情况的感知和认识。对这类事实的要求是：能够起到证明无民事行为能力人的病情的情况，比如，精神病人因先天或后天形成的精神疾病和现在仍然继续维持的精神状态，并且是人们均普遍认为和说法一致的事实。第四，关于在诉讼中一方为精神病人的利害关系人向法院提出该精神病人是属于无民事行为能力人或限制民事行为能力人的，为解决当事人对此项诉讼的争议，人民法院认为确有必要需按《民事诉讼法》规定程序作出认定的，可告知申请人按特别程序进行诉讼。

三、无民事行为能力人作为原告提起离婚之诉的条件

从实质条件看，离婚有很强的人身性，无民事行为能力人由于欠缺民事行为能力，其诉讼只能由监护人代理，而离婚通常不能代理。所以无民事行为能力人作为原告起诉作为特殊的救济途径，有严格的限定条件。根据本条的规定，其限制条件为无民事行为能力人的配偶存在《民法典》第36条第1款规定的行为：（1）实施严重损害被监护人身心健康的行为；（2）怠于履行监护职责，或者无法履行监护职责且拒绝将监护职责部分或者全部委托给他人，导致被监护人处于危困状态；（3）实施严重侵害被监护人合法权益的其他行为。在司法实践中经常遇到无民事行为能力人的配偶一方为了某些财产利益，既不提出离婚，也不履行夫妻扶养义务，甚至擅自变卖夫妻共同财产的情形。此种情况下，无民事行为能力人可以作为原告提出离婚。侵害无民事行为能力人的利益不仅包括财产利益，也包括人身利益。手段主要为遗弃、虐待。但不限于此，比如说家庭暴力等。换言之，只要有严重损害无民事行为能力人权益的行为，无民事行为能力人就可以作为原告提起离婚诉讼。

从程序条件看，应当由其他有监护资格的人在申请撤销配偶监护人资格并由人民法院依法指定新的监护人后，由新的监护人作为法定代理人，代理无民事行为能力人提起诉讼。这是先决条件，否则会构成诉讼冲突，因为依据法律的规定，配偶是无民事行为能力人的监护人，如果不变更监护关系，会出现法庭上原告席与被告席上是同一人的情况。对此，《民事诉讼法司法解释》第83条也规定："在诉讼中，无民事行为能力人、限制民事行为能力人的监护人是他的法定代理人。事先没有确定监护人的，可以由有监护资格的人协商确定；协商不成的，由人民法院在他们之中指定诉讼中的法定代理人。当事人没有民法典第二十七条、第二十八条规定的监护人的，可以指定民法典第三十二条规定的有关组织担任诉讼中的法定代理人。"

四、他人代理无民事行为能力人提起诉讼的类型

在他人代理无民事行为能力人提起离婚诉讼的情况下，我们要区分无民事行为能力人行为能力欠缺的状况是自始存在还是嗣后存在。在无民事行为能力人结婚时，就存在无民事行为能力且未告知另一方的情形时，可以提起婚姻撤销之诉。《民法典》第1053条规定："一方患有重大疾病的，应当在结婚登记前如实告知另一方；不如实告知的，另一方可以向人民法院请求撤销婚姻。请求撤销婚姻的，应当自知道或者应当知道撤销事由之日起一年内提出。"实践中，撤销婚姻诉讼与离婚诉讼有明显不同：

（一）两者产生的原因不同

离婚的原因发生于婚姻关系成立之后，且不是因为婚姻本身违法，而是由于"夫妻感情确已破裂"。而可撤销婚姻产生的原因发生在婚姻关系成立之前。撤销的根本原因在于缔结婚姻并非撤销一方的真实意思表示。这就决定了两者的具体事由不同。离婚可以分为协议离婚和诉讼离婚。根据《民法典》第1079条，诉讼离婚的法定理由为：（1）重婚或与他人同居的；（2）实施家庭暴力或虐待、遗弃家庭成员的；（3）有赌博、吸毒等恶习屡教不改的；（4）因感情不和分居满两年的；（5）其

他导致夫妻感情破裂的情形。具备这些情形，是否离婚，由当事人自己决定，并不必然导致婚姻的解除。而且，如果经法院调解和好的，婚姻关系继续存在。而可撤销婚姻的法定情形则是《民法典》第1053条规定的“一方患有重大疾病不如实告知另一方”。

（二）两者的行为效力和时效不同

离婚应当自该婚姻关系解除之日起生效。而撤销婚姻自始无效，即婚姻被撤销后，自结婚登记之日起即没有法律约束力。撤销婚姻的申请，既可以发生在该婚姻关系当事人生存期间，也可以发生在一方当事人死亡以后。

（三）提起诉讼的权利人和期限不同

离婚只能由婚姻关系的当事人一方或双方提出，离婚请求权的行使权限于婚姻当事人本人行使，其他任何人不能强迫、干涉。而有权提起撤销婚姻诉讼的原告仅为被隐瞒重大疾病的一方。除了根据《民事诉讼法》第124条规定，经人民法院判决不准离婚和调解和好后，没有新情况、新理由，原告在6个月内不准起诉的限制外，离婚诉讼没有其他起诉期限的要求。而根据《民法典》第1053条规定，请求撤销婚姻的，应在自知道或应当知道撤销事由之日起1年内提出。

（四）两者的法律后果不同

离婚的法律后果在于解除当事人双方之间的身份关系的同时，还要对共同财产进行分割。撤销婚姻的双方不享有《民法典》婚姻家庭编赋予的配偶应享有的权利，如夫妻财产权、生育权、继承权、同居权、扶养权等。由于撤销婚姻后，当事人属于同居关系。而对同居期间所得的财产，根据《民法典》第1054条的规定，由当事人协议处理；协议不成时，由人民法院根据照顾无过错方的原则判决。而且无过错方有权请求损害赔偿。

【审判实践中应注意的问题】

一、无民事行为能力人仍是离婚诉讼当事人，但由法定代理人代为参加诉讼

《民法典》第 1049 条规定结婚的双方当事人必须亲自到婚姻登记机关进行结婚登记，但没有明确规定离婚诉讼是否必须由婚姻当事人本人提起或应诉。《民事诉讼法》第 62 条规定，离婚案件有诉讼代理人的，本人除不能表达意志的以外，仍应出庭；确因特殊情况无法出庭的，必须向人民法院提交书面意见。可见离婚不必然由婚姻当事人本人提起或应诉。一般离婚案件诉讼主体主要是婚姻当事人本人，当本人是完全民事行为能力人时，其当然具备了起诉离婚的诉讼行为能力，并可以委托他人作为其诉讼代理人；在一方或双方当事人系无民事行为能力人时，其便不具备离婚的诉讼行为能力，离婚诉讼就必须包含除了当事人之外的法定代理人，而委托诉讼代理人的权利也只能由法定代理人代为行使。但当事人仍然是婚姻关系的双方，而不是无民事行为能力人的法定代理人。只不过根据《民事诉讼法司法解释》第 148 条第 2 款“无民事行为能力人的离婚案件，由其法定代理人进行诉讼”的规定，只能由其法定代理人代为参加诉讼。

离婚诉讼中，精神病人的民事诉讼活动需由其法定代理人代为进行。这是法律直接规定精神病人可通过间接诉讼方式进行民事诉讼活动的事项。人民法院应当依法传唤精神病人的法定代理人到庭参加诉讼。对此，《民事诉讼法司法解释》第 234 条规定：“无民事行为能力人的离婚诉讼，当事人的法定代理人应当到庭；法定代理人不能到庭的，人民法院应当在查清事实的基础上，依法作出判决。”第 235 条规定：“无民事行为能力的当事人的法定代理人，经传票传唤无正当理由拒不到庭，属于原告方的，比照民事诉讼法第一百四十三条的规定，按撤诉处理；属于被告方的，比照民事诉讼法第一百四十四条的规定，缺席判决。必要时，人民法院可以拘传其到庭。”以上两条规

定，可以适用离婚纠纷中一方当事人为无民事行为能力人进行民事诉讼活动时的程序性规定。

二、对无民事行为能力人起诉离婚应慎重处理

一般而言，离婚诉讼系人身诉讼，应当从严把握，细化到无民事行为能力人提起离婚诉讼的情形，更是如此。在证据收集上，鉴于夫妻生活的私密性，应加大法院依职权调查取证的力度；在事实认定上，对于感情是否破裂，也应从严把握。感情确已破裂是我国一贯坚持的准予离婚的原则。但我国法律规定的夫妻感情破裂并不等同双方当事人的真实感受，而是一种推定，比如，《民法典》规定一方被宣告失踪，另一方提出离婚诉讼的，应准予离婚，而一方失踪与夫妻双方主观上感情是否破裂并无必然联系。另外，在《民法典》第1079条列举的夫妻感情确已破裂的情形中，也有几种是根据夫妻生活的客观表现来推定的，而非婚姻当事人的主观感受。由此可见，感情破裂原则是一种客观标准，并不等同于婚姻当事人的感情确实已经破裂这一主观感受。在当事人不能理解行为性质并作出判断的情况下，法定代理人也应可以根据婚姻当事人的客观表现对其感情情况作出判断。

关于无民事行为能力人在离婚诉讼中，被确认为生活完全不能自理，或者大部分不能自理，或者部分不能自理的几种情况，均属于法律规定的一方生活困难情形。对方在离婚时应给予一次性的经济帮助款项或者一定的财产，以保障无民事行为能力人在离婚后的正常生活，以维护社会的秩序。《民法典》第1090条规定：“离婚时，如果一方生活困难，有负担能力的另一方应当给予适当帮助。具体办法由双方协议；协议不成时，由人民法院判决。”故离婚诉讼中一方为无民事行为能力人的，另一方应支付一定的经济帮助款项或者是提供一定财产。在此要明确的几个问题是：首先，在离婚诉讼中，要区分无民事行为能力人的不同情况。根据完全不能自理，或者大部分不能自理，或者部分不能自理的划分原则，调查了解另一方的经济基本状况，从而为给付无民事行为能力人一次性的经济帮助款项确定标准。

其次，确定一次性的给付标准。区分对无民事行为能力人病情的不同程度，目的是解决无民事行为能力人在离婚后维持当地基本生活水平和居住等问题。由于无民事行为能力人情况的特殊性，无民事行为能力人的生活费用中，可以包括一定的治疗费用，由另一方一并给付。最后，对于另一方给予无民事行为能力人的经济帮助，并非扶养义务。依照法律规定，保护离婚后的无民事行为能力人的身体健康，照顾无民事行为能力人的生活，管理无民事行为能力人的财产等方面应由离婚后的无民事行为能力人的监护人实施。在夫妻关系存续期间夫妻依法应履行相互扶养、扶助的义务，但在离婚后，互相扶养的义务随着夫妻关系的解除而消灭。因此，离婚时无民事行为能力人的利害关系人不应再以坚持不同意离婚或其他理由为要挟条件，向另一方当事人提出过高的、不符合法律规定的要求。

一方给付经济帮助款项或财产，要根据当事人的经济承受能力和当地的生活水准，如给付义务的人在经济上确有困难，可对给付款项采取分期给付的方式；给付一定的财产可以是财产的使用权或者是财产的所有权。具体确定的标准法律未明确规定，可根据无民事行为能力人生活困难程度的大小，因人、因案而异，具体问题具体分析，灵活掌握。总之，目的是切实保护在离婚诉讼中无民事行为能力人的各项合法权益。离婚诉讼中一方为无民事行为能力人的，其合法权益应受到社会的重视和法律的保护，特别是对无民事行为能力人在离婚后尚未恢复生活自理能力前，应该慎重考虑其今后的生活和居住问题，以体现我国制定法律时所体现出的人文关怀。

在审判实践中，一方为无民事行为能力人的利害关系人或其近亲属，往往在离婚时向另一方提出过高的要求和条件，如对方不答应所提要求和条件，则坚持不同意离婚；或者要求让对方对无民事行为能力人给予完全性的治疗，即要求待治愈后再离婚的现象；或者要求离婚不离家，仍想由对方继续进行关照、护理无民事行为能力人的各项生活，如此等等。这些要求均不符合法律规定，未能从无民事行为能力人所处的精神或健康状态去分析和考虑，只是一味地按自己的主观要求主张一方权利。因此，法院不应支持其无理请求。

另外需注意的是，在离婚期间有关无民事行为能力人的给付请求权应予保护。离婚诉讼双方当事人在未办理离婚手续的情况下，仍系夫妻关系，在离婚期间的无民事行为能力人，要求对方支付因治疗疾病所支出的医疗费、生活费，对方又未履行扶养义务的，人民法院应当依法予以支持。《民法典》第1059条规定："夫妻有互相扶养的义务。需要扶养的一方，在另一方不履行扶养义务时，有要求对方付给扶养费的权利。"在离婚期间，因尚未依法解除夫妻关系，夫妻之间的互相抚养义务应当继续由双方互为履行。在此充分体现了无民事行为能力人所享有合法的基本民事权益。对无民事行为能力人未尽扶养义务的，无民事行为能力人因治疗所支出的医疗费，以及必要的、合理的生活费，有权向人民法院行使给付请求权，要求其配偶及时支付医疗费、生活费。对于其所要求的数额确定且合理的，人民法院应予支持。而对于无民事行为能力人要求的是将来需要治疗费用的，因是尚未实际发生的费用，数额又不能确定，人民法院可不予支持。无民事行为能力人所享有的该项法律权益，其依据有二：一是夫妻间有互相扶养的义务。双方虽在离婚诉讼中，但尚未解除合法有效的婚姻关系。该项扶养义务要求夫妻在生活、人身健康等方面互为扶持、帮助和忠贞、忠诚。二是对无民事行为能力人的特殊救济。在婚姻关系尚未解除期间，无民事行为能力人因治疗、生活所产生的合法债务，另一方有责任全部负担，无民事行为能力人已经丧失了劳动能力，没有正常的经济收入和生活来源，由于对方的不扶养行为，致使无民事行为能力人需要治疗而支付的医疗费，以及需要维持生命支出的必要的生活费，由此所欠债务均应视为夫妻关系存续期间的共同债务，另一方理应负有履行清偿债务的法律责任。

一般离婚案件在审理过程中，都要经过调解环节，开庭前可以组织当事人庭前调解，开庭时双方当事人都到庭的情况下，予以当庭调解，当庭调解不成功的还可以庭后调解。而涉及无民事行为能力人的离婚案件在审理过程中，无论是庭前、开庭时还是庭后调解，主持调解过程中都存在这样的障碍：至少有一方当事人无法表达其真实意思。此类离婚案件中，对双方当事人之间婚姻问题的调解是否能在法定代理人之间进行？一般而言，在离婚案件的代理中，离婚或者不离婚的意见，只能由当事人自己向法院表达，而不能由诉讼代理人代为表达，即使当事人对诉讼代理人有特别授权也不行。这是对“具有人身属性的意思表示不能代理”的一种强制性规定，但这一规定只是针对当事人是完全民事行为能力人的情况。对于当事人一方或双方属于无民事行为能力人的案件来说，这个规定是不合时宜的，因为当事人本身根本不能进行意思表达，如果不顾客观存在的法律事实，强行死搬硬套地由无民事行为能力人来表达是否离婚的意见，将不利于案件的审结。因此，无民事行为能力人的离婚案件也可以适用调解。尤其是关于财产分配问题，调解更有利于案结事了。

第六十三条 人民法院审理离婚案件，符合民法典第一千零七十九条第三款规定“应当准予离婚”情形的，不应当因当事人有过错而判决不准离婚。

【条文主旨】

本条是关于符合法定离婚情形，不得以当事人有过错为由，而判决不准离婚的规定。

【条文理解】

本条是以《婚姻法司法解释（一）》第22条为基础作出的规定。与该条内容相比，只是根据《民法典》的最新条文表述将“第三十二条第二款规定”修改为“民法典第一千零七十九条第三款规定”，其他无变化。现实生活中，一部分社会公众从惩恶扬善角度出发认为，为了惩罚过错方，对其提出的离婚诉讼请求要予以判决驳回，从而弘扬正气、抑制道德败坏的行为。甚至对于一方有第三者介入、重婚以及虐待、遗弃等情形，有过错方提出离婚而对方（无过错方）不同意离婚时，为维护社会道德和无过错一方的利益，可考虑对有过错方的离婚予以一定的限制。虽然《民法典》第1041条规定了婚姻自由原则，但就其中离婚自由权利而言，其仅仅是一个相对的权利，而非绝对的权利，任何权利的行使和实现均应以遵守法律和道德标准为前提。现代社会对离婚采取了比较宽容的态度，在立法上逐步地由过错原则向破裂原则发展，离婚日益失去其制裁、惩罚被告的作用，而被看成是对婚姻关系事实上破裂的确认，看成是摆脱陷于困境的婚姻的一种手段。即使如此，离婚毕竟意味着一个家庭的破裂，受伤害最大的往往是无辜的子女。无论是争夺监护权还是无人监护的局面，都会给子女留下非常深刻的创伤，导致产生反社会行为和青少年犯罪的潜在影响。在许多国家的立法中，对离婚仍作了一些限制性的规定。如结婚未到一定年限不准提出离婚，对有责一方配偶的离婚请求仍有较严格的限制。过多强调婚姻的个体性，只要夫妻感情破裂，无论造成感情破裂的原因是什么均可离婚，即使有过错，也无须为此承担任何责任，这就容易造成人们婚姻责任感的下降、婚姻道德观的扭曲。

怎样才能使过错方对自己的过错行为负责，在目前人们的思想觉悟尚不能自觉履行婚姻义务、恪守婚姻道德的情况下，用法律的形式将这些责任明确下来是很有必要的。这些过错责任在离婚问题上表现出来，主要是对过错方离婚作出一些限制性的规定。这些限制性规定主要有两点：一是拒绝过错方的离婚请求。这一规定适用于过错方起诉要求离婚，而无过错方不同意的离婚纠纷。过错方起诉要求离婚，人民法院查明原告确有过错，可以拒绝其离婚请求，判决不准离婚。二是明确过错方的过错责任，这个过错责任主要体现在离婚后果上，也就是在夫妻共同财产的分割上，要向无过错方倾斜。

在学理层面，关于有过错方主张离婚是否可以得到支持的问题，主要是从离婚理由立法主义角度来研讨。从历史溯源看，世界各国离婚理由立法经历了从过错主义向破裂主义（无过错主义）发展的历程。过错主义是指只有在婚姻一方存在过错的情形下，才准许离婚，具体分为两个层面：一是离婚是基于一方过错所致；二是过错一方的离婚自由应受到限制。过错主义为早期各国立法所倡导，相对于之前的禁止离婚主义和专权离婚主义，应该是过错主义有其时代的进步性。但与此同时也有其局限性：一方面，如果将离婚权作为无过错方的特权，那么无过错方就可以通过不离婚以报复、要挟过错方，从而导致双方当事人都长期受困于“死亡”婚姻中；而另一方面，夫妻一方为达到离婚目的，就不得不采取各种方式收集证据证明对方的过错，而收集过程又可能因这些证据涉及当事人的隐私而侵犯他人的隐私权。为消除其弊端，各国逐渐开始采纳破裂主义这一离婚理由。与过错主义相比，破裂主义根本不关心离婚的具体事由，只要当事人能证明难以继续共同生活，婚姻关系确已破裂即可。其并没有浓厚的道德色彩，法律在双方当事人之间居中，不进行道德评价。我国1950年《婚姻法》第17条规定了自由离婚主义并赋予夫妻双方平等的离婚权利，并没有明确倾向于过错主义抑或破裂主义。但1980年《婚姻法》则明确采取了“感情破裂说”，也即只要婚姻双方当事人认为他们的感情确已破裂，婚姻关系难以为继，就可以提出离婚，而不需要其他条件限制。赋予双方离婚权利，是婚姻自由的一种保障。在2001年修正的《婚姻法》中则在概括规定感情破裂的基础上，增加列举了几种法定感情确已破裂情形，其中多数为一方有过错情形。该条内容后为《民法典》第1079条所延续。但这里所列举的过错视为感情确已破裂情形，仅仅是将离婚标准具体化，方便实务判断，但并不能得出我国采用过错主义离婚理由，进而有过错方不能提出离婚的结论。我们认为，不能因为当事人有过错就剥夺其法律赋予的婚姻自由的权利。离婚的唯一法定标准是夫妻感情是否确已破裂，而不应考虑当事人一方是否有过错。无论是过错方提出离婚还是无过错方提出离婚，只要符合离婚的法定情形，经调解无效的，一般应当准予离婚。用不准离婚的做法惩罚过错方，也就是用法律手段来强行维护感情确已破裂的婚姻，既不符合《民法典》的基本原则，实际效果也并不理想。

我国台湾地区学者邓学仁先生指出：“承认有责配偶之离婚请求，并非容忍其有责行为，只不过是承认原来婚姻破绽之事实。对于有责配偶之离婚请求不应不由分说即加以排斥，应以婚姻有无破绽、是否得以继续维持作为判断之标准，离婚之目的在使怨偶无需勉为眷属。”① 过去英国根据传统的过错原则，有过错的一方不能要求离婚，结果导致许多生活在不幸婚姻中的夫妻捏造对方的过错，提供伪证，也导致了司法制度的腐败。婚姻关系的破裂通常是配偶双方感情不和、难以共容的结果，而不仅仅是有过错一方的单方错误。没有证据

---

① 邓学仁:《亲属法之变革与展望》，我国台湾地区月旦出版股份有限公司1997年版，第47页。

显示，自由离婚会导致婚姻的不稳定，而苛刻的离婚标准并不会阻止和减少婚姻的不幸。正如我国台湾地区婚姻法专家林秀雄教授所说："在世界趋势已渐有舍弃含有有责主义色彩之消极破绽主义而改采积极破绽主义之今日，欲借限制有责配偶之离婚请求，以减少离婚率，则恐怕徒劳无功。"[①]

对此，《民法典》第1087条对离婚时夫妻共同财产分割已经规定，协议不成的，由人民法院根据财产的具体情况，按照照顾子女、女方和无过错方权益的原则判决。第1092条也规定，夫妻一方隐藏、转移、变卖、毁损、挥霍夫妻共同财产，或者伪造夫妻共同债务企图侵占另一方财产的，在离婚分割夫妻共同财产时，对该方可以少分或者不分。离婚后，另一方发现有上述行为的，可以向人民法院提起诉讼，请求再次分割夫妻共同财产。除了夫妻共同财产分割上体现出的对过错方的惩罚性之外，《民法典》第1091条还专门规定了离婚损害赔偿。即有下列情形之一，导致离婚的，无过错方有权请求损害赔偿：（1）重婚；（2）与他人同居；（3）实施家庭暴力；（4）虐待、遗弃家庭成员；（5）有其他重大过错。但这绝不意味着认为有过错方不可提出离婚请求。

在《民法典》已经规定有多项制度从经济上惩罚过错方的情形下，再因一方当事人有过错而限制离婚也是没有必要的。需要强调的是，《民法典》第1091条在《婚姻法》第46条基础上，增加了一项"（五）有其他重大过错"，可以较好地满足司法实务中法官根据个案具体情形，对当事人是否构成过错予以自由裁量的需求。

【审判实践中应注意的问题】

《民法典》虽然通过在夫妻共同财产分割时照顾无过错方权益，针对夫妻一方隐藏、转移、变卖、毁损、挥霍夫妻共同财产，或者伪造夫妻共同债务企图侵占另一方财产的，在离婚分割夫妻共同财产

① 林秀雄：《夫妻财产判之研究》，中国政法大学出版社2001年版，第40页。

时，对该方可以少分或者不分以及离婚损害赔偿等制度设计对有过错一方予以经济性惩罚，但并不意味着有过错方在特定情形下，不可以提出经济性补偿或者经济帮助的请求。在司法实践中，至少有以下两种情况，可以考虑对有过错方予以支持：

一、有过错方可以主张离婚经济补偿

关于离婚经济补偿，《婚姻法》第40条就已经有规定，其实质是对一方的家务劳动价值的认可，使得经济地位较低而承担较多家务劳动的一方在离婚时享有经济上的补偿。其并非离婚分割共同财产时的考虑，而是一种独立的诉讼请求权。但其适用的前提之一是夫妻双方采取分别财产制，而不适用于法定财产共同制和约定财产共同制。理由在于后两者情形下，婚姻关系存续期间所取得的大部分财产都被归入夫妻共同财产进行分割，而法院也会在分割时注意维护因家务劳动导致经济收入减少的一方权益，故没有必要特别适用该第40条规定的离婚经济补偿。但在《民法典》起草过程中，有观点认为，家庭中的家务劳动者通过家务劳动、子女抚养而对婚姻的贡献，与另一方外出工作获得收入维持家计扶养家庭成员有同等的价值。一方因抚养子女、照料老人、协助另一方工作等付出较多义务，并且因前述原因牺牲了自己的发展机会，导致自己在婚姻关系存续期间无经济收入，或者经济收入远低于另一方，当婚姻关系终结之时，不论夫妻财产是分别财产制还是共同财产制，离婚分割财产时，如果他们的利益得不到有效的保障，将对子女的成长不利，对社会的稳定产生重大影响。[①]《民法典》第1088条采纳了该观点，将离婚经济补偿的范围扩大至所有夫妻财产制的情形。该条规定是遵循权利与义务对等原则，只要夫妻一方客观上因抚育子女、照料老年人、协助另一方工作等负担较多义务，就有权在离婚时要求因此受益的相对方给予经济补偿。至于其主观上是否愿意以及是否有其他过错导致离婚等，均不是本条涵括范围。因此，夫妻一方

---

① 黄薇主编：《中华人民共和国民法典释义》，法律出版社2020年版，第2067页。

如果以在婚姻关系存续期间确实承担了较多的家务为由提出离婚经济补偿请求，即便其存在过错，也可以考虑支持其离婚经济补偿的请求。

二、有过错方可以主张离婚经济帮助

一般而言，婚姻关系的解除即意味着夫妻双方彼此间法律上相互扶助的权利义务已经消灭，只在子女抚养费给付、探望权行使等方面存在联系。但早在1980年《婚姻法》第33条中就已经规定离婚经济帮助的内容。后在2001年修正的《婚姻法》第42条以及《民法典》第1090条中得到延续。之所以规定离婚经济帮助，主要是因为夫妻关系存续期间，双方都为维持这个婚姻共同体作出了努力，其中就包括个人的自我损失和自我牺牲；当婚姻关系终结时，若一方生活困难，法律则要求另一方尽到扶助的责任，将道德上的义务上升为法律，因为我们不能排除一方的生活困难可能是其在婚姻关系存续期间为了家庭利益而放弃个人发展机会造成。[①]离婚经济帮助与离婚经济补偿的区别在于，前者强调离婚时一方生活困难，而另一方又有负担能力；后者则要求主张经济补偿一方在婚姻关系存续期间承担了较多的家务。一般而言，只要一方离婚后分得的财产不足以维持合理生活需要就可认定是生活困难。该生活困难标准同样是客观标准，与主张离婚经济帮助一方主观上对离婚是否存在过错并无关联。换言之，对离婚有过错一方只要能证明离婚时其存在生活困难，且另一方有负担能力，则可向对方提出离婚经济帮助的要求。

由上，司法实务中可能还会出现一种情形，即有过错一方同时提出离婚经济补偿和离婚经济帮助的请求。由于两者针对的对象不同，故不排除可以同时得到支持的可能，但应当注意的是，在具体办案时，应结合《民法典》规定的夫妻共同财产分割时照顾无过错方权益、针对夫妻一方恶意处置夫妻共同财产行为对过错方少分或者不分夫妻共同财产以及离婚损害赔偿等因素综合衡量。

---

① 黄薇主编：《中华人民共和国民法典释义》，法律出版社2020年版，第2069页。

第六十四条 民法典第一千零八十一条所称的"军人一方有重大过错"，可以依据民法典第一千零七十九条第三款前三项规定及军人有其他重大过错导致夫妻感情破裂的情形予以判断。

【条文主旨】

本条是关于离婚案件中，军人一方有重大过错的具体情形的规定。

【条文理解】

一、本条的历史沿革及制定背景

本条承自《婚姻法司法解释（一）》第23条的规定，文字上将援引法律规定由《婚姻法》第33条及第32条第2款前3项，相应调整为《民法典》第1081条及第1079条第3款前3项，所援引法律规定的具体内容并未发生实质变化，因而应当认为，本条内容较之《婚姻法司法解释（一）》第23条，并未进行实质性修改。

由于军人身份的特殊性，我国立法上对军婚历来采取特殊保护制度。在不同的历史时期，均有明确规定，其中最早有关保护军婚的规定，可以追溯到新民主主义革命时期，如1934年4月8日制定的《中华苏维埃共和国婚姻法》规定：红军战士之妻要求离婚，须得其夫同意；又如，抗日战争时期颁布的《晋察冀边区婚姻条例》规定：抗日军人之配偶，非于抗日军人生死不明逾4年后，不得为离婚之请求。新中国成立后，1997年颁布的《国防法》更是强调规定："国家采取有效措施保护现役军人的荣誉、人格尊严，对现役军人的婚姻实行特别保护。"2020年《国防法》修订时则明确为"国家采取有效措施保护军人的荣誉、人格尊严，依照法律规定对军人的婚姻实行特别保护”，表明国家对于军婚实行特殊保护的态度不变且更为科学严谨。这充分体现了在市场经济条件下，保护军婚的内容不仅没有过时，而且具有十分重要的现实意义。现在虽然是和平时期，但基层军官和士兵婚后两地分居现象仍很普遍，保护军婚依然存在客观必要性。军队是国家安定和人民政权稳定的基础，军人婚姻的稳定，关系到军心的稳定。依法保护军人的婚姻家庭关系，事关国家大局，也符合人民的根本利益和广大官兵的切身利益。

然而，50多年来现实情况发生了极大的变化，保护军婚和鼓励现役军人的配偶为国防事业献身固然必要，但高尚的道德情操将依赖个人的自觉履行而不是法律的强制执行，“军嫂”的无私献身自然也应出于当事人的自愿。如果现役军人的配偶没有离婚自由，必将使许多年轻人在择偶时对军人敬而远之，反而加剧了军人的择偶难。有观点认为，婚姻法的一项基本原则就是婚姻自由，婚姻自由包括结婚自由和离婚自由。离婚的法定标准就是感情确已破裂，这条标准应当适用于任何公民，军人不能因其身份特殊性而区别对待。如果军人始终不同意离婚，那么其配偶就永远离不了婚，只能从一而终。在现代和平环境里，军人只不过是一种职业，保护军婚也主要是为了保护男军人的婚姻，对军婚的特殊保护实际上导致了男女地位人为的不平等，男女平等的原则被人为打破。另外，在21世纪，我们在各方面都应努力与国际接轨，在离婚问题上对军人的特殊保护与国际惯例并不相符。我国《刑法》的相关条款已经规定了对军婚的特殊保护，在婚姻法这种涉及个人感情的法律中再加强保护似乎就没有必要了。

为了更加全面科学地保护军婚中双方当事人的切身权益，立法机关适时对《婚姻法》进行了修订，既对军婚实行特殊保护，又增加了“但书”规定，[①] 此乃原则性与灵活性相结合的典范，既保护军婚又保障有过错军人之配偶的离婚权，同时更好地体现了法律的公平精神，

---

① 2001年《婚姻法》第33条规定：“现役军人的配偶要求离婚，须得军人同意，但军人一方有重大过错的除外。”

较好地协调了保护军婚与离婚自由的关系。

二、本条规定的具体适用

重婚、家庭暴力、虐待和遗弃家庭成员的行为在部队也同样会发生。这些重大过错行为，破坏了一夫一妻制的婚姻制度，败坏了军营的风气，同时也损害了军人的形象。因此，在对军婚实行特殊保护的前提下，本解释对如何判断军人侵害配偶合法权益的情形进行了明确。

第一，军人一方重婚或与他人婚外同居的。军人一方有重婚行为或者与他人婚外同居，严重违反了一夫一妻制，如果再纵容这种违法行为，限制军人配偶的离婚权，显然是不公平的。

第二，军人一方实施家庭暴力或虐待、遗弃家庭成员的。禁止家庭暴力、禁止家庭成员间的虐待和遗弃是《民法典》婚姻家庭编的明文规定，实施家庭暴力、虐待、遗弃家庭成员给家庭和社会带来极大危害，同时危害未成年人的身心健康，导致犯罪增多，直接成为社会不安定的因素。在伤害程度上，比重婚、与他人婚外同居等有过之而无不及。故军人一方如有实施家庭暴力、虐待及遗弃行为，势必严重侵害了配偶的合法权益，配偶一方若坚决要求离婚，就不必非要征得军人的同意。

第三，军人一方有赌博、吸毒等恶习屡教不改的。赌博、吸毒等恶习与人们一般的缺点、错误迥然不同，如果沾染上赌博、吸毒等恶习又屡教不改的，则是对所在家庭之大不幸。由于这些恶习本身的特性，赌博、吸毒者很可能不惜赔光家产来从事这些行为，甚至铤而走险。在这种情况下，自然谈不上履行家庭义务，夫妻关系也难以维持。如果军人一方有赌博、吸毒等恶习且屡教不改的，军人配偶要求离婚，应当准予离婚，否则会给家庭带来无尽的痛苦。

第四，军人一方有其他重大过错导致夫妻感情破裂的情形。这是一个兜底条款，因为各种案件情况复杂，司法解释不可能穷尽一切。这条规定具有一定的灵活性，法官可以根据每个案件的具体情况实事求是地作出判断。

需要注意的是，军人有重大过错主要是指军人的过错对夫妻感情造成了严重伤害，对此应慎重对待，严格掌握。比如军人犯了强奸罪，被法院依法判处有期徒刑。因其犯罪行为会严重伤害夫妻感情，可视为军人有重大过错，如果配偶一方坚决要求离婚，即便军人一方不同意离婚，法院也可判决准予离婚。

【审判实践中应注意的问题】

现役军人的配偶提出离婚，法院经审查认为军人一方有重大过错的，可以不必征得军人同意而判决准予离婚。如果系双方性格不合、非军人一方感情转移等原因提出离婚的，当军人一方不同意离婚时，应尽量调解和好或判决不准离婚。对夫妻感情确已破裂的，应通过军人所在部队团以上的政治机关，做好军人的思想工作后准予离婚。如果法院该做的工作都做了，军人一方仍然坚持不同意离婚，我们认为，根据《民法典》婚姻家庭编的立法本意，面对此种情况时，一般应当判决不准离婚。另外，《最高人民法院关于在离婚诉讼进行中一方参军应如何处理问题的意见》规定：一方在他方参军前虽已提出离婚诉讼，但如果未经一审法院判决，仍应按《婚姻法》对军婚的特殊保护规定办理；法院已经判决离婚，未在上诉期限内提起上诉而参军者，不得再适用《婚姻法》的有关规定而改变一方参军前已经作出的判决；已经一审法院判决离婚，一方不服提起上诉，在二审期间参军者，二审法院就有必要面对这一新的事实，适用对军婚特别保护的规定，须征得军人的同意，方可判决准予离婚。至于所谓“参军的动机在保持其不合理的婚姻”之说，并不能影响保护军婚的大原则。从最高人民法院意见的精神来看，对军婚进行特殊保护不是可以随意变动的弹性规定，除外的情况只能是军人一方有重大过错时，不能随便放宽限制。

第六十五条　人民法院作出的生效的离婚判决中未涉及探望权，当事人就探望权问题单独提起诉讼的，人民法院应予受理。

【条文主旨】

本条是关于当事人单独就探望权提起诉讼，人民法院应否受理的规定。

【条文理解】

一、本条历史沿革及制定背景

本条承自《婚姻法司法解释（一）》第24条，文字和内容均未作修改。

作为亲权的一项重要内容，探望权是指离婚后不直接抚养子女的父或母依法享有的探望子女的权利。探望权在我国立法上并非自始即有，首次明文规定是在2001年修订的《婚姻法》中，其第38条第1款规定："离婚后，不直接抚养子女的父或母，有探望子女的权利，另一方有协助的义务。"《民法典》编纂时，对该条规定进行了吸收并进行了部分修改，《民法典》第1086条规定："离婚后，不直接抚养子女的父或者母，有探望子女的权利，另一方有协助的义务。行使探望权利的方式、时间由当事人协议；协议不成的，由人民法院判决。父或者母探望子女，不利于子女身心健康的，由人民法院依法中止探望；中止的事由消失后，应当恢复探望。"

父母依法享有的探望权，系建立在相互间具有亲权关系的基础上。《民法典》第1084条第1款、第2款规定："父母与子女间的关系，不因父母离婚而消除。离婚后，子女无论由父或者母直接抚养，仍是父母双方的子女。离婚后，父母对于子女仍有抚养、教育、保护的权利和义务。”虽然父母离婚，孩子判决一方直接抚养。但子女仍是父母双方的孩子，父母任何一方对未成年子女及不能独立生活的成年子女，都有抚养的义务，子女对父母也应尽赡养义务，这些基于亲权和血缘关系建立起的特殊关系，不因父母关系的改变而改变。

二、本条的具体适用

在审判实践中，本条涉及以下问题需要解决：人民法院作出的生效的离婚判决中未涉及探望权的，当事人就探望权问题单独提起诉讼，人民法院应否受理？人民法院判决探望权行使时，是否要征求子女的意见？哪些人有权向人民法院请求中止探望权的行使？有关中止、恢复探望权的请求是否形成一个独立的诉讼？行使探望权的主体范围是否可以扩大？能否对探望行为进行强制执行等。

关于对探望权能否单独提起诉讼的问题，我们认为，探望权作为2001年《婚姻法》新增加的一项实体权利，当事人可以独立行使。我们认为，探望权是现行法律赋予当事人的一项实体权利，只要是符合规定情形的父母都应依法享有该项权利，其权利的行使应受法律的保护。法律对此项权利的规定不溯及既往，只能是在其规定之后还符合条件的，才可加以适用。所以，对单独以探望权的行使为由向人民法院提起诉讼，要求保护其今后探望权的依法行使，人民法院依法应予以受理。

按照法律的有关规定，当发生探望权纠纷的时候，首先应该先由当事人双方协商解决。在人民法院审理期间，也应该让双方尽量化解矛盾，从有利于子女成长的角度出发，对探望的时间、方式等具体问题，争取双方当事人能够协商解决。只有当双方当事人最终无法达成一致意见时，才由人民法院依法酌情进行判决。对于人民法院已经就探望权行使的时间、方式依法作出判决，事后当事人又向人民法院请求变更的，如何处理？《民法典》对此并无直接规定。对此目前有不同看法，一种意见认为人民法院应该受理，因为当事人的情况发生变化，对探望权行使的时间、方式有新的需求，属于有新的理由，应予受理。另一种意见认为，探望权行使的时间、方式问题是个容易发生变动的事情，立法规定也是先由当事人就此问题应尽量协商，无法达成一致时才由法院作出判决。如果当事人就具体细节问题发生争议，仅依此个别问题就再次或数次诉诸法院，不断地进行变更的话，会造成司法资源的极大浪费，也不利于当事人之间矛盾的真正解决。由于对此意见不一致，有待于实践中进一步加以考查，目前还是不予受理为宜。另外，为了避免当事人之间再次发生纠纷，在就探望权问题进行判决时，应该尽量作出原则性规定，而不宜判得过于细致。诸如：可以判决其每周探望子女一次，或者也可以具体到某一日。而要判决“于每周周六的下午2点至6点，由原告某某去被告某某家带孩子或于某某地点被告交孩子”，像这种对时间、地点在判决中限制规定得过于详细的做法，是非常不利于实践中始终顺利履行判决的。因为实际生活中随时可能会有情况发生变化，许多问题的出现是事先无法预知的，诸多因素可能导致无法丝毫不差地按详细的判决来履行。这时如果当事人之间关系处理得不好，而单纯机械地要求以判决规定的方式进行履行，稍有出入都不允许变通的话，很容易导致矛盾的激化。

此外，应该加以注意的是，对于未成年子女本人利益的保护问题。立法规定探望权的出发点是保护其能健康发展，因此离婚的父或母关于探望权的行使都应本着有利于未成年子女身心健康发展的原则。那么如何才能做到对未成年子女进行保护呢？我们认为，首先，在人民法院关于判决子女抚养及探望权行使的时间、方式时，应当充分考虑到子女本身的意愿。其次，在探望权行使的问题上，更应该注重对子女的保护，不得违背子女意愿强行进行探望。对于子女的意愿是否要加以考虑，有不同认识。一种意见认为，探望权是立法赋予父母的一项权利，人民法院判决时并非必须要征求子女的意见，因为子女未成年，分析问题、判断是非的能力不强，容易受一方的影响，无法表达其真实意思。所以法官应综合分析，不必征求子女意愿，直接作出判决。另一种意见认为，立法规定探望权的本意是为了子女能正常、健康地成长，判决父母享有探望权必须要考虑对子女的影响及子女的意愿。当然，未成年子女因年龄等原因，个案的情况可能会有所不同。比如有的孩子太小，还根本无法用语言表达，有的可能由于受一方当事人的错误影响，不能客观地反映有关情况，所以子女的意愿并不能作为法官断案的必然依据，不能抛开其他一切因素不顾而一味按子女意愿进行判决。但是，对子女年纪稍微大些的，法官应该听取其自己的意愿，虽然不作为最终依据，但可以有助于进行判决。在探望权行使的问题上，这一问题尤为重要。有关探望权方式行使的时候，更要充分注意对子女意愿的尊重。如果子女对父或母的探望有抵触情绪，不愿意让父母探望，每次探望都使得子女的情绪受到激烈刺激，并影响其正常生活、学习的，就不宜再让父母探望。

人民法院在处理涉及探望权判决的执行时，可以根据《民事诉讼法》第 224 条“发生法律效力的民事判决、裁定，以及刑事判决、裁定中的财产部分，由第一审人民法院或者与第一审人民法院同级的被执行的财产所在地人民法院执行”和第 252 条“对判决、裁定和其他法律文书指定的行为，被执行人未按执行通知履行的，人民法院可以强制执行或者委托有关单位或者其他人完成，费用由被执行人承担”的规定进行具体操作。但需要注意的是，强制执行的标的不能是子女的人身。对无故拒不履行人民法院已经发生法律效力的判决、裁定，拒绝一方探望子女的当事人，情节严重的，可以根据《民事诉讼法》第 111 条的相关规定，予以罚款、拘留；情节严重的，依法追究刑事责任。

第六十六条 当事人在履行生效判决、裁定或者调解书的过程中，一方请求中止探望的，人民法院在征询双方当事人意见后，认为需要中止探望的，依法作出裁定；中止探望的情形消失后，人民法院应当根据当事人的请求书面通知其恢复探望。

【条文主旨】

本条是关于中止探望、恢复探望的程序和形式等问题的规定。

【条文理解】

一、本条的修改内容及理由

本条基本上保留了《婚姻法司法解释（一）》第25条规定的内容，并进行了文字表述的修改。原条文为："当事人在履行生效判决、裁定或者调解书的过程中，请求中止行使探望权的，人民法院在征询双方当事人意见后，认为需要中止行使探望权的，依法作出裁定。中止探望的情形消失后，人民法院应当根据当事人的申请通知其恢复探望权的行使。"相较于《婚姻法司法解释（一）》的表述，本条的主要修改变化为：

其一，在父母的探望不利于子女身心健康的情况下，法院依法中止的是"探望"，而非"探望的权利"。理由是依照《民法典》第1086条规定，作出相应修改。该条规定为："离婚后，不直接抚养子女的父或者母，有探望子女的权利，另一方有协助的义务。行使探望权利的方式、时间由当事人协议；协议不成的，由人民法院判决。父或者母探望子女，不利于子女身心健康的，由人民法院依法中止探望；中止的事由消失后，应当恢复探望。"在《婚姻法》第38条中，该规定表述为“不利于子女身心健康的，由人民法院依法中止探望的权利；中止的事由消失后，应当恢复探望的权利”。需要注意，法院依法中止的是“探望”，而非“探望的权利”；相应地，中止的事由消失后，应当恢复的也是“探望”，而非“探望的权利”。由于探望权是亲权的自然延伸，既然亲权不能被人为地放弃、中止，过去《婚姻法》中关于“中止探望权”的表述则略显不妥，《民法典》将其修改为“中止探望”，体现了立法用语趋于严谨。[①]本条依照《民法典》的表述，删除了“的权利”三字，以避免产生中止、恢复的是探望权这一权利本身的误解。

其二，人民法院应当根据当事人的请求，书面通知其恢复探望，依据是《最高人民法院关于人民法院执行工作若干问题的规定（试行）》第60条的规定：“中止执行的情形消失后，执行法院可以根据当事人的申请或依职权恢复执行。恢复执行应当书面通知当事人。”此处，本条进一步明确了人民法院通知当事人恢复探望的形式要求，即应当采用书面方式通知，这一细化规定使得人民法院作出相关通知的程序更为严格，体现了充分保障当事人合法权益的目的。

二、探望权的概念与性质

探望权，又称探视权、会面交往权。从语义上讲，探望权有广义和狭义之分。广义的探望权，包括父母的分居、离婚或者未成年子女被依法收养等情形下的探望，狭义上的探望权，根据《民法典》的相关规定，仅指父母离婚后的探望。本条指的是狭义上的探望。据此，探望权的含义可以界定为父母离婚后，不直接抚养子女的一方依法享有对未与之共同生活的子女进行探视、看望、交往的权利。[②]

探望权的行使和实现不仅维系着父母与子女间的感情，而且对子女的健康成长有着不可替代的作用。然而在实践中，对探望权的设立

---

① 龙卫球：《中华人民共和国民法典婚姻家庭编与继承编释义》，中国法制出版社 2020年版，第154页。

② 马俊驹、余延满：《民法原论》，法律出版社 2010年版，第849页。

和性质还存在不同观点：第一种观点认为，探望权是一种权利，即探望权仅为不与子女共同生活的父母一方的权利。《民法典》所规定的探望权，使得离婚后不与子女共同生活的父母享有按协议或法院裁判文书规定的时间和方式探望子女的权利，填补了法律的漏洞。第二种观点认为，探望权是一种义务，即不与子女共同生活的父母探望子女是其法定义务。第三种观点认为，探望权是权利义务合一的权利，即探望权既是权利也是义务。我们认为，探望权是一种权利，实质上也内含着义务属性。离婚后，父或母对子女仍有抚养、教育和保护的义务，不与子女共同生活的一方，通过行使探望权，一方面满足自己的亲情维系、感情培养的精神需求，同时也是对未成年子女健康成长应尽的义务。

探望子女的权利是亲权的一项内容。婚姻家庭中的亲权是以主体间特定的亲属身份为发生依据的，父母婚姻关系的终结并不改变父母与子女的血缘身份关系。针对这一问题，《民法典》第 1084 条第 1 款、第 2 款规定："父母与子女间的关系，不因父母离婚而消除。离婚后，子女无论由父或者母直接抚养，仍是父母双方的子女。离婚后，父母对于子女仍有抚养、教育、保护的权利和义务。"这一规定明确了父母与子女间的关系，不因父母离婚而消除，离婚后，子女无论由父或母直接抚养，仍是父母双方的子女。离婚后父母对于子女仍有抚养、教育和保护的权利和义务。[①] 这是因为探望权是基于血缘关系而产生的权利，属于亲权的一种派生身份权。从学理上讲，父母双方对未成年子女享有平等的亲权，但亲权是需要通过父母与未成年子女共同居住得以实现的。如果父母离婚，则父母与子女共同居住的现状将被打破，未成年子女只能随一方共同居住和生活。此时，亲权被一分为二，与子女共同居住生活并直接抚养的一方享有直接的抚养权和监护权，不与子女共同生活的一方享有探望权。

探望权是一种精神性权利，具有非财产性。法律赋予离婚后不与

① 黄薇主编：《中华人民共和国民法典释义及适用指南（下）》，中国民主法制出版社 2020 年版，第 1642~1644 页。

子女共同生活的父母一方探望权，一是考虑到父或者母出于对未成年子女的关心和爱护，通过探望子女，能够增进对子女身体、精神状况的了解和理解，有利于子女身心健康发展，并且能够维系与子女的亲情和良好关系；二是通过探望子女，不直接抚养子女的父或者母能够在一定程度上获得精神的慰藉，即为人父母，生之养之，关爱子女实乃父母发自内心之需求，系人伦关系使然，其中没有物质性目的，毕竟父母一方通过行使探望权并不能取得经济上的利益，而实际上是一种情感需要。[①]

三、探望权的行使方式

夫妻关系存续期间，父母共同对子女进行抚养教育。离婚后，不直接抚养子女的一方，只能通过支付抚养费和定期、不定期对子女进行探望的方式，对子女的生活、教育、健康等予以关注，弥补非探望期间对子女陪伴的缺失，增进亲情和彼此之间的交流。事实上，直接抚养子女一方的抚养权和不直接抚养子女一方的探望权，共同构成了离婚后父母对子女亲权的主要内容。赋予不直接抚养子女一方探望权，不仅是父或母关怀子女的重要方式，也是子女健康成长的要求。将子女利益最大化作为现代婚姻家庭法的一项重要原则，越来越成为世界许多国家的共识，父母需要对子女行使亲权的同时，子女也需要通过被探望的方式，得到父母的关心和陪伴。本质而言，探望权无论是对父母还是对子女，都是不可或缺的。

行使探望权利的方式、时间、地点等通常宜由当事人协议确定。双方不应囿于夫妻离异后的冲突纷争，而应当从有利于子女健康成长的角度出发，对探望的时间、探望的方式、探望的地点、探望期间双方对子女的安排等作出协商，共同为子女的健康成长营造良好的环境。在一定程度上，婚姻关系终止后，父母对子女包括抚养、探望在内的一系列权利的安排，仍属于“家庭内部事务”的范畴。虽然父母

① 陈爱武主编：《最高人民法院婚姻法司法解释精释精解》，中国法制出版社 2016 年版，第 389~392 页。

间的夫妻关系已经消灭，但父母与子女之间的关系仍将长久存在。对未成年子女而言最合适的抚养和教育方式，以及子女本人的生活习惯、学习状态、健康状况等方面的情况最为了解的，仍然是曾作为夫妻共同抚养子女的父母双方。如果能由未成年子女的父母双方通过协商的方式，共同确定不直接抚养子女的一方在何时、何地、通过何种方式探望子女等具体事项，无疑比让法院等家庭以外的角色作出决定对子女更加有利。例如，审判实践中存在这样的情况：男女双方离婚后，人民法院将孩子判由女方抚养，后来男方因探望孩子的问题起诉至法院，称每次去看孩子，女方虽未拒绝，但却从未让其进入屋内，只是将家中防盗门上的铁窗打开，将孩子抱在怀里，允许男方站在门外看几眼被关在屋内的孩子。类似的行使探望权的方式显然不符合立法意旨。通过探望权的行使，应该让离婚后不直接抚养子女的父或者母能够有机会与子女进行思想上的沟通和交流，使得子女在探望的过程中获得平时与其见面较少的父或者母的关爱，保障实现子女的身心健康发展。同时，也能使得前去探望的一方父母可以增加与其未直接抚养的子女之间的感情，形成对子女未来发展和成长的关心，从而促使其本着对子女的热爱之心，主动、自觉地履行其对子女应尽的抚养义务。如果父母双方矛盾激烈，难以互相配合，可以考虑在探望权行使受阻的情况下由未成年子女就读的幼儿园或者学校协助执行探望。

当父母双方不能就探望权的行使通过协商达成一致意见，需要由法院以裁判的方式确定探望权如何行使时，依然必须遵循子女利益最大化的基本原则，以子女本位为出发点进行裁判。审判实践中需要注意遵循以下原则：

第一，有利于子女健康成长。父母对子女履行抚养、教育职责，为子女提供生活上的照料，提供良好的学习环境，保护子女的生命权、健康权等权利不受侵犯，最终目的是使子女得以健康成长。这种健康状态，不仅仅是身体上的健康，也包括心理健康。人民法院在确定探望权的行使方式、时间时，应以子女便利为先，结合父母双方的实际情况确定。例如，在父母能够做到且不至于对其正常生活产生较大不利影响的前提下，父或者母探望子女的时间应当避免占用子女的学习时间，探望方式以对子女生活产生的影响尽量低为宜。由于日常生活的繁杂，各种因素都有可能发生事先无法预见的变化，人民法院在判决时，对探望权的行使不宜判决得过细，明确双方必须遵守的原则或规则即可，给日后探望权的具体行使预留一定的、合理的调整空间。

第二，尊重子女本人意愿。对人民法院确定探望权的行使方式时，是否应当征求子女的意见，存在不同的看法。反对者认为，探望权是法律赋予父母的权利，况且子女不一定能够真实地表达出自己的意思，人民法院不必征求子女意见即可直接判决。赞同者则认为，探望权的立法目的即保证子女健康成长，人民法院在行使司法权的过程中必须将子女的意愿纳入考虑。这个过程中，由于未成年子女的年龄、认识能力等可能会影响其判断或者表达，因此，人民法院征求该子女的意见并不等同于一定要完全按照其意见进行判决。人民法院在子女的认识能力不足的情况下，可以将子女的意愿作为重要的参考因素，综合其他因素进行判断。尤其在当子女年龄或认识能力已经足以使其清晰、真实表达自己的意愿时，征求子女意愿更有必要，全然抛开子女本人的意愿，反而可能会导致子女对探望行为的抵触，导致违背子女最大利益原则的后果。

我们亦同意后者的观点，探望权的行使与子女利益息息相关，人民法院在确定探望权行使的方式、时间等事项时，应当征求、尊重子女本人的意见。在审判实践中，对于子女不满 8 周岁，属于无民事行为能力人的，应当按照人民法院生效的法律文书或者离婚协议确定的探望时间和探望方式执行，虽然此年龄段的儿童辨别能力与控制能力相对较差，但是仍有倾听其真实意愿的必要，对此阶段的儿童实行何种探望方式，可以询问、参考被探望子女本人的意见。对于子女已满 8 周岁、不满 18 周岁，属于限制民事行为能力人的，参照《民法典》第 1084 条第 3 款关于离婚后父母子女抚养问题的规定，对于子女的探望问题，亦应当以最有利于未成年子女的原则执行，子女已满 8 周岁的，应当尊重其真实意愿。究其原因，在于该年龄段的未成年人已经具备了一定的独立思考和判断能力，探望权的行使也应当在征得子女本人同意的情况下实施。

第三，兼顾有利于探望权实现。在满足前两个条件的基础上，审判实践中，人民法院还应当适当考虑父母行使探望权的便利性。一般而言，父母有各自的工作、生活轨迹，父或母离婚后可能已经再婚组成新的家庭，甚至可能有了其他子女，还存在离婚后不直接抚养子女的一方与子女分处两地的情况。探望权的行使虽以子女利益为首要考虑因素，但也不能因此忽视对父母行使探望权便利性的考虑。如果单方面考虑子女利益，而对父母行使探望权时的现实可行性及其自身利益缺乏关注，可能会导致判决确定的探望权无法顺利行使，反而对子女利益并无好处。譬如，当不直接抚养子女的一方日常生活在较远的异地，要求其每周探望子女一次，虽然并非不能实现，但显然这种方式给不直接抚养子女一方的正常生活造成了极大的不便。人民法院应当结合个案当事人各方面的实际情况，在尽量满足以上三个条件的基础上，灵活确定探望权的行使方式。

具体而言，探望的方式分为看望式探望和逗留式探望。看望式探望是指非与未成年子女共同生活的一方到对方家中，或者一方指定的或双方约定的地点进行探望，如定期、不定期地见面、共同进餐等。这种探望方式持续的时间较短，方式灵活，且并未脱离抚育子女一方的监护范围，更加容易被当事人所接受，执行起来更为便捷，但是比起逗留式探望，探望权的权利人与子女的联系和沟通相对而言则不够密切。逗留式探望是指在当事人约定的或者判决确定的探望时间内，由探望人领走并按时送回被探望子女，如短期和子女生活在一起等。这种方式时间较长，使得探望权人可以与子女进行更加深入的互动和交流。实践中，在探望方式的选择上，应当结合父母的居住地点、工作性质、身体和精神的健康状况、个人品行和生活习惯等情况来加以确定。

四、探望的中止与恢复

本条对探望的中止和恢复问题作出了规定。中止探望，是当探望权的行使出现不利于未成年子女身心健康的情况时，由有关权利人提出暂时中止对未成年子女的探望。恢复探望，是探视行为不利于子女身心健康的情况消失后，根据当事人的申请，由法院书面通知探望权人恢复对子女的探望。

关于探望的中止。作为探望权的行使一般是不得对其加以限制的，除非有特殊情况出现，这个特殊情况就是探望权在行使过程中出现了不利于子女身心健康发展的情形。因为立法规定探望权是为了使父母离婚后的子女仍然能够身心健康地成长，一旦与之相反，则与立法的宗旨和目标不相符合，所以此时要对权利的行使加以必要的限制。针对此问题，2020年最新修订的《未成年人保护法》第24条明确规定："未成年人的父母离婚时，应当妥善处理未成年子女的抚养、教育、探望、财产等事宜，听取有表达意愿能力未成年人的意见。不得以抢夺、藏匿未成年子女等方式争夺抚养权。未成年人的父母离婚后，不直接抚养未成年子女的一方应当依照协议、人民法院判决或者调解确定的时间和方式，在不影响未成年人学习、生活的情况下探望未成年子女，直接抚养的一方应当配合，但被人民法院依法中止探望权的除外。"中止探望的情形，依据《民法典》第1086条第3款之规定，为"父或者母探望子女，不利于子女身心健康的，由人民法院依法中止探望"。那么，什么情况属于不利于子女身心健康呢？对此需要根据具体案件加以判断。比如，探望方患有严重的传染性疾病可能影响子女身体健康的、对子女实施暴力行为的、有不良嗜好或者教唆子女从事非法活动的等。2020年修订后的《预防未成年人犯罪法》第三章对未成年人不良行为的干预进行了专章规定，其中第28条列举了几种主要的不良行为，包括吸烟、饮酒、旷课、逃学、夜不归宿、离家出走、沉迷网络、与社会上具有不良习性的人交往、进入法律法规规定未成年人不宜进入的场所、参与赌博或封建迷信等不利于未成年人身心健康成长的行为。如果行使探望权的一方以探望子女为由，胁迫、教唆未成年子女实施这些行为的，都可以认为属于不利于子女身心健康的情形，人民法院应当根据当事人的申请，裁定中止探望。

关于探望的恢复。恢复探望，即对探望权的限制解除，探望权恢复正常行使。当不直接抚养子女一方存在或造成的不利于子女身心健康的情况消失后，人民法院应当根据当事人的申请，依法恢复探望权人对探望权的行使。由于中止探望的事由就是出现了不利于未成年子女身心健康的情形，那么待相关的不利情形消失后，人民法院理当对当事人探望权的行使予以恢复。但是在实践中，人民法院应当注意对未成年人生活和成长的现实条件和状况进行调查，确认探望该子女的父或者母已经不再存在此前不利于子女健康成长的因素后，再作出决定，并依法以适当的方式通知当事人。

【审判实践中应注意的问题】

1. 有关中止或恢复探望的诉讼，不应作为新的独立的诉讼来对待，而是在履行有关生效法律文书的过程中发生的事情，应将其纳入执行程序中予以解决。探望权是父母基于对子女的亲权而享有的一项法定权利，探望的中止，并不是对探望权进行实质性的处分，对于当事人而言也并非探望权最终被剥夺，只是暂时性地对权利的行使状况加以限制，待中止探望的情形消失后，当事人仍能依法行使探望权。由于决定中止、恢复探望关系到当事人权利的行使问题，也与未成年子女的健康成长密切相关，审判人员应当对此类问题慎重对待，在充分听取双方意见、认真开展调查研究的基础上作出决定。一方向法院提出中止探望请求的，人民法院应当听取另一方的意见并查明真实情况，再作出是否中止探望的裁定。同样，探望权人向法院请求恢复探望的，人民法院也要征求另一方当事人的意见，并切实查清不利于子女健康成长的情形是否确已消失，再决定是否应当恢复探望。

人民法院就中止、恢复探望作出决定的前提条件是相关的权利人向人民法院主张权利、提出申请，否则人民法院不能依职权主动对这些问题作出处理。而有权决定中止、恢复探望的主体必须为人民法院，其他任何机关、组织和个人均无权决定中止非直接抚养子女一方的探望。本条明确了中止探望及中止情形消失后的恢复探望，都必须经过两个步骤：第一，当事人申请中止或者恢复探望；第二，人民法院依当事人的申请，决定是否中止或者恢复探望，并以裁定或者通知的形式作出结论。对此，本条规定进一步明确，人民法院对于中止、恢复探望所采用的文书类型是不同的，人民法院就中止探望的问题需以裁定的形式作出，关于恢复探望的问题则是以通知的形式作出。人民法院在处理此类纠纷时，要注意采用正确的诉讼文书类型，严格按照本条规定，对需要中止探望的，依法作出裁定；对中止事由消失的，书面通知恢复探望。

2. 人民法院应正确认定中止探望的情形。探望权的行使不以父母一方给付抚养费为前提，与父母是否再婚、是否再生育其他子女均没有联系。实践中，常常发生直接抚养子女的一方阻挠、拒绝对方探望子女或者不为对方探望子女提供协助和方便的情形，探望权人在此情况下往往采用拒付抚养费的方式予以对抗。事实上，探望权与抚养费的给付并无直接联系，无论是否给付抚养费，探望权的权利人仍享有探望子女的法定权利；同时，中止探望也不意味着免除给付抚养费的法定义务。给付抚养费是父母基于父母子女关系的存在而产生的，是无条件的法定义务；而探望权是父母监护权的延伸，只有在特定情形下才能中止。当探望权人不履行给付抚养费的义务，或者与子女共同生活的一方拒绝对方探望子女时，权利人可以依法请求人民法院强制执行，而不是二者直接相互抵消。① 另外，离婚过错方的过错也并非导致中止探望的法定事由，即使离婚是因为夫妻一方的重大过错所导致，也应当在夫妻关系之间追究责任，而不影响该当事人作为父母一方依法享有的探望权，但是其过错严重危及子女身心健康，符合本条规定情形的除外。

---

① 陈爱武主编：《最高人民法院婚姻法司法解释精释精解》，中国法制出版社 2016 年版，第 396 页。

第六十七条 未成年子女、直接抚养子女的父或者母以及其他对未成年子女负担抚养、教育、保护义务的法定监护人，有权向人民法院提出中止探望的请求。

【条文主旨】

本条是关于有权提出中止探望请求的主体的规定。

【条文理解】

一、本条修改内容及理由

本条系自《婚姻法司法解释（一）》第26条修改而来。原条文表述为："未成年子女、直接抚养子女的父或母及其他对未成年子女负担抚养、教育义务的法定监护人，有权向人民法院提出中止探望权的请求。"该条规定的有权提出中止探望请求的第三类主体，即"其他法定监护人"的表述中，增加了有关"保护义务"的规定。此处之所以强调法定监护人的保护义务，是出于保护未成年人身心健康、保障未成年人合法权益的目的进行的考量。这样修改的法律依据是《民法典》关于监护和离婚的相关条文，具体为第26条第1款规定"父母对未成年子女负有抚养、教育和保护的义务"以及第1084条第2款"离婚后，父母对于子女仍有抚养、教育、保护的权利和义务"的规定。

二、关于本条规定的主体范围

依法享有探望权的主体与有权提出中止探望请求的主体，二者在范围上并不相同，后者的范畴较前者而言更为广泛。以下分别予以讨论：

（一）依法享有探望权的主体

探望权可以说具有双重价值：其一，是父母对子女的亲权实现方式；其二，是最大化保护子女利益的手段。实际上，在审判实践中，人民法院应当对子女利益给予比父母利益更多的关注。归根结底，探望权的设置、亲权的行使，都是为了保障子女的健康成长。依据《民法典》第 1086 条规定，离婚后不直接抚养子女的父或者母，有探望子女的权利。至于其他人是否在特殊情况下可以依法享有探望权，法律并无明文规定。探望权的行使主体范围是否可以扩大到子女的父或者母以外？这个问题争议很大。赞成扩大行使探望权的主体范围的人认为，如果将行使探望权的主体仅限定为父或者母，未免过于狭窄，应该允许祖父母、外祖父母探望自己的孙子女、外孙子女，这是人之常情，也符合我国的传统道德伦理与家庭观念。有学者建议在探望权条文中加入“祖父母、兄弟姐妹等其他近亲属有权与该儿童会面交往，但以有利其身心健康为前提”的规定，对祖父母、兄弟姐妹等其他近亲属的探望权亦予确认。由于父母离异对近亲属与子女的亲属关系并不产生影响，允许其探望符合亲属伦理，应当有条件地承认。[①] 还有人认为即使不允许所有的祖父母、外祖父母都享有探望自己孙子女、外孙子女的权利，也应该有条件地将探望权的主体适当扩大，即在某些特殊情况下，也应该允许父母以外的其他人有条件地享有行使探望权的权利，例如《民法典》第 1074 条、第 1075 条规定中的祖父母、外祖父母及兄、姐等。其中，第 1074 条规定，有负担能力的祖父母、外祖父母，对于父母已经死亡或者父母无力抚养的未成年孙子女、外孙子女，有抚养的义务。第 1075 条规定，有负担能力的兄、姐，对于父母已经死亡或者父母无力抚养的未成年弟、妹，有扶养的义务。因此有人认为，上述规定中的祖父母、外祖父母、兄、姐等人，实际上已经尽到了父母抚养、照顾子女的义务，于情于理，都应

① 梁慧星：《中国民法典草案建议稿附理由：亲属编》，法律出版社 2013 年版，第 200 页。

该允许其享有探望权。甚至还有人将探望权的扩大行使分为代位行使和代为行使等类型，并从理论上对扩大享有探望权主体资格范围的做法加以论证。应该承认，这种观点在某种程度上有一定的合理成分，即在父母离婚后，通过父或母以及其他近亲属的探望行为，有利于保持子女生活中惯常人际交往关系的稳定，对子女的健康成长不无好处。但需要注意的是，虽然探望权的行使是通过探望行为来实现，但探望行为不能与探望权画等号。作为一项权利，探望权是亲权的一项重要内容，虽然我国法律条文并没有正式采用“亲权”的表达方式，但其与父母子女之间相互的权利义务关系并无本质不同。探望权主体必然不能突破亲权的主体范围，因此，祖父母、外祖父母或兄弟姐妹等其他近亲属不是探望权主体。

事实上，《民法典（草案第二次审议稿）》第864条曾经规定了“隔代探望权”，即“祖父母、外祖父母探望孙子女、外孙子女，如果其尽了抚养义务或者孙子女、外孙子女的父母一方死亡的，可以参照适用前条规定”。但是，立法机关经过反复研究，在《民法典（草案第三次审议稿）》中删除了关于“隔代探望权”的规定，最终《民法典》将探望权的主体明确为“离婚后，不直接抚养子女的父或者母”。但是，这并不妨碍祖父母、外祖父母对孙子女、外孙子女的探望。①

（二）有权提出中止、恢复探望请求的主体

当探望权的行使出现了不利于子女身心健康的情形时，哪些人有权依法向人民法院提出中止探望的请求？提出中止、恢复探望的主体是否必须与依法享有探望权的主体一致？是仅允许子女的父或者母有权提出，还是有条件地允许其他人也可以提出呢？通常来说，提出中止探望的主体，为在生效裁判文书中负有协助义务的一方；而提出恢复探望的，为享有探望权的、离婚后不直接抚养子女的父或者母。由于恢复探望问题直接涉及依法享有探望权利的主体能否继续探望子

① 黄薇主编：《中华人民共和国民法典婚姻家庭编释义》，法律出版社2020年版，第172~173页。

女，原本其被中止探望就不是其主观所希望看到的，从其本意而言一直是想要探望子女，只是出现某些情况后无法继续探望而已，当中止探望的情形消失后，权利人自然会主动要求恢复行使。因此，恢复探望应当由享有探望权的人自主决定，他人无需干涉，故提出恢复探望的请求，亦应当由其自行提出，不必再允许其他主体为此提出请求。

与恢复探望不同的是，中止探望关系子女的健康成长，所以本条本着保护子女的原则作出了规定：未成年子女、直接抚养子女的父或者母以及其他对未成年子女负担抚养、教育、保护义务的法定监护人，有权向人民法院提出中止探望的请求。由此可见，有权提出中止探望请求的主体范围相对较广。这种做法比起只允许离婚后直接抚养子女的父或者母提出中止探望请求的，更加符合立法本意。当现实生活中由于探望子女的行为导致不利于子女身心健康的情形出现时，如果只允许探望权行使过程中负有协助义务的一方主体提出中止请求的话，一旦其基于某些原因无法提出或者不敢提出，比如不知道事情真相或者畏于对方采取暴力行为等，这时，其他人也只能焦急地旁观，却无权按照法律规定请求人民法院实施相应的救济手段。这样，由于没有适格的主体向法院提出中止探望，法院也无法依职权主动介入，法律对于子女的保护就无法实现，立法的目的将会落空。因此，本条依法对于有权提出中止探望请求的主体范围进行了明确。如果直接与子女共同生活的抚养权人和监护人因种种原因未能提出时，允许其他有关人员提出申请。将其他对未成年子女负担抚养、教育、保护义务的法定监护人纳入有权请求中止探望的主体之内，有利于在出现子女或直接抚养一方出于各种原因不能或者不愿提出中止申请时，合理地拓宽中止探望的申请渠道，更好地保护未成年子女的利益。以下就有权提出中止探望申请的主体分别进行分析：

首先是未成年子女。子女拒绝探望，当然有权提出中止探望的请求，原因在于探望权的行使关系子女本人的切身利益，应当充分尊重其意志。虽然子女因尚未成年，对外界的认识不够深入，控制自身行为的意识和能力相对较弱，但很多子女在一定程度上具备独立思考的能力和意志，在监护人、近亲属等的照顾、协助下，能够对事物产生较为正确的判断，在遇到不利于其自身健康发展的情况下，有能力向人民法院请求中止父亲或者母亲的探望，依法维护自身的权益。正如在变更抚育费的案件中未成年子女是权利主体一样，当出现中止探望的法定事由时，子女是最本源的权利人，其由案外人变为执行法律关系中的利害关系人，有权提出中止的请求。当然在具体操作中，应当由其监护人以未成年子女的名义向法院提出。[①]

其次，直接抚养子女的父或者母。依据《民法典》第 1084 条第 2 款规定："离婚后，父母对于子女仍有抚养、教育、保护的权利和义务。"抚养、教育、保护子女，既是父母的权利也是父母的义务。离婚后，父母对子女的抚养教育保护的权利和义务不因离婚而受影响或消除。现实生活中，夫妻离婚后对未成年子女的身心可能已造成了较大的伤害，在探望权的行使过程中，如果父或者母再出现不利于子女身心健康发展的情形，导致未成年子女形成不良习惯或者身心受到伤害，则需要直接抚养子女的父或者母从保护子女的立场和角度出发，及时向人民法院请求对另一方的探望予以中止，这也是父或者母依法履行其所负有的对子女抚养、教育、保护义务的一种体现。

最后，还包括其他对未成年子女负担抚养、教育、保护义务的法定监护人。此处所称的抚养，一般是指抚育和教养，是父母对未成年子女提供衣食住行、进行生活照料、给予精神关爱，保障其健康成长的法定义务。作为基于家庭身份关系而由法律明确规定的义务，父母对未成年人的抚养具有人身专属性和法律强制性，无论父母的抚养能力和生活条件如何，无论是否与子女共同生活，都应提供能力范围内的照顾，不能被豁免，如不履行抚养义务必须承担相应的法律责任。教育，是指父母应当依照法律和道德要求，对未成年子女进行知识技能培育和健康人格养成，既包括正面的管教和引导，也包括对错误思想和不良行为的批评和惩戒。保护，是指父母应当注意保护未成年子

① 参见郝杰：《浅析我国探望权的立法及其完善》，载《法制与社会》2007 年第 5 期。

女的生命安全、身体健康、人格尊严以及财产安全，使其免受外界侵害。避免未成年子女从事与其年龄、心智不符的活动；严禁对未成年人实施家庭暴力和家庭歧视；预防和制止未成年人吸烟、酗酒、流浪、沉迷网络以及赌博、吸毒、卖淫等行为；对侵犯未成年子女合法权益的行为，要坚决予以制止和向有关部门提出检举和控告。未成年子女有财产来源的，应当从未成年人利益最大化出发保护、管理和处分其合法财产，避免受到不必要的损失或遭到他人非法侵害。

【审判实践中应注意的问题】

父或者母探望子女的过程中，出现不利于子女身心健康的情形时，相关的有权请求中止对未成年子女进行探望的主体，应当及时向人民法院提出中止探望的请求。同时，有权向人民法院提出中止探望的人员应当从子女利益最大化的原则出发，注意保存好父或者母行使探望权的过程中出现影响未成年人健康成长情形的相关证据，以便于人民法院进行调查取证，并依法作出裁定。因为人民法院也只有在相关人员请求中止探望，并有确切的证据表明探望权的行使出现了不利于子女健康的情形时，才能依法作出中止探望的裁定。当事人及时、正确地主张权利，有利于人民法院通过行使公权力，切实、有效地保障未成年人的健康成长。

第六十八条 对于拒不协助另一方行使探望权的有关个人或者组织，可以由人民法院依法采取拘留、罚款等强制措施，但是不能对子女的人身、探望行为进行强制执行。

【条文主旨】

本条是关于对探望权实施强制执行措施具体内容的规定。

【条文理解】

一、本条的修改内容及理由

《婚姻法司法解释（一）》第32条规定："婚姻法第四十八条关于对拒不执行有关探望子女等判决和裁定的，由人民法院依法强制执行的规定，是指对拒不履行协助另一方行使探望权的有关个人和单位采取拘留、罚款等强制措施，不能对子女的人身、探望行为进行强制执行。"该条规定的法律依据是《婚姻法》第48条规定："对拒不执行有关扶养费、抚养费、赡养费、财产分割、遗产继承、探望子女等判决或裁定的，由人民法院依法强制执行。有关个人和单位应负协助执行的责任。"这一条则是在1980年《婚姻法》第35条规定的基础上，在可采取强制执行的判决或裁定的种类中增加了探望子女的内容，并在协助执行的责任主体中增加了关于个人的规定。通过立法使探望权得以法制化，并在法律上赋予其强制执行的效力。

本条结合《民法典》的内容对《婚姻法司法解释（一）》第32条规定进行了相应的调整。本条在修改过程中的主要考量因素是，尽管《婚姻法司法解释（一）》针对的《婚姻法》第48条在《民法典》中已经删除，但由于本条内容在《民事诉讼法》及其司法解释中未有规定，而在审判实践中仍有保留的价值，故对《婚姻法司法解释（一）》条文进行了保留，并作出文字表述上的修改，使其不针对《民法典》某一具体条文作解释。此外，根据《民法典》的规定，将“有关个人和单位”的表述改为了“有关个人或者组织”。

二、探望权的强制执行问题概述

探望权是一个长期问题，在子女成年以前，非直接抚养子女的一方都有探望的权利。但是探望权执行的一个现实情况却是执行难，具体表现在以下三个方面：一是被执行人不配合。多数情况下，探望权案件的执行，尤其是探望年幼的未成年子女的案件，需要与子女共同生活的父或者母进行配合，然而，离婚后抚养孩子的一方常常不愿履行协助探望的义务，例如拒绝申请人探望、在探视时间将子女提前带离、故意隐瞒子女的去向、故意不告知子女活动安排的变化等，以妨碍另一方探望权的行使。二是被探望的子女不配合。由于未成年子女长期由父母之中的一方抚养，很可能造成其对另一方产生抵触反感情绪，甚至拒绝被探望。对此，法院应根据子女的年龄和鉴别能力，正确判断子女拒绝探望的原因，分析其是否能够独立地作出拒绝被探望的意思表示，究竟是其自身不愿意探望还是受到直接抚养的父或者母的挑唆而不愿接受探望。如子女年龄较大，有独立的判断能力和自主意识，不愿接受探望，就不能强制执行；如系后者，探望权不能顺利实现，不仅侵害探望权人的权利，更不利于未成年子女的身心健康。[①] 三是案外人阻碍。这里的案外人主要指被探视人的祖父母、外祖父母等近亲属。未成年子女在父母离婚后，可能实际上与祖父母、外祖父母共同生活，当父或者母依法前去探望时，可能会遭到祖父母或外祖父母直接或间接的拒绝。因此，有必要通过强制执行来保障探望权的实现。如果另一方不履行协助的义务，拒绝、妨碍或者阻挠权利人行使探望权，致使权利人无法实现其探望权的，可以请求人民法院依法

① 参见倪春南、闵振华：《探望权执行中的问题及对策》，载《人民司法》2002 年第 9 期。

强制执行。由于探望权案件的情况比较特殊，涉及人身问题，强制执行措施如果运用不当，不仅可能无法维护申请人的权益，还有可能给其未成年子女的身心造成伤害。

探望权的强制执行，是指探望权人申请人民法院依照法律规定的程序，运用国家强制力量，使已经生效的民事法律文书的内容得以实现的活动。为了保证探望权能够得到顺利实现，本条对探望权实施强制执行措施的具体内容进行了规定。本条所规定的有关探望子女等判决或裁定，是指已生效的判决或裁定，包括已过上诉期没有上诉的一审判决或裁定和终审的判决或裁定。对拒不执行有关探望子女等判决或裁定的，由人民法院依法强制执行。拒不执行判决、裁定行为所侵犯的客体为人民法院作出的已发生法律效力的判决、裁定的权威性。判决、裁定发生法律效力后，当事人应及时、完全地履行自己的义务。在司法实践中，对于判决或裁定，绝大多数当事人是能够自觉执行的，但仍有少数人有意藐视法律，采取欺骗等方法，转移资金，转移财产所有权，或将执行物隐藏起来等，致使人民法院无法执行。因此，只要收到了法院的判决、裁定，就应当视其已明确知晓了其权利义务的状态。在明知应承担义务的情况下，当事人依然采取各种手段规避执行，就应当对这些人采取必要的民事强制执行措施，情节严重的还要依法追究其刑事责任。

采取强制措施应区分不同情况，可以对负有协助义务的一方当事人采取拘留、罚款等措施，但不能对子女的人身进行强制执行，也不能强制采取不利于子女健康的探望行为，这是法律规定的应有之义。民事执行的标的只能是物与行为，而不能是人身。究其本质，民事案件执行的标的只能是财物的给付或行为的履行或代履行，不能强制执行人身。即不能以通过强制要求申请执行人的未成年子女到某个地方让申请执行人行使探望权的方式强制执行未成年子女的人身。对未成年人的人身强制执行，既不合法，也不利于双方当事人矛盾的解决。并且，设立探望权制度的本意是为了促进未成年子女的身心健康发展，不考虑子女的意愿甚至强行将其带出以行使父或者母探望的权利，都与立法的初衷相背离。[①]

三、探望权强制执行的原则和程序

（一）探望权执行的原则

其一，强制执行和说服教育相结合原则。该原则曾经是我国民事执行中一条基本原则，它要求执行人员在执行中应当始终坚持对当事人进行思想疏导和法制教育，最终使当事人达成执行和解，自觉自愿地履行义务。探望权案件的执行应当坚持该原则，即使该类案件执行完毕，他们之间的亲情和血缘联系也不因此消灭。这一背景使得家事案件的执行目标和价值追求必然高于一般案件，它不仅要求判决书确定的义务能够实现，而且还要求当事人之间的良好关系能够维持；不仅要求物质性的权利能够实现，而且要求申请人在精神上、心理上、情感上不因此受到打击和伤害。探望权案件执行中应当贯彻慎用和少用强制执行措施的原则，因为强制措施对这类案件不一定都能产生良好的效果，过多地倚重强制措施，不但不能缓解这类案件的执行难，反而可能激化矛盾，恶化当事人之间的关系、消解当事人与执行法官之间的信任关系，同时还可能危害未成年子女的最大利益。当然，这里所说的“慎用”并不是不用强制措施，而是强调要把强制措施作为穷尽一切说服手段后的最终措施和威慑力量。

其二，有利于未成年子女的身心健康原则。这是世界各国行使探望权的公认原则。是否有利于未成年子女的身心健康是衡量父或母探望行为的根本标准，否则，法院应不予强制执行。探望者和被探望者双方都必须有情感交流、关爱心理传递的需求，如果被探望者没有这种需求，甚至子女可能因为探望行为受到困扰，这种情况下强求探望权的行使，势必对子女的身心健康造成不利的影响。

（二）强制执行的程序

负有协助义务的有关个人或者组织拒不履行协助义务的，人民法

---

① 江必新：《民事执行重大疑难问题研究》，人民法院出版社2010年版，第316页。

院可以依法采取拘留、罚款等强制措施。强制执行的开始有两种原因，一种是当事人的申请，另一种是人民法院的移送。本条规定属于当事人申请执行的情形，指的是生效法律文书中规定享有权利的一方当事人，在要求对方当事人履行义务被拒绝之后，可以向有管辖权的人民法院申请执行已经发生法律效力的法律文书。对于探望权的执行，应慎用强制措施，在子女有独立判断能力，并不愿意接受探望时，人民法院不能违背其意愿强制执行。如果负责抚养子女的一方故意隐匿子女，在法院下达裁定书后仍拒不履行协助义务的，可以按照拒不执行判决、裁定的法律规定处理。对拒不履行已生效的判决，拒绝申请执行人行使探望权的，人民法院可对其进行拘留、罚款。造成严重后果，构成犯罪的被执行人，甚至应当追究其刑事责任。但在执行实践中，对被执行人是否已构成犯罪应从严把握。因为轻易对被执行人判处刑罚，会给未成年子女的身心造成不利的影响，不利于未成年人的健康成长，也不利于社会主义婚姻家庭的稳定。[①]

人民法院在处理涉及探望权判决或裁定的执行时，可以根据《民事诉讼法》第224条第1款“发生法律效力的民事判决、裁定，以及刑事判决、裁定中的财产部分，由第一审人民法院或者与第一审人民法院同级的被执行的财产所在地人民法院执行”以及第252条“对判决、裁定和其他法律文书指定的行为，被执行人未按执行通知履行的，人民法院可以强制执行或者委托有关单位或者其他人完成，费用由被执行人承担”的规定进行具体操作。[②]

【审判实践中应注意的问题】

人民法院在对负有协助义务的一方当事人采取拘留、罚款等强制措施的同时，应当注重对未成年子女予以妥善安置。关于探望权强制

① 江必新：《民事执行重大疑难问题研究》，人民法院出版社2010年版，第322页。

② 黄薇主编：《中华人民共和国民法典婚姻家庭编释义》，法律出版社2020年版，第171页。

执行的具体措施方面，需要注意以下问题：

如果有监护权的一方父母拒不履行协助另一方探望子女的义务，人民法院可否据此依当事人的申请而直接变更抚养关系？对此，我国法律并未作出具体规定。有学者提出的建议是，如果直接抚养子女的一方不允许非直接抚养子女的一方探望子女，非直接抚养子女的一方可以申请法院变更抚养关系。反对意见认为，直接抚养子女的一方不允许非直接抚养子女的一方探望子女并不能当然导致直接抚养关系的变更。探望权的设立是兼顾了父母和子女双方的权利，直接抚养权的判决则主要考虑的是子女身心健康的发展和未成年人合法权益的保障，它强调的是父母的义务而非权利。如果不存在直接抚养子女的一方无力抚养子女，或判其直接抚养子女会不利于子女身心健康发展的情形，即使直接抚养子女的一方拒不履行协助义务令对方不能探望子女，法院也不能当然判决直接抚养关系的变更，因为直接抚养关系变更的出发点不是父母权利的满足而是子女合法权益的保障。[①] 我们认为，离婚后直接抚养子女的一方拒不履行协助另一方探望子女的义务，并不能必然导致抚养关系的变更，更不能直接导致监护权的撤销，监护人的确定、变更，以及撤销、恢复监护人资格等问题，仍应当依据《民法典》关于监护的相关规定执行。

探望权的执行程序上应赋予一定的灵活性。《最高人民法院关于严格执行案件审理期限的若干规定》第 5 条明确要求执行案件应当在立案之日起 6 个月内执结。这一规定不应适用于探望权这种特殊权利的执行。因为在子女成年前，父母对子女都有教育和抚养的权利，同样，在子女未成年时，父或母对子女都有探望的权利，这种权利从父母离婚时起将延续相当长的时间。例如，假设父母离婚时子女 5 岁，父或母行使探望权为每周 1 次，这星期的探望权问题通过执行程序获得了解决，但不能说这起执行案件已执行完毕，以后每周仍可以继续执行探望权，除非出现探望权中止的法定事由，否则，未与子女共同

---

① 黄薇主编：《中华人民共和国民法典释义及适用指南（下）》，中国民主法制出版社 2020 年版，第 1642~1644 页。

生活的一方探望子女的权利长期有效。

为了有利于探望权案件的正确执行，裁判文书应对探望的方式、时间、地点作出详细规定，以免执行中引出麻烦。但是，假如由于孩子上课或其他正当原因，致使申请人的探望权无法按法律文书的规定实现时，这种过细的规定又将使得探望权的执行陷于尴尬的境地。所以，法律文书在细化探望方式的同时，还应当作出一定的灵活规定，如写明：如果遇到特殊原因致使无法按以上规定实现探望权时，可由双方另行协商探望的时间、地点等，这既保证了法律文书的严肃性，又使得执行工作具有很大的机动性和灵活性。[①]

① 江必新：《民事执行重大疑难问题研究》，人民法院出版社2010年版，第317~321页。

第六十九条　当事人达成的以协议离婚或者到人民法院调解离婚为条件的财产以及债务处理协议，如果双方离婚未成，一方在离婚诉讼中反悔的，人民法院应当认定该财产以及债务处理协议没有生效，并根据实际情况依照民法典第一千零八十七条和第一千零八十九条的规定判决。

当事人依照民法典第一千零七十六条签订的离婚协议中关于财产以及债务处理的条款，对男女双方具有法律约束力。登记离婚后当事人因履行上述协议发生纠纷提起诉讼的，人民法院应当受理。

【条文主旨】

本条是关于附协议离婚或者调解离婚条件的财产及债务处理协议的法律效力问题，以及因履行上述协议发生争议是否受理的问题作出的规定。

【条文理解】

一、本条的修改内容及理由

针对附协议离婚或调解离婚条件的财产及债务处理协议效力如何认定的问题，本条对《婚姻法司法解释（三）》《婚姻法司法解释（二）》的相关内容进行了保留与整合。其中，《婚姻法司法解释（三）》第 14 条规定："当事人达成的以登记离婚或者到人民法院协议离婚为条件的财产分割协议，如果双方协议离婚未成，一方在离婚诉讼中反悔的，人民法院应当认定该财产分割协议没有生效，并根据实际情况依法对夫妻共同财产进行分割。"《婚姻法司法解释（二）》第 8 条规定：

"离婚协议中关于财产分割的条款或者当事人因离婚就财产分割达成的协议，对男女双方具有法律约束力。当事人因履行上述财产分割协议发生纠纷提起诉讼的，人民法院应当受理。"

本条在此基础上的修改为：其一，对于离婚双方约定所附的离婚条件进一步明确，将其规定为"协议离婚或者到人民法院调解离婚"两种类型。相关的法律依据为《民法典》第1076条规定："夫妻双方自愿离婚的，应当签订书面离婚协议，并亲自到婚姻登记机关申请离婚登记。离婚协议应当载明双方自愿离婚的意思表示和对子女抚养、财产以及债务处理等事项协商一致的意见。"其二，对于离婚双方的协议内容，不仅包含此前已有规定的财产处理协议，还增加了关于"债务处理协议"的规定，并明确了相关的法律依据。《民法典》第1087条规定："离婚时，夫妻的共同财产由双方协议处理；协议不成的，由人民法院根据财产的具体情况，按照照顾子女、女方和无过错方权益的原则判决。对夫或者妻在家庭土地承包经营中享有的权益等，应当依法予以保护。"第1089条规定："离婚时，夫妻共同债务应当共同偿还。共同财产不足清偿或者财产归各自所有的，由双方协议清偿；协议不成的，由人民法院判决。"

二、附条件的民事法律行为基本原理

本条的规定以民事法律行为理论和制度为学理依据。民事法律行为的构成，首先应当具备成立要件，在本条规定的情形下，即婚姻关系当事人双方就分割夫妻共同财产的意思表示一致，财产分割协议才能成立。不具备成立要件的，在裁判时应当依协议未成立处理。附条件的民事法律行为所附的条件，是对法律行为生效的限制，属于法律行为的特殊生效要件。在条件成就之前，法律行为虽满足一般生效要件，但仍然处于效力未定状态。

《民法典》第158条规定："民事法律行为可以附条件，但是根据其性质不得附条件的除外。附生效条件的民事法律行为，自条件成就时生效。附解除条件的民事法律行为，自条件成就时失效。"所谓附条件的民事法律行为，是指当事人以未来客观上不确定发生的事实，作为民事法律行为效力的附款。法律允许当事人对民事法律行为附条件，是尊重当事人意思自治、尽可能促进民事法律行为生效的必然要求。民事法律行为所附的条件，具有以下特点：条件由当事人自行约定，并作为民事法律行为内容的一部分；条件是一种将来的或然事实，该事实未来可能发生，未来也可能不发生，具有或然性；附条件民事法律行为中的条件，是当事人用以限定民事法律行为生效或者失效的附属意思表示，而不属于民事法律行为本身的内容；所附条件中的事实应为合法事实，违法事实不能作为民事法律行为的条件。此外，民事法律行为所附的条件，以所附条件决定民事法律行为生效或者失效为标准，可以分为生效条件和解除条件两类。所谓生效条件，是指使民事法律行为的内容发生效力的条件。生效条件具备之前，民事法律行为的内容虽已成立但未生效，其效力是否发生处于不确定状态。条件具备，民事法律行为生效；条件不具备，民事法律行为不生效。所谓解除条件，又称消灭条件，是指对已经生效的民事法律行为，当条件具备时，该民事法律行为失效；如果该条件确定不具备，则该民事法律行为将继续有效。需要指出的是，附条件的民事法律行为虽然在所附条件出现时才生效或失效，但在条件尚未具备时，民事法律行为对于当事人仍然具有法律约束力，当事人不得随意变更或者撤销。

三、附条件的离婚财产及债务处理协议的效力问题

（一）附条件离婚财产及债务处理协议的生效条件及其不生效的处理问题

附条件的离婚财产及债务处理协议，是指夫妻双方在婚姻关系存续期间达成的以离婚法律事实出现为条件的财产以及债务处理协议。本条所称的附条件的离婚财产及债务处理协议中的条件，包括了双方当事人协议离婚、到人民法院调解离婚两种类型，此处分别予以讨论：其一，协议离婚。协议离婚制度是我国离婚制度的重要

组成部分，附协议离婚条件的财产和债务处理协议在日常生活中和司法实践中普遍存在。根据《民法典》第1076条对协议离婚制度的规定，协议离婚应符合一定的条件，包括协议离婚的当事人双方应当具有合法夫妻身份，双方均具有完全的民事行为能力，双方具有离婚的共同意愿，双方签订书面离婚协议并载明关于自愿离婚的意思表示、对子女抚养和财产及债务处理等事项协商一致的意见，双方亲自到婚姻登记机关申请离婚。一般情况下，协议离婚是婚姻关系当事人对于子女抚养、财产分割问题达成书面协议后，到婚姻登记机关申请离婚，故也称为“双方自愿的离婚”。该种离婚经国家行政机关依法审查，符合法律规定的，准予离婚登记并发给离婚证，自取得离婚证时起发生离婚的效力。其二，到人民法院调解离婚。依据《民法典》第1079条第2款的规定，“人民法院审理离婚案件，应当进行调解”，可见调解是人民法院审理离婚案件的必经程序，其目的在于防止当事人草率离婚，以及在双方当事人不能和解时，有助于平和、妥善地处理离婚所涉及的方方面面的问题。当然，通过调解达成协议，必须出于当事人双方自愿，不得强迫。调解应当本着合法的原则进行，调解协议的内容不得违反法律规定。[①] 由于到婚姻登记机关登记离婚时的财产分割协议没有强制执行效力，有的婚姻关系当事人双方约定到人民法院协议离婚，通过民事诉讼程序领取民事调解书，将诉讼前达成的财产分割协议以民事调解书的方式固定下来，使其具有强制执行力。

本条明确规定，当事人协议或调解离婚未成，则事先达成的附离婚条件的财产及债务处理协议不生效。双方当事人在婚姻关系存续期间达成离婚协议，并对子女抚养和财产分割等问题作了约定，但该协议是以双方协议离婚并到民政部门办理离婚登记，或者到法院进行调解离婚为前提条件的。夫妻双方在婚姻关系存续期间达成离婚协议或者到人民法院调解离婚，对子女抚养、财产分割和债务

① 黄薇主编：《中华人民共和国民法典释义及适用指南（下）》，中国民主法制出版社2020年版，第1624~1625页、第1629页。

处理等问题作出约定，但由于种种原因，一方或者双方反悔，未能到婚姻登记机关办理协议离婚登记手续，也未能由人民法院调解离婚，而是到人民法院诉讼离婚。在这种情况下，当事人双方事先达成的离婚协议的效力问题，往往成为离婚案件争议的焦点。实践中，往往是一方当事人主张原来达成的离婚协议合法有效，要求人民法院按照离婚协议的约定判决解除婚姻关系并对财产分割和子女抚养问题作出处理；而另一方当事人则否认离婚协议的效力，要求人民法院根据实际情况依法作出判决。我们认为，离婚问题事关重大，应当允许当事人反复考虑、协商，只有在双方最终达成一致意见并到民政部门登记离婚或者到法院调解离婚时，所附条件才可视为已经成立。如果双方协议离婚未成，当事人一方有反悔的权利，其不同意办理离婚登记或调解离婚，则双方事先达成的离婚协议没有生效，财产及债务处理协议因缺乏协议离婚的前提和基础，而对夫妻双方均不产生法律约束力，不能作为人民法院处理离婚案件的依据。理由是附协议离婚或调解离婚条件的财产及债务处理协议，通常是当事人平等协商的结果，因此具有民事合同的性质，但其以解除婚姻关系为先决条件，不能完全由当事人的合意来完成，还必须履行一定的法律程序。我国台湾地区学者王泽鉴先生认为："法律行为之构成要件，系由成立要件及生效要件共同组成之，须二者兼具，法律效果始焉发生。"[①] 因此，附条件的离婚财产及债务处理协议并不自双方当事人签字时起生效，而是以双方协议离婚或调解离婚为生效条件，即双方当事人从婚姻登记机关领到离婚证或者签署民事调解书，方可视为所附条件已经成就，当事人所订立的财产及债务处理协议因此而生效。如果一方当事人反悔，诉诸法院寻求终局判决，除非双方当事人追认，该协议未生效，对当事人双方均不产生法律约束力。当事人一方在离婚诉讼中主张按照该协议分割财产、分担债务的，人民法院不应支持，而应认定该财产及债务协议没有生效，

① 王泽鉴：《民法学说与判例研究（第五册）》，中国政法大学出版社 2005 年版，第 303 页。

并根据实际情况和法律规定对夫妻共同财产和债务问题进行处理。

依据本条规定，离婚财产以及债务处理协议没有生效的，人民法院应当根据实际情况，依照《民法典》第1087条和第1089条的规定判决。以下分别进行阐述：

关于离婚财产处理问题。依据《民法典》第1087条规定，离婚时，夫妻的共同财产由双方协议处理；协议不成的，由人民法院根据财产的具体情况，按照照顾子女、女方和无过错方权益的原则判决。对夫或者妻在家庭土地承包经营中享有的权益等，应当依法予以保护。夫妻共同财产分割的一般原则为均等分割。实际上，从《民法典》关于共同共有以及夫妻共同财产制度的规定中，可以看出，夫妻财产共同共有的制度本身，已经包含了分割应均等的含义，人民法院在适用中自然应当以均等为一般原则予以遵守。在此基础上，还应遵循以下补充原则：（1）照顾子女原则。联合国《儿童权利公约》确立的儿童最大利益原则已经成为包括我国在内的世界许多国家和地区的共识，英国、美国、澳大利亚、加拿大等英美法系国家，以及德国、日本及我国台湾地区等采用大陆法系的国家或地区，在各自的相关规定中均明确了若干有关儿童最大利益的衡量因素，我国亦早就批准了联合国《儿童权利公约》。在处理涉及未成年子女利益的民事案件时，人民法院必须将子女利益最大化作为首要原则，可根据子女生活和学习的需要，给直接抚养子女一方适当多分财产，以司法手段为保护、促进子女健康成长提供良好条件。（2）照顾女方原则。多年来，虽然随着经济水平、社会意识、法律规范的不断发展和完善，男女平等的基本原则在社会各方面都得到了越来越好的贯彻，但也不能忽视的是，男性和女性在工作、家庭方面的投入和付出仍然远未达到平衡。大多数情况下，女性相较男性而言对家庭投入了更多的精力，结果就是，女性在自我发展和实现、获得更多经济收入等方面的投入变少。夫妻双方对家庭这个整体的投入，不拘何种形式，都是对家庭整体和家庭成员的付出。在目前的社会大环境下，离婚财产分割时，给予女性一方一定的倾斜和照顾，既符合公平原则，也有利于家庭的和谐稳定。（3）照顾无过错方原则。当夫妻的其中一方对离婚存在过错，例如存在重婚、虐待、遗弃等情况的，人民法院分割财产时，应当给予无过错方适当的照顾，可适当多分给无过错方一些财产，或者给予无过错方优先选择的权利。需要注意的是，人民法院在处理离婚财产分割问题时，除了遵循上述原则之外，还要根据待分割财产的具体状态、性质和用途等属性，尽量使得财产在双方当事人之间的分配有利于其生产、经营和生活，同时，不损害该财产的效用和经济价值。

关于离婚债务处理问题。依据《民法典》第1089条规定，离婚时，夫妻共同债务应当共同偿还。共同财产不足清偿或者财产归各自所有的，由双方协议清偿；协议不成的，由人民法院判决。夫妻共同债务，也可以说是夫妻共同的消极财产，人民法院在确定共同债务的分担比例时，亦应当遵循照顾子女、女方和无过错方权益的财产分配原则。同时，还应当根据案件的实际情况，将双方的经济能力，对债务形成、支配或收益的参与情况等因素纳入考虑范围，合理确定男女双方对夫妻共同债务的分担比例，不得对当事人的生存权利造成不良影响。实践中，可能存在债权人基于某些特殊原因，仅向男女双方中的一方请求履行夫妻共同债务的偿还义务的情况。人民法院应当仔细审查债权人的请求内容，注意区分只向一方行使债权请求权和放弃要求另一方承担偿还责任的情况。前者，男女双方均有义务向债权人承担全部偿还责任；后者，根据《民法典》合同编中的第520条第2款规定，部分连带债务人的债务被债权人免除的，在该连带债务人应当承担的份额范围内，其他债务人对债权人的债务消灭，亦即另一方的偿还责任仅以协议或判决确定其应当承担的份额为限。

（二）离婚财产及债务处理协议的法律效力

根据本条第2款规定，当事人的离婚协议中关于夫妻财产分割及债权债务负担问题的条款和协议，对男女双方之间具有法律约束力，双方必须全面履行。当事人在婚姻登记机关登记离婚后，因履行所签订的离婚协议而发生纠纷向人民法院起诉的，人民法院应当受理。本款规定包含以下三层意思：

1. 适用本条的前提条件是当事人在婚姻登记机关协议离婚，并就财产分割问题达成了协议。本条规定所涉及的离婚财产及债务处理协议，主要包括以下内容：在不侵害任何一方合法权益的前提下，对夫妻共同财产作合理分割，给予生活困难的一方以经济帮助和妥善安排，特别是切实解决好双方离婚后的住房等问题。在不侵害他人利益的前提下，对共同债务的清偿作出清晰、明确、负责的处理。对于已经达成离婚债务处理协议的，双方当事人必须要遵守这些生效的裁判或者协议的内容。

2. 在双方当事人登记离婚后，其所签订的离婚协议已生效，故该协议中有关财产分割和债务负担问题的条款及协议，对离婚的双方当事人都具有法律约束力。需要注意的是，在婚姻登记机关办理离婚登记手续的男女双方，协议离婚中所签订的财产和债务处理协议，司法解释只规定了对双方当事人有法律约束力，而没有写成“具有法律效力”。目的是贯彻《民法典》关于民事行为法律效力的规定精神，倡导重合同、守信用的诚信原则。理解财产及债务处理协议和条款的法律约束力问题时，应当注意以下两个方面：

一方面，根据合同相对性的原理，当事人的离婚协议或者人民法院生效的裁判文书中对夫妻财产分割及债权债务负担问题作出的处理决定，不能对抗善意第三人；夫或者妻一方死亡的，生存一方应当对婚姻关系存续期间的夫妻共同债务承担清偿责任。本解释第 35 条第 1 款、第 36 条对此问题作出了专门规定。如果在双方签订离婚协议之前对第三人负有债务，除非双方向债权人明确表示债务由夫或妻一方承担且经债权人同意的，否则不会因夫妻双方财产分割协议的约定而使一方免于负担债务。债权人并不受离婚财产分割和债务处理协议的约束，其有权要求夫妻任何一方全部或者部分偿还债务，夫或妻任何一方不得拒绝偿还。一方在对外就夫妻共同债务承担连带清偿责任后，有权基于离婚协议或者人民法院生效的裁判文书向另一方主张自己的权利，本解释第 35 条第 2 款对此作出明确规定。

另一方面，不同于离婚诉讼中形成的民事调解书，双方当事人自行达成的离婚财产和债务处理协议不具有强制执行力。虽然民事调解书中的财产和债务处理内容也是当事人协商一致的结果，但由于其是在法院的主持下形成的，其在形式和内容上的合法性都已经过司法审查，因此，民事调解书中的财产和债务处理协议内容具有强制执行力。在行政程序的离婚中，由于法律并未赋予婚姻登记机关审查其内容合法性的职权，婚姻登记机关只是对财产分割协议形式上的合法性进行了审查。因其未经过司法审查，与其他民事合同一样，离婚双方当事人自行签订的财产和债务处理协议在因履行而发生争议时，必须先由司法机关进行合法性审查。只有在其合法性得到确认，并形成裁判文书之后，才能申请执行。[①]

因此，不能将本条作为认定这类协议当然合法有效的依据。实践中，这类协议可能因违反《民法典》所规定的有关民事法律行为无效、可撤销的几种情形，其效力应归属于无效。比如，在履行该协议的过程中，当事人或者其他人主张该协议处分了离婚的男女双方以外的其他人的财产，或者侵犯了国家、集体或者他人的合法权益，利害关系人提起侵权诉讼，当事人以离婚协议中的有关财产分割的条款或者作为离婚协议组成部分的财产和债务处理协议作为抗辩理由时，人民法院即应对该离婚协议的效力进行审查，并根据《民法典》关于民事法律行为效力的有关规定，确认相关协议和条款的约定是否合法有效。

3. 离婚后，男女双方因履行离婚协议发生纠纷向人民法院起诉的，人民法院应当作为民事案件受理。关于在婚姻登记机关登记离婚的当事人一方不按照离婚协议履行义务，另一方可以向人民法院起诉的规定，在 1994 年的《婚姻登记管理条例》中即有规定，该条例第 17 条规定："离婚的当事人一方不按照离婚协议履行应尽义

① 陈爱武主编：《最高人民法院婚姻法司法解释精释精解》，中国法制出版社 2017 年版，第 364 页。

务的，另一方可以向人民法院提起诉讼。”以往的法律和司法解释对于在婚姻登记机关离婚后，是否还可以就财产分割争议向人民法院提起“析产”诉讼并无十分明确的规定，因而各地人民法院在是否受理这类案件上的做法也不尽相同。人民法院在司法实践中常常遇到的问题是：一些婚姻关系当事人为了达到迅速离婚的目的，就与其配偶协商到婚姻登记机关办理离婚手续。由于婚姻登记机关办理离婚登记的条件是双方当事人就子女抚养和财产分割问题达成一致意见，所以，急于离婚的一方就在财产分割问题上向其配偶作出少要甚至不要夫妻共同财产的承诺，并将这一承诺写入离婚协议，而一旦离婚目的达到后，则单独就财产分割问题向人民法院起诉。另一些离婚当事人则利用其配偶缺乏法律知识的弱点，告知其配偶向婚姻登记机关提交的离婚协议中的财产部分是没有法律效力的，将来到了法院还要重新分割夫妻财产，同时以产权证更名需要长时间等待等理由让其配偶接受暂时将某些价值较大的财产如房屋写在其名下的协议，那么将来即使到法院进行诉讼，其原配偶也很难举证推翻这一协议。本款规定的立意正是针对这种情况，明确规定在婚姻登记机关办理离婚登记的婚姻关系当事人，向婚姻登记机关提交的离婚协议中关于财产分割和债务分担的条款或者当事人就上述问题达成的协议，对于离婚后的男女双方是具有法律约束力的。《民法典》第 464 条第 2 款规定：“婚姻、收养、监护等有关身份关系的协议，适用有关该身份关系的法律规定；没有规定的，可以根据其性质参照适用本编规定。”第 465 条规定：“依法成立的合同，受法律保护。依法成立的合同，仅对当事人具有法律约束力，但是法律另有规定的除外。”第 577 条规定：“当事人一方不履行合同义务或者履行合同义务不符合约定的，应当承担继续履行、采取补救措施或者赔偿损失等违约责任。”因此，婚姻关系的当事人就离婚时夫妻共同财产分割和债务分担问题达成的协议，作为依法成立的合同，对当事人当然具有法律约束力。如果一方当事人不履行依法成立的离婚协议，另一方当事人有权提起民事诉讼，请求人民法院责令其履行上述协议。这也是我们规定登记离婚后，当事人因履行财产及债务处理协议发生纠纷提起诉讼的，人民法院应当受理的依据。

【审判实践中应注意的问题】

1. 本条明确，附条件的离婚财产及债务处理协议中的条件，不仅包括到婚姻登记机关进行登记离婚，也包括婚姻关系当事人双方为获得民事调解书而到人民法院协议离婚的情形。社会生活中，夫妻双方协商分割共有财产，登记离婚是最为有效，且最有利于维护夫妻二人及子女利益，也最有利于维护社会和谐稳定的分割方式。在法院调解离婚的过程中，双方对夫妻共同财产如何进行分割、处分以及债务如何分担的问题协商一致，也是调解结案的关键。在离婚诉讼中，如果双方当事人同意之前签订的财产分割协议，只是对子女抚养等问题存在争议的，人民法院在审理案件时，可以把之前的财产分割以及债务处理协议作为判决的依据之一，这也体现出对双方当事人意思自治的尊重。

2. 实践中，协议离婚可能存在多种形式，有单纯的财产分割及债务处理协议，也有包括子女抚养、财产分割和债务处理混合内容的协议。本条所称的财产及债务处理协议，是指实质上的财产及债务处理协议，既包括单纯的财产分割及债务处理协议，也包括混合内容的协议中财产及债务处理部分。特别需要指出的是，其中，财产处理协议应当明确财产分割方法、财产范围和具体数额。人民法院可以引导当事人列明财产范围，一般包括住房、汽车、存款、理财、保险、债权、公司、企业等的股权或股份、版税等知识产权的收益、其他价值较大的动产等。司法实践中，应当以通常的文字解释方法来对待离婚财产处理协议和条款，充分运用社会经验与常识，适当分配举证责任，妥善确定证明标准。对双方约定“各自名下财产归各自所有”“其他财产归男方（女方）所有”的条款，一般认为争议财产也属于该条款约定项下的财产，特别是财产价值较低或在夫妻共同财产中所占比例较小的情况，而财产价值较大，则未明确列项予以分割不符合常理，一般情况下，此时主张对此财产应予分割的一方当事人，只要证明该财产属于夫妻共同财产且未列明即可，由主张其属于概括性约定财产范围之内的一方当事人承担举证责任。[①]

3. 审判实践中，对于经过公证的附协议离婚条件的财产分割及债务处理协议，如何认定其效力。我们认为，经过公证的附协议离婚条件的财产分割及债务处理协议在性质上属于附生效条件的合同，双方签字后成立，在完成协议离婚手续后生效。公证的效力在于确认协议的内容是双方当事人的真实意思表示，但不能改变协议的生效条件。

4. 人民法院在司法实践中遇到的情况是多种多样的。有些向婚姻登记机关申请离婚的当事人，可能在办理了结婚登记手续但还未开始在一起共同生活，就因为某种原因协议离婚，于是在提交的离婚协议书中写明双方无共同财产；也有可能是双方当事人协商一致，不愿将自己的家庭财产状况写在离婚协议书中向婚姻登记机关公开；还有可能是一方对另一方采取了欺骗等手段，承诺以后会将全部共同财产给对方，而在提交的离婚协议中写有“财产已经分清，双方无其他财产争议”字样。然而，婚姻登记机关也不能强制没有财产争议的当事人一定要将其家庭的财产状况和具体分割结果写明。一旦在实际分割夫妻共同财产中出现争议，或者虽然没有夫妻共同财产，但一方认为自己吃了亏，想通过民事诉讼的方式向对方索要一定财产的，也会向人民法院起诉，请求履行所谓的财产分割协议。这一类案件在起诉时，原告一般很难拿出双方签订的关于具体分割夫妻共同财产的书面协议，而只能主张双方有口头协议。根据《民事诉讼法》第 119 条的规定，原告在这种情况下仍然享有诉权，人民法院不得以本条为依据，作出不予受理的裁定，剥夺当事人依法应当享有的诉讼权利。至于原告的主张是否能够得到人民法院的支持，不是本条规定的内容，应当视案件的具体情况而定。

---

① 黄海涛：《婚姻纠纷裁判思路与疑难案例》，中国法制出版社 2018 年版，第 38~42 页。

第七十条 夫妻双方协议离婚后就财产分割问题反悔，请求撤销财产分割协议的，人民法院应当受理。

人民法院审理后，未发现订立财产分割协议时存在欺诈、胁迫等情形的，应当依法驳回当事人的诉讼请求。

【条文主旨】

本条是关于男女双方协议离婚后就财产分割问题反悔，起诉请求撤销财产分割协议的情况，人民法院对这类案件是否受理以及审理中所应当遵循原则的规定。

【条文理解】

一、本条修改内容及理由

本条在《婚姻法司法解释（二）》第9条规定的基础上，对其主要内容进行了保留并作了文字修改。该条规定："男女双方协议离婚后一年内就财产分割问题反悔，请求变更或者撤销财产分割协议的，人民法院应当受理。人民法院审理后，未发现订立财产分割协议时存在欺诈、胁迫等情形的，应当依法驳回当事人的诉讼请求。"

本条规定主要的修改变化有：其一，删除《婚姻法司法解释（二）》第9条规定中"变更或者"的表述。理由是依据《民法典》第148条和第150条规定，欺诈、胁迫为可撤销的民事法律行为。因此，本条作出相应修改，删除了原来"可变更"的规定。其二，在本条修改的过程中，依据《民法典》第152条规定，本条关于"一年"期间的规定欠缺法律依据，全国人大法工委对此问题也提出了相同的意见。因此，本条最终删除了关于"一年内"的表述。

二、当事人请求撤销财产分割协议的司法处理

（一）当事人协议离婚后起诉请求撤销财产分割协议的人民法院应予受理

本条第1款明确规定，男女双方自愿在婚姻登记机关办理了离婚登记手续离婚后，一方或者双方就财产分割问题反悔，向人民法院起诉，请求撤销财产分割协议的，人民法院应当受理。本条规定中所指的“夫妻双方协议离婚后”，是指其通过在婚姻登记机关办理离婚登记手续而离婚的，在人民法院通过诉讼，即使是以调解结案的方式离婚的，也不应当适用本条规定。因为，到人民法院调解离婚的，虽然与在婚姻登记机关办理离婚手续一样，都需要就财产分割问题达成协议，但这两种协议具有本质的区别。在诉讼中，调解协议的签订是在法院的主持下进行的，协议的内容经过法院审查，也就是说有国家司法机关的审查来保证双方当事人意思表示的真实性和协议内容的合法性；而在婚姻登记机关办理离婚手续时提交的协议只经过婚姻登记机关的形式审查，至于协议签订过程中是否存在欺诈、胁迫的情形，协议的内容是否合法则缺乏保障，因此，才有必要给予一定的司法救济途径。

关于离婚登记后，一方反悔要求人民法院对财产分割问题予以重新处理的，人民法院是否受理的问题，人民法院在认识上有一个发展过程。最高人民法院1985年公布的《关于男女登记离婚后，一方翻悔，向人民法院提起诉讼，人民法院是否应当受理的批复》中规定：“男女双方自愿离婚，并对子女和财产问题已有适当处理，领取了离婚证的，其婚姻关系即正式解除。一方对这种已经发生法律效力的离婚，及子女和财产问题的处理反悔，在原婚姻登记机关未撤销离婚登记的情况下，向人民法院提出诉讼的，人民法院不应受理……告知当事人向原婚姻登记机关申请解决。”但到了1986年，最高人民法院又以〔1986〕民他字第45号批复规定：“男女双方在婚姻登记机关办理离婚登记后，因对财产、子女抚养引起纠纷，当事人向法院起诉的，

可直接由有关法院依法受理。”此后，2003 年，最高人民法院以《婚姻法司法解释（二）》第 9 条第 1 款明确规定：“男女双方协议离婚后一年内就财产分割问题反悔，请求变更或者撤销财产分割协议的，人民法院应当受理。”

（二）人民法院审理撤销财产分割协议案件中应当遵循的原则

适用本条规定时，应当在程序方面和实体方面分别加以把握。对于当事人的诉权，我们应当予以保护，即当事人向人民法院提起此类诉讼的，人民法院都应依法予以受理，这也是我国实行的立案登记制度的要求。但是，至于当事人是否能享有胜诉权，需经人民法院实体审理才能确定，这取决于当事人是否能够证明订立协议时有欺诈、胁迫等情形存在。如果不存在上述规定的情形，人民法院应当驳回其诉讼请求。在审判实践中，人民法院应当注意遵循以下三点：

1. 离婚财产清算应当充分尊重当事人的意思自治。在此基础上，亦需要公权力的规制。这是因为离婚财产清算制度须具备道德上的合理性与法律上的公正性。“在保障人格尊严、追求性别关怀的法制背景下，倡导离婚当事人的意思自治，是协调和处理离婚财产清算纠纷的有效途径。”[①] 近现代民法将意思自治作为整个民事活动的基本原则，是民事主体法律地位平等的必然要求。从我国目前实际情况看，当事人去民政部门离婚时，民政部门对达成离婚协议的男女，一律要求双方就财产分割及子女抚养等问题协商一致并形成书面材料后，才会为他们办理离婚手续。现实生活中经常会出现协议离婚后，当事人对解除婚姻关系本身没有异议，但对财产分割问题反悔，起诉到人民法院要求变更或者撤销关于财产分割的协议。我们认为，双方到民政部门离婚，就财产分割问题达成的协议，是当事人在平等自愿的前提下协商一致的结果。对于任何一方当事人来说，这都是对自己财产权利的一种自由处分，该协议具有民事合同性质，对双方具有法律上的拘束力。任何一方没有特殊原因，都理应接受这一决定所带来的法律后

---

① 夏吟兰、薛宁兰主编：《民法典之婚姻家庭编立法研究》，北京大学出版社 2016 年版，第 344 页。

果。因此，人民法院对于当事人协议离婚后又请求撤销财产分割协议的案件予以受理后，在实体审理的过程中，只有发现了本条规定的特定情形时，才可以作出支持当事人关于撤销财产分割协议的诉讼请求的判决。

2. 离婚财产分割协议具有一定的特殊性。依据《民法典》第464第2款规定："婚姻、收养、监护等有关身份关系的协议，适用有关该身份关系的法律规定；没有规定的，可以根据其性质参照适用本编规定。"我们认为，由于婚姻关系的本质是一种身份关系，这种特定的身份关系伴随着法定的财产关系，但财产关系却是允许婚姻关系当事人通过约定来加以改变的。这种"约定"即是协议、合同，而且是关于财产权属问题的合同。当事人基于这种具有民事合同性质的协议发生纠纷的，应当适用《民法典》总则编、婚姻家庭编和合同编的基本原则和相关规定。存在法律规定的特殊情形，当事人请求撤销相关协议的，人民法院才应当依法予以支持。关于这类合同的订立、生效、无效、可撤销的原则，仅仅靠《民法典》婚姻家庭编的规定是无法调整的。因此，人民法院审理婚姻案件中涉及财产问题的协议，还是要将《民法典》总则编和合同编的原则作为适用法律的依据，否则就会在一些问题上无所遵循。不过，婚姻关系中毕竟还包含了身份关系，由此导致的纠纷，也注定具有自身的特点。所以处理问题时，不能置身份关系于不顾，简单地全部适用其他法律规定。在这一思想指导下，本解释作了一些具体规定。例如，对属于人民法院应当支持当事人请求撤销财产分割协议的情形，在明确列举出的事项中并没有规定显失公平、重大误解等内容，就是基于这种考虑而设计的。当然，我们也不是完全排斥这些未明确写出事项的适用，只是认为对这几方面的内容，在适用的时候必须严格限制。个案中如果确实属于应该适用这些规定的，法官可以依据本条规定处理，因为其中存在弹性条款的表述意思，赋予了法官根据具体案情依法作出公正裁判的权利。如果一方以欺诈、胁迫等手段，使对方在违背自己真实意思表示的情况下订立的合同，只要不属于《民法典》规定民事法律行为无效的情形，合同并不当然归于无效，其法律效力属于可撤销，至于该合同最终是否被撤销，当事人享有请求权。只有当事人提出了请求，人民法院才开始考虑这一合同是否应当被撤销。这一规定体现了充分尊重当事人对其民事实体权利和诉讼权利处分权的原则。本条正是根据这一立法精神，明确规定在婚姻登记机关办理离婚手续的男女双方在离婚后就财产分割问题反悔，可以向人民法院起诉，请求撤销协议。

3. 协议离婚的当事人所订立的财产分割协议在何种情形下应予撤销。针对此问题，本条第 2 款规定中，将人民法院审理后“未发现订立财产分割协议时存在欺诈、胁迫等情形的”，作为人民法院驳回当事人诉讼请求的条件，而不是直接通过引致条款的方式写为“未发现当事人订立财产分割协议时存在民法典第一百四十九条、第一百五十条规定的情形的，应当依法驳回当事人的诉讼请求”，是因为在离婚涉及的财产分割协议中确实存在与一般民事合同的不同之处。由于离婚的男女双方毕竟与对方有过夫妻名分，共同生活过一段时间，可能还育有子女，因此，在订立关于分割共同财产的协议时，除了纯粹的利益考虑外，常常会难以避免地掺杂一些感情因素。一方在感情支配下，可能答应将夫妻共同财产的大部分给予对方。衡量这类协议是否公平，不能像对待其他民事合同一样，以等价有偿作为唯一的标准。此外，本款规定中使用了“等”字，说明发现欺诈、胁迫的情形，不是人民法院支持当事人诉讼请求的唯一条件，司法解释中留有余地，使得人民法院在审理中发现协议内容存在《民法典》第 151 条规定的乘人之危、显失公平的情况下，仍然可以根据当事人的请求撤销该协议。但是，在司法实践中，人民法院对于这类案件中“乘人之危”的认定应当十分谨慎。不得将男女双方中急欲离婚的一方在财产上作出的让步视为另一方乘人之危的后果。只有在一方利用他方生病、行为能力受限而监护人监护不力或与之程度相当的情况下，迫使其签订达成了明显损害其原配偶合法权益的协议的行为，才能认定为乘人之危。人民法院在审理这类案件时，不宜轻易以协议“显失公平”为由而支持当事人撤销协议的主张。尤其是对于那些以获得配偶同意迅速离婚为目的，将大部分或者全部夫妻共同财产均答应给予对方，而一旦达到离婚目的，即以协议显失公平为由起诉，请求人民法院撤销该协议的当事人，不能予以支持。一般不应当将“重大误解”作为支持当事人变更和撤销财产分割协议的理由。另外，当事人可能因为法律知识的欠缺，不能清楚地区分什么情形下协议无效、什么情形下协议可撤销，在协议符合《民法典》关于民事法律行为无效的规定情形时，仍然起诉请求撤销该协议，在这种情况下，人民法院仍然应当受理当事人的起诉，以保护当事人依法享有的诉权。

三、本条规定中的重点问题讨论

1. 协议离婚制度作为婚姻家庭法律规范的重要组成部分，是指具有合法婚姻关系的夫妻双方感情破裂，对解除婚姻关系经协商达成一致，并就子女及财产问题作出适当处理，从而消灭夫妻婚姻关系的一种法律制度。我国的协议离婚实行的是双轨制。这意味着协议离婚既可以通过登记离婚的方式实现，也可以通过离婚诉讼中调解离婚的方式实现。[①]那么，究竟应当将这种就财产分割协议反悔请求撤销或者变更的权利仅仅赋予给在婚姻登记机关办理离婚登记手续的当事人还是扩大到在人民法院进行诉讼中以调解的方式结案的离婚案件当事人？在本条规定的起草之初，一种观点认为，从平等保护当事人诉讼权利的观点出发，应当考虑将反悔的权利给予所有离婚的男女，而不应当因为他们当初选择解除婚姻关系的方式不同而在诉权问题上给予不同的对待。另一种观点则认为，之所以要给予在婚姻登记机关办理离婚手续的男女双方对其达成的财产分割协议反悔、向人民法院起诉，请求变更或者撤销该协议的权利，是因为离婚的男女双方当初向婚姻登记机关提交的离婚协议中有关财产问题的条款或者作为离婚协议附件的财产分割协议并没有经过司法机关的审查，婚姻登记机关的审查只是一种形式上的审查。因此，该协议是否存在因违反法律的禁

① 陈爱武主编：《最高人民法院婚姻法司法解释精释精解》，中国法制出版社 2017 年版，第 369 页。

止性规定而无效的情况或者因违背当事人的真实意思而存在可撤销的情形，均未可知。因此，赋予当事人以司法救济手段以维护其合法权益是必要的。但离婚案件当事人在法院审理过程中，调解协议已经由人民法院对协议是否为双方当事人真实的意思表示、是否不存在违反法律禁止性规定的内容进行过审查，然后制作成民事调解书。民事调解书作为人民法院的法律文书，与民事判决书具有同等的法律效力，允许当事人反悔。撤销民事调解书必须通过审判监督程序，而且有着极为严格的条件。因此，就离婚分割财产问题反悔，请求人民法院撤销该协议的诉权只能赋予在婚姻登记机关办理离婚手续的男女双方。

2. 本条规定在婚姻登记机关办理离婚登记手续的男女双方，离婚协议中关于财产分割的条款或者当事人就财产分割达成的协议，对双方当事人有约束力。对此，持反对意见的人认为，这是不全面的，允许反悔的不仅应当有在婚姻登记机关办理离婚手续的男女双方，还应当包括在人民法院通过诉讼的方式离婚，但没有请求人民法院对其离婚后的财产分割问题作出裁决的男女双方。我们认为，这种观点也是不正确的。依据《民法典》第1076条规定："夫妻双方自愿离婚的，应当签订书面离婚协议，并亲自到婚姻登记机关申请离婚登记。离婚协议应当载明双方自愿离婚的意思表示和对子女抚养、财产以及债务处理等事项协商一致的意见。"第1078条规定："婚姻登记机关查明双方确实是自愿离婚，并已经对子女抚养、财产以及债务处理等事项协商一致的，予以登记，发给离婚证。"可见，即使是到婚姻登记机关申请离婚，婚姻登记机关准予离婚、颁发离婚证的条件之一是查明"对子女抚养、财产以及债务处理等事项协商一致"，如果当事人向人民法院提起离婚诉讼，人民法院更是不得在当事人对子女抚养、财产分割以及债务负担问题没有处理好的情况下，单独判决双方当事人离婚。审判实践中少有当事人仅仅起诉离婚，但不要求人民法院对当事人之间关于子女抚养和财产分割问题在判决书中加以确认的情况。即使当事人婚后未生育子女，又实行分别财产制的，为避免离婚后就财产和是否生育了子女的问题上出现麻烦，也会要求人民法院在判决书中确认上述事实。如果当事人在诉讼期间通过自行协商或者通过人民法院的调解，就离婚问题、离婚时夫妻共同财产的分割和子女抚养问题达成了协议，一般都会请求人民法院制作调解书确认上述协议的效力。由于人民法院的调解书与判决书具有同等法律效力，因此对调解书所确认的协议内容是不能允许当事人通过再次提起诉讼的方式反悔的。

改变人民法院已经发生法律效力的调解书的唯一途径是通过再审程序，而得到支持的证明责任也是非常严格的，只有在当事人举证证明调解书未经其本人或者其法定代理人签署的情况下，人民法院才有可能撤销其调解书，对案件作出重新判决。在理论上，离婚案件的当事人对离婚时夫妻共同财产的分割问题具有实体上和程序上的处分权，也就是说可能出现当事人仅仅因为就是否离婚存在争议而起诉请求人民法院判决离婚，却并未要求人民法院处理其子女抚养和财产分割问题。但是这不等于说对于当事人离婚的诉讼请求，人民法院可以在对离婚当事人的子女抚养和财产分割问题的协议不进行任何审查的情况下判决当事人离婚。这不仅是为法律所不允许的，而且人民法院在多年的民事审判实践中积累的经验证明，如果人民法院只判决当事人离婚而不对其子女抚养和财产分割作出处理，可能在当事人之间引发新的矛盾，而且可能因此影响其子女的基本生活状况和双方家庭的安定。在由人民法院审理的离婚案件中，当事人的处分权应当体现在他们可以通过协商自主对上述问题作出安排，而不是必须由人民法院作出判决。只要其达成的协议不违反法律的禁止性规定，不损害子女利益，人民法院即应当在其法律文书中对其效力给予确认。因此，并不存在人民法院只判决当事人离婚而不涉及离婚当事人之间子女抚养和财产分割问题的情况。

【审判实践中应注意的问题】

1. 立案受理阶段，在审查当事人起诉时应当把握的问题有：（1）原告应当是在婚姻登记机关办理离婚登记手续并已经取得离婚证的自然人。（2）起诉应当符合《民事诉讼法》第119条的规定，其中诉讼请求应当是撤销离婚时男女双方签署的有关财产分割问题的协议或者是离婚协议中有关财产分割的内容。（3）当事人由于受文化水平和法律知识的限制，有可能请求人民法院确认该协议无效。对当事人在法律认知上的错误不应当苛求，只要当事人诉讼请求的实质是要求撤销离婚时所签订的有关分割财产的协议或者离婚协议中涉及财产分割的条款的效力，人民法院即应当予以立案。

2. 如果当事人请求的是撤销离婚时所签订的有关分割财产的协议或者离婚协议中涉及财产分割的条款，但人民法院经审理认为该协议中有的部分属于无效，则应当行使释明权，并将此作为争议焦点进行审理。

第七十一条　人民法院审理离婚案件，涉及分割发放到军人名下的复员费、自主择业费等一次性费用的，以夫妻婚姻关系存续年限乘以年平均值，所得数额为夫妻共同财产。

前款所称年平均值，是指将发放到军人名下的上述费用总额按具体年限均分得出的数额。其具体年限为人均寿命七十岁与军人入伍时实际年龄的差额。

【条文主旨】

本条是关于军人所得的复员费、自主择业费等费用的归属问题及其具体的计算方法的规定。

【条文理解】

本条系对《婚姻法司法解释（二）》第14条规定进行了保留。其法律依据是《民法典》第1062条，该条规定："夫妻在婚姻关系存续期间所得的下列财产，为夫妻的共同财产，归夫妻共同所有：（一）工资、奖金、劳务报酬；（二）生产、经营、投资的收益；（三）知识产权的收益；（四）继承或者受赠的财产，但是本法第一千零六十三条第三项规定的除外；（五）其他应当归共同所有的财产。夫妻对共同财产，有平等的处理权。"本条在此基础上，从实际出发，既要考虑到保护军人一方的切身利益，又要考虑到军人配偶一方的利益，以较为公平地解决军人复员费、自主择业费的归属问题。

一、军人所得的除工资以外各项费用的性质及归属问题

在认定军人除工资以外所得的各项费用的性质时，必须要遵循《民法典》对于财产归属问题的基本原则和立法精神。《民法典》对夫

妻共同财产、一方个人财产作出了相关规定。一般情况下，婚姻关系存续期间所得的财产，都应当属于夫妻共同财产，夫妻双方对共有财产有着平等的处理权。所以，对婚姻关系存续期间所得的财产，如果认定为一方个人财产，既要慎重，又必须得符合法律规定。从我国审判实践中的情况看，涉及因身体伤残等原因产生的损害赔偿，一般都视为与个人今后的生活、治疗等问题直接相联系的，具有特定性、专属性，故都将其归入个人财产中。军人从事着特殊的事业，为国家作出了特殊贡献。正是这种特殊的职业，使得其经常会受到一些意外的伤害，甚至导致伤残、死亡等。因此，像军人的伤残补助金、伤亡保险金、医药生活补助费等，这些明显带有个人专属性的款项，理应认定为个人财产。这样规定，既符合《民法典》关于规定个人财产问题的立法精神，更加人性化，也有利于维护军人的合法权益。

军人退役的安置办法曾经包括复员和转业两大类，而作转业安置的，又包括计划分配和自主择业两种情况。但是，依据自2021年1月1日起施行的《退役军人保障法》的相关规定，目前，我国对于军人退役的安置办法根据军官、军士、义务兵的不同身份，采取了不同的安置方式，主要包括退休、转业、逐月领取退役金、复员自主就业、安排工作、供养等方式。针对具体的安置办法而言，该法第21条规定："对退役的军官，国家采取退休、转业、逐月领取退役金、复员等方式妥善安置……以转业方式安置的，由安置地人民政府根据其德才条件以及服现役期间的职务、等级、所做贡献、专长等和工作需要安排工作岗位，确定相应的职务职级。服现役满规定年限，以逐月领取退役金方式安置的，按照国家有关规定逐月领取退役金。以复员方式安置的，按照国家有关规定领取复员费。"第22条规定："对退役的军士，国家采取逐月领取退役金、自主就业、安排工作、退休、供养等方式妥善安置。服现役满规定年限，以逐月领取退役金方式安置的，按照国家有关规定逐月领取退役金。服现役不满规定年限，以自主就业方式安置的，领取一次性退役金……"第23条规定："对退役的义务兵，国家采取自主就业、安排工作、供养等方式妥善安置。以自主就业方式安置的，领取一次性退役金……”

本条是对于军人安置时所发放到其名下的复员费、自主择业费等一次性费用的分割办法的规定，以下分别进行讨论：

（一）关于军人所得的复员费的归属问题

对此存在着截然不同的两种观点，一种观点认为：军人婚后所得的复员费，有些高达十几万元，如果结婚多年，又无其他更多的夫妻共同财产，一概将其作为复员军人个人所有，对现役军人的配偶一方有失公允。由于现役军人基本常年在部队服役，难以照顾家庭，其配偶在家中扶老携幼、劳动生产、辛苦经营积攒的财产反而法定是夫妻共有，而军人的复员费却作为合法婚后所得归属个人财产，如此规定显失公平，显然违背立法的基本精神。[①]另外一种观点认为：依据最高人民法院1993年11月发布的《离婚案件财产分割问题的意见》第3条的规定，“在婚姻关系存续期间，复员、转业军人所得的复员费、转业费，结婚时间10年以上的，应按夫妻共同财产进行分割”，可以看出，对于结婚时间不满10年的，复员费显然应当按复员军人的个人财产对待，而《婚姻法司法解释（一）》中也明确：“婚姻法第十八条规定为夫妻一方所有的财产，不因婚姻关系的延续而转化为夫妻共同财产。但当事人另有约定的除外。”夫妻一方的个人财产不再随着婚姻关系的持续而转化为夫妻共同财产，复员费属于军人生活安置费的预支，具有较强的个人属性，不宜认定为夫妻共同财产。

（二）关于军人转业所得的费用的归属问题

为妥善解决转业军人的安置问题，军改期间曾出现了军人转业所得的一种新类型的财产，即自主择业的军队转业干部领取的自主择业补助费及退役金。针对这类费用的归属问题，一种意见认为：由于军队转业干部从部队领取的自主择业补助费，是基于转业而产生的财产，没有转业这一特定事件就没有这种经济补偿，这种财产在本质上与一般的工资、奖金不同。自主择业费的获得，是以放弃由政府安排

① 万鄂湘主编：《民商法理论与审判实务研究》，人民法院出版社2004年版，第519页。

工作和职务从而带来稳定、长期的期待收入为代价的。在当前激烈的就业竞争中，通过学习提高自身的就业能力以及寻找二次就业机会，都需要精神、财力的较大付出。军人在服役期间所付出的劳动，已从以往的工资中得到回报，而自主择业补助费是对军人在服役期间的牺牲和奉献的褒奖，同时也是对其自主择业给予的经济支持。因此，自主择业补助费是国家从军人职业特点出发给予军人的生活、安置方面的补贴，具有严格的、专属于特定人身的性质，不宜认定为夫妻共同财产；而退役金是由安置地人民政府逐月发给自主择业的军队转业干部，不是军人转业时领取的，而是因转业获得的基本生活保障费用，在性质上类似于退休金，故认定为夫妻共同财产较为妥当。还有一种意见认为：应当充分考虑到军人在其服役期间，军人的配偶在家劳动、照顾孩子、服侍老人是非常辛苦的，正所谓“军功章有你的一半，也有我的一半”，从保护妇女、儿童的角度出发，自主择业补助费也应认定为夫妻共同财产，否则将损害军人配偶一方的应得利益。

综上，对于发放给军人的复员费、自主择业费等一次性费用的归属问题，既要考虑军人的服役年限，又要参考双方结婚时间的长短，综合平衡各方面的利益，力争做到对军人和其配偶都公平合理。我们认为，对于这些款项，应该根据一个相对客观的标准，区分成若干份，将属于婚姻关系存续期间所得或者应得的部分，认定为夫妻共同财产。

二、军人复员费、自主择业费等费用数额的计算问题

在讨论具体如何划分的问题上，我们采纳了军队提出的建议，尽量寻求一个客观、公正的解决方案。我们设计的解决思路是将军人发放的这些费用按年份平均分成若干等份，属于婚姻关系存续期间所对应的款项，为夫妻共同财产，除此之外的部分为军人个人财产。首先设定一个前提条件，即正常情况下，人均寿命按70岁计算。用70减去军人入伍时的实际年龄，算出公民自参军至理论寿命终结的期间。然后将国家对于公民因为参军入伍这一行为而给其发放的一次性费

用，按前边计算出的期间，以年为单位平均分成若干等份。每一份所对应的数额，可以视为军人自入伍后每年所应当得到的费用。实际上采取了化整为零的办法，按其各自对应的时间确定财产性质。所以，这些一次性费用，只要是属于婚姻关系存续期间所得部分，都应当作为夫妻共同财产，属于军人结婚前和离婚后所得部分，为军人的个人财产。婚姻关系存续时间长短的因素，将体现在对该项财产数额的分配。共同生活时间长的，认定为共同财产的就多，结婚时间短的，属于共同财产的比例也相应较少。这样做，既符合《民法典》关于婚姻关系存续期间所得共有的原则，也能较好地兼顾各方利益，比较公平。

【审判实践中应注意的问题】

1. 军人离婚与其复员转业并不一定同步进行，如果军人离婚时尚未复员、转业，能够作为夫妻共同财产进行分割的军人财产实际多为可期待利益，在军人离婚时尚未发生这些款项的计发。但是，有一点可以肯定，不管现役军人是否转业或复员，这些财产在理论上都是存在的，只不过需要在转业或复员时进行最后结算而已。因此，军人在离婚时虽然可能并未实际占有复员费、自主择业费等，但不能以此为由否定军人配偶一方应享有的权利。在实际操作中，军人配偶一方只有在军人可期待的利益兑现而成为既得利益时才可以得到其应得的部分。如果不顾实际情况要求及时兑现，未免过于苛刻，只会增加军人一方的负担，同时也会损害军人一方的利益。如果离婚时军人转业或复员的事实没有发生，其复员费、自主择业费是无法计算出来的，这点和住房公积金、住房补贴不一样。住房补贴、住房公积金离婚时虽然不能提现，但婚姻关系存续期间的具体数额是可以计算出来的，而复员费、自主择业费因为军人没有复员或转业，故不可能知晓将来发放的具体数额。有鉴于此，如果夫妻离婚时军人一方没有复员或转业，军人的配偶只享有对复员费、转业费的期待权。待对这些费用发生实际纠纷时，应该允许当事人再行起诉。将来一旦军人复员或转业，其原配偶可以请求分割复员费、自主转业费。

2. 自主择业这一安置办法作为军改期间的特殊产物，目前已经不再实行，但是考虑到在新的政策规定出台前，有相当一部分的转业军人已经领取到，或者仍然可能领取到自主择业补助费和退役金，本解释仍然有必要对转业军人所发放到的自主择业费的财产分割方法问题作出规定。

3. 对于退役军人的安置办法中，逐月领取的补助金的性质问题，即审判实践中，应否将其认定为夫妻共同财产。我们认为，退役金是军人退役后获得的基本生活保障费用，在性质上与退休金相似，应当认为系夫妻共同财产，只是其发放的方式存在一定的特殊之处，即由退役军人按月领取。同时，考虑到军人在服役期间，军人的配偶对于家庭承担了较重的照顾义务和责任，从保障军人配偶利益的角度，也宜认定该类逐月领取的补助金为夫妻共同财产，在离婚双方当事人之间进行分割。

第七十二条 **夫妻双方分割共同财产中的股票、债券、投资基金份额等有价证券以及未上市股份有限公司股份时，协商不成或者按市价分配有困难的，人民法院可以根据数量按比例分配。**

【条文主旨】

本条是关于夫妻共同财产中的股票、债券等有价证券以及未上市股份有限公司股份等财产在离婚时如何分割的问题的规定。

【条文理解】

一、对于夫妻共同财产中的投资性财产的理解

（一）共同财产中投资性财产的范围

本条对《婚姻法司法解释（二）》第15条规定进行了保留。本条的法律依据是《民法典》第1062条第1款第2项、第5项以及第2款的规定："夫妻在婚姻关系存续期间所得的下列财产，为夫妻的共同财产，归夫妻共同所有：……（二）生产、经营、投资的收益；……（五）其他应当归共同所有的财产。夫妻对共同财产，有平等的处理权。"以下分别探讨：

1. 生产、经营、投资所得的收益。包括夫妻一方或者双方从事生产、经营所得的各种收入和投资所得的收入，有劳动收入，也有资本收益，如股票债券收入、股份、股权等资本利得，亦是夫妻共同财产的一种形式。《民法典》的该项规定在《婚姻法》第17条第2项"生产、经营的收益"基础上，增加了关于"投资收益"的规定。其理由是：随着经济的发展，近年来，家庭财产投资形式日益多元化，夫妻共同财产已经由原来简单的生活用品发展到汽车、房产、股票、债券

乃至整个公司、企业等。股票、证券、期货等投资产生的收益不能完全囊括在“生产、经营的收益”范围内，增加规定“投资收益”，能够更有针对性地回应现实社会生活。

2. 其他应当归共同所有的财产。依据本解释第25条，夫妻一方用其个人财产在婚后进行生产、经营活动所增值部分，属于《民法典》第1062条第1款第2项所规定的“生产、经营、投资所得的收益”。依据本解释第26条的规定，夫妻一方个人财产在婚姻关系存续期间的主动增值，不同于自然增值的部分，它与通货膨胀或市场行情变化无关，而是与夫妻一方或双方对该财产所付出的劳务扶持、投资、管理等密切相关，由于这种投资经营行为是夫妻婚姻生活的一部分，其以个人财产在婚后投资产生的收益亦应属于夫妻共同财产。

（二）投资经营性财产的类型

随着社会的发展，家庭财产的表现形式、财产构成、价值大小等方面，与传统意义上的家庭财产相比较，已经出现了明显的变化。一些具有投资、经营性质的财产，在现代社会的家庭中所占比例已经越来越大。对于这些资产如何认定、如何分割，既涉及夫妻内部之间的财产关系处理的问题，同时也不可避免地牵扯到与其他组织成员之间基于《公司法》《证券法》《证券投资基金法》《合伙企业法》等而产生的法律关系。处理得妥当，必须要做到既符合《民法典》的规定，又能协调好与其他相关法律法规的关系，使问题处理得既合情理，又合法理。对于涉及有限责任公司、合伙企业及独资企业中出资问题的分割，我们在下面的条文中将有专门介绍，此处主要仅对这些属于夫妻共同财产部分的投资性财产如何分割的问题进行探讨。

夫妻共同财产中的投资性财产的类型，主要包括股票、债券、投资基金份额等有价证券以及未上市股份有限公司股份等。以下分别进行讨论：

1. 股票。人们通常将股票定义为表示股东权属的、要式的有价证券。依据《公司法》第125条的规定：“股份有限公司的资本划分为股份，每一股的金额相等。公司的股份采取股票的形式。股票是公司签发的证明股东所持股份的凭证。”股票是有价证券的一种，它所表示的股东权具有财产权的内容，同时，股东权的发生要以股票的持有为条件，股票的持有者就是股东权的享有者。股东持有股票主要是行使股东权或转移股东权。股票可以自由流通和转让，股票的转让也就成为股东权的转让。

2. 债券。主要包括以下三种类型：（1）公司债券。依据《公司法》第153条的规定："本法所称公司债券，是指公司依照法定程序发行、约定在一定期限还本付息的有价证券。公司发行公司债券应当符合《中华人民共和国证券法》规定的发行条件。"公司债券是公司筹集发展经营资金的一种方式。作为要式证券，必须载明公司名称、住所，债券票面金额，债券的利率，还本期限和方式，利息的支付方式等。公司债券作为一种有价债券，是公司债的表现形式，它所表示的是债券所有人作为债权人享有的债权，即债券所有人享有按照约定的期限取得利息、收回本金的权利。债券发行人负有按约定期限还本付息的义务。公司债券是公司向社会公开发行，向不特定的社会公众借贷，任何人都可以购买而成为其债权人，因而公司债券的认购人具有广泛性和不特定性。（2）企业债券。依据2011年修订的《企业债券管理条例》第二章关于"企业债券"第5条至第9条的规定，企业债券是指企业依照法定程序发行、约定在一定期限内还本付息的有价证券。企业债券的票面应当载明企业的名称、住所；企业债券的面额；企业债券的利率；还本期限和方式；利息的支付方式；企业债券发行日期和编号；企业的印记和企业法定代表人的签章；审批机关批准发行的文号、日期。企业债券持有人有权按照约定期限取得利息、收回本金，但是无权参与企业的经营管理。企业债券持有人对企业的经营状况不承担责任。企业债券可以转让、抵押和继承。（3）我国的债券还包括政府债券等金融债券，其基本特征与公司债券基本相同。

3. 投资基金份额等有价证券。《证券投资基金法》对于与证券投资基金有关的问题作了较为详细的规定。所谓证券投资基金，是指由一定的机构发起并设立组织，然后募集资金，形成基金的独立财产，由专门的管理机构以这部分财产进行投资，除对投资收益作必要的扣除以外，全部返还给投资者的投资过程。投资基金份额是投资基金的基本单位，基金份额持有人按其所持份额享受收益和承担风险。投资基金份额可以交易或者申购赎回。

4. 未上市股份有限公司股份。股份是指由股份有限公司发行的股东所持有的公司可转让资本的一部分，一般具有表明资本成分、说明股东地位、计算股东权责的含义。股份作为公司资本的一部分，是公司资本的最小构成单位，不能再分，所有股东所持有的股份加起来即为公司的资本总额。未上市股份有限公司，主要是指挂牌的待上市股份有限公司，以及退市的股份有限公司等。区别于股份有限公司发行的股票，未上市股份有限公司的股份可能并未体现为股票这种股东权利凭证，并在证券交易市场进行流通，而是主要通过份额登记的形式来记载股东权利，这类股份的交易也是通过场外交易进行的。但需要注意的是，公司股权转让均应办理变更登记手续，以取得对外的公示效力，否则不得对抗第三人。

二、投资性财产的具体分割方式

按照本条规定，对于夫妻双方的投资性财产的分割方式问题，即夫妻共同财产中的股票、债券、投资基金份额等有价证券以及未上市股份有限公司股份在离婚财产分割时，如果双方当事人协商不成或者按市价分配有困难的，人民法院可以根据数量按比例分配。这一规定有两层意思：

1. 对于此类纠纷的处理，由人民法院根据该类财产的数量按比例进行分配的方式，在具体分割方式的选择适用上并不具有优先性。司法实践中，应当首先由夫妻双方根据具体情况进行协商，双方当事人也完全可以通过按照市价进行分配等方式达到协商一致的处理。人民法院审理此类较为复杂的案件时，也应该尽量争取让双方当事人协商解决。双方分歧较大、协商解决不成时，才由人民法院依法进行判决。这也符合《民法典》中的意思自治原则和精神。

2. 如果当事人因为离婚时财产分割问题无法达成协议，对于这些不确定的投资性财产，人民法院如何处理？有人建议以人民法院向后指定一个明确日期内明确的时间点上的价格为准，来计算出该部分财产的总价值。有人建议由人民法院将这部分依法可以流通转让的财产变现，就所得价款在当事人中间分配。有人认为这属于判决执行中的问题，应当由执行机关决定该类财产何时卖出变现。但是总体来说，这种由人民法院一定要将该类财产计算出确切的数额并加以分割的做法，不太适合投资性财产这一财产类型。对于这些风险或者机遇的把握与控制，应当尽量让当事人自行决定，因为操作标准的不同、选择时机的不同等，都会直接影响到当事人财产数量的增减变动。我们后来提出这样一个思路，即处理此类财产纠纷时，人民法院可以不必局限于一定要弄清楚该笔财产的确切价值，而是掌握一个分割的原则和大的方向即可，其原理是无论财产的价格怎么波动，当事人所持有的数量是相对不变的。因此，本条规定可以从当事人持有这些财产性权利的数量入手，将其按照一定的比例在夫妻之间进行分配，具体的交易操作则交由当事人自行决定。例如，当事人持有一万股某上市公司的流通股，判决双方各持有五千股，或者当事人按照法院判决的比例来分配。待判决生效后，由当事人自行处分，能够更好地保护当事人的合法权益。当然，这种处理办法只涉及这些财产分割，在某种意义上说，是基于其特殊性将这部分财产相对独立于其他财产来加以考虑的。

【审判实践中应注意的问题】

人民法院审理此类纠纷，适用本条时，应当注意以下几个问题：

1. 争议的投资性财产，如股票、债券、证券投资基金等有价债券及其他股份，适用本条进行财产分割的首要前提，是必须属于夫妻共有财产。这一类财产，在现实生活中，通常也都是存在于一方名下，很少有直接记载成夫妻双方共有的。所以，人民法院遇到这些财产时，首先要分清是个人财产还是夫妻共同财产，而后才能依法作出判决。

2. 依法发行的股票、公司债券及其他证券，法律对其转让期限有限制性规定的，在限定的期限内不得买卖。《证券法》第 36 条规定："依法发行的证券，《中华人民共和国公司法》和其他法律对其转让期限有限制性规定的，在限定的期限内不得转让。上市公司持有百分之五以上股份的股东、实际控制人、董事、监事、高级管理人员，以及其他持有发行人首次公开发行前发行的股份或者上市公司向特定对象发行的股份的股东，转让其持有的本公司股份的，不得违反法律、行政法规和国务院证券监督管理机构关于持有期限、卖出时间、卖出数量、卖出方式、信息披露等规定，并应当遵守证券交易所的业务规则。"《公司法》第 141 条规定："发起人持有的本公司股份，自公司成立之日起一年内不得转让。公司公开发行股份前已发行的股份，自公司股票在证券交易所上市交易之日起一年内不得转让。公司董事、监事、高级管理人员应当向公司申报所持有的本公司的股份及其变动情况，在任职期间每年转让的股份不得超过其所持有本公司股份总数的百分之二十五；所持本公司股份自公司股票上市交易之日起一年内不得转让。上述人员离职后半年内，不得转让其所持有的本公司股份。公司章程可以对公司董事、监事、高级管理人员转让其所持有的本公司股份作出其他限制性规定。"因此，人民法院审理此类纠纷，有时会面临根据法律、法规的规定，争议的财产权益暂不能在离婚诉讼时进行分割的局面。比如当事人在公司内担任一定职务，基于公司章程或者相关法律的规定，在一定期限内不得抛售或者转让其持有的股份及权益。如果夫妻共有财产中的股份，属于法律规定上述情形及其他依法不能自由转让的股份，必须按照有关法律办理。当然，在离婚分割财产时不予处理，并不等于不保护其合法权益。人民法院应当告知当事人待法律法规允许转让时，其可以向法院提起诉讼，请求对该部分离婚时未涉及的共同财产进行分割。

3. 对于此类纠纷的处理，本条规定并非唯一的解决思路，此处我们将投资性财产的分割处理方式仅仅规定为在当事人协商不成或者按市价分配有困难的情况下，“可以根据数量按比例分配”而并非“应当根据数量按比例分配”，即此种分配方式并不是一个强制性规范，只是解决问题的一种具体手段。人民法院根据案件的具体情况，如果能够找到更好、更加贴合实际的解决办法，可以不按照此种方式处理。

第七十三条 人民法院审理离婚案件，涉及分割夫妻共同财产中以一方名义在有限责任公司的出资额，另一方不是该公司股东的，按以下情形分别处理：

（一）夫妻双方协商一致将出资额部分或者全部转让给该股东的配偶，其他股东过半数同意，并且其他股东均明确表示放弃优先购买权的，该股东的配偶可以成为该公司股东；

（二）夫妻双方就出资额转让份额和转让价格等事项协商一致后，其他股东半数以上不同意转让，但愿意以同等条件购买该出资额的，人民法院可以对转让出资所得财产进行分割。其他股东半数以上不同意转让，也不愿意以同等条件购买该出资额的，视为其同意转让，该股东的配偶可以成为该公司股东。

用于证明前款规定的股东同意的证据，可以是股东会议材料，也可以是当事人通过其他合法途径取得的股东的书面声明材料。

【条文主旨】

本条是关于人民法院在审理离婚案件，涉及分割夫妻共同财产中以一方名义在有限责任公司的出资额，另一方不是该公司股东时，应当如何处理的具体规定。

【条文理解】

为了与《公司法》第71条规定的表述保持一致，本条对《婚姻法司法解释（二）》第16条进行了文字修改，原条文表述为：“人民法院审理离婚案件，涉及分割夫妻共同财产中以一方名义在有限责任公司的出资额，另一方不是该公司股东的，按以下情形分别处理：

（一）夫妻双方协商一致将出资额部分或者全部转让给该股东的配偶，过半数股东同意、其他股东明确表示放弃优先购买权的，该股东的配偶可以成为该公司股东；（二）夫妻双方就出资额转让份额和转让价格等事项协商一致后，过半数股东不同意转让，但愿意以同等价格购买该出资额的，人民法院可以对转让出资所得财产进行分割。过半数股东不同意转让，也不愿意以同等价格购买该出资额的，视为其同意转让，该股东的配偶可以成为该公司股东。用于证明前款规定的过半数股东同意的证据，可以是股东会决议，也可以是当事人通过其他合法途径取得的股东的书面声明材料。”主要修改的内容为：（1）将第2款中的“股东会决议”修改为“股东会议材料”。（2）根据《公司法》修改内容作相应修改，将第1款第2项中的“过半数股东”修改为“其他股东半数以上”，将“同等价格”改为“同等条件”。

一、本条的适用前提

适用本条规定的前提，是用于认缴该有限责任公司出资的财产，是夫妻共同财产，但在公司登记里，被记载在夫或妻一方名义之下，即从外表形式上，共同财产被显示在一方名下。根据《民法典》规定，夫妻任何一方对他们的共有财产都有平等的处理权。当婚姻关系面临危机将被解除的时候，这种共有的基础也将不复存在。此时，对他们的家庭财产进行定性、对共有财产按一定原则合理分割，是符合《民法典》规定，也是当事人合法权益得以保障的必然要求。同理，夫妻共有财产在有限责任公司的出资，也一样应当在夫妻之间进行分割处理。如果不是夫妻共同财产，是一方的个人财产，或者是家庭共有财产（涉及夫妻以外其他家庭成员的利益）时，就不能适用本条规定。

对于夫妻共同财产的理解，要根据《民法典》及其司法解释的规定，准确作出判断。本解释第25条第1项明确规定，婚姻关系存续期间，一方以个人财产投资取得的收益，属于夫妻共同财产。因此，现实中有一种情况必须予以考虑，夫妻婚姻关系建立之前，一方已经出资于某有限责任公司成为该公司股东，其基于股东身份所享有的权益，从严格意义上说，应当归其个人所有。基于股东认缴出资而取得的股权，它不同于有形财产，虽然最重要的是其具有的财产权属性，但也还包括一定的管理权、身份权，因此，其权能是综合的。关于股权的本质属性，在法学界却存在着很大的争议。以德国为代表的大陆法系股权理论大体上可归纳为社员权说、股东地位说、债权说等学说。我国的股权学说也有股权债权说、股权所有权说、社员权说等，此不多言。但无论怎样，股权的取得与一般意义上财产权的取得相比，是有其特殊性的。《公司法》规定公司新增资本时，股东可以优先认缴出资，这种优先认缴的权利其实就源于股东权。基于股权的特殊性，后来发生的对新增资本的认缴，可以认定为是原来个人财产投资于婚姻关系存续期间产生的收益。公司经营得好，才会增大投入，扩大规模。随着公司规模的扩大、效益的提升，每一份出资所对应的能够享有的收益也是不断增加的。出资额与其所对应的红利等财产数额，以货币化进行衡量的话，并不是对等的关系。所以，上述的股东婚后对新增资本的认缴出资，虽然基于原股东地位及身份，但依法也应当将其认定为夫妻共同财产。夫妻离婚时，对方有权要求分割。

二、本条仅适用于夫妻一方是公司股东的情形

本条规定，仅适用于夫妻中只有一方是该公司股东、另一方在纠纷发生时并不是该公司股东的情形。如果夫妻双方在发生纠纷诉讼至人民法院之前，双方的身份都是该同一有限责任公司股东的，《公司法》对此有明确的规定，无须如此烦琐。根据《公司法》第 71 条规定，股东之间可以相互转让其全部出资或者部分出资。所以，转让在有限责任公司中的全部出资或者部分出资的双方当事人，如果地位相同，都是该公司股东的，与双方是否为夫妻关系这一特定的身份关系没有必然联系，只需适用《公司法》的规定就可以解决。现在，夫妻双方只有一方为该公司股东，如果欲将全部或者部分出资向该股东配偶转让时，属于《公司法》规定的股东向股东以外的人转让出资的情

形。加之这里面又包含了属于夫妻双方分割财产的因素在内，故现行法律中均未作出明确规定。在这一层面上凸显出的问题，也正是本解释所要加以规定的对象和内容。

三、本条适用于夫妻双方就解决转让过程中具体问题协商一致的情况

处理这一类纠纷，考虑到其在夫妻内部、外部等各方面的关系及影响，所以应当尽量由夫妻双方依据有关规定自行协商解决。如果夫妻本身对其共同财产中在有限责任公司的出资问题都无法达成共识的话，不属于本条规定的情况，应当通过另外的办法解决。本条所能够解决的，只是夫妻内部对这类财产的分割处理已经达成共识，尚需要人民法院依法为其做进一步努力和必要的工作。

有限责任公司是人合兼资合的公司，基于人合性的作用，股东之间需要较高的信赖关系，他们不欢迎不熟悉或不太了解的人加入公司，防止在公司经营决策上和利益分配上产生分歧和矛盾，影响公司事业的发展。在分割夫妻在有限责任公司的出资时，应当寻找出合适的方法，以避免股东间和谐稳定、相互信赖关系的破坏。既要从有利于解决夫妻之间纠纷的原则出发，又要保证最大限度地做好与其他利害关系人的利益协调，不能侵害其他股东的认可权和优先受让权等权利。因此，我们所出台的解释必须符合各方面法律规定的精神，同时还得具备一定的解决现实问题的能力。

四、关于对本条第 2 款规定的理解

依据《公司法》第 71 条第 2 款规定，股东向股东以外的人转让股权，应当经其他股东过半数同意。股东应就其股权转让事项书面通知其他股东征求其同意，其他股东自接到书面通知之日起满 30 日未答复的，视为同意转让。其他股东半数以上不同意转让的，不同意的股东应当购买该转让的股权；不购买的，视为同意转让。可以看出，股东对外转让股权，不再属于此前所规定的必须经过公司股东会决议

的事项。因此，用于证明其他股东同意相关股权转让的证据，可以是股东会议材料，也可以是当事人通过其他合法途径取得的股东的书面声明材料。但是需要注意的是，在理解和适用本款规定的“其他合法途径取得的股东的书面声明材料”时，不能任意作扩大解释，必须严格掌握。本款所称的“书面声明材料”，应该是由有限责任公司股东出具的、明确表明同意夫妻之间就其出资问题达成的转让协议并同意接受该配偶成为本公司股东的书面材料。并且，上述书面声明材料必须通过合法途径获取，不能以侵害他人合法权益的方式取得证据，否则人民法院将不予采纳，这一点体现了人民法院对当事人取证过程的监督。

【审判实践中应注意的问题】

1. 如何理解本条规定中“过半数股东同意”“转让出资所得财产”“可以成为该公司股东”等表述。本条第1项中所称的“过半数股东同意”，究竟“同意”的内容到底都是什么？是仅仅同意该股东的转让行为，还是这种同意中理所当然地包含着对其准备转让给其配偶这一具体对象也都一并同意了呢？我们认为，如果采用严格解释，认为股东出资应分成两部分分别享有的话，必然会涉及《公司法》规定的其他股东优先购买权是否行使的问题。第1项中“其他股东过半数同意”，应该包含两层含义：一方面意味着其同意就此出资向股东以外人的转让，另一方面意味着其同意转让给特定的人，即该股东的配偶。一旦作出这种同意，可以顺理成章地得出，其他过半数的股东自然是放弃了行使优先购买权的结论。而那些少数的不同意转让的股东，依据《公司法》规定在同等条件下也是有优先购买权的，所以除非他们明确表示放弃该项权利的行使，否则夫妻之间的协议无法真正实现。

本条第2项用“转让出资所得财产”的表述，而不用“所得价款”的表述的原因。由于有限责任公司的股东可以用货币出资，也可以用实物、知识产权、土地使用权等可以用货币估价并可以依法转让的非货币财产作价出资。因此在转让时，股权转让的对价可能不仅限于货币形式，也包括其他财产权。为了规定更加严谨、全面，本条规定最终采用了“所得财产”的表述。

2. 考虑到有限责任公司具有人合性的属性，股东之间具备人身信任关系，股东人数也因此受到限制。依据《公司法》第24条规定，有限责任公司由50个以下股东出资设立。也就是说，我国有限责任公司规定股东人数50人为上限，在人数上如果不符合这一要求，公司的性质实际上就已经发生改变了。因此，在分割夫妻股权时，也要注意不能与此规定的原则相违背。若采用分股各享的办法，则要考虑是否会突破《公司法》中关于股东人数的上限规定。审判实践中，人民法院应当严格按照法律规定处理。如果实践中夫妻的股权转让协议存在违反《公司法》相关规定的情形，则依法不能认可夫妻之间的协议效力。

3. 本解释中虽然规定“该股东的配偶可以成为该公司股东”“该配偶依法取得合伙人地位”，《公司法》也已明确规定公司有新股东加入应如何处理的问题，但当实践中出现本条解释中的情形，当事人要想真正成为股东，还必须按照《公司法》等法律法规规定的程序和步骤办理。

4. 人民法院在适用本条规定审理有关案件时，不单要以《民法典》的规定为准，而且还必须依据其他相关法律的规定。司法解释的任务和权限，就是在法律允许的框架内，就一些法律规定不明确之处，作出进一步详细的规定，以更好地对现行法律进行诠释。任何现行法律与司法解释有关的条款，都是司法解释所要遵循和坚持的前提和基本原则。司法解释都是以现行法律为基准，不可能、也不应该突破或者有违于所要解释的法律，这也是人民法院在审判实践中适用司法解释时必须始终坚持的一个原则。

第七十四条　人民法院审理离婚案件，涉及分割夫妻共同财产中以一方名义在合伙企业中的出资，另一方不是该企业合伙人的，当夫妻双方协商一致，将其合伙企业中的财产份额全部或者部分转让给对方时，按以下情形分别处理：

（一）其他合伙人一致同意的，该配偶依法取得合伙人地位；

（二）其他合伙人不同意转让，在同等条件下行使优先购买权的，可以对转让所得的财产进行分割；

（三）其他合伙人不同意转让，也不行使优先购买权，但同意该合伙人退伙或者削减部分财产份额的，可以对结算后的财产进行分割；

（四）其他合伙人既不同意转让，也不行使优先购买权，又不同意该合伙人退伙或者削减部分财产份额的，视为全体合伙人同意转让，该配偶依法取得合伙人地位。

【条文主旨】

本条是关于人民法院在处理夫妻离婚时应当如何分割合伙企业中夫妻共同财产份额的规定。

【条文理解】

为了与《合伙企业法》规定的表述保持一致，本条对《婚姻法司法解释（二）》第17条进行了文字修改。原条文表述为："人民法院审理离婚案件，涉及分割夫妻共同财产中以一方名义在合伙企业中的出资，另一方不是该企业合伙人的，当夫妻双方协商一致，将其合伙企业中的财产份额全部或者部分转让给对方时，按以下情形分别处理：（一）其他合伙人一致同意的，该配偶依法取得合伙人地位；

（二）其他合伙人不同意转让，在同等条件下行使优先受让权的，可以对转让所得的财产进行分割；（三）其他合伙人不同意转让，也不行使优先受让权，但同意该合伙人退伙或者退还部分财产份额的，可以对退还的财产进行分割；（四）其他合伙人既不同意转让，也不行使优先受让权，又不同意该合伙人退伙或者退还部分财产份额的，视为全体合伙人同意转让，该配偶依法取得合伙人地位。"主要的修改变化是将其中的"优先受让权"改为"优先购买权"；"退还部分财产份额"改为"削减部分财产份额"；"对退还的财产进行分割"改为"对结算后的财产进行分割"。与此修改变化相关的法律依据是：《合伙企业法》第23条规定："合伙人向合伙人以外的人转让其在合伙企业中的财产份额的，在同等条件下，其他合伙人有优先购买权；但是，合伙协议另有约定的除外。"第42条第2款规定："人民法院强制执行合伙人的财产份额时，应当通知全体合伙人，其他合伙人有优先购买权；其他合伙人未购买，又不同意将该财产份额转让给他人的，依照本法第五十一条的规定为该合伙人办理退伙结算，或者办理削减该合伙人相应财产份额的结算。"第51条规定："合伙人退伙，其他合伙人应当与该退伙人按照退伙时的合伙企业财产状况进行结算，退还退伙人的财产份额。退伙人对给合伙企业造成的损失负有赔偿责任的，相应扣减其应当赔偿的数额。退伙时有未了结的合伙企业事务的，待该事务了结后进行结算。"

本条规定包含以下三个层面的意思：（1）适用本条规定必须具备的前提条件。适用本条规定，应当同时满足以下两个条件：①合伙企业中有夫妻共同财产的投入。夫妻共同财产与夫妻个人财产是夫妻财产制的两种不同的表现形式。在合伙企业中，无论是夫妻双方同时作为合伙人加入合伙企业，还是以一方名义出资与他人组成合伙企业，分割财产时的主要根据是要看合伙企业中的出资是夫妻共同财产还是夫妻一方个人财产 。因此，只要用夫妻共同财产出资与他人组成合伙企业的，不论是以夫妻哪一方名义出资的，都应当适用本条规定的原则处理。②人民法院已经受理了夫妻之间的离婚诉讼。夫妻之间在婚姻关系存续期间通过约定财产制的方式分割合伙企业中共同财产的，可以根据《合伙企业法》的相关规定办理，而不适用本条规定。只有夫妻之间在离婚时为分割合伙企业中涉及夫妻共同财产出资而形成的财产时，人民法院才能够根据本条规定的原则进行处理。（2）合伙企业中其他合伙人一致同意夫妻双方互相转让合伙企业中财产份额时的处理原则。夫妻双方对合伙企业中以夫妻共同财产出资而形成的财产份额，可以在平等自愿的前提下相互转让，其相互转让的方式和份额在获得其他合伙人一致同意时，可以成为人民法院分割夫妻在合伙企业中财产份额的依据。（3）合伙企业中其他合伙人不同意夫妻双方互相转让合伙企业中财产份额时的处理原则。夫妻双方在离婚时协商一致将合伙企业中以一方名义的财产份额全部或部分转让给另一方，但其他合伙人不同意的，可以分为以下三种处理方式：①其他合伙人根据《合伙企业法》的规定，在同等条件下行使优先购买权的，人民法院可以对转让财产份额所得的价款，比照夫妻双方关于合伙财产份额分配的原则进行处理。如果夫妻双方协商将合伙企业中一方名义下的全部财产份额转让给另一方的，人民法院可以将其他合伙人行使优先购买权后夫妻所得的全部价款判决给夫妻中的另一方；如果夫妻双方协商将合伙企业中的部分财产份额转让给另一方的，人民法院可以将其他合伙人行使优先购买权后部分财产份额所得的价款判决给夫妻中的另一方。②其他合伙人既不同意夫妻之间互相转让，又不愿行使优先购买权，但同意夫妻一方退伙或者削减部分财产份额的，人民法院应当在退伙或者削减部分财产份额的范围内对夫妻共同财产进行分割和处理。③其他合伙人既不同意夫妻之间互相转让财产份额，也不愿行使优先购买权，又不同意夫妻一方退伙或者削减部分财产份额的，应当视为全体合伙人同意转让。

一、夫妻离婚时涉及分割合伙企业中夫妻共同财产份额的限制及其合理性

夫妻离婚时，对以一方名义出资与他人组成合伙企业的，可以经

过夫妻内部协商处分其在合伙企业中的财产份额。但是，夫妻双方对合伙企业中夫妻共有财产份额的约定还必须征得其他合伙人的一致同意。合伙企业与股份有限公司最大的不同在于其具有更为明显的“人合性”特征。因此，法律上对合伙企业内部合伙人的入伙、退伙都有较为严格的规定，以防止合伙企业因合伙人的变动或更换而直接导致合伙企业终止或解散。所以，除合伙人在合伙合同中对合伙人婚姻关系变化后可以退伙有明确约定外，合伙人婚姻关系的变化并不能作为合伙人退伙的法定事由。正是由于上述原因，夫妻离婚时对合伙企业中财产份额的转让或处分必须受《合伙企业法》中相关规定的约束和限制。

合伙是两个以上的人以共同经营为目的，相约共同出资、合伙经营、共享利益、共担风险，并对合伙债务承担无限连带责任的一种经济组织形式。合伙合同成立后，即发生合伙人之间的内部关系和合伙人与他人的外部关系问题。（1）合伙合同对合伙人的内部效力表现为合伙人权利和合伙人义务两个方面：①合伙人的权利。合伙人的权利主要由财产共有权和共同经营权组成。合伙财产由合伙人出资财产和合伙人以合伙企业名义取得的收益两部分构成。广义上的合伙财产包括合伙资产与合伙负债，又称积极财产与消极财产。狭义的合伙财产，则以合伙资产为限。合伙人对合伙财产有共有权，包括合伙人的出资财产和共同经营积累所得的财产，均为全体合伙人共同所有。合伙人于合伙清算前，不得请求分割合伙财产。因此，夫妻将共有财产以一方名义投入合伙企业后，其财产已经成为合伙企业的财产，由全体合伙人共同所有，其对自身所享有的财产份额的处分必须获得其他合伙人的一致同意。合伙人的共同经营权是指每一个合伙人对合伙的经营活动均享有权利。凡涉及合伙组织经营活动的大政方针、合伙期限的变更、接纳新伙伴入伙等重大问题，必须由全体合伙人意思表示一致。所以，夫妻之间协议将合伙企业中以一方名义享有的财产份额转让给另一方的，应当经其他合伙人一致同意，这是合伙人享有共同经营权的直接表现。②合伙人的义务。合伙人的义务主要由合伙出资义务、分担亏损义务和损害赔偿义务三部分内容组成。合伙人的出资是合伙的财产基础，是否出资是取得合伙人资格的重要判断标准。合伙人对合伙经营的亏损额承担无限责任，按约定的比例或出资比例分担债务。对于按比例分担的债务，每个合伙人均需以其全部财产作为其责任财产，即负无限清偿责任。此外，合伙人如不履行合伙事务，并使合伙企业遭受损失时，合伙人对合伙企业应负损害赔偿责任。所以，夫妻之间分割合伙企业中财产份额的同时，还要承担合伙人应尽的义务，如果因夫妻离婚退伙而导致合伙企业遭受损失时，夫妻一方还要对其他合伙人承担损害赔偿责任。（2）合伙合同的对外效力同样表现为合伙人权利和合伙人义务两个方面。对合伙债务负连带责任，是合伙合同最重要的特征。因此，夫妻因离婚而改变其在合伙关系中的身份和地位的，并不影响其对合伙关系存续期间的债务承担连带清偿责任。合伙企业的债权人有权向合伙人中的任何一人请求履行全部或部分债务，合伙人偿还债务超过自己应当承担的份额时，有权向其他合伙人追偿。①

夫妻因离婚而分割其在合伙企业中共同财产的份额时，可以引起合伙关系的变动，这种变动主要表现为入伙、转让、退伙和合伙解散等情形。夫妻双方以一方名义将夫妻共同财产投入合伙企业后，如果经双方协商需要将合伙企业中的财产份额全部或部分转让到另一方名下的，即要发生“入伙”和“转让”等涉及合伙企业重大事务的变动。在合伙成立后，合伙人接受非合伙人为加入合伙的意思表示，称为入伙。如果夫妻一方要将其在合伙企业中的部分财产份额转让给另一方的，另一方即为“入伙”。合伙是人合的产物，接受非合伙人入伙，应当依合伙合同的约定或征得全体合伙人同意。有关入伙的约定，合伙人应在合伙合同中写明或另订书面合同约定，没有约定的，须经全体合伙人同意。既存合伙新接纳的合伙人，对他加入前合伙的债务，与原合伙人负同一的责任。约定新合伙人对前合伙的债务不负

① 张俊浩主编:《民法学原理》(下册)，中国政法大学出版社2000年版，第878~880页。

责任的，承担了前合伙债务的新合伙人，有权就其承担数额向原各合伙人追偿。“转让”是指原合伙人将其在合伙企业中的全部财产份额转让给其他合伙人或合伙人以外的人的一种合伙变动。根据《合伙企业法》第24条的规定：“合伙人以外的人依法受让合伙人在合伙企业中的财产份额的，经修改合伙协议即成为合伙企业的合伙人，依照本法和修改后的合伙协议享有权利，履行义务。”夫妻之间协商将合伙企业中以一方名义拥有的全部财产份额转让给另一方的，必须经其他合伙人一致同意。因此，夫妻离婚涉及分割合伙企业中的财产份额时，无论是“入伙”或者“转让”，只要经其他合伙人一致同意，人民法院应当确认其“入伙”和“转让”的效力。在学理上，有的学者将上述意义上的“入伙”和“转让”与严格意义上的“入伙”“退伙”相区别，将其称之为“合伙人交替”。合伙人交替是指因合伙股份转让而引起的合伙变动，它分为两种情形：其一，合伙人之一将其股份转让于第三人，让与人等于退伙，第三人系新加入，故不经其他合伙人全体同意不得为之。其二，合伙人一人将其股份转让于其他合伙人，让与人等于退伙，受让人为合伙人而非新加入。[①]《合伙企业法》对入伙、退伙与合伙人交替的区别未作出特别规定，一切合伙变动除合伙合同约定或法律规定外，必须经全体合伙人一致同意。

二、夫妻离婚涉及分割合伙企业中夫妻共同财产份额时，其他合伙人应当承担的义务及其合理性

合伙企业以“人合”为特征，法律上应当保护合伙企业应有的稳定性。但是，合伙企业中合伙人的个人财产权利同样受到法律的保护。《合伙企业法》第8条规定：“合伙企业及其合伙人的合法财产及其权益受法律保护。”夫妻离婚时，如果不能实现对合伙企业中的财产份额进行分割，合伙人个人的财产权利即成为一纸空谈。因此，合伙人之间彼此承担一定的义务为实现公平和正义所必需。

---

① 王泽鉴：《民法概要》，中国政法大学出版社2003年版，第424页。

夫妻双方协商一致将合伙企业中以一方名义所持有的财产份额全部或者部分转让给另一方时，如果其他合伙人不同意夫妻之间这种相互转让行为的，人民法院应当根据合伙合同或者《合伙企业法》的相关规定予以处理。首先，其他合伙人不同意夫妻之间相互转让，并行使优先购买权。根据《合伙企业法》第22条规定："除合伙协议另有约定外，合伙人向合伙人以外的人转让其在合伙企业中的全部或者部分财产份额时，须经其他合伙人一致同意。合伙人之间转让在合伙企业中的全部或者部分财产份额时，应当通知其他合伙人。"这种"一致同意"和"通知"等附加条件，都是为了保护其他合伙人的优先购买权。《合伙企业法》第23条规定："合伙人向合伙人以外的人转让其在合伙企业中的财产份额的，在同等条件下，其他合伙人有优先购买权；但是，合伙协议另有约定的除外。"因此，夫妻一方作为合伙人要将其在合伙企业中的财产份额转让给夫妻中的另一方时，其他合伙人行使优先购买权的，人民法院可以对其他合伙人因行使优先购买权后所支付的价款，按照夫妻对共同财产的分割原则进行处理。其次，其他合伙人既不同意夫妻之间相互转让，也不行使优先购买权，但同意退伙或者削减部分财产份额的，应当依照合伙合同的约定或者《合伙企业法》的相关规定处理。合伙人入伙自愿，退伙也应自由。合伙人可声明退伙，如果合同未定有存续期间的，合伙人声明退伙应提前通知其他合伙人，并不得在有损合伙事务的时期进行。《合伙企业法》第45条规定："合伙协议约定合伙期限的，在合伙企业存续期间，有下列情形之一的，合伙人可以退伙：（一）合伙协议约定的退伙事由出现；（二）经全体合伙人一致同意；（三）发生合伙人难以继续参加合伙的事由；（四）其他合伙人严重违反合伙协议约定的义务。"第46条规定："合伙协议未约定合伙期限的，合伙人在不给合伙企业事务执行造成不利影响的情况下，可以退伙，但应当提前三十日通知其他合伙人。"因此，夫妻双方约定转让合伙企业中的财产份额，其他合伙人不同意转让，但同意退伙的，应当按退伙处理。根据《合伙企业法》第51条的规定："合伙人退伙，其他合伙人应当与该退伙人按照退伙时的合伙企业财产状况进行结算，退还退伙人的财产份额。退伙人对给合伙企业造成的损失负有赔偿责任的，相应扣减其应当赔偿的数额。退伙时有未了结的合伙企业事务的，待该事务了结后进行结算。”此外，其他合伙人同意合伙人中因离婚而退伙时，应当如何退还其在合伙企业中的财产份额。《合伙企业法》第52条明确规定：“退伙人在合伙企业中财产份额的退还办法，由合伙协议约定或者由全体合伙人决定，可以退还货币，也可以退还实物。”最后，其他合伙人既不同意转让，又不行使优先购买权，也不同意退伙或者削减财产份额的，应当拟制为全体合伙人同意转让。夫妻以一方名义将共同财产投入合伙企业后，其依法享有的财产份额应当受到法律的保护。因夫妻离婚而引起合伙人难以继续参加合伙企业的事由时，应当保护其财产权利的实现。但是，因夫妻离婚引起的退伙给合伙企业造成损害的，应当承担相应的赔偿责任。

【审判实践中应注意的问题】

一、人民法院判决与《合伙企业登记管理办法》的衔接与配套

因夫妻离婚而发生合伙变动的，合伙企业可以持全体合伙人签署的变更决定书或者变更事由发生的证明文件到工商行政管理机关申请变更登记。《合伙企业法》第95条第2款规定：“合伙企业登记事项发生变更时，未依照本法规定办理变更登记的，由企业登记机关责令限期登记；逾期不登记的，处以二千元以上二万元以下的罚款。”在司法实践中，如果其他合伙人既不同意夫妻之间互相转让合伙企业中的财产份额，也不行使优先购买权，又不同意退伙的，人民法院以判决的形式拟制为全体合伙人同意转让时如何办理变更登记，已成为司法实践中较为复杂的问题。一般来说，夫妻之间因离婚而要求分割合伙企业中的财产份额时，完全可以按照《合伙企业法》的规定，通过

退伙的方式予以解决。如果转让比退伙更加有利可图，其他合伙人一般愿意行使优先购买权而不致发生强制转让的情形。总之，如果发生了拟制同意后的强制转让，申请人可以按照《合伙企业登记管理办法》第 18 条、第 19 条的规定到原企业登记机关办理变更登记。

二、关于夫妻离婚时涉及转让、退伙时合伙债务的分担问题

夫妻离婚时的财产问题，既包括夫妻共同享有的债权，也包括夫妻对外所承担的债务。因此，夫妻离婚时涉及合伙企业中的债务分担问题，也是人民法院解决夫妻离婚时财产问题的一个重要内容。合伙人退伙时，应当分割合伙财产，包括合伙时投入的财产和合伙期间积累的财产，以及合伙期间的债权和债务。“合伙的债务”，是指在合伙关系存续期间，合伙以其字号或全体合伙人的名义，在与第三人发生的民事法律关系中所承担的债务。合伙债务，又称为合伙的消极财产。合伙债务应由合伙财产清偿，合伙财产不足清偿合伙债务时，各合伙人对于不足之额承担连带责任。因此，合伙财产不足以清偿合伙债务，为各合伙人承担连带责任的发生要件，债权人请求各合伙人对不足之额承担连带清偿责任时，债权人对此项要件的存在应当负主张和举证责任。①

合伙的债务与合伙人个人的债务有着严格的区分，不能混淆。合伙债务产生于合伙关系存续期间，产生债务的原因是合伙对第三人的合同行为或侵权行为，承担债务的主体是合伙企业，履行或承担债务的财产范围是合伙的共有财产和每个合伙人的个人财产。合伙人个人的债务则是该公民以个人名义对债权人履行、清偿的债务，它不是合伙的债务，其产生原因也与合伙事务毫不相干，承担债务的主体只能是债务人本人。如果合伙经营期间发生亏损，合伙人退出合伙时未按约定分担或者未合理分担合伙债务，退伙人对原合伙的债务，应当承担清偿责任；退伙人即使已分担了合伙债务，对其参加合伙期间的全

① 王泽鉴:《民法概要》，中国政法大学出版社 2003 年版，第 420 页。

部债务仍负连带责任。《合伙企业法》第54条明确规定：“合伙人退伙时，合伙企业财产少于合伙企业债务的，退伙人应当依照本法第三十三条第一款的规定分担亏损。”夫妻离婚时，如果合伙企业中的财产少于合伙企业债务的，夫妻双方要求退伙的，应当根据合伙企业对外所负债务的情况分担亏损。《合伙企业法》第33条第1款规定：“合伙企业的利润分配、亏损分担，按照合伙协议的约定办理；合伙协议未约定或者约定不明确的，由合伙人协商决定；协商不成的，由合伙人按照实缴出资比例分配、分担；无法确定出资比例的，由合伙人平均分配、分担。”

在司法实践中，当合伙债务与合伙人个人债务同时存在时，如果合伙人个人的债权人和合伙的债权人都要求以合伙人个人的财产和他在合伙财产中的应有份额来满足自己的债权，就涉及承担债务的先后问题。一般而言，合伙人的共有财产首先应用于偿还合伙债务，偿还之后若还有剩余共有财产的，应根据各合伙人享有的份额进行分割，再分别用于清偿合伙人的个人债务；反之，合伙人的个人财产首先应用于偿还个人债务，偿还个人债务后若有剩余的再用以偿还合伙债务。

三、关于退伙结算时因涉及未了结事务时如何处理的问题

《合伙企业法》第51条第2款规定：“退伙时有未了结的合伙企业事务的，待该事务了结后进行结算。”因此，如果夫妻在离婚诉讼中因涉及合伙企业中的财产份额而影响离婚案件的处理时，人民法院可以就夫妻离婚问题先行判决，其离婚所涉及的财产分割问题待未了结事务了结后再行处理。

第七十五条 夫妻以一方名义投资设立个人独资企业的，人民法院分割夫妻在该个人独资企业中的共同财产时，应当按照以下情形分别处理：

（一）一方主张经营该企业的，对企业资产进行评估后，由取得企业资产所有权一方给予另一方相应的补偿；

（二）双方均主张经营该企业的，在双方竞价基础上，由取得企业资产所有权的一方给予另一方相应的补偿；

（三）双方均不愿意经营该企业的，按照《中华人民共和国个人独资企业法》等有关规定办理。

【条文主旨】

本条是关于夫妻用共有财产以一方名义投资设立的独资企业，在离婚财产分割时如何进行处理的规定。

【条文理解】

为了与个人独资企业法的规定表述保持一致，本条对《婚姻法司法解释（二）》第18条进行了文字修改，将“独资企业”修改为“个人独资企业”；将“取得企业”修改为“取得企业资产所有权”。原条文表述为：“夫妻以一方名义投资设立独资企业的，人民法院分割夫妻在该独资企业中的共同财产时，应当按照以下情形分别处理：（一）一方主张经营该企业的，对企业资产进行评估后，由取得企业一方给予另一方相应的补偿；（二）双方均主张经营该企业的，在双方竞价基础上，由取得企业的一方给予另一方相应的补偿；（三）双方均不愿意经营该企业的，按照《中华人民共和国个人独资企业法》等有关规定办理。”

根据《个人独资企业法》第 2 条的规定："本法所称个人独资企业，是指依照本法在中国境内设立，由一个自然人投资，财产为投资人个人所有，投资人以其个人财产对企业债务承担无限责任的经营实体。"此外，《个人独资企业法》还对个人独资企业的设立条件、程序、责任承担、事务管理、解散、清算等问题作了详尽具体的规定。本条对个人独资企业的经营权和财产所作的处理规定，就是依据《民法典》确立的夫妻财产制度和财产分割原则以及《个人独资企业法》的有关规定，结合审判实际经验而修改的。

随着我国社会主义市场经济的发展，公民个人及家庭所有的财产日益增多、积累日趋丰厚，人们向工业、农业、金融业、信息业、服务业以及高科技产业等各类行业进行投资的趋势更加明显，如买卖股票、债券，筹资兴办公司、企业等。大量的投资行为又反过来促进了个人、家庭财产在数量和种类上的高速增长，形成了一个良性循环的经济发展轨道。法治建设的加强和各项法律制度的进一步完善，拓宽了人们获取财富的渠道，并为合法取得的私有财产提供了强有力的法律保障。有限责任公司、股份有限公司、个人独资企业以及各类合伙企业等经济组织愈加普遍，特别是个人独资企业的形式，因其设立条件和程序的简便化，组织管理机构和企业财产性质的单一化，在投资兴办企业时得到广泛的采用。

根据《个人独资企业法》的规定，一个自然人就可投资申请设立企业，投资人既可以用个人所有的财产出资，也可以用家庭共有财产作为个人出资，这也是我国实际生活中自然人设立个人独资企业的两种主要出资形式。投资人以其个人所有的财产出资的，依法以个人财产对企业债务承担无限责任，以家庭共有财产作为个人出资的，自应依法以家庭共有财产对企业债务承担无限责任。《个人独资企业法》第 17 条同时规定："个人独资企业投资人对本企业的财产依法享有所有权，其有关权利可以依法进行转让或者继承。"可以看出，个人独资企业与有限责任公司最大的不同之处是其不具有独立的法人资格和法人财产，在投资人以个人所有的财产出资或者以家庭共有的财产作为个人出资时，投资人对投入企业的财产当然享有所有权。

依据《民法典》第1062条加以完善的夫妻共同财产制，对投资人以其个人所有财产出资设立个人独资企业的，虽然企业财产属于投资人所有，但在婚姻关系期间因经营企业所得收益，应属于夫妻共同所有；对投资人以夫妻共同财产作为个人出资设立企业的，经营所得也应属于夫妻共同所有。事实上，由原来的《民通意见》第43条的规定即可见，虽然不是双方共同从事个体经营或者承包经营，但所得收入仍应认定为夫妻共有财产，这也符合夫妻法定婚后所得共同制的本意。

因此，在夫妻关系存续期间，一方从事个体经营或者承包经营的收入，应当认定为《民法典》第1062条第1款第2项所称的“生产、经营、投资的收益”，在双方无特别约定的情况下，为夫妻共同财产。

【审判实践中应注意的问题】

一、对自然人在婚前以个人财产作为出资设立的个人独资企业财产的认定处理

根据《个人独资企业法》第2条、第17条的规定，投资人以个人所有的财产出资设立个人独资企业的，企业财产为个人所有，并依法以个人财产对企业债务承担无限责任。由此可以认定，投资人在婚前以个人财产出资设立个人独资企业的，企业财产应为投资人的婚前财产。依据《民法典》第1063条第1项规定，一方的婚前财产为夫妻一方的个人财产，也称夫妻保留财产。但由于我国在夫妻财产制度上实行婚姻关系存续期间的法定共同财产制，因此，即使该个人独资企业是夫妻一方在婚前以个人财产出资设立，但按照《民法典》第1062条第1款第2项规定，在婚姻关系存续期间因生产、经营、投

资的收益均属于夫妻共同财产。之所以如此认定，是因为考虑到在法定的婚后所得共同制度下，生产、经营收益与工资、奖金一样，均应属于夫妻的共同财产，否则与法理相悖。如果从事经营的一方怕对方利用婚姻关系侵吞自己的财产，可以通过约定财产制来保护自己的权益。[①]需要注意的是，在此情况下，夫妻离婚时，只应对经营企业所取得的收益进行分割，而不能对企业财产进行分割。

二、对自然人在婚后投资设立的个人独资企业财产的认定处理

婚后设立的企业由于出资不同又分为以个人婚前财产或者婚后个人财产出资设立的企业和以夫妻共有财产作为个人出资而设立的企业。

1. 以个人财产出资设立的个人独资企业。夫妻一方的个人婚前财产和婚后的个人财产，按照《民法典》第1063条规定，夫妻一方的个人婚前财产，作为法定的夫妻特有财产，它属于夫妻一方所有，享有对该财产管理、使用、收益和处分的权利；婚后个人财产，作为夫妻双方约定为个人所有的财产亦然。因此，对婚后夫妻一方以个人婚前财产或者婚后个人财产出资设立个人独资企业的，视为夫妻对各自所有的财产行使所有权的结果。根据《个人独资企业法》第2条、第17条的规定，夫妻一方作为个人独资企业投资人对企业财产依法享有所有权，企业财产属于投资夫妻一方个人所有的财产。但夫妻一方在婚姻关系存续期间因经营该企业所得的收益，按照《民法典》第1062条第1款第2项之规定，应属于夫妻共同所有，离婚时，夫妻应就夫妻共同所有的收益进行分割。这与前述的夫妻一方在婚前以个人财产作为出资设立的个人独资企业财产的认定处理原则一样。

2. 婚后夫妻以一方名义用夫妻共有财产作为个人出资而设立的

---

① 胡康生主编：《中华人民共和国婚姻法释义》，法律出版社2001年版，第65页。

企业。依据《个人独资企业法》第18条规定，个人独资企业投资人可以家庭共有财产作为个人出资设立企业，并依法以家庭共有财产对企业债务承担无限责任。在社会实际生活中，个人独资企业的设立大多表现为以家庭或者夫妻共有财产出资，基于《个人独资企业法》的规定，在用共有财产出资设立企业时通常是以夫妻一方名义作为投资人，这也是夫妻对共同财产行使处理权的具体表现方式之一。而根据《个人独资企业法》第17条规定，个人独资企业投资人对本企业财产依法享有所有权，这就导致在离婚时，夫妻双方对以共同财产作为夫妻一方个人出资设立的企业财产应如何分割处理极易发生争议。由于离婚案件中的财产纠纷主要是因对夫妻共同财产分割而发生，以个人财产投资设立的个人独资企业财产依法由投资人个人所有，它不会因婚姻关系发生财产性质的转变，不存在离婚时财产分割问题。所以，本条主要解决的是夫妻共同财产的分割处理问题，对夫妻在婚前以个人财产作为出资设立的个人独资企业和婚后以个人婚前财产或者婚后个人财产出资设立的企业的财产问题不予涉及，对此类问题的认定处理，可参照前述的相关解释说明。

虽然《个人独资企业法》规定投资人对个人独资企业财产享有所有权，但我们认为这只是企业财产的对外效力。对内效力上，该企业财产仍属于夫妻共同所有。依据《民法典》第1062条第2款“夫妻对共同财产，有平等的处理权”的规定，因夫妻共同财产的性质是共同共有，不是按份共有。根据该规定，夫妻作为财产的共同共有人，对全部共同财产应当不分份额地享有同等的权利，承担同等的义务。不能以夫妻双方经济收入的多寡来确定其享有共同财产所有权的多少，夫妻双方对共同财产享有平等的占有、使用、收益和处分的权利。夫妻一方对共同财产的使用、处分，除另有约定外，应当取得对方的同意，尤其是重大财产问题，未经对方同意，任何一方不得擅自处分。夫妻一方在处分共同财产时，另一方明知其行为而不作否认表示的，视为同意，这也是夫妻对共同财产互有代理权的体现，即其他国家立法中所称的家事代理权。夫妻以一方名义用共同财产投资设立个人独资企业就是夫妻依据该代理权对共同财产的处分形式。《个人独资企业法》第18条也规定，个人独资企业投资人以家庭共有财产作为个人出资的，应当依法以家庭共有财产承担无限责任，而不是以投资人个人所有的财产承担无限责任。依上所述，应当认定夫妻以一方名义用共同财产投资设立个人独资企业的，企业财产仍属于夫妻共同财产。这也是处理分割夫妻以一方名义用夫妻共有财产作为个人出资而设立的企业财产的前提条件。

三、本条规范的三种情形

司法实践中因分割用夫妻共有财产投资设立的独资企业财产发生的纠纷，主要表现为以下三类：一方主张该企业经营权而另一方要求补偿发生的纠纷；夫妻双方均主张该企业经营权而发生的纠纷；夫妻双方均不愿意经营该企业时发生的纠纷。本条按此三种情形分别作出相应的具体处理规定。同时，人民法院在分割共同财产时，还应按照财产的具体情况，根据《民法典》确立的照顾子女、女方权益和均等分割的原则，公平公正地分割共同财产。同时，要区分不同性质的财产作不同处理，特别是对与生产经营相关的财产，应按照生产、生活的实际需要，从有利于发展生产、有利于经营管理的角度出发，在不改变企业组织形态的前提下，对企业的共有财产予以合理分割处理。

1.一方主张经营该企业的，对企业资产进行评估后，由取得企业的一方给予另一方相应的补偿。由于夫妻双方在专业知识、经营能力、工作兴趣等方面存在诸多差异，因此，双方在分割共同财产时也会按照自己的生活实际需要而提出不同的请求和主张。企业的经营运作需要经营者必须具备一定的专业知识和领导、组织、管理等能力，对经营者的综合素质有较高的要求。因此，在对个人独资企业的共有财产进行分割时，往往只有一方要求取得企业的经营权，另一方则要求分割一定的财产。在此情况下，就应根据当事人的不同请求，从有利于企业经营生产考虑，将企业资产所有权判决由主张经营企业的一方所有，由取得企业资产所有权的一方对另一方给予相应的补偿，而不应对企业财产进行分割，维持企业组织形态的完整性。至于取得企业资产所有权的一方如何对另一方予以补偿的问题，就需要对夫妻双方在企业中的共同财产的价值进行评估确定。因企业是投资、经营等行为不断反复滚动进行的，企业设立时所投入的财产，在数量上也发生很大变化，已不能完全按照出资时的共同财产数额确定分割比例，而当事人双方就补偿数额的确定又无法协商一致，这就只能采取评估的方式对离婚时企业的现存资产进行估价，然后以评估机构对企业财产确定的评估价值为标准，按照离婚财产分割原则，由取得企业资产所有权的一方给予另一方相应的补偿。取得企业资产所有权的一方在支付补偿费时，既可以用其他离婚财产中其应分得的财产，也可以用其个人所有的财产，暂时无法即时支付补偿费的，也可协商分期分批进行补偿。当然，如果当事人之间就企业财产的分割及如何补偿另有约定的，人民法院可根据当事人的约定或者案件的实际具体情况灵活处理。对企业资产进行评估时，评估机构可由当事人委托，也可由人民法院代为委托，企业资产评估所需的费用应由当事人双方分担。

2. 双方均主张经营该企业的，在双方竞价的基础上，由取得企业资产所有权的一方给予另一方相应的补偿。在当事人双方均主张企业资产所有权的归属而又无法协商一致的情况下，人民法院能否按照《民法典》确立的照顾子女、女方利益的原则将企业判决给子女和女方所有？我们认为，人民法院在对共同财产进行分割时，一般情况下，应将子女、女方权益作为优先考虑的因素，但不能机械地适用该原则，而应区分财产的性质作不同处理。如在对房屋和其他生活性共同财产进行分割时，就应按照照顾子女和女方权益的原则处理，将房屋判决给子女或者女方，或者子女随其生活的一方。而对生产经营性财产的分割，就要根据当事人双方对该类性质财产的实际需要和财产来源等情况，在审判实践中还应当考虑有利于企业生产经营的实际情况，依法作出处理。如此前施行的《离婚案件财产分割问题的意见》就规定：（1）一方以夫妻共同财产与他人合伙经营的，入伙的财产可分给一方所有，分得入伙财产的一方对另一方应给予相当于该财产一半价值的补偿。（2）属于夫妻共同财产的生产资料，可分给有经营条件和能力的一方。分得该生产资料的一方对另一方应给予相当于该财产一半价值的补偿。（3）对夫妻共同经营的当年无收益的养殖、种植业等，离婚时应从有利于发展生产、有利于经营管理考虑，予以合理分割或者折价处理。上述规定就是体现了在分割共同财产时的区别原则，这也是人民法院在依法处理离婚财产案件过程中，对长期审判实践经验的总结。

对当事人双方均主张企业所有权而发生的纠纷，人民法院在对企业资产所有权归属的处理上，如无法按照离婚财产分割原则和当事人双方对企业的实际需要程度、经营能力等因素进行裁决时，应当采取竞价方式决定企业资产所有权的归属，即由出价最高的当事人一方取得企业资产所有权。取得企业资产所有权的一方应参照企业的最高竞价价格，按均等分割的原则给予另一方相应数额的补偿；当事人双方就补偿数额达成一致意见的，由取得企业资产所有权的一方按照双方协议的办法，给予另一方相应的补偿。

3. 双方均不愿意经营该企业的，按照《个人独资企业法》等有关规定办理。经营企业作为一种商业行为，必然会带来相应的经营风险。市场经济的瞬息万变、经营者的能力、企业资金等情况都对企业的发展起着决定性的作用。在企业效益滑坡、发展前景不利的情况下，当事人双方均会选择请求分割财产，而不愿意经营企业，此时个人独资企业解散。根据《个人独资企业法》的规定，个人独资企业解散，由投资人自行清算或者由债权人申请人民法院指定清算人进行清算，并以企业财产对企业所欠职工工资和社会保险费用、税款等债务进行清偿；企业财产不足以清偿债务的，投资人应当以夫妻共有的其他财产对企业债务承担无限责任。个人独资企业解散后，原投资人对个人独资企业存续期间的债务仍应承担偿还责任。企业债务全部清偿完毕后的剩余财产，作为夫妻共同财产予以分割。至于对个人独资企业财产的分割处理如何能更加完善，有待于在司法审判实践中进一步研究探讨。

第七十六条　**双方对夫妻共同财产中的房屋价值及归属无法达成协议时，人民法院按以下情形分别处理：**

（一）双方均主张房屋所有权并且同意竞价取得的，应当准许；

（二）一方主张房屋所有权的，由评估机构按市场价格对房屋作出评估，取得房屋所有权的一方应当给予另一方相应的补偿；

（三）双方均不主张房屋所有权的，根据当事人的申请拍卖、变卖房屋，就所得价款进行分割。

【条文主旨】

本条是关于离婚时夫妻双方对房产分割无法达成一致协议时，人民法院如何处理的规定。

【条文理解】

本条基本保留了《婚姻法司法解释（二）》第20条的规定，对于第3项规定的夫妻双方均不主张房屋所有权的情况，在拍卖基础上，增加变卖作为处置争议房屋的方式。

一、本条规定以房屋为夫妻双方共同所有为前提

本条是关于人民法院在夫妻双方无法对房屋的归属或价值达成一致时如何进行处理的规则条款。主要包括三种方式：（1）双方均主张的，竞价取得；（2）只有一方主张的，评估后补偿；（3）双方均不主张的，拍卖、变卖后分割价款。需要注意的是，无论是夫妻双方通过协商一致确定房屋的价值或归属，还是由人民法院根据不同的情况通

过竞价、评估或拍卖、变卖的方式确定如何归属或分割，都必须以夫妻双方对房屋享有所有权，有权由其中一方获得房屋所有权或相应的补偿为前提。如夫妻双方不享有所有权，或所有权在离婚诉讼期间尚处于不明或不能确定的状态，就不享有对房屋进行处分的权利，既无权通过协商一致决定房屋的归属或价值分割方式，也无权请求人民法院通过裁判予以认定。此时，人民法院也缺乏予以确定归属或分割价值的合法依据。本条规定必须以夫妻双方对房屋享有所有权为前提，否则，人民法院不得适用。

二、按照当事人主张不同分别处理

房屋作为不动产的属性决定了其无法直接进行分割，只有取得所有权或相应价值两个选项。离婚诉讼的审判实践中，鉴于各种实际情况，不乏夫妻双方无法对属于夫妻共同财产的房屋的归属或价值达成一致的情况。在夫妻双方无法就房屋的归属或价值达成一致时，为解决矛盾纠纷，人民法院势必采取合理手段解决双方之间的纠纷。本条根据夫妻双方对房屋所有权的主张，以尽量采取公平合理的手段确定房屋价值为基础，区分三种情形分别作出处理：

（一）双方均主张房屋所有权并同意竞价取得的，应当准许

我国在1980年《婚姻法》中增加了对约定财产制的规定，形成了多年来以夫妻共同财产制作为法定财产制，与约定财产制共同调整夫妻之间的财产关系的格局。从现实情况看，我国绝大部分家庭采取的是法定的共同财产制，这与我国长久以来的家庭财产制度不无关系。婚姻关系存续期间，夫妻双方对财产共同共有，不分份额。不动产尤其是房产，在可以作为家庭投资选择的同时，也是家庭生活的基本方面之一。随着房地产市场高企，房产大幅增值，房产在大部分普通家庭资产中均占有极高的比例，房产分割背后的利益牵涉愈大。离婚案件中有关房产分割的争议数量越来越多、情况越来越复杂，争议分歧也越来越强烈。有鉴于此，实际生活中，夫妻双方离婚均主张要求取得房屋所有权的情形并不罕见。而房屋作为不

动产，一物一权原则和房屋在物理上的不可分割的特性，决定了同一房屋之上不能同时存在两个所有权，房屋所有权也只能归属于一方当事人。对夫妻双方均对房屋主张所有权的情况，一般而言，人民法院应当按照照顾子女、女方和无过错方权益的原则进行处理，在条件允许的情况下，将房屋判决给直接抚养子女的一方、女方或者无过错方。某些特定情形下，还可以将房屋判决给离婚后生活困难的一方。但在不存在适用上述照顾原则情形——如无子女或子女已成年无需照顾，或者已经在除房屋以外的其他财产的分割中体现了照顾子女、女方和无过错方利益原则时，如当事人双方经济条件大致相当，均同意采取竞价方式处理房屋所有权归属的，人民法院可以召集双方当事人，以公开竞价的方式，由出价高的一方取得该房屋所有权。未能取得房屋所有权的一方，则以房屋竞价为基础，按夫妻双方对房屋价值分割达成的协议，由取得房屋所有权的一方给予相应补偿。如夫妻双方无法就房屋价值分割达成一致意见，人民法院应当根据案件具体情况，以房屋竞价为参照，判决由取得房屋的一方给予另一方相应的补偿。

需要注意，由于竞价是一种最终以谁的出价高由谁获得标的的归属决定方式，无法体现《民法典》所提倡的保护子女、女方和无过错方权益原则，无法给予需要特别保护的一方以相应的照顾，虽然相对来说比较公平，但考虑到上述情况，其适用也需人民法院严格把握。一般来说，在夫妻双方的经济水平大致相当的条件下，才可以适用。否则，不利于贯彻《民法典》保护弱势群体的基本精神。

是否采取竞价方式确定房屋所有权，并非人民法院可以自行决定的。夫妻双方对房屋所有权归属或价值不能协商一致时，竞价方式的采用有两个不可缺少的条件：（1）双方均有意取得房屋所有权；（2）双方均同意竞价。这可以视为当事夫妻双方对为其所有的财产的处分方式的自愿选择，系其行使处分权的行为。不损害公共利益也不侵害他人利益，人民法院应当准许。

（二）一方主张房屋所有权的，由评估机构按市场价格对房屋作出评估，取得房屋所有权的一方应当给予另一方相应的补偿

离婚诉讼中，除了夫妻双方均对房屋主张所有权的情况外，也不乏只有夫妻其中一方主张所有权，而另一方只要求获得其应当分得部分相应价款的情况。此时，人民法院首先应当确定房屋价款，以此为基础，再行确定未主张房屋所有权一方应当获得的补偿数额。

本条第 2 项规定的适用前提，是离婚诉讼夫妻双方虽同意由一方获得房屋所有权，但无法对房屋价值达成一致意见。通常，主张房屋所有权的一方希望按照房屋价格的最低数额甚至购房时支付的价款为标准给对方补偿，而要求补偿的一方则请求对方按照房屋的最高价款即同类房屋在房屋市场的出售价格为标准给予补偿，双方对房屋价值往往存在很大的争议。为使夫妻在对共有财产房屋的分割上达到利益平衡，就要按照离婚分割财产时的房屋市场价格，对需分割的房屋价值进行市场评估，这也是司法审判实践中对房屋自身价值最为客观的判定方法。考虑到现实生活需要和公平目的，本条规定将由评估机构按市场价格对房屋进行评估作为确定争议房屋价值的方式。《资产评估法》第 2 条规定，本法所称资产评估，是指评估机构及其评估专业人员根据委托对不动产、动产、无形资产、企业价值、资产损失或者其他经济权益进行评定、估算，并出具评估报告的专业服务行为。第 17 条规定，评估机构应当依法独立、客观、公正地开展业务，建立健全质量控制制度，保证评估报告的客观、真实、合理。该法通过对评估专业人员、评估机构、评估程序、行业协会、监督管理和法律责任等各方面的规定，规范评估行为，保证评估结果的客观、公正。相较而言，在离婚诉讼夫妻双方对房屋价值不能达成一致意见的情况下，由专业且中立的评估机构经过严格的评估程序确定房屋价值，继而由人民法院作为认定应当支付补偿数额的参照，比之由人民法院或其他机构酌情确定房屋价值，更加公平、有效，也更利于纠纷的妥善解决。

我国曾经历过较长一段时期的房屋实物配给政策，住房制度改革

后，市场上自由流通的商品房和按成本价购买的福利性政策房屋均大量存在。依福利政策购买的房屋的出售价格包含不以购房价款为表现的各种福利因素，购房价款只是成本价的体现。成本价只包括住房的征地和拆迁补偿费、勘察设计和前期工程费、建筑安装工程费、住宅小区基础设施建设费、管理费、贷款利息和税金等，相对于市场价具有很大的优惠。在对以成本价购买的房屋进行分割时，不仅要考虑夫妻购买时所实际支付的房价款，而且还应考虑到夫妻双方所购房屋中体现的工龄、职务等福利折价以及离婚时的房屋市场价等因素。此时，就更加需要专业评估机构运用专业知识和技能合理确定房屋价值。

（三）双方均不主张房屋所有权的，根据当事人的申请拍卖、变卖房屋，就所得价款进行分割

本条第3项对《婚姻法司法解释（二）》第20条第3项进行增补，规定除拍卖外，变卖也可作为处置争议房屋的一种方式。2003年《婚姻法司法解释（二）》制定之时，随着我国综合国力、人民生活水平的不断提高，商品房市场的迅猛发展以及经济适用房建设的规模化发展，人们对居住房屋的标准较以往有了更高的要求。而以往的房屋建筑设计，特别是福利性政策的房屋在诸多方面已不能满足人们的居住要求。由此引发一些离婚诉讼分割共同财产过程中，当事人双方对婚姻关系存续期间购买的房屋特别是福利性房屋都不愿意主张所有权，而是想取得一定的房价款补偿后再另行选择购买房屋的情况。人民法院不能以照顾子女或者女方利益原则为依据，强行判决将房屋所有权给一方并由其给予对方一定补偿而导致其利益受损。该解释最终采纳了多数观点，规定在离婚当事人双方对共同所有的房屋均不主张房屋所有权而要求分得相应房价款的，当事人或者人民法院可以委托拍卖机构对该房屋依法进行拍卖，以房屋拍卖所得价款扣除拍卖所需费用后，作为夫妻共同财产进行分割。对于拍卖，《拍卖法》在标的、程序、委托和公告等各方面都作出了严格的规定。《最高人民法院关于人民法院民事执行中拍卖、变卖财产的规定》也规定，人民法院拍

卖被执行人财产，应当委托具有相应资质的拍卖机构进行，并对拍卖机构的拍卖进行监督，但法律、司法解释另有规定的除外。拍卖不动产或者其他财产权的，应当在拍卖15日前公告，等等。这些关于拍卖程序、机构选择和拍卖监督的规定，虽保证了拍卖的权威性，但也一定程度上导致了流程相对烦琐、成本消耗更大的结果。增加变卖的处理方式，可以既解决这一问题，又充分尊重当事人的意思自治。从实践来看，一方面，变卖的程序要简于拍卖，能够更快地达成将房屋转换为货币的目的；另一方面，拍卖、变卖两种处置方式并举，能够让当事人和人民法院视情况采取更加有利于纠纷解决的方式，对于提高纠纷解决效率不无好处。

【审判实践中应注意的问题】

1.《民法典》第1087条将照顾子女、女方和无过错方权益作为离婚夫妻共同财产分割的基本原则，人民法院根据本条规定对房屋的归属和价值进行认定时，在竞价、评估后补偿或拍卖、变卖的基础上，也不能忽略财产分割基本原则，切实保护子女、女方和无过错方权益。

2. 虽然以竞价方式确定房屋所有权在夫妻双方经济条件大致相当的情况下更为公平，但竞价并非只能以夫妻双方经济条件大致相当为前提。双方经济条件有一定差距，但均同意通过竞价决定房屋所有权的，人民法院没有理由不予准许。如夫妻双方对竞价后的价值分割补偿不能协商达成一致的，人民法院在确定对未取得房屋所有权一方的补偿数额时，也应当以照顾子女、女方和无过错方权益为原则，合理确定补偿数额。

3. 人民法院适用本条规定时，委托估价机构或者估价事务所进行房地产估价的估价费，或委托拍卖机构进行拍卖的佣金等支出价款，应当由当事人按照分割房屋价值的比例分担。

第七十七条 离婚时双方对尚未取得所有权或者尚未取得完全所有权的房屋有争议且协商不成的，人民法院不宜判决房屋所有权的归属，应当根据实际情况判决由当事人使用。

当事人就前款规定的房屋取得完全所有权后，有争议的，可以另行向人民法院提起诉讼。

【条文主旨】

本条是关于离婚诉讼中对不同所有权形态的房屋如何分别处理的规定。

【条文理解】

本解释第76条规定了在离婚时夫妻双方无法对房产的价值和归属达成协议时，人民法院的处理原则。《民法典》第216条规定，不动产登记簿是物权归属和内容的根据。离婚时房产的处理，无论是通过夫妻双方协商的方式还是人民法院判决的方式作出，均需以不动产登记簿记载的夫妻二人对房产的所有权为依据。然而，现实生活中不乏因房产不属于一般可自由交易的商品房或因商品房预售尚未满足办理不动产登记条件，而导致不动产登记簿无法显示夫妻二人对房产享有所有权，或不享有完全所有权的情况。即本条所规定的：离婚时夫妻双方对其居住使用的房屋尚未取得所有权、离婚时夫妻双方取得的房屋所有权只是部分所有权而不是完全所有权两种情形。

一、本条的背景及常见适用情形

在城镇住房制度改革之前，我国的住房组成结构一度以国有房屋和集体所有房屋作为城镇房屋的主要组成部分，城镇居民的生活住房基本由国家提供并统一分配，实行以低租金为主要特点的福利性实物供给制。城镇居民房屋的取得方式，主要是按照房改政策从本单位购买公有住房即房改房，或者从市场上购买商品房、经济适用房、私有房屋等。根据房改政策，职工购买公有房屋实行市场价、成本价或标准价。职工以市场价购买的住房，产权归个人所有，可依法进入市场交易，交易所得在按规定交纳有关税费后，收入归个人所有。职工以成本价购买的住房，产权归个人所有，一般住用5年后可以依法进入市场交易，在补交土地使用权出让金或所含土地收益和按规定交纳有关税费后，收入归个人所有。职工按标准价购买的住房，拥有部分产权，即占有权、使用权、有限的收益权和处分权，产权比例按售房当年标准价占成本价的比重确定。一般住用5年后方可依法进入市场交易，售、租房收入在补交土地使用权出让金或所含土地收益和按规定交纳有关税费后，由单位和个人按各自的产权比例进行分配。

1998年，国务院发布《关于进一步深化城镇住房制度改革加快住房建设的通知》，决定停止住房实物分配，逐步实行住房分配货币化；建立和完善以经济适用住房为主的多层次城镇住房供应体系；发展住房金融，培育和规范住房交易市场。从单位购买公有住房的住房获取方式逐渐退出了历史舞台。2014年，住房和城乡建设部、国家发展和改革委员会、财政部、国土资源部、中国人民银行、中国银监会共同发布《关于试点城市发展共有产权性质政策性商品住房的指导意见》，推进共有产权房屋试点工作，共有产权房屋成为住房保障体系的重要部分。也即，除了之前就存在的购房人购买两限房、经济适用房、廉租房、优惠价房、单位自管房、军产房、小产权房等享受国家税收、福利、政策优惠等条件的政策性房屋的情况之外，购买共有产权房屋的，也存在离婚财产分割中适用本条规定的空间。

上述住建部等单位联合发布的《关于试点城市发展共有产权性质政策性商品住房的指导意见》规定，政策性商品住房是由政府引导并给予政策支持，通过市场开发建设，面向符合规定条件的住房困难群体供应的住房；具有一定保障性质，实行共有产权，即由承购人与政府按份共有所有权。共有产权房屋实际上具备强烈的政策导向和保障性质，主要面向住房困难的城镇中等偏下收入家庭，以及符合规定条件的进城落户农民和其他群体供应，以低于同地段普通商品住房的价格为原则定价，所有权由购房人和政府按份共同享有，承购人的产权份额为承购人实际出资额占同地段、同类型商品住房价格的比例，其余部分为政府的产权份额。配售时，明确承购人持有的产权份额比例，承购人持有的产权份额一般不低于60%。承购人与政府的产权份额，应当在购房合同和房屋产权证书中明确，并作为各方增购产权份额及划分上市交易所得的依据。承购人可以通过增购政策性商品住房的产权份额取得完全产权。购买不满5年的，不得上市交易。符合上市条件的，允许承购人上市出售，同等条件下，政府享有优先购买权。以北京市为例，《北京市共有产权住房管理暂行办法》将共有产权住房定义为政府提供政策支持，由建设单位开发建设，销售价格低于同地段、同品质商品住房价格水平，并限定使用和处分权利，实行政府与购房人按份共有产权的政策性商品住房。并且确定共有产权住房项目的销售均价，应低于同地段、同品质普通商品住房的价格，以项目开发建设成本和适当利润为基础，并考虑家庭购房承受能力等因素综合确定。购房合同应明确共有产权份额、房屋使用维护、出租转让限制等内容。与之相似的是，上海市在《上海市共有产权保障住房管理办法》中，规定单独选址、集中建设的共有产权保障住房建设项目，享受以下支持政策：（1）建设用地供应采取行政划拨方式；（2）免收建设中的行政事业性收费与城市基础设施配套费等政府性基金；（3）按照规定不宜建设民防工程的，免收民防工程建设费；（4）取得的行政划拨土地使用权，按照国家规定可以用于贷款抵押；（5）按照国家规定取得住房公积金贷款、金融机构政策性融资支持及贷款利率优惠；（6）按照国家规定享受税收优惠政策；（7）国家和上海市规定的其他优惠支持政策。相应地，共有产权保障住房的购房人和同住人应当按照房屋管理有关规定和供后房屋使用管理协议的约定使用房屋，并且在取得完全产权前不得有下列行为：（1）擅自转让、赠与共有产权保障住房；（2）擅自出租、出借共有产权保障住房；（3）设定除共有产权保障住房购房贷款担保以外的抵押权；（4）违反其他法律、法规、规章的情形。

对照相关政策规定可以发现，无论是城镇住房制度改革前的福利分房，还是共有产权住房，都具备由国家或单位给予购房人的福利或保障性质。虽是不同时代的产物，应不同的社会经济发展阶段而生，却都有着所有权“缺角”的根本特点，在处理此类财产的离婚分割时，可以适用类同的规范。考虑到实践需要，本条对《婚姻法司法解释（二）》第21条的规定予以保留。

二、所有权不完全状态下，人民法院不宜直接分割

《民法典》第240条规定，所有权人对自己的不动产或者动产，依法享有占有、使用、收益和处分的权利。所有权作为最完整的物权形态，占有、使用、收益、处分四项权能缺一不可。即使对房产享有占有、使用和收益的权利，如不能按照自己的自由意思进行处分，便不能认为享有所有权。尤其房产作为不动产实行物权登记设立，多数情况下，不动产登记簿记载的登记情况直接影响到对当事人房产所有权的认定。

离婚时，如夫妻双方对还没有取得或尚未取得完全所有权的房屋权属和分割发生纠纷，从所有权角度而言，双方对房产不享有所有权，或不享有完全的所有权，即无权对房屋的归属或分割提出请求。离婚财产分割与确认之诉不同，并非以查明有关房屋上的权利内容和状态为审理方向，在不能对房屋权利进行充分的举证、质证和查明的前提下，人民法院不宜直接对房屋权属作出判断，自然也就不具备分割的条件。当事人可能后续取得争议房屋的所有权，也可能无法取得。如所有权取得与人民法院的离婚房产处理一致，自不待言。如所有权虽取得，但与人民法院的离婚裁判归属不一致，或当事人最后没有取得所有权，人民法院的认定反而会导致产生更多纠纷的结果。离婚诉讼中，对没有所有权或完全所有权的房屋的归属或分割进行认

定，过于草率，且有越俎代庖之嫌。在现今房价高企的背景下，房屋的归属和分割对很多家庭来说意味着基本生活资料或大额财产的分割，人民法院必须慎重对待。

除此之外，在当事人双方离婚时对房屋只享有部分所有权的情况下，夫妻只享有对房屋的占有权、使用权、有限的收益权和处分权，而政府或原售房单位仍享有房屋的部分所有权，在房屋所有权的归属和分割上存在一定难度。由于夫妻双方对房屋的部分所有权是根据国家有关购买福利性或保障性房屋的政策而取得，其中包含了国家或单位对双方的福利优惠条件，如果要确权或者分割，就必然要涉及对房屋进行市场价格评估，在双方协商不一致时还涉及竞价、拍卖等一系列问题，而这一系列行为还要考虑政府或原售房单位对房屋享有的一定比例的所有权。因此，人民法院对夫妻只享有部分所有权的房屋的归属及分割，在双方协商不一致的情况下，也不宜作出判决，只可就该房屋的居住和使用进行判决。

同时需要说明的是，上述各种情况下，离婚时夫妻双方虽然对房屋不享有所有权或完全所有权，但其享有合法的占有、使用、部分收益或处分权利，可以通过协商一致的方式确定离婚后的房屋居住、使用以及以后房屋所有权的取得、归属等问题。当夫妻双方无法达成一致，只能由人民法院通过裁判的方式作出处理，此时，人民法院仅可就房屋的居住、使用作出判决，而不能对房屋所有权的归属进行判决。

三、确权后的处理

本条第 2 款规定，当事人就前款规定的房屋取得完全所有权后，有争议的，可以另行向人民法院提起诉讼。按照法律规定，离婚时尚未取得房屋所有权的当事人在交清全部购房款并办理房屋权属转移登记手续后，即可取得房屋所有权。根据国务院住房改革政策，以标准价购买福利性公有房屋的，在将标准价与成本价或者市场价之间的差价补足交清后，房屋所有权归个人所有。共有产权房屋可以通过增购政策性商品住房产权份额的方式取得完全所有权。如前述，在房屋所有权尚未取得或者尚未完全取得的情况下，人民法院无法对房屋所有权的归属和分割予以判决，而只能就房屋的居住和使用纠纷问题进行处理。对于人民法院对房屋的居住、使用纠纷处理完毕后，当事人取得了房屋所有权或者房屋的完全所有权的情况，如果当事人双方就房屋所有权归属和分割无法协商一致又发生争议时，当事人可单独就房屋所有权问题另行向人民法院起诉，而不受前一诉讼已经终结的影响。一般而言，民事诉讼制度要求人民法院“一事不再理”，该制度的目的是防止法院对于同一事实作出不同或互相抵触的判决，或为实现诉讼经济的目的，避免浪费诉讼资源，或为维持生效判决之确定力，故而禁止当事人另行起诉。就本条第 2 款规定情形，当事人在离婚诉讼终结后取得房屋所有权，房屋所有权状态这一基本事实发生了改变，具备了此前所不具备的确认房屋归属或分割的条件，因而不属于一事不再理的范围，当事人此时另行起诉的，人民法院不得以一事不再理为由不予受理。

【审判实践中应注意的问题】

1. 人民法院处理离婚时夫妻双方对未取得所有权或者未取得完全所有权的房屋的居住、使用所发生的争议时，应当根据《民法典》第 1087 条规定，按照照顾子女、女方和无过错方权益的原则，并结合实际情况作出判决。

2. 对实践中一些夫妻购买商品房、经济适用房已支付了全部房价款，或者根据福利政策购买公有或共有产权等类型房屋已按照市场价或成本价支付了全部房价款，根据法律规定可以办理房屋所有权权属移转登记手续，但离婚时没有办理的，双方对房屋所有权归属和分割发生纠纷如何处理的问题。此时房屋所有权法律关系比较清晰，只是尚需完善不动产登记手续，人民法院完全可以根据实际情况对该类房屋的所有权归属和分割、补偿等问题予以灵活处理。

3. 对于在遗产继承开始后，遗产尚未实际分割时一方提起离婚诉讼要求分割尚未取得所有权的房产的情况，与本条所规定的未取得房屋所有权的情形有所不同，应当适用本解释第 81 条规定，由人民法院告知当事人在继承人之间实际分割遗产后另行起诉。

第七十八条 夫妻一方婚前签订不动产买卖合同，以个人财产支付首付款并在银行贷款，婚后用夫妻共同财产还贷，不动产登记于首付款支付方名下的，离婚时该不动产由双方协议处理。

依前款规定不能达成协议的，人民法院可以判决该不动产归登记一方，尚未归还的贷款为不动产登记一方的个人债务。双方婚后共同还贷支付的款项及其相对应财产增值部分，离婚时应根据民法典第一千零八十七条第一款规定的原则，由不动产登记一方对另一方进行补偿。

【条文主旨】

本条是关于人民法院审理离婚案件，对于一方当事人婚前出资支付首付款按揭贷款购置，婚后登记在自己名下并由夫妻双方共同还贷的不动产应当如何分割问题的规定。

【条文理解】

现实生活中，存在不少夫妻一方婚前签订购房合同、支付首付款并在银行按揭贷款，婚后双方共同偿还房贷的现象。此时，房屋价款中包含另一方的价值投入，认定为一方婚前个人财产或有不妥。合同的签订、首付款的支付、不动产登记由一方完成或在一方名下，认定为夫妻共同财产亦缺乏依据。可以说，此类房产实际是婚前个人财产与婚后共同财产的混合体。人民法院在离婚案件中判决分割此类房产时，既要保护个人婚前财产权益，也要依照《民法典》关于照顾子女、女方和无过错方利益的原则，公平分割婚后双方共同还贷形成的夫妻共有的财产权益，同时还不能损害作为债权人的银行的合法利益，必须慎重把握。

一、本条规定的适用条件

人民法院在处理离婚房屋纠纷时需要注意，本条规定的适用必须同时满足以下几个条件：

（一）不动产买卖合同签订于婚前

首先需要说明的是，本条规定有一个隐含条件，就是夫妻双方实行的是法定共同财产制。在约定财产制情形下，双方财产各自分开，基本不存在本条规定的贷款房屋如何判定所有权以及如何补偿的问题。《民法典》第1062条规定："夫妻在婚姻关系存续期间所得的下列财产，为夫妻的共同财产，归夫妻共同所有：（一）工资、奖金、劳务报酬；（二）生产、经营、投资的收益；（三）知识产权的收益；（四）继承或者受赠的财产，但是本法第一千零六十三条第三项规定的除外；（五）其他应当归共同所有的财产。夫妻对共同财产，有平等的处理权。"房屋买卖合同签订于婚后，意味着购房的意思表示发生在财产由夫妻双方共同所有的婚姻关系存续期间，即使房屋登记在一方名下，也不符合本条适用的情形。

（二）首付款由签订合同一方以个人财产支付

首付款作为购房时第一次支付的款项，根据相关规定最低比例约在20%，在房价高企的如今，首付款也是一笔不小的金钱投入。一方在婚前以个人财产支付首付款的，房屋中相应的价值部分不可避免地带有婚前个人财产的性质。从现实来看，多年来房价持续呈现上涨走势，首付款在房屋价值中对应部分的款项金额也在慢慢扩大。这种带有个人财产性质的权益，人民法院必须给予保护。假如房屋买卖合同虽然签订在婚前，但首付款是由男女双方共同分担支付，就不符合本条所规定的"以个人财产支付首付款并在银行贷款"的条件。这种情况如何认定，有观点认为可参照本条第2款规定，由不动产登记一方将另一方支付的款项及其相对应财产增值部分向对方补偿。

（三）婚后还贷使用的是夫妻共同财产

婚前个人财产不因夫妻关系的成立而自然转化为夫妻共同财产。

即便在法定夫妻共同财产制下，也不排除夫妻一方或双方均保留有一部分个人财产，或在夫妻关系存续期间获得个人财产的情况。如住房贷款的偿还一部分或全部使用的是个人财产，就不能认为购房款包含夫妻共同的投入，也就排除了房屋的一部或全部具有夫妻共同财产的性质。当然，在审判实践中，还贷使用的是否是个人财产，需要有充分的证据予以证明方能认定。一般而言，认定是否满足“婚后用夫妻共同财产共同还贷”，应当从两个方面掌握：一方面从偿还银行贷款的时间看，还贷的时间只要处于婚姻关系存续期间，一般即可认定是双方用夫妻共同财产还贷；另一方面，夫妻之间是否约定实行分别财产制或者对案涉房屋的还贷问题有特别的约定，如双方当事人认可或者一方当事人能够举证证明夫妻实行约定财产制或者对案涉房屋的还贷问题有特别约定，或偿还贷款使用的确是个人财产，则排除本条规定的适用。

（四）不动产登记于首付款支付方名下

房屋的购买满足前三个条件，一方为结婚于婚前支付首付款并贷款购房，婚后使用夫妻共同财产还贷，但不动产登记在双方名下或者一方将房屋赠与另一方的，就不属于本条规定的情形，不能适用本条。而不动产登记的时间是在婚前或婚后，不影响本条的适用。房屋买卖合同是在婚前签订，即意味着不动产物权变动的合意发生于婚前，与另一方无关。有一部分观点认为，如果不动产所有权是在婚后取得，无论登记在哪方名下，均应认定为夫妻共同财产，离婚时应作为夫妻共同财产分割，即“转化论”的观点。我们认为该观点不妥，夫妻之间并非简单的合作关系或者单纯的经济关系，《民法典》婚姻家庭编确立的夫妻财产制，体现的是中国社会普遍认可的价值观，不仅延续了家庭财产共有的传统，也反映了夫妻同甘共苦，共同投资、共担风险的家庭伦理。婚姻家庭法维护的不仅是平等、和谐的家庭关系，并且与抚养子女、赡养老人密切相关。[①] 不动产物权归属并不因不动产登记时间或另一方参与了贷款偿还就发生改变。

① 孙若军：《离婚时处理按揭房屋的法律问题探析》，载《法学家》2009年第3期。

二、房屋的处理以双方协议为先

自愿原则是《民法典》规定的基本原则之一，民事主体得以按照自己的意思设立、变更、终止民事法律关系。离婚时共同财产的处置分割属双方私人事务，尤需坚持自愿原则。只要不危害公共利益或侵害他人合法权益，由夫妻双方在协商一致的基础上给出方案，充分尊重意思自治，可以节约司法资源，当是最好的办法。因此，本条规定，“离婚时该不动产由双方协议处理。依前款规定不能达成协议的，人民法院可以判决……”，只有在双方无法达成一致时，人民法院才需介入，按照本解释建立的规则进行判决。

本条第2款表述为，人民法院可以判决该不动产归登记一方，尚未归还的贷款为不动产登记一方的个人债务。这里需要注意，本条规定的是对一方婚前签订合同并以个人财产支付首付款，婚后以夫妻共同财产还贷并登记在一方名下的房屋的处理方式之一，人民法院在实践中处理时，并非必须采取本条规定的方式，将房屋判归登记一方，也要根据个案的实际情况进行判断。特殊情况下，不排除将此类房屋判归非产权登记一方所有并由其偿还剩余贷款的可能。

对于如何给未取得房屋产权的一方补偿的问题，除房屋原购房款部分的价值外，取得产权的一方还应当向另一方补偿房屋的增值，而不能仅给付夫妻关系存续期间双方共同还贷所支付款项的一半。首先要确定房屋的价值，夫妻双方能够对房屋价值达成一致的，补偿数额的计算以双方认可的数额为基数。如双方不能达成一致，就需要委托有资质的资产评估机构进行评估以确定案涉房屋的价值。本条规定的“双方婚后共同还贷支付的款项及其相对应财产增值部分”的计算，可以用公式表示为：应补偿数额 =（共同还贷数额 ÷ 总购房款）× 房产的现值 ×50%。举例说明，假设婚前贷款购房者所购房屋的单价是每平方米15000元，面积是80平方米。首付款是36万元，按揭贷款84万元，贷款期限为20年（240个月），则利息总计为603452.87元。还款总额1443452.87元。如果采用等额还款的方式，月均还款6014.39

元。双方当事人婚后共同还贷3年（36个月）后诉讼离婚，离婚时房屋经评估，价值400万元。计算可知，购房者为购买该房屋总共支付1803452.87元（120万元+603452.87元）。其中，首付款在房价（房价款+利息）中所占比例为36万元÷1803452.87元×100%≈19.96%，夫妻共同还贷216518.04元（6014.39元×36），占房价款的12%（216518.04元÷1803452.87元×100%）。如果不考虑其他因素，则可以判决房屋归婚前购房一方所有，由其对另一方补偿24万元（400万元×12%×50%）。剩余贷款1226934.83元（1443452.87元-216518.04元），仍由购房一方继续偿还。

本条规定不排除在特殊情况下，给另一方更多补偿或将房屋判归并非首付款支付方所有。如果房屋离婚时子女两岁，需要随女方生活，女方另有居住房屋但经济困难，则首先考虑在分割上述房屋时，对于夫妻共同还贷部分所对应的财产价值，分割时根据照顾子女、女方和无过错方利益的原则，给女方多分。如果结合案件事实认为将该部分全部分给女方才足以体现上述原则，也并不违反本条规定。离婚时非首付款支付一方没有住处，另一方有负担能力的，人民法院还可以依据《民法典》第366条和第1090条规定，判决一方给予帮助，在房屋上设立居住权，保障没有住处一方的生存权利。

还有一个不能忽视的问题是，人民法院在审理此类案件时必须充分了解贷款归还情况，按揭贷款是将所购房屋设为抵押物抵押给银行，作为贷款人偿还贷款的担保。一般而言，还贷义务与房屋所有权应当归于同一当事人。否则，权利义务的不对等极可能导致贷款人拒绝还款，房屋最终可能被银行通过诉讼和执行程序实现债权，反而损害了取得房屋产权一方的利益。

【审判实践中应注意的问题】

1.在一些当事人双方均为再婚者的离婚案件中，对于一方当事人于前一个婚姻关系存续期间即通过所在单位签订预售房合同或者登记参与房改，购买房改房，在购房时享受本人与前一配偶的工龄优惠，但直至原配偶死亡后，该当事人再婚前才正式签订购房合同，购买房屋的，因所购房屋系房改房，购房款的绝大部分为此当事人与原配偶工龄优惠，因此，不宜适用本条判决房屋的归属。

2. 在决定将符合本条规定的房屋判决归非婚前按揭贷款购房一方所有时，务必做好以下工作：一是要判决由取得房屋所有权一方将购房者所支付的房屋首付款及夫妻共同还贷支付款项及其所对应财产的增值部分的一半向另一方支付补偿；二是妥善处理尚未归还的银行贷款，一般应当判决取得房屋所有权的一方当事人承担继续还贷的义务。

3. 人民法院在判决前应当掌握下列基本情况：（1）案涉房屋购买时的价款；（2）首付款及其在购房全款中的比例；（3）按揭贷款数额及其利息数额；（4）当事人以夫妻共同财产还款累计数额（包括利息）及其占全部房款和利息的比例；（5）尚未归还的贷款及利息的数额。在此基础上才能确定产权归属，然后确定取得产权的一方需要向另一方支付补偿款的数额。在分割夫妻共同财产时，仍然要贯彻《民法典》第1087条规定，照顾子女、女方和无过错方利益。

4. 如果双方当事人婚姻关系存续时间较长，夫妻共同还贷的款项在房款中所占比例远远高出婚前购房者支付的首付款在房款中所占比例，而非购房者一方有能力支付尚未偿还的贷款，则人民法院可以根据案件的实际情况判决房屋归婚前购房者的配偶所有，令其向对方支付相应补偿并承担继续还款的义务。

5. 如果婚前购房的一方当事人因某种原因经济状况发生变化，离婚时不具备继续偿还银行贷款的能力，而另一方当事人有此能力，则为了避免案涉房屋被银行行使抵押权，另一方要求取得所有权并按照本条的规定承担相应义务的，人民法院应当予以支持。

6. 如果双方当事人未登记结婚，只是同居，即使购房的情况类似，也不能适用本条规定。

第七十九条 婚姻关系存续期间，双方用夫妻共同财产出资购买以一方父母名义参加房改的房屋，登记在一方父母名下，离婚时另一方主张按照夫妻共同财产对该房屋进行分割的，人民法院不予支持。购买该房屋时的出资，可以作为债权处理。

【条文主旨】

本条是关于婚姻关系存续期间用夫妻共同财产出资购买的、登记于一方父母名下的房改房，离婚时如何认定处理问题的规定。

【条文理解】

一、房改房及产权归属

房改房，是指城镇居民出资购买的根据国家住房制度改革政策出售的房屋。随着社会的发展和进步，房改房在市场上所占比例越来越小，但历史发展阶段遗留下来的此类房屋还有一定数量的存在。住房制度改革后的一段时期内，我国城镇居民居住的房屋主要是通过购买房改房获取。在房改房实行货币化配置之前，房屋是给单位职工的福利待遇，按照低租金进行实物分配居住使用。1980 年开始，随着出售公房、调整租金、提倡个人建房买房政策的提出，我国城镇住房制度改革逐步展开。国务院于 1988 年发布《国务院关于印发在全国城镇分期分批推行住房制度改革实施方案的通知》《国务院办公厅关于转发国务院住房制度改革领导小组鼓励职工购买公有旧住房意见的通知》，于 1991 年发布《国务院关于继续积极稳妥地进行城镇住房制度改革的通知》（已失效），于 1994 年发布《国务院关于深化城镇住房制度改革的决定》（已失效），明确提出城镇住房制度改革的目标是把住房建设投资由国家、单位统包的体制改为国家、单位、个人三者合理负担，从改革公房低租金制度着手，将现行公房实物福利分配制度逐步转变为货币工资分配制度，由住户通过商品交换取得住房的所有权或使用权。住房制度改革后，福利性的房屋分配制度逐渐为市场化、货币化房屋分配制度替代。福利性房屋的居住使用需通过支付相应的房屋价格或较高的租金取得，该种住房的所有权取得与市场出售的房屋不同。按市场价出售需40万元的房屋，房改时在综合考虑到夫妻双方工龄、职务、人口等多种因素后，职工可以以10万元的价格取得，与市场出售的房屋价格差距甚大。职工以市场价购买的住房，产权归个人所有，可以依法进入市场，按规定交纳有关税费后，收入归个人所有。职工以成本价购买的住房，产权归个人所有，一般住用5年后可以依法进入市场，在补交土地使用权出让金或所含土地收益和按规定交纳有关税费后，收入归个人所有。

房改房与普通商品房关键的一点不同是，房改房是单位根据职工职务、年龄、工资、家庭人口等多种因素综合考虑后在房屋价值计算上给予职工的政策性优惠福利，相当于将多年积累的工资差额一次性发给职工。售房单位在计算价格时，要根据购房职工建立起住房公积金制度前的工龄给予工龄折扣，此外还要综合考虑职工的职务等因素。可以认为，优惠的价款部分是由购房人的工龄、职级等其他利益转化而来。这些利益虽然不以购房款的形式表现，却是房屋价值中不容忽视的一部分。也是基于这种考虑，其时《国务院关于深化城镇住房制度改革的决定》[①]等文件规定，职工按成本价购买公有住房，每个家庭只能享受一次，根据住房制度改革相关的政策，房改房一般也是登记在参加房改的职工名下。

二、本条规定的适用必须满足两个条件

适用本条规定，需准确把握两个条件：（1）房改时以一方父母名

① 该文件现已失效。

义参加；（2）房改房登记在离婚夫妻中一方父母名下。

以一方父母名义参加房改，是指参加房改的是离婚诉讼夫妻中一方的父或母，或者父母。以离婚诉讼夫妻双方中任何一方名义参加房改获得的房屋均不适用本条规定。如前所介绍的，我国房改政策对于享有福利性质房改房资格的职工条件作了严格规定，房改房的出售对象为单位职工个人（单身者）和家庭（以家庭成员同意购房为前提），且每个职工个人（单身）或家庭只能享受一次，且在考虑购买者（享受房改政策者）的职务、工龄、年龄等因素后以并不等同于市场价格的价格出售给购房者。由此可见，房改房带有强烈的福利性，相比普通商品房价格的优惠部分，与参与房改职工的工龄、职级等与职工本人关系密切且无法转让的条件相关。如参加房改的是离婚诉讼的夫妻双方中的一方或双方，房屋的分割可由双方自行协商，或按照《民法典》第1087条和本解释第77条的规定处理。根据原建设部公布的《关于房改售房权属登记发证若干规定的通知》，如果一方父母是与子女或共同生活的亲属共有，房产管理部门会经申请并登记核实后，核发给权利人《房屋共有权证》，并根据投资比例，注记每人所占份额。夫妻有购房资格，可依购房时的购房人、工龄人、职级人、原公房的同住人及具有购房资格的出资人主张房屋产权的，可确认房屋产权共有。这种情况下的房屋分割，可适用《民法典》和本解释其他条款予以解决。因此，本条规定的房改房所有权人，仅限离婚诉讼夫妻双方中一方的父母，否则可排除本条规定的适用。

所谓产权登记在一方父母名下，是指离婚诉讼夫妻中一方的父母是房屋的不动产登记权利人。对于尚未取得产权证书的房改房，应根据本解释第77条规定进行处理，即离婚时双方对尚未取得所有权或者尚未取得完全所有权的房屋有争议且协商不成的，人民法院不宜判决房屋所有权的归属，即对一方的将出资房改房作为夫妻共同财产进行分割的主张不予支持。

《民法典》第216条规定，不动产登记簿是物权归属和内容的根据。根据物权的公示公信原则，不动产登记簿的记载具有公示、公信的效力，记载在不动产登记簿上的权利人被视为房屋的合法所有权人。登记在一方父母名下的房改房，无论购房款是由谁出资，不影响一方父母作为所有权人的事实，显然不能作为离婚诉讼夫妻双方的共同财产进行分割。

三、购房出资可作为夫妻双方离婚时的债权处理

房改房虽然登记在一方父母名下，但购房款是以夫妻共同财产支付，为离婚诉讼的夫妻双方共同享有。此时便出现了房屋的出资人和所有权人完全分离的情况，对这部分款项，我们认为，应当按照债权处理。《民法典》将夫妻共同所有作为法定的夫妻财产制，除个人财产和夫妻双方另有约定外，夫妻双方或一方在婚姻关系存续期间所得的财产，均归夫妻共同所有，夫妻对于共同所有的财产，有平等的处理权。夫妻在婚姻关系存续期间，为一方父母参加房改的出资，如果没有特别约定，也不符合赠与的条件，在双方离婚时可作为债权处理。

有观点提出，将以夫妻共同财产支付的购房款认定为债权，出资人在请求偿还债务时，可以一并要求对方支付利息。对此，《民法典》第680条规定，借款合同对支付利息没有约定的，视为没有利息。自然人之间借款的，视为没有利息。是否支付利息，如夫妻双方在出资时与一方父母有约定的，从约定，人民法院可以支持；没有约定的，一般不予支持。

【审判实践中应注意的问题】

一、本条规定是否适用于经济适用房

我国目前城镇居民所拥有的房屋产权证书基本有三种：普通商品房、经济适用房、房改房。这三种产权证书在本质上是没有区别的，都是购房者拥有房屋所有权的物权凭证，其财产权利受到国家相应法

律法规的保护和规范，但在权利所有人行使对于房屋的收益和处分权时有一定的区别。

商品房的房屋所有权包括占有、使用、收益、处分四项权能。在不违反法律规定情况下，可以自由转让、出租或赠与，不受任何单位或个人的限制和干涉，其收益全部归个人所有。

经济适用房，是指政府提供政策优惠，限定套型面积和销售价格，按照合理标准建设，面向城市低收入住房困难家庭供应，具有保障性质的政策性住房，是国家为照顾中低收入居民购房而实施的优惠措施，建造经济适用房所用的土地是国家以划拨方式无偿提供的。根据北京市的规定，职工个人购买的经济适用房，房屋产权归职工个人所有，取得合法产权证书满5年，即可依法进入二级市场上市交易。上市后，其收益归个人所有。也就是说，经济适用房的产权证书所代表的权利和普通商品房一样，不同的是经济适用房在出售时，购买人要按经济适用房所在地标定地价的10%交纳土地出让金，没有标定地价的，土地出让金的价款暂按房屋售价的3%交纳。这样，在办理完产权过户手续后，购买人所得到的就是普通商品房产权证书，再次交易的时候，无需交纳土地出让金。

通过以上对于房改房与商品房、经济适用房的比较可见，房改房的购买主体特定并综合考虑了职工工龄、职务、级别等因素，有其自身福利补助性和政策优惠性双重属性，本条也只适用于房改房，不能适用于商品房和经济适用房。

二、对于虽以一方父母名义参加房改但权属登记于夫妻一方或双方名下的可否作为夫妻共同财产处理

房改房根据国家房改政策规定，一般应登记于参加房改的职工名下。房改房根据购买价格及拥有产权权利范围不同又可分为市场价房、成本价房和标准价房，符合相应条件的房改房也可买卖和赠与。

对于以一方父母名义参加房改，权属登记于产生离婚纠纷的夫妻一方或双方名下的，实践中产生争议较大的是一方父母享受房改政策

后对于夫妻一方或双方的赠与过户。我们认为，由于本条针对的是婚姻关系存续期间、夫妻双方出资而一方父母参加房改的情形，如果已经登记在夫妻双方名下，可视作一方父母放弃对于房改房中因自己参加房改以职级、年龄、工龄等抵扣所享受的福利，对于夫妻双方的赠与，可作为夫妻共同财产进行分割。如果登记于夫或妻一方名下，应视为对子女一方的赠与，该房改房应认定为夫妻一方的个人财产，而非夫妻共同财产。

三、对于房屋增值的部分应否予以补偿

关于夫妻双方共同出资，登记于一方父母名下的房改房，对于房屋增值部分应否补偿存在不同意见。有意见认为，购买房改房的出资作为债权处理不妥，因为目前房价高企，离婚时该房改房可分割给占用房改房父母子女一边，但考虑到购买该房时的价格和离婚时的房屋市场价格，扣除具有购买房改房资格父母指标的价值，增值部分作为夫妻共同财产分割，否则对于另一方不公平。

我们认为，该种意见欠妥。理由是：首先，根据国家房改政策，房改房针对特定对象，具有福利性质，一方父母参加房改是因其符合房改条件，房改是对于其之前低工资不包含住房因素的一次性补贴；其次，夫妻应明知其不具备房改资格，其为一方父母购买房改房的出资行为，应为借款或赠与性质。房改房在出售时并非按照市场价格定价，而是带有社会福利、保障性质的住房，夫妻因出资从中获利也不符合房改房的特性。所以，我们认为，在离婚时，对于登记于一方父母名下的房改房，另一方主张因用夫妻财产共同出资，故对于增值部分应予以补偿的，不应支持。

第八十条 离婚时夫妻一方尚未退休、不符合领取基本养老金条件，另一方请求按照夫妻共同财产分割基本养老金的，人民法院不予支持；婚后以夫妻共同财产缴纳基本养老保险费，离婚时一方主张将养老金账户中婚姻关系存续期间个人实际缴纳部分及利息作为夫妻共同财产分割的，人民法院应予支持。

【条文主旨】

本条是关于离婚时夫妻一方尚未退休，基本养老金如何处理问题的规定。

【条文理解】

一、正确理解基本养老金的性质和意义

《社会保险法》规定，职工应当参加基本养老保险，由用人单位和职工共同缴纳基本养老保险费。无雇工的个体工商户、未在用人单位参加基本养老保险的非全日制从业人员以及其他灵活就业人员可以参加基本养老保险，由个人缴纳基本养老保险费。公务员和参照公务员法管理的工作人员养老保险的办法由国务院规定。基本养老保险实行社会统筹与个人账户相结合。基本养老保险基金由用人单位和个人缴费以及政府补贴等组成。用人单位应当按照国家规定的本单位职工工资总额的比例缴纳基本养老保险费，记入基本养老保险统筹基金。职工应当按照国家规定的本人工资的比例缴纳基本养老保险费，记入个人账户。无雇工的个体工商户、未在用人单位参加基本养老保险的非全日制从业人员以及其他灵活就业人员参加基本养老保险的，应当按照国家规定缴纳基本养老保险费，分别记入基本养老保险统筹基金

和个人账户。参加基本养老保险的个人，达到法定退休年龄时累计缴费不足15年的，可以缴费至满15年，按月领取基本养老金；也可以转入新型农村社会养老保险或者城镇居民社会养老保险，按照国务院规定享受相应的养老保险待遇。上述规定可见，养老保险是国家为解决职工在退休后的基本生活而建立的制度，而基本养老金与养老保险金含义并不能等同，当缴费人达到退休年龄时累计缴费满15年的，可以领取的部分称作基本养老金。本条在基本保留《婚姻法司法解释（三）》第13条规定基础上，将“养老保险金”更改为“基本养老金”，与其他法律统一，也更加规范。

现代养老保险立法最早始于德国，德国1889年颁布《残废和老年保险法》，随后养老保险观念为世界许多国家接受。我国养老保险立法始于新中国成立之初。在漫长的封建社会中，我国实行的是以血缘关系为基础的“亲属养老”，新中国成立后，才初步建立社会养老保险制度。1951年2月，政务院发布了《劳动保险条例》，在该条例第3章第15条中明确规定了企业职工的养老保险待遇，1955年又将养老保险扩大到国家机关、事业单位。如国有企业按照职工工资总额3%按月缴纳劳动保险费，建立了由全国总工会进行统筹调剂的养老保险制度。但在“文革”开始后，由于机构被撤销、人员被解散、基金被挪用，劳动保险条例无法执行。1969年2月财政部规定：国营企业一律停止提取劳动保险金，企业退休职工的开支改在营业外列支，即企业职工的养老保险由“社会互济”改为“企业自保”，导致了我国养老保险制度的倒退。计划经济体制下建立的养老保险制度不能适应并制约着市场经济的健康发展，为了在全国范围内建立统一的企业职工养老保险制度，国务院于1991年发布《关于企业职工养老保险制度改革的决定》（国发〔1991〕33号），提出个人必须缴费和个人缴费额不超过本人标准工资的3%的定量标准，初步确定了我国企业职工养老保险制度的基本框架，逐步建立国家基本养老保险、企业补充养老保险和职工个人储蓄性养老保险相结合的制度。1995年，国务院发布《关于深化企业职工养老保险制度改革的通知》（国发〔1995〕6

号），提出两个方案，供各地选择。全国范围内的企业基本养老社会保险制度——社会统筹与个人账户相结合制度开始实施。1997 年 7 月 16 日，国务院发布《关于建立统一的企业职工基本养老保险制度的决定》（国发〔1997〕26 号）规定，个人缴费年限累计满 15 年，退休时的基础养老金月标准为省、自治区、直辖市或地（市）上年度职工月平均工资的 20%，个人账户养老金月标准为本人账户储存额除以 120（以平均寿命 70 岁计算）。这一政策的颁布，标志着我国养老保险制度的建设走上了规范化的道路，体现社会统筹和个人账户相结合的原则，兼顾公平与效率，既体现了政府的责任，又鼓励了个人的积极性。2000 年国务院发布《关于印发完善城镇社会保障体系试点方案的通知》（国发〔2000〕42 号），对个人账户提出了新的调整政策：从 2001 年起，企业缴纳本企业所有职工工资总额的 20% 左右全部进入社会统筹账户，不再划拨到个人账户；个人缴纳本人工资的 8% 左右，全部进入个人账户。2005 年国务院发布《关于完善企业职工基本养老保险制度的决定》（国发〔2005〕38 号）规定逐步做实个人账户。2009 年和 2010 年，国务院相继发布《国务院关于开展新型农村社会养老保险试点的指导意见》和《国务院关于开展城镇居民社会养老保险试点的指导意见》（均已失效），探索建立个人缴费、集体补助、政府补贴相结合的新农保制度和个人缴费、政府补贴相结合的城镇居民养老保险制度，实行社会统筹与个人账户相结合，与家庭养老、土地保障、社会救助等其他社会保障政策措施相配套，保障农村居民和城镇居民的老年基本生活。2010 年《社会保险法》正式颁布，以法律的形式确认了养老保险金的社会统筹和个人账户结合型的养老保险制度。2014 年，国务院发布《关于建立统一的城乡居民基本养老保险制度的意见》，决定将新农保和城居保两项制度合并实施，在全国范围内建立统一的城乡居民基本养老保险制度，要求坚持和完善社会统筹与个人账户相结合的制度模式，巩固和拓宽个人缴费、集体补助、政府补贴相结合的资金筹集渠道，2020 年前，全面建成公平、统一、规范的城乡居民养老保险制度。2017 年，又发布了《国务院办公厅关于加快发展商业养老保险的若干意见》，健全多层次养老保障体系，促进养老服务业多层次多样化发展，应对人口老龄化趋势和就业形态新变化，进一步保障和改善民生，促进社会和谐稳定。

当前，世界上通行的基本养老保险筹资模式有三种，即完全积累式、现收现付式和部分积累式。（1）完全积累式，是指退休者养老金的给付来自本人部分递延工资在工作期间的积累，企业定期筹资并予以积累，当达到年老退休时，取出积存的基金用于养老金的给付。这种模式是一种类似储蓄的做法，它最大的优点是具有基金的积累性和给付的保证性，其缺点是养老基金需经长达几十年的积累才能变现，因通货膨胀、经济波动等因素的出现，使得变现后的养老金难以达到原有的购买力，且资金增值率存在极高的不确定性，从而影响退休者生活水平的保障。（2）现收现付式，是指由在职劳动者及单位缴费，直接用于支付退休者养老金费用，是根据每年所需支付的总额来增减当年在职劳动者及单位所负的养老金费用。这种模式是以支定收，其优点是起步时所需支付的养老金较低，企业及从业人员负担较轻，适合年轻型人口结构状态下的国家采用，其缺点是养老金完全没有积累，且养老金费用随退休人员的增多而不断提高，无法应付人口老龄化高峰期到来时退休金的高峰支付。（3）部分积累式，是指在现收现付模式的基础上，在经济可承受的范围内，开始时多让在职劳动者负担一部分养老金费用，并将这部分基金积累增值，以应付退休高峰期的需要。这种模式是对现收现付式的改良，其优点突出，既可支付当年退休者的养老金，又可利用已储备的基金支付退休高峰期的养老金，减轻退休高峰期养老金费用负担过重的压力。我国的养老保险基金原来采用的是现收现付筹资方式，目前采用的是部分积累的筹资方式，养老保险基金来源主要由两部分组成：一部分为统筹资金，通常由用人单位和政府补贴组成；另一部分为个人账户资金，由职工个人缴纳（通常为职工工资扣缴）的养老保险费累积而成。

二、不符合领取基本养老金条件的，基本养老金不能作为夫妻共同财产分割

根据《社会保险法》规定，参加基本养老保险的个人，达到法定退休年龄时累计缴费不足15年的，可以缴费至满15年，按月领取基本养老金；也可以转入新型农村社会养老保险或者城镇居民社会养老保险，按照国务院规定享受相应的养老保险待遇。可见，我国法律规定的基本养老金的领取条件有二：（1）达到法定退休年龄；（2）累计缴费满15年。而婚姻关系终止并非可以领取基本养老金的法定条件，即便缴费人离婚，也不能作为分割基本养老金的理由。本解释第25条规定："婚姻关系存续期间，下列财产属于民法典第一千零六十二条规定的'其他应当归共同所有的财产'：（一）一方以个人财产投资取得的收益；（二）男女双方实际取得或者应当取得的住房补贴、住房公积金；（三）男女双方实际取得或者应当取得的基本养老金、破产安置补偿费。"可以作为夫妻共同财产的基本养老金只有两种情况，其一是实际取得，相当于已经获得的收入，当然属于夫妻共同财产，在所不论。其二是应当取得的基本养老金，如何理解"应当取得"，我们认为，是指当事人已经退休，具有享受养老保险金的基本条件，但由于某种原因尚未将养老保险金领取到手的情形。如离婚时夫妻一方或双方已退休，可按月定期领取养老保险金，但法院判决前因养老保险金发放时间未至，故有部分养老保险金应当取得而未取得。再如，按相关政策已一次性结算养老保险金的，虽结算手续基本办妥，但由于相关部门支付养老保险金的资金尚未到账，离婚时仍处于等待发放状态。这种可预测的应当取得的养老保险金数额明确无争议，与实际取得养老保险金并无太大的区别，领取它只是时间问题，因此完全可以作为夫妻共同财产予以分割。如果离婚时一方或双方尚未退休，按照目前养老保险金管理制度的规定，在未退休之前，这种不可预测的应当取得的养老保险金，随着时间的推移，保险费的逐月累加而处于不断变化之中；同时，保险金按规定通常也是在职工退休

后才能发放，其发放数额和发放年限也是因人、因时、因事而异，将来到底应当取得多少基本养老金在离婚时无法进行预先测算。由于这种不可预测性和不确定性，当然也就不具有进行实物分割的可操作性。劳动者不可能实际取得个人账户下的基本养老金，不属于“应当取得”的情形。

三、养老金账户中婚姻关系存续期间个人实际缴纳部分及利息可作为夫妻共同财产分割

由于养老保险金是由国家规定的社会保险机构或部门进行统筹和统一管理的，因此夫妻双方或一方的养老保险金个人账户下的养老保险费数额在特定的时间段是确定的，也可以通过举证证明。虽然养老保险费不完全是基本养老金，但它是日后发放基本养老金的根本依据，也是夫妻离婚时应当取得的基本养老金既存、现有的利益。这就为法院在处理养老保险金分割时提供了可行性：法院虽不能对尚未达到领取条件的基本养老金的未来价值进行估量，但却可以就离婚时养老保险金个人账户中现有的已经缴纳的费用进行衡平。

但人民法院在适用时，必须注意区分个人账户中用夫妻共同财产缴纳的养老保险费与基本养老金，避免把二者混淆。正如前文所说，职工退休后拿到的基本养老金实际上由两部分组成：一部分为统筹养老金，一部分为个人账户养老金。职工缴纳养老保险费与职工月平均工资收入基数密切相关，其工资收入又包括了工资、奖金、津贴、补贴等。通常情况下，职工个人账户中缴纳的养老保险费就是从其个人工资中扣除的，因此，养老保险费具有工资属性，不是夫妻一方个人财产，从理论上讲，应当纳入夫妻共同财产的范围。离婚财产分割时，夫妻双方或一方的基本养老保险账户下在特定的时间段里确定的养老保险费资金数额就是衡平的基础。在实际缴纳部分之外，本条将对应的利息也作为夫妻共同财产分割的部分，主要是考虑到基本社会保险基金并非投入即固定的“一潭死水”，会产生一定的收益。2015年国务院发布了《国务院关于印发基本养老保险基金投资管理办法的

通知》，要求各省、自治区、直辖市养老基金结余额，可按规定预留一定支付费用后，确定具体投资额度，委托给国务院授权的机构进行投资运营。养老基金投资应当坚持市场化、多元化、专业化的原则，确保资产安全，实现保值增值。本解释第26条规定，夫妻一方个人财产在婚后产生的收益，除孳息和自然增值外，应认定为夫妻共同财产。第一，养老金账户中实际缴纳部分本身就属于夫妻共同财产；第二，养老保险费产生的利息既非上述规定中的孳息，也非自然增值，无论从哪方面看，都应当与实际缴纳的养老保险费用一起作为夫妻共同财产予以分割。这样，可以最大限度地兼顾养老保险社会保障性质和个人财产积累性质的平衡。

【审判实践中应注意的问题】

一、注意区分养老保险费和基本养老金

在养老保险的理解中有两个人们常常混同的概念——“养老保险费”与“基本养老金”。养老保险费通常是职工在退休前由单位从职工工资中扣缴或者统筹，这种扣缴和统筹的资金就构成了职工个人账户下的养老保险费，是职工在退休前的产物；而基本养老金实际是职工在退休后领取的工资，同时，根据《社会保险法》和现行养老保险金管理制度规定，职工在退休前缴纳养老保险费，是其在退休后获得基本金养老的直接依据。

二、离婚后，一方退休并领取基本养老金的，另一方是否有权主张按婚姻关系存续期间养老保险缴纳情况，提出相应的分割基本养老金请求

我们认为，另一方无权主张提出相应的分割基本养老金请求。第一，从夫妻共同财产形成的时间节点上看，夫妻共同财产形成在婚姻关系存续期间，婚姻关系结束后形成的财产不能作为夫妻共同财产。按照

现有的基本养老金管理制度，个人需连续缴纳15年养老保险费用才有资格取得基本养老金，虽然从来源上讲，夫妻关系存续期间缴纳养老保险费用部分也是日后提取基本养老金的部分条件，但并不能等同于实际取得的基本养老金。

第二，本条后半段已经考虑双方利益的平衡，即未能对基本养老金进行分割的一方，可以主张将基本养老金账户中婚姻关系存续期间个人实际缴付部分作为夫妻共同财产分割。而分割的该笔养老保险费即是日后基本养老金的一部分，可以说，根据本条规定，离婚时，双方已经对基本养老金中属于夫妻共同积累的财产部分进行了分割，再行分割缺乏依据。

三、离婚案件中养老保险费如何具体分割

审判实践中，我国的养老保险费管理制度未将婚姻关系终结作为提取该款项的法定理由，导致未退休的离婚当事人对养老保险费无法实际进行分割，那么该条司法解释如何进行具体操作呢？我们认为，离婚案件的财产分割方法不外乎实物分割、价金分割和价格补偿三种。由于基本养老保险个人账户基于相关保险法律、法规和政策的规定，它具有与个人身份的紧密关联性和专属性，因此不能简单和武断地打乱正常的社会养老保险秩序将其一分为二，而应把它放到离婚双方所有共同财产总体中进行整体衡量，以不破坏基本养老保险个人账户专属性为原则，以夫妻关系确立之月起至法院判决之月止的基本养老保险个人账户金额（庭审中也可就双方当事人一致认可的数额确定）为依据、以现有价格补偿为手段，将其与离婚双方其他可分实物、价金等共同财产在分割时进行利益调剂、补偿和衡平，找齐离婚双方的利益落差，从而达到分割该应当取得的养老保险费的目的。

第八十一条 婚姻关系存续期间，夫妻一方作为继承人依法可以继承的遗产，在继承人之间尚未实际分割，起诉离婚时另一方请求分割的，人民法院应当告知当事人在继承人之间实际分割遗产后另行起诉。

【条文主旨】

本条是关于夫妻一方作为继承人依法可以继承的遗产离婚时在继承人之间尚未实际分割时处理原则问题的规定。

【条文理解】

共同财产的分割是离婚时夫妻双方需要解决的重点事项之一，对于什么属于可以分割的夫妻共同财产，《民法典》第1062条作出了详细规定，其中明确，除遗嘱或者赠与合同中确定只归一方的财产之外，其他继承或受赠的财产均属于夫妻共同财产，归夫妻共同所有，可以在离婚时进行分割。但现实生活中经常有继承开始后遗产并未在继承人之间实际分割，而是维持原状的情况。如继承发生在婚姻关系存续期间，而遗产的实际分割发生在离婚后，在离婚后才获得的这部分财产是否属于可以分割的夫妻共同财产，另一方是否有权分割，什么时候可以请求分割？本条解决的即是这个问题。

一、婚姻关系存续期间发生继承，离婚后才实际分割遗产的，该部分遗产可作为夫妻共同财产分割

继承，是自然人死亡时，由其法律规定的亲属或者指定的主体概括地承继其遗产的行为。《民法典》第1121条规定，继承从被继承人死亡时开始。这其中包括自然死亡和宣告死亡。学理上对继承有多种

分类，包括有限制继承和无限制继承，单独继承和共同继承，最为常见的一种，就是根据继承是否依照被继承人的意思发生，分为法定继承和遗嘱继承。法定继承，是指由法律直接规定继承人范围、继承顺序、继承人应继份额、遗产分配原则的继承方式。遗嘱继承是指按照被继承人生前所立有效的遗嘱来确定继承人及其继承遗产的范围、种类等的继承方式。

就法定继承而言，现代各国在立法上一般以血缘关系、婚姻关系为基础确定法定继承人的范围，少数国家在血缘关系、婚姻关系之外还兼采扶养关系为基础确定法定继承人的范围。世界各国对于法定继承人的范围，主要采取两种立法模式：一是采取“亲属继承无限制主义”，法定继承人不受亲等的限制，范围很广；二是采取“亲属继承限制主义”，法定继承人只限于一定亲等以内的亲属。世界上大多数国家采取“亲属继承限制主义”，我国《民法典》继承编也是依据“亲属继承限制主义”来确定法定继承人的范围。《民法典》第1127条规定：“遗产按照下列顺序继承：（一）第一顺序：配偶、子女、父母；（二）第二顺序：兄弟姐妹、祖父母、外祖父母。继承开始后，由第一顺序继承人继承，第二顺序继承人不继承；没有第一顺序继承人继承的，由第二顺序继承人继承。本编所称子女，包括婚生子女、非婚生子女、养子女和有扶养关系的继子女。本编所称父母，包括生父母、养父母和有扶养关系的继父母。本编所称兄弟姐妹，包括同父母的兄弟姐妹、同父异母或者同母异父的兄弟姐妹、养兄弟姐妹、有扶养关系的继兄弟姐妹。”此外，代位继承也属于法定继承的一种特殊的形式。《民法典》第1128条规定：“被继承人的子女先于被继承人死亡的，由被继承人的子女的直系晚辈血亲代位继承。被继承人的兄弟姐妹先于被继承人死亡的，由被继承人的兄弟姐妹的子女代位继承。代位继承人一般只能继承被代位继承人有权继承的遗产份额。”一般而言，继承权是基于特定身份而享有的财产权利。继承人与被继承人之间一定亲属关系的存在，是继承人享有继承资格的前提。这一亲属关系的范围，各国规定不尽相同，但都是公认的与被继承人关系最亲密的亲属，姻亲关系不属于继承权的发生根据。但我国继承法律规范对此有一定的突破，《民法典》第1129条赋予了丧偶儿媳、丧偶女婿一定的继承权，即“丧偶儿媳对公婆，丧偶女婿对岳父母，尽了主要赡养义务的，作为第一顺序继承人”。

遗嘱继承与法定继承相比较，具有优先效力。这种优先效力是私法自治原则在继承法领域的体现。《民法典》第1123条规定：“继承开始后，按照法定继承办理；有遗嘱的，按照遗嘱继承或者遗赠办理；有遗赠扶养协议的，按照协议办理。”即是遗嘱继承的优先效力的体现。遗嘱人可以在法定继承人的范围内，根据自己的意愿选择其中的一人或数人作为其死后的财产继承人，可以改变遗嘱继承人原来所处的法定继承顺序，亦可以改变法定继承人的应继份额。遗嘱所处分之财产，可以是死者财产的全部，也可以是其财产的一部；且遗嘱之设定，可以附有负担，也可以不附加任何义务。

一般来说，继承开始后，首先要做的就是确定遗产的范围。《民法典》新增了遗产管理人制度，规定由遗产管理人履行如下职责：（1）清理遗产并制作遗产清单；（2）向继承人报告遗产情况；（3）采取必要措施防止遗产毁损、灭失；（4）处理被继承人的债权债务；（5）按照遗嘱或者依照法律规定分割遗产；（6）实施与管理遗产有关的其他必要行为。遗产范围确定后，根据实际情况判断继承应当适用何种规则，是法定继承、遗嘱继承，还是遗赠或遗赠扶养协议，以此确定继承人的范围和各自的应继份额。上述步骤完成后，方具备实际分割遗产的条件。

遗产作为被继承人死亡时所遗留的，依照继承法律规范移转给他人的个人合法财产，具有时间上的特定性、内容上的概括性、范围上的限定性、性质上的合法性等特点。[①]关于遗产的范围，从包含的权利内容来看，大陆法系国家多秉承罗马法上的“总括继承原则”，在继承立法中将被继承人所遗留的各种权利和义务均纳入遗产的范畴，

① 房绍坤、范李瑛、张洪波编著：《婚姻家庭与继承法》，中国人民大学出版社2015年版，第174~175页。

并将其区分为积极财产即财产权利，和消极财产即债务两大类。而英美法系国家由于在遗产继承中实行遗产信托制度，被继承人生前所负债务不属于遗产，被继承人所遗留的财产首先扣除其债务，其余部分才交付继承人，用于遗嘱继承或法定继承，因而遗产只包括财产权利，而不包括债务。从立法体例上看，有的采取“正面概括加列举”模式，我国《继承法》就采取了此种；有的采取“正面概括加反面排除”模式；有的采取“正面列举与排除”模式。《民法典》最终选择了第二种模式，第1122条规定：“遗产是自然人死亡时遗留的个人合法财产。依照法律规定或者根据其性质不得继承的遗产，不得继承。”

判断被继承人获得的遗产是否属于可分割的夫妻共同财产时，遗产的取得时间以继承发生之时计算，还是以实际分割之时计算，得出的结论大不相同。继承权作为一种民事权利，包括“特定的利益”和“法律上之力”这两个判断权利本质的构成要素，其中“特定的利益”，即继承人对可供继承的遗产具有特定利益。多年来，学术界将继承权划分为继承期待权和继承既得权。继承期待权，即继承开始之前尚未具备全部成立要件的权利。继承既得权，是继承开始后已具备全部成立要件，具备现实性的权利。不过，近代以来，继承期待权理论已渐式微，主流观点认为继承权不存在所谓期待权。这是因为：第一，继承从被继承人死亡时开始，是世界各个国家或地区继承立法的通例。继承人死亡前，被继承人对继承遗产有心理上的期待，但并无期待权。权利意味着依法能够享有，而被继承人死亡前，继承人无权提出任何权利请求。况且，继承具有不确定性，如虽属法定继承人，但可能被遗嘱继承所排斥而不实际享有继承权；虽有在先的遗嘱，但可能被在后的遗嘱所替代；即使没有遗嘱、遗赠，是否有遗产可继承，特殊情况下谁是继承人、谁有继承权、谁能继承谁等问题，均无法确定。第二，赞同继承期待权理论的观点之一，是继承期待权可以在继承开始前通过诉讼的方式被剥夺。但正如上面所说，继承具有不确定性，某一主体最终是否能够享有继承权受多种因素影响，讨论剥夺问题并无必要。第三，法律无法保护继承期待权。如属于权利，则必须赋予法律保护之力，但继承期待权人，无论是作为法定继承人还是遗嘱继承人均无法提出任何请求，因为婚姻关系、亲子关系、遗嘱内容等均存在变更可能，所谓的继承人也可能先于被继承人死亡。据此，理解为期待权，无法予以权利救济，从此角度也可以看出继承期待权并不是真正的权利。第四，继承期待权无法转让和继承，而按照通说期待权可以转让和继承。故而，继承权是一种既得权，在被继承人死亡，继承发生时由被继承人实际享有。此时，“继承人对于包括的继承财产之应继分，在一定条件下得为处分之标的”；“此权利因继承之开始而当然取得，无待于继承人之意思表示”。[①] 继承发生后，无论遗产是否在继承人之间实际进行了分割，只要不存在继承人放弃继承的情况，均不影响其应继份额的财产已为继承人所有的事实，继承人已经享有了该种权利。根据《民法典》第1062条规定，该部分财产属于夫妻共同财产，可在离婚时分割。

二、分割请求只有遗产在继承人之间实际分割后方能获得支持

虽然作为被继承人的夫妻一方在婚姻关系存续期间已经享有了遗产权利，但考虑多方面因素，夫妻双方离婚的，尚不宜立即对遗产进行分割。

最常见的一种情形，是夫妻一方的父或者母死亡，而另一方仍然健在，出于传统习惯和尊重老人感情的考虑，一般不会对财产进行分割，而是保持原状。此时，继承人对被继承人的遗产享有的权利是一种实在的既得权利，理论上来说具备了与另一方分割的条件。但既得权利虽具备了现实性，却不等于实际获得的利益，在遗产实际分割前，这种既得权利仍表现为一种期待利益。即便财产权利已经作为夫妻共同财产的一部分为夫妻双方共同享有，但要将这种财产权性质的继承既得权以及其所延伸的遗产份额在离婚诉讼中作为夫妻共同财产

① 史尚宽:《继承法论》，中国政法大学出版社2000年版，第93页。

进行分割，等同于“有炊无米”，尚缺乏现实基础。而且，根据《民法典》第 1161 条规定：“继承人以所得遗产实际价值为限清偿被继承人依法应当缴纳的税款和债务。超过遗产实际价值部分，继承人自愿偿还的不在此限。继承人放弃继承的，对被继承人依法应当缴纳的税款和债务可以不负清偿责任。”基于遗产继承的权利义务概括承受的特点，遗产实际分割后，继承人实际获得的财产才能最终得到确定。因此，本条规定不将这种财产权性质的继承既得权以及其所延伸的遗产份额在离婚诉讼中作为夫妻共同财产进行分割，而是将其作为配偶另一方对遗产中夫妻共有份额的期待利益，在继承人之间实际分割遗产的条件成就之后再行处理。这种规定能够比较好地兼顾尊重传统、促进和谐与保护婚姻关系当事人的合法权益。

【审判实践中应注意的问题】

根据本条规定，对于夫妻关系存续期间继承发生但遗产未实际分割的，人民法院在离婚诉讼中对于应属于夫妻共同财产的继承人的遗产份额不予处理；在离婚之后继承人之间实际分割遗产的，人民法院应当根据原婚姻关系当事人的请求，分割原配偶继承所得部分的财产。但在审判实践中可能存在这样的情况，即离婚后，作为继承人的原夫妻关系当事人一方放弃继承。这种情况如何处理，存在分歧。第一种观点认为，根据《民法典》第 1124 条第 1 款的规定：“继承开始后，继承人放弃继承的，应当在遗产处理前，以书面形式作出放弃继承的表示；没有表示的，视为接受继承。”而根据《民法典继承编解释（一）》第 32 条的规定：“继承人因放弃继承权，致其不能履行法定义务的，放弃继承权的行为无效。”故离婚后，作为继承人的原婚姻关系当事人的一方放弃继承的，不违反法律的规定，不属于该司法解释规定的“放弃继承权的行为无效”的情形。这种情况下，由于原配偶并未实际获得财产，不发生原配偶另一方分割共有财产的问题。另一种观点认为，离婚后，作为继承人的原夫妻关系当事人一方放弃继承的，属于滥用权利的行为，违反民法上的诚信原则，其放弃继承的行为应当认定无效。

对此，我们认为，禁止权利滥用是一种积极捍卫权利的手段，它是为权利而限制权利，与法律保护权利可谓一体两面。[①]任何权利的行使，都不得违反诚信原则，滥用权利损害他人的合法权益。“权利滥用谓逸出权利的、社会的、经济的目的或社会所不容许的界限之权利行使……权利之行使，应于权利者个人之利益与社会全体之利益调和之状态为之，从而权利之行使，以加害于第三人之意思目的为之者，称为恶意的权利行使。违反公序良俗或权利人方面无正当的利益，或权利人因权利之行使所得利益极小，而于他人损害莫大，不能相比者，皆为权利滥用。”[②]相比较而言，第一种观点更具合理性，只要不影响原夫妻关系一方当事人履行其对子女、原配偶的法定义务，其放弃继承，对于原配偶来说，一般不构成权利滥用。但不可一概而论，根据禁止权利滥用原则的基本原理，对案件情况作具体分析后得出结论，似更为妥当。

---

① 蒋淑丽：《禁止权利滥用原则初探——走向权利时代的必要立法规制》，载《濮阳职业技术学院学报》2010年第4期。

② 史尚宽：《民法总论》，中国政法大学出版社2000年版，第713~714页。

第八十二条　夫妻之间订立借款协议，以夫妻共同财产出借给一方从事个人经营活动或者用于其他个人事务的，应视为双方约定处分夫妻共同财产的行为，离婚时可以按照借款协议的约定处理。

【条文主旨】

本条是关于离婚时夫妻之间婚内借款如何处理问题的规定。

【条文理解】

一、调整一般借款关系的法律规范同样适用于夫妻之间以夫妻共同财产为标的订立的借款协议

要更好地理解本条规定，首先要理解发生在夫妻之间的借款，在本质上与一般民事主体之间互相借款的行为并无不同。我国《民法典》合同编第十二章借款合同部分，除了在第680条中规定禁止高利放贷，借款的利率不得违反国家有关规定之外，未对借款合同规定其他限制。夫妻双方作为民事主体，在符合实施民事法律行为条件的前提下，双方合意由一方向另一方从夫妻共同财产中借款，除作为借款来源的夫妻共同财产属于双方共同共有而与普通自然人之间的借贷不同外，并无其他本质区别。人民法院在处理此类纠纷时，除了使用本条规定和《民法典》婚姻家庭编中的其他有关规定外，还应当适用自然人之间借款合同的民事法律规定。

二、注意区分约定财产分别所有和一方从夫妻共同财产中借款

《民法典》规定，夫妻对共同财产享有平等的处理权，意即夫妻

双方对夫妻共同财产均享有占有、使用、收益、处分等权能，夫妻间的借款行为应当视为夫妻对其共同财产的合法处分。而众所周知，货币属于种类物，所有权随着占有的转移而转移。用于支付借款的夫妻共同财产随着借出而成为借款一方的个人财产。

正是因为这种属性，有观点认为夫妻一方在婚姻存续期内从夫妻共同财产中借款的行为，实质上是对部分财产约定分别所有。我们认为，这种观点忽视了财产的约定所有和借款行为的区别，二者不能混为一谈。

《民法典》第1065条第1款规定："男女双方可以约定婚姻关系存续期间所得的财产以及婚前财产归各自所有、共同所有或者部分各自所有、部分共同所有。约定应当采用书面形式。没有约定或者约定不明确的，适用本法第一千零六十二条、第一千零六十三条的规定。"第1062条对夫妻共同财产作出了规定："夫妻在婚姻关系存续期间所得的下列财产，为夫妻的共同财产，归夫妻共同所有：（一）工资、奖金、劳务报酬；（二）生产、经营、投资的收益；（三）知识产权的收益；（四）继承或者受赠的财产，但是本法第一千零六十三条第三项规定的除外；（五）其他应当归共同所有的财产。夫妻对共同财产，有平等的处理权。"第1063条规定了夫妻个人财产的范围，其中包括：（1）一方的婚前财产；（2）一方因受到人身损害获得的赔偿或者补偿；（3）遗嘱或者赠与合同中确定只归一方的财产；（4）一方专用的生活用品；（5）其他应当归一方的财产。以上三个条款，构成了我国《民法典》下的夫妻财产制的基本内容。

根据夫妻财产制由法律规定还是由当事人约定，《民法典》规定的夫妻财产制的种类主要可分为法定财产制和约定财产制。法定财产制是在夫妻之间在婚前和婚后未订立夫妻财产约定或财产约定无效的情况下，由法律直接规定的夫妻财产制的形式。约定财产制是指夫妻双方以契约方式确定适用财产制的形式。婚姻家庭法律规范属于私法范畴，应当充分贯彻意思自治原则，因此如果夫妻双方对其财产的归属、管理、适用、收益、处分等事先有约定的，则依其约定；若无约定或约定无效，则以法律规定确定其财产归属。

夫妻财产制又称婚姻财产制，是指规定夫妻财产关系的法律制度。其核心是夫妻婚前财产和婚后所得财产的所有权归属问题。[①] 包括夫妻婚前所有财产和婚后所得财产的归属、管理、使用、收益、处分以及债务的清偿、婚姻关系终止时的财产分割等内容。法定财产制是指夫妻双方未对婚前或婚后财产的归属作出约定，或约定无效时，按照法律的直接规定确定婚前或婚后的财产归属的夫妻财产制。约定财产制是指夫妻双方通过约定确定财产归属的夫妻财产制。目前，受到传统文化和思想的影响，法定财产制仍是我国夫妻财产制的主要形式，实践中采取约定财产制确定夫妻财产归属的仍不多见。以上关于夫妻财产制的条文可以看出，我国采取的法定夫妻财产制是婚后所得共有制，即除法律另有规定或当事人另有约定外，婚后夫妻一方所得财产，均属夫妻共同共有；婚前所得财产，分属各自所有。

相较而言，约定财产制下，只要不存在违反法律的强制性规定等导致约定无效的情形，夫妻财产的归属以双方的约定为准，更加尊重双方的意思自治，充分体现了个人作为独立的民事主体在现代社会中的地位和价值，随着社会的发展和时代的变迁，在实践中的适用越来越多。我国目前的约定财产制度大致可分为三种类型，即一般共同制、限定共同制（或称部分共同制）和分别财产制。

一般共同财产制，是指夫妻双方婚前、婚后的全部财产均归夫妻共同所有，但特有财产除外的夫妻财产制度。在一般共同财产制下，不论夫妻各自的婚前还是婚后财产，也不论是动产还是不动产，一律归夫妻共有，由夫妻双方平等地共同享有财产的所有权，只有法律另有特别规定的财产除外。

限定共同财产制，是指夫妻双方约定一定范围内的财产归夫妻共同所有，其他财产归夫妻各自所有的财产制度。这种制度与法定的婚后所得共有制的区别在于共有财产的范围不同。法定婚后所得共有制

① 房绍坤、范李瑛、张洪波编著：《婚姻家庭与继承法》，中国人民大学出版社 2015 年版，第 56 页。

中共有范围严格限制在婚后所得财产，婚前财产依法属于个人所有。而限定共同制下，共有财产的范围完全由当事人双方协商确定。当事人可以将婚前的财产约定为双方共有，也可以将婚后全部财产约定为共有，权看如何约定。

分别财产制，是指夫妻双方婚前财产及婚后所得财产全部归各自所有，并各自行使管理、使用、处分和收益权的夫妻财产制度。分别财产制是最能够体现夫妻双方各自独立的民事主体地位的一种夫妻财产制。

通过对法定财产制和约定财产制，以及约定财产制内一般共同财产制、限定共同财产制和分别财产制的对比可以发现，婚姻关系存续期间内，一方向另一方借取夫妻共同财产，只有在存在夫妻共同财产这一前提下才有可能发生。而在纯粹的分别财产制下，夫妻双方财产各自独立，是否存在婚姻关系对借款的出借和偿还几无影响，与其他民事主体之间的借款一般无二。

正如以上对我国夫妻财产制的简要介绍，夫妻双方可以在婚前或婚后的任何时间，通过协商一致对财产归属作出约定，选择适用某种夫妻财产制，财产完全分别所有或部分共同所有、部分分别所有，或完全共同所有均可。一对从未约定过财产归属的夫妻，在婚姻关系存续期间约定部分共同财产属于一方所有，对借款这部分财产所有权的影响，与本条所规定的夫妻一方在婚姻关系存续期内从夫妻共同财产中借款产生的效果其实是一样的，都构成了对夫妻共同财产的处分。但需要特别注意的是，这种相同也只限于借款所有权的变更结果，从其他方面看，二者仍可说是天差地别。首先，两者处分财产的范围不同。约定财产分别所有的财产范围不仅限于夫妻共同财产，还包括夫妻一方婚前财产。其次，两者约定的内容不同。财产约定的内容是夫妻一方婚前财产、婚后的夫妻共同财产的一部分或全部的所有权归属。而本条规定的夫妻一方在婚姻关系存续期内从夫妻共同财产中借款的行为虽然在客观上也造成部分财产所有权的转移，但其主要内容是侧重于一方从夫妻共同财产中借款。再次，两者的法律后果不同。

基于两者约定的内容不同，财产约定在双方之间产生了所有权的确定、变更的效果，而夫妻之间的借款行为则在夫妻之间建立了借贷法律关系。最后，两者的形式要件不同。根据《民法典》第1065条规定，夫妻双方约定财产制应当采用书面形式。而《民法典》虽然规定借款合同应当采用书面形式，但对自然人之间的借款也没有排除其他形式的适用，夫妻之间借款并非必须采取书面形式。

实践中对夫妻间借款究竟属于夫妻约定财产分别所有，还是一方从夫妻共同财产中借款进行判断，应当结合双方协议约定的内容进行。通常情况下，约定借贷双方、借款数额、偿还期限、偿还方式和金额等内容的，是借款协议。而约定部分财产归一方所有以及财产的管理、使用，但没有约定是否需要偿还以及偿还期限、方式、金额的，属于财产约定。

三、适用本条规定需要满足的条件

（一）借款来源于夫妻共同财产

前已说明，婚姻关系存续期间内，一方向另一方借取夫妻共同财产，只有在存在夫妻共同财产这一前提下才有可能发生。否则，无论是夫妻双方实行分别财产制，还是夫妻一方向另一方借取的是其个人财产，只要适用一般的借贷法律规范，即足够解决双方形成的借贷关系，该关系也不因双方之间存在的夫妻关系而受到任何影响。故此，本条将借出财产限定在“夫妻共同财产”，针对因借贷双方之间存在夫妻关系而形成的特殊情形制定对应规范。

审判实践中，要正确处理本条所规定类型的纠纷，人民法院首先需要查明借款是来源于夫妻共同财产还是一方个人财产。我们认为，对于借款的来源，应根据不同夫妻财产制的不同情况分别加以认定。在法定财产制和一般共同财产制下，如果夫妻一方向另一方借款，除负有举证义务的一方有证据证明该款系夫妻一方个人财产外，应推定为借款来源于夫妻共同财产。而在限定共同财产制下，如果夫妻一方向另一方借款，除负有举证义务的一方有证据证明该款系夫妻共同财产外，应推定为借款来源于夫或妻一方的个人财产。

（二）借款的用途是夫妻一方个人的经营活动或其他个人事务

理解本要件的关键在于界定经营活动或事务属于“一方个人”而非家庭或夫妻双方。

一般而言，对于借款是否用于个人经营活动，可以参考以下情形加以判断：（1）投资的财产是否属于一方个人所有，如本条规定情形下的借款，在交付给借款方时所有权即发生转移，即从夫妻共同财产转化为借款方的个人财产；（2）双方是否明确约定经营活动完全由一方负责；（3）实际的经营过程中是否完全由一方进行经营管理，另一方或者家庭其他成员是否参与经营管理；（4）投资开办的经营主体是法人的，其财产是否与夫妻共同财产混同。例如，夫妻一方从夫妻共同财产中借款投资开办了一家一人有限责任公司，按照法律规定，公司作为法人，其财产应当与出资人的财产以及出资人夫妻的共同财产严格分开，公司经营活动的收益除正常分红派息外均应属于公司所有，如果作为非出资人的夫妻一方经常为其个人或家庭生活使用、处分公司财产，那么，就不宜认定该经营活动是夫妻一方个人的经营活动。当然，在实践中大量存在的个人合伙、个人独资企业，由于其是非法人民事主体，其财产所有权属于投资人，因此就不能以是否存在财产混同来进行判断。

对借款的用途是否为除经营活动之外的其他个人事务可以运用排除法加以判断，即看其是否是夫妻应尽的法定义务（如赡养父母、抚养子女等），或者是为共同生活所进行的事务（如装修共同居住的房屋等）。如果属于上述两种情形，则一般不属于个人事务。也正是考虑到履行法定义务的需要，《民法典》第1066条规定在夫妻一方需要履行法定义务，而另一方不同意给付时，在不解除婚姻关系的情况下，需要履行义务一方有权请求分割夫妻共同财产。对于除夫妻应尽的法定义务和为家庭生活所进行的事务外的其他事务，一般可以认定为本条规定的一方个人事务。例如，夫妻关系存续期间，妻子的弟弟因急病需要做手术，家里钱不够用，妻子要拿出10万元作为弟弟的手术费用，此即为一方个人事务。又如，丈夫想为其亲戚的孩子读书捐助一笔款项，夫妻双方对此无法达成一致，该事务即属于一方的个人事务。

（三）在婚姻关系存续期间，借款方未偿还借款

本条“离婚时可以按照借款协议的约定处理”隐含了借款在离婚时尚未偿还完毕的意思。如果在婚姻关系存续期间，借款已经全部偿还，或夫妻双方通过其他方式或新达成的约定使债权债务得以消灭，离婚时当然就不再存在按照借款协议还款的问题。

借款方未偿还借款又具体可分为两种情形，即借款方未偿还全部借款和借款方未偿还部分借款。借款方未偿还全部借款适用本条自不待言。对于只偿还了部分借款的情况，偿还部分已经恢复了夫妻共同财产的性质，按照一般的夫妻共同财产分割原则和规则处理即可。未偿还部分仍然适用本条规定，如夫妻双方在借款协议中或通过其他方式对还款金额作出了约定，则按照约定确定借款方应当偿还的数额；没有约定的，则可由借款方给予出借方未偿还的部分借款的一半。

【审判实践中应注意的问题】

在审判实践中，人民法院在审理离婚案件时，对夫妻一方在婚姻存续期内从夫妻共同财产中的借款行为在适用本条时还应注意以下几个问题：

1. 本条规定的因夫妻一方在婚姻关系存续期内从夫妻共同财产中借款的行为产生的债权债务关系适用《民法典》关于诉讼时效的规定。从平等民事主体之间民事行为角度看，夫妻一方向另一方从夫妻共同财产中借款，除在作为借款来源的夫妻共同财产属于双方共同共有这一点上与普通自然人之间的借贷不同外，其行为在本质上并无不同，产生纠纷时应适用自然人之间借款合同的民事法律规定。因此，应当适用诉讼时效制度的规定。

2. 婚姻关系存续期间，一方以从夫妻共同财产中的借款投资开办个人独资企业的，另一方不参与该企业的生产经营活动，该企业的对

外债务，在个人独资企业财产不足以清偿时，应由投资方的个人财产还是夫妻共同财产承担无限责任？《个人独资企业法》第2条规定："本法所称个人独资企业，是指依照本法在中国境内设立，由一个自然人投资，财产为投资人个人所有，投资人以其个人财产对企业债务承担无限责任的经营实体。"第18条规定："个人独资企业投资人在申请企业设立登记时明确以其家庭共有财产作为个人出资的，应当依法以家庭共有财产对企业债务承担无限责任。"该法明确规定除非投资人在设立登记时明确以家庭共有财产作为个人出资，否则，应以个人财产对个人独资企业的债务承担连带责任。夫妻一方从夫妻共同财产中借款，该笔借款在交付时起所有权转移归借款方所有，该借款方用该笔资金投资开办个人独资企业的，当然属于个人财产出资。《个人独资企业法》第17条规定："个人独资企业投资人对本企业的财产依法享有所有权，其有关权利可以依法进行转让或继承。"因此，作为个人独资企业的投资人，夫妻借贷关系的借款方对企业财产依法享有所有权，企业财产属于投资夫妻一方个人所有的财产，这当然也包括企业生产经营所取得的收益。而结合《民法典》第1062条以及本解释第25条规定，生产、经营、投资的收益和将一方以个人财产投资取得的收益为夫妻共同财产。对此，我们倾向于认为，婚姻关系存续期间个人独资企业产生的收益归夫妻共同所有，并不意味着在此期间的个人独资企业所负债务也由夫妻共同财产承担无限责任，而是仍然应当由投资一方以其个人财产承担责任。

3.需要特别留意的是，人民法院在处理本条规定的夫妻一方在婚姻关系存续期内从夫妻共同财产的借款行为时是"可以"而非"应当"按照原借款协议的约定处理。这是因为，考虑到在婚姻关系存续期间，夫妻之间在很多情况下对财产的使用、收益、处分可能区分的并不是很清楚。因此，人民法院在处理时应与处理普通自然人之间的借贷纠纷有所不同，不能仅仅简单地根据借款协议的约定处理，而是应综合夫妻财产制、共同财产、共同债务等可能影响到财产分割的情形加以妥善处理。

第八十三条　**离婚后，一方以尚有夫妻共同财产未处理为由向人民法院起诉请求分割的，经审查该财产确属离婚时未涉及的夫妻共同财产，人民法院应当依法予以分割。**

【条文主旨】

本条是关于离婚时未涉及的夫妻共同财产如何处理问题的规定。

【条文理解】

本条规定有两个层次：第一，当事人享有以“尚有夫妻共同财产未分割”为由，向人民法院提起诉讼请求分割的诉权；第二，人民法院应当审查是否存在所诉未分割的财产，确实存在的，依法分割，否则依法驳回。

一、理解本条规定需要注意的几个问题

准确适用本条规定，首先需要理解本条规定的文义：

1. 离婚方式不受限制。本条规定中的“离婚后”，包括协议离婚，也包括诉讼离婚，即无论原夫妻共同财产是通过双方协商的方式达成分割方案，还是由人民法院判决分割，均不影响在离婚后再次提起分割诉讼请求。

2. 诉请对象是夫妻共同财产。离婚中夫妻双方有权分割的必须是夫妻共同财产，自不待言。本条对当事人诉请对象的限制仅此而已，而夫妻共同财产是否经过了分割，再次分割的是全部共同财产，还是部分遗留共同财产，在所不论。

3. 可以再次分割的仅限“离婚时未涉及”的夫妻共同财产。离婚

后的财产纠纷，通常包括以下几种情形：（1）夫妻双方离婚时，没有对婚姻关系存续期间的夫妻共同财产进行分割，离婚后对于共同财产的分割问题产生的纠纷；（2）夫妻双方协议离婚时达成了财产分割协议，离婚后因履行该协议而发生纠纷，由此引发诉讼；（3）夫妻双方离婚后，就财产分割问题反悔，一方请求撤销财产分割协议引发的纠纷；（4）婚姻关系终止后，一方发现对方在婚姻关系存续期间存在离婚时未分割的其他共同财产而引发的纠纷。不论属于哪种情形，必须满足“离婚时未涉及”的条件。就协议离婚而言，所诉夫妻共同财产无论是在夫妻财产分割协议中没有涉及、约定不明确或者履行中当事人反悔，均不影响当事人提起权利主张。至于该财产是否真正“未涉及”，或应否受到法律保护，是人民法院受理案件后，在案件审理中需要查明并解决的问题。就诉讼离婚而言，当事人以“尚有夫妻共同财产未处理”为由起诉，意味着其所主张的争议财产在人民法院的离婚判决书或离婚调解书中未作过处理，应当是一个新的诉讼，否则，基于“一事不再理”的原则，当事人可通过申请再审等民事诉讼程序提出权利请求。

4. 人民法院应当对所诉财产是否属于“离婚时未涉及”的夫妻共同财产进行实质审查。本条规定的核心用意，是解决未经真正分割的夫妻共同财产的分割问题。审查后，人民法院应当根据具体案件情况，妥善作出相应的处理，依法保护当事人合法权益。

二、正确理解本条规定与“一事不再理”及诉讼时效的关系

本条规定的是离婚后对夫妻共同财产的再次分割，对此，有反对观点认为，赋予当事人在离婚后再次分割夫妻共同财产的权利，有可能误导当事人的诉讼行为，甚至一定程度上鼓励诉讼。无论是协议离婚还是诉讼离婚，在离婚过程中，双方已经就人身关系、财产关系和子女抚养问题取得解决方案，经过法律上的确认和处理，事后再次提起诉讼，违反“一事不再理”的民事诉讼原则。而且本条缺乏对诉讼时效的限制，可能导致离婚后很长一段时间内，关于财产分割的纠纷

依然持续发生，不利于督促当事人合理、积极地行使自己的权利，不利于离婚后双方各自财产状况的稳定和正常生活。

以上考虑有一定的合理之处，但忽略了本条规定中一个重要条件，即人民法院应予分割的是“经审查该财产确属离婚时未涉及的夫妻共同财产”。换句话说，在离婚协议或诉讼离婚中存在遗漏，或一方存在《民法典》第1092条规定的“夫妻一方隐藏、转移、变卖、毁损、挥霍夫妻共同财产”，或其他导致夫妻共同财产并未分割完毕等情况时，出于保护当事人民事权益的考虑，有必要预留救济途径，赋予当事人在发现存在此种情况时，通过司法途径维护财产权益的权利。况且，对于在前的财产分割协议或离婚判决中确未涉及的夫妻共同财产来说，未经人民法院判决分割，未经过诉讼程序，自然也就不存在是否应当“再”理的问题。

本条源于《婚姻法司法解释（三）》第18条的规定。在该条文起草的征求意见过程中，曾有观点提出，应当将离婚后财产分割请求权的诉讼时效规定为两年，[①] 以免赋予一方无任何时间限制的对财产的再行分割请求权，使已变得相对稳定的“离婚后关系”重新紧张起来。也有观点认为不应当对本条规定情形增加时效限制，原因有二：一是因为对离婚时未涉及的夫妻共同财产，双方一直处于共有状态，而物权请求权不适用诉讼时效；二是实践中本条规定的适用，很多是由于一方刻意欺瞒导致离婚时无法对所诉共同财产提起分割主张，出于保护弱者财产权益的考虑，也不宜规定诉讼时效。

诉讼时效是民法上一项非常重要的法律制度，当事人只有在诉讼时效期间内向人民法院提起请求，其合法权益才能得到司法保护。否则，对方当事人可以超过诉讼时效提出抗辩，使提起诉讼当事人的权益无法通过司法途径得到救济。一般认为，适用诉讼时效的请求权为债权请求权。基于物权、知识产权、人身权的请求权以及基于亲属关系请求支付赡养费、抚养费或者扶养费等不适用诉讼时效。债权请求

① 按照当时规定，一般诉讼时效期间为两年。《民法典》已改为三年。

权应适用诉讼时效的规定，是学界普遍接受的观点。这些请求权主要包括：因合同所产生的请求权、因无因管理而产生的请求权、因侵权行为而产生的损害赔偿请求权、因不当得利而产生的利益返还请求权、因缔约过失而产生的损害赔偿请求权等。但是，基于对某些特殊关系的保护，某些债权性请求权不适用诉讼时效，如请求支付赡养费、抚养费或者扶养费。此外，基于物权、知识产权、人身权的某些请求权也不适用诉讼时效的规定。[①]也有观点认为，所有物返还请求权为债权或准债权，所有物返还请求权应适用诉讼时效；应将不同的物上请求权区别对待，返还财产请求权与恢复原状请求权适用诉讼时效，其他物权请求权不适用。《民事诉讼法司法解释》第382条就离婚财产分割问题作出了规定，当事人就离婚案件中的财产分割问题申请再审，如涉及判决中已分割的财产，人民法院应当依照《民事诉讼法》第200条规定，以申请再审程序处理；涉及判决中未作处理的夫妻共同财产，应当告知当事人另行起诉。该条并未对当事人提起离婚时未涉及的夫妻共同财产分割诉请规定诉讼时效限制。因此，无论是从程序要求、利益保护还是诉讼法规定出发，允许司法实践中就夫妻共同财产关系单独进行处理，保护当事人的诉权，由人民法院根据个案具体情况依法判断，更有利于化解纠纷、保护权益。

三、对离婚后未涉及的夫妻共同财产的处理原则

《民法典》规定了协议离婚和诉讼离婚两种离婚方式。协议离婚，是指夫妻双方自愿离婚，签订书面离婚协议并亲自到婚姻登记处机关办理离婚登记手续。诉讼离婚，是指夫妻中一方要求离婚的，通过请求有关组织调解或直接向人民法院提起诉讼的方式离婚。根据离婚方式的不同，离婚后的财产纠纷也分为两类：一是协议离婚后的财产纠纷，二是诉讼离婚后的财产纠纷。前已列述，司法实践中，离婚后财产纠纷通常是当事人双方协议离婚时或诉讼离婚时未对婚姻关系存续

① 中国审判理论研究会民事审判理论专业委员会编著：《民法典总则编条文理解与司法适用》，法律出版社2020年版，第365页。

期间的夫妻共同财产进行分割，离婚后对夫妻共同财产的分割问题产生的纠纷；或者协议离婚时已经对财产进行了分割，但是离婚后双方未履行离婚协议的财产部分产生的纠纷；以及协议离婚后或诉讼离婚后一方发现未分割的其他共同财产的有关纠纷等。

（一）协议离婚后提起财产分割诉讼的情形

就婚姻关系的解除而言，协议离婚和诉讼离婚具有同等的法律效力。而财产分割是双方基于协商一致达成的合意，《民法典》虽然规定离婚协议应当载明双方自愿离婚的意思表示和对子女抚养、财产以及债务处理等事项协商一致的意见，但婚姻登记机关在办理离婚登记时，对离婚协议的内容往往不予审查或仅作形式审查。离婚协议的财产分割约定仅是双方当事人意志的体现，不具有强制效力。当事人事后有异议甚至反悔的，仍然享有诉权。协议离婚后又提起财产分割诉讼的常见情形有：（1）离婚协议中漏分夫妻共同财产；（2）一方不履行离婚协议中关于夫妻共同财产分割的约定；（3）一方对离婚协议中关于夫妻共同财产分割的约定反悔，要求撤销原来的财产分割内容；（4）一方发现另一方有隐藏、转移、变卖、毁损、挥霍夫妻共同财产的行为或伪造夫妻共同债务侵占一方财产，要求再次分割夫妻共同财产或处理债务。人民法院在处理这些问题时，应注意把握以下原则：

1. 离婚协议中漏分夫妻共同财产的情形。婚姻当事人在签订离婚协议时，由于某种原因确实没有涉及的夫妻共同财产，即漏分的夫妻共同财产。一方可以举出相关证据材料直接向人民法院提起诉讼，请求分割该漏分的、未处理过的夫妻共同财产。

2. 一方不履行离婚协议中关于夫妻共同财产分割的约定的情形。离婚协议作为夫妻双方离婚时对人身关系、财产关系和子女抚养等问题达成的合意，其中关于财产分割和子女抚养的部分仅体现协议双方的意志，不具有强制执行效力。一方拒不履行离婚协议约定的给付义务时，另一方可以向人民法院提起诉讼请求确认离婚协议效力，要求对方履行协议约定。

3. 一方对离婚协议中有关夫妻共同财产分割的约定反悔，请求撤销原财产分割内容的情形。本解释第70条规定，对于协议离婚后对财产分割协议反悔，起诉要求撤销协议的，人民法院应当受理，赋予当事人在离婚后对财产分割反悔时，向人民法院请求撤销财产分割协议的诉讼权利。需要注意的是，这里所说的是程序上的诉讼权利，即当事人有权求诸司法途径，通过提起诉讼的方式向人民法院提出请求，是否能够得到人民法院的支持则是后续的另一个问题，实践中需注意区分，不可混淆。只有满足“订立财产分割协议时存在欺诈、胁迫等情形的”，人民法院才可以支持，否则只能驳回诉讼请求。财产分割协议虽然是夫妻双方对共同财产的分割合意，并无强制效力，但其实质还是民事主体间在意思自治的基础上，通过协商一致签订的合同。依法成立并生效的合同效力应该得到尊重，当事人也应当本着诚信原则履行约定。除非存在法律规定的如欺诈、胁迫等情形，违背了民事法律行为应当在意思自由基础上实施的基本原则，人民法院在行使司法权力过程中亦必须对其慎重以待。因此，经过审理，签订离婚协议时没有胁迫、欺诈等行为的，应当维持该离婚协议的效力，驳回当事人的诉讼请求。审判实践中应当注意的是，如果一方并没有举出另一方在签订离婚协议时具有欺诈、胁迫等情形，或仅在主观上认为分割协议存在显失公平或者重大误解的情形，而起诉请求法院重新分割财产的，属证据不足，一般不能支持。

4. 离婚后，一方发现另一方有隐藏、转移、变卖、毁损、挥霍夫妻共同财产或者伪造夫妻共同债务侵吞夫妻共同财产的，可以向法院起诉请求再次分割夫妻共同财产。《民法典》第1092条格外强调了离婚后，一方发现另一方有隐藏、转移、变卖、毁损、挥霍夫妻共同财产，或者伪造夫妻共同债务企图侵占另一方财产行为时，享有再次请求人民法院分割财产的权利。需要注意两点：其一，离婚时未发现存在上述行为，离婚后才发现的，应当适用诉讼时效，当事人应当自发现的次日起3年内提起诉讼；其二，对诉讼离婚中存在上述行为的，除再次分割财产外，人民法院还可依据《民事诉讼法》相关规定对妨害民事诉讼的行为予以制裁。

（二）诉讼离婚后提起诉讼的情形

审判实践中，诉讼离婚后又提起财产诉讼的情形主要包括：（1）诉讼离婚时漏分夫妻共同财产的，一方发现后可以向人民法院诉讼请求分割。（2）离婚后一方发现另一方在离婚诉讼时有隐藏、转移、变卖、毁损、挥霍夫妻共同财产的行为或伪造夫妻共同债务企图侵占另一方财产，这种行为明显侵犯了一方的财产权利，一方可以请求再次分割夫妻共同财产或处理债务。（3）当事人有协议特别约定对夫妻共同财产或部分共同财产不作分割的，属于当事人对自己权利的处分，可通过另行协商或另案再诉的方式解决。（4）存在其他情形可以对未处理的夫妻共同财产另案诉讼处理的，如离婚判决、调解书中表明某些财产可以另案再诉的情况。或因证据原因，法院没有认定夫妻共同财产的存在，离婚判决、调解书中表明这些财产有证据后可以另案再诉的，一方当事人在离婚后发现了证明夫妻共同财产存在的证据，可以向法院起诉请求分割这些未处理的夫妻共同财产。也包括人民法院根据案件的实际情况对离婚案件进行拆分，对离婚纠纷中身份关系的解除问题与财产分割问题分别作出判决。（5）一方因下落不明或被宣告失踪，公告判决离婚后，再出现的夫妻一方提起的夫妻共同财产分割诉讼，对该财产诉讼适用再审程序。

【审判实践中应注意的问题】

一、正确界定诉讼离婚后财产纠纷只能申请再审的情形

在离婚诉讼中，双方当事人提及了某些夫妻共同财产，可能会由于证据原因或者其他原因在判决中未予涉及，或者是法院在调解时未对该部分财产进行调解，调解书中未予处理。离婚后，双方当事人对这些财产发生纠纷的只能申请法院对分割夫妻共同财产部分再审，以纠正生效判决、调解书的错误。这是因为根据“一事不再理”原则，这些财产在离婚诉讼中已经被主张并经过审理且判决或调解书已生

效。原审法院对这些财产应进行处理，没有处理或者处理不当都属于法院判决或者调解的问题，应通过审判监督的程序予以解决，而不能再行直接向法院提起诉讼。《民事诉讼法司法解释》第382条规定，是受理审查离婚时未涉及的财产纠纷的直接程序性依据。离婚时“已经处理的”夫妻共同财产，与“未处理”是相对应的。对该等情形予以正确界定，有助于进一步认识离婚时“未处理”的夫妻共同财产。

二、关于离婚案件被实际拆分的相关问题

有的当事人在离婚案件的审理过程中，已经对部分重大财产的分割达成一致意见，但出于节省诉讼费用的考虑，双方可能会故意隐瞒一些重大财产。这种情况下，人民法院只能根据当事人的主张，就已查明的财产作出裁判。这确实为当事人对未涉及财产的分割发生争议埋下了伏笔，往往会以对方“离婚时隐藏、转移财产”为由提起诉讼。在案件进入诉讼时应注意告知当事人这种行为的风险，不应为减少诉讼费用而故意漏报部分财产。夫妻共同财产未分割的，与夫妻关系终结之后的财产分割不同，不应按一般财产收费，对该类案件的管辖问题也一样，仍然是基于夫妻之间权利义务而引发的诉讼。我们倾向于认为，基于婚姻关系产生的离婚时的离婚财产分割事宜，仍是离婚纠纷的延续，为此对财产分割不服而提起的诉讼，应适用《民法典》婚姻家庭编及本解释相关规定。依法确定案由是正确审理查明案件事实，准确适用法律的前提。若案由确定不当，则会导致应查明的事实没有查明和适用法律不当，最终导致裁判错误。应根据当事人诉争的法律关系的性质，查明该法律关系涉及的是何种纠纷。

第八十四条 **当事人依据民法典第一千零九十二条的规定向人民法院提起诉讼，请求再次分割夫妻共同财产的诉讼时效期间为三年，从当事人发现之日起计算。**

【条文主旨】

本条是关于当事人请求再次分割夫妻共同财产案件的诉讼时效的规定。

【条文理解】

本条由《婚姻法司法解释（一）》第31条修改而来，《婚姻法司法解释（一）》第31条规定："当事人依据婚姻法第四十七条[①]的规定向人民法院提起诉讼，请求再次分割夫妻共同财产的诉讼时效为两年，从当事人发现之次日起计算。"

《民法典》并未吸收《婚姻法司法解释（一）》第31条的内容，且第1092条对《婚姻法》第47条作出部分修改：删除了"离婚时"的规定，对侵害夫妻共同财产的发生时间不再限定于离婚时，同时删除了第2款适用妨害民事诉讼强制措施的规定。即"夫妻一方隐藏、转移、变卖、毁损、挥霍夫妻共同财产，或者伪造夫妻共同债务企图侵占另一方财产的，在离婚分割夫妻共同财产时，对该方可以少分或者不分。离婚后，另一方发现有上述行为的，可以向人民法院提起诉讼，请求再次分割夫妻共同财产"。

---

① 《婚姻法》第47条规定："离婚时，一方隐藏、转移、变卖、毁损夫妻共同财产，或伪造债务企图侵占另一方财产的，分割夫妻共同财产时，对隐藏、转移、变卖、毁损夫妻共同财产或伪造债务的一方，可以少分或不分。离婚后，另一方发现有上述行为的，可以向人民法院提起诉讼，请求再次分割夫妻共同财产。人民法院对前款规定的妨害民事诉讼的行为，依照民事诉讼法的规定予以制裁。"

2017 年 10 月 1 日生效的《民法总则》将《民法通则》2 年的普通诉讼时效期间改为了 3 年，《民法典》沿用了《民法总则》对诉讼时效期间的规定，《民法典》第 188 条第 1 款规定："向人民法院请求保护民事权利的诉讼时效期间为三年。法律另有规定的，依照其规定。"本条根据《民法典》的条文表述及内容作出了相应的调整，将"请求再次分割夫妻共同财产的诉讼时效期间为两年"修改为"请求再次分割夫妻共同财产的诉讼时效期间为三年"，与《民法典》的表述一致。

《民法典》第 7 条规定："民事主体从事民事活动，应当遵循诚信原则，秉持诚实，恪守承诺。"《民法典》第 1062 条第 2 款规定："夫妻对共同财产，有平等的处理权。"夫妻双方在婚姻关系存续期间，平等享有对共同财产进行处分的权利，处分也应当在诚实、互信、协商一致的基础上进行。夫妻中的一方有隐藏、转移、变卖、毁损、挥霍夫妻共同财产，或者伪造夫妻共同债务企图侵占另一方财产行为的，既违背了基本的诚信原则，也侵犯了配偶对共同财产享有的权利。在离婚后，夫妻一方发现另一方有上述行为的，可以自发现之日起 3 年内向人民法院提起诉讼，请求再次分割被隐藏、转移、变卖、毁损、挥霍或伪造夫妻共同债务范围内的夫妻共同财产。

在理解和适用本条规定时，应当注意以下几点：

一、要严格把握侵犯夫妻共同财产的行为

对夫妻共同财产，双方的权利是平等的，如无特殊事由，在权利进行分割时应该平均分配，不应因双方的收入状况不同而有所区别，没有权利大小的区分，也没有份额的区分，不能根据双方收入多寡或有无收入来确定各自权利的大小。也就是说，一方无收入也好、双方收入的数额差距很大也好，只要是构成夫妻共同财产的，一旦分割，双方的权利和机会是平等的，一般都应平均分配。即使是无工资收入的家庭妇女，也与其丈夫享有平等的财产所有权。依据《妇女权益保障法》第 47 条第 1 款规定："妇女对依照法律规定的夫妻共同财产享

有与其配偶平等的占有、使用、收益和处分的权利，不受双方收入状况的影响。”《民法典》第1062条第2款也规定：“夫妻对共同财产，有平等的处理权。”所谓平等的处理权，依照共同共有的原理，其一是因日常生活需要而处理夫妻共同财产的，任何一方均有权决定；其二是指夫妻在非因日常生活需要处分共同财产时，应当平等协商，取得一致意见，任何一方不得违背他方的意志，擅自处理。特别是对共有财产作较大的变动时，如出卖、赠与等，更应征得对方同意。如果离婚时一方有隐藏、转移、变卖、毁损、挥霍、伪造夫妻共同债务等行为的，侵犯了另一方的合法权益，权利人有权依法主张保护自己的权利。

《民法典》第1092条采取列举式的规定，在《婚姻法》第47条的基础上，增加了“挥霍”夫妻共同财产这一情形。

这里所说的隐藏、转移、变卖、毁损、挥霍夫妻共同财产，或者伪造夫妻共同债务等，是指一方通过采取这些行为，使另一方对夫妻共同财产所享有的权利受到损害，或者说是使财产脱离另一方的控制或造成财产价值的减损。隐藏、转移、变卖、毁损、挥霍夫妻共同财产是侵害夫妻共同财产的客观表现。

隐藏，是指将财产藏匿起来，不让他人发现，使另一方无法获知财产的所在从而无法控制。转移，是指私自将财产移往他处，或将资金取出移往其他账户，脱离另一方的掌握。比如在婚姻关系存续期间购房，但是房产证办理在第三人名下，且故意不让对方知悉。变卖，是指将财产折价卖给他人。如果只是擅自处分夫妻共同财产，但是将处分所得款项仍作为夫妻共同财产的，则不属于该情形。比如夫妻双方就是否出售某房屋未达成一致，一方虽擅自出售了房屋，但是价格合理，且将出售款项交回的，不属于本条规定的情形。毁损，是指采用打碎、拆卸、涂抹等破坏性手段使物品失去原貌，失去或者部分失去原来具有的使用价值和价值。这里的“毁损”应指故意的情形，不包括过失造成的损坏。挥霍，是指对夫妻共有的财产没有目的地、不符合常理地耗费致使其不存在或者价值减损，比如不合理的高消费、赌博等。

伪造夫妻共同债务，是指夫妻本不对债权人负担共同债务，一方提供假的债务凭证，包括合同、欠条，以及假证人等手段伪造证据证明负担共同债务，或者虽对债权人负担共同债务但夸大其数额。这里的伪造，可以是当事人一方的行为，也可以是当事人一方与离婚案件以外的第三人相互串通而采取的行为。①

上述行为，在主观上只能是故意的，不包括过失行为，如因不慎将某些共同财产毁坏，只要没有故意，不属于本条规定之列。夫妻一方如果实施了上述行为，就属于对夫妻共同财产的侵害。②

在审判实践中，要严格把握侵犯夫妻共同财产的行为的情形，《民法典》第1092条采取了列举式规定，只有在发生隐藏、转移、变卖、毁损、挥霍方式处分夫妻共同财产，或者伪造夫妻共同债务企图侵占另一方财产这几种情形时，才能适用本条规定，不能类推适用，亦不能扩大解释。在离婚后发现上述行为的，3年内可以再次诉讼请求分割。

二、夫妻一方侵犯夫妻共同财产的法律后果

（一）对侵权一方可以少分或不分夫妻共同财产

对以隐藏、转移、变卖、毁损、挥霍方式处分夫妻共同财产，或者伪造夫妻共同债务企图侵占另一方财产的一方，有两种处理方式：其一是向其分配较少的夫妻共同财产，其二是不再向其分配该部分夫妻共同财产，全部由另一方获得。此处的共同财产是指夫妻共同财产中被隐藏、转移、变卖、毁损或者伪造债务所侵占而涉及的部分，而不是全部的夫妻共同财产。需要注意的是，《民法典》第1092条规定的是“对该方可以少分或不分”，对侵犯夫妻共同财产的一方少分或

① 吴高盛主编：《〈中华人民共和国婚姻法〉释义及实用指南》，中国民主法制出版社2014年版，第223页。

② 黄薇主编：《中华人民共和国民法典婚姻家庭编释义》，法律出版社2020年版，第1650页。

者不分的惩罚方式并非必须适用。由于只规定了少分或不分，对于具体少分的比例及数额和什么时候可以不分等问题的处分权，在审理案件时，人民法院可以根据案件事实和双方当事人的具体情况决定如何处理。

在夫妻财产的分割上具体如何处理，一般可以采取以下几种方式：第一，实物分割。如果夫妻共同财产为可分物的，是指在不影响其财产价值和使用价值的前提下，可以对财产进行实际分配，双方各自依据其分割的份额取得应得的财产。第二，折抵或作价补偿。夫妻共有财产不可分割，或者分割后财产的经济价值和使用价值明显降低的财产，一方愿意接受财产并给予不愿接受财产一方经济补偿的，可采用折抵或作价补偿的方式进行分割。如《离婚案件财产分割问题的意见》第 21 条[①]已经被《民法典》第 1092 条吸收，在实践中仍然可以参照适用。第三，变价分割，夫妻共有财产不能分割，双方又都不愿意接收实物并给予对方经济补偿的，可将夫妻财产变卖后，对取得的金钱进行分割。第四，其他方式。如《婚姻法司法解释（二）》第 21 条规定："离婚时双方对尚未取得所有权或者尚未取得完全所有权的房屋有争议且协商不成的，人民法院不宜判决房屋所有权的归属，应当根据实际情况判决由当事人使用。当事人就前款规定的房屋取得完全所有权后，有争议的，可以另行向人民法院提起诉讼。"[②]

（二）财产权利被侵犯一方可再次请求分割

隐藏、转移、变卖、毁损、挥霍或者伪造夫妻共同债务的行为均

---

① 《离婚案件财产分割问题的意见》第 21 条规定："一方将夫妻共同财产非法隐藏、转移拒不交出的，或非法变卖、毁损的，分割财产时，对隐藏、转移、变卖、毁损财产的一方，应予以少分或不分。具体处理时，应把隐藏、转移、变卖、毁损的财产作为隐藏、转移、变卖、毁损财产的一方分得的财产份额，对另一方的应得的份额应以其他夫妻共同财产折抵，不足折抵的，差额部分由隐藏、转移、变卖、毁损财产的一方折价补偿对方。对非法隐藏、转移、变卖、毁损夫妻共同财产的一方，人民法院可依照《中华人民共和国民事诉讼法》第一百零二条的规定进行处理。"

② 江必新、何东宁、肖芳：《最高人民法院指导性案例裁判规则理解与适用（婚姻家庭卷）》，中国法制出版社 2013 年版，第 42 页。

具有一定的隐蔽性，在夫妻一方隐瞒的情况下，另一方一般很难及时发现。在另一方不知对方已经隐藏、转移、变卖、毁损、挥霍夫妻共同财产或伪造了夫妻共同债务侵犯其财产权的情况下，离婚诉讼中对夫妻共同财产的分割实际上并未完成。由于财产被一方非法隐藏、转移、变卖、毁损，或伪造债务所侵占，所以在离婚诉讼时未能被作为夫妻共同财产予以分割。这种行为已经导致了对另一方权利的侵害，理应依法对其进行救济。《民法典》赋予了被侵权方请求再次分割夫妻共同财产的权利，在对夫妻共同财产再次进行分割的诉讼中，对实施了隐藏、转移、变卖、毁损、挥霍夫妻共同财产，或者伪造夫妻共同债务企图侵占另一方财产行为的一方，可以少分或不分财产的原则依然适用。

另外，值得注意的是，本解释同《民法典》规定的在分割夫妻共同财产时按照照顾子女、女方和无过错方权益的原则判决是否相矛盾？照顾子女和女方权益原则的确定，是由我国目前广大女性的经济能力和男性仍有一定的差距的国情决定，同时也是《宪法》关于保护妇女、儿童合法权益原则和我国社会主义制度优越性在婚姻法上的具体体现。在婚姻家庭生活中，无过错一方遵守法律规定，对另一方配偶尊重、关爱、忠实，对家庭成员关心帮助，尊老爱幼，为维护平等、和睦、文明的婚姻家庭作出了自己的努力和贡献。对这种合法的民事法律行为的主体法律必须要给予保护。当然，在现实生活中，也不排除女方、无过错方实施《民法典》第1092条所列举的违法行为的可能，如果出现，也应当依照《民法典》及本解释的规定处理，两者没有矛盾，并行不悖。

三、诉讼时效期间

诉讼时效，是指权利人在法定期间内不行使权利，义务人有权提出拒绝履行的抗辩的法律制度。诉讼时效由以下两个基本要素构成：一是须经过一定的期间。二是须权利人持续不行使权利，即权利人在能够行使权利的情况下不行使权利，并且该状态持续一定时间。一方如果就夫妻共同财产有隐藏、转移、变卖、毁损、挥霍或者伪造夫妻共同债务等情形的，会使财产分割时出现不利于另一方婚姻当事人的情况，对另一方当事人合法权益构成了侵犯。对于权利受到侵害一方，法律提供救济手段自无疑问，但是权利的行使应该积极而及时，法律制定诉讼时效制度的目的就是为了督促权利人尽快行使自己的权利，在保护当事人合法权利的同时也维护社会的安定。本条中所涉及的此项权利的行使也不应例外，也应该受到诉讼时效的限制。

本条解决的是夫妻一方具有隐藏、转移、变卖、毁损、挥霍夫妻共同债务或者伪造夫妻共同债务企图侵占另一方财产的问题，这是对夫妻财产权利的侵犯。以解决实际问题为出发点，立足于侵权的角度，若分割夫妻共同财产必须以物权的形式体现，比如将房屋、汽车等一分为二，会造成财产毁损或者灭失，降低其使用价值和经济价值。而在实践中，更多的则是以折抵、作价补偿、变价分割的方式对夫妻共同财产进行分割。在离婚诉讼中，经常会遇到夫妻愿意解除夫妻关系，却为争夺财产而唇枪舌剑，甚至闹得焦头烂额的情况。采用金钱给付的方式，恰恰能够解决这一难题，能使夫妻分割财产在平和的氛围中得以解决。同时，若是分割夫妻共同财产不受诉讼时效的约束，夫妻双方容易就财产分割问题陷入无休止的诉讼，浪费大量有限的司法资源，有违诉讼经济的原则，也不利于对善意第三人相关权利的保护。

《民法典》第188条规定，向人民法院请求保护民事权利的诉讼时效期间为3年，从权利人知道或者应当知道权利受到损害以及义务人之日起计算。夫妻一方对共同财产所享有的所有权受到侵犯，应当属于一般民事权利受到侵犯，对于诉讼时效问题，应当与一般民事权利采取的保护措施相同，即应该适用一般民事侵权之诉关于3年的诉讼时效的规定。

为了督促在离婚时就夫妻共同财产分割问题依法享有的合法权益受到侵犯之人能够及时行使自己的权利，本条对《民法典》第1092条中当事人提起再次分割夫妻共同财产之诉的权利行使的时效问题，作出了明确规定，即应当自发现之日起3年内提出，从当事人发现之次日起计算。超出规定期间后，当事人再向人民法院请求要求保护其权利的，人民法院依法不予保护。

【审判实践中应注意的问题】

1. 如果在离婚诉讼期间，权利受到侵犯的当事人没有发现上述行为的，而是离婚后才发现的，当事人仍然可以向人民法院提起诉讼，请求再次分割夫妻共同财产。这里所说的夫妻共同财产，是指隐藏、转移、变卖、毁损、挥霍或者伪造债务范围内的财产，是夫妻共同财产中的部分而非全部。由于财产被一方非法隐藏、转移、变卖、毁损、挥霍，或伪造债务所侵占，所以未能被作为夫妻共同财产予以分割。这种行为已经导致了对另一方权利的侵害，理应依法对其进行救济。人民法院在审理再次分割夫妻共同财产案件时，应当依法予以分割，关于少分或不分的原则仍应适用。

2. 如果债权人主张自己权利，债务人以诉讼时效已过为由对抗债权人的，该对抗理由成立。当然超过诉讼时效的，如果当事人自愿履行的，权利人的权利仍然可以得到保护。具体而言，在离婚时以非法手段侵占夫妻共同财产的一方，如果在对方发现后3年内都没有主张自己权利的，在超过3年后，侵权的一方自愿履行的，权利受到侵害一方的合法权益可以受到保护。对于自愿履行完毕的，不得反悔。如果当事人已经履行完毕后，再以所履行的属于超过诉讼时效规定依法不应该履行为由而主张反悔并诉诸法院的，法院对其请求将不予支持。

3. 一是原来是属于夫妻一方的婚前个人财产，在婚姻关系存续期间，虽然已经投入了婚姻家庭生活来使用，但这种财产并没有销毁或者灭失，仍然是夫妻一方的个人财产。二是夫妻一方将婚前个人财产投入到婚姻家庭生活中来使用，并且已经被消耗掉或者是已经损毁、灭失的，在这种情况下，也不得主张用夫妻共同财产来加以补偿或者抵偿。夫妻一方的婚前个人财产，不因为婚姻关系的延续而作为夫妻共同财产。①

4. 在婚姻关系存续期间，夫妻共同财产，应以不允许分割为原则，允许分割为例外。《民法典》第 1066 条明确规定了婚姻关系存续期间诉请分割夫妻共同财产的具体情形：一是一方有隐藏、转移、变卖、毁损、挥霍夫妻共同财产或伪造夫妻共同债务等严重损害夫妻共同财产利益的行为；二是一方负有法定抚养义务的人患重大疾病需要医治，另一方不同意支付相关医疗费用。本解释第 84 条与《民法典》第 1066 条的区别在于：（1）第 84 条适用于离婚后，而第 1066 条适用于婚姻关系存续期间；（2）第 84 条只需满足侵犯夫妻共同财产的行为即可，而第 1066 条不仅要认定行为的成立要件，还要注意只有达到"严重损害夫妻共同财产利益"的程度，才能造成分割夫妻共同财产的后果；（3）第 84 条适用诉讼时效的规定，而第 1066 条在婚姻关系存续期间都可以提起，不受诉讼时效的限制。

① 于跃：《婚姻纠纷与离婚诉讼》，人民法院出版社 2019 年版，第 139 页。

第八十五条 夫妻一方申请对配偶的个人财产或者夫妻共同财产采取保全措施的，人民法院可以在采取保全措施可能造成损失的范围内，根据实际情况，确定合理的财产担保数额。

【条文主旨】

本条是关于离婚案件中涉及财产保全措施的规定。

【条文理解】

本条制定的依据是《民事诉讼法》第 100 条至第 105 条。其主要包括两层含义：一是在审理离婚案件时，当事人申请财产保全措施提供担保的数额可以适当降低；二是规定可以在采取保全措施可能造成损失的范围内确定合理的财产担保数额。

离婚诉讼财产保全，是指在离婚诉讼中，人民法院在利害关系人起诉前或者当事人起诉后，为保障将来的生效判决能够得到执行或者避免财产遭受损失，对当事人的财产或者争议的标的物，采取限制当事人处分的强制措施。申请人申请财产保全的目的是在法院作出判决之前使财物完好地保存下来，待胜诉后实现自己的权利。在离婚案件中，夫妻一方将夫妻共同财产私自隐藏、处分、转移，从而导致对方在法院判决后分割共同财产时使判决变为一纸空文的情况并不鲜见。为了防止出现这种情况，当事人可以申请法院采取财产保全措施。

根据《民事诉讼法》的规定，财产保全可以分为诉前财产保全和诉讼财产保全。如果在离婚案件中，一方当事人存在恶意转移、隐藏、挥霍或处分夫妻共同财产或个人财产，从而产生危及子女抚养、财产分割、共同债务清偿等一系列问题时，在情况紧急、迫在眉睫时，另一方当事人有必要申请诉前财产保全；受理离婚案件的法院，可能因一方当事人的行为或其他原因，使法院的判决不能执行或者难以执行的，可以根据他方当事人的申请或者依职权对争议的财产采取保全措施，以保证判决的顺利执行。

从保护双方当事人合法权益的角度出发，为保证被申请人不因保全不当所遭受的损失得不到赔偿，申请人在提出诉讼保全申请时，应当同时提供担保，拒绝提供担保或者担保不符合要求的，人民法院可以驳回申请。为保全提供的担保，就是申请人或者第三人将自己所有的钱或物，提供给人民法院作担保。具体而言，申请人提供的担保可以是多样化的，既可以是人的担保，也可以是物的担保；既可以是实物担保，也可以是无形财产权等权利作为担保。申请人既可以用自己的财产提供担保，也可以用第三人的财产提供担保。人民法院通过对申请人所提供用来作保全担保的财产予以查封、扣押、冻结等，以达到人民法院易于控制和可供执行，确保其所有权及使用权在保全期间不能发生转移，不易发生损耗变质。为了保护离婚案件中弱势群体一方的利益，使判决的内容能够真正落到实处，本条对《婚姻法司法解释（二）》第28条的内容进行吸收，赋予人民法院可以根据具体情况灵活掌握担保数额的权利，切实维护当事人的权益，在保护妇女权益方面的积极作用是不言而喻的。

一、诉讼财产保全应当具备的条件

1. 情况紧急，不立即采取相应的保全措施，可能使申请人的合法权益遭受难以弥补的损失。在离婚诉讼过程中，一方当事人可能实施某种行为或发生其他原因，致使人民法院作出的判决不能执行或者难以执行。如占有财产的一方当事人在诉讼中准备转移财产，或者将财产隐匿、甚至损毁，都会使人民法院的判决不能执行或难以执行。有些案件的审理需要较长的时间，而争议的财产有的容易变质腐烂，在此情况下，人民法院应当依当事人的申请或职权采取保全措施，处理变卖，折价保存。

2. 诉讼财产保全主要适用于给付之诉，单纯的确认之诉或变更之诉，判决不具有给付内容时，一般不发生判决不能执行的危险，不适用诉讼财产保全制度。但是，在确认之诉或变更之诉中兼有给付之诉的内容，可以适用诉讼财产保全制度。离婚案件是解除夫妻关系的变更之诉，同时兼有分割夫妻共有财产的给付内容时，当然可以适用诉讼财产保全制度。

二、区分诉前保全和诉中保全担保数额标准

《民事诉讼法》第152条对诉前保全和诉中保全的担保数额进行了区分，利害关系人申请诉前保全的，应当提供担保。申请诉前财产保全的，应当提供相当于请求保全数额的担保；情况特殊的，人民法院可以酌情处理。申请诉前行为保全的，担保的数额由人民法院根据案件的具体情况决定。对于诉前保全的担保，仍然适用全额担保的规定，只有在极其特殊的情况下，人民法院可以根据案件的具体情况酌情处理，可以不是全额担保。也就是说，对诉前财产保全的担保，要求申请人提供全额担保是原则，不提供全额担保是例外。主要是考虑诉前保全采取时，还没有提起诉讼，出现风险的可能性比诉讼中的保全要高，担保要求要高一些。诉讼中对于保全的担保数额，可以根据案件的实际情况，充分考虑胜诉的可能性及造成对方损失的可能性，可以要求提供担保，也可以不要求提供担保。主要考虑案件已经进入审理程序，原告能否胜诉以及可能给被保全人造成多大损失相对容易判断，人民法院可以根据具体情况决定是否担保以及担保数额。如申请人基于追索赡养费、扶养费、抚育费、抚恤金、劳动报酬等案件，当事人申请财产保全的，一般可以不要求提供担保。①

具体到本条，夫妻一方申请对配偶的个人财产或者夫妻共同财产采取保全措施的，申请一方大多基于夫妻共同财产采取保全措施，在

① 《最高人民法院关于人民法院办理财产保全案件若干问题的规定》第9条规定，当事人在诉讼中申请财产保全，有下列情形之一的，人民法院可以不要求提供担保：（1）追索赡养费、扶养费、抚育费、抚恤金、医疗费用、劳动报酬、工伤赔偿、交通事故人身损害赔偿的；（2）婚姻家庭纠纷案件中遭遇家庭暴力且经济困难的；（3）人民检察院提起的公益诉讼涉及损害赔偿的；（4）因见义勇为遭受侵害请求损害赔偿的；（5）案件事实清楚、权利义务关系明确，发生保全错误可能性较小的；（6）申请保全人为商业银行、保险公司等由金融监管部门批准设立的具有独立偿付债务能力的金融机构及其分支机构的。法律文书生效后，进入执行程序前，债权人申请财产保全的，人民法院可以不要求提供担保。

没有个人财产的情况下，提供的财产担保也仅限于夫妻共同财产。在离婚诉讼分割夫妻共同财产时，夫妻一方隐藏、转移夫妻共同财产的情形屡见不鲜，对夫妻共同财产的查封，也能在一定程度上限制夫妻一方对共同财产的隐藏或转移行为，不仅能够防止夫妻共同财产的减少，也能降低离婚后再次请求分割共同财产诉讼的发生概率，减少当事人诉累，节约司法资源。同时，相较于其他普通民事诉讼中的财产保全，对夫妻共同财产的保全，因为保全财产的范围仅限于夫妻共同财产，所以可能造成的损失范围会更小。因此，无论是诉前保全还是诉中保全，均可以适用本条规定。

由于所谓“可能造成损失的范围”是一个抽象的概念，具体数额往往需结合具体案情判断，难以统一确定，因此担保数额的确定尚属于法官自由裁量权的范围。《最高人民法院关于人民法院办理财产保全案件若干问题的规定》第5条规定：“人民法院依照民事诉讼法第一百条规定责令申请保全人提供财产保全担保的，担保数额不超过请求保全数额的百分之三十；申请保全的财产系争议标的的，担保数额不超过争议标的的价值的百分之三十。利害关系人申请诉前财产保全的，应当提供相当于请求保全数额的担保；情况特殊的，人民法院可以酌情处理。财产保全期间，申请保全人提供的担保不足以赔偿可能给被保全人造成的损失的，人民法院可以责令其追加相应的担保；拒不追加的，可以裁定解除或者部分解除保全。”

三、财产保全的范围

财产保全的作用在于防止当事人在人民法院作出判决前处分有争议的标的物或处分判决生效后用以执行的财产，以防止纠纷扩大，并保障生效判决得到执行。但是，如果人民法院采取财产保全措施不当，会给当事人财产权和人身权造成损害。例如，对当事人的银行存款全部予以冻结，超出申请人请求的范围，会使对方当事人的经营活动受到限制，周转资金不能发挥作用。

因此，《民事诉讼法》第102条规定，保全限于请求的范围，或者与本案有关的财物。

所谓“限于请求的范围”，是指所保全的财产或者行为，应当在对象或者价值上与当事人所提诉讼请求的内容相符或者相等。因此，不论是当事人申请保全，还是受诉法院依职权主动采取保全措施，都应当遵循这一原则。如果其保全请求的范围与诉讼请求的范围重合，或者其保全请求的范围小于其诉讼请求的范围，均可直接以其保全请求的范围为准；如果其保全请求的范围大于其诉讼请求的范围，则应对超过其诉讼请求范围的那部分保全请求不予保全，否则，随意扩大保全范围将给被申请人造成不必要的损失。也就是说，财产保全的范围最大不得超过诉讼请求的范围。在离婚诉讼案件财产保全中，这一点比较容易理解，比如，在家庭暴力案件中，原告诉请法院判决被告停止实施家庭暴力行为并赔偿损失，原告申请保全也只能在此范围内，不能对被告的其他行为实施保全。

所谓“与本案有关的财物”，是指本案的诉争标的，或者当事人在诉讼请求中没有直接涉及，但是与日后本案生效判决的强制执行相牵连的财物。在财产保全案件中，可能出现两种情形：一种情形是请求保全的标的可能就是本案诉争标的，毫无疑问，申请人可以直接申请对该财产进行保全，如双方当事人就房屋权属发生争议，为防止实际控制房屋的一方不当处置该房产，另一方当事人可以申请查封该房屋。另一种情形是诉讼请求为给付金钱，并不涉及特定财物，根据民法原理，债务是以债务人的全部财产作为担保的，为强制执行生效判决，债务人的所有财产都可以作为执行标的，因此，债权人可以申请对债务人所有财产中相当于诉讼请求的部分进行保全，以保证日后生效判决得以顺利执行。人民法院采取财产保全措施时，保全的范围应当限于当事人争执的财产，或者被告的财产，对案外人的财产不得采取财产保全措施。对案外人善意取得的与案件有关的财产，一般也不得采取保全措施。所以，财产保全的范围，不能超过申请人请求的范围，或不能超过争议财产的价额。采取保全措施，只能在当事人或者利害关系人的请求范围内，才能达到财产保全的目的，即使申请人的权益难以得到实现，也要避免给被申请人造成不应有的损失。

【审判实践中应注意的问题】

在离婚诉讼中，很多当事人担心对方开始隐匿家庭共同财产，其实这个担心并不是多余的，几乎 60% 以上的案件都会涉及一方涉嫌隐匿财产的情况。因此，防止对方隐匿财产，应当提前准备。比如，在起诉前，就将家庭共同财产的发票收集好，或请朋友作见证证言，兼采用影像取证技术。另外，对于银行存款、股票基金等，可以在起诉同时申请法院调查或律师出具调查令调查，一旦查出财产下落，可以视情况采取财产保全措施等。

第八十六条 民法典第一千零九十一条规定的“损害赔偿”，包括物质损害赔偿和精神损害赔偿。涉及精神损害赔偿的，适用《最高人民法院关于确定民事侵权精神损害赔偿责任若干问题的解释》的有关规定。

【条文主旨】

本条是关于损害赔偿内容以及精神损害赔偿适用依据的规定。

【条文理解】

一、正确理解损害赔偿

本条对《民法典》第1091条规定作出了具体解释，即“损害赔偿”包括两类，一是物质损害赔偿，二是精神损害赔偿。

损害赔偿这一概念多见于侵权责任法领域，是指民事主体在因他人的行为而受到实际损害时，可获得的法律上的救济。其中，损害是侵权责任的必备构成要件之一，未构成实际损害的，即便存在侵权行为，也不导致侵权责任的产生，更不会有损害赔偿。如何界定损害，有学者认为，它包含了人身伤害和财产损失的后果，意味着任何形式的不利影响，包括损失（loss）和伤害（injury）两个概念。[①] 而从立法上看，世界各国或地区明文对何为损害作出规范定义的并不多见，我国《民法典》侵权责任编第二章“损害赔偿”部分，也只是对损害赔偿的范围、主体、数额的确定等事项作出了规定，而未对损害作出明确定义。究其原因，一方面，损害是一个生活化程度很高的词汇，并非一项专业法律术语，无需经过法律语言的精准解释，也足以让一

① 王利明：《侵权责任法研究（上卷）》，中国人民大学出版社2010年版，第302页。

般社会主体理解其意思；另一方面，精准解释损害对法律适用的实践意义不大，司法实践中，无论是当事人还是司法机关，只要能够凭借一般社会经验判断有损害发生，再依据明确的法律规定对损害进行量化分析判断，即已足够。不过，也并非没有立法试图对“损害”作出准确定义。《奥地利民法典》第1293条就明确规定，损害是给某人财产、权利或人身造成的不利益。王泽鉴先生亦赞同以“不利益”定义损害的方式，他主张，损害发生前之状态，与损害发生后之情形，而相比较，被害人所受之不利益，即为损害之所在。① 对于这种“不利益”，也存在两种理解。其一，广义理解，损害既包括财产上（或说物质上）的损失，也包括非财产（或说非物质性）的损失；其二，狭义理解，损害仅指财产上的损失。我国《民法典》采取的是广义理解方式，即损害既包括物质上的，也包括精神上的，无论受到哪种损害，都有权利请求相应的赔偿。其中，物质损害又分为两种，一是人身损害，二是侵害人身权益造成的财产损失。

本条规定的离婚损害赔偿，与一般侵权责任法上的损害赔偿可以说是同宗同源，但又不能等同。相同之处，两者本质上都是侵权行为造成“损害”，法律予以救济的“赔偿”问题，以侵权责任的存在为前提。不同之处，在于离婚损害赔偿只是损害赔偿这一个大概念中的一小部分，不仅制度功能、基础等存在差别，还受到严格的条件限制。（1）主体上，一般侵权损害赔偿适用于任何民事主体，包括一切自然人和法人，而离婚损害赔偿只适用于因过错行为导致离婚的夫妻双方，并且要求其中一方不存在过错，否则排除离婚损害赔偿的适用。（2）条件上，离婚损害赔偿要求必须由因符合《民法典》第1091条规定的过错情形而导致离婚的前提条件，虽存在过错，但过错不属于《民法典》第1091条规定情形的，或者没有导致离婚这一结果的，也不能适用离婚损害赔偿。而一般侵权损害赔偿只要满足侵权的几个要件即可，不受其他条件的限制。（3）过错形式不同。一般侵权的行

① 王泽鉴：《不当得利》，中国政法大学出版社2002年版，第34页。

为人在主观上可能存在混合过错、共同过错等过错形式。而离婚损害赔偿的一大特征是，加害人仅一人，受害人没有过错。由于离婚损害赔偿中的侵权人是特定的，即只能是配偶一方，不存在第三人，因而也就不可能存在共同过错问题。请求赔偿的一方又特别要求是无过错方，因而也就不存在混合过错的问题。[①]

《民法典》第1091条把离婚损害赔偿的适用情形规定为，重婚；与他人同居；实施家庭暴力；虐待、遗弃家庭成员；有其他重大过错。构成以上五种情形之一的，才能够主张离婚损害赔偿。但此五种情形并非离婚损害赔偿的全部条件，除此之外，还必须满足：（1）一方对离婚存在过错，这里包含两层意思：一是离婚损害赔偿要求行为人主观上必须存在过错，行为人虽实施了损害行为，但主观上不存在过错的，不适用离婚损害赔偿；二是该种过错必须是导致离婚的原因，虽有过错，但并未导致离婚的结果，或虽然离婚，但导致离婚的原因并非过错方的过错行为的，均不能适用离婚损害赔偿。（2）另一方没有过错。离婚损害赔偿制度的目的，是对无过错方受到损害的合法权益予以补偿和救济，让过错方受到应有的惩罚。夫妻双方均有违反婚姻义务或家庭义务行为的，不符合离婚损害赔偿的主体要求，无权请求获得补偿或救济。（3）过错方的损害行为造成了损害结果，只有过错方的损害行为给无过错方实际造成了损害结果的，无过错方才能要求赔偿。未造成损害结果的，过错方的损害行为不构成对无过错方合法权益的侵犯，因而也无须赔偿。（4）过错行为与损害结果之间存在因果关系，损害结果必须是因过错方的损害行为导致，此种情况下，无过错方才享有对过错方的离婚损害赔偿请求权。虽有损害结果，但该结果并非过错方的损害行为导致的，无过错方不能以此为由要求过错方承担损害赔偿责任。因过错方的行为导致离婚这一结果的，方产生离婚损害赔偿请求权。以上诸条件须同时满足，否则，即便存在损害和侵权责任，当事人也不能主张离婚损害赔偿，只能按照

① 吴晓芳：《被告作为无过错方提出离婚损害赔偿的请求不构成反诉》，载《人民司法》2005年第1期。

一般侵权责任处理。

二、离婚损害赔偿既包含物质损害赔偿，也包含精神损害赔偿

物质损害赔偿，主要是指过错方给无过错方造成的财产损失，这种损失不以损害行为直接作用于财产为条件，只要过错行为导致了财产损失的损害后果即可，包括积极财产的减少和消极财产的增加，但不包括期待利益损失。精神损害赔偿，包括因过错方对受害者人身进行伤害导致的精神损害，以及纯粹因过错方的行为导致的精神创伤、精神痛苦等。前一种，如实施家庭暴力，或虐待、遗弃家庭成员导致的精神损害；后一种，如重婚或与他人同居给对方造成的精神创伤，无过错方均可请求赔偿。

在前已简要介绍，对于损害赔偿都包括哪些内容，存在两种不同的理解，世界范围内的立法例也证实了这种理解上的差异。认为损害赔偿仅指物质损害赔偿的，如瑞士民法中的“损害”只代表财产损害，适用损害赔偿责任，而非财产损害采取抚慰金方式予以补救。《德国民法典》和《意大利民法典》均规定，非财产损害赔偿只能限于法律规定的情形。葡萄牙民法则将离婚损害赔偿仅界定为非财产损害，包括离婚使男女双方社会评价的降低及婚姻解体导致的痛苦等。《法国民法典》、我国《民法典》以及我国台湾地区“民法”则均采取了既包含物质损害赔偿，也包含精神损害赔偿的立法模式。符合《民法典》第1091条规定情形的，无过错方既可以主张物质损害赔偿，也可以主张精神损害赔偿，二者并进，分别在物质和精神上予以救济，这也是我国《民法典》所确认的离婚时应当照顾无过错方原则的体现之一。

如何界定物质损害并给予赔偿？脱离离婚损害赔偿这一具体情境，《民法典》给出了颇为翔实具体的规定。第1179条规定了人身损害赔偿的范围，即侵害他人造成人身损害的，应当赔偿医疗费、护理费、交通费、营养费、住院伙食补助费等为治疗和康复支出的合理费

用，以及因误工减少的收入。造成残疾的，还应当赔偿辅助器具费和残疾赔偿金；造成死亡的，还应当赔偿丧葬费和死亡赔偿金。第 1182 条则规定了侵害人身权益造成财产损失的赔偿数额的确定方法，即按照被侵权人因此受到的损失或者侵权人因此获得的利益赔偿，或由人民法院根据实际情况确定赔偿数额。但该两条规定还不足以完全覆盖离婚损害赔偿的需要。离婚损害赔偿相对于一般的侵权损害赔偿，有其独特的制度设计目的和功能。学术界对如何认识离婚损害赔偿责任存在不同的观点：其一，离因损害赔偿说，即离婚损害赔偿是对无过错方因对方的过错行为而受到损害的赔偿；其二，离异损害赔偿说，认为离婚损害赔偿是对无过错方因离婚而造成损害的赔偿；其三，混合说，即兼具离因损害赔偿和离异损害赔偿。无论哪种观点，均缺乏对此处的物质损害的客观计量。史尚宽先生认为，所谓离婚财产损害包括无过错配偶因离婚所导致的生活保持请求权、基于夫妻财产法上的请求权、基于夫妻财产制契约的请求权的丧失，以及因强制的夫妻财产分割所受的损失、因谋杀或虐待而致劳动能力减少以及离婚诉讼费用等；但实现与否不确定的继承权、保险受益权的丧失不包括在内。[①] 也有观点认为，离婚损害赔偿本质上是对信赖利益的赔偿。或认为离婚损害赔偿的范围限于因配偶与他人同居产生额外费用支出，导致夫妻共同财产减少的金额、因遭受家庭暴力造成人身伤害而产生的医疗费用等。我们认为，物质损害赔偿以因过错方的过错行为对无过错方财产利益产生的实际影响为准进行确定，即应当以赔偿实际损失为原则，是比较合理且符合一般侵权损害赔偿理论的方式。

离婚损害赔偿的适用，以存在《民法典》第 1091 条规定的五种情形之一为条件。现实生活中，无论夫妻双方的婚姻中出现了重婚、与他人同居、家庭暴力或虐待、遗弃家庭成员中的哪种情况，还是其他重大过错，都会不可避免地导致严重伤害家庭情感，给家庭成员造成巨大心理创伤的结果。我国民法虽未使用配偶权这一概念，但对夫

① 史尚宽：《亲属法论》，中国政法大学出版社 2000 年版，第 517~518 页。

妻之间基于互相作为配偶产生的特定身份利益持肯定态度。《民法典》第1043条规定，家庭应当树立优良家风，弘扬家庭美德，重视家庭文明建设。夫妻应当互相忠实，互相尊重，互相关爱；家庭成员应当敬老爱幼，互相帮助，维护平等、和睦、文明的婚姻家庭关系。重婚、与他人同居、家庭暴力或虐待、遗弃家庭成员，以及其他重大过错，无一不是违反《民法典》所倡导的家庭文明的行为。夫妻中的无过错方因此而遭受的精神创伤和痛苦，理应由过错方给予赔偿。本条规定，离婚损害赔偿涉及精神损害赔偿的，适用《民事侵权精神损害解释》的有关规定。该解释第5条规定："精神损害的赔偿数额根据以下因素确定：（1）侵权人的过错程度，但是法律另有规定的除外；（2）侵权行为的目的、方式、场合等具体情节；（3）侵权行为所造成的后果；（4）侵权人的获利情况；（5）侵权人承担责任的经济能力；（6）受理诉讼法院所在地的平均生活水平。"

【审判实践中应注意的问题】

1. 对于物质损害赔偿，以产生多少损失，赔偿多少为一项基本的原则。无过错方需要就对方的过错行为给其造成的损失承担举证责任，人民法院在审理中，要注意按照《民事诉讼法》及其解释，以及《民事诉讼证据规定》的要求，依法对证据进行审查认定，确定过错方应当承担的物质损害赔偿数额。一般而言，考虑因素可以包括如下几个方面：（1）过错方的过错程度；（2）无过错方受到的实际损失；（3）双方的经济水平、经济能力及实际生活需要；（4）双方的年龄及健康状况；（5）当地经济发展水平等几个方面予以综合考虑确定。

2. 基于夫妻间特殊的身份关系，我们认为，人民法院在审理涉离婚损害赔偿案件，确定精神损害赔偿数额，在适用《民事侵权精神损害解释》有关规定时，还应当注意以下几个方面：（1）婚姻关系的持续时间，婚姻关系持续时间越长，因过错行为导致婚姻关系破裂给无过错方造成的精神痛苦越深，理应相比持续时间较短的婚姻，给予更多的精神赔偿；（2）过错程度应当考虑过错是一次性还是反复发生，过错持续时间长短等因素，对于反复发生或持续时间更长的过错行为，过错方应当付出更多的赔偿；（3）赔偿数额首先应当足以弥补无过错方遭受的心理创伤和精神痛苦，同时兼顾过错方经济负担能力和当地一般水平。

第八十七条 承担民法典第一千零九十一条规定的损害赔偿责任的主体，为离婚诉讼当事人中无过错方的配偶。

人民法院判决不准离婚的案件，对于当事人基于民法典第一千零九十一条提出的损害赔偿请求，不予支持。

在婚姻关系存续期间，当事人不起诉离婚而单独依据民法典第一千零九十一条提起损害赔偿请求的，人民法院不予受理。

【条文主旨】

本条是关于离婚损害赔偿责任承担主体以及提出损害赔偿责任请求条件的规定。

【条文理解】

离婚损害赔偿，是指因夫妻一方的重大过错致使婚姻关系破裂的，过错方应对无过错方的损失予以赔偿的法律制度。1907 年《瑞士民法典》首次对离婚损害赔偿作出明确规定，此后，法国、德国、日本等大陆法系国家的民法典均陆续引入了类似的制度规定。作为我国三大离婚救济制度之一，离婚损害赔偿制度也是侵权责任在婚姻法领域的延伸体现。婚姻关系中，夫妻双方互相享有配偶权，虽然我国没有在法律条文中对配偶权作出明确的规定，但《民法典》第 1042 条第 2 款、第 3 款规定："禁止重婚。禁止有配偶者与他人同居。禁止家庭暴力。禁止家庭成员间的虐待和遗弃。"第 1043 条规定："家庭应当树立优良家风，弘扬家庭美德，重视家庭文明建设。夫妻应当互相忠实，互相尊重，互相关爱；家庭成员应当敬老爱幼，互相帮助，维护平等、和睦、文明的婚姻家庭关系。"夫妻双方作为家庭关系的主体，理应互敬互爱、扶持共进，共同构建和谐文明的家庭环境。任何一方实施违背社会公德、家庭美德，甚至违法犯罪行为的，必须承担相应的法律责任。

理解本条规定，分为两个层面：第一，离婚损害赔偿的主体仅限无过错方的配偶。第二，离婚损害赔偿以离婚为前提。这其中又包含两层含义：（1）当事人有离婚的请求；（2）人民法院准予离婚。

一、离婚损害赔偿的主体仅限无过错方的配偶

本条第1款是对离婚损害赔偿主体的限制性规定，除了义务主体限定为无过错方的配偶之外，还有一个隐含的限定条件，即权利主体只能是无过错方。这也是对《民法典》第1091条规定精神的延伸贯彻。之所以采取“无过错方的配偶”这种表述方式，而不直接表述为“过错方”，是由于离婚损害赔偿的权利主体受到严格的条件限制，只有“无过错方”才有权利主张离婚损害赔偿。这里的“无过错方”并非一个相对概念，而是对权利主体的绝对要求。根据本解释第90条规定，在夫妻双方均存在符合《民法典》第1091条规定的过错情形的情况下，人民法院对离婚损害赔偿请求不予支持。离婚损害赔偿作为一项离婚救济制度，建立的初衷就是对夫妻任何一方违反夫妻义务，侵犯对方配偶权，使对方蒙受物质、精神上的双重损害进行弥补。过错方应当为其损害行为受到惩罚，无过错方有权获得对其被损害的权利的补偿和救济，这同时也是维护其他家庭成员的合法权益，保护社会公共利益，促进平等、和睦、文明的婚姻家庭关系的需要。因此，只有无过错方才有权提出离婚损害赔偿请求。相应地，因过错行为给他人造成损害的主体，即无过错方的配偶应当承担赔偿责任。

这里还存在一个需要说明的问题，即在过错方实施的是家庭暴力、虐待、遗弃等行为时，损害行为的直接受害者既可能是配偶，也可能是老人、子女等其他家庭成员，除了夫妻中的无过错方之外其他受到损害的家庭成员，是否有权提出离婚损害赔偿？答案是否定的。离婚损害赔偿作为一项离婚救济制度，与一般的侵权导致的损害赔偿在制度设计目的上存在显著不同，与夫妻双方之间的权利义务关系息

息相关。一定程度上，可以认为离婚损害赔偿是特殊情形下的侵权损害赔偿。也正是因为其特殊性，离婚损害赔偿只能适用于特定的情形，而不能突破适用于离婚夫妻双方之外的其他主体。其他家庭成员因符合《民法典》第1091条情形的行为而遭受损害的，可以通过其他途径寻求救济。

二、当事人提出了离婚的诉讼请求

本条第3款规定："在婚姻关系存续期间，当事人不起诉离婚而单独依据民法典第一千零九十一条提起损害赔偿请求的，人民法院不予受理。"这是对婚姻关系存续期间夫妻一方提起《民法典》第1091条规定的五种情形导致的损害赔偿诉讼请求时，人民法院应当如何处理的规定。离婚损害赔偿，顾名思义，发生在因过错行为导致离婚的情境中，这是我国民法对离婚损害赔偿请求提出的限制性条件之一。一方实施了《民法典》第1091条规定的过错行为，导致离婚的，作为配偶的无过错方才有权请求离婚损害赔偿。配偶虽明知对方的过错行为，但无意与对方解除婚姻关系的，由于不满足"导致离婚"的条件，未导致双方夫妻关系在法律上的变化，没有进行离婚救济的必要，无过错方此时不能提出离婚损害赔偿。实践中，这种情况并不鲜见，无论无过错方是出于情感、经济抑或是为子女利益考虑，只要其没有离婚的请求，就不符合离婚损害赔偿的主张条件，而动机在所不论。

对于夫妻之间能否成立侵权损害赔偿之诉，素来颇有争议。持反对意见者认为：离婚应当被看作发给当事人的婚姻关系已死亡的诊断书。"既然分离就要彻底"，家庭不是一个商业企业，该团体中的每一个成员无权通过法律程序弥补在家中失去的利益。损害赔偿违反婚姻的伦理本质，并使婚姻关系商业化。我国台湾地区学者王泽鉴先生的观点则恰恰相反："婚姻含有伦理因素，固无疑问，但本身亦为一项法律制度，关系当事人利益至巨，并涉及公益，应受法律之保护。至所谓损害赔偿将使婚姻关系成为商业化，亦属似是而非。现行法规定人格权遭受侵害者，被害人得依法律规定，请求损害赔偿或慰抚金，损害赔偿不足以使人格权成为商业化，毫无疑问，婚姻关系亦然。”[①]还有人尖锐地指出：对带有子女的妻子来说，“彻底破裂”是毫无道理的。

对婚内一方有《民法典》第1091条规定的过错情形，无过错方能否主张损害赔偿的讨论，多以“婚内侵权”作为切入点。婚内侵权，是指具有合法婚姻关系的夫妻一方，以作为或不作为的方式违背了法律对夫妻权利义务的规定，实施了侵害配偶人身权或财产权的过错行为，使对方的人身、财产受到损害。[②]与一般侵权相比，婚内侵权因发生在家庭内部，更具隐蔽性，不易为人发现。受传统“家丑不可外扬”思想和担心社会舆论压力或招致侵权行为变本加厉等心理的影响，很多情况下，婚内被侵犯权益的一方选择隐忍不发，于通过法律途径保护权利一事并不积极。受到侵害的权益因此无法得到法律的实际保护。处理婚内侵权，还有一个难点在于，侵权损害赔偿应用最广泛、最具普适性的方式仍然是金钱赔偿。我国大多数夫妻采用法定共同财产制，婚姻关系存续期间，除《民法典》有特别规定的情形外，只要婚姻关系不解除，夫妻获得的财产原则上属于双方共同共有，这种共有不分份额，作为一个整体而存在。即便认定配偶应当向无过错方赔偿损失，除因受到人身损害获得的赔偿等情况外，其他更多是“从哪儿来，到哪儿去”。损害赔偿金转了一个圈，从共同财产的池子里出来，又回到共同财产的池子里。除非夫妻双方离婚，对财产进行分割，否则损害赔偿无法产生真正的效果。

但这也并不意味着婚姻关系存续期间，夫妻双方之间发生侵权行为时，就不能寻求法律的救济。相反，《民法典》倡导树立优良家风，家庭成员之间尤应当互敬互爱，尊重彼此权利，杜绝侵犯权益的情况发生。归根结底，离婚损害赔偿只是一种特殊情形下的侵权损害赔

① 王泽鉴：《民法学说与判例研究（第二册）》，中国政法大学出版社1998年版，第250页。

② 俞瑾：《论我国婚内侵权损害赔偿制度的构建》，载《西南政法大学学报》2011年第1期。

偿，在婚姻关系存续期间发生符合《民法典》第1091条规定的过错情形的，被侵权人可以依据《民法典》侵权责任编的规定依法主张权利，这与离婚时主张离婚损害赔偿可以说一体两面，并行不悖。

三、人民法院判决不准离婚的，离婚损害赔偿请求亦不予支持

如前已述，离婚损害赔偿的适用，以过错方实施了《民法典》第1091条规定的过错行为，导致离婚为前提。没有产生“离婚”这一结果的，不符合离婚损害赔偿的适用条件。因此，本条第2款规定，人民法院判决不准离婚的案件，对于当事人基于《民法典》第1091条提出的损害赔偿请求，不予支持。本条第2款和第3款都是对诉讼离婚情形下离婚损害赔偿的条件要求，也就是说，如果要在诉讼离婚中适用离婚损害赔偿，既要满足当事人提出了离婚诉讼请求的启动条件，也要满足人民法院判决准予离婚，婚姻关系确实被解除的结果条件，二者缺一不可。

举例说明：1999年11月，朱某经人介绍，认识一公司女职员林某，并于2000年2月登记结婚。朱某脾气暴躁，经常酗酒，林某为此多次规劝朱某，朱某不但不听，有时还以拳脚相加，夫妻关系出现裂痕。2001年5月，林某生一男孩，家务增多，朱某很是厌烦，不尽责任，两人吵架不断。有一次，因家庭小事，朱某竟对林某大打出手，致林某全身多处软组织挫伤，经法医鉴定，为轻微伤偏重。林某为此回娘家治疗，花去医疗费2300多元。2001年8月，林某认识个体户江某，由于缺乏家庭温暖，林某很快就与江某发生不正当两性关系。之后，江某租有一套房，经常与林某同居。两个月后，朱某从社会传闻中发现林某与江某的关系后，经过精心准备，将林某与江某当场抓获。朱某要求江某赔偿精神损害2万元，并保证今后不再与林某来往。江某答应，并于当天交1万元给朱某，剩下1万元写下欠条，保证一个月内支付，林某也在欠条上作为担保人签字。尔后，朱某对林某又是经常毒打，林某于2001年11月份向法院起诉离婚，请求子女归自己抚养，分割共同财产。朱某同意离婚，对子女抚养和财产

分割问题没有异议，但反诉要求江某和林某支付尚欠的精神损害赔偿1万元。江某在庭上辩称支付尚欠的精神损害赔偿1万元没有法律依据，林某则辩称欠款1万元与自己无关。人民法院经审理认为，离婚损害赔偿责任的主体，是离婚诉讼当事人中无过错方的配偶。江某不是婚姻关系当事人，不具备离婚损害赔偿的法定主体地位，朱某与江某达成赔偿协议因违反法律规定而无效，朱某要求江某履行1万元债务没有法律依据，不予支持。朱某要求林某赔偿1万元精神损失，林某与江某非法同居是违法行为，但林某的违法行为并未导致离婚，相反，是朱某实施家庭暴力而导致林某起诉离婚。况且，朱某在获知江某与林某同居时，只要求江某赔偿精神损失，并未要求林某也赔偿精神损失，因此，朱某请求林某赔偿1万元精神损失，已失去了法律依据，不予支持。

【审判实践中应注意的问题】

本条主要是对离婚损害赔偿在诉讼离婚情况下如何判断和适用问题的规定，在理解和适用的过程中，要注意区分条件和结论。本条规定以“诉讼离婚”为大前提，在此前提下，才将当事人提出离婚诉讼请求，以及人民法院准予离婚作为可以适用离婚损害赔偿的条件。但绝不能因此认为，只有当事人提出了离婚诉讼请求，或者人民法院判决准予离婚的情况下，才能适用离婚损害赔偿。《民法典》第1091条规定了应当给予离婚损害赔偿的过错情形，并未设定其他条件限制。无论夫妻双方选择诉讼离婚还是协议离婚，离婚方式不作为排除离婚损害赔偿的考察要件。这一点，在本解释第89条规定中亦可觅得踪迹。本条规定排除的是当事人不解除婚姻关系，单独提起离婚损害赔偿情形下离婚损害赔偿的适用。人民法院在审判实践中，务必注意防止不当理解导致的限缩，也要依照本条文准确区分适用。

第八十八条　人民法院受理离婚案件时，应当将民法典第一千零九十一条等规定中当事人的有关权利义务，书面告知当事人。在适用民法典第一千零九十一条时，应当区分以下不同情况：

（一）符合民法典第一千零九十一条规定的无过错方作为原告基于该条规定向人民法院提起损害赔偿请求的，必须在离婚诉讼的同时提出。

（二）符合民法典第一千零九十一条规定的无过错方作为被告的离婚诉讼案件，如果被告不同意离婚也不基于该条规定提起损害赔偿请求的，可以就此单独提起诉讼。

（三）无过错方作为被告的离婚诉讼案件，一审时被告未基于民法典第一千零九十一条规定提出损害赔偿请求，二审期间提出的，人民法院应当进行调解；调解不成的，告知当事人另行起诉。双方当事人同意由第二审人民法院一并审理的，第二审人民法院可以一并裁判。

【条文主旨】

本条是关于法院受理离婚案件时的告知义务及当事人提起损害赔偿诉讼条件的规定。

【条文理解】

离婚损害赔偿作为我国《民法典》三大离婚救济制度之一，有其特殊的意义。其一，有利于保护无过错方合法权益。离婚损害赔偿的基础是一方的法定过错行为对配偶造成的包括物质和精神上的损害，虽然在赔偿方式上存在重合，但损害赔偿与财产分割存在本质的区别。相较离婚财产分割时照顾无过错方而言，离婚损害赔偿更能体现对无过错方的保护和对过错一方的惩罚。其二，有利于保障离婚自由原则实现。我国《民法典》规定了离婚经济补偿、离婚经济帮助和离婚损害赔偿三大离婚救济制度，旨在给予在离婚中相对处于弱势的一方倾斜保护。否则，尤其是对于在经济条件上处于弱势的一方而言，即便明知对方存在足以导致婚姻关系破裂的行为，也可能出于对日后生活的担忧，而不愿意提出离婚，导致对自己合法权益的被动漠视。而包括离婚损害赔偿在内的离婚救济制度，正是为作为无过错方的弱势方提供了积极保护自己权益的底气，有利于更好地贯彻离婚自由原则。

《民法典》第1091条，本解释第86条、第87条对提起离婚损害赔偿的过错情形、损害赔偿范围和标准、损害赔偿责任主体及条件等作出了实体法上的规定。本条则是对人民法院处理离婚诉讼和离婚损害赔偿请求关系的程序规定，人民法院在处理离婚诉讼和离婚损害赔偿请求时，务必厘清两种请求之间的关系，正确作出实体和程序上的处理。

一、离婚诉讼与离婚损害赔偿

离婚诉讼的目的是解决夫妻双方的婚姻关系是否需要解除的问题，这是离婚诉讼最核心的部分，而财产分割、子女抚养并非必须一并解决。《民法典》第1091条赋予夫妻中的无过错一方损害赔偿请求权，既可以在离婚诉讼中主张，也可以在人民法院判决离婚、调解离婚后提出，或在婚姻登记机关办理离婚登记手续后提出。离婚损害赔偿在离婚诉讼中占据什么位置，与离婚诉讼构成什么样的关系，有所争议。有人认为，离婚损害赔偿属于离婚诉讼的一部分；有人认为，离婚损害赔偿是有别于离婚诉讼的独立之诉，二者并非单纯的包含和被包含关系。我们认为，不宜简单以两个不同的集合之间构成什么关系来看待离婚诉讼与离婚损害赔偿。诉讼的根本目的是解决当事人之间的争议，从这点来说，离婚诉讼针对的是是否解除婚姻关系、财产如何分割、子女怎么抚养的问题；离婚损害赔偿针对的是一方实施了法定的过错行为侵犯无过错方权利，侵权责任如何承担的问题。由于离婚诉讼和损害赔偿请求提起的不完全同步性，二者缺乏并列类比的基础。《民事案件案由规定》规定了“离婚纠纷”和“离婚后损害责任纠纷”两个并列的三级案由。其中，“离婚纠纷”包括析产、损害赔偿等相关诉讼请求，这和本条第1项规定可以形成呼应，当无过错方作为原告，同时提起离婚诉讼和离婚损害赔偿请求时，虽然实际分属离婚纠纷和侵权责任纠纷两类，但出于二者之间紧密的联系和一次性解决争议、减少当事人诉累的考虑，将离婚纠纷和离婚损害赔偿一并解决，于实体无损，于程序有益。

而对于本条第2项和第3项规定的情况而言，根据《民法典》第1091条和本解释第86条、第87条规定，离婚损害赔偿的提出主体只能是无过错方，责任主体只能是无过错方的配偶，赔偿条件之一是因过错行为导致双方离婚的结果。在本条第2项规定情形下，无过错方无意解除婚姻关系，也就没有理由提出离婚损害赔偿请求。即使经人民法院审理判决离婚，这一结果不是作为无过错方的当事人所追求或可以准确预见的范围。若不能在程序上给无过错方预留主张权利的空间，一方面有违离婚损害赔偿制度的初衷，不利于给无过错方以保护，给过错方以惩罚；另一方面，对无过错方施加的义务太重，未免过于苛责。本条第3项在第2项的公平考量以外，还涉及程序正义的问题。《民事诉讼法司法解释》第328条规定：“在第二审程序中，原审原告增加独立的诉讼请求或者原审被告提出反诉的，第二审人民法院可以根据当事人自愿的原则就新增加的诉讼请求或者反诉进行调解；调解不成的，告知当事人另行起诉。双方当事人同意由第二审人民法院一并审理的，第二审人民法院可以一并裁判。”本条第3项即是该条精神在离婚损害赔偿请求中的体现。对二审程序中原告增加的独立的诉讼请求或者被告提起的反诉，二审不能判决，即禁止上诉变化。这主要是为了维护两审终审制以及当事人审级利益。同时，为免绝对化，防止对当事人处分权和程序选择权的侵犯，另外规定上诉变化可以在二审程序中进行调解、调解不成另行起诉。这种方案，既尊重当事人的处分权和程序选择权，还有利于及时解决纠纷，提高诉讼效率，节省司法资源，实现程序安定。但此时，无过错方提起离婚损害赔偿请求的时间已经是在判决或调解离婚之后，“离婚纠纷”这一案由不再适用。根据《民事案件案由规定》，此时可以适用“离婚后损害责任纠纷”解决这一问题，这也有利于无过错方得到充分的法律救济。

二、无过错方作为被告提出损害赔偿请求不属于反诉

前面说到，本条第3项规定是吸收了《民事诉讼法司法解释》第328条规定精神而作出的规定。但需要注意的是，该条与本条第3项规定在精神内核上一致，但在程序法视角看，有所不同。有观点认为，无过错方作为被告时提出的离婚损害赔偿请求可视为附条件的反诉，如果婚姻关系解除，则反诉成立；如婚姻关系未解除，则“离婚”这一条件没有成就，反诉也不成立。我们不赞同这种观点，无过错方作为被告的离婚诉讼案件，一审时被告未基于《民法典》第1091条规定提出损害赔偿请求，二审期间提出的，不属于反诉。

《民事诉讼法》第51条规定，原告可以放弃或者变更诉讼请求。被告可以承认或者反驳诉讼请求，有权提起反诉。反诉是指在已经开始的民事诉讼程序中，被告针对原告提出的与本诉牵连的诉讼请求。被告提出反诉的目的，是抵消或者吞并本诉的诉讼请求，或者使本诉的诉讼请求失去意义。[①]反诉制度一方面可以给予诉讼双方当事人平等的保护，一方面也可以通过合并审理，一次、终局地解决争议，节约司法资源，避免矛盾裁判。一般而言，提起反诉需要满足几个条件：（1）必须由本诉被告向本诉原告提出；（2）必须在本诉过程中提出；（3）必须向受理本诉的人民法院提出；（4）适用同一诉讼程序；

---

① 王胜明主编：《中华人民共和国民事诉讼法释义》，法律出版社2012年版，第338页。

（5）反诉与本诉具有法律或事实上的牵连关系。[①] 反诉实际属于诉的合并的范畴，将具有牵连关系的诉合并审理，可以简化诉讼程序，方便诉讼。反诉与本诉虽然存在上述程序、法律或事实上的关联，但其与本诉之间并无必然的依附关系。反诉作为一个独立的诉，独立具备诉的所有要素和特征。即便不存在本诉，本诉被告也可以单独提起一个以反诉请求为诉讼请求的新的本诉。而本诉原告的诉讼请求被人民法院支持或驳回，对反诉均不构成影响。这点就与离婚损害赔偿请求有所不同。离婚损害赔偿以“导致离婚”为前提条件，如果无过错方的配偶不提起离婚诉讼，无过错方主张离婚损害赔偿的条件就不成立，自然也不成诉。或者人民法院经审理认为，夫妻双方尚未达到感情确已破裂的程度，判决不准离婚，离婚损害赔偿的条件同样不成立，离婚诉讼的裁判结果直接影响到离婚损害赔偿请求权是否得以行使。这与本诉和反诉相互独立，各自不受影响，可以独立成诉的特点显然不同。所以，当无过错方的配偶提起离婚诉讼，诉请离婚，无过错方以被告的身份提起离婚损害赔偿请求的，不属于民事诉讼法意义上的反诉。将其理解为一种人民法院可以合并审理的普通共同诉讼较为妥当。

三、无过错方作为被告，不同意离婚也没有提起离婚损害赔偿请求的，单独提起诉讼不受时间限制

本条来源于《婚姻法司法解释（一）》第 30 条规定，该条规定：“人民法院受理离婚案件时，应当将婚姻法第四十六条等规定中当事人的有关权利义务，书面告知当事人。在适用婚姻法第四十六条时，应当区分以下不同情况：（一）符合婚姻法第四十六条规定的无过错方作为原告基于该条规定向人民法院提起损害赔偿请求的，必须在离婚诉讼的同时提出。（二）符合婚姻法第四十六条规定的无过错方作为被告的离婚诉讼案件，如果被告不同意离婚也不基于该条规定提起

① 吴高盛主编：《〈中华人民共和国民事诉讼法〉释义及实用指南》，中国民主法制出版社 2012 年版，第 170~171 页。

损害赔偿请求的，可以在离婚后一年内就此单独提起诉讼。（三）无过错方作为被告的离婚诉讼案件，一审时被告未基于婚姻法第四十六条规定提出损害赔偿请求，二审期间提出的，人民法院应当进行调解，调解不成的，告知当事人在离婚后一年内另行起诉。”本解释第88条删除了原规定中关于“在离婚后一年内另行起诉”的规定，无过错方在离婚后提起离婚损害赔偿诉讼请求的，不受时间限制。主要考虑如下：

（一）一年期间限制缺乏明确法律依据

对权利行使构成限制的期间，最常见的有诉讼时效和除斥期间两种。诉讼时效，是指权利人经过法定期限不行使自己的权利，依法律规定其胜诉权便归于消灭。诉讼时效可以在法定事由发生的时候，中止、中断或延长。除斥期间，是指法律规定的某种民事权利有效存续的期间，权利人在法律规定的期限内不行使其权利，其权利即被除斥。除斥期间作为不变期间，任何情况下都不可中止、中断或延长。最典型的除斥期间规定，如《民法典》第541条对撤销权除斥期间的规定：“撤销权自债权人知道或者应当知道撤销事由之日起一年内行使。自债务人的行为发生之日起五年内没有行使撤销权的，该撤销权消灭。”诉讼时效是对民事主体胜诉权的排除，于其享有的权利内容没有影响。而除斥期间排除的是民事主体的权利，一旦除斥期间届满，民事主体即丧失了行使该项权利的资格，相较而言更为严厉，作出这样的限制尤需明确的法律规定作为依据。《婚姻法司法解释（一）》第30条对无过错方另行提起离婚损害赔偿诉讼的一年期间要求，《民法典》中并无相应的期间规定依据，因此本解释在清理修改的过程中，删除了一年期间的要求。

（二）有利于贯彻《民法典》保护无过错方利益原则

举例说明，凌某、刘某婚后育有一女，婚初双方感情尚可，后因生活琐事产生矛盾，刘某于2014年2月离开双方居住地外出不归。2016年4月8日刘某提起离婚诉讼，一审法院判决不准离婚。2017年，刘某再次提起离婚诉讼，一审法院判决准予离婚，婚生女凌某某随凌某一起生活。凌某不服，提起上诉，二审法院维持了一审判决。2019年3月4日和同年5月6日，凌某与凌某某先后两次对刘某提起离婚后损害责任纠纷诉讼，均因凌某及凌某某经传票传唤，无正当理由拒不到庭，而被一审法院裁定按撤回起诉处理。2019年10月30日，凌某及凌某某再次向一审法院提起离婚后损害责任纠纷诉讼，要求刘某赔偿损失，审理中，凌某某撤回对刘某的起诉。二审法院认为，2018年1月15日，一审法院作出一审民事判决，准予刘某与凌某离婚。凌某不服提出上诉，二审法院于2018年5月2日作出二审民事判决，驳回上诉，维持原判。虽然凌某分别于2019年3月4日、5月6日提起过离婚后损害赔偿诉讼，均因无正当理由拒不到庭而按撤诉处理，但因上述法律、司法解释规定的一年期间为除斥期间，并不适用中止、中断或延长，故凌某于2019年10月30日再次提起诉讼，超过离婚后一年，其请求损害赔偿的实体权利已经丧失，诉讼请求应不予支持。

该案中，二审法院最终以凌某提起离婚损害赔偿请求超过“离婚后一年”期间，驳回了其诉讼请求。是否应当对无过错方的起诉权利进行限制？有观点认为，为了避免无过错方怠于行使自己的权利，使离婚后双方的财产权利一直处于不确定状态，应当对无过错方提起离婚损害赔偿请求的权利施以一定的限制。也有观点认为，离婚损害赔偿本来就是在无过错方的配偶权受到对方的侵犯，使对方承担侵权损害赔偿责任，救济无过错方合法权益而设立的制度。虽然促使无过错方积极行使权利，使双方离婚后的各方面权利义务尽快得到清理，趋于稳定有其必要性，但不得不考虑的是，现实生活中，包括与他人同居、重婚等情形常常难以发现，无过错方很有可能在离婚后很长一段时间内才得知对方存在该种过错行为，其权利被侵犯的事实。如果一味要求无过错方在一年内提起离婚损害赔偿请求，给其施加的义务难免有过重之嫌。《民法典》将照顾无过错方利益作为共同财产分割的基本原则之一，这一原则在离婚损害赔偿制度中也应当得到贯彻。且从实践看，无过错方请求离婚损害赔偿，需要承担相应的举证责任，时日过久，证据难以收集，无过错方长时间怠于行使权利于其自身而言也有不利，这可以在一定程度上避免以上第一种观点所担忧的怠于行使权利导致双方财产状态长期无法稳定的情况。两相权衡之下，本条规定删除了对无过错方另行提起离婚损害赔偿的一年期间规定。

【审判实践中应注意的问题】

人民法院在处理本条第3项规定的诉讼时，第二审人民法院进行调解必须根据当事人的自愿，并将调解的相关情况制作笔录入卷。对当事人在二审中新提出的离婚损害赔偿请求进行一并审理，前提是当事人放弃上诉权和审级利益，因此必须在征得各方当事人明确同意的情况下，才可一并审理、一并裁判。

第八十九条　当事人在婚姻登记机关办理离婚登记手续后，以民法典第一千零九十一条规定为由向人民法院提出损害赔偿请求的，人民法院应当受理。但当事人在协议离婚时已经明确表示放弃该项请求的，人民法院不予支持。

【条文主旨】

本条是关于登记离婚后能否再提出损害赔偿请求的规定。

【条文理解】

本条的制定依据是《民法典》第1091条的规定。该条有两层含义：一是当事人在婚姻登记机关办理离婚登记手续后，仍有权利提出离婚损害赔偿请求；二是当事人在协议离婚时明确表示放弃损害赔偿请求权的，人民法院不予支持。

离婚损害赔偿作为离婚救济制度之一，其主要功能包括：（1）填补损害功能。国家通过公力救济，补偿受到侵犯的权利人的相对利益，使无过错方得到经济上的救济和恢复。（2）精神抚慰功能，虽然金钱补偿不足以弥补所有损害，但可以一定程度上给予抚慰。（3）制裁、预防违法功能，通过运用赔偿的方式使得有过错方为其实施的损害行为承担不利的法律后果，从而遏制其从事违法行为的意念。离婚损害赔偿制度是对破裂主义离婚原则的补充，它保证了在自由离婚的同时又对有过错方进行惩罚、对无过错方进行赔偿。可以说，离婚损害赔偿制度的产生缓解了立法者在自由离婚和社会约束矛盾中的尴尬境地，也是必要时为当事人提供权利保护的最后一道屏障。法律应当尊重个人感情的自由选择，但法律同样应当对已造成的精神损害予以救济。这是《民法典》婚姻家庭编的基本功能所在，也是设立离婚损害赔偿制度的根本目的所在。我们倡导离婚自由，减少离婚的社会成本和心理成本，但当事人违反婚姻义务必须承担相应的责任、付出应有的代价。否则自由离婚主义会为一些缺乏家庭责任感甚至道德败坏者所利用，例如一些人在享用了最大的婚姻收益或通过再婚可以获得更大的收益时，就可以不负责任地一走了之，而精心经营婚姻、全心投入家庭一方的利益常受损害或被剥夺，这势必将导致婚姻道德的失范和社会的不公正。我国当前毕竟仍处于“不得忽略婚姻家庭的责任与义务”的社会主义初级阶段，仍有必要使每个健康的婚姻家庭细胞不失去法律力量的保护，离婚当事人中进行过“感情透支”的一方要为自己的行为向对方支付财产上的代价，也就是给婚姻中无过错方一个法律上的“说法”。

《婚姻登记条例》第 11 条第 3 款规定：“离婚协议书应当载明双方当事人自愿离婚的意思表示以及对子女抚养、财产及债务处理等事项协商一致的意见。”婚姻登记机关通过对当事人进行询问以及审查当事人亲自签署的离婚协议书，确定申请人的离婚意愿。这里的审查属于形式审查，至于当事人是否真的就离婚以及子女、财产问题达成协议，婚姻登记机关不可能进行实地调查。这就意味着当事人双方共同签署的离婚协议书，具有十分重要的意义。如果说身份证件是用来证明当事人的真实身份，结婚证是用来证明当事人的婚姻关系，那么最能够直接证明当事人离婚意愿以及就各项事务达成一致意见的文件，就是“双方共同签署离婚协议书”。鉴于婚姻登记机关的审查只是形式意义上的审查，为了切实保护无过错一方当事人的利益，本解释将当事人在离婚登记时“明确表示放弃”离婚损害赔偿请求权的，法院才不予支持。当事人在离婚登记时放弃离婚损害赔偿请求权，说明其已经对自己的权利进行了处分。既然已经行使了处分权，就不能再提出离婚损害赔偿的请求，人民法院对当事人这种自行处分权利的行为，也应当给予尊重。关于如何理解“明确表示放弃”的问题，主要是指在离婚协议书上明确表示放弃，以及虽然没有写在离婚协议书上，但有其他证据可以证明当事人已经明确表示放弃的情况。

对于离婚损害赔偿的适用范围，我国台湾地区“民法”仅承认判决离婚有损害赔偿请求权，“离婚原因由夫构成者，夫应给妻以相当赔偿或慰抚费。现行民法在裁判离婚，承认损害赔偿与赡养费之请求。而在两愿离婚，如当事人不协议损害赔偿或赡养费，则不得请求之。”“夫或妻之行为，不但构成离婚原因之事实，同时又构成侵权行为时，可基于侵权行为而请求损害赔偿。例如虐待或杀害之意图，系对生命权、身体权、人格权之侵害；而重婚、通奸或恶意之遗弃等，乃违反贞操义务、同居义务或扶养义务，实侵害其配偶之为配偶之权利，自可本于侵权行为而请求损害赔偿。但婚姻关系存续中，宜解为不得请求之。”“因裁判离婚受有损害之无责配偶，对有责配偶得请求损害赔偿，亦得请求赡养费。但在两愿离婚上，除非当事人在离婚时有合意，否则不承认赡养费之请求。”[①]“赡养费请求权以请求之配偶无过失为条件，损害赔偿请求权，则以他方配偶有过失为条件。前者系基于公平原则而赋予，为亲属法上事后发生之效力，属于人法的请求权，后者为侵权行为法上之权利，为财产法上之请求权。”“在韩国民法中，受害配偶惟得对于有过失之他方，请求财产上及非财产上之损害赔偿。无论损害赔偿或赡养费，均以判决离婚为其请求权发生之原因，于婚姻存续中不得为之。”[②]而日本民法规定无论是判决离婚还是两愿离婚，均可请求损害赔偿。对此，我国台湾地区学者认为：“关于此点日本较台湾地区为优。盖离婚不应因判决离婚或两愿离婚之不同而异其效力。”“目前以两愿离婚居多，但两愿离婚不得请求赡养费之给予，损害赔偿亦以判决离婚作为其请求权发生之原因，除非当事人于离婚时以协议订定，否则不得请求，凡此两愿离婚与判决离婚均有所不同，虽然两愿离婚系基于当事人自由意思所缔结，但女性为急于达成离婚协议，以求早日解脱，往往无法争取有利之地位。关于赡养费之给予以及损害赔偿之部分，不应以判决离婚为限，尤其于两愿

① 戴炎辉、戴东雄：《中国亲属法》，我国台湾地区台湾大学法学院福利社2000年版，第332、334页。

② 史尚宽：《亲属法论》，中国政法大学出版社2000年版，第516页。

离婚之逐出离婚中更不可缺。因此于两愿离婚中，不论当事人有无协议，应允许当事人事后诉请损害赔偿与赡养费之给予。惟此项请求权之行使期间不宜过长，离婚已逾两年者，不在此列。”[①] 我国台湾地区学者的观点颇有道理，离婚损害赔偿请求权是一项实体权利，既然法律规定离婚损害赔偿是因过错行为导致离婚而应当承担的民事责任，这种民事责任的承担就不应受婚姻关系解除方式的影响。离婚损害赔偿既适用于诉讼离婚，也应适用于协议离婚。只有这样，才能充分、有效地保护无过错方的合法权益。

对于登记离婚后能否再提出损害赔偿请求的问题，争议一向比较大，其实主要是一个价值取向的问题。一种观点认为，当事人在婚姻登记机关协议离婚时未提及离婚损害赔偿问题，并不意味着当事人放弃了请求赔偿权，原因可能多种多样。本来离婚损害赔偿的取证就尤其困难，判决支持率也甚低，如果限制过多过死，就会剥夺当事人请求离婚损害赔偿的实体权利，不利于对其权利的保护。另外，民政部门不可能像法院那样对当事人进行释明，在民政部门的工作程序中也没有征求或记录无过错一方当事人是否还要请求离婚损害赔偿意见的规定。在现实情况下，若要求在离婚协议时明确表示另诉解决的，无过错方多半只能委曲求全而不予提及，否则将面临不能达成离婚协议的很大风险，这是实践的尴尬，也是法律的无奈。从法律层面来讲，《民法典》第1091条规定的损害赔偿请求权是法律赋予的权利，除非在离婚协议中明确表示放弃，人民法院不能推定其放弃或以司法解释剥夺。也有主张认为，民政部门在为当事人办理离婚协议过程中，履行告知义务后，当事人在协议离婚时未提及的，不予受理。

另外一种观点认为，双方当事人在婚姻登记机关协议离婚，没有提到赔偿问题，这本身就说明双方对此没有争议，是在心平气和的情况下分手的，意味着双方对自己的权利已经作出了处分。故在登记离婚后，当事人没有权利再就损害赔偿问题要求赔偿。虽然离婚诉讼中无

---

① 邓学仁：《亲属法大变革与展望》，我国台湾地区月旦出版社1997年版，第30页。

过错方作为被告时，可在离婚后就损害赔偿问题单独起诉。但对于去民政部门协议离婚的当事人而言，无所谓原告、被告，如果在登记离婚时没有提出，应视为对自己权利的放弃。另外，《民法典》第1091条强调的是“导致离婚的”事由，可以理解为离婚时的过错赔偿，如果离婚时没有提及，以后再行起诉的，人民法院不应当在实体法上支持。

《法国民法典》规定：“如离婚被判为过错全在夫或妻一方，则该方得被判赔偿损害，以补偿他方因解除婚姻而遭受的物质和精神损失。”例如，因一方虐待、遗弃对方或与第三者通奸所造成的离婚案件中，受害一方有要求对方给予损害赔偿的权利。在此种场合，夫妻的另一方只能在离婚诉讼之际请求损害赔偿，否则，时过境迁，即失去请求权。我国澳门特别行政区《澳门民法典》规定，被宣告为唯一或主要过错人之一方，及以对方之精神能力发生变化逾3年，且因其严重性导致不可能继续共同生活之理由而请求离婚之一方，应向他方弥补因解除婚姻而造成之非财产损害；损害赔偿之请求应在离婚之本诉中提出。

我们认为，无论登记离婚还是诉讼离婚，均不影响无过错方提起损害赔偿请求的权利。自愿原则，或说意思自治，作为《民法典》的基本原则之一，在涉及私人事务的婚姻家庭领域尤需注意。最能体现意思自治的，莫过于民事主体按自己的意思处分权利。离婚损害赔偿请求权作为《民法典》第1091条明确赋予夫妻中无过错方的权利，除非有法律明确规定，或权利人明确表示放弃，不能仅凭逻辑上的推断，就认为权利已被放弃。否则，不仅会造成对无过错方权利的不当剥夺，也不符合《民法典》婚姻家庭编“保护无过错方利益”原则所追求的目的。

特别需要注意的是，本条删除了《婚姻法司法解释（二）》第27条关于“或者在办理离婚登记手续一年后提出”的协议离婚损害赔偿请求权行使情形。主要考虑与本解释第88条类似，一是由于该一年期间作为除斥期间，排除了登记离婚的当事人在一年后行使离婚损害赔偿请求权的权利，作为一项对当事人权利会造成很大影响的规定，在《民法典》中缺乏明确的依据；二是《民法典》要求将照顾无过错方利益作为离婚夫妻财产分割的原则，离婚损害赔偿作为三大离婚救济制度之一，也应当贯彻这项原则。鉴于司法实践中常常存在无过错方在离婚的一年后才得知对方存在符合《民法典》第1091条规定的过错情形的情况，如果将起诉请求离婚损害赔偿的期限限制在一年，不利于对无过错方权利的保护。综合上述各种考量，本条规定，双方协议离婚的，办理离婚登记后，除已明示放弃权利的外，无过错方提起离婚损害赔偿请求的，人民法院仍应受理。

【审判实践中应注意的问题】

1. 有权在登记离婚后再提出损害赔偿请求权主体只能是无过错一方。有人认为，离婚时双方都有过错，可以根据过错的大小进行相应的赔偿。《民法典》第1091条规定非常明确，只有无过错方才有权利、有资格提起离婚损害赔偿请求。如果双方都有过错，比如一方与他人婚外同居，而另一方在家里实施家庭暴力；一方在外"包二奶"，另一方在外"包二爷"，这种情形下谁也没有资格请求离婚损害赔偿。离婚损害赔偿虽然本质上也属于侵权损害赔偿，但其与一般的侵权损害赔偿存在许多区别，不区分过错大小即是其中重要的一点。

2. 请求离婚损害赔偿的前提是双方具有合法婚姻关系，如果双方的婚姻被宣告为无效婚姻或者双方仅仅是同居关系，则无权提出离婚损害赔偿的请求。关于登记离婚后再请求损害赔偿的问题，在此举一个案例说明：王某与李某2001年6月登记离婚，双方对子女抚养和财产分割问题都没有争议。2001年12月，王某听别人说其前夫李某早在2001年初就与另外一个女人结婚了。王某找到李某质问此事，李某没有否认，而且很得意地说他的新夫人已怀孕好几个月了，王某当时悄悄将李某的话予以录音。随后王某起诉到法院，要求李某赔偿其精神损失5万元。李某在录音证据面前无可奈何地承认了自己重婚的事实，法院遂判决支持了李某的诉讼请求。

第九十条 夫妻双方均有民法典第一千零九十一条规定的过错情形，一方或者双方向对方提出离婚损害赔偿请求的，人民法院不予支持。

【条文主旨】

本条是关于夫或妻一方或双方提起离婚损害赔偿如何认定问题的规定。

【条文理解】

本条规定包括两层意思：一是在离婚双方当事人中对离婚存在过错的情况下，人民法院对任何一方或双方主张离婚损害赔偿的请求均不予支持；二是隐含着离婚损害赔偿的权利主体只能是夫妻双方中的无过错方。《民法典》第1091条已经明确无过错方有权请求损害赔偿，夫妻双方中，只有不存在该条规定中导致离婚事实的过错的一方，才有权请求离婚损害赔偿，享有离婚损害赔偿请求权。离婚损害赔偿制度的目的，是对无过错方受到损害的合法权益予以补偿和救济，让过错方受到应有的惩罚。夫妻双方均有违反婚姻义务或家庭义务行为的，不符合离婚损害赔偿的主体要求，无权请求获得补偿或救济，不享有《民法典》第1091条规定的离婚损害赔偿请求权。

正确适用本条的规定，必须围绕条文内容，充分理解离婚损害赔偿制度的功能、适用范围、请求权如何行使等主题。

一、离婚损害赔偿制度及功能

（一）离婚损害赔偿制度

离婚损害赔偿制度是《婚姻法》在2001年修订时增加的一项制

度内容，它既是婚姻关系民法属性的直接反映，也是保护离婚当事人合法权益的需要。设置离婚损害赔偿制度，目的就是以物质的形式，对过错行为造成的财产和非财产损害，给予婚姻当事人中受害的一方补偿，使受害一方的权利和利益得到救济，使过错方受到制裁和惩罚。夫妻之间相互忠诚是种普遍的心理需求，这种心理感受属于道德管辖的范畴，内心情感的复杂性为道德留下巨大的讨论空间，但道德调整不足以弥补受害方的财产或精神上的损害，普通老百姓所需要的并非口头上的讨论，而是解决实际问题的方法。在当下，人们越来越注重保护自己的隐私权，尤其是个人的婚姻家庭生活状况更是个人隐私中的重中之重。婚姻当事人不愿过多地去探讨过往婚姻生活中的对与错，所以，当夫妻双方婚姻关系破裂时，更倾向于用物质方式弥补相对方的身体、财产和精神上的损失。离婚损害赔偿制度的建立是我国婚姻家庭立法方面的一大进步，这种制度更能适应司法实践的需要，使法律从维护形式正义转向为维护实质正义，更有利于保护婚姻当事人中无过错方的合法权益。

（二）离婚损害赔偿制度的功能

离婚损害赔偿作为一种民事责任，主要具有以下几个方面的功能：

1. 填补损害功能。正如前面所说，离婚损害赔偿的权利主体只能是夫妻双方中的无过错方，无过错方的配偶权遭到对方过错行为的侵害，因此必须对其利益予以补偿。保护无过错方是我国婚姻家庭法律规范一直以来遵循的原则，这一点在《民法典》婚姻家庭编也得到了进一步的明确。由于离婚损害赔偿和离婚财产分割存在着本质上的不同，仅凭离婚财产分割对无过错方的倾斜照顾，虽然可能在财产上给予无过错方一定的补偿，但仅是财产分割时的照顾还远远不够。离婚损害赔偿制度可以在离婚财产分割照顾无过错方之外，更好地给过错方以惩罚，给无过错方以保护。

2. 精神抚慰功能。虽然人的精神是难以用财产补偿的，不能完全客观地以金钱计算和赔偿。但是财产毕竟还是有价值的，在一定程度上可以满足人的一部分需要。精神损害赔偿金之抚慰金，是一种特殊的赔偿金，兼具经济补偿和精神抚慰双重功能。所以，给付抚慰金，对婚姻当事人中的受害人是一种感情上和精神上的安慰，有助于帮助受害人从怨愤、报复、愁苦、悲伤等不良情绪中重新振作起来，恢复其身心健康。

3. 制裁、预防违法功能。离婚损害赔偿制度具有制裁违法行为的功能，让过错方承担财产损害和精神损害的赔偿责任，是婚姻法对漠视配偶权利和义务，公然挑战婚姻行为准则行为的谴责和惩戒。这种制裁不仅是对破坏婚姻关系当事人的惩罚，而且对他人也起到警示和预防作用，它有效地弥补了社会道德功能的不足，同时促使婚姻当事人自觉遵守婚姻义务，尊重对方的婚姻权利，从而共同维护幸福的婚姻生活，营造和谐家庭，创建和谐社会。

4. 保障离婚自由功能。结婚自由和离婚自由是我国婚姻家庭法律必须遵循的基本精神，民事主体有权按照自己的意愿缔结婚姻或解除婚姻关系。然而，现实生活中不乏这样一种情况，婚姻中一方由于在经济、生活等各方面相对处于弱势地位，一定程度上对配偶有较强的依赖性，如若离婚，将造成生活上的困难。出于生活的实际考虑，即便对方实施了过错行为，也不愿或不敢提出离婚要求。离婚损害赔偿制度正可以填补这种空白，为弱势一方离婚后的生活提供保障，打消其顾虑，保障当事人的离婚自由。

二、离婚损害赔偿的适用范围及方式

关于离婚损害赔偿在何种情况下能够适用的问题，考察世界范围内的立法例，世界各国对何种情况下能够适用离婚损害赔偿的规定主要有两类：第一类是规定只有在判决离婚的情形下，才能够适用离婚损害赔偿。例如，《法国民法典》第266条规定，在仅因一方配偶的过错宣告离婚的情况下，该一方对另一方配偶因解除婚姻所受到的物质上与精神上的损害，得受判负损害赔偿责任。但是，另一方配偶仅在进行离婚诉讼之时，始得请求损害赔偿。《葡萄牙民法典》第1792条规定，被宣告为唯一或主要过错人之一方，及以第1781条c项所指之理由而请求离婚之一方，应向他方弥补因解除婚姻而造成之非财产损害。损害赔偿请求应在离婚之本诉中提出。我国台湾地区“民法”规定，离婚原因由夫构成者，夫应给妻以相当赔偿或慰抚费。现行“民法”在裁判离婚中，承认损害赔偿与赡养费之请求。而在两愿离婚中，如当事人未协议约定损害赔偿或赡养费，则不得请求之。我国澳门特别行政区《澳门民法典》第1647条规定，被宣告为唯一或主要过错人之一方，以及第1637条c项所指的理由而请求离婚之一方，应向他方弥补因解除婚姻而造成的非财产损害。损害赔偿之请求应在离婚之本诉中提出。第二类，则规定无论协议离婚还是判决离婚，均得请求离婚损害赔偿。例如，《墨西哥民法典》第288条规定，如果因离婚导致无过错一方的利益遭受损害或侵害，有过错配偶一方作为违法行为的行为人，应负赔偿责任。在双方同意离婚的场合，除非另有协议，配偶双方都无权索取扶养费，也无权索取本条所允许的赔偿。意大利、日本等国也采取了此类规定。

我国采取了不以离婚方式限制离婚损害赔偿适用的立法模式。《民法典》第1091条对离婚损害赔偿规定了四类具体过错情形，并规定了兜底条款，当存在符合该条规定的情形时，无过错方可以主张离婚损害赔偿。此外无其他任何条件，这里即隐含了无论协议离婚还是诉讼离婚，均可适用离婚损害赔偿的意思。

三、离婚损害赔偿金数额的确定和给付方式

关于离婚损害赔偿金数额的确定，我国立法上没有规定一个统一的标准。有的学者主张，立法应对离婚损害赔偿金的数额统一规定一个起步价或最低限额与最高限额，以有效地对法官的自由裁量权加以限制。这种想法固然有其合理之处，统一的范围规定可以保证情况类似案件的当事人得到相对差距较小的救济，不因地区、法院甚至法官的不同而导致救济结果的差异。但是，有一个不得不慎重考虑的因素是，我国地域辽阔，人口众多，南北、东西经济发展水平差距仍然较大，不同地区一味适用相同的损害赔偿计算标准，反而会导致实质上

的不公平。甚至有可能使离婚损害赔偿诉讼成为个别别有用心之徒的牟利工具。这显然是所有人都不愿意看到的。由于这种顾虑，结合我国《民法典》的相关规定，我国对离婚损害赔偿金的数额不宜统一规定一个起步价或最低额度或最高限额。

由于每一件离婚案件中其过错行为引起的离婚损害都有其各自的特殊性，因此，过错方承担的损害赔偿数额自然也就不尽相同，在此赋予法官一定的自由裁量权，非常有必要。当然，离婚损害赔偿金数额的确定也并非全然无迹可寻，本解释第86条规定："《民法典》第1091条规定的'损害赔偿'，包括物质损害赔偿和精神损害赔偿。涉及精神损害赔偿的，适用《最高人民法院关于确定民事侵权精神损害赔偿责任若干问题的解释》的有关规定。"人民法院审理离婚损害赔偿案件，确定物质损害赔偿可以从以下几个方面予以综合考虑确定：（1）过错方的过错程度，这其中包括过错时间长短及是否具有反复性；（2）无过错方受到的实际损失；（3）双方的经济水平、经济能力及实际生活需要；（4）双方的年龄及健康状况；（5）当地经济发展水平；等等。精神损害赔偿则以《民事侵权精神损害解释》第10条规定为准。

离婚损害赔偿金的给付方式，可由夫妻双方协商，协商不成的，由人民法院径行判决解决。离婚损害赔偿金原则上应一次性给付，如果过错方一次性给付确实存在困难，那么也可以分期给付。分期给付的，人民法院可责令义务方签订保证合同，约定保证人并提供抵押物，担保给付义务的履行。

四、关于离婚损害赔偿请求权的举证

举证责任，是指诉讼上无法确立某种事实的存在时，对当事人产生的其所主张的有利的法律效果不被承认的后果。举证责任的发生是诉讼活动的客观规律所决定的。关于提供证据的责任，在一般侵权行为中，凡主张某种事实的人对该事实皆负有举证责任。

离婚损害赔偿的举证在司法实践中是一个较为困难和复杂的问

题。在审判实践中，有两个问题需要特别注意：

（一）举证责任人认定问题

离婚损害赔偿纠纷案件的举证同其他普通民事诉讼案件一样，在举证责任上都适用“谁主张，谁举证”的原则。从《民法典》第1091条规定中，我们不难看出，请求离婚损害赔偿的一方，如果要在离婚诉讼中获得赔偿，就必须证明离婚是因为对方的过错引起的，且还须进一步证明对方有《民法典》第1091条规定的过错情形之一。简而言之，受害方也就是无过错方负有举证责任。在离婚损害赔偿的种种法定违法行为中，受害方无一不处于弱势地位，从实践中看，妇女占大多数。婚姻关系的私密性决定了在婚姻存续过程中，刻意保存证据的不多。若收集到被侵害的证据，又怕恶化夫妻关系，以至于一发不可收拾；如果不收集保存证据，又怕将来自身权益受到侵害，求助无门。即使有知情人，也是亲属朋友或者邻居，与婚姻当事人日后都必存交往，一般不会出庭作证，特别是同居关系取证更难。所以，不管是涉家庭暴力还是同居的案件，要举出确凿证据和证人出庭都有一定困难。在此情况下，无过错配偶的合法权益难以得到有效的保护。

（二）离婚损害赔偿的证据形式

在离婚诉讼中，如要求过错方承担损害赔偿的责任，就需要主张方即无过错方提交充足的证据来支持其主张，损害赔偿的证据主要包括：（1）过错行为人承认错误的文字记录或口头陈述。（2）由过错方所在的居（村）委会或其所在的单位出具的其与他人同居或与他人以夫妻名义相称共同生活的证明。（3）由婚姻登记机关出具的其与他人结婚的证明。（4）有关机构如医院出具的证明遭受家庭暴力的诊断或有关机关出具的伤情鉴定书。（5）由人民法院作出的构成虐待罪、遗弃罪或其他关于家庭暴力犯罪的刑事判决书。（6）左邻右舍的证词。（7）能证明一方有过错事实或行为的照片。（8）司法、行政、执法机关的相关记录等。

例如，在李某（男）与艾某（女）离婚诉讼中，法院查明婚后双方因发生纠纷两次经过派出所调解处理，2018年8月出警记载为艾某被李某打了几巴掌，2019 年 7 月 25 日出警记载为李某与艾某因为琐事发生争执。2019 年 7 月 27 日，艾某因左耳外伤二天至医院治疗，次日经喉镜诊断为鼓膜穿孔。法院经审理认为，艾某在与李某发生争执后两天以左耳外伤二天就诊，并确诊为鼓膜穿孔，应当认为艾某的伤情与双方发生争执具有因果关系。鉴于李某的行为已对艾某造成了一定的伤害后果，艾某作为无过错方要求作为过错方的李某给予精神损害抚慰金，于法有据，应予支持。在这个涉及家庭暴力导致离婚的案件中，公安机关的出警记录、医院的就诊记录均起到了认定过错行为的关键证明作用。

要注意的是，收集证据时应采取法律允许的方法、手段和途径向了解真相的单位、组织、人员询问、收取证词、记录、凭证等，如家庭暴力伤害后拍摄的照片、X 光片等，或者医疗机构诊断受害人因长期家庭压力患上抑郁症的病历；可能的话，也可以请有关证人出庭作证。

【审判实践中应注意的问题】

如果夫妻双方就离婚损害赔偿自行达成了协议，或者在“夫妻忠诚协议”中曾对离婚损害赔偿作出约定，人民法院是否可以认定？我们认为，离婚损害赔偿本质上还是过错方对无过错方侵权行为导致的损害赔偿，如果双方就赔偿金额达成了一致，或有约定在先，应当尊重双方当事人对权利的自行处分。在有在先约定的情况下，如果一方在离婚损害赔偿真正发生时反悔且不能协商一致的，人民法院仍然应当按照前述的方式进行处理。

六、附　则

第九十一条　本解释自 2021 年 1 月 1 日起施行。

【条文主旨】

本条是关于本解释生效日期的具体规定。

【条文理解】

我国第一部《民法典》于 2021 年 1 月 1 日起正式施行，其中的婚姻家庭编在《婚姻法》及其司法解释以及其他一些规定、意见、答复等的基础上，有所改动、删减或吸收。为适应婚姻家庭基本法律的体系和内容变化，本解释在《民法典》的规定之外，对原有的婚姻法司法解释和其他规定、意见、答复进行了系统性梳理，视实践需要对原有条款予以保留、修改或废止。为发挥司法解释确保《民法典》正确适用、保障当事人依法行使诉讼权利的作用，考虑到与《民法典》施行时间保持一致以及与诉讼程序进行有效衔接，本解释施行的时间确定在 2021 年 1 月 1 日。

一、关于司法解释的生效时间

司法解释的生效时间，是指司法解释对其所调整的社会关系开始发生法律效力的时间。是否能够正确理解司法解释的生效时间，直接影响到人民法院在审理案件过程中是否能够准确适用法律，继而影响判决结果和当事人权益，必须认真待之。我国《立法法》第 57 条规定“法律应当明确规定施行日期”，对法律的时间效力提出了要求。司法解释作为最高人民法院对审判工作中具体适用法律问题作出的解释，亦应执行这一标准。施行日期，或说生效日期，关系到法律规范在何时具备拘束力，这是法律规范得以被适用于具体问题解决的前提。最高人民法院2007年3月9日发布的《最高人民法院关于司法解释工作的规定》第25条第3款规定："司法解释自公告发布之日起施行，但司法解释另有规定的除外。"《最高人民法院办公厅关于规范司法解释施行日期有关问题的通知》进一步要求："今后各部门起草的司法解释对施行日期没有特别要求的，司法解释条文中不再规定'本解释（规定）自公布之日起施行'的条款，施行时间一律以发布司法解释的最高人民法院公告中明确的日期为准。司法解释对施行日期有特别要求的，应当在司法解释条文中规定相应条款，明确具体施行时间，我院公告的施行日期应当与司法解释的规定相一致。"纵观此前适用的婚姻法司法解释，也可以看出这种生效时间表述上的变化，《婚姻法司法解释（一）》第34条规定："本解释自公布之日起施行。"《婚姻法司法解释（二）》第29条规定："本解释自2004年4月1日起施行。"

一般而言，司法解释自公告之日起即开始施行，也不排除特殊情况下的特殊安排。我国的司法解释根据不同情况规定了不同的生效时间，通常是由司法解释的具体性质和实际需要决定的，主要分为以下三类：

（一）自公布之日起立即生效

此种方式多适用于急需司法解释尽快出台，且立即施行时机较为成熟的情况，为了使其尽早发挥规范作用，而采取此类一经公布立即生效的做法。例如，此前施行的《婚姻法司法解释（一）》第34条规定："本解释自公布之日起施行。"之所以这样规定，是因为：第一，当时《婚姻法》新修，增加了许多新的制度，对于许多原来规定的制度内容进行了丰富和完善。由于立法技术所限，法律不可能规定得过于详细，使得实践中如何正确理解成为当务之急。而《婚姻法》修改后一经公布立即适用，迫切需要尽快出台可操作性强的司法解释指导审判实践工作；第二，《婚姻法》在修订到公布的过程中，已经在各个领域都得到了广泛的宣传和学习，一些重大变化已经为群众所知。加上较长时间的面向社会各界的征求意见、宣传准备工作，该司法解释具备了公布后马上实施的条件。需要注意的是，如司法解释条文未规定施行时间，也未发布相关公告，其生效时间应理解为“自发布之日起施行”。

（二）自公布一段时间之后的某日起施行

采取这种方式主要考虑到司法解释从公布到施行需要有一个学习宣传贯彻的过程，力求使各级人民法院理解和掌握司法解释的原则和精神，以便广大审判人员在实际审判工作中正确适用相关规定。此前施行的《婚姻法司法解释（二）》于2003年12月25日公布，但实施日期是2004年4月1日，正是考虑到该解释对家庭财产的分割及认定以及债权债务关系的处理等问题作出了新的规定。而这些都是其时婚姻家庭纠纷审判中的难点问题，该解释的许多规定是在大量调查研究的基础上才作出，有待人民群众和具体办案法官及其他工作人员的理解和消化，需要一个较长的时期以保证解释的规定能够得以正确实施。

本解释的生效时间规定也属此类。主要考量因素有二：其一，我国首部《民法典》于2021年1月1日起正式施行，该解释与《民法典》的施行时间保持一致，能够更好地适应社会经济发展的需要，妥善与《民法典》及相关法律规范进行衔接，进一步保障法律适用的正确性。其二，考虑到本解释对婚姻家庭纠纷领域此前实施的三部司法解释——《婚姻法司法解释（一）》《婚姻法司法解释（二）》《婚姻法司法解释（三）》，以及其他众多规定、意见、答复等逐一进行了清理、修改和废止，并在此基础上重新整合修订，其内容涉及现阶段婚姻家庭纠纷案件审理中的众多重点、难点问题。因此，本解释的公布和施行留出相应的准备和衔接工作的时间十分必要，亦能更好地保证本解释在审判实践中全面、正确实施。

（三）在一项司法解释中规定两个施行时间

此种情况极为少见，但也曾经存在。例如，《最高人民法院关于建设工程价款优先受偿权问题的批复》第5条规定：“本批复第一条至第三条自公布之日起施行，第四条自公布之日起六个月后施行。”这种情况比较少见，主要是根据司法解释的内容和实际需要进行。

（四）待另一法律公布一段时间后施行

有的法律公布后不立即生效，而是由该法律或者专门的决定来规定具体的施行时间。如现已废止的《企业破产法（试行）》第43条曾规定：“本法自全民所有制工业企业法实施满3个月之日起试行，试行的具体部署和步骤由国务院规定。”

二、关于司法解释的溯及力问题

法的溯及力，又称法的溯及既往的效力，是指法律生效后，对其生效之前的事件、行为和法律关系是否适用的问题。如果可以或者必须适用，则具有溯及力；反之，则不具有溯及力。一般学理上通说认为，法律不具有溯及力，也即“法不溯及既往”。实践中，绝大多数国家也将“法不溯及既往”作为必须遵循的法律程序技术原则予以普遍采用。其基本含义是，一部新法施行后，对新法施行之前人们的行为判断不得适用新法，而只能适用旧法。

（一）法不溯及既往及其例外

《立法法》第93规定：“法律、行政法规、地方性法规、自治条例和单行条例、规章不溯及既往，但为了更好地保护公民、法人和其他组织的权利和利益而作的特别规定除外。”这样规定的出发点在于，如果普遍承认法律的溯及效力，将会破坏现有法律体系应有的权威性。民事主体作出行为时，只能以其时生效的法律规范作为行为准则，判断行为是否为法律所允许，以及行为将产生怎样的法律后果。如果以后一时点生效的新的法律规范，作为评价该法律规范生效前的某一时点人们的行为，难免将产生行为规范的不确定性，导致人们无法对自己行为的法律意义和法律后果产生合理的预期。用尚未制定或生效的法律规范来调整社会成员的行为，既不具有现实可能性，亦缺乏法律公正性，而且不利于维护法的稳定性和可预期性。说到底，法不溯及既往维护的是民事主体对法律规范的信赖利益，正是出于维护这种信赖的需要，法律规范的适用必须具备相当程度上的稳定性。

但这并不意味着法律规范完全排斥效力的溯及既往。如果随着社会发展变化，旧法已经不利于保护当事人权益的，应允许通过新法来修正旧法。这一点，在刑事法律领域表现更为明显，我国《刑法》第12条第1款规定："中华人民共和国成立以后本法施行以前的行为，如果当时的法律不认为是犯罪的，适用当时的法律；如果当时的法律认为是犯罪的，依照本法总则第四章第八节的规定应当追诉的，按照当时的法律追究刑事责任，但是如果本法不认为是犯罪或者处刑较轻的，适用本法。"该条确立了世界各国普遍采用的"从旧兼从轻"原则。在民事法律领域，亦有类似的理论，比如"例外追溯"和"有利追溯"。持"例外追溯"观点的人认为，例外追溯应表现为"对当事人都有利或至少对无过错方及弱势一方有利"。持"有利追溯"观点的人认为，如果先前的某种行为或关系在行为时并不符合当时的法律规定，但依现行法律则是合法的，并且对相关各方都有利，就应当依新法律承认其合法性并予以保护。①

（二）司法解释的溯及力

对于司法解释的溯及力问题，实践中一直存在争论。一种观点认为，司法解释虽然理论上是对既有法律的解释，但其在一定程度上起着填补立法空白甚至创设新规则的作用。按照法不溯及既往原则，司法解释只能适用于公布施行后人民法院新受理的案件。只要案件的一审程序是在司法解释生效施行之前启动的，都不能适用该司法解释。另一种观点认为，司法解释是对现行立法的解释，故应当自公布之日起，对于人民法院尚未审结的一审、二审案件均应适用。这种对司法解释施行前人民法院已经受理、司法解释施行后尚未审结的案件加以适用司法解释的主张，实际上是赋予了司法解释一定的溯及力。对于是否能够溯及既往的问题，有的司法解释在条文中给出明示，例如《婚姻法司法解释（二）》第29条第2款规定的"本解释施行后，人

① 朱力宇、孙晓红：《论法的溯及力的若干问题——关于法律不溯及既往的争议、实践、反思与主张》，载《河南省政法管理干部学院学报》2008年第1期。

民法院新受理的一审婚姻家庭纠纷案件，适用本解释”便是采纳了前述第一种观点，未赋予该解释以溯及既往的效力。

对于司法解释的溯及力问题，相较而言，刑事司法解释的规定更为明确，《最高人民法院、最高人民检察院关于适用刑事司法解释时间效力问题的规定》第1条明确规定：“司法解释是最高人民法院对审判工作中具体应用法律问题和最高人民检察院对检察工作中具体应用法律问题所作的具有法律效力的解释，自发布或者规定之日起施行，效力适用于法律的施行期间。”而纵观民事领域各项司法解释，在该问题上规定并不统一，但大部分都遵循了法不溯及既往的原则。一般而言，新司法解释施行后尚未审结的一审、二审案件适用新的解释，而施行前已经终审、施行后当事人申请再审或者按照审判监督程序决定再审的案件不适用新的解释。

（三）本解释的溯及力

本解释作为《民法典》婚姻家庭编的配套司法解释，整体来说，溯及力应当与《民法典》保持一致，这也是生效时间确定为《民法典》正式实施的2021年1月1日的重要原因之一。《民法典时间效力规定》可供参考。具体而言：

1.基于《民法典》和本解释施行后发生的法律事实引起的民事纠纷案件，适用本解释。对于法律事实完全发生在《民法典》实施之后的情况，适用《民法典》及本解释的相关规定，在理论和实践中均不存在任何障碍。

2.《民法典》和本解释施行前的法律事实引起的民事纠纷案件，一般适用当时的法律、司法解释的规定。但是，对此类案件，《民法典时间效力规定》还规定，适用《民法典》的规定更有利于保护民事主体合法权益，更有利于维护社会和经济秩序，更有利于弘扬社会主义核心价值观的除外。当时的法律、司法解释没有规定而《民法典》有规定的，可以适用《民法典》的规定，但是明显减损当事人合法权益、增加当事人法定义务或者背离当事人合理预期的除外。我们认为，此原则也可类推适用于本解释。即，对于《民法典》和本解释施行前的法律事实引起的民事纠纷案件，如果适用本解释更有利于保护民事主体合法权益，更有利于维护社会和经济秩序，更有利于弘扬社会主义核心价值观的，适用本解释。当时的法律、司法解释没有规定，本解释有规定的，除非会明显减损当事人合法权益、增加当事人法定义务或者背离当事人合理预期，适用本解释。

3. 本解释施行前已经终审、施行后当事人申请再审或者按照审判监督程序决定再审的案件，不适用本解释。通常情况下，案件裁判的既判力应当优于司法解释的溯及力，即不得以个案的裁判理由不同于司法解释的规定为由推翻已经生效的裁判。这是因为，即使允许司法解释在有限情形下溯及既往，也要以不违反法的稳定性和信赖利益保护原则为前提，而维护裁判的既判力也是法的稳定性的一项基本要求，如果溯及力优于既判力，可能会导致大量既有生效裁判失去效力，不仅不利于稳定市场主体的权利义务关系，也不利于维护司法权威。

【审判实践中应注意的问题】

为了正确适用法律和本解释，做好新旧解释的适用衔接，就婚姻家庭纠纷案件审判中如何援引新旧解释问题说明如下：

对于本解释施行后尚未审结和新受理的一审、二审案件，法律事实发生于2021年1月1日之前，依照《民法典时间效力规定》应当适用《民法典》及本解释的，在援引本解释相关条文的同时还应援引《民法典时间效力规定》相关条文；应当适用当时的法律、司法解释规定的（现已废止的），在援引当时的法律、司法解释具体规定的同时还应援引《民法典时间效力规定》关于法不溯及既往的相关条文，原解释已经被废止的，应当注明文号，例如："依照《最高人民法院关于适用〈中华人民共和国婚姻法〉若干问题的解释（二）》（法释〔2003〕19号）第××条规定。"

第四部分　新旧条文对照表

《最高人民法院关于适用〈中华人民共和国民法典〉婚姻家庭编若干问题的解释（一）》新旧条文对照表

《民法典婚姻家庭编解释（一）》 （黑体部分为修改或增加的内容）	《婚姻法司法解释（一）》《婚姻法司法解释（二）》《婚姻法司法解释（三）》《人工授精所生子女法律地位的复函》《离婚案件子女抚养问题的意见》 （阴影部分为修改或删除的内容）
为正确审理婚姻家庭纠纷案件，根据《中华人民共和国**民法典**》《中华人民共和国民事诉讼法》等相关法律**的**规定，**结合审判实践**，制定本解释。	为正确审理婚姻家庭纠纷案件，根据《中华人民共和国婚姻法》（以下简称婚姻法）、《中华人民共和国民事诉讼法》等相关法律规定，对人民法院适用婚姻法的有关问题作出如下解释：
一、一般规定	
第一条　持续性、经常性的家庭暴力，可以认定为民法典第一千零四十二条、第一千零七十九条、第一千零九十一条所称的“虐待”。	《婚姻法司法解释（一）》 第一条　婚姻法第三条、第三十二条、第四十三条、第四十五条、第四十六条所称的“家庭暴力”，是指行为人以殴打、捆绑、残害、强行限制人身自由或者其他手段，给其家庭成员的身体、精神等方面造成一定伤害后果的行为。持续性、经常性的家庭暴力，构成虐待。
第二条　**民法典第一千零四十二条、第一千零七十九条、第一千零九十一条规定的“与他人同居”**的情形，是指有配偶者与婚外异性，不以夫妻名义，持续、稳定地共同居住。	《婚姻法司法解释（一）》 第二条　婚姻法第三条、第三十二条、第四十六条规定的“有配偶者与他人同居”的情形，是指有配偶者与婚外异性，不以夫妻名义，持续、稳定地共同居住。

续表

《民法典婚姻家庭编解释（一）》 （黑体部分为修改或增加的内容）	《婚姻法司法解释（一）》《婚姻法司法解释（二）》《婚姻法司法解释（三）》《人工授精所生子女法律地位的复函》《离婚案件子女抚养问题的意见》 （阴影部分为修改或删除的内容）
第三条 当事人**提起诉讼仅**请求解除同居关系的，人民法院不予受理；**已经受理的，裁定驳回起诉。** 当事人因同居期间财产分割或者子女抚养纠纷提起诉讼的，人民法院应当受理。	《婚姻法司法解释（二）》 **第一条** 当事人起诉请求解除同居关系的，人民法院不予受理。但当事人请求解除的同居关系，属于婚姻法第三条、第三十二条、第四十六条规定的"有配偶者与他人同居"的，人民法院应当受理并依法予以解除。 当事人因同居期间财产分割或者子女抚养纠纷提起诉讼的，人民法院应当受理。
第四条 当事人仅以**民法典第一千零四十三条**为依据提起诉讼的，人民法院不予受理；已经受理的，裁定驳回起诉。	《婚姻法司法解释（一）》 **第三条** 当事人仅以婚姻法第四条为依据提起诉讼的，人民法院不予受理；已经受理的，裁定驳回起诉。
第五条 当事人请求返还按照习俗给付的彩礼的，如果查明属于以下情形，人民法院应当予以支持： （一）双方未办理结婚登记手续； （二）双方办理结婚登记手续但确未共同生活； （三）婚前给付并导致给付人生活困难。 适用前款**第二项、第三项**的规定，应当以双方离婚为条件。	《婚姻法司法解释（二）》 **第十条** 当事人请求返还按照习俗给付的彩礼的，如果查明属于以下情形，人民法院应当予以支持： （一）双方未办理结婚登记手续的； （二）双方办理结婚登记手续但确未共同生活的； （三）婚前给付并导致给付人生活困难的。 适用前款第（二）、（三）项的规定，应当以双方离婚为条件。

续表

《民法典婚姻家庭编解释（一）》（黑体部分为修改或增加的内容）	《婚姻法司法解释（一）》《婚姻法司法解释（二）》《婚姻法司法解释（三）》《人工授精所生子女法律地位的复函》《离婚案件子女抚养问题的意见》（阴影部分为修改或删除的内容）
二、结　婚	
第六条　男女双方**依据民法典第一千零四十九条**规定补办结婚登记的，婚姻关系的效力从双方均符合**民法典**所规定的结婚的实质要件时起算。	**《婚姻法司法解释（一）》** **第四条**　男女双方根据婚姻法第八条规定补办结婚登记的，婚姻关系的效力从双方均符合婚姻法所规定的结婚的实质要件时起算。
第七条　未依据**民法典第一千零四十九条**规定办理结婚登记而以夫妻名义共同生活的男女，**提起诉讼**要求离婚的，应当区别对待： （一）1994年2月1日民政部《婚姻登记管理条例》公布实施以前，男女双方已经符合结婚实质要件的，按事实婚姻处理。 （二）1994年2月1日民政部《婚姻登记管理条例》公布实施以后，男女双方符合结婚实质要件的，人民法院应当告知其补办结婚登记。未补办结婚登记的，**依据本解释第三条规定**处理。	**《婚姻法司法解释（一）》** **第五条**　未按婚姻法第八条规定办理结婚登记而以夫妻名义共同生活的男女，起诉到人民法院要求离婚的，应当区别对待： （一）1994年2月1日民政部《婚姻登记管理条例》公布实施以前，男女双方已经符合结婚实质要件的，按事实婚姻处理。 （二）1994年2月1日民政部《婚姻登记管理条例》公布实施以后，男女双方符合结婚实质要件的，人民法院应当告知其在案件受理前补办结婚登记；未补办结婚登记的，按解除同居关系处理。
第八条　未依据民法典第一千零四十九条规定办理结婚登记而以夫妻名义共同生活的男女，一方死亡，另一方以配偶身份主张享有继承权的，**依据**本解释第**七**条的原则处理。	**《婚姻法司法解释（一）》** **第六条**　未按婚姻法第八条规定办理结婚登记而以夫妻名义共同生活的男女，一方死亡，另一方以配偶身份主张享有继承权的，按照本解释第五条的原则处理。

续表

《民法典婚姻家庭编解释（一）》（黑体部分为修改或增加的内容）	《婚姻法司法解释（一）》《婚姻法司法解释（二）》《婚姻法司法解释（三）》《人工授精所生子女法律地位的复函》《离婚案件子女抚养问题的意见》（阴影部分为修改或删除的内容）
第九条 有权依据**民法典第一千零五十一条**规定向人民法院就已办理结婚登记的婚姻**请求确认**婚姻无效的主体，包括婚姻当事人及利害关系人。**其中，**利害关系人包括： （一）以重婚为由的，为当事人的近亲属及基层组织； （二）以未到法定婚龄为由的，为未**到**法定婚龄者的近亲属； （三）以有禁止结婚的亲属关系为由的，为当事人的近亲属。	**《婚姻法司法解释（一）》** **第七条** 有权依据婚姻法第十条规定向人民法院就已办理结婚登记的婚姻申请宣告婚姻无效的主体，包括婚姻当事人及利害关系人。利害关系人包括： （一）以重婚为由申请宣告婚姻无效的，为当事人的近亲属及基层组织。 （二）以未到法定婚龄为由申请宣告婚姻无效的，为未达法定婚龄者的近亲属。 （三）以有禁止结婚的亲属关系为由申请宣告婚姻无效的，为当事人的近亲属。 （四）以婚前患有医学上认为不应当结婚的疾病，婚后尚未治愈为由申请宣告婚姻无效的，为与患病者共同生活的近亲属。
第十条 当事人依据**民法典第一千零五十一条**规定向人民法院**请求确认**婚姻无效，法定的无效婚姻情形**在提起诉讼时**已经消失的，人民法院不予支持。	**《婚姻法司法解释（一）》** **第八条** 当事人依据婚姻法第十条规定向人民法院申请宣告婚姻无效的，申请时，法定的无效婚姻情形已经消失的，人民法院不予支持。

续表

《民法典婚姻家庭编解释（一）》（黑体部分为修改或增加的内容）	《婚姻法司法解释（一）》《婚姻法司法解释（二）》《婚姻法司法解释（三）》《人工授精所生子女法律地位的复函》《离婚案件子女抚养问题的意见》（阴影部分为修改或删除的内容）
第十一条 人民法院受理**请求确认**婚姻无效案件**后**，原告申请撤诉的，不予准许。 对婚姻效力的审理不适用调解，应当依法作出判决。 涉及财产分割和子女抚养的，可以调解。调解达成协议的，另行制作调解书；**未达成调解协议的，应当一并作出判决。**	《婚姻法司法解释（一）》 **第九条** 人民法院审理宣告婚姻无效案件，对婚姻效力的审理不适用调解，应当依法作出判决；有关婚姻效力的判决一经作出，即发生法律效力。 涉及财产分割和子女抚养的，可以调解。调解达成协议的，另行制作调解书。对财产分割和子女抚养问题的判决不服的，当事人可以上诉。 《婚姻法司法解释（二）》 **第二条** 人民法院受理申请宣告婚姻无效案件后，经审查确属无效婚姻的，应当依法作出宣告婚姻无效的判决。原告申请撤诉的，不予准许。 《婚姻法司法解释（二）》 **第七条第二款** 前款所指的婚姻关系被宣告无效后，涉及财产分割和子女抚养的，应当继续审理。
第十二条 人民法院受理离婚案件后，经审**理**确属无效婚姻的，应当将婚姻无效的情形告知当事人，并依法作出**确认**婚姻无效的判决。	《婚姻法司法解释（二）》 **第三条** 人民法院受理离婚案件后，经审查确属无效婚姻的，应当将婚姻无效的情形告知当事人，并依法作出宣告婚姻无效的判决。
	《婚姻法司法解释（二）》 **第四条** 人民法院审理无效婚姻案件，涉及财产分割和子女抚养的，应当对婚姻效力的认定和其他纠纷的处理分别制作裁判文书。

续表

《民法典婚姻家庭编解释（一）》 （黑体部分为修改或增加的内容）	《婚姻法司法解释（一）》《婚姻法司法解释（二）》《婚姻法司法解释（三）》《人工授精所生子女法律地位的复函》《离婚案件子女抚养问题的意见》 （阴影部分为修改或删除的内容）
第十三条　人民法院就同一婚姻关系分别受理了离婚和**请求确认**婚姻无效案件的，对于离婚案件的审理，应当待**请求确认**婚姻无效案件作出判决后进行。	《婚姻法司法解释（二）》 **第七条第一款**　人民法院就同一婚姻关系分别受理了离婚和申请宣告婚姻无效案件的，对于离婚案件的审理，应当待申请宣告婚姻无效案件作出判决后进行。
第十四条　夫妻一方或者双方死亡后，生存一方或者利害关系人依据**民法典第一千零五十一条**的规定**请求确认**婚姻无效的，人民法院应当受理。	《婚姻法司法解释（二）》 **第五条**　夫妻一方或者双方死亡后一年内，生存一方或者利害关系人依据婚姻法第十条的规定申请宣告婚姻无效的，人民法院应当受理。
第十五条　利害关系人依据**民法典第一千零五十一条**的规定，**请求**人民法院**确认**婚姻无效的，利害关系人为**原告**，婚姻关系当事人双方为被**告**。 夫妻一方死亡的，生存一方为被**告**。	《婚姻法司法解释（二）》 **第六条**　利害关系人依据婚姻法第十条的规定，申请人民法院宣告婚姻无效的，利害关系人为申请人，婚姻关系当事人双方为被申请人。 夫妻一方死亡的，生存一方为被申请人。 夫妻双方均已死亡的，不列被申请人。
第十六条　人民法院审理重婚导致的无效婚姻案件时，涉及财产处理的，应当准许合法婚姻当事人作为有独立请求权的第三人参加诉讼。	《婚姻法司法解释（一）》 **第十六条**　人民法院审理重婚导致的无效婚姻案件时，涉及财产处理的，应当准许合法婚姻当事人作为有独立请求权的第三人参加诉讼。

续表

《民法典婚姻家庭编解释（一）》 （黑体部分为修改或增加的内容）	《婚姻法司法解释（一）》《婚姻法司法解释（二）》《婚姻法司法解释（三）》《人工授精所生子女法律地位的复函》《离婚案件子女抚养问题的意见》 （阴影部分为修改或删除的内容）
第十七条　当事人以民法典第一千零五十一条规定的**三种无效婚姻**以外的情形**请求确认**婚姻无效的，人民法院应当判决驳回当事人的**诉讼请求**。 当事人以结婚登记程序存在瑕疵为由提起民事诉讼，主张撤销结婚登记的，告知其可以依法申请行政复议或者提起行政诉讼。	《婚姻法司法解释（三）》 **第一条**　当事人以婚姻法第十条规定以外的情形申请宣告婚姻无效的，人民法院应当判决驳回当事人的申请。 当事人以结婚登记程序存在瑕疵为由提起民事诉讼，主张撤销结婚登记的，告知其可以依法申请行政复议或者提起行政诉讼。
第十八条　行为人以给另一方当事人或者其近亲属的生命、身体、健康、名誉、财产等方面造成损害为要挟，迫使另一方当事人违背真实意愿结婚的，**可以认定为民法典第一千零五十二条所称的"胁迫"。** 因受胁迫而请求撤销婚姻的，只能是受胁迫一方的婚姻关系当事人本人。	《婚姻法司法解释（一）》 **第十条**　婚姻法第十一条所称的"胁迫"，是指行为人以给另一方当事人或者其近亲属的生命、身体健康、名誉、财产等方面造成损害为要挟，迫使另一方当事人违背真实意愿结婚的情况。 因受胁迫而请求撤销婚姻的，只能是受胁迫一方的婚姻关系当事人本人。
	《婚姻法司法解释（一）》 **第十一条**　人民法院审理婚姻当事人因受胁迫而请求撤销婚姻的案件，应当适用简易程序或者普通程序。
第十九条　民法典第一千零五十二条规定的"一年"，不适用诉讼时效中止、中断或者延长的规定。 **受胁迫或者被非法限制人身自由的当事人请求撤销婚姻的，不适用民法典第一百五十二条第二款规定的限制。**	《婚姻法司法解释（一）》 **第十二条**　婚姻法第十一条规定的"一年"，不适用诉讼时效中止、中断或者延长的规定。

续表

《民法典婚姻家庭编解释（一）》（黑体部分为修改或增加的内容）	《婚姻法司法解释（一）》《婚姻法司法解释（二）》《婚姻法司法解释（三）》《人工授精所生子女法律地位的复函》《离婚案件子女抚养问题的意见》（阴影部分为修改或删除的内容）
第二十条 民法典第一千零五十四条所规定的**“自始没有法律约束力”**，是指无效**婚姻**或者可撤销婚姻在依法被**确认**无效或被撤销时，才确定该婚姻自始不受法律保护。	《婚姻法司法解释（一）》 **第十三条** 婚姻法第十二条所规定的自始无效，是指无效或者可撤销婚姻在依法被宣告无效或被撤销时，才确定该婚姻自始不受法律保护。
第二十一条 人民法院根据当事人的请**求**，依法**确认**婚姻无效或者撤销婚姻的，应当收缴双方的结婚证书并将生效的判决书寄送当地婚姻登记管理机关。	《婚姻法司法解释（一）》 **第十四条** 人民法院根据当事人的申请，依法宣告婚姻无效或者撤销婚姻的，应当收缴双方的结婚证书并将生效的判决书寄送当地婚姻登记管理机关。
第二十二条 被**确认**无效或**者**被撤销的婚姻，当事人同居期间所得的财产，**除**有证据证明为当事人一方所有的**以外，**按共同共有处理。	《婚姻法司法解释（一）》 **第十五条** 被宣告无效或被撤销的婚姻，当事人同居期间所得的财产，按共同共有处理。但有证据证明为当事人一方所有的除外。
三、夫妻关系	
第二十三条 夫以妻擅自中止妊娠侵犯其生育权为由请求损害赔偿的，人民法院不予支持；夫妻双方因是否生育发生纠纷，致使感情确已破裂，一方请求离婚的，人民法院经调解无效，应依照**民法典第一千零七十九条**第三款第**五**项的规定处理。	《婚姻法司法解释（三）》 **第九条** 夫以妻擅自中止妊娠侵犯其生育权为由请求损害赔偿的，人民法院不予支持；夫妻双方因是否生育发生纠纷，致使感情确已破裂，一方请求离婚的，人民法院经调解无效，应依照婚姻法第三十二条第三款第（五）项的规定处理。
第二十四条 民法典第一千零六十二条第一款第三项规定的“知识产权的收益”，是指婚姻关系存续期间，实际取得或者已经明确可以取得的财产性收益。	《婚姻法司法解释（二）》 **第十二条** 婚姻法第十七条第三项规定的“知识产权的收益”，是指婚姻关系存续期间，实际取得或者已经明确可以取得的财产性收益。

续表

《民法典婚姻家庭编解释（一）》 （黑体部分为修改或增加的内容）	《婚姻法司法解释（一）》《婚姻法司法解释（二）》《婚姻法司法解释（三）》《人工授精所生子女法律地位的复函》《离婚案件子女抚养问题的意见》 （阴影部分为修改或删除的内容）
第二十五条　婚姻关系存续期间，下列财产属于**民法典第一千零六十二条**规定的“其他应当归共同所有的财产”： （一）一方以个人财产投资取得的收益； （二）男女双方实际取得或者应当取得的住房补贴、住房公积金； （三）男女双方实际取得或者应当取得的**基本养老**金、破产安置补偿费。	《婚姻法司法解释（二）》 **第十一条**　婚姻关系存续期间，下列财产属于婚姻法第十七条规定的“其他应当归共同所有的财产”： （一）一方以个人财产投资取得的收益； （二）男女双方实际取得或者应当取得的住房补贴、住房公积金； （三）男女双方实际取得或者应当取得的养老保险金、破产安置补偿费。
第二十六条　夫妻一方个人财产在婚后产生的收益，除孳息和自然增值外，应认定为夫妻共同财产。	《婚姻法司法解释（三）》 **第五条**　夫妻一方个人财产在婚后产生的收益，除孳息和自然增值外，应认定为夫妻共同财产。
第二十七条　由一方婚前承租、婚后用共同财产购买的房屋，登记在一方名下的，应当认定为夫妻共同财产。	《婚姻法司法解释（二）》 **第十九条**　由一方婚前承租、婚后用共同财产购买的房屋，房屋权属证书登记在一方名下的，应当认定为夫妻共同财产。
第二十八条　一方未经另一方同意出售夫妻共同**所**有的房屋，第三人善意购买、支付合理对价并**已**办理**不动产**登记，另一方主张追回该房屋的，人民法院不予支持。 夫妻一方擅自处分共同**所**有的房屋造成另一方损失，离婚时另一方请求赔偿损失的，人民法院应予支持。	《婚姻法司法解释（三）》 **第十一条**　一方未经另一方同意出售夫妻共同共有的房屋，第三人善意购买、支付合理对价并办理产权登记手续，另一方主张追回该房屋的，人民法院不予支持。 夫妻一方擅自处分共同共有的房屋造成另一方损失，离婚时另一方请求赔偿损失的，人民法院应予支持。

续表

《民法典婚姻家庭编解释（一）》（黑体部分为修改或增加的内容）	《婚姻法司法解释（一）》《婚姻法司法解释（二）》《婚姻法司法解释（三）》《人工授精所生子女法律地位的复函》《离婚案件子女抚养问题的意见》（阴影部分为修改或删除的内容）
第二十九条 当事人结婚前，父母为双方购置房屋出资的，该出资应当认定为对自己子女**个人的**赠与，但父母明确表示赠与双方的除外。 当事人结婚后，父母为双方购置房屋出资的，**依照约定处理；没有约定或者约定不明确的，按照民法典第一千零六十二条第一款第四项规定的原则处理。**	《婚姻法司法解释（二）》 **第二十二条** 当事人结婚前，父母为双方购置房屋出资的，该出资应当认定为对自己子女的个人赠与，但父母明确表示赠与双方的除外。 当事人结婚后，父母为双方购置房屋出资的，该出资应当认定为对夫妻双方的赠与，但父母明确表示赠与一方的除外。 《婚姻法司法解释（三）》 **第七条** 婚后由一方父母出资为子女购买的不动产，产权登记在出资人子女名下的，可按照婚姻法第十八条第（三）项的规定，视为只对自己子女一方的赠与，该不动产应认定为夫妻一方的个人财产。 由双方父母出资购买的不动产，产权登记在一方子女名下的，该不动产可认定为双方按照各自父母的出资份额按份共有，但当事人另有约定的除外。
第三十条 军人的伤亡保险金、伤残补助金、医药生活补助费属于个人财产。	《婚姻法司法解释（二）》 **第十三条** 军人的伤亡保险金、伤残补助金、医药生活补助费属于个人财产。
第三十一条 **民法典第一千零六十三条**规定为夫妻一方的**个人**财产，不因婚姻关系的延续而转化为夫妻共同财产。但当事人另有约定的除外。	《婚姻法司法解释（一）》 **第十九条** 婚姻法第十八条规定为夫妻一方的所有的财产，不因婚姻关系的延续而转化为夫妻共同财产。但当事人另有约定的除外。

续表

《民法典婚姻家庭编解释（一）》 （黑体部分为修改或增加的内容）	《婚姻法司法解释（一）》《婚姻法司法解释（二）》《婚姻法司法解释（三）》《人工授精所生子女法律地位的复函》《离婚案件子女抚养问题的意见》 （阴影部分为修改或删除的内容）
第三十二条　婚前或者婚姻关系存续期间，当事人约定将一方所有的房产赠与另一方**或者共有**，赠与方在赠与房产变更登记之前撤销赠与，另一方请求判令继续履行的，人民法院可以按照**民法典第六百五十八条**的规定处理。	《婚姻法司法解释（三）》 **第六条**　婚前或者婚姻关系存续期间，当事人约定将一方所有的房产赠与另一方，赠与方在赠与房产变更登记之前撤销赠与，另一方请求判令继续履行的，人民法院可以按照合同法第一百八十六条的规定处理。
第三十三条　债权人就一方婚前所负个人债务向债务人的配偶主张权利的，人民法院不予支持。但债权人能够证明所负债务用于婚后家庭共同生活的除外。	《婚姻法司法解释（二）》 **第二十三条**　债权人就一方婚前所负个人债务向债务人的配偶主张权利的，人民法院不予支持。但债权人能够证明所负债务用于婚后家庭共同生活的除外。
第三十四条　夫妻一方与第三人串通，虚构债务，第三人主张**该债务为夫妻共同债务**的，人民法院不予支持。 夫妻一方在从事赌博、吸毒等违法犯罪活动中所负债务，第三人主张**该债务为夫妻共同债务**的，人民法院不予支持。	《婚姻法司法解释（二）》 **第二十四条**　债权人就婚姻关系存续期间夫妻一方以个人名义所负债务主张权利的，应当按夫妻共同债务处理。但夫妻一方能够证明债权人与债务人明确约定为个人债务，或者能够证明属于婚姻法第十九条第三款规定情形的除外。 夫妻一方与第三人串通，虚构债务，第三人主张权利的，人民法院不予支持。 夫妻一方在从事赌博、吸毒等违法犯罪活动中所负债务，第三人主张权利的，人民法院不予支持。

续表

《民法典婚姻家庭编解释（一）》 （黑体部分为修改或增加的内容）	《婚姻法司法解释（一）》《婚姻法司法解释（二）》《婚姻法司法解释（三）》《人工授精所生子女法律地位的复函》《离婚案件子女抚养问题的意见》 （阴影部分为修改或删除的内容）
第三十五条 当事人的离婚协议或者人民法院的**生效判决**、裁定、调解书已经对夫妻财产分割问题作出处理的，债权人仍有权就夫妻共同债务向男女双方主张权利。 一方就共同债务承担清偿责任后，主张**由**另一方**按照**离婚协议或者人民法院的法律文书**承担相应债务**的，人民法院应**予**支持。	《婚姻法司法解释（二）》 **第二十五条** 当事人的离婚协议或者人民法院的判决书、裁定书、调解书已经对夫妻财产分割问题作出处理的，债权人仍有权就夫妻共同债务向男女双方主张权利。 一方就共同债务承担连带清偿责任后，基于离婚协议或者人民法院的法律文书向另一方主张追偿的，人民法院应当支持。
第三十六条 夫或妻一方死亡的，生存一方应当对婚姻关系存续期间的**夫妻**共同债务承担清偿责任。	《婚姻法司法解释（二）》 **第二十六条** 夫或妻一方死亡的，生存一方应当对婚姻关系存续期间的共同债务承担连带清偿责任。
第三十七条 **民法典第一千零六十五条第三款**所称"**相对人**知道该约定的"，夫妻一方对此负有举证责任。	《婚姻法司法解释（一）》 **第十八条** 婚姻法第十九条所称"第三人知道该约定的"，夫妻一方对此负有举证责任。
第三十八条 婚姻关系存续期间，**除民法典第一千零六十六条规定情形以外**，夫妻一方请求分割共同财产的，人民法院不予支持。	《婚姻法司法解释（三）》 **第四条** 婚姻关系存续期间，夫妻一方请求分割共同财产的，人民法院不予支持，但有下列重大理由且不损害债权人利益的除外： （一）一方有隐藏、转移、变卖、毁损、挥霍夫妻共同财产或者伪造夫妻共同债务等严重损害夫妻共同财产利益行为的； （二）一方负有法定扶养义务的人患重大疾病需要医治，另一方不同意支付相关医疗费用的。

续表

《民法典婚姻家庭编解释（一）》 （黑体部分为修改或增加的内容）	《婚姻法司法解释（一）》《婚姻法司法解释（二）》《婚姻法司法解释（三）》 《人工授精所生子女法律地位的复函》 《离婚案件子女抚养问题的意见》 （阴影部分为修改或删除的内容）
四、父母子女关系	
第三十九条 **父或者母**向人民法院起诉请求**否**认亲子关系，并已提供必要证据予以证明，另一方没有相反证据又拒绝做亲子鉴定的，人民法院可以**认**定**否**认亲子关系一方的主张成立。 **父或者母以及成年子女**起诉请求确认亲子关系，并提供必要证据予以证明，另一方没有相反证据又拒绝做亲子鉴定的，人民法院可以**认**定确认亲子关系一方的主张成立。	《婚姻法司法解释（三）》 **第二条** 夫妻一方向人民法院起诉请求确认亲子关系不存在，并已提供必要证据予以证明，另一方没有相反证据又拒绝做亲子鉴定的，人民法院可以推定请求确认亲子关系不存在一方的主张成立。 当事人一方起诉请求确认亲子关系，并提供必要证据予以证明，另一方没有相反证据又拒绝做亲子鉴定的，人民法院可以推定请求确认亲子关系一方的主张成立。
第四十条 **婚姻**关系存续期间，双方一致同意进行人工授精，所生子女应视为婚生子女，父母子女之间权利义务关系适用**民法典**的有关规定。	《人工授精所生子女法律地位的复函》 在夫妻关系存续期间，双方一致同意进行人工授精，所生子女应视为夫妻双方的婚生子女，父母子女之间权利义务关系适用《婚姻法》的有关规定。
第四十一条 尚在校接受高中及其以下学历教育，或者丧失、**部分**丧失劳动能力等非因主观原因而无法维持正常生活的成年子女，**可以认定为民法典第一千零六十七条**规定的“不能独立生活的**成年**子女”。	《婚姻法司法解释（一）》 **第二十条** 婚姻法第二十一条规定的“不能独立生活的子女”，是指尚在校接受高中及其以下学历教育，或者丧失或未完全丧失劳动能力等非因主观原因而无法维持正常生活的成年子女。
第四十二条 **民法典第一千零六十七条**所称“抚养费”，包括子女生活费、教育费、医疗费等费用。	《婚姻法司法解释（一）》 **第二十一条** 婚姻法第二十一条所称“抚养费”，包括子女生活费、教育费、医疗费等费用。

续表

《民法典婚姻家庭编解释（一）》（黑体部分为修改或增加的内容）	《婚姻法司法解释（一）》《婚姻法司法解释（二）》《婚姻法司法解释（三）》《人工授精所生子女法律地位的复函》《离婚案件子女抚养问题的意见》（阴影部分为修改或删除的内容）
第四十三条 婚姻关系存续期间，父母双方或者一方拒不履行抚养子女义务，未成年**子女**或者不能独立生活的**成年**子女请求支付抚养费的，人民法院应予支持。	**《婚姻法司法解释（三）》** **第三条** 婚姻关系存续期间，父母双方或者一方拒不履行抚养子女义务，未成年或者不能独立生活的子女请求支付抚养费的，人民法院应予支持。
第四十四条 离婚案件涉及未成年子女抚养的，对不满两周岁的子女，**按照民法典第一千零八十四条第三款规定的原则处理。**母亲有下列情形之一，**父亲请求直接抚养的，人民法院应予支持：** （一）患有久治不愈的传染性疾病或者其他严重疾病，子女不宜与其共同生活； （二）有抚养条件不尽抚养义务，而父亲要求子女随其生活； （三）因其他原因，子女确**不宜**随母亲生活。	**《离婚案件子女抚养问题的意见》** 1.两周岁以下的子女，一般随母方生活。母方有下列情形之一的，可随父方生活： （1）患有久治不愈的传染性疾病或其他严重疾病，子女不宜与其共同生活的； （2）有抚养条件不尽抚养义务，而父方要求子女随其生活的； （3）因其他原因，子女确无法随母方生活的。
第四十五条 父母双方协议**不满**两周岁子女**由父亲直接抚养**，并对子女健康成长无不利影响的，**人民法院应**予**支持**。	**《离婚案件子女抚养问题的意见》** 2.父母双方协议两周岁以下子女随父方生活，并对子女健康成长无不利影响的，可予准许。

续表

《民法典婚姻家庭编解释（一）》（黑体部分为修改或增加的内容）	《婚姻法司法解释（一）》《婚姻法司法解释（二）》《婚姻法司法解释（三）》《人工授精所生子女法律地位的复函》《离婚案件子女抚养问题的意见》（阴影部分为修改或删除的内容）
第四十六条　对**已满**两周岁**的未成年**子女，**父母**均要求**直接抚养**，一方有下列情形之一的，可予优先考虑： （一）已做绝育手术或因其他原因丧失生育能力； （二）子女随其生活时间较长，改变生活环境对子女健康成长明显不利； （三）无其他子女，而另一方有其他子女； （**四**）子女随其生活，对子女成长有利，而另一方患有久治不愈的传染性疾病或其他严重疾病，或者有其他不利于子女身心健康的情形，不宜与子女共同生活。	**《离婚案件子女抚养问题的意见》** 3. 对两周岁以上未成年的子女，父方和母方均要求随其生活，一方有下列情形之一的，可予优先考虑： （1）已做绝育手术或因其他原因丧失生育能力的； （2）子女随其生活时间较长，改变生活环境对子女健康成长明显不利的； （3）无其他子女，而另一方有其他子女的； （4）子女随其生活，对子女成长有利，而另一方患有久治不愈的传染性疾病或其他严重疾病，或者有其他不利于子女身心健康的情形，不宜与子女共同生活的。
第四十七条　**父母**抚养子女的条件基本相同，双方均要求**直接抚养**子女，但子女单独随祖父母或**者**外祖父母共同生活多年，且祖父母或**者**外祖父母要求并且有能力帮助子女照顾孙子女或**者**外孙子女的，可作为**父或者母直接抚养**子女的优先条件予以考虑。	**《离婚案件子女抚养问题的意见》** 4. 父方与母方抚养子女的条件基本相同，双方均要求子女与其共同生活，但子女单独随祖父母或外祖父母共同生活多年，且祖父母或外祖父母要求并且有能力帮助子女照顾孙子女或外孙子女的，可作为子女随父或母生活的优先条件予以考虑。
	《离婚案件子女抚养问题的意见》 5. 父母双方对十周岁以上的未成年子女随父或随母生活发生争执的，应考虑该子女的意见。
第四十八条　在有利于保护子女利益的前提下，父母双方协议轮流**直接**抚养子女的，**人民法院应予支持**。	**《离婚案件子女抚养问题的意见》** 6. 在有利于保护子女利益的前提下，父母双方协议轮流抚养子女的，可予准许。

续表

《民法典婚姻家庭编解释（一）》 （黑体部分为修改或增加的内容）	《婚姻法司法解释（一）》《婚姻法司法解释（二）》《婚姻法司法解释（三）》《人工授精所生子女法律地位的复函》《离婚案件子女抚养问题的意见》 （阴影部分为修改或删除的内容）
第四十九条 抚**养**费的数额，可根据子女的实际需要、父母双方的负担能力和当地的实际生活水平确定。 有固定收入的，抚**养**费一般可**以**按其月总收入的百分之二十至三十的比例给付。负担两个以上子女抚**养**费的，比例可**以**适当提高，但一般不得超过月总收入的百分之五十。 无固定收入的，抚**养**费的数额可依据当年总收入或**者**同行业平均收入，参照上述比例确定。 有特殊情况的，可**以**适当提高或**者**降低上述比例。	**《离婚案件子女抚养问题的意见》** 7. 子女抚育费的数额，可根据子女的实际需要、父母双方的负担能力和当地的实际生活水平确定。 有固定收入的，抚育费一般可按其月总收入的百分之二十至三十的比例给付。负担两个以上子女抚育费的，比例可适当提高，但一般不得超过月总收入的百分之五十。 无固定收入的，抚育费的数额可依据当年总收入或同行业平均收入，参照上述比例确定。 有特殊情况的，可适当提高或降低上述比例。
第五十条 抚**养**费应当定期给付，有条件的可以一次性给付。	**《离婚案件子女抚养问题的意见》** 8. 抚育费应定期给付，有条件的可一次性给付。
第五十一条 **父母**一方无经济收入或者下落不明的，可**以**用其财物折抵抚**养**费。	**《离婚案件子女抚养问题的意见》** 9. 对一方无经济收入或者下落不明的，可用其财物折抵子女抚育费。
第五十二条 父母双方可以协议**由一方直接抚养**子女并由**直接**抚养方负担子女全部抚**养**费。**但是**，**直接**抚养方的抚养能力明显不能保障子女所需费用，影响子女健康成长的，**人民法院**不予**支持**。	**《离婚案件子女抚养问题的意见》** 10. 父母双方可以协议子女随一方生活并由抚养方负担子女全部抚育费。但经查实，抚养方的抚养能力明显不能保障子女所需费用，影响子女健康成长的，不予准许。

续表

《民法典婚姻家庭编解释（一）》（黑体部分为修改或增加的内容）	《婚姻法司法解释（一）》《婚姻法司法解释（二）》《婚姻法司法解释（三）》《人工授精所生子女法律地位的复函》《离婚案件子女抚养问题的意见》（阴影部分为修改或删除的内容）
第五十三条　抚养费的给付期限，一般至子女十八周岁为止。 十六周岁以上不满十八周岁，以其劳动收入为主要生活来源，并能维持当地一般生活水平的，父母可**以**停止给付抚**养**费。	**《离婚案件子女抚养问题的意见》** 11. 抚育费的给付期限，一般至子女十八周岁为止。 十六周岁以上不满十八周岁，以其劳动收入为主要生活来源，并能维持当地一般生活水平的，父母可停止给付抚育费。
	《离婚案件子女抚养问题的意见》 12. 尚未独立生活的成年子女有下列情形之一，父母又有给付能力的，仍应负担必要的抚育费： （1）丧失劳动能力或虽未完全丧失劳动能力，但其收入不足以维持生活的； （2）尚在校就读的； （3）确无独立生活能力和条件的。
第五十四条　生父与继母**离婚**或**者**生母与继父离婚时，对曾受其抚养教育的继子女，继父或**者**继母不同意继续抚养的，仍应由**生父或者生母**抚养。	**《离婚案件子女抚养问题的意见》** 13. 生父与继母或生母与继父离婚时，对曾受其抚养教育的继子女，继父或继母不同意继续抚养的，仍应由生父母抚养。
	《离婚案件子女抚养问题的意见》 14.《中华人民共和国收养法》施行前，夫或妻一方收养的子女，对方未表示反对，并与该子女形成事实收养关系的，离婚后，应由双方负担子女的抚育费；夫或妻一方收养的子女，对方始终反对的，离婚后，应由收养方抚养该子女。

续表

《民法典婚姻家庭编解释（一）》 （黑体部分为修改或增加的内容）	《婚姻法司法解释（一）》《婚姻法司法解释（二）》《婚姻法司法解释（三）》《人工授精所生子女法律地位的复函》《离婚案件子女抚养问题的意见》 （阴影部分为修改或删除的内容）
第五十五条 离婚后，**父母**一方要求变更子女抚养关系的，或者子女要求增加抚**养**费的，应**当**另行**提起诉讼**。	**《离婚案件子女抚养问题的意见》** 15. 离婚后，一方要求变更子女抚养关系的，或者子女要求增加抚育费的，应另行起诉。
第五十六条 **具**有下列情形之一，**父母**一方要求变更子女抚养关系的，**人民法院**应予支持： （**一**）与子女共同生活的一方因患严重疾病或**者**因伤残无力继续抚养子女； （**二**）与子女共同生活的一方不尽抚养义务或有虐待子女行为，或**者**其与子女共同生活对子女身心健康确有不利影响； （**三**）**已满八**周岁**的**子女，愿随另一方生活，该方又有抚养能力； （**四**）有其他正当理由需要变更。	**《离婚案件子女抚养问题的意见》** 16. 一方要求变更子女抚养关系有下列情形之一的，应予支持。 （1）与子女共同生活的一方因患严重疾病或因伤残无力继续抚养子女的； （2）与子女共同生活的一方不尽抚养义务或有虐待子女行为，或其与子女共同生活对子女身心健康确有不利影响的； （3）十周岁以上未成年子女，愿随另一方生活，该方又有抚养能力的； （4）有其他正当理由需要变更的。
第五十七条 父母双方协议变更子女抚养关系的，**人民法院**应予**支持**。	**《离婚案件子女抚养问题的意见》** 17. 父母双方协议变更子女抚养关系的，应予准许。
第五十八条 **具**有下列情形之一，子女要求有**负担**能力的父或**者**母增加抚**养**费的，**人民法院**应予支持： （**一**）原定抚**养**费数额不足以维持当地实际生活水平； （**二**）因子女患病、上学，实际需要已超过原定数额； （**三**）有其他正当理由应当增加。	**《离婚案件子女抚养问题的意见》** 18. 子女要求增加抚育费有下列情形之一，父或母有给付能力的，应予支持。 （1）原定抚育费数额不足以维持当地实际生活水平的； （2）因子女患病、上学，实际需要已超过原定数额的； （3）有其他正当理由应当增加的。

续表

《民法典婚姻家庭编解释（一）》（黑体部分为修改或增加的内容）	《婚姻法司法解释（一）》《婚姻法司法解释（二）》《婚姻法司法解释（三）》《人工授精所生子女法律地位的复函》《离婚案件子女抚养问题的意见》（阴影部分为修改或删除的内容）
第五十九条 父母不得因子女变更姓氏而拒付子女抚**养**费。父或**者**母擅自将子女姓氏改为继母或继父姓氏而引起纠纷的，应责令恢复原姓氏。	**《离婚案件子女抚养问题的意见》** 19. 父母不得因子女变更姓氏而拒付子女抚育费。父或母一方擅自将子女姓氏改为继母或继父姓氏而引起纠纷的，应责令恢复原姓氏。
第六十条 在离婚诉讼期间，双方均拒绝抚养子女的，可先行裁定暂由一方抚养。	**《离婚案件子女抚养问题的意见》** 20. 在离婚诉讼期间，双方均拒绝抚养子女的，可先行裁定暂由一方抚养。
第六十一条 对拒不履行或**者**妨害他人履行生效判决、裁定、调解中有关子女抚养义务的当事人或者其他人，人民法院可依照民事诉讼法第**一百一十一**条的规定采取强制措施。	**《离婚案件子女抚养问题的意见》** 21. 对拒不履行或妨害他人履行生效判决、裁定、调解中有关子女抚养义务的当事人或者其他人，人民法院可依照《中华人民共和国民事诉讼法》第一百零二条的规定采取强制措施。
五、离 婚	
第六十二条 无民事行为能力人的配偶有**民法典第三十六条第一款规定行为**，其他有监护资格的人可以要求**撤销其监护资格，并依法指定新的监护人**；变更后的监护人代理无民事行为能力一方提起离婚诉讼的，人民法院应予受理。	**《婚姻法司法解释（三）》** **第八条** 无民事行为能力人的配偶有虐待、遗弃等严重损害无民事行为能力一方的人身权利或者财产权益行为，其他有监护资格的人可以依照特别程序要求变更监护关系；变更后的监护人代理无民事行为能力一方提起离婚诉讼的，人民法院应予受理。
第六十三条 人民法院审理离婚案件，符合**民法典第一千零七十九条**第三款规定“应**当**准予离婚”情形的，不应当因当事人有过错而判决不准离婚。	**《婚姻法司法解释（一）》** **第二十二条** 人民法院审理离婚案件，符合第三十二条第二款规定“应准予离婚”情形的，不应当因当事人有过错而判决不准离婚。

续表

《民法典婚姻家庭编解释（一）》（黑体部分为修改或增加的内容）	《婚姻法司法解释（一）》《婚姻法司法解释（二）》《婚姻法司法解释（三）》《人工授精所生子女法律地位的复函》《离婚案件子女抚养问题的意见》（阴影部分为修改或删除的内容）
第六十四条　民法典第一千零八十一条所称的“军人一方有重大过错”，可以依据**民法典第一千零七十九条**第三款前三项规定及军人有其他重大过错导致夫妻感情破裂的情形予以判断。	《婚姻法司法解释（一）》 **第二十三条**　婚姻法第三十三条所称的“军人一方有重大过错”，可以依据婚姻法第三十二条第二款前三项规定及军人有其他重大过错导致夫妻感情破裂的情形予以判断。
第六十五条　人民法院作出的生效的离婚判决中未涉及探望权，当事人就探望权问题单独提起诉讼的，人民法院应予受理。	《婚姻法司法解释（一）》 **第二十四条**　人民法院作出的生效的离婚判决中未涉及探望权，当事人就探望权问题单独提起诉讼的，人民法院应予受理。
第六十六条　当事人在履行生效判决、裁定或者调解书的过程中，**一方**请求中止探望的，人民法院在征询双方当事人意见后，认为需要中止探望的，依法作出裁定；中止探望的情形消失后，人民法院应当根据当事人的**请求书面**通知其恢复探望。	《婚姻法司法解释（一）》 **第二十五条**　当事人在履行生效判决、裁定或者调解书的过程中，请求中止行使探望权的，人民法院在征询双方当事人意见后，认为需要中止行使探望权的，依法作出裁定。中止探望的情形消失后，人民法院应当根据当事人的申请通知其恢复探望权的行使。
第六十七条　未成年子女、直接抚养子女的父或**者**母**以**及其他对未成年子女负担抚养、教育**、保护**义务的法定监护人，有权向人民法院提出中止探望的请求。	《婚姻法司法解释（一）》 **第二十六条**　未成年子女、直接抚养子女的父或母及其他对未成年子女负担抚养、教育义务的法定监护人，有权向人民法院提出中止探望权的请求。

续表

《民法典婚姻家庭编解释（一）》 （黑体部分为修改或增加的内容）	《婚姻法司法解释（一）》《婚姻法司法解释（二）》《婚姻法司法解释（三）》《人工授精所生子女法律地位的复函》《离婚案件子女抚养问题的意见》 （阴影部分为修改或删除的内容）
第六十八条 对于拒不协助另一方行使探望权的有关个人**或者组织**，**可以由人民法院依法**采取拘留、罚款等强制措施，**但是**不能对子女的人身、探望行为进行强制执行。	《婚姻法司法解释（一）》 **第三十二条** 婚姻法第四十八条关于对拒不执行有关探望子女等判决和裁定的，由人民法院依法强制执行的规定，是指对拒不履行协助另一方行使探望权的有关个人和单位采取拘留、罚款等强制措施，不能对子女的人身、探望行为进行强制执行。
第六十九条 当事人达成的以**协议**离婚或者到人民法院**调解**离婚为条件的财产**以及债务处理**协议，如果双方离婚未成，一方在离婚诉讼中反悔的，人民法院应当认定该财产**以及债务处理**协议没有生效，并根据实际情况依**照民法典第一千零八十七条和第一千零八十九条的规定判决**。 **当事人依照民法典第一千零七十六条签订的**离婚协议中关于财产**以及债务处理**的条款，对男女双方具有法律约束力。**登记离婚后**当事人因履行上述协议发生纠纷提起诉讼的，人民法院应当受理。	《婚姻法司法解释（三）》 **第十四条** 当事人达成的以登记离婚或者到人民法院协议离婚为条件的财产分割协议，如果双方协议离婚未成，一方在离婚诉讼中反悔的，人民法院应当认定该财产分割协议没有生效，并根据实际情况依法对夫妻共同财产进行分割。 《婚姻法司法解释（二）》 **第八条** 离婚协议中关于财产分割的条款或者当事人因离婚就财产分割达成的协议，对男女双方具有法律约束力。 当事人因履行上述财产分割协议发生纠纷提起诉讼的，人民法院应当受理。

续表

《民法典婚姻家庭编解释（一）》 （黑体部分为修改或增加的内容）	《婚姻法司法解释（一）》《婚姻法司法解释（二）》《婚姻法司法解释（三）》《人工授精所生子女法律地位的复函》《离婚案件子女抚养问题的意见》 （阴影部分为修改或删除的内容）
第七十条　夫妻双方协议离婚后就财产分割问题反悔，请求撤销财产分割协议的，人民法院应当受理。 人民法院审理后，未发现订立财产分割协议时存在欺诈、胁迫等情形的，应当依法驳回当事人的诉讼请求。	《婚姻法司法解释（二）》 **第九条**　男女双方协议离婚后一年内就财产分割问题反悔，请求变更或者撤销财产分割协议的，人民法院应当受理。 人民法院审理后，未发现订立财产分割协议时存在欺诈、胁迫等情形的，应当依法驳回当事人的诉讼请求。
第七十一条　人民法院审理离婚案件，涉及分割发放到军人名下的复员费、自主择业费等一次性费用的，以夫妻婚姻关系存续年限乘以年平均值，所得数额为夫妻共同财产。 前款所称年平均值，是指将发放到军人名下的上述费用总额按具体年限均分得出的数额。其具体年限为人均寿命七十岁与军人入伍时实际年龄的差额。	《婚姻法司法解释（二）》 **第十四条**　人民法院审理离婚案件，涉及分割发放到军人名下的复员费、自主择业费等一次性费用的，以夫妻婚姻关系存续年限乘以年平均值，所得数额为夫妻共同财产。 前款所称年平均值，是指将发放到军人名下的上述费用总额按具体年限均分得出的数额。其具体年限为人均寿命七十岁与军人入伍时实际年龄的差额。
第七十二条　夫妻双方分割共同财产中的股票、债券、投资基金份额等有价证券以及未上市股份有限公司股份时，协商不成或者按市价分配有困难的，人民法院可以根据数量按比例分配。	《婚姻法司法解释（二）》 **第十五条**　夫妻双方分割共同财产中的股票、债券、投资基金份额等有价证券以及未上市股份有限公司股份时，协商不成或者按市价分配有困难的，人民法院可以根据数量按比例分配。

续表

《民法典婚姻家庭编解释（一）》（黑体部分为修改或增加的内容）	《婚姻法司法解释（一）》《婚姻法司法解释（二）》《婚姻法司法解释（三）》《人工授精所生子女法律地位的复函》《离婚案件子女抚养问题的意见》（阴影部分为修改或删除的内容）
第七十三条　人民法院审理离婚案件，涉及分割夫妻共同财产中以一方名义在有限责任公司的出资额，另一方不是该公司股东的，按以下情形分别处理： （一）夫妻双方协商一致将出资额部分或者全部转让给该股东的配偶，**其他**股东过半数同意，**并且**其他股东**均**明确表示放弃优先购买权的，该股东的配偶可以成为该公司股东； （二）夫妻双方就出资额转让份额和转让价格等事项协商一致后，**其他**股东半数**以上**不同意转让，但愿意以同等**条件**购买该出资额的，人民法院可以对转让出资所得财产进行分割。**其他**股东半数**以上**不同意转让，也不愿意以同等**条件**购买该出资额的，视为其同意转让，该股东的配偶可以成为该公司股东。 用于证明前款规定的股东同意的证据，可以是股东会**议材料**，也可以是当事人通过其他合法途径取得的股东的书面声明材料。	《婚姻法司法解释（二）》 **第十六条**　人民法院审理离婚案件，涉及分割夫妻共同财产中以一方名义在有限责任公司的出资额，另一方不是该公司股东的，按以下情形分别处理： （一）夫妻双方协商一致将出资额部分或者全部转让给该股东的配偶，过半数股东同意、其他股东明确表示放弃优先购买权的，该股东的配偶可以成为该公司股东； （二）夫妻双方就出资额转让份额和转让价格等事项协商一致后，过半数股东不同意转让，但愿意以同等价格购买该出资额的，人民法院可以对转让出资所得财产进行分割。过半数股东不同意转让，也不愿意以同等价格购买该出资额的，视为其同意转让，该股东的配偶可以成为该公司股东。 用于证明前款规定的过半数股东同意的证据，可以是股东会决议，也可以是当事人通过其他合法途径取得的股东的书面声明材料。

续表

《民法典婚姻家庭编解释（一）》 （黑体部分为修改或增加的内容）	《婚姻法司法解释（一）》《婚姻法司法解释（二）》《婚姻法司法解释（三）》《人工授精所生子女法律地位的复函》《离婚案件子女抚养问题的意见》 （阴影部分为修改或删除的内容）
第七十四条　人民法院审理离婚案件，涉及分割夫妻共同财产中以一方名义在合伙企业中的出资，另一方不是该企业合伙人的，当夫妻双方协商一致，将其合伙企业中的财产份额全部或者部分转让给对方时，按以下情形分别处理： （一）其他合伙人一致同意的，该配偶依法取得合伙人地位； （二）其他合伙人不同意转让，在同等条件下行使优先**购买**权的，可以对转让所得的财产进行分割； （三）其他合伙人不同意转让，也不行使优先**购买**权，但同意该合伙人退伙或者**削减**部分财产份额的，可以对**结算后**的财产进行分割； （四）其他合伙人既不同意转让，也不行使优先**购买**权，又不同意该合伙人退伙或者**削减**部分财产份额的，视为全体合伙人同意转让，该配偶依法取得合伙人地位。	《婚姻法司法解释（二）》 **第十七条**　人民法院审理离婚案件，涉及分割夫妻共同财产中以一方名义在合伙企业中的出资，另一方不是该企业合伙人的，当夫妻双方协商一致，将其合伙企业中的财产份额全部或者部分转让给对方时，按以下情形分别处理： （一）其他合伙人一致同意的，该配偶依法取得合伙人地位； （二）其他合伙人不同意转让，在同等条件下行使优先受让权的，可以对转让所得的财产进行分割； （三）其他合伙人不同意转让，也不行使优先受让权，但同意该合伙人退伙或者退还部分财产份额的，可以对退还的财产进行分割； （四）其他合伙人既不同意转让，也不行使优先受让权，又不同意该合伙人退伙或者退还部分财产份额的，视为全体合伙人同意转让，该配偶依法取得合伙人地位。

续表

《民法典婚姻家庭编解释（一）》（黑体部分为修改或增加的内容）	《婚姻法司法解释（一）》《婚姻法司法解释（二）》《婚姻法司法解释（三）》《人工授精所生子女法律地位的复函》《离婚案件子女抚养问题的意见》（阴影部分为修改或删除的内容）
第七十五条　夫妻以一方名义投资设立**个人**独资企业的，人民法院分割夫妻在该**个人**独资企业中的共同财产时，应当按照以下情形分别处理： （一）一方主张经营该企业的，对企业资产进行评估后，由取得企业**资产所有权**一方给予另一方相应的补偿； （二）双方均主张经营该企业的，在双方竞价基础上，由取得企业**资产所有权**的一方给予另一方相应的补偿； （三）双方均不愿意经营该企业的，按照《中华人民共和国个人独资企业法》等有关规定办理。	《婚姻法司法解释（二）》 **第十八条**　夫妻以一方名义投资设立独资企业的，人民法院分割夫妻在该独资企业中的共同财产时，应当按照以下情形分别处理： （一）一方主张经营该企业的，对企业资产进行评估后，由取得企业一方给予另一方相应的补偿； （二）双方均主张经营该企业的，在双方竞价基础上，由取得企业的一方给予另一方相应的补偿； （三）双方均不愿意经营该企业的，按照《中华人民共和国个人独资企业法》等有关规定办理。
第七十六条　双方对夫妻共同财产中的房屋价值及归属无法达成协议时，人民法院按以下情形分别处理： （一）双方均主张房屋所有权并且同意竞价取得的，应当准许； （二）一方主张房屋所有权的，由评估机构按市场价格对房屋作出评估，取得房屋所有权的一方应当给予另一方相应的补偿； （三）双方均不主张房屋所有权的，根据当事人的申请拍卖、**变卖**房屋，就所得价款进行分割。	《婚姻法司法解释（二）》 **第二十条**　双方对夫妻共同财产中的房屋价值及归属无法达成协议时，人民法院按以下情形分别处理： （一）双方均主张房屋所有权并且同意竞价取得的，应当准许； （二）一方主张房屋所有权的，由评估机构按市场价格对房屋作出评估，取得房屋所有权的一方应当给予另一方相应的补偿； （三）双方均不主张房屋所有权的，根据当事人的申请拍卖房屋，就所得价款进行分割。

续表

《民法典婚姻家庭编解释（一）》 （黑体部分为修改或增加的内容）	《婚姻法司法解释（一）》《婚姻法司法解释（二）》《婚姻法司法解释（三）》《人工授精所生子女法律地位的复函》《离婚案件子女抚养问题的意见》 （阴影部分为修改或删除的内容）
第七十七条 离婚时双方对尚未取得所有权或者尚未取得完全所有权的房屋有争议且协商不成的，人民法院不宜判决房屋所有权的归属，应当根据实际情况判决由当事人使用。 当事人就前款规定的房屋取得完全所有权后，有争议的，可以另行向人民法院提起诉讼。	《婚姻法司法解释（二）》 **第二十一条** 离婚时双方对尚未取得所有权或者尚未取得完全所有权的房屋有争议且协商不成的，人民法院不宜判决房屋所有权的归属，应当根据实际情况判决由当事人使用。 当事人就前款规定的房屋取得完全所有权后，有争议的，可以另行向人民法院提起诉讼。
第七十八条 夫妻一方婚前签订不动产买卖合同，以个人财产支付首付款并在银行贷款，婚后用夫妻共同财产还贷，不动产登记于首付款支付方名下的，离婚时该不动产由双方协议处理。 依前款规定不能达成协议的，人民法院可以判决该不动产归登记一方，尚未归还的贷款为**不动产**登记一方的个人债务。双方婚后共同还贷支付的款项及其相对应财产增值部分，离婚时应根据**民法典第一千零八十七条**第一款规定的原则，由**不动产**登记一方对另一方进行补偿。	《婚姻法司法解释（三）》 **第十条** 夫妻一方婚前签订不动产买卖合同，以个人财产支付首付款并在银行贷款，婚后用夫妻共同财产还贷，不动产登记于首付款支付方名下的，离婚时该不动产由双方协议处理。 依前款规定不能达成协议的，人民法院可以判决该不动产归产权登记一方，尚未归还的贷款为产权登记一方的个人债务。双方婚后共同还贷支付的款项及其相对应财产增值部分，离婚时应根据婚姻法第三十九条第一款规定的原则，由产权登记一方对另一方进行补偿。
第七十九条 婚姻关系存续期间，双方用夫妻共同财产出资购买以一方父母名义参加房改的房屋，登记在一方父母名下，离婚时另一方主张按照夫妻共同财产对该房屋进行分割的，人民法院不予支持。购买该房屋时的出资，可以作为债权处理。	《婚姻法司法解释（三）》 **第十二条** 婚姻关系存续期间，双方用夫妻共同财产出资购买以一方父母名义参加房改的房屋，产权登记在一方父母名下，离婚时另一方主张按照夫妻共同财产对该房屋进行分割的，人民法院不予支持。购买该房屋时的出资，可以作为债权处理。

续表

《民法典婚姻家庭编解释（一）》 （黑体部分为修改或增加的内容）	《婚姻法司法解释（一）》《婚姻法司法解释（二）》《婚姻法司法解释（三）》《人工授精所生子女法律地位的复函》《离婚案件子女抚养问题的意见》 （阴影部分为修改或删除的内容）
第八十条 离婚时夫妻一方尚未退休、不符合领取**基本养老**金条件，另一方请求按照夫妻共同财产分割**基本养老**金的，人民法院不予支持；婚后以夫妻共同财产缴**纳基本**养老保险费，离婚时一方主张将养老金账户中婚姻关系存续期间个人实际缴**纳**部分**及利息**作为夫妻共同财产分割的，人民法院应予支持。	**《婚姻法司法解释（三）》** **第十三条** 离婚时夫妻一方尚未退休、不符合领取养老保险金条件，另一方请求按照夫妻共同财产分割养老保险金的，人民法院不予支持；婚后以夫妻共同财产缴付养老保险费，离婚时一方主张将养老金账户中婚姻关系存续期间个人实际缴付部分作为夫妻共同财产分割的，人民法院应予支持。
第八十一条 婚姻关系存续期间，夫妻一方作为继承人依法可以继承的遗产，在继承人之间尚未实际分割，起诉离婚时另一方请求分割的，人民法院应当告知当事人在继承人之间实际分割遗产后另行起诉。	**《婚姻法司法解释（三）》** **第十五条** 婚姻关系存续期间，夫妻一方作为继承人依法可以继承的遗产，在继承人之间尚未实际分割，起诉离婚时另一方请求分割的，人民法院应当告知当事人在继承人之间实际分割遗产后另行起诉。
第八十二条 夫妻之间订立借款协议，以夫妻共同财产出借给一方从事个人经营活动或用于其他个人事务的，应视为双方约定处分夫妻共同财产的行为，离婚时可按照借款协议的约定处理。	**《婚姻法司法解释（三）》** **第十六条** 夫妻之间订立借款协议，以夫妻共同财产出借给一方从事个人经营活动或用于其他个人事务的，应视为双方约定处分夫妻共同财产的行为，离婚时可按照借款协议的约定处理。
第八十三条 离婚后，一方以尚有夫妻共同财产未处理为由向人民法院起诉请求分割的，经审查该财产确属离婚时未涉及的夫妻共同财产，人民法院应当依法予以分割。	**《婚姻法司法解释（三）》** **第十八条** 离婚后，一方以尚有夫妻共同财产未处理为由向人民法院起诉请求分割的，经审查该财产确属离婚时未涉及的夫妻共同财产，人民法院应当依法予以分割。

续表

《民法典婚姻家庭编解释（一）》 （黑体部分为修改或增加的内容）	《婚姻法司法解释（一）》《婚姻法司法解释（二）》《婚姻法司法解释（三）》《人工授精所生子女法律地位的复函》《离婚案件子女抚养问题的意见》 （阴影部分为修改或删除的内容）
第八十四条 当事人依据**民法典第一千零九十二条**的规定向人民法院提起诉讼，请求再次分割夫妻共同财产的诉讼时效**期间**为三年，从当事人发现之日起计算。	《婚姻法司法解释（一）》 **第三十一条** 当事人依据婚姻法第四十七条的规定向人民法院提起诉讼，请求再次分割夫妻共同财产的诉讼时效为两年，从当事人发现之次日起计算。
第八十五条 夫妻一方申请对配偶的个人财产或者夫妻共同财产采取保全措施的，人民法院可以在采取保全措施可能造成损失的范围内，根据实际情况，确定合理的财产担保数额。	《婚姻法司法解释（二）》 **第二十八条** 夫妻一方申请对配偶的个人财产或者夫妻共同财产采取保全措施的，人民法院可以在采取保全措施可能造成损失的范围内，根据实际情况，确定合理的财产担保数额。
第八十六条 **民法典第一千零九十一条**规定的“损害赔偿”，包括物质损害赔偿和精神损害赔偿。涉及精神损害赔偿的，适用《**最高人民法院**关于确定民事侵权精神损害赔偿责任若干问题的解释》的有关规定。	《婚姻法司法解释（一）》 **第二十八条** 婚姻法第四十六条规定的“损害赔偿”，包括物质损害赔偿和精神损害赔偿。涉及精神损害赔偿的，适用最高人民法院《关于确定民事侵权精神损害赔偿责任若干问题的解释》的有关规定。
第八十七条 承担**民法典第一千零九十一条**规定的损害赔偿责任的主体，为离婚诉讼当事人中无过错方的配偶。 人民法院判决不准离婚的案件，对于当事人基于**民法典第一千零九十一条**提出的损害赔偿请求，不予支持。 在婚姻关系存续期间，当事人不起诉离婚而单独依据**民法典第一千零九十一条**提起损害赔偿请求的，人民法院不予受理。	《婚姻法司法解释（一）》 **第二十九条** 承担婚姻法第四十六条规定的损害赔偿责任的主体，为离婚诉讼当事人中无过错方的配偶。 人民法院判决不准离婚的案件，对于当事人基于婚姻法第四十六条提出的损害赔偿请求，不予支持。 在婚姻关系存续期间，当事人不起诉离婚而单独依据该条规定提起损害赔偿请求的，人民法院不予受理。

续表

《民法典婚姻家庭编解释（一）》 （黑体部分为修改或增加的内容）	《婚姻法司法解释（一）》《婚姻法司法解释（二）》《婚姻法司法解释（三）》《人工授精所生子女法律地位的复函》《离婚案件子女抚养问题的意见》 （阴影部分为修改或删除的内容）
第八十八条 人民法院受理离婚案件时，应当将**民法典第一千零九十一条**等规定中当事人的有关权利义务，书面告知当事人。在适用民法典第一千零九十一条时，应当区分以下不同情况： （一）符合**民法典第一千零九十一条**规定的无过错方作为原告基于该条规定向人民法院提起损害赔偿请求的，必须在离婚诉讼的同时提出。 （二）符合**民法典第一千零九十一条**规定的无过错方作为被告的离婚诉讼案件，如果被告不同意离婚也不基于该条规定提起损害赔偿请求的，可以就此单独提起诉讼。 （三）无过错方作为被告的离婚诉讼案件，一审时被告未基于**民法典第一千零九十一条**规定提出损害赔偿请求，二审期间提出的，人民法院应当进行调解；调解不成的，告知当事人另行起诉。**双方当事人同意由第二审人民法院一并审理的，第二审人民法院可以一并裁判。**	《婚姻法司法解释（一）》 **第三十条** 人民法院受理离婚案件时，应当将婚姻法第四十六条等规定中当事人的有关权利义务，书面告知当事人。在适用婚姻法第四十六条时，应当区分以下不同情况： （一）符合婚姻法第四十六条规定的无过错方作为原告基于该条规定向人民法院提起损害赔偿请求的，必须在离婚诉讼的同时提出。 （二）符合婚姻法第四十六条规定的无过错方作为被告的离婚诉讼案件，如果被告不同意离婚也不基于该条规定提起损害赔偿请求的，可以在离婚后一年内就此单独提起诉讼。 （三）无过错方作为被告的离婚诉讼案件，一审时被告未基于婚姻法第四十六条规定提出损害赔偿请求，二审期间提出的，人民法院应当进行调解，调解不成的，告知当事人在离婚后一年内另行起诉。
第八十九条 当事人在婚姻登记机关办理离婚登记手续后，以**民法典第一千零九十一条**规定为由向人民法院提出损害赔偿请求的，人民法院应当受理。但当事人在协议离婚时已经明确表示放弃该项请求的，**人民法院**不予支持。	《婚姻法司法解释（二）》 **第二十七条** 当事人在婚姻登记机关办理离婚登记手续后，以婚姻法第四十六条规定为由向人民法院提出损害赔偿请求的，人民法院应当受理。但当事人在协议离婚时已经明确表示放弃该项请求，或者在办理离婚登记手续一年后提出的，不予支持。

续表

《民法典婚姻家庭编解释（一）》 （黑体部分为修改或增加的内容）	《婚姻法司法解释（一）》《婚姻法司法解释（二）》《婚姻法司法解释（三）》 《人工授精所生子女法律地位的复函》 《离婚案件子女抚养问题的意见》 （阴影部分为修改或删除的内容）
第九十条　夫妻双方均有**民法典第一千零九十一条**规定的过错情形，一方或者双方向对方提出离婚损害赔偿请求的，人民法院不予支持。	《婚姻法司法解释（三）》 **第十七条**　夫妻双方均有婚姻法第四十六条规定的过错情形，一方或者双方向对方提出离婚损害赔偿请求的，人民法院不予支持。
六、附　则	
第九十一条　本解释自2021年1月1日起施行。	《婚姻法司法解释（一）》 **第三十三条**　婚姻法修改后正在审理的一、二审婚姻家庭纠纷案件，一律适用修改后的婚姻法。此前最高人民法院作出的相关司法解释如与本解释相抵触，以本解释为准。 **第三十四条**　本解释自公布之日起施行。 《婚姻法司法解释（二）》 **第二十九条**　本解释自2004年4月1日起施行。 本解释施行后，人民法院新受理的一审婚姻家庭纠纷案件，适用本解释。 本解释施行后，此前最高人民法院作出的相关司法解释与本解释相抵触的，以本解释为准。 《婚姻法司法解释（三）》 **第十九条**　本解释施行后，最高人民法院此前作出的相关司法解释与本解释相抵触的，以本解释为准。

后　记

为了准确理解和正确适用《最高人民法院关于适用〈中华人民共和国民法典〉婚姻家庭编的解释（一）》，帮助读者了解和把握本解释的制定背景、内容和相关理论，特编写本书。

本书根据实用性和研究性相结合的原则，以司法解释条文为序，理解与适用部分按照【条文主旨】【条文理解】【审判实践中应注意的问题】的体例编写，力求结构严谨、内容精练、用语规范、分析透彻。

本书由最高人民法院民事审判第一庭组织下列同志参与编写（按姓氏笔画排列）：马冉、王丹、王永明、韦大、刘忠伟、刘银春、齐素、李海燕、肖峰、张一宸、陈建萍、陈思、郑学林、赵雅丽、柳凝、徐上、郭秉贵、唐倩。王丹、韦大负责全书统稿工作。

在本解释清理过程中，全国各高级人民法院和广大民事法官通过不同形式提供宝贵素材及修改意见，全国人大法工委、国务院妇女儿童工作委员会、最高人民检察院、司法部、民政部、全国妇联等中央有关单位亦对解释涉及的许多重大问题提出重要建议，在此一并致谢！

由于时间仓促，错误、纰漏之处在所难免，敬请广大法律界同仁和各位读者批评指正。

最高人民法院民事审判第一庭

二〇二一年七月二十一日